全国交通运输职业教育教学指导委员会规划教材

"互联网+"立体化教材

U0650775

港口机械检测与修复技术

主　编　陈步童

副主编　姚文俊　余会荣　程小平

主　审　朱守国

大连海事大学出版社

图书在版编目(CIP)数据

港口机械检测与修复技术／陈步童主编. 一大连：
大连海事大学出版社，2020.8
全国交通运输职业教育教学指导委员会规划教材
ISBN 978-7-5632-4005-0

Ⅰ. ①港… Ⅱ. ①陈… Ⅲ. ①港口机械—检修—高等
职业教育-教材 Ⅳ. ①U653

中国版本图书馆 CIP 数据核字(2020)第 140061 号

大连海事大学出版社出版

地址:大连市凌海路1号　邮编:116026　电话:0411-84728394　传真:0411-84727996
http://press.dlmu.edu.cn　E-mail:dmupress@dlmu.edu.cn

大连金华光彩色印刷有限公司印装　　　　大连海事大学出版社发行

2020 年 8 月第 1 版　　　　　　　　　　2020 年 8 月第 1 次印刷
幅面尺寸:184 mm×260 mm　　　　　　　　　　　　　印张:33
字数:760 千　　　　　　　　　　　　　　　印数:1~1000 册

出版人:余锡荣

责任编辑:董玉洁　　　　　　　　　　　　责任校对:张　华
封面设计:张爱妮　　　　　　　　　　　　版式设计:张爱妮

ISBN 978-7-5632-4005-0　　　定价:86.00 元

总　序

　　全国交通运输职业教育教学指导委员会交通工程机械类专业指导委员会自1992年成立以来,对本专业指导委员会三个专业类(港口机械与自动控制、工程机械运用技术、港口与航道工程技术)的教材编写工作一直十分重视,把教材建设工作作为专业指导委员会工作的重中之重,自"八五"至今,先后组织人员编写了20多本专业急需教材,供三个专业类使用,解决了各学校专业教材短缺的困难。

　　随着港口和公路事业的不断发展,港口机械和公路施工机械的更新换代、港口与航道工程技术革新速度加快,各种新工艺、新技术、新设备不断出现,对本专业的人才培养提出了更高的需求;根据目前职业教育的发展形势,三个专业类教材使用对象的主体既有高职生,又有中职生,还有一些需要进修的社会从业人员;近年来,信息化技术的突飞猛进,现代教育技术在职业教育中的作用越来越突出,立体化教材的理念在广大教育工作者中早已深入人心。为适应新的形势,交通工程机械类专业指导委员会制定了"十三五"教材编写出版规划,并确定了教材的编写原则:

　　1. 拓宽教材的使用范围。本套教材主要面向高职,兼顾中专,也可用于相关专业的职业资格培训和各类在职培训,亦可供有关技术人员参考。

　　2. 坚持教材内容以培养学生职业能力和岗位需求为主的编写理念。教材内容难易适度,理论知识以"够用"为度,注重理论联系实际,着重培养学生的实际操作能力。

　　3. 灵活应用信息化技术。根据各专业的情况,结合专业教学资源库、在线开放课程、精品课程等将数字化资源融入教材的编写过程中去,与教学知识点就近对应。

　　4. 在教材内容的取舍和主次的选择方面,照顾广度,控制深度,力求针对专业,服务行业,对与本专业密切相关的内容予以足够的重视。

　　5. 教材编写立足于三个专业类的实际情况,结合案例,系统介绍专业设备的基本结构和工作原理,同时,有选择地介绍一些国外的新技术、新设备,以便拓宽学生的视野,为学生进一步深造打下基础。

　　本套教材在编写过程中,得到交通系统各校领导和教师的大力支持,在此表示感谢!编写高职教材,我们尚缺少经验,书中不妥和疏漏之处,敬请读者指正。

　　★微信扫一扫,畅享书内数字资源。

全国交通运输职业教育教学指导委员会
交通工程机械类专业指导委员会

编者的话

为适应高等职业教育教学改革和交通运输行业发展,优化《港口机械与自动控制》专业课程教学,编者对《港口机械检修技术》教材的形式和内容进行了全面的修订,形成了本教材,并更名为《港口机械检测与修复技术》。

本版教材具备以下特点:

1. 强调"以就业为导向,以能力为本位,以学生为中心"。紧密依托行业和企业,通过对港口机械制造和使用企业的实际调查研究和深入了解,对职业岗位(群)所需专业知识和专项能力的科学分析,以科学的课程理论为支撑,使教材定位与就业市场相契合,更具有实用性和前瞻性。

2. 充分体现"项目导向、任务驱动"的教学理念,通过构建具体的工作任务作为学生学习的切入点,达到"教中做、做中学、学中练"的教学目的,全面提升学生解决问题的实战经验和能力。

3. 本着学校、企业零距离就业的培养理念设计教学方案,注重知识体系的有序衔接,力求避免知识的断层和重复,坚持"以应用为目的,以必需、够用为度"的原则,从实际应用出发,减少实用性不强的理论灌输,力求针对专业,服务行业,对与本专业密切相关的内容予以足够的重视。

4. 及时跟进社会和行业的最新发展,将最新、最权威、最具代表性的新技术、新设备运用于教材中,避免所讲知识与社会脱节,拓宽了学生的视野,为学生进一步深造打下基础。

5. 编排体例充分体现职业教育特色,每个项目包括教学目标、任务导入、相关知识、任务实施等板块,每个项目后附有复习思考题,便于教师组织教学和学生自主学习。

6. 为适应"立体化"教学,本教材运用信息技术精心策划了教学资源包,向教师和学生提供教学课件、视频、课后习题集及答案等教学资源,使教材更加情境化、动态化、形象化。

《港口机械检测与修复技术》是高等职业教育港口机械与自动控制专业规划教材之一,主要内容包括:港口机械检测与修复基础;发动机曲柄连杆机构的检测与修复;配气机构的检测与修复;柴油机燃油供给系统的检测与修复;润滑系统、冷却系统的检测与修复;发动机的总装、磨合与试验;港口装卸搬运车辆底盘传动、转向、制动、行驶装置的检测与修复;叉车及装载机工作装置的检测与修复;港口起重机械、输送机械的检测与修复等。

本教材为高等职业教育港口机械与自动控制专业(简称港口机械专业)规划教材,也可用于港口机械专业中高职衔接专业教师协同研修"交通运输类"培训、港口职工技术培训及有关工程技术人员学习参考。

编写分工如下:姚文俊编写项目一至项目八,陈步童编写项目九至项目十七,余会荣编写项目十八,程小平编写项目十九,全书由陈步童统稿。全书由江苏航运职业技术学院陈

1

步童担任主编,江苏航运职业技术学院姚文俊、余会荣、程小平担任副主编,南通港口集团教授级高级工程师朱守国担任主审。南通港口集团张江南高级工程师也参加了本书的审阅,并提出了许多宝贵的建议。

本教材在编写过程中,得到了许多港口企业专家和交通系统各校领导和教师的大力支持,参考了大量文献资料,文献资料及其作者列于书后,在此表示衷心感谢。

限于编者水平,书中难免存在不妥和疏漏之处,敬请读者指正。

编者

2020 年 6 月

目　录

模块一　港口机械检测与修复基础

模块二　发动机的检测与修复技术

模块三　底盘及工作装置的检测与修复技术

模块四　起重机械、输送机械检测与修复技术

模块一

港口机械检测与修复基础

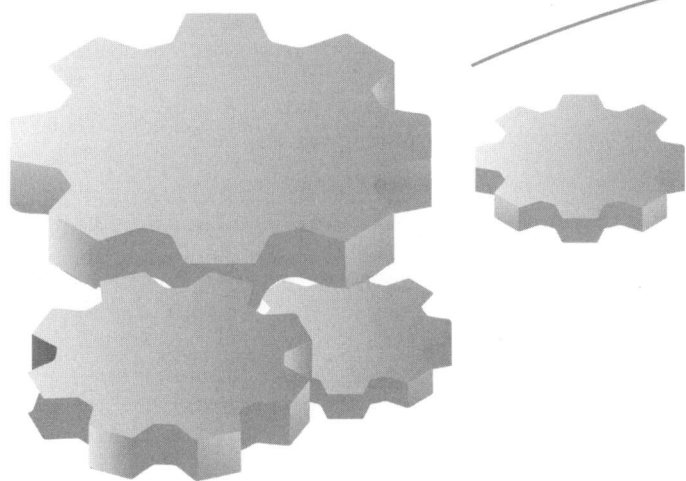

项目一

零件的失效与检测

🎓 **教学目标**

一、知识目标

1. 准确描述零件摩擦与润滑机理、磨损的分类及产生原因;

2. 准确描述零件断裂的定义、分类以及疲劳断裂的定义、特征;

3. 准确描述零件腐蚀与穴蚀的定义、分类、特征;

4. 准确描述零件变形与老化的危害、特征、原因;

5. 了解常用清洗剂的清洗原理;掌握不同类型的零件所应采用的清洗方法;

6. 掌握零件分类检测的内容及注意事项;准确描述磁力探伤、荧光探伤、超声波探伤的工作原理;熟悉动平衡试验机的基本原理和试验方法。

二、能力目标

1. 能正确分析影响零件磨损的因素、零件的磨损特性以及应采取的技术措施;

2. 能正确描述零件产生疲劳裂纹的决定性因素、疲劳断口三个区域的特征以及应采取的技术措施;

3. 能正确描述零件腐蚀与穴蚀的特征以及应采取的技术措施;

4. 能正确描述零件产生变形的危害、特征、原因以及应采取的技术措施;

5. 能配制除油污、积炭、水垢的清洗剂;能进行清除油污、积炭、水垢的简单操作;

6. 能正确使用游标卡尺、百分表等量具检验零件的技术参数;

7. 能正确使用磁力探伤机、荧光探伤仪、超声波探伤仪检查零件内部缺陷;

8. 能正确使用平衡试验机对有关零件进行动、静平衡试验检验。

3

任务导入

为了掌握港口机械使用过程中各配合零件产生摩擦、磨损、断裂、腐蚀、穴蚀、变形的机理、失效原因及应采取的技术措施,港口机械维修人员必须全面熟悉港口机械主要零件的摩擦与润滑机理、磨损的分类及特性、断裂的分类和特征、腐蚀与穴蚀的特征和变形的危害与特征;全面了解各零件的清洗、检验与分类方面的技术要求,并按照相关技术要求对零件进行正确的清洗、检验与分类,采取针对性的技术措施,延长零件的使用寿命。

相关知识

任务 1　零件的磨损

一、零件的摩擦与润滑

(一)摩擦的产生及危害

任何零件的表面,无论采用何种加工手段,总是凸凹不平的,其放大情况如图 1-1 所示。

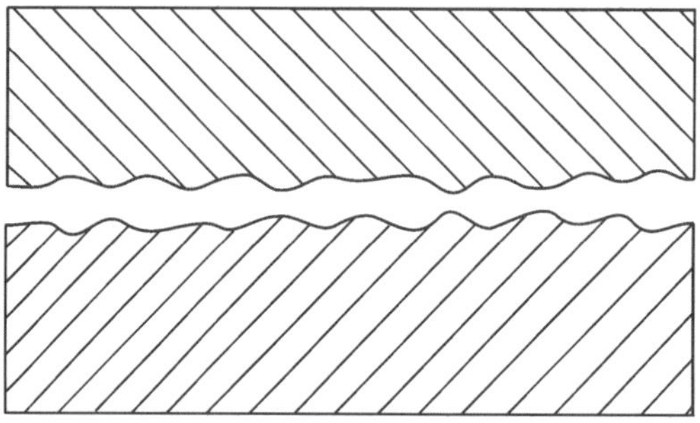

图 1-1　零件表面的放大情况

当两个零件在自重和外载荷作用下压紧并在外力作用下发生相对运动时,其凸凹不平的部分会发生机械咬合和碰撞,出现摩擦阻力而阻碍运动,使接触表面产生摩擦。

如果不采取任何技术措施,零件在摩擦过程中将迅速磨损和发热,严重时会咬死或烧熔,这是因为:

(1)两摩擦表面实际上是凸点接触,接触点上的负荷大约是平均负荷的 1 000 倍,接触点的金属在高负荷下发生变形,使机械咬合部位的凸点由于碰撞而脱落。

(2)脱落的金属微粒夹在两摩擦面之间,起到磨料作用而使磨损加剧。

(3)摩擦将机械能转变为热能,使凸点的温度升高,机械强度降低,导致磨损加剧。当温度上升到超过金属的熔点时,金属熔化使两机件咬死和摩擦面烧毁。

（二）摩擦的分类

1. 干摩擦

摩擦表面之间没有任何润滑剂而直接接触时所产生的摩擦称为干摩擦。干摩擦的摩擦系数最大,对机械零件产生的磨损也最大,港口机械零件运转中应尽量避免发生干摩擦。

2. 液体摩擦

液体摩擦是指两个摩擦表面完全被润滑剂隔开的摩擦。它避免了金属表面的直接接触,当两表面发生相对滑移时,摩擦只发生在液体润滑剂的分子之间,因而液体摩擦的摩擦系数很小,摩擦功的损耗和零件的磨损都很小。

图 1-2 所示为轴与轴颈之间液体润滑油膜的形成过程。图 1-2(a)表示轴静止时,轴颈在自重作用下与轴承在最下方接触,在两侧形成楔形间隙,润滑油充满在此间隙中。当轴开始旋转时,由于润滑油具有黏性,附着在轴颈表面,因而被轴颈带着一起转动,从上部较宽的进油空间携带到狭窄空间,如图 1-2(b)所示。此层润滑油在楔形空间互相挤压,由于润滑油的可压缩性极小,挤压的结果使楔形油膜压力骤增,产生了使轴颈向上抬起的力。楔形油膜的压力随轴颈转速升高而增加,当轴颈转速升高到一定值时,液体油膜的压力使轴微微向上抬起,与轴承分开,在轴颈与轴承之间便形成了完整的液体油膜,这时轴与轴承即形成液体摩擦,如图 1-2(c)所示。在油膜厚度最小处,油膜压力最大。

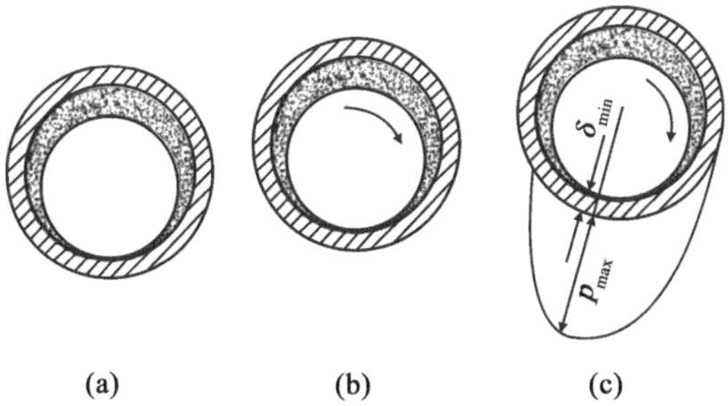

(a)　　　　　　(b)　　　　　　(c)

图 1-2　楔形油膜的形成

3. 边界摩擦

边界摩擦是指两摩擦表面被一层极薄的润滑油膜隔开的摩擦,这层油膜被称为边界膜,主要由吸附在零件工作表面上润滑介质的物理吸附膜构成,厚度通常小于 $1\ \mu m$。其形成机理是:当界面存在吸附性的边界膜时,吸附在金属表面的极性分子形成定向排列的分子栅,当分子吸附膜达到饱和状态时,紧密排列的分子所具有的内聚力使吸附膜具有一定的承载能力,当摩擦表面相对滑动时,理论上只是在吸附油膜外层分子间滑动,零件表面被牢固的吸附油膜分子隔开。图 1-3 为分子吸附膜的润滑作用模型。

4. 混合摩擦

混合摩擦是指在摩擦表面同时存在着干摩擦、液体摩擦和边界摩擦的情况。

港口机械的金属零件工作时,表面的摩擦状态并不是一成不变的,有时是一种摩擦状态,有时又变成另一种摩擦状态,有时是几种摩擦状态混合存在。例如,发动机曲轴的轴颈与轴承,在正常工作状态下,能够达到比较理想的液体润滑,即能够形成如图 1-2(c)所示的具有一定厚度的完整的液体油膜,但在启动之初或在曲轴承受冲击载荷时,油膜难以形成或受到破坏,即会出现边界摩擦甚至干摩擦。又如,活塞与气缸之间正常工作中可以形成

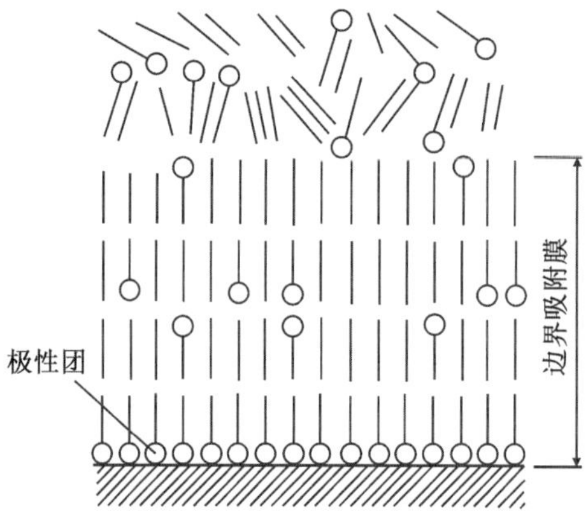

图 1-3 分子吸附膜的润滑作用模型

边界摩擦,但当气缸过热时,吸附膜被烧坏,就会出现干摩擦。

(三)减少摩擦的有效措施——润滑

1.润滑的目的

在摩擦表面形成均匀连续的润滑油膜,是减少摩擦的有效措施。润滑的主要目的是:减少机件的磨耗量,延长使用寿命;减少摩擦功的损失,提高机械效率。此外,润滑还能起以下作用:

(1)冷却散热。润滑油可以带走摩擦所产生的热量,使机件不致因过热而损坏。

(2)冲洗清洁。润滑油可以带走摩擦产生的金属微粒,减少或防止磨料磨损。

(3)密封防漏。缸壁与活塞环之间的润滑油膜,能使活塞环的密封性增加,减少漏气损失。

(4)防止腐蚀。润滑油膜隔绝了空气及酸性物质与零件表面的直接接触,减少了机件受氧化、腐蚀的程度。

(5)消振减声。利用润滑油膜的缓冲作用,可使发动机的振动减弱,运转平稳。由于润滑油膜的隔离,使运动副的摩擦和冲击声减弱。

2.形成良好润滑的主要条件

(1)合适的润滑油黏度。若润滑油黏度过小,润滑油不易被轴颈携带,容易从轴承的轴向两侧流出,难以建立如图 1-2(c)所示的楔形油膜;但黏度太大时,润滑油难以进入零件间隙,油膜也不易建立。

(2)较高的转速。转速高,楔形油膜压力高,容易形成均匀连续的油膜。发动机和其他运转机械启动和低速运转时,比正常工作时的零件磨损大得多。

(3)合适的轴承负荷。轴承负荷越高,形成楔形油膜所需的油压越高,油膜越难以形成;当承受冲击负荷时,可能将已经形成的楔形油膜破坏。

(4)适当的零件间隙。零件间隙过小,润滑油难以进入间隙内;间隙过大,润滑油容易漏泄。当轴颈表面出现过大的圆度和圆柱度误差时,同样不利于油楔的形成。另外,若在轴承油楔的最大压力区内不合理地开挖油槽,也会大大降低油楔压力,不利于油膜的形成。

(5)较小的摩擦表面粗糙度。对于精加工的摩擦表面,只需很薄的油膜即可隔开两摩擦面;若表面粗糙,则要很厚的油膜才能形成完全的液体润滑。

二、磨损的产生

摩擦和磨损是载荷作用下相互接触的两个物体做相对运动时,在接触表面上所发生的同一现象的两个方面,或者说,磨损是伴随着摩擦而产生的。

摩擦表面在发生相对运动的过程中,金属表面相互接触,主要产生两种作用:一是机械性的相互嵌入作用,二是分子间的相互吸引和黏附作用。嵌入是由于金属表面存在微观不平,在相互接触中,其凸起和凹进的部分将相互嵌入和咬合,在相对运动中,凸起的部分金属发生变形而导致机械剥落;分子间的吸引和黏附作用,是指摩擦件在相对运动中,表层金属相互接近,分子间的相互吸引力将使接触处产生黏附现象,当相对运动继续时,金属表面那些发生黏附的地方将被撕裂,产生机械性破坏。

此外,由于摩擦介质的化学腐蚀作用,金属表面氧化,形成金属脆性氧化物,这些氧化物在摩擦过程中脱落,也是产生磨损的原因之一。

三、磨损的分类

(一)黏着磨损

在零件的摩擦表面上,由于黏着作用,使一个零件表面的金属转移到另一个零件表面所产生的磨损称为黏着磨损。零件表面的负荷越大,表面温度越高,黏着磨损越严重。

如前所述,金属表面经过机械加工后,总会留下宏观及微观的不平度(见图1-1)。当零件在外载荷作用下相互摩擦时,实际的表面接触面积很小,接触应力很大,使接触点上的金属产生弹性或塑性变形,在继续的相对移动中,接触点上产生大量的热量,使表面发生相变、转化以至熔化焊合,导致一个零件表面的金属被部分地转移到另一个零件表面,形成金属瘤,金属瘤又在随后的摩擦中被撕裂而脱落,从而形成黏着磨损。

港口机械零件所发生的黏着磨损,多数是由于配合间隙过小,运动零件表面加工纹理尚未磨合好,就过早地增大负荷,导致零件的工作温度过高而形成的。

(二)磨料磨损

摩擦表面在相对滑动时,若在摩擦表面之间存在着磨料,摩擦表面便会在磨料的作用下产生显微变形或切割,形成磨料磨损。

磨料磨损仅与摩擦表面是否存在磨料物质有关,它存在于任何滑动速度和单位压力作用的摩擦面上。摩擦表面的磨料可能是外界落入的(如空气中的尘埃、润滑油中的杂质等),也可能是磨损过程中的产物(如摩擦表面掉下的金属颗粒)。还有些磨料是早已存在于摩擦表面上的,如铸铁、镀铬、金属喷镀的零件表面都可能存在磨料磨粒。磨料磨损的速度取决于摩擦表面的性质、磨料的性质、摩擦表面的滑动速度和单位压力。

对港口机械进行正确的管理维护可以减少零件的磨料磨损。如空气中的尘土和砂粒在随新鲜空气进入发动机后,可以导致发动机气缸产生磨料磨损,因而在发动机上应配备良好滤清效果的空气滤清器;燃油和润滑油中的杂质会导致气缸和轴承的磨料磨损,因而对燃油、润滑油也应进行有效的过滤。管理维护中应保证空气滤清器及燃油、润滑油滤清器处于良好工作状态,从而减少摩擦零件的磨料磨损。

(三)表面疲劳磨损

表面疲劳磨损是指在纯滚动或同时带有滑动的滚动摩擦条件下,发生在零件表层的疲劳破坏现象。出现疲劳磨损的零件,其材料一般硬度较大而磨合性能较差,在较大的循环交变载荷作用下,由于接触面很小,接触应力大,当应力超过材料的屈服极限时,在零件表面产生瞬间显微塑性变形。由于材料硬度较高,这种瞬间显微变形会向四周扩散,形成网状裂纹。摩擦表面的润滑油在工作压力作用下向裂纹深处扩张、延伸,连续不断的载荷又会将其压成鳞片状而脱落,使零件表面出现麻点或凹坑,故又称为麻点磨损。这种磨损容易发生在滚动轴承的滚珠与弹道、齿轮的齿面等零件表面上。

疲劳磨损可分为两大类:非扩展性和扩展性。

(1)非扩展性疲劳磨损。新摩擦表面接触应力大,易产生小麻点,经磨合后,接触面积扩大,单位接触应力降低,小麻点停止扩展。对于塑性较好的材料,因加工硬化作用,小麻点不能继续扩展。

(2)扩展性疲劳磨损。当材料塑性较大或润滑不当时,在接触表面作用有较大的压应力和切向力,使表面产生小裂纹并扩展而使金属脱落,形成小麻点或扩展成凹坑,使零件迅速失效。

(四)腐蚀磨损

腐蚀磨损是指摩擦表面与酸、碱、盐等特殊介质接触产生腐蚀,表面金属呈颗粒状剥落,使零件的表面形状变化,造成早期磨损。如在滑动轴承中,若轴承合金中含有镉、铅等元素,就容易被润滑油中的酸性物质腐蚀,在轴承上形成黑点,逐渐扩展为松软组织而脱落。另外,在发动机气缸的燃烧室内壁、气门与气门座圈的接触面上都不同程度地存在腐蚀。

腐蚀磨损是一种机械化学磨损,单纯的腐蚀现象不能定义为腐蚀磨损,只有当腐蚀现象与机械磨损相结合时才能形成,腐蚀磨损经常发生在高温或潮湿的环境中,更容易发生在有酸、碱、盐等特殊介质条件下。

腐蚀磨损可分为氧化磨损、微动磨损和化学腐蚀磨损。

(1)氧化磨损。金属与空气中的氧作用形成氧化膜,当生成的氧化膜与基体结合牢固时,它起到保护作用,可以提高摩擦副的耐磨性能。若在摩擦过程中,氧化膜被磨掉,摩擦表面与氧介质反应速度很快,立即又形成新的氧化膜,然后又被磨掉,这就是氧化磨损,磨损的特征是金属的摩擦表面沿滑动方向呈匀细磨痕,磨损产物为红褐色。

(2)微动磨损。两个接触物体作相对微幅振动而产生的磨损称为微动磨损。零件过盈配合的接合面虽然没有宏观的相对移动,但工作过程中会产生微小的相对滑动,接触压力使接合面上实际承载的微凸体产生塑性变形而发生黏着。微振幅振动使黏着点受剪脱落,造成零件的氧化磨损。从零件表面脱落的氧化物粉末存在于接合面间,将引起磨料磨损。若振动应力足够大,微动磨损点形成应力源,使疲劳裂纹扩展,最终将导致表面疲劳破坏。由此可见,微动磨损是黏着、腐蚀、磨料、疲劳磨损综合作用的结果,它经常发生在相对静止的摩擦副中,如过盈配合的接合面、链传动的链接处和受振动影响的连接螺纹接合面处。

(3)化学腐蚀磨损。由于零件直接与腐蚀性介质作用,发生化学腐蚀而产生的磨损称为化学腐蚀磨损。零件在液体或腐蚀性气体环境中工作时,其表面的金属将与腐蚀性介质发生各种化学反应,使零件表面形成一层化学反应膜,该反应膜与基体的结合强度较低,零件相对运动时由于切向摩擦力的作用而引起反应膜的脱落,形成零件的化学腐蚀磨损。

四、影响磨损的因素

（一）摩擦运动形式和摩擦速度

摩擦运动形式有滚动摩擦和滑动摩擦两种,在其他条件相同的情况下,滚动摩擦的阻力小,散热能力强,磨损较慢,滑动摩擦磨损较快。

当其他摩擦条件一定时,摩擦副相对移动速度的变化不仅使磨损过程产生量的变化,而且产生质的变化。摩擦表面的温度随速度的增加而提高,当摩擦表面温度达到 423~2 273 K 时,摩擦表面的润滑油膜即遭到破坏,摩擦性质即从边界摩擦转变为干摩擦,使磨损加剧。在更高一些的温度下,表面金属层软化,产生表面滑动,磨损速度进一步加快。当温度进一步升高,表面金属处于热塑状态,产生黏着磨损。

（二）润滑油

摩擦零件的表面,一般以润滑油作介质,润滑油的性质对磨损过程起着很大的影响。理想的润滑油,应具有适当的黏度和足够的化学稳定性,不含酸类和机械杂质,以保证在摩擦表面形成具有一定承载能力的润滑油膜。

（三）摩擦副的材料和表面性质

一切磨损的产生和发展,都是由材料的塑性变形开始的,硬度高的材料,抗塑性变形能力强,因而比较耐磨。对材料表面采取镀铬、表面强化处理等工艺措施,可以提高零件的耐磨性。

摩擦表面的宏观和微观几何形状对磨损过程也产生很大的影响。在每一个具体的摩擦条件下,都有一个磨损量最小的微观几何形状的配合问题。实际工作中,常将摩擦副的表面粗糙度等级达到一致,以使磨损量限制在适当的范围内。

五、零件的磨损特性

港口机械工作过程中,各种机械零件工作条件不同,引起磨损的原因和磨损的程度也不完全一样,但是在正常的磨损过程中,大多数零件的磨损具有共性的规律。一般来说,零件的磨损可以分为三个阶段,如图 1-4 所示。

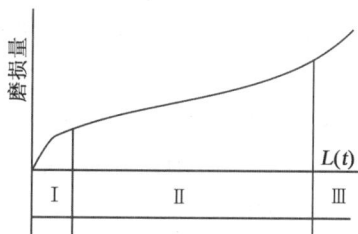

图 1-4　零件的磨损特性曲线

Ⅰ—磨合期；Ⅱ—正常工作期；Ⅲ—极限磨损期

（一）第Ⅰ阶段——磨合期

磨合期的特点是磨损速度较快。这是由于新加工的零件表面的微观不平产生了啮合性摩擦,造成凸起部分的峰尖脱落,脱落下来的金属颗粒如不能及时被润滑介质带走,又会造成严重的磨料磨损。在各种车辆上也把这一段时期称为走合期,在走合期内应该严格按照有关的运行规范,减速减载,从而避免零件的早期磨损或事故性损伤。

(二)第Ⅱ阶段——正常工作期

过了磨合期后,零件表面经过走合,配合表面互相适应,表面粗糙度有所改善,对润滑油的适应性也有所增强,零件配合间隙处于最佳范围内,因而这一阶段的磨损是缓慢而均匀的。在正常工作时期内,只要认真执行各种维护管理规范,保持各摩擦零件处于良好的润滑状态,就可以使零件的磨损速度控制在最低限度,从而有效地延长零件的使用寿命。

(三)第Ⅲ阶段——极限磨损期

这一阶段由于零件的磨损已达到极限,如图 1-5 所示零件的配合间隙已达到最大限度,运动副工作中由于松动而产生冲击,使零件承受冲击所产生的附加应力,有时会伴随振动与噪声。又由于配合间隙增大,润滑油容易漏泄,油压下降,油膜不易形成或形成后又很快被冲击破坏,因此使零件的磨损速度急剧上升,并容易转化和引发事故性损伤。此时,应及时采取措施,组织修理,调整或更换磨损零件,以防技术状况恶化而影响其他机件正常工作。

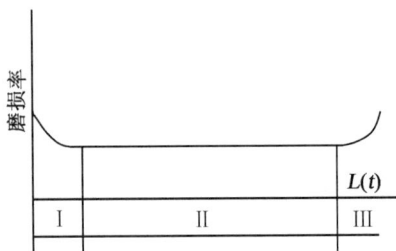

图 1-5　零件的磨损率曲线

六、减少磨损的方法与途径

(一)正确选择材料

正确选择材料是提高耐磨性的关键之一。应选择疲劳强度高、防腐性能好、耐磨耐高温的新材料,配合副零件应尽量采用不同的材料制造,注意配对材料的互溶性。

(二)进行表面强化

通过适当的表面强化处理,如表面热处理(钢的表面淬火等)、表面化学热处理(钢的表面渗碳、渗氮等)、覆盖层(喷涂、喷焊、镀层)、塑性变形(滚压、喷丸等),使配合副零件具有不同的表面性质,提高零件表面的耐磨性。

(三)改善工作环境

选用合适的润滑剂和润滑方法,尽量建立液体摩擦条件,避免过大的载荷、过高的运动速度和工作温度,创造良好的环境条件。

(四)合理设计结构

正确合理的设计结构是减少磨损和提高耐磨性的有效途径。正确合理的设计结构有利于摩擦副表面保护膜的形成和恢复压力的均匀分布,有利于磨屑的排出和防止外界磨粒、灰尘的进入等。

（五）提高零件加工质量

零件的加工质量,是指表面粗糙度和几何形状误差。

几何形状误差过大,将造成零件工作过程中受力不均,或产生附加载荷,使磨损加剧。表面粗糙度过大,会破坏油膜的连续性,造成零件表面凸点的直接接触,使磨损加快。在一般情况下,磨损速度随零件表面粗糙度的减小而减小,但表面粗糙度减小到一定程度后,磨损速度反而随表面粗糙度的减小而增大,如图1-6所示。这是因为,表面粗糙度过小,使零件表面的含油性降低,不利于油膜的形成,润滑条件变差,磨损加剧。由此可见,对于不同条件下工作的零件,都应有适当的表面粗糙度。

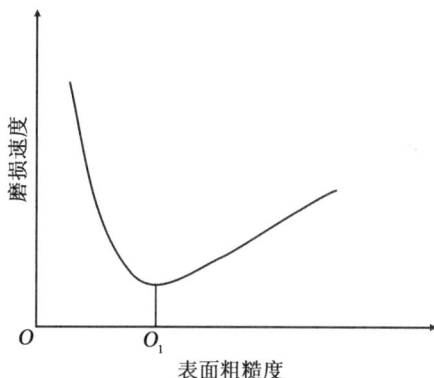

图1-6　表面粗糙度对磨损的影响

任务2　零件的断裂

一、断裂的分类

根据对断口的不同观察方法和形状特征,断裂有不同的分类方法。

（一）按零件断裂后的自然表面特征分

1. 塑性断裂

塑性断裂是指零件断裂前发生显著的塑性变形的断裂。零件在外力作用下引起的应力超过弹性极限时发生塑性变形,外力继续增加,当应力超过强度极限时,零件在发生塑性变形后造成断裂。塑性断裂断口的宏观状态呈杯锥状或鹅毛绒状,颜色发暗,边缘有剪切唇,断口附近有明显的塑性变形。

2. 脆性断裂

断裂前几乎不产生明显的塑性变形。脆性断裂的断口呈结晶状,常有人字纹或放射状花纹,平滑而光亮,且与正压力垂直,断口附近的截面收缩很小,一般不超过3%。

（二）按断口的微观特征分

1.晶间断裂

这种断裂的裂纹沿着晶界扩展,多发生于脆性断裂。

2.穿晶断裂

这是指裂纹穿过晶粒内部,可以是脆性断裂,也可以是塑性断裂。

（三）按零件断裂前所承受的载荷性质分

1.一次加载断裂

零件在一次静载荷(缓慢递增的或恒定的载荷)下,或一次冲击能量作用下的断裂称为一次加载断裂。它包括静拉伸、静压缩、静弯曲、静扭转、静剪切、高温蠕变和一次冲击断裂等。

2.疲劳断裂

较长时间的交变载荷使零件发生的突然断裂称为疲劳断裂。机械零件的断裂,绝大多数是由疲劳引起的,疲劳断裂占整个断裂的 70%~80%。它的类型很多,包括拉压疲劳、弯曲疲劳、扭转疲劳、接触疲劳、振动疲劳等。

二、疲劳断裂分析

疲劳断裂的特点是零件破坏时的应力远低于零件材料的抗拉强度,甚至低于材料的屈服强度。不论是塑性材料还是脆性材料,疲劳断裂时,都不产生明显的塑性变形,均表现为脆性断裂。

（一）疲劳裂纹的产生

疲劳裂纹的产生取决于交变应力的大小、交变应力的循环次数和材料的疲劳强度。

零件产生疲劳破坏的原因,是由于交变载荷反复作用,在应力集中的部位,使材料发生塑性变形,产生微观裂纹,成为零件进一步损坏的原因。金属材料的内部结构缺陷和零件的结构设计不当,是零件产生应力集中的原因。在金属晶粒间存在极小的空隙和其他的非金属夹杂物,这些缺陷本身就构成了许多微小裂纹,零件在交变载荷作用下,这些部位就形成了微小的应力集中点。零件过渡圆角过小或孔、键槽的所在部位,都能引起应力集中,在应力集中部位,应力可能远远大于零件材料的屈服强度而引起塑性变形。随着交变应力的不断增加,材料所能承受的载荷次数达到极限,零件就产生疲劳裂纹。

零件产生最初的微观裂纹还与金属本身结晶的各向异性和加工不均匀度有关,在外力作用下,这些部位产生的应力大,发生塑性变形,于是在最薄弱处首先产生微观裂纹,一般情况下,疲劳裂纹发生在零件表面层的应力集中部位。

（二）疲劳断口形貌

典型的疲劳断口按断裂过程有三个区域,即疲劳源区、疲劳扩展区、瞬时断裂区,如图1-7所示。

1.疲劳源区

它一般发生在零件的表面,但若材料表面进行了强化或内部有缺陷,疲劳源区也可发生在表面下或材料内部。疲劳破坏好似以它为中心,向外散射呈海滩状的疲劳弧或贝纹线。

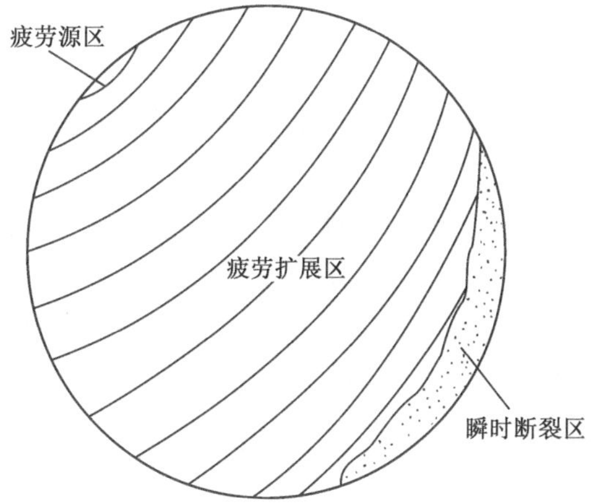

图 1-7 疲劳断口的宏观形貌

2. 疲劳扩展区

疲劳扩展区是在微裂纹的产生及扩展过程中形成的。该区域是疲劳断口上最重要的特征区域,呈宏观的疲劳弧带和微观的疲劳纹,断口比较光亮。疲劳弧带大致以疲劳源为核心,似水波形式向外扩展,形成许多同心圆或同心弧带,其方向与裂纹的扩展方向相垂直。每一条疲劳裂纹代表一次载荷循环,疲劳裂纹数与循环次数相等。是否出现疲劳纹,决定于应力状态、材料性质及环境因素。通常疲劳断面越光滑,说明零件在断裂前经历的循环次数越多,承受载荷越小。

3. 瞬时断裂区

瞬时断裂区是最后瞬间突然折断的连接部分,它是由于应力超过了材料的强度极限而造成的,其宏观特征与静载拉伸类似,断面比较粗糙。

三、断口分析

断口分析的目的是通过对断口的宏观和微观形态以及化学成分、显微结构、冶金缺陷、力学性能与零件的制造工艺、表面质量、几何形状和使用条件等方面进行分析,以判断断裂的性质、类型和原因,研究断裂的机理,进而提出防止断裂的措施。

零件断裂的原因往往是非常复杂的,故断口分析也是多方面的。

(一)现场分析

零件断裂后,对于断口和断裂时产生的碎片,应严加保护,避免氧化、腐蚀和污染。在未查清断口的重要特征和照相记录之前,不允许清洗断口。对零件的工作条件、运转情况及周围环境等,应做好调查研究。

(二)宏观分析

用肉眼或 20 倍以下的放大镜,对断口进行观察和分析,分析前先用汽油清洗断口的油污,对腐蚀比较严重的断口,可用化学法或电化学法去除氧化膜。宏观分析是整个破断分析的基础,主要观察分析破断全貌,裂纹和零件形状的关系,断口与变形方向的关系,断口与受力状态的关系,能初步判断裂源位置、破坏性质及原因,缩小进一步分析研究的范围,为微观分析提供线索和依据。

(三)微观分析

用金相显微镜或电子显微镜对断口进行观察和分析。主要观察和分析断口形貌与显微组织的关系,断裂过程中微观区域的变化,裂纹的微观组织与裂纹两侧夹杂物性质、形状和分布,以及显微硬度裂纹的起因等。

(四)金相组织检验、化学分析、力学性能检验

金相组织检验主要是研究材料是否有宏观或微观缺陷,裂纹分布与走向以及金相组织是否正常等。化学分析主要是检验金属的化学成分是否符合零件要求,杂质、微量元素的含量和大致分布等。力学性能检验主要是检验金属材料的常规数据是否合格。

四、避免零件疲劳断裂的措施

金属零件由于各种原因会产生宏观或微观裂纹。有裂纹的零件不一定立即就断,都有一段扩展时间。在一定条件下,裂纹还可不发展,有裂纹的零件也可不断,但是断是由裂发展而来的。断裂事故后果严重,目前在维修中一旦发现裂纹,都要加以修复或更换,重要零件则予以报废。减少或避免零件断裂的措施主要有以下几点。

(一)减少局部应力集中

金属零件的疲劳断裂大部分是由局部的应力集中引起的,因此,减少局部应力集中是减少零件断裂的最有效措施之一。在选择零件材料时,应尽量减少材料内部缺陷,在设计和加工等过程中要注意尽量减少引起应力集中的因素,如零件截面变更处的圆角形状和大小,油孔油槽的位置和尺寸等。

(二)金属表面强化处理

对金属表面进行强化处理,可以提高表层金属的强度,改变表面内应力的分布,从而提高零件的疲劳极限。常用的表面强化处理方法有:表面渗碳、渗氮,表面高频淬火、表面镀覆以及滚压、喷丸、抛光等。

(三)提高零件表面质量

同一种材料,表面光滑的零件比表面粗糙的零件疲劳极限要高。而且,材料强度越高,表面加工质量对疲劳极限的影响也越大。因此,在交变载荷作用下工作的零件,材料的强度越高,对表面加工质量的要求也高,不允许有较大的表面缺陷。实验证明,不同表面状态下的疲劳极限相差可达 7~8 倍。

(四)减少残余应力

各种加工和热处理工艺过程,如机械加工、冲压、弯曲、热处理等都能引起残余应力,一般残余拉应力是有害的,但残余压应力则是有益的,表面强化处理工艺过程中可产生残余压应力,它们将抵消一部分由外载荷引起的拉应力,因而减少了发生断裂的可能性。

(五)避免零件超负荷工作

零件的负荷越大,交变应力的变化幅度越大,零件也就越容易产生疲劳裂纹。港口机械使用中应严格控制超负荷运行,从而延长维修周期和使用寿命。

任务 3　零件的腐蚀与穴蚀

一、腐蚀的分类

(一)化学腐蚀

化学腐蚀在金属零件中是普遍存在的。金属表面与空气接触,生成氧化物,就是化学腐蚀的一种。另外,金属零件与润滑油接触,润滑油中的酸性物质会使零件受到腐蚀;燃料与润滑油中含有硫的成分,对轴承合金和其他金属材料也有很强的腐蚀作用。

燃料在发动机中燃烧的过程中,会形成有机酸和矿物酸,这些酸类对发动机缸套内壁有很强的化学腐蚀作用,这种腐蚀作用将会导致缸套的不正常磨损。缸内温度越低,气缸内壁的腐蚀越严重。所以,发动机频繁的低温启动或长期的冷却水偏低,均会加剧缸套的腐蚀与磨损。

(二)电化学腐蚀

电化学腐蚀是指金属与介质发生电化学反应而引起的破坏。

金属与电解质溶液接触能形成原电池,其中电位低的金属原子溶解成为正离子,使它表面电子过剩构成电池的负极。这种原电池的电流无法利用,但它却能使负极金属腐蚀,成为腐蚀电池。如果金属表面有杂质,且杂质又是高电位构成的正极,也将使金属产生腐蚀。因为零件材料是由多元素构成的,各元素具有不同的电极电位,如碳钢中含的渗碳体和铸铁中的石墨,其电位高于基体,当与电解质溶液接触时,便构成腐蚀电池,使基体金属产生腐蚀。

暴露于大气中的零件,其表面的一些吸湿性物质,从大气中吸收水分,使零件变湿,大气中的二氧化碳、二氧化硫等物质溶入其中,就成为电解液,给电化学腐蚀创造了条件。因此,无任何保护而直接暴露于大气中的零件,容易遭受电化学腐蚀。与化学腐蚀相比,电化学腐蚀具有更大的危害性,金属零件的腐蚀大多是由电化学腐蚀引起的。

二、减轻腐蚀的措施

引起金属腐蚀的因素是多方面的,主要因素有金属的特性、金属的成分、零件表面情况、环境等。腐蚀过程虽然是缓慢的,但它带来的危害却相当大,是金属零件失效的重要原因之一。减轻腐蚀的措施主要有以下几方面。

(一)合理选材和设计

合理选材就是根据环境介质和使用条件,选择合适的材料,如选用含有镍、铬、硅、钛等元素的合金钢,在条件允许的情况下,尽量选用尼龙、塑料、陶瓷等材料。

在设计过程中,虽然应用了较优良的材料,但是如果在结构设计上不考虑金属的防腐蚀措施,常会引起机械应力、热应力以及流体的停滞和聚集导致局部过热等现象,从而加速腐蚀过程。设计时应努力使整个体系的所有条件尽可能地均匀一致,零件表面粗糙度合适,设计结构合理,外形简化。

(二)覆盖保护层

在零件表面以薄膜的形式附加一层不同的材料,改变零件的表面结构,使金属与介质隔离开来,从而防止腐蚀。

1. 金属保护层

金属保护层采用电镀喷焊、化学镀等方法,在金属表面覆盖一层如镍、铬、锡等金属或合金作为保护层。

2. 非金属保护层

非金属保护层常用的有油漆、涂料、玻璃钢、硬软聚氯乙烯、耐酸酚醛塑料等,临时性防腐可涂油或油脂。

3. 化学保护层

化学保护层是用化学或电化学方法在金属表面覆盖一层化合物薄膜,如磷化、发蓝、钝化等。

4. 表面合金化

表面合金化常见的有渗氮、渗铬、渗铝等。

(三)电化学保护

对被保护的零件通以直流电流进行极化,以消除电位差,使之达到某一电位时,被保护的金属腐蚀可以很小,甚至呈无腐蚀状态。这是一种较新的防腐蚀方法,但要求介质必须是导电的、连续的。

(四)改变环境条件

(1)采用通风除湿等措施去除环境中的腐蚀介质,减轻腐蚀作用,对金属材料,把相对湿度控制在临界湿度(50%~70%)以下,可显著减缓大气腐蚀。

(2)在腐蚀介质中加入少量降低腐蚀速度的缓腐剂,可减轻金属的腐蚀。

三、零件的穴蚀

相对于液体运动的固体表面,因为气泡破裂产生局部冲击高压或局部高温所引起的零件表面金属剥落现象称为穴蚀。

当零件与液体接触并产生相对运动时,接触处的局部压力低于液体蒸发压力时,形成气泡。溶解的气体也会析出形成气泡。当这些气泡流到高压区,气泡在被迫消灭的瞬间产生极大的冲击力和高温,称为水击现象。气泡形成与破灭的反复作用,使金属表面疲劳而脱落,呈麻点状,随后逐渐发展成为针状孔洞。当穴蚀严重时,可扩展为深度 20 mm 的孔穴,直到穿透或开裂而使零件遭受破坏。

穴蚀是一种比较复杂的破坏现象,它是机械、化学、电化学等共同作用的结果。当液体中含有杂质或磨料时会加速破坏过程。

柴油发动机湿式气缸套的外壁经常发生穴蚀,也称气蚀,如图 1-8 所示。现象为在局部地方集中出现蜂窝状的孔穴。这是因为,发动机工作时,气缸内燃烧气体压力周期性地变化,活塞在往复运动的同时,在气缸内还要左右摆动,将引起缸套在工作中发生振动,当缸套向内振动时,其外壁与冷却水接触处的压力迅速降低,从水中析出气泡或形成气泡;当缸

图 1-8　缸套穴蚀

套在向外振动时、水压迅速升高,气泡炸裂,释放出巨大能量。气泡炸裂的反复作用,将引起缸套外壁的疲劳剥落,形成大量麻点。在以后的工作中,麻点部位更容易产生气泡,从而使疲劳剥落逐渐向缸套的纵深发展,在缸套上形成针状孔洞,严重时能击穿气缸壁。

穴蚀出现在连杆摆动平面内气缸承受活塞最大侧向力一方。在与气缸套发生穴蚀表面相对应的气缸体内表面,也有相应的穴蚀现象。穴蚀现象在滑动轴承、水泵零件、水轮机叶片、液压泵中时常发生。随着发动机的高速发展,穴蚀破坏越来越显得突出。

减轻穴蚀的措施:

(1)增加零件的刚性,改善支承。采取吸振措施,以减小液体接触表面的振动,以减少水击现象的发生。

(2)选用耐穴蚀的材料,如球状或团状石墨的铸铁、不锈钢、尼龙。在零件表面涂塑料、陶瓷等防穴蚀材料。

(3)改进零件的结构,提高表面质量,减少液体流动时产生的涡流或断流现象。

(4)在水中添加乳化油,减小气泡爆破时的冲击力。

任务 4　零件的变形与老化

一、变形

(一)变形的基本概念

零件的变形是指由于质点位置的变化,引起零件的尺寸和形状发生改变的现象。

零件变形(特别是各总成基础件的变形),将导致各零件正常的配合性质被破坏,润滑条件变差,并产生一定的附加载荷,使零件的磨损加剧,使用寿命降低,甚至导致各零件不能正常运动,失去工作能力。零件变形对港口机械的工作性能和使用寿命会有很大的影响。

(二)变形的种类

变形分弹性变形和塑性变形两种。

1.弹性变形

弹性变形是指外力去除后能完全恢复的那部分变形。其机理是晶体中的原子在外力作用下,偏离了原来平衡位置,使原子间距发生变化,造成晶格的伸缩或扭曲。

弹性变形量很小,一般不超过材料原来长度的 0.10%~1.0%,外力去除后变形完全消失。在弹性变形范围内,应力与应变成正比关系,符合虎克定律。

机械零部件中,通常经过冷校直的零件(如曲轴)经一段时间使用后又发生弯曲,这种现象是弹性后效所引起的,所以校直后的零件都应进行退火处理。所谓弹性后效,是指金属材料在低于弹性极限应力作用下会产生应变并逐渐恢复,但总是落后于应力的现象。

2. 塑性变形

塑性变形是指外力去除后不能恢复的那部分变形。其机理是多晶体存在晶界,各晶粒位向不同以及合金中存在溶质原子和异性,使各个晶粒的变形互相阻碍和制约,严重阻止位错的移动。晶粒越细,单位体积内的晶界越多,塑性变形抗力越大,强度就越高。

金属材料塑性变形后,材料的组织结构和性能将会发生变化:较大的塑性变形,会使多晶体的各向同性遭到破坏,表现出各向异性,金属产生加工硬化现象;多晶体在塑性变形时,各晶粒及同一晶粒内部的变形是不均匀的,当外力去除后,各晶粒的弹性恢复也不一样,因而在金属中产生内应力;塑性变形使原子活泼能力提高,造成金属耐腐蚀性下降。在变形中,塑性变形对零件的性能及使用寿命有很大影响。

(三)零件变形的原因

1. 残余内应力的影响

有些铸造零件,在制造加工出来以后,是符合技术要求的。但使用一段时间后,产生了不符合技术要求的较大变形。其主要原因是对铸铁件未进行时效处理或时效处理不当。铸铁件从高温冷却下来的过程中,由于零件各部位厚薄不均,冷却速度不同,厚的部位冷却速度慢,薄的部位冷却速度快,先冷却的部位材料内部产生弹性压缩,后冷却的部位材料内部产生弹性拉伸,这样在铸件内部就产生了内应力,通常称为热应力。

另外,灰铸铁在由奥氏体转化为铁素体的同时,析出石墨,体积膨胀。薄壁的部位冷却速度快,先达到相变温度而发生膨胀,承受拉应力,而厚壁部位则受压应力,这种内应力称为相变应力。

为了防止零件使用中由于内应力而变形,在机械加工前应对铸件进行自然时效或人工时效处理,从而消除铸件内部的残余应力。

2. 外载荷的影响

发动机的气缸体,车辆的变速箱体、后桥壳等零件,在工作过程中承受的外载荷不均衡,其长期作用的结果,使零件发生变形,改变配合表面的位置。这种情况在机械超负荷工作时更容易发生。

承受装配预紧力的紧固件也容易发生变形。如车辆的变速器壳与发动机飞轮壳的连接,只限于几个螺钉的紧固,而变速器壳的前壁刚度不大,就容易引起壳体变形。此外,像发动机气缸盖这类内部空腔较多、承受预紧力较大的紧固件,如果装配过程中不能很好地按规范操作,各部位所受预紧力不均,也很容易导致变形。

3. 修理过程的影响

港口机械修理过程中,如果对零件采用堆焊、焊接、压力加工等修理工艺,都有可能在零件内部产生新的内应力而导致变形,所以,在编制零件的修理工艺程序时,应充分考虑这些应力的影响;在对修理后的零件进行装配时,应进行形位检测。

4. 温度的影响

金属的弹性极限随温度的升高而降低,在高温作用下,内应力会很快松弛,所以工作温度高的零件(如发动机的燃烧室零件),在外载荷与高温的双重作用下,往往更容易产生变形。

(四)基础件变形对总成的影响

1. 气缸体

气缸体形状复杂,它经常处于超负荷和高温条件下工作,容易产生变形。

气缸体变形会引起气缸轴线与曲轴主轴承轴线的垂直度、主轴承轴线与凸轮轴轴线的平行度、各挡主轴承轴线的同轴度以及气缸体上下平面的平行度、气缸轴线与气缸体下平面的垂直度等的改变。

气缸轴线对曲轴轴线的垂直度偏差,将引起活塞连杆组零件在气缸内的倾斜,使活塞环与气缸壁之间的磨损加剧。各挡主轴承座孔的同轴度偏差,将引起曲轴在座孔中的挠曲,影响润滑油膜的形成和增加曲轴的附加载荷,加剧曲轴与轴承的磨损。因此,气缸体的变形将直接影响发动机的使用寿命。

2. 变速器壳体

变速器壳体的变形主要表现为轴承座孔轴线的同轴度、平行度以及与前后端面的垂直度等超过公差要求。如果这些误差超过了允许值,将使变速器传递扭矩不均匀,同时产生动载荷和工作噪声,还可能使齿轮工作中产生轴向力,当所产生的轴向力大于定位机构的锁止力和各滑动部位产生的摩擦力时,就有可能造成跳挡或脱挡,同时各齿轮组相对啮合的正确位置也会受到破坏,从而加剧齿轮磨损、点蚀和剥落。

二、老化

老化是指零件的物理性能和化学性能随时间的增加而下降的现象。

常见的容易老化的零件有:橡胶件、塑料件、密封件、弹簧等。

老化的影响因素有:阳光、氧气、酸碱盐等。

任务5 零件的清洗、检测与分类

一、零件的清洗

(一)零件清洗的基本原则

(1)保证满足对零件清洗程度的要求。清洗时必须根据不同的要求,采用不同的清洗剂和清洗方法,从而保证达到所要求的清洁质量。例如,配合零件的清洁程度高于非配合零件;动配合零件高于静配合零件;精密配合零件高于非精密配合零件。

(2)防止零件在清洗过程中的腐蚀。零件清洗后,应停放一段时间,应考虑清洗液的防腐能力或考虑其他防锈措施。

（3）确保安全操作，防止引起火灾、毒害人体及造成对环境的污染。

（4）讲究经济效益。在保证上述条件的前提下，应从提高工效、降低原材料成本等因素全面考虑其经济性。

零件表面的污垢，主要是油污、积炭和水垢。下面简单介绍这几种污垢的清除方法。

（二）油污的清除

油污主要是油料与灰尘、铁屑等物质的混合物，清洗时可以采用以下方法：

1. 有机溶剂法

使用有机溶剂，如汽油、煤油、柴油、酒精等，将零件表面的油污清洗掉。这种方法浪费油料较多，修理成本较高，一般用于清洗小型或比较精密的零件。

2. 碱性溶液法

使用碱性溶液清洗油污可使清洗成本大大降低。常用的碱性溶液配方见表 1-1。

表 1-1　常用碱性溶液配方　　　　　　　　　　单位：g

工件类别	成分配方	品名							
		苛性钠	碳酸钠	磷酸三钠	肥皂	硅酸钠	重铬酸钠	液态肥皂	水（kg）
钢铸铁件	1	100						2	1
	2	7.5	50	10	1.5				1
	3	20		50		30			1
铝质品	1		10				0.5		1
	2		4			1.5			1
	3					1.5		2	1

清洗零件时，把溶液加热到 353~363 K，再将零件置于溶液中浸煮，或用溶液对零件进行喷洗。零件清洗后用热水冲洗掉表面上的残留碱液，然后吹干。

（三）积炭的清除

积炭是燃料不完全燃烧的产物，主要存在于车辆发动机的燃烧室零件上。发动机工作过程中，燃油和窜入燃烧室内的机油未能完全燃烧，在高温和氧的作用下形成羟基酸和树脂状胶质黏附在零件表面上，再经过高温作用，缩聚成沥青质、油焦质和碳素质的复杂混合物，即形成所谓积炭。

燃烧室内形成的积炭不仅使燃烧室积减小，而且使燃烧过程中形成许多炽热点，引起早燃，破坏正常燃烧。黏附在活塞环上的积炭会在气缸内形成硬质磨料，引起气缸的不正常磨损，并会污染润滑系统、堵塞油道等。这些积炭在修理中必须彻底清除，常用的清除方法有机械方法和化学方法两种。

1. 机械方法

（1）手工清除。使用金属刷、三角刮刀等简单工具可以去除零件表面的部分积炭，但某些凹坑、沟槽部位的积炭则难以除尽。另外，手工清除容易在零件表面留下伤痕，使之形成新的积炭点，并且效率也很低。

（2）流体喷砂法。以液体和石英砂的混合物作为喷射物，以一定的压力喷射到零件表面，使积炭在液流的冲击下脱离零件表面，这种方法工作效率较高，清除效果也较好。

2. 化学方法

这种方法是将零件表面的积炭部位浸在化学溶液里,在溶液作用下,积炭软化,便很容易用擦洗或刷洗的方法清除掉。浸泡时间一般为2~3 h,溶液温度353~358 K。

常用的化学除炭溶液配方见表1-2。

表1-2 化学除炭溶液的成分配方

钢铁件无机除炭剂配方 成分名称	I	II	III	IV
氢氧化钠	2.5	16	16	2
碳酸钠	3.3			
磷酸钠		3		
硅酸钠	0.15	5		
肥皂	0.85	1		
重铬酸甲			0.5	
Tx-10清洗剂				0.5
邻苯二甲酸				
二丁酯				0.1
水	其余	其余	其余	其余

铝质件无机除炭剂 成分名称	I	II
碳酸钠	2	1.0
硅酸钠	0.8	—
肥皂	1.0	1.0
重铬酸甲	0.5	0.5
水	其余	其余

有机除炭剂配方

品名	煤油	汽油	松节油	苯酚	油酸	氨水(浓度18%)
含量(%)	22	8	17	30	8	

(四)水垢的清除

发动机经过长期使用后,其冷却系统中的水道,尤其是气缸体、气缸盖的水套内壁,常有大量的积垢。这些水垢的存在,不仅使冷却水道的通流截面积减小,阻碍了冷却水的循环,同时使热阻大大增加,导致发动机过热,工况恶化。

发动机冷却水道形状复杂,而水垢的成分大多数为不溶性盐类,因此,只有通过化学方法来清除。常用的化学溶液有酸性和碱性两类,究竟选用哪一种,应该根据水垢的性质来合理选择。

对碳酸盐类水垢,可用苛性钠溶液或盐酸溶液。

对硫酸盐类水垢,因为它不易直接溶解于盐酸溶液中,故不宜直接用盐酸溶液,应先用碳酸钠溶液处理,再用盐酸溶液清除。

硅酸盐类水垢也不易直接溶解于盐酸溶液,一般用2%~3%浓度的苛性钠溶液进行清洗。

另外,采用0.3%~0.5%的磷酸三钠溶液,可以清除任何成分的水垢。因为化学反应后生成的磷酸较为疏松,而钠盐等均溶于水。清洗完毕后放出清洗液,再用清水冲洗即可。这种方法的缺点是需要浸泡的时间较长。

二、零件的检测与分类

(一)零件检测的内容和方法

零件的检测包括以下几个方面的内容:

1.零件几何精度检测

几何精度包括尺寸精度、形状位置精度以及零件间的相对配合精度。常见的形状位置精度包括：直线度、平面度、圆度、圆柱度、同轴度、平行度、垂直度等。

2.表面质量检测

它包括表面粗糙度检验，表面擦伤、烧损、拉毛等缺陷的检测。

3.力学性能检测

力学性能检测主要是指对零件材料硬度的检测。此外，针对不同零件还要进行某些专项检测，如平衡状况、弹簧刚度等检测。

4.隐蔽缺陷检测

隐蔽缺陷是指不能直接从一般的观察、测量中发现的缺陷，如内部夹渣、空洞及使用中出现的微观裂纹等。隐蔽缺陷检测即指对这类缺陷所进行的检测。

根据零件缺陷位置和检测手段不同，零件的检测方法一般分为外部检视、仪器测量和内部缺陷检测。

零件破裂、明显裂纹、严重变形、严重磨损、严重腐蚀等缺陷，一般通过外部检视即可确定其需修或报废。零件因为磨损而导致尺寸变化，或因变形而引起几何形状的改变，或因长期使用而使技术性能降低等缺陷，一般很难用外部检视法鉴定，只有借助于仪器仪表等检测工具，通过测量其尺寸或其他技术数据，与检验技术条件相比较，才能确定其可用、需修或报废。对零件内部缺陷则要通过专门的探伤仪器或设备来进行检测。对于一些特殊技术数据的检测，如平衡试验，则要通过一些专用设备来进行。

（二）零件的外部检测

1.感觉检测

这是一种直观的检测方法，通过感觉器官来对零件进行判断和检测。它简单易行，在实际工作中应用很广，港口机械中的很多零件均可用这种方法进行技术状况的检测。

（1）目视

对于表面损伤的零件，如毛糙、沟槽、刮痕、明显裂纹、剥落、折断、严重变形、弯曲、烧蚀等，都可以通过眼睛或借助于放大镜进行观察，以确定其需修或报废。

（2）敲击

对于某些零件，如壳体、轴承等，可以用小锤轻轻敲击，辨别其声响是否正常。如零件完好，则敲击时发出清脆的音响；如敲击时发出沙哑的声响，则说明零件有裂纹、松动或结合不良等缺陷。

（3）比较

利用新的标准零件与被检测的零件进行比较，以对比的结果判断被检测零件的技术状况。

（4）触摸

根据经验，凭触摸的感觉粗略判断配合零件的间隙、温度、螺纹的扭紧度等。

外部检视法虽然应用较广，但是要求检验人员具有较高的技术水平和丰富的实践经验，对各种零件的工作状况，都应有感性体会，因而具有一定的局限性。

2.测量法检测

用测量法检测零件，一般可获得较高的精确度。修理过程中，常用的量具有量缸表、百分表、千分尺、游标卡尺、厚薄规、卡钳、专用样板、测齿卡尺等。常用的检测仪器有连杆校正器、弹簧检验器、活塞环检验器等。使用这些测量工具和仪器,可以检查零件尺寸、零件几何形状的变化,以及检查零件的平衡、组合件的耐压和气密性等。

(三)零件内部缺陷的检测

零件的内部或隐蔽缺陷,如曲轴、活塞销等零件的微观疲劳裂纹、铸造零件内部的气孔等,用外部检测和仪器测量难以发现,可以用浸油法、磁力探伤法、荧光探伤法、超声波探伤法等方法进行检测;气缸盖、气缸体等铸铁件,可通过水压试验发现其裂纹缺陷。这些方法都属于无损伤检测。

1.浸油法

采用浸油法检测零件裂纹的工艺过程如下:

(1)先将清洗干净的零件浸入煤油或柴油中数分钟,取出后将表面擦干。

(2)在零件表面涂上一层滑石粉或石灰。

(3)用小锤轻击零件的非工作面,如果零件有裂纹,那么,由于锤击产生的振动,使渗入裂纹中的油溅出,在白粉上就会出现黄色线痕。

这是探测微观裂纹的比较简单而有效的方法。也可以用着色法,即在零件表面涂上一薄层红丹油,隔数分钟后,用布擦去红丹油,然后用锤击法检测,有裂纹的地方即会出现红色线痕。

2.磁力探伤法

磁力探伤法可以在不损伤零件的前提下,用物理方法准确地探测出零件的隐蔽裂纹和损伤。

磁力探伤的设备是磁力探伤仪。它借助于探伤器将零件磁化,于是,在零件隐蔽裂纹的边缘便形成磁极。其工作原理是:当磁力线通过被检测零件时,零件被磁化,此时,若零件有裂纹或其他(气孔、砂眼等)缺陷时,这些有缺陷的部位不导磁,而使磁力线被迫中断,因而便形成局部磁场和磁极,如图1-9所示。当在磁化零件表面撒上磁铁粉或铁粉液时,铁粉便被吸附在形成局部磁场的裂纹和缺陷处,因而显示出裂纹或缺陷的部位和大小。

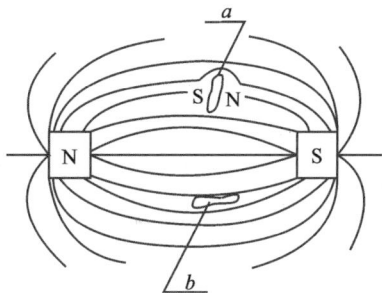

图1-9 零件裂纹处的局部磁场

进行磁力探伤时,必须使磁力线垂直通过裂纹,使其最大限度地切割磁力线。否则裂纹不易被发现,如图1-10(b)所示,因为裂纹平行于磁场时,磁力线偏散很小。所以在探伤检测时,要预先估计裂纹所在的位置和方向,从而采用不同的磁化方式:对横向裂纹要使零件纵向磁化,对纵向裂纹要使零件横向磁化(亦称环形磁化)。

磁化电流可采用直流或交流,主要采用低压高强度电流,这样可以获得强力磁场。交

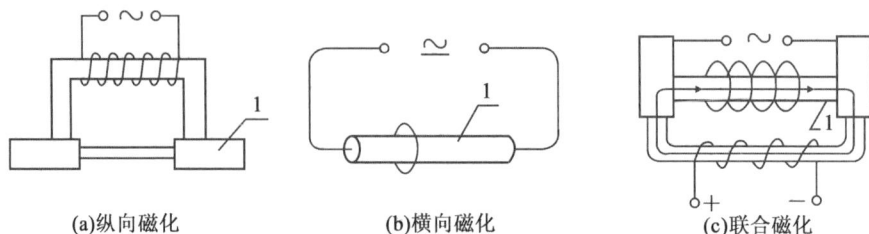

(a)纵向磁化   (b)横向磁化   (c)联合磁化

图 1-10　磁化原理简图
1—被检测零件

流磁力探伤因其设备简单(只需降压变压器)而被广泛采用,但由于交流电的集肤效应,只能检验接近零件表面的裂纹,适用于疲劳裂纹的检测。

目前机械维修企业广泛采用的便携式磁力探伤仪,主要由控制器、马蹄形探头和环形探头组成。控制器的"磁场控制"开关有"强""中""弱"三挡位置,可根据被测零件的大小进行选择,探头的型号也可以由被检测零件的形状来选用,马蹄形探头适用于检测异形表面的裂纹,如曲轴和销孔等。环形探头适用于检测直径较小的轴类零件的表面缺陷,如半轴、转向节等。

经过磁力探伤检查的零件中含有剩磁,在使用中会吸附铁屑而加速零件磨损,因而,磁力探伤后的零件要进行退磁处理。其方法有两种:一是将零件从交变磁场中慢慢退出来,或者零件在磁场中不动,使磁场电流逐渐下降到零;另一种是将零件置于直流电的磁场中,不断改变磁场的极性,同时逐渐将电流减小到零。值得注意的是,交流电退磁,仅在零件表面有效,对于直流电磁化的零件,只能用直流电退磁。

磁力探伤法只适用于能够被磁化的零件。

磁力探伤法由于其设备简单,探伤较准确、迅速,因而在机械修理企业中被广泛应用,但磁力探伤法不易探测出零件深处的缺陷,其应用受到缺陷深度的限制。

3. 荧光探伤法

荧光探伤是利用在紫外线作用下,能发光的物质作为悬浮液体,将它涂在被检测零件的表面上,当零件被水银灯照射时,在裂纹内的发光物质将更加明亮,因此很容易发现裂纹。尤其在钢制零件的黑暗表面上,这种方法更为奏效。它能够发现磁力探伤时所不能发现的很细小的裂纹。

荧光探伤的基本原理如图 1-11 所示:检测零件表面缺陷时,在零件表面涂一层渗透性好的荧光乳化液,它能渗透到最细微的裂纹中去。然后将零件表面的荧光物质迅速洗去,缺陷内仍保留有荧光液,在紫外线的照射下发光,从而显示出缺陷的位置、形状和大小。

荧光探伤的工艺如下:

(1)探伤前对零件进行表面处理,首先清除零件表面的油污、锈斑和腐蚀物质等,然后用丙酮或清水清洗后烘干,以便于渗透过程的进行。

(2)将被检测零件浸入荧光液中 10~15 min,取出后用 1 960 kPa 的压力冷水将零件表面的荧光液洗掉(时间应短),并用压缩空气吹干。

(3)在零件表面覆盖氧化镁干粉,10~15 min 后,用压缩空气吹去多余的粉末。

(4)将零件放在紫外线光源的正下方,在紫外线的作用下,氧化镁干粉从零件缺陷中吸附出来的荧光乳化液内的物质就会发出光亮,从而显示缺陷的形状和位置。

图 1-11　荧光探伤原理示意图

1—被检测零件;2—紫外光线;3—紫外光源;4—充满荧光剂的缺陷;5—显像剂

为了获得可靠的检测效果,通常把荧光探伤与磁力探伤结合起来使用。

4. 超声波探伤法

超声波探伤是利用超声波通过两种不同介质而产生折射和反射的原理来发现零件内部隐蔽缺陷及其所在位置的。超声波探伤主要有穿透法和反射法两种。

(1)穿透法

穿透法是根据超声波能量变化情况来判断零件内部的状况的。此法把发射探头和接收探头分别置于零件两相对表面,发射探头发射的超声波能量是一定的,在零件不存在缺陷时,超声波穿透过一定厚度零件后在接收探头上所接收到的能量也是一定的,而当零件存在缺陷时,由于缺陷的反射,接收到的能量便有所减少,从而可以断定零件内部存在的缺陷。

穿透法探伤的原理如图 1-12 所示。由振荡器、功率放大器及整流器所组成的发射器 1 将交变电压加在探头 2 上,使探头振荡产生超声波,由于探头紧压在零件 3 表面,则超声波 4 传入零件 3,如果零件内部无缺陷[图 1-12(a)],则超声波穿过零件到达接收器 5,指示仪表 7 的指针摆动。当零件内部有缺陷时[图 1-12 中(b)],指针不摆动或摆动很小。

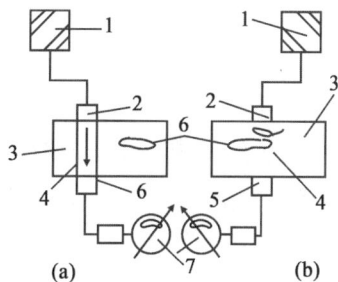

图 1-12　穿透法超声波探伤原理

1—发射器;2—探头;3—零件;4—超声波;5—接收器;6—裂纹;7—指示仪表

(2)反射法

反射法探伤的原理如图 1-13 所示。它利用超声波反射时间的变化来确定零件内部是否有裂纹损伤。振荡器 6 将交变电能传给发射探头 3,当发射探头 3 与零件 1 接触时,一部分超声波首先被零件表面反射回来,另一部分则传入零件,当传入零件内部的超声波遇到裂纹时,又有一部分反射回来,其余的超声波则在到达零件底面时,全部被反射回来。因此,当探头2将先后三次接收的反射超声波讯号,经过放大器4传到示波器5,于是在示波器的荧光屏上便先后出现三个不同的波峰。如果零件内部无缺陷,则只有前后两个波峰,如果在前后两个波峰之间再出现波峰,则表示零件内部有缺陷。而零件内部损伤的深度情况,要根据波峰的比例距离决定。

上述两种方法,穿透法较反射法灵敏度低,且受零件形状的影响较大。但较适宜于检验成批生产或板材类零件,此时可以通过接收能量的精确对比而得到较高的精度,且易于实现自动化。

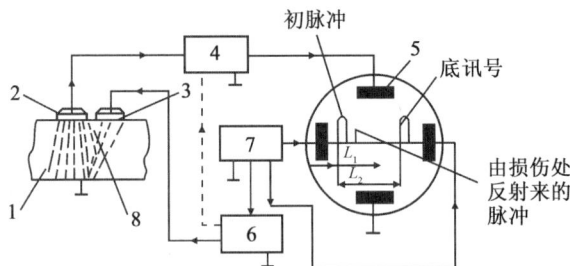

图1-13 反射法超声波探伤原理

1—零件;2—探头;3—发射探头;4—放大器;5—示波器;6—振荡器;7—发生器;8—裂纹

(四)零件的平衡检测

对于曲轴、飞轮、传动轴、离合器、车轮等高速旋转零件,如果失去平衡,运转中就会产生不平衡离心力或离心力矩,必将在零件本身或在其支承上产生附加负荷,导致机械振动和噪声,加速零件磨损,严重时甚至引起零件的不正常损坏,因此,对高速旋转零件必须进行平衡性检测。平衡性检测包括静平衡检测和动平衡检测两种。

零件或组合件产生不平衡的原因主要有:零件材料不均匀,如有气孔、砂眼等;零件使用中发生磨损、变形;加工误差使零件的轴线偏离旋转轴线;装配误差使组合件的轴线偏离旋转轴线。

1. 静平衡检测

旋转直径大于长度的零件(如飞轮、离合器从动盘等),当其重心偏离旋转轴线时,便会产生静不平衡,静不平衡所产生的离心力F,其值可用下面的公式计算:

$$F = \frac{W}{g} \cdot e \cdot \left(\frac{\pi n}{30}\right)^2 \qquad (\text{N})$$

式中:W——零件重量(kg);

e——偏心距(cm);

n——零件转速(r/min)。

可见,离心力与转速n的平方成正比,所以对于高速旋转零件,离心力是很危险的。

零件的静平衡应在专用的检验台架上进行。图1-14所示是平盘式静平衡机结构示意图。水平刻度平盘3可以绕摆架1上的垂直轴旋转,摆架1支承在两个三棱体2的刀口上,平衡尺4的表面上有刻度,可以在支座6的孔中轴向移动,水平仪5装在摆架1上。例如,对飞轮进行静平衡检测时,可将其放在平盘3上,由于飞轮的静不平衡,使摆架倾向一侧,这时,移动平衡尺,使摆架重新达到水平位置,平衡尺的位移刻度值 a,可以从支架的窥视孔的箭头处读出。然后使平盘连同飞轮转动 90°,再移动平衡尺,使摆架达到水平位置,读出平衡尺的位移刻度值 b,于是,便可根据平衡尺所指示的两个值 a 和 b,算出不平衡质量的大小和位置。

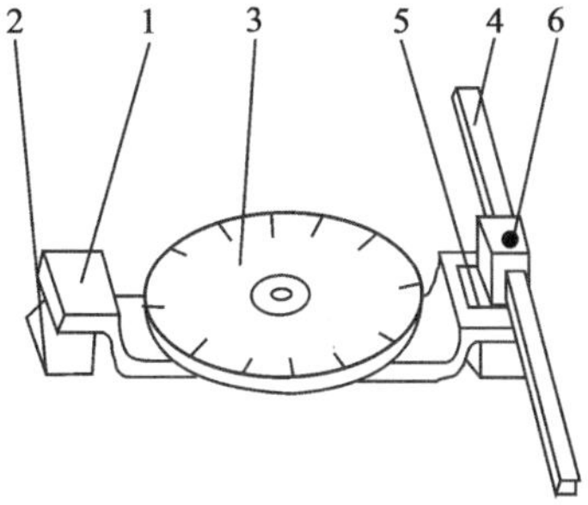

图 1-14 平盘式静平衡机结构示意图
1—摆架;2—三棱体;3—平盘;4—平衡尺;5—水平仪;6—支座

零件不平衡质量的消除方法,通常有以下两种:即在不平衡质量相对称的一边附加一质量,或在不平衡质量的一边的适当位置削去一定质量的金属。

2. 动平衡检测

对于直径小于长度(如发动机曲轴、传动轴等)的旋转零件,即使它们已经经过静平衡,但若在其旋转轴线两侧产生力偶,便会出现动不平衡。如图 1-15 所示,两曲拐在同一平面的曲轴,两曲拐的重心分别在 s_1 和 s_2,重心与轴线间距离分别为 r_1 和 r_2 并且两者相等,这时,整个曲轴的重心与旋转轴线重合,达到静平衡。但是,曲轴旋转时产生的离心力 F_1 和 F_2 组成一个力偶,其力偶臂为 L,此离心力偶在曲轴工作中使轴承承受附加载荷,这种不利因素,在设计时一般均已解决。但使用了一段时间后,由于磨损和变形等原因,破坏了原有的平衡,这时就有必要对曲轴进行动平衡试验。

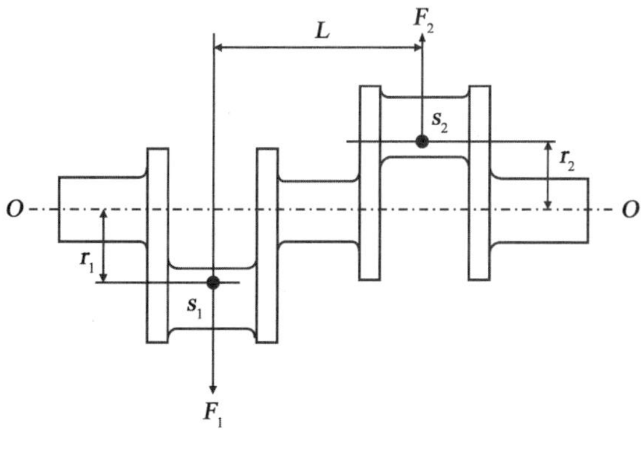

图 1-15 曲轴的动不平衡

曲轴的动平衡试验在专门的动平衡试验机上进行。

动平衡试验机的基本原理如图 1-16 所示,被测曲轴安装在能发生横向摆振的摆架 3 上,当曲轴由电动机拖动旋转时,若在校正平面内存在不平衡质量,必然会引起振摆,其振幅值由传感线圈 1 在永久磁铁 2 内摆动所产生的感应电流转变为电信号输入电测系统,经移相器 4 校正相位后,在毫安表 5 上显示出来,从而确定不平衡力的方位和数值,根据不平衡力的方位和数值在相应的曲轴曲柄上钻去适当的质量而得到平衡。

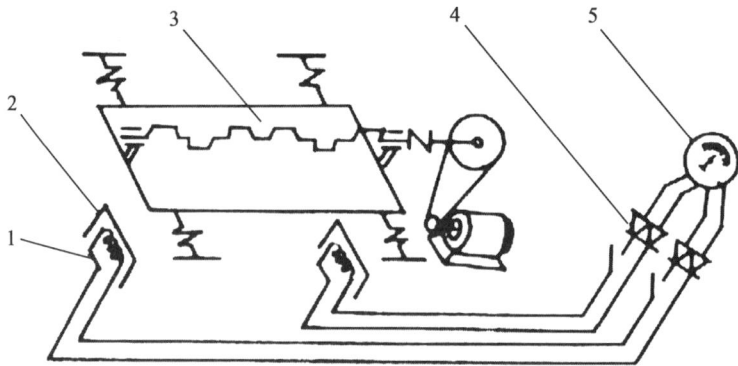

图 1-16　曲轴动平衡试验机原理简图

1—传感线圈；2—永久磁铁；3—摆架；4—移相器；5—毫安表

3. 港口机械主要零件及组合件的平衡

（1）发动机曲轴

发动机曲轴一般都配有平衡重，平衡重与曲轴制成一体或用紧固螺栓与曲轴连在一起。曲轴在修理后一般要进行动平衡，平衡时，可在平衡重或曲柄臂上用钻孔或铣平面的方法去掉一部分质量而取得平衡。发动机修理中不得随便拆下曲轴的平衡重。

（2）飞轮

飞轮一般进行静平衡，可用在飞轮平面上或圆柱面上钻孔的方法取得平衡。

（3）离合器压盘

离合器压盘一般进行静平衡，平衡时，可在离合器压盘上钻孔以取得平衡。

（4）曲轴、飞轮及离合器总成

曲轴、飞轮及离合器总成需进行动平衡时，应在曲轴、飞轮及离合器总成分别进行平衡检测后，再将它们装合在一起进行动平衡检测。当其不平衡度超限时，应拆散总成后分别对曲轴、飞轮及离合器总成进行平衡检验，直至总成的不平衡度在允许的限度内，再进行动平衡检测。如不平衡，取得平衡的方法是在飞轮上钻孔或在离合器壳上加装平衡片。

一般曲轴、飞轮及离合器上都标有表明它们之间装配关系的标记，维修时应注意按记号装配。

（5）传动轴总成

传动轴总成需进行动平衡，取得平衡的主要方法是在传动轴管两端焊上平衡片，或在十字轴轴承盖上加装平衡块。

港口机械主要零件及组合件的允许不平衡值见表 1-3。

表 1-3　港口机械主要零件及组合件的允许不平衡值

零件及组合件名称	平衡性质	允许不平衡值（g·cm）	
		载重汽车	轻型汽车
曲轴	动平衡	100~150	10~50
飞轮	静平衡	35~90	10~35
离合器片组合件	静平衡	18	10~18
曲轴、飞轮及离合器组合件	动平衡	75~150	15~50
传动轴组合件	动平衡	50~100	5~15
制动鼓与轮毂组合件	静平衡		400
车轮组合件(带轮胎)	静平衡		250~500
离合器总成	静平衡	70~100	10~35

任务实施

一、任务描述

1. 分析零件摩擦与润滑的机理,磨损的产生、分类、影响因素及应采取的技术措施;

2. 分析零件裂纹与断裂的关系,识别疲劳断口三个区域,提出避免疲劳断裂的技术措施;

3. 分析零件腐蚀与穴蚀的特征,描述应采取的技术措施;

4. 分析零件产生变形的危害、特征、原因,描述应采取的技术措施;

5. 正确描述零件的清洗原则以及油污、积炭、水垢的清除方法,尝试用不同的方法去除油污、积炭、水垢;

6. 正确描述零件检验与分类的概念以及零件外部检验、内部缺陷检验、平衡检验的技术要求,运用浸油检验、磁力探伤检验、荧光探伤检验、超声波探伤检验、平衡检验等方法,对零件进行外部检验、内部缺陷检验、平衡检验。

二、任务要求

1. 按照检测要求和技术标准将设备仪器分别放在相关工位,将制定的任务单发给学生;每位学生穿上工作服、工作鞋,随身携带一支笔,以便做好记录并分析结果;

2. 使用有关工具、量具,对废弃港口机械零部件进行检测,记录相关数据,分析检测结果;按照正确步骤分析摩擦过程及其影响因素、区分磨损的种类、检查分辨裂纹与断裂、识别疲劳断口三个区域的特征、腐蚀与穴蚀的特征、变形的特征,描述应采取的技术措施;

3. 按照有关要求,正确分析零件产生磨损、断裂、腐蚀与穴蚀、变形的原因、危害、影响因素与特性,描述应采取的方法与途径、技术措施;

4. 按照零件清洗要求准备各种溶剂,尝试用不同的方法去除油污、积炭、水垢;使用游标卡尺、百分表等量具检验零件技术参数;运用浸油检验、磁力探伤检验、荧光探伤检验、超声波探伤检验、平衡检验等方法,对零件进行外部检验、内部缺陷检验、平衡检验。

三、任务考核

序号	考核内容	分值	评分标准	得分
1	正确使用工具、量具	5	工具使用不当,一次扣2分	
2	描述摩擦、磨损、断裂、腐蚀、穴蚀、变形的定义	10	关键词使用不当扣1分	
	描述摩擦、磨损、断裂、腐蚀、变形的分类			
3	描述摩擦、磨损、断裂、腐蚀、穴蚀、变形的影响因素	10	影响因素回答不正确扣5分	
4	描述零件的磨损特性	60	对各个项目进行准确描述,错一项扣5分	
	描述裂纹与断裂的辨认			
	描述变形的特征与危害			
	描述裂纹、变形的原因			
	疲劳断口的形貌分析			
	描述减少零件磨损、断裂、腐蚀、穴蚀、变形的方法			
5	工具、现场清洁	5	每项扣2分,扣完为止	
6	安全、文明生产	10	违规操作、发生人身和设备事故,为0分	
7	配分合计	100	得分合计	

复习思考

一、填空题(将正确答案填在题中横线上)

1. 当两个零件在自重和外载荷作用下压紧并在外力作用下发生相对运动时,其凸凹不平的部分会发生_____和碰撞,出现摩擦阻力而阻碍运动,使接触表面产生摩擦。

2. 如果不采取任何技术措施,零件在摩擦过程中将迅速磨损和_____,严重时会咬死或烧熔。

3. 两摩擦表面实际上是凸点接触,接触点上的负荷大约是平均负荷的_____倍,接触点的金属在高负荷下发生变形,使机械咬合部位的凸点由于碰撞而脱落。

4. 摩擦表面之间没有任何润滑剂而直接接触时所产生的摩擦称为_____。

5. 干摩擦的_____最大,对机械零件产生的磨损也最大,港口机械零件运转中应尽量避免发生干摩擦。

6. _____是指零件断裂前发生显著的塑性变形的断裂。

7. _____的断口呈结晶状,常有人字纹或放射状花纹,平滑而光亮,且与正压力垂直,断口附近的截面收缩很小,一般不超过3%。

8. 按断口的微观特征分为晶间断裂和_____。

9. 按零件断裂前所承受的载荷性质分为一次加载断裂和_____。

10. 化学腐蚀在金属零件中是_____存在的。

11. 有机酸和矿物酸,这些酸类对发动机缸套内壁有很强的_____作用,这种腐蚀作用将会导致缸套的不正常磨损。

12. 缸内温度越低,气缸内壁的腐蚀越_____。

13. _____ 是指金属与介质发生电化学反应而引起的破坏。

14. 与化学腐蚀相比,_____具有更大的危害性,金属零件的腐蚀大多是由引起的。

15. 零件的变形是指由于_____的变化,引起零件的尺寸和形状发生改变的现象。

16. 零件变形,将导致各零件正常的_____被破坏,润滑条件变差,并产生一定的附加载荷,使零件的磨损加剧,使用寿命降低,甚至导致各零件不能正常运动,失去工作能力。

17. 变形分_____变形和_____变形两种。

18. 弹性变形是指外力去除后能_____的那部分变形。

19. 塑性交形是指外力去除后不能_____的那部分变形。

20. 配合零件的清洁程度_____非配合零件;动配合零件_____静配合零件;精密配合零件_____非精密配合零件。

21. 零件清洗后,应停放一段时间,应考虑清洗液的_____能力或考虑其他_____措施。

22. 确保安全操作,防止引起_____、_____及造成对_____的污染。

23. 讲究经济效益。在保证上述条件的前提下,应从提高_____,降低原材料成本等因素全面考虑其经济性。

24. 零件表面的污垢,主要是_____、_____和_____。

25. 几何精度包括尺寸精度、_____精度以及零件间的相对配合精度。

26. 常见的形状位置精度包括:直线度、_____、圆度、圆柱度、同轴度、平行度、垂直度等。

27. 表面质量的检测包括表面_____检测,表面擦伤、烧损、拉毛等缺陷的检测。

28. 力学性能的检测主要是指对零件材料_____的检测。此外,针对不同零件还要进行某些专项检测,如平衡状况、弹簧刚度等检测。

二、判断题(将判断结果填入括号中,正确的填"√",错误的填"×")

1.(　)磨损是伴随着摩擦而产生的。

2.(　)黏着磨损是在零件的内部,由于黏着作用,使一个零件表面的金属转移到另一个零件表面所产生的磨损。

3.(　)零件表面的负荷越大,表面温度越低,黏着磨损越严重。

4.(　)港口机械零件所发生的黏着磨损,多数是由于配合间隙过大,运动零件表面加工纹理尚未磨合好,就过早地增大负荷,导致零件的工作温度过高而形成的。

5.(　)摩擦表面在相对滑动时,若在摩擦表面之间存在着磨料,摩擦表面便会在磨料的作用下产生显微变形或切割,形成磨料磨损。

6.(　)疲劳断裂的特点是零件破坏时的应力远高于零件材料的抗拉强度,甚至低于材料的屈服强度。

7.(　)材料疲劳断裂时,可能会产生明显的塑性变形,均表现为脆性断裂。

8.（　）疲劳裂纹的产生取决于交变应力的大小、交变应力的循环次数和材料的疲劳强度。

9.（　）零件产生最初的微观裂纹还与金属本身结晶的各向同性和加工不均匀度有关。

10.（　）典型的疲劳断口按断裂过程有三个区域，即疲劳源区、疲劳区、瞬时断裂区。

11.（　）腐蚀过程缓慢的，它带来的危害也不大。

12.（　）合理选材就是根据环境介质和使用条件，选择合适的材料，如选用含有镍、铬、硅、钛等元素的合金钢，在条件允许的情况下，尽量选用尼龙、塑料、陶瓷等材料。

13.（　）非金属保护层是采用电镀喷焊、化学镀等方法，在金属表面覆盖一层如镍、铬、锡等金属或合金作为保护层。

14.（　）金属保护层常用的有油漆、涂料、玻璃钢、硬软聚氯乙烯、耐酸酚醛塑料等，临时性防腐可涂油或油脂。

15.（　）化学保护层是指用化学或电化学方法在金属表面覆盖一层化合物薄膜，如磷化、发蓝、钝化等。

16.（　）表面合金化常见的如渗氮、渗铬、渗铝等。

17.（　）零件的变形对港口机械的工作性能和使用寿命不会有很大的影响。

18.（　）塑性变形机理是晶体中的原子在外力作用下，偏离了原来平衡位置，使原子间距发生变化，造成晶格的伸缩或扭曲。

19.（　）弹性变形量很小，在弹性变形范围内，应力与应变成正比关系，符合虎克定律。

20.（　）弹性交形机理是多晶体存在晶界，各晶粒位向不同以及合金中存在溶质原子和异性，使各个晶粒的变形互相阻碍和制约，严重阻止位错的移动。

21.（　）油污主要是油料与灰尘、铁屑等物质的混合物。

22.（　）使用有机溶剂将零件表面的油污清洗掉。这种方法比较经济。

23.（　）使用碱性溶液清洗油污可使清洗成本大大降低。

24.（　）清洗零件时，把溶液加热到 753～863 K，再将零件置于溶液中浸煮，或用溶液对零件进行喷洗。

25.（　）零件清洗后用凉水冲洗掉表面上的残留碱液，然后吹干。

26.（　）通过感觉器官来对零件进行判断和检测，它简单易行，在实际工作中应用很广，港口机械中的很多零件均可用这种方法进行技术状况的检测。

27.（　）对于表面损伤的零件，如毛糙、沟槽、刮痕、明显裂纹、剥落、折断、严重变形、弯曲、烧蚀等，都可以通过嗅觉或借助于放大镜进行观察，以确定其需修或报废。

28.（　）敲击时发出清脆的音响，则说明零件有裂纹、松动或结合不良等缺陷。

29.（　）利用新的标准零件与被检测的零件进行比较，以对比的结果判断被检测零件的技术状况。

30.（　）凭触摸的感觉粗略判断配合零件的间隙、温度、螺纹的扭紧度等。

三、选择题（选择一个正确的答案，将相应的字母填入题内的括号中）

1.摩擦运动形式有滚动摩擦和滑动摩擦两种，在其他条件相同的情况下，（　）的阻力小，散热能力强，磨损较慢，滑动摩擦磨损较快。

    A. 滑动摩擦   B. 干摩擦   C. 滚动摩擦

2.摩擦零件的表面，一般以润滑油作介质，润滑油的性质对磨损过程起着很大的影响。

理想的润滑油,应具有适当的( )和足够的化学稳定性。

    A. 黏度   B. 酸性   C. 机械杂质

3. 摩擦副的材料和表面性质的影响一切磨损的产生和发展,都是由材料的( )开始的,硬度高的材料,抗塑性变形能力强,因而比较耐磨。

    A. 表面   B. 塑性变形   C. 弹性变形

4. 一般来说,零件的磨损可以分为( )个阶段。

    A. 三   B. 四   C. 五

5. 在未查清断口的重要特征和照相记录之前,不允许( )断口。

    A. 观察   B. 保护   C. 清洗

6. 宏观分析就是用肉眼或( )倍以下的放大镜,对断口进行观察和分析。

    A. 2   B. 20   C. 200

7. 微观分析是用金相显微镜或电子显微镜对( )进行观察和分析。

    A. 表面   B. 侧面   C. 断口

8. ( )主要是检验金属材料的常规数据是否合格。

    A. 金相组织   B. 力学性能检验   C. 化学分析

9. 相对于( )运动的固体表面,因为气泡破裂产生局部冲击高压或局部高温所引起的零件表面金属剥落现象称为穴蚀。

    A. 气泡   B. 液体   C. 固体

10. 当零件与液体接触并产生相对运动时,接触处的局部压力( )液体蒸发压力时,形成气泡。

    A. 低于   B. 高于   C. 等于

11. 当穴蚀严重时,可扩展为深度( )的孔穴,直到穿透或开裂而使零件遭受破坏。

    A. 2.0 mm   B. 20 mm   C. 200 mm

12. 为了防止零件使用中由于内应力而变形,在机械加工前应对铸件进行自然时效或人工时效处理,从而消除铸件内部的( )。

    A. 残余应力   B. 压力   C. 弹力

13. 像发动机气缸盖这类内部空腔较多、承受预紧力较( )的紧固件,如果装配过程中不能很好地按规范操作,各部位所受预紧力不均,也很容易导致变形。

    A. 小   B. 大

14. 堆焊、焊接、压力加工等修理工艺,都有可能在零件内部产生新的( )而导致变形。

    A. 内应力   B. 压力   C. 弹力

15. 金属的弹性极限随温度的升高而降低,在高温作用下,内应力会很快( )。

    A. 放松   B. 松弛   C. 释放

16. 积炭是燃料不完全燃烧的产物,主要存在于车辆发动机的( )零件上。

    A. 发动机   B. 燃烧室   C. 排气管

17. 下列哪一项不是形成积炭的因素( )。

    A. 高温   B. 缩聚   C. 富氧

18. 对( )类水垢,可用苛性钠溶液或盐酸溶液。

    A. 碳酸盐   B. 硅酸盐   C. 硫酸盐

19. 零件的内部或隐蔽缺陷,不能用下列( )方法进行检验。

    A. 浸油法　　　　　　　　B. 磁力探伤法

    C. 超声波探伤法　　　　　D. 视觉检验法

20. 气缸盖、气缸体等铸铁件,可通过( )发现其裂纹缺陷。这些方法都属于无损伤检验。

    A. 浸油法　　　　　　　　B. 磁力探伤法

    C. 水压试验法　　　　　　D. 视觉检测法

21. 磁力探伤法可以在不损伤零件的前提下,用( )方法准确地探测出零件的隐蔽裂纹和损伤。

    A. 物理　　　　　　　　　B. 化学

    C. 水压试验　　　　　　　D. 视觉检测

22. 荧光探伤能够发现( )时所不能发现的很细小的裂纹。

    A. 浸油法　　　　　　　　B. 磁力探伤法

    C. 水压试验法　　　　　　D. 视觉检测法

23. 超声波探伤是利用超声波通过两种不同介质而产生折射和反射的原理来发现零件内部隐蔽缺陷及其所在位置的。超声波探伤主要有穿透法和( )法两种。

    A. 反射　　　　　　B. 折射　　　　　　C. 漫反射

四、问答题

1. 减少磨损的方法与途径有哪些?

2. 是不是零件摩擦表面越光滑,磨损速度越小?

3. 避免零件疲劳断裂的措施有哪些?

4. 金属表面的强化处理方法有哪些?

5. 减轻腐蚀的措施主要有哪几方面?

6. 减轻穴蚀的措施有哪些?

7. 残余内应力的影响有哪些?

8. 零件变形的原因有哪些?

9. 气缸体的变形会对发动机的工作产生怎样的影响?

10. 零件的清洗必须掌握哪些基本原则?

11. 零件的检测包括几个方面的内容?

12. 详述磁力探伤检验方法。

13. 为什么有些零件进行过静平衡检测后还要进行动平衡检测?

项目二

零件的修复技术

教学目标

一、知识目标

1. 熟知机械加工修复的特点、注意事项,掌握零件修复使用的修理尺寸法、附加零件法、局部更换法、转向和翻转法等方法;

2. 熟知铸铁零件的焊修特点及工艺要求;

3. 熟知合金钢零件的焊修特点及工艺要求;

4. 熟知铝合金零件的焊修特点及工艺要求;

5. 了解零件黏接的原理、特点;熟知常用黏接剂及其特性;

6. 了解零件校正、表面强化的方法、要求。

二、能力目标

1. 能正确运用机械加工注意事项,合理使用修理尺寸法、附加零件法、局部更换法、转向和翻转法等方法对零件进行修理;

2. 能正确描述铸铁零件的焊修方法;掌握铸铁零件的焊修工艺;

3. 能正确描述铝合金零件的焊接工艺要点;能用氩弧焊对铝合金零件进行焊接,能用火焰钎焊对铝型材进行焊接;

4. 能正确描述各种黏接剂耐受的温度;能正确选择零件的黏接接头与黏接方式;能正确使用四种黏接剂对零件进行修复;

5. 能正确描述零件校正、表面强化的方法、要求。

任务导入

在港口机械零件修复过程中,常采用修理尺寸法、附加零件法、局部更换法、转向和翻转法、焊修、黏接、校正与表面强化等方法对零件进行修理。港口机械维修人员应根据零件的损伤特点,分析零件的损伤原因,采用合适的维修工艺和方法,以恢复零件的使用性能。

相关知识

任务 1　机械加工修复技术

一、机械加工修复的特点及注意事项

(一)机械加工修复的特点

零件修复中的机械加工和制造新件有很大的不同,其主要特点如下:

(1)加工批量小,有时甚至单件生产,同一个零件的加工部位各不相同,给组织生产带来困难。

(2)加工余量小,有时只对零件某一部分加工。

(3)由于零件在工作中磨损、变形等造成的损伤使原工艺基准被破坏,加工精度不易保证。

(4)工件表面硬度大,需切削的表面往往是淬硬层或表面修复层。

(5)修理企业的设备精度往往低于制造企业的设备精度,质量保证体系也不如制造企业健全、严格。

(二)机械加工修复注意事项

1. 合理选择定位基准

为了保证零件的加工精度,必须有准确的定位基准。失效后需要修复的零件,由于使用中的耗损和加工设备的精度误差,必须合理选择定位基准,才能保证零件的加工精度。

轴类零件原加工基准多半是顶尖孔。轴在使用过程中,顶尖孔有的被磨损或碰伤,有的由于轴的弯曲而失准,故在加工前,应先校正轴,然后修整顶尖孔。加工基准的选择要与原加工基准重合或选择加工精度高、误差小的地方作为定位基准。

壳体零件修复时,应特别注意变形所引起的某些孔轴线的歪斜和相互位置关系的改变。它不但影响本身精度,而且会影响零件的装配关系,造成零件磨损加剧,影响总成的大修质量。

使用过程中壳体零件的平面常常会发生翘曲变形,修复中如要用此平面作基准,必须用关键轴心线为基准进行检查并加以修整。

2. 轴类零件的过渡圆角

机械中承受交变载荷的轴类零件,在形状和尺寸改变处,对应力集中很敏感,一般情况下,过渡圆角处的应力,比正常大 2~4 倍,通常过渡圆角半径 r 的数值有一定范围,在不妨碍装配的情况下,修复加工中应尽量取其上限,这是因为修复加工时,轴的疲劳强度已有所下降,而使用经验证明,r 取大值,会降低应力集中,提高疲劳强度,延长轴类零件的使用寿命。

3. 修复零件的表面粗糙度

表面粗糙度对零件的诸多性能有影响,首先影响零件的耐磨性,粗糙的表面使初始磨损增大,导致正常工作时初始间隙过大,根据零件的磨损特性,这将大大缩短零件的使用寿命。表面粗糙度的大小又会影响到过盈配合的过盈量大小,过于粗糙的表面在过盈配合时,凸点易被压平,使实际过盈量减少。表面粗糙度的大小还会影响零件的疲劳强度,尤其是优质高强度钢材,在交变载荷作用下,对表面粗糙度更为敏感,因为材料强度越高,应力集中现象越严重。另外,表面粗糙度还会影响零件的抗腐蚀性能,因为粗糙的表面容易黏附腐蚀性物质,加速零件的腐蚀。

零件修复后应具有与新零件相同的表面粗糙度,在实际修理中,一般修复零件的表面粗糙度数值有所升高,这无疑会加剧零件的磨损,缩短零件的使用寿命。所以在机械加工修理时,应高度重视零件的表面粗糙度。

二、修理尺寸法

修理尺寸法在港口机械修理中得到了广泛的应用,其实质是对配合副中主要零件的磨损部位进行机械加工,使零件得到规定的几何形状、表面粗糙度和新的尺寸(即所谓的修理尺寸),然后更换相应的配合件。对于轴类零件,修理尺寸小于名义尺寸;对于孔类零件,修理尺寸则大于名义尺寸。若配合副中的一个零件以修理尺寸加工,则另一个配合零件也应按这个尺寸进行选配加工,从而保证配合副具有技术条件规定的配合特性。一般是对比较复杂而贵重的零件进行加工保留,而更换比较简单而便宜的零件。如磨削曲轴轴颈,更换修理尺寸的轴承;镗削气缸,更换加大的活塞;铰削活塞销孔,更换加大的活塞销等。

使用修理尺寸法修复零件,能大大延长复杂零件和基础件的使用寿命,它简便易行,经济性好,在港口机械修理中得到广泛采用。为了保证零件修理后仍具有足够的强度,尺寸的增大(孔)或缩小(轴)应有一个限度,所以,当采用修理尺寸法到最后一级时,就要采用其他修理方法来恢复零件原来的标准尺寸。

采用修理尺寸法修复零件要注意以下几点:

(1)同组的孔或轴的修理尺寸要按磨损最大的孔或轴来选择。

(2)同组的孔或轴的修理尺寸必须一致。

(3)加工时,应先加工磨损最大的孔或轴,只要磨损最大的孔或轴能加工好,其他的孔或轴一定能加工好。

(4)应根据实际情况选择修理尺寸的等级,尽量避免修理尺寸的越级使用。

为了使零件具有互换性,便于统一生产和供应配件,国家规定了统一的修理尺寸,表2-1 为小型发动机主要零件的修理尺寸分级表。

表 2-1　发动机主要零件修理尺寸分级表　　　　　　　　单位:mm

修理尺寸　名称	级别								
	1	2	3	4	5	6	7	8	9
气缸套外径（气缸承孔）	+0.25	+0.50	+0.75	+1.00	(+1.25)	(+1.50)			
活塞直径（气缸内径）	+0.25	+0.50	+0.75	+1.00	+1.25	+1.50			
活塞环直径	+0.25	+0.50	+0.75	+1.00	+1.25	+1.50	+1.75		
活塞销直径	+0.04	+0.08	+0.12	(+0.16)					
曲轴轴颈直径		−0.25	−0.50	−0.75	−1.00	−1.25	−1.50	−1.75	
曲轴轴承内径	−0.10	−0.25	−0.50	−0.75	−1.00	−1.25	−1.50	−1.75	−2.00

注:括号内数值为不常用的尺寸。

三、附加零件法

附加零件法又叫镶套法,它是将一个特制的零件,镶配到磨损零件的磨损部位,以补偿零件的磨损量。这种方法一般适用于表面磨损较大的零件。

如图 2-1 所示的轴颈磨损后,如果零件的结构和强度允许,可将轴颈加工到较小的尺寸,然后在轴颈上压入轴套,再根据需要把轴套加工到轴颈的名义尺寸或修理尺寸。

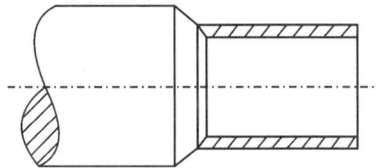

图 2-1　轴颈镶套

对于磨损较大的孔,若结构允许,同样可以用附加零件法修复。如车辆的前轴主销孔,磨损超过最后一级修理尺寸时,可将孔镗大,镶入衬套,而后加工到名义尺寸,恢复主销与主销孔的名义尺寸,如图 2-2 所示。

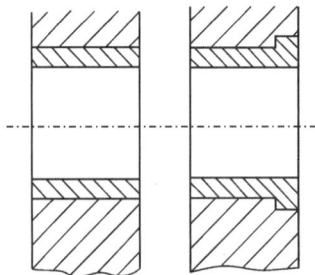

图 2-2　孔内镶套

此外,磨损的螺纹孔也可用镶套法修复。先将螺纹孔扩大到一定尺寸,并切出内螺纹,然后将特制的具有内外螺纹的螺塞旋入基体的螺纹孔中,螺塞的内螺纹与原螺纹孔的内螺纹相同,外螺纹则应与镗孔后所切的螺纹相配合,如图 2-3 所示。

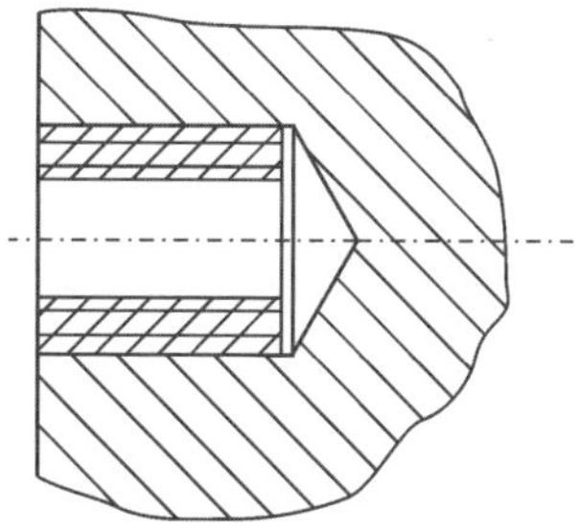

图 2-3　螺纹孔镶套

采用附加零件修理法修理零件时要注意,附加零件的材料通常应与基体零件的材料相同,从而使其具有相同的膨胀系数,附加零件与基体配合时,其过盈量应适当,过大,易使零件变形或挤裂,过小,又易松动脱落;附加零件的厚度一定要大大超过零件本身的磨损量,一般钢套厚度不得小于 2~2.5 mm,铸铁套厚度不得小于 4~5 mm;附加零件与基体的配合表面应达到一定的精度和粗糙度,以保证配合面能紧密接触。

为防止附加零件松动,可在附加零件与基体的配合端面进行点焊或截止动螺钉,焊点或止动螺钉的数量根据零件直径大小而定,直径越大,应相应增加焊点或止动螺钉的数量,如图 2-4 所示。

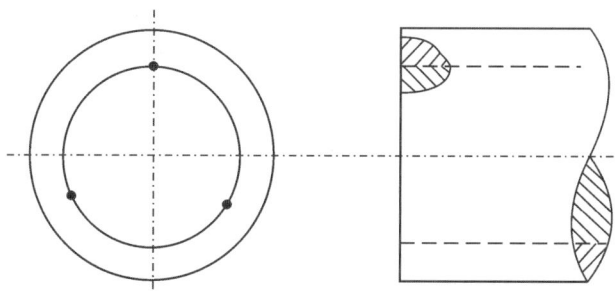

图 2-4　附加零件固定方法

附加零件修理法经济实用,特别适用于轴和孔的修复,可以节约大量金属材料,延长基础件的使用寿命。但采用此法对加工工艺要求较高,同时也受到零件强度和结构的限制,因而在使用中有一定局限性。

四、局部更换法

零件的磨损或损坏,各部分的情况是不完全相同的。有的部位损坏严重,有的部位可能没有损坏或损坏极其轻微。修复这样的零件,可以保留没有损坏或损坏轻微的部分,而将损坏严重的部位切去,重制这部分的新品,然后用焊接等方法使新品与零件的基本部分连成一起,从而恢复零件的工作能力,零件的这种修理方法称为局部更换法。

图 2-5 是叉车的半轴,该零件磨损最严重的部位是轴端的花键部分,而其余部分磨损则不大。采用局部更换法修理时,可将半轴有花键的一端去掉,然后用与半轴相同的材料制成新的轴端,再将新轴端焊在半轴上,并在接上的轴端加工出合乎技术要求的新花键。

齿轮的个别轮齿,因某种原因被打坏,而其他的轮齿磨损甚微,这种情况也可用局部更换法修理。先将损坏的部位进行退火,而后切除,并在齿根部位加工出燕尾槽,将准备好的

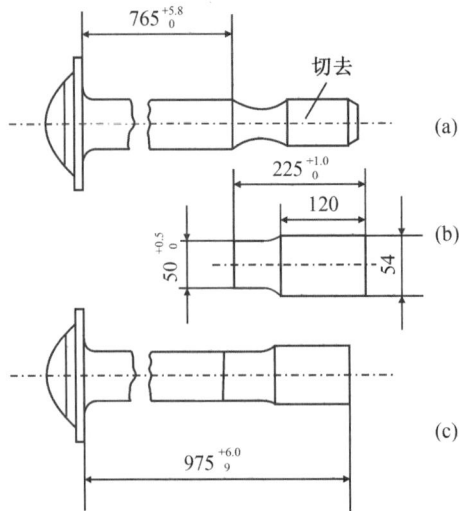

（a）切除磨损严重部分；（b）新制部分；（c）修后的整体

图 2-5　用局部更换法修复半轴

齿坯,以一定的紧度压入其中,再用焊接或其他方法使齿坯坚固在齿轮上,最后铣出新齿,并进行热处理。如图 2-6 所示。

局部更换法的优点是修理质量高,能节约优质贵重材料。但这种方法加工工艺复杂,要求较高的操作技术水平,修理成本也较高。

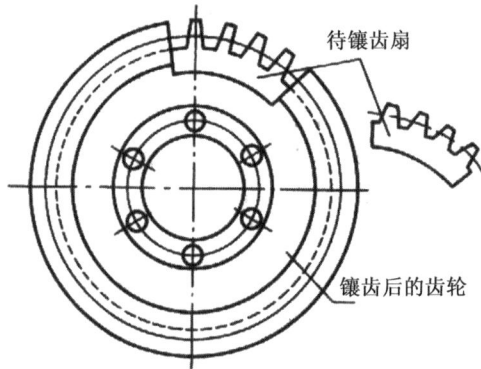

图 2-6　用局部更换法修复齿轮

五、转向和翻转修理法

零件的转向和翻转修理法,就是把零件过度磨损和损坏的一部分翻转或转过一个角度,利用零件没有磨损或损坏的部分进行工作。如飞轮齿圈,工作中发生单面不均匀磨损,修理中可以将齿圈压下,翻转 180° 后重新压上,使齿圈未磨损的另一面投入工作。某些轴上的键槽磨损,在强度许可的情况下,可将轴转过一个角度重新铣出键槽,继续使用。又如车辆轮胎,由于全车负荷不均、制动不同、行驶在拱形路面上等因素影响,使各轮胎磨损不均,运行中应交叉或循环换位,从而延长轮胎的使用寿命。

任务2 焊接修复技术

由于焊接工艺及操作已在有关课程中学过,本节着重介绍对几种不同材料的零件进行焊接修复时可能出现的问题及其应该采取的措施。

一、铸铁零件的焊接修复

(一)铸铁零件的焊接特点

1. 容易产生白口

在焊接过程中,焊接区与其他部分的温差很大,冷却速度过快,石墨在铸铁中来不及析出,全部或大部分的碳与铁生成碳化铁(Fe_3C),碳化铁呈银白色,故称之为白口。产生白口的另一个原因是焊条选择不当或焊接电流过大,使石墨化元素大量烧损,在焊缝冷却时碳不能以游离态析出而形成白口。白口铁性能硬而且脆,使加工发生困难,所以在焊修过程中应尽量避免出现白口铁。

2. 容易产生裂纹

因为焊缝易生成白口铁,白口铁冷却的收缩率比基体铸铁的收缩率大得多,因而在焊缝附近的白口层和基体铸铁之间产生很大的剪切应力,容易导致裂纹。另外,由于施焊区与其余部位的温差很大,施焊过程中会产生很大的热应力,往往会把焊缝拉裂。

(二)改善铸铁焊接修复质量的措施

防止产生白口的措施:

(1)焊前预热,焊后缓冷,延长焊区热状态时间,使碳化铁能充分分解为石墨析出,减少白口生成途径。

(2)采用石墨化型焊条、镍基焊条、高钒钢焊条等专用焊条,改善焊缝的化学成分。

(3)采取黄铜纤焊。由于黄铜的熔点较低,焊接时只需将铸铁加热到炽热状态便能牢固地结合,可避免加热到熔点而产生白口的前提条件。

防止产生裂纹的措施:

(1)减少焊接应力,预热工件,采用加热减应焊法。

(2)采用塑性、延展性好的金属作焊条,松弛焊缝的拉应力。

(3)采取细焊条、小电流、分段焊、间隔焊等措施,减少焊区的热应力。

此外,铸铁中含碳、硅元素较多,这些元素易于烧损氧化,产生大量的熔渣和气体,使焊缝中造成气孔和夹渣,因此,施焊前应彻底清除焊口的油污、水分和杂渣,烘干焊条,选用优质焊剂保护熔池不被空气侵入。

对于发动机气缸盖、气缸体等箱体零件,焊后应进行密封性试验。如果在规定的水压下,焊缝有渗漏,应进行补焊,渗漏严重时应铲掉重焊。

(三)铸铁零件的焊接修复方法

根据对焊件加热的情况不同,可以分为热焊法、冷焊法、加热减应法三种,根据热源的不同,可以分为气焊和电焊两种。

气焊就是氧-乙炔火焰焊。铸铁零件采用气焊时,熔池冷却速度慢,并且可以适当控制,能做到使焊缝金属与机体材料相近,工艺简单,但劳动强度大,生产率低,零件受热变形大。气焊主要适用于中小零件的焊修,特别适用于薄板的焊补。

电焊就是手工电弧焊。铸铁电焊施焊速度快,生产率高,零件变形小,但焊缝机械加工性能比气焊差,焊缝硬而脆。

铸铁热焊是在焊前将工件预热,并在热状态下施焊和焊后缓冷。一般可预热到 873~973 K。施焊中温度应保持不低于 673 K。这种方法可有效地防止白口和裂纹。铸铁热焊可以采用铸铁芯或钢芯石墨化焊条进行电焊,也可以用气焊。热焊的工艺复杂,成本较高,且工作条件苛刻,因而热焊只适用于对焊接质量要求高又不便于冷焊的场合。

冷焊就是焊前不对工件预热或预热温度低于 673 K 情况下进行的焊修。这种方法不对工件预热或预热温度低,焊后变形小,成本低,生产率高而劳动条件好,具有更大的应用范围,一般铸铁件多采用冷焊。同样,它既可以采用电焊,也可以采用气焊。

加热减应焊又称对应加热法,其实质是一种对零件选定部位(减压区)加热的焊补方法,只不过要巧妙地选择加热部位而已。加热部位一是要选在裂纹的延伸方向,二是要选在强度较大的部位,如零件的棱角处或边缘强度较大处。采用加热减应焊时,要注意在焊接过程中维持减应区温度的稳定,加热区的温度应小于 1 023 K,以免引起相变,但不得低于 673 K,以免降低减应作用。

加热减应焊具有气焊和电弧冷焊两者的优点,焊缝质量高,零件变形小,成本低,劳动条件好。发动机缸体的裂纹、气门座孔内的裂纹、曲轴箱内的裂纹及气缸上平面裂纹,均可采用加热减应焊。

(四)铸铁零件的焊接修复工艺

1.灰铸铁电弧冷焊

(1)焊前准备

焊前要彻底清除油污、水垢,用砂轮打磨焊缝处,在裂纹两端钻 $\Phi4\sim5$ mm 的止裂孔,开 $60°\sim70°$ 的坡口,深度为工件厚度的 2/3,如图 2-7 所示。对工件材质差而焊缝强度较高的深坡口焊件,为防止焊缝的剥离,要在坡口两侧拧入钢质螺柱,焊接时,先围绕螺柱焊接,再焊螺柱之间的空隙,使螺柱承受部分应力,以提高焊补强度。

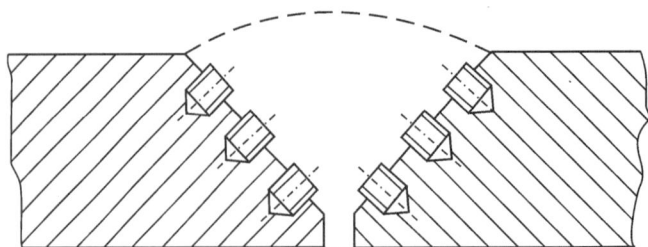

图 2-7 螺柱分布示意图

(2)施焊

施焊的工艺要点是:小电流,实施分段焊和分层焊,并对焊缝不断加以锤击,以减少焊接应力和变形,限制母材金属成分对焊缝的影响。

施焊电流对焊接质量的影响很大。若电流过大,熔焊深,母材成分和杂质易向熔池转移,熔池内会出现较厚的白口层;若电流过小,电弧不稳定,将会导致不易焊透、气孔和夹渣生成过多等缺陷。不同电弧冷焊焊条的施焊电流见表 2-2。

表 2-2 电弧冷焊电流(A)选择

焊条种类	统一牌号	铸铁焊条直径(mm)			
		2.0	2.5	3.0~3.2	4.0
铜铁焊条	铸 607(直流反接)		90	90~110	
	铸 612(交流)		100	100~120	
镍基焊条	铸 308		65~90	80~110	90~125
	铸 408		60~80	70~110	100~130
	铸 508		65~90	90~120	100~125
高钒焊条	铸 116	40~50	50~65	90~95	100~125
	铸 117	40~50	50~65	90~95	100~125

焊接时,为了减少焊接应力和变形,防止焊补区局部过热,应采用分段焊。每小段的长度应根据不同的条件,约为 10~30 mm,每焊完一段趁热锤击焊缝,直到温度降低到可用手触摸时再焊下一段。锤击的目的是为了消除焊接应力和砸实气孔,从而提高焊缝的致密程度。

工件较厚时,应采用分层焊。采用分层焊时,一方面可采用较细的焊条和较小的电流,另一方面,后焊的一层对先焊的一层有退火软化的作用。如采用镍基焊条时,可先用镍基焊条焊两层,再改用低碳钢焊条填满坡口,以节约贵重的镍金属。

当工件的裂纹是从边缘向中心部位延伸时,应由里向外施焊,以减小焊接应力和变形。

2. 气焊冷焊——加热减应焊

加热减应焊就是在焊修前用焊炬对零件的选定部位(减应区)进行加热,以减小焊接应力和变形。

如图 2-8 所示,对中间带孔零件的断裂区直接焊补时,焊缝很可能被拉裂,或使零件产生较大的变形。如在施焊中对减应区加热,使焊缝随减应区受热膨胀,由于减应区的热影响,分散并减小了膨胀应力。减应区所抑制的膨胀应力,形成了冷却时收缩的预应力,从而显著减小了收缩应力,使焊缝的裂纹化倾向显著减弱。加热减应焊焊补的关键是正确选择减应区,减应区的选择原则如下:

(1)减应区应选在裂纹的延伸方向。

(2)减应区应选在零件强度较大的棱角和边缘处。

(3)减应区应是对焊缝的膨胀和收缩影响最大的部位。

加热减应区的选择是否得当,可通过对选择的减应区进行加热来检验。当减应区加热至 773~873 K 时,零件上待焊补的裂纹扩张 1.0~1.5 mm 时,表明减应区的选择合理。如裂纹和加热前相比没有扩张,则减应区选择不当。

为防止零件基体金属的相变,减应区的加热温度应小于 970 K,但为了保证减应作用,加热温度不得低于 673 K。

加热减应焊的焊补工艺如下:

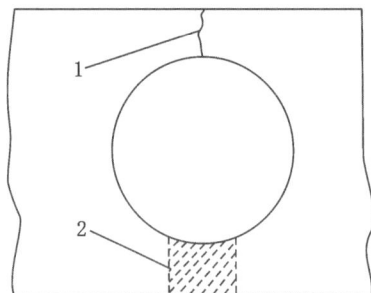

图 2-8　加热减应区的选定

1—裂纹；2—减应区

（1）焊前准备。加热减应焊的焊前准备与电弧焊基本相同，当所焊部位的厚度超过 6 mm，要在裂纹处开 90°～120° 的坡口，若厚度超过 15 mm，在零件裂纹的两侧表面都要开坡口。

（2）施焊要点。应根据壁厚选用不同的焊炬和焊嘴，焊区火焰用弱碳化焰或中性焰，减压区用氧化焰加热，焊区尽可能水平放置，以防止铁水流失，施焊方向应指向减应区。

加热减应焊多采用 QHT-1 和 QHT-2 焊条。

施焊时，先熔化母材，再渗入焊缝，否则将熔化不良。施焊中随时用焊丝清除杂质，防止气孔和夹渣。施焊应一次完成，避免反复加热，引起焊接应力过大。

加热减应焊的特点是兼有气焊和电弧冷焊的优点。因为它是气焊，所以强度高，金相组织和机械加工性能与母材相适应，故焊缝质量高。由于加热减应焊能减少焊接应力，使零件的变形得到控制，零件的变形小。此外，加热减应焊不需要复杂的设备和贵重的焊条，成本低，只在零件选定的减应区加热，操作者受到的热辐射小，劳动条件改善。发动机的气缸体、气门座孔、气缸盖、曲轴箱、变速器壳体等处的裂纹均可采用加热减应焊。

二、合金钢零件的焊接修复

港口机械中相当多的零件采用合金钢制成，这些合金钢的合金元素总量一般少于 5%，其中单一合金元素少于 2%。在多数情况下，合金钢中的合金元素会使其可焊性变差。在焊修过程中，合金元素容易烧损，使焊缝金属的性能与基体金属的性能产生差异，从而降低零件的机械性能和加工性。这些合金元素在烧蚀时，又会产生氧化物或气体，容易形成夹渣、气孔等焊接缺陷。更为有害的是，有些合金钢冷却时的容积变化，不是随温度下降而缩小，在 473～573 K 范围内，会出现反常的增大现象，在周围金属的限制下，产生内部组织应力。因此，对于合金钢零件的焊修，操作中应采取必要的工艺措施：

（1）焊接修复时应采用氧化性较小的焊条和焊剂，以减少合金元素的烧损，并通过焊条、涂药向焊缝金属渗入合金元素，来调整焊缝金属的性能。

（2）采取严格的加热规范，在焊前对焊件进行必要的预热，预热温度根据焊件厚薄而定，厚度大的零件预热温度要相应提高。预热的目的是减少施焊区与周围金属的温差，降低焊缝的冷却速度，减少淬硬倾向和焊接应力，同时也能够促使熔池中氢的逸出。

（3）焊条在焊前需放在烘箱中加热至 623～673 K 进行烘干。如采用多层焊时，焊接第一层应尽可能用小电流、慢速度，以减少零件金属熔入熔池的比例，并一边施焊，一边敲击。

焊后应将焊件放入石棉灰或石灰粉中进行缓冷。如果焊件厚度较大或含碳量较高,焊后还应进行回火处理,消除焊接应力。

三、铝合金零件的焊接修复

港口机械中铝合金零件主要用于车辆发动机的活塞,小型机的缸体、缸盖,变速器壳等,因此在修理中也会碰到铝合金零件的焊接修复。由于铝合金的可焊性很差,常常给焊接工作带来很大的困难。

(一)铝合金零件的焊接特点

(1)常温下,铝合金的表面覆盖着一层难熔的氧化铝薄膜,其熔点高达 2 823 K 左右(铝合金的熔点仅为 923 K 左右),在焊接中,氧化膜阻碍了铝的熔化,影响焊接过程的进行,容易形成夹渣,影响焊缝质量。

(2)铝合金在焊接过程中产生氢气,被大量地夹在铝合金熔池中,因为铝合金比重小,氢气泡在熔池中的升浮速度较慢;同时由于其传热能力强,冷凝速度快,氢气来不及逸出,便在焊缝中出现气孔。

(3)铝合金受热后的膨胀系数大,冷却后的收缩率也很大,在加热和冷却过程中引起很大的内部应力,易使焊缝产生裂纹。

(4)铝合金由固态变为液态时无明显的颜色变化(均为银白色),很难判断加热程度和熔池温度,容易导致焊件的烧穿。

(二)铝合金的焊接工艺要求

根据铝合金的焊接特点,操作中必须采取必要的技术措施,以改善焊接质量。焊前,应对焊件、焊丝或焊条进行认真清洗,清除表面的氧化物和油污。可在 343~353 K 的含 10% 氢氧化钠水溶液中清洗,使氧化铝与氢氧化钠作用生成易熔的氢氧化铝。焊丝一般应选用与零件相接近的材料,要求其液态金属流动性强,收缩率小,以减小焊接时产生裂纹的倾向。如果焊件的厚度超过 10 mm,应加热至 573 K 左右进行预热,以减轻因传热过快导致气孔过多的缺陷。为了防止焊接时烧穿,可在焊接处的背面垫上潮湿的石棉布。

(三)铝合金的氩弧焊

氩弧焊是以不熔化的钨极和焊体分别作为电极,并以氩气为保护气体的一种电弧焊接法。施焊时,氩气从喷嘴中喷出,在电弧和熔池周围形成连续封闭气流。由于氩离子的阴极破碎作用,有效地去除熔池表面的氧化物,焊接时不会形成熔渣,不存在焊后残渣对接头的腐蚀。此外,氩气流对焊区有冲刷作用,使焊区迅速冷却,从而有效地改善焊缝的组织和性能,减轻焊件的变形。

氩弧焊的优点是,能改善铝合金的可焊性,保护和防腐性能好,电弧稳定,热量集中,不用焊剂,焊缝平整美观,焊接质量高,零件变形较小等。

氩弧焊多采用手工交流电弧焊,能利用氩离子的高速破坏焊件表面的氧化膜。焊接时,先用高频引弧装置在石墨板或废铝板引弧,待电弧稳定后再移到焊件上,从右向左进行。焊炬钨极不要与熔池接触,焊缝也不要进入弧柱区,而是在弧柱周围保护区内熔化。焊接结束时,可用增加焊缝填满弧坑的方法,避免收弧处的严重缩孔及弧坑裂纹。

(四)铝型材的火焰钎焊

钎焊是将熔点比基体金属低的材料作钎料,把它放在焊件连接处一同加热到高于钎料熔点而低于基体金属的熔点温度,利用熔化后的液态钎料湿润基体金属,填充接头间隙,并与基体金属产生扩散作用而把分离的两个焊件连接起来的一种焊接方法。

铝型材的火焰钎焊是根据钎焊原理,在保持接头处完整的基础上,利用毛细吸附作用将熔化的钎料吸入接头异型断面的间隙中,达到一次焊成整个截面接头。火焰钎焊经济性好,效率高,焊接接头平整光滑,抗拉强度高,在机械零件的装配、修理中得到了推广和应用。

铝型材火焰钎焊的工艺要点:焊前检查铝型材是否歪扭、翘曲,如有变形要进行校正,然后用酒精或汽油清洗油污。施焊时,要正确选择加热的焊炬、加热方式和加热温度。加热时要摆动火焰使接头整体均匀加热,对于厚工件不易加热的部位,要适当延长加热时间,保证整个接头均匀升温。要注意控制加热温度,通常在 $823 \sim 873$ K 为宜,此温度低于母材熔点而高于钎料的熔点。钎剂、钎料不可多用,保持焊缝填满即可。钎焊的搭接间隙一般为 $0.3 \sim 0.75$ mm,不得超过 1 mm。为保证接头的间隙和正确位置,应用专门的夹具定位。焊后要用水洗或机械方法将钎剂焊渣彻底清除。

任务 3　黏接修复技术

一、黏接原理及特点

黏接是依靠黏接剂渗入物体表面粗糙不平的空隙中,固化产生机械镶嵌作用;黏接剂的分子之间存在着物理吸附作用,黏接剂的分子成链状结构且不停地运动,存在互相扩散作用;还有化学反应产生的化学键作用等共同作用下,将两个被黏物体连接在一起的。实际上,黏接剂与被黏接物体之间的黏合是由机械连接、物理吸附、分子间互相扩散与化学键等多种形式综合作用的结果。

黏接工艺具有许多独特的优点:黏接时温度低,不产生热应力和变形,接头的应力分布均匀,不会产生应力集中现象;依靠黏接剂的良好黏附作用完成连接或修复任务,不耗能源,不需要特殊设备,操作简便,成本低廉;一般有机黏接剂有良好的化学稳定性和绝缘性能;黏接剂具有耐腐蚀,耐酸、碱、油、水等特点,可连接不同金属材料,还可作为填充物填补砂眼和气孔等铸造缺陷,以及修复已松动的过盈配合表面。

黏接也存在难以克服的不足之处,如黏接接头的耐冲击性能差、黏接的耐高温性能差、黏接强度比基体强度低等缺点。

二、常用的黏接剂

黏接剂简称胶。它是由基料、增塑剂、固化剂、填料和溶剂等配制而成。其种类很多,港口机械修理中常用的有机黏接剂有环氧树脂、酚醛树脂、Y-150 厌氧胶、J-19 高强度黏接剂。常用的无机黏接剂主要是磷酸-氧化铜黏接剂。

（一）环氧树脂黏接剂

它是因高分子材料中含有环氧基而得名。环氧基是一个极性基团，在黏接中能与某些物质产生化学反应而形成很强的分子作用力。因此环氧树脂黏接剂具有较高的强度，黏附力强，耐磨耐蚀绝缘件好，适用于工作温度在150 ℃以下机件的黏接，是应用量广的一种黏接剂。在发动机修理中，常用于补气缸体、水套裂纹，修复磨损的孔、轴颈，镶套等。

（二）酚醛树脂黏接剂

酚类和醛类有机物发生缩合反应即生成酚醛树脂。它具有较高的黏接强度，具有比环氧树脂高的耐温性能，某些改性的酚醛树脂可以长期在200 ℃以上的温度下工作。但存在着脆性大和不耐冲击的缺点，因此一般在改性后使用。例如酚醛树脂胶与环氧树脂胶混合使用时，其用量为环氧树脂胶重量的30%～40%，且要加增塑剂和填料。为了加速固化，要加入5%～6%的乙二胺，这样既改善了耐热性，又提高了韧性。例如丁腈改性酚醛树脂，它的特点是韧性好，耐热、耐水、耐油、耐老化，可用于港口机械各种轴、轴承的修复，以及离合器摩擦片、制动蹄片的黏接。

（三）厌氧胶

厌氧胶是由甲基丙烯酸酯或丙烯酸双酯以及它们的衍生物为黏料，加入由氧化剂或还原剂组成的催化剂和增稠剂等组成。厌氧胶在存放过程中，由于和空气中的氧接触时不会固化而呈液体状，当与氧隔绝后，则逐渐固化而产生黏结力，故称为厌氧胶。由于厌氧胶在未胶结前为稀薄的液体状，对裂缝的渗透性较好，对于细小裂纹和裂纹深处的黏接优于其他胶黏剂。只要使厌氧胶与空气隔绝，它就会在黏接后自行固化，一般只需采用薄铁皮、玻璃纸等与胶水同时黏在一起，并设法断绝裂纹中的空气即可，故操作工艺简单。厌氧胶的黏接强度较大，在不解体的情况下，可就车黏接气缸体、气缸盖等箱体类零件的裂缝。

（四）磷酸-氧化铜黏接剂

它是一种无机黏接剂，由氧化铜粉末和磷酸与氢氧化铝配制的磷酸铝溶液组成。这种黏接剂能承受较高的温度（600～850 ℃），黏接性能好，制造工艺简单，成本低。但脆性大，耐酸、耐碱的性能差。其可用于黏接发动机缸盖、进排气门座过梁上的裂纹、硬质合金刀头。

三、黏接接头与黏接方式的选择

黏接接头的形式对胶黏强度影响很大，用环氧树脂胶作胶黏剂时，其抗剪、抗压强度比较好，而抗剥离、抗冲击强度较低，因此，在设计接头形式时，一方面要尽可能增加黏合面积，从而提高强度；另一方面，还应对胶合件受力情况进行分析，使其尽可能少受剥离和冲击力。

对有些损坏的部位，为了提高黏接强度，应采取辅助加强措施，如贴布层或钢板、镶嵌燕尾槽、销钉及金属扣键等。

图2-9（a）为黏接接头的基本形式，图2-9（b）为改进后的黏接方式，由图可见，改进后的黏接方式不仅有效增大了接头黏接面积，也改善了接头处的受力情况。

（甲）

（乙）

（丙）

（丁）

(a)基本形式   (b)改进后的黏接方式

图 2-9 黏接接头的基本形式和改进后的结构

四、黏接修复工艺要求

各种黏接剂的黏接工艺基本上大同小异，现以环氧树脂胶为例说明黏接工艺的各道工序。

（一）黏前的表面准备

零件的黏前表面准备包括表面机械加工、表面清洁、表面化学处理三道工序。

1. 表面机械加工

对于壳体类零件的裂纹，如果裂纹不长，裂纹部位的工作温度不高，受力不大，可以首先在裂纹两端钻 $\Phi 3 \sim 4$ mm 的止裂孔，以防止裂纹延伸，再用砂布或砂轮打光裂纹的周围，然后开成 $60°$ 的坡口，如图 2-10、图 2-11 所示。

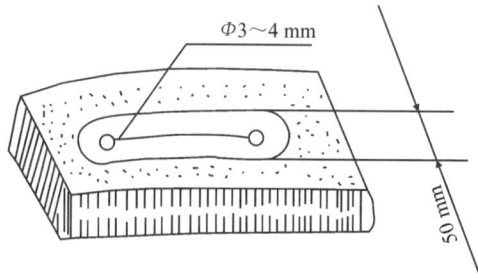

$\Phi 3 \sim 4$ mm

50 mm

图 2-10 裂缝的止裂孔及清洁范围

坡口表面不宜过分光洁,最好是开好坡口后喷砂,因为粗糙的表面有利于黏接,但过于粗糙也会使胶层厚薄不均而有较大的内应力。

对于工作温度较高、受力较大的部位的裂纹,最好先用金属键扣合再用树脂胶黏补,以保证有足够的强度,如图 2-12 所示。

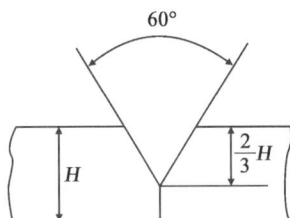

图 2-11 开坡口

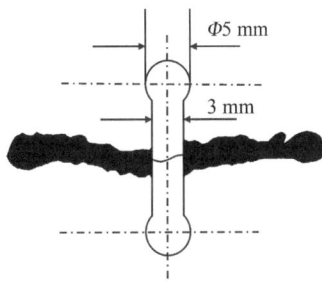

图 2-12 金属键扣合

扣合键的材料最好用含镍的低碳合金钢,这种钢的强度大,热膨胀系数与铸铁相近,塑性好,必要时可以在镶入后敲击铆实在槽内,根据壳体裂纹损伤的具体情况,可采用通键或占壁厚 2/3 的键片。

2. 表面清洁

胶黏的表面对清洁要求很高,要求没有油、锈及水分,这样才能保证黏接的质量。可用碱水煮,也可先用汽油,再用苯、丙酮擦拭。

3. 表面化学处理

黏合表面经特殊的化学处理后,可以显著提高黏接强度。表 2-3 是不同材料黏合表面的化学处理方法。

表 2-3 黏合表面化学处理方法

黏接件材料	化学处理剂的组成	处理方法
钢	10%的硅酸钠溶液或 10%的盐酸溶液	60 ℃,10 min
	每升水加 30 g 马肤盐磷化	95 ℃,20 min
不锈钢	浓盐酸 52 g,40%的甲醛 10 g,30%的过氧化氢 2g,水 45 g	65 ℃,10 min
铝	重铬酸钠 66 g,90%的硫酸 666 g,水 1 000 g	70 ℃,10 min

黏合表面化学处理完毕后,立即用水将药剂冲洗干净,再用丙酮擦拭,热空气吹干后就可涂胶。

(二)涂胶

在涂胶前,需先将黏合表面加热。对于室温固化的胶黏剂,可将黏合表面加热到 313 K 左右,对于加热固化的胶黏剂可加热到 333 K 左右。小零件放在烘箱中加热,大型零件可用红外线灯加热。

涂胶时务必使胶均匀布满黏合表面,避免在胶层中有气泡。胶层的厚度应控制在 0.1 mm 左右,太薄或太厚都会影响黏接强度。

涂胶后,待稍冷下来时就把两黏合表面贴住,最好能用夹具夹牢,夹具的压力为 34.3 ~ 68.6 kPa。为了防止把胶挤出,可在黏合表面内垫上 $\Phi 0.1$ mm 的铜丝,或者在设计黏合表面时预留 0.1 mm 的间隙。

(三)固化

零件黏合后,最后的工序是固化,固化条件按不同的固化剂而定。

对于乙二胺等室温固化剂一般需要固化 24 h,如再在 353 K 的温度下固化 3 h,效果就更好。

间苯二胺的固化条件是分阶段固化,即先在室温下固化 24 h,然后再分别在 353 K、393 K、423 K 等三个阶段分别固化 4 h、2 h、2 h。在固化过程中,不要过多地移动被黏工件,夹具不得松动,待固化完毕后方可取下。

任务4　校正及表面强化修复技术

一、校正修复

港口机械零件在使用过程中,常会发生弯曲、扭曲、翘曲等残余变形,修复中需要校正。常用的校正方法有冷校和热校,而冷校又分为压力校正和冷作校正。

(一)压力校正

压力校正简称压校。它是机械零件修复中常用的方法。将变形的零件放在压力机的 V 形槽中,凸面朝上,用压力机把零件压弯。反向压弯值是原来弯曲值的 10~15 倍,并保持一段时间后撤除压力,得到需要的反向塑性变形,检查变形情况。若一次校不直,可进行多次,直到校直为止。

零件的校正如图 2-13 所示。由图可见,工件上部受压产生塑性变形,表面变短,下部受拉也产生塑性变形,表面伸长,中部为弹性变形。在校正过程中将产生内压力,使零件的抗弯刚度下降,且变形不稳定,使用中容易弯曲。为使压力校正后的变形保持稳定,并提高零件的刚性,校正后需进行消除应力的热处理。零件经校正后,疲劳强度下降 10%~15%,校正次数越多,下降越大,因此只宜做 1~2 次校正。

对于调质或正火处理的零件(连杆、前梁、半轴、半袖套等),可在冷压后加热至 400~500 ℃,保温 0.5~2 h;对于表面淬硬的零件(曲轴、凸轮袖),加热至 200~250 ℃,保温 5~6 h,这样不会降低表面硬度。

对于发动机上由球墨铸铁制造的凸轮轴、曲轴、连杆,由于塑性差,冷压校正时易折断,故不易采用冷压校正。

(二)冷作校正

冷作校正是用手锤敲击零件的凹面,使其产生塑性变形。该部分的金属被挤压延展,在塑性变形层中产生压缩应力。变形层好像是一个被压缩的弹簧,它对附近的金属有椎力作用,弯曲的零件在变形层应力的推动下被校正。

冷作校正的校正精度容易控制,效果稳定,一般不需要进行热处理,且不降低零件的疲劳强度。但是,它不能校正弯曲量大的零件,通常零件的弯曲量不能超过零件长度的

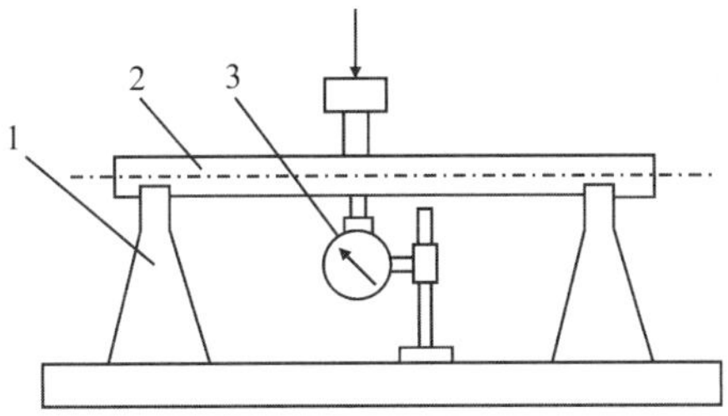

(a)压力校正

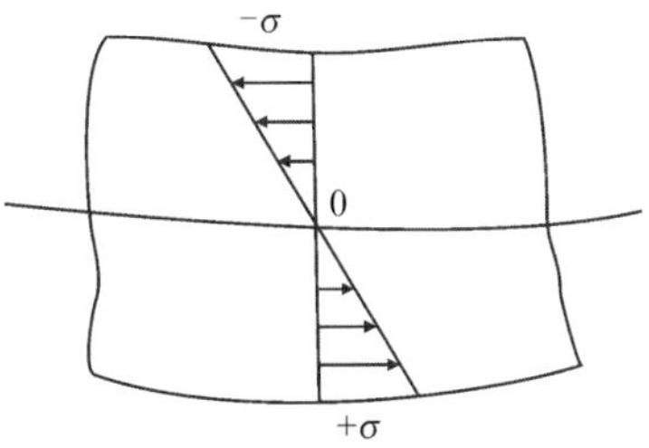

(b)工件的应力

图 2-13　零件的校正
1—V 形块；2—轴；3—百分表

0.03%～0.05%。

(三)热校

热校又称火焰校正，一般是将零件弯曲部分的最高点用气焊焊炬的中性焰迅速加热到450 ℃以上。由于被加热部分的金属膨胀，随着温度的升高塑性增加，又因受周围冷金属的阻碍，不可能随温度的升高而伸展。当冷却时，收缩量与温度降低幅度成正比，造成收缩量大于膨胀量，收缩力很大，靠它校正零件的变形。

火焰校正时，工件支承在 V 形块上，用百分表检查弯曲情况，并用粉笔做好记号，然后使工件凸点向上。用火焰迅速加热 450 ℃以上，立即离开。用水迅速冷却、校正时，可在凸点多烧几点，直至校直为止。

火焰校正的关键是加热点的温度要迅速上升，焊炬热量要大，加热面积要小。如果加热时间拖长，加热面积过大，整个工件温度升高，就减弱了校正能力。加热深度增大，校正的能力也增加，当加热深度增加到零件厚度的 1/3 时，校正效果好。但加热温度继续增大、校正效果反而降低。

热校适用于变形量较大、形状复杂的大尺寸零件，校正保持性好，对疲劳强度影响较小，应用比较普遍。

二、零件表面变形强化修复

表面变形强化是利用金属的塑性变形特点，在外力作用下使金属表面产生塑性变形和表层金属组织结构改变，而又不破坏金属整体形状的加工方法。

表面变形强化的原理，是预先用外力使金属表面产生塑性变形，零件表面预加一定的压应力，以抵消工作时在交变应力作用下产生的拉应力的作用。表面变形强化修复的主要方法有射丸表面强化、滚压强化、挤压强化等几种形式。

(一)射丸表面强化

射丸有喷丸和抛丸两种形式、喷丸是用 400~500 kPa 压力的压缩空气,将小铁丸高速喷向零件表面。抛丸是用旋转的圆盘将小铁丸抛向零件表面。喷丸适合于单件或小批量生产,多用于零件的内孔、圆角、键槽的局部强化。抛丸适合于大量自动化生产。

曲轴上的曲柄圆角、连杆、气门弹簧、片状钢板弹簧、半轴等都可以采用射丸法强化,以延长它们的使用寿命。

(二)滚压强化

滚压是用很硬的滚子对零件表面滚压,使零件形成紧密的冷作硬化层,并减小零件的表面粗糙度,得到表面强化,通常用来加工轴类零件的表面。但也可用于内孔表面的加工。

外圆柱表面滚压如图 2-14 所示。对刚性不足的零件,为防止轴的弯曲,可用图 2-15 所示的多滚子滚压。

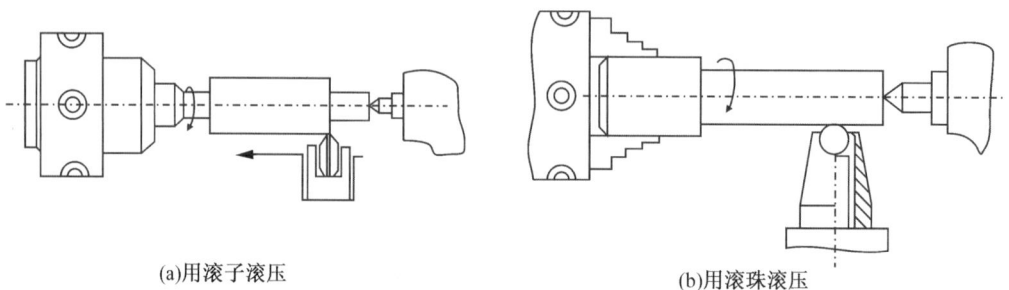

(a)用滚子滚压   (b)用滚珠滚压

图 2-14　外圆柱表面滚压

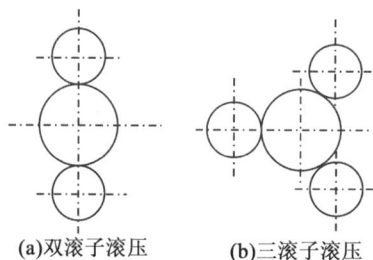

(a)双滚子滚压   (b)三滚子滚压

图 2-15　多滚子滚压

(三)挤压强化

挤压强化仅用于内孔加工,它是用于孔形状吻合的挤刀推或拉过被加工的孔,使其达到一定尺寸精度或表面粗糙度的强化方法。

挤压过盈量大小与材料工件孔径和壁厚有关。过盈量太小,表面粗糙度和精度达不到要求;过盈量过大,表面会产生刮伤和拉毛。挤压时必须正确选择过盈量。挤压中需要润滑剂:挤压钢用机油加少量石墨,挤压青铜用稀机油,挤压铝合金用肥皂水。

任务实施

一、任务描述

1. 描述机械加工注意事项及原因;

2. 描述并使用修理尺寸法、附加零件法、局部更换法、转向和翻转法等方法对零件进行修理;

3. 描述铸铁零件的焊接特点、焊修方法、焊修工艺要求;

4. 描述铝合金零件的焊接特点、焊接工艺要点,铝合金零件的氩弧焊焊接工艺要点、铝型材的火焰钎焊工艺要点;

5. 描述各种黏接剂(环氧树脂;酚醛树脂;厌氧胶;磷酸-氧化铜)耐受的温度;正确选择黏接接头与黏接方式,能正确使用四种黏接剂(环氧树脂;酚醛树脂;厌氧胶;磷酸-氧化铜)对零件进行修复;

6. 描述用压力校正、冷作校正等方法对零件进行校正;用射丸、滚压、挤压等方法对零件表面进行强化处理。

二、任务要求

1. 按照维修要求和技术标准将设备仪器分别放在相关工位,将制定的任务单发给学生;每位学生穿上工作服、工作鞋,随身携带一支笔,以便做好记录并分析检测结果;

2. 描述机械加工注意事项及原因;描述并使用修理尺寸法、附加零件法、局部更换法、转向和翻转法对零件进行修理;

3. 按照焊接要求和技术标准分别描述铸铁零件、铝合金零件的焊接特点、焊修工艺及方法,并对铸铁零件、铝合金零件进行焊修,分析焊修结果;

4. 识别各种黏接剂并描述各种黏接剂(环氧树脂;酚醛树脂;厌氧胶;磷酸-氧化铜)的特点;正确选择黏接接头与黏接方式,采用四种黏接剂(环氧树脂;酚醛树脂;厌氧胶;磷酸-氧化铜)对零件进行修复;

5. 描述如何采用压力校正、冷作校正、热校等方法对零件进行校正,采用射丸、滚压、挤压等方法对零件表面进行强化处理;

6. 监控学生是否按要求完成任务,并指导学生进行正确的操作。

三、任务考核

序号	考核内容	分值	评分标准	得分
1	描述机械加工的特点、注意事项	24	描述一项不正确,扣2分	
	描述修理尺寸法、附加零件法、局部更换法、转向和翻转法			
	描述铸铁零件的焊接特点及焊修工艺			
	描述铝合金零件的焊接特点及焊修工艺			
	描述环氧树脂、酚醛树脂、厌氧胶、磷酸-氧化铜等黏接剂的特点			
	描述压力校正、冷作校正的特点及射丸、滚压和挤压表面强化特点			
2	识别环氧树脂、酚醛树脂、厌氧胶、磷酸-氧化铜等黏接剂	19	识别不正确,每项扣4分	
	分析铸铁零件、铝合金零件、铝型材的焊修质量			
	分析电焊、氩弧焊、火焰钎焊等焊接工艺要点		分析不正确,每项扣4分	
	分析压力校正、冷作校正及射丸、滚压和挤压表面强化的操作过程及注意事项			
3	使用修理尺寸法、附加零件法、局部更换法、转向和翻转法分别对失效零件进行修理	42	工艺实施不正确,每项扣20分 能对各个项目进行准确检测及调整,错一项扣3分	
	使用电焊、氩弧焊、火焰钎焊分别对铸铁零件、铝合金零件、铝型材进行焊修			
	使用环氧树脂、酚醛树脂、厌氧胶、磷酸-氧化铜等黏接剂对零件进行黏接修复			
4	工具、现场清洁	5	每项扣2分,扣完为止	
5	安全、文明生产	10	违规操作、发生人身和设备事故,为0分	
6	配分合计	100	得分合计	

复习思考

一、填空题(将正确答案填在题中横线上)

1. 修理企业的设备精度往往_____ 制造企业的设备精度,质量保证体系也不如制造企业健全、严格。

2. 为了保证零件的加工精度,必须有准确的定位_____。

3. 轴类零件原加工基准多半是_____ 。

4. 使用过程中壳体零件的平面常常会发生翘曲变形,修复中如要用此_____作基准,必须用关键轴心线为基准进行检查并加以修整。

5. 一般情况下,过渡圆角处的应力,比正常大_____倍。

6. 焊修是依靠电弧或气体火焰的_____,将金属和焊丝熔化,熔焊在零件上,以达到填补零件磨损或恢复零件完整的目的。

7. 采用焊补法修复零件,其优点是结合强度_____,焊层的厚度可以控制,设备简单,修理成本低。

8. 在焊修过程中,金属要局部加热到熔化状态,熔化区和靠近熔化区的金属要在高温下发生化学成分、机械性能、_____的改变。

9. 在加热和冷却过程中,零件会产生内应力,容易引起变形和_____。

10. 黏接是依靠黏接剂渗入物体表面粗糙不平的空隙中,固化产生_____作用。

11. 黏接工艺具有许多独特的优点:黏接时温度低,不产生热应力和变形,接头的应力分布均匀,不会产生_____现象。

12. 黏接也存在难以克服的不足之处,如黏接接头的_____性能差、黏接的耐高温性能差、黏接强度比基体强度低等缺点。

13. 港口机械零件在使用过程中,常会发生_____、_____、_____等残余变形,修复中需要校正。

14. 常用的校正方法有冷校和热校,而冷校又分为_____和_____。

15. 压力校正简称_____。它是机械零件修复中常用的方法。

16. 将变形的零件放在压力机的 V 形槽中,凸面朝上,用压力机把零件压弯。反向压弯值是原来弯曲值的_____倍,并保持一段时间后撤除压力,得到需要的反向塑性变形,检查变形情况。

17. 若一次校不直,可进行多次,直到_____。

二、判断题(将判断结果填入括号中,正确的填"√",错误的填"×")

1. ( )对于轴类零件,修理尺寸大于名义尺寸。

2. ( )对于孔类零件,修理尺寸则小于名义尺寸。

3. ( )若配合副中的一个零件以修理尺寸加工,则另一个配合零件也应按这个尺寸进行选配加工,从而保证配合副具有技术条件规定的配合特性。

4. ( )一般是对比较简单而便宜的零件进行加工保留,更换比较复杂而贵重的零件。

5. ( )当采用修理尺寸法到最后一级时,就要采用其他修理方法来恢复零件原来的标准尺寸。

6. ( )港口机械中合金钢的合金元素总量一般少于 50%,其中单一合金元素少于 20%。

7. ( )在多数情况下,合金钢中的合金元素会使其可焊性变优。

8. ( )在焊修过程中,合金元素容易烧损,使焊缝金属的性能与基体金属的性能产生差异,从而降低零件的机械性能和加工性。

9. ( )这些合金元素在烧蚀时,又会产生氧化物或气体,容易形成夹渣、气孔等焊接缺陷。

10. ( )更为有害的是,有些合金钢冷却时的容积变化,不是随温度下降而缩小,在

473～573 K 范围内,会出现反常的增大现象,在周围金属的限制下,产生内部组织应力。

11.( )黏接剂是由基料、增塑剂、固化剂、填料和溶剂等配制而成。

12.( )常用的无机黏接剂主要是 Y-150 厌氧胶黏接剂。

13.( )环氧树脂黏接剂具有较高的强度,黏附力强,耐磨耐蚀绝缘件好,适用于工作温度在 350 ℃以下机件的黏接,是应用量大的一种黏接剂。在发动机修理中,常用于补气缸体、水套裂纹、修复磨损的孔、轴颈,镶套等。

14.( )某些改性的酚醛树脂可以长期在 400 ℃以上的温度下工作。

15.( )厌氧胶的黏接强度较大,在不解体的情况下,可就车黏接气缸体、气缸盖等箱体类零件的裂缝。

16.( )零件的压力校正时,工件上部受压产生塑性变形,表面伸长。

17.( )零件的压力校正时,工件下部受拉也产生塑性变形,表面变短,中部为弹性变形。

18.( )零件经校正后,疲劳强度不变。

19.( )冷作校正是用手锤敲击零件的凹面,使其产生塑性变形。

三、选择题(选择一个正确的答案,将相应的字母填入题内的括号中)

1.附加零件法又叫( )。

    A.附加法   B.叠加法   C.镶套法

2.附加零件法是将一个( )的零件,镶配到磨损零件的磨损部位,以补偿零件的磨损量。

    A.加大   B.特制   C.缩小

3.附加零件法一般适用于表面磨损( )的零件。

    A.较大   B.较小   C.中等

4.铸铁焊接容易产生白口的原因是产生( )。

    A.FeC B.FeC_3 C.Fe_3C

5.白口铁冷却的收缩率比基体铸铁的收缩率( ),因而在焊缝附近的白口层和基体铸铁之间产生很大的剪切应力,容易导致裂纹。

    A.大   B.小   C.相等

6.铸铁零件的焊修时,根据热源的不同,可以分为( )。

    A.热焊法   B.冷焊法

    C.加热减应法   D.电焊和气焊

7.黏接接头的形式对胶黏强度影响( )。

    A.不大   B.很大

    C.很小   D.无

8.在设计接头形式时,一方面要尽可能增加黏接( ),从而提高强度;另一方面,还应对胶合件受力情况进行分析,使其尽可能少受剥离和冲击力。

    A.长度   B.面积

    C.体积   D.宽度

9.对于发动机上由球墨铸铁制造的凸轮轴、曲轴、连杆,由于塑性差,冷压校正时易折断,故不易采用( )。

A. 冷压校正   B. 热校正   C. 冷作校正

10. 冷作校正的校正精度容易控制,效果稳定,一般不需要进行热处理,且不降低零件的疲劳强度。但是,它不能校正弯曲量大的零件,通常零件的弯曲量不能超过零件长度的( )。

  A. 0.003%~0.005%   B. 0.03%~0.05%

  C. 0.3%~0.5%   D. 3%~5%

11. 热校又称火焰校正,一般是将零件弯曲部分的最高点用气焊焊炬的中性焰迅速加热到( )以上。

  A. 250 ℃   B. 350 ℃

  C. 450 ℃   D. 650 ℃

四、问答题

1. 举例说明局部更换法的优点。

2. 举出几个转向和翻转修理法的实例。

3. 如何正确进行灰铸铁电弧冷焊?

4. 加热减应法焊补的关键是正确选择减应区,减应区的选择原则是什么?

5. 常见的黏接剂有哪些? 其各自的特点是什么?

6. 如何选择黏接接头的形式?

7. 黏接修复主要用于哪些场合?

8. 零件的校正和表面强化有什么共性?

9. 常见的零件校正方法有哪些? 常见的零件表面强化方法有哪些?

模块二

发动机的检测与修复技术

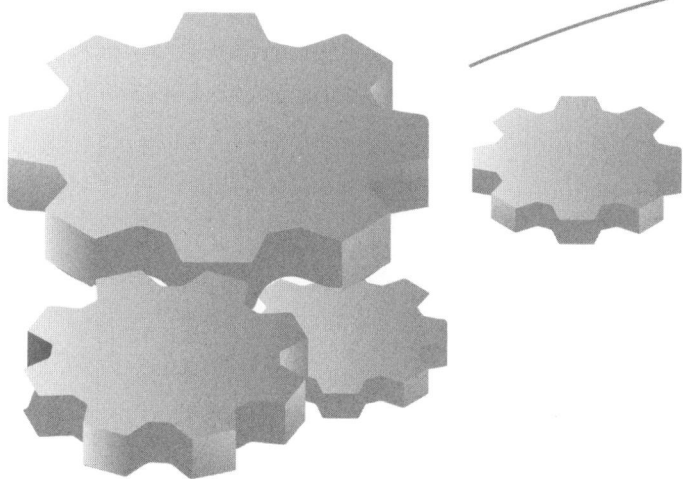

项目三

曲柄连杆机构的检测与修复

教学目标

一、知识目标

1. 准确描述机体组主要零部件的常见缺陷、检查修复方法、气缸的磨损和穴蚀机理;正确进行气缸镗削量和镗削次数的计算;了解镗缸机、磨缸机的基本原理;

2. 准确描述活塞连杆组主要零部件的常见缺陷、检查修复方法及活塞连杆组的组装要求;

3. 准确描述曲轴飞轮组主要零部件的常见缺陷、检查修复方法及曲轴飞轮组的组装要求;

4. 准确描述发动机机体组、活塞连杆组、曲轴飞轮组异响的种类及其影响因素。

二、能力目标

1. 能用常规方法检查气缸体和气缸盖的裂纹;正确使用量缸表测量气缸内径;能制定气缸的镗削和磨削工艺并进行简单的操作;能正确进行气缸套的镶配。

2. 能正确进行活塞销和连杆衬套的铰削和选配、活塞环间隙的检查测量、活塞连杆组件的组装。

3. 能正确进行曲轴的弯曲变形检验和校正、使用外径千分尺测量曲轴轴颈;能正确描述曲轴的损伤部位和原因、曲轴的检测与修理方法、飞轮的修理方法、主轴承的常见损伤形式及原因。

4. 能对发动机燃烧异响、曲轴异响、连杆异响、冷态活塞敲缸异响等故障进行正确的判断并有效排除。

任务导入

为了掌握发动机机体组、活塞连杆组、曲轴飞轮组的分解、装配与检测过程,准确判断曲柄连杆机构故障,查明故障原因,港口机械维修人员必须全面认识机体组、活塞连杆组、曲轴飞轮组的主要零部件,熟悉其分解、装配与检测技术要求,掌握常见故障诊断与排除方法。

相关知识

任务1 机体组的检测与修复

一、气缸体与气缸盖常见的缺陷及产生原因

气缸体和气缸盖常见的主要缺陷是变形、裂纹以及主轴承座孔由于磨损和变形而引起的圆度、圆柱度和不同轴度。

气缸体和气缸盖的变形大多是由于拆装气缸盖时温度过高或未按规定的操作程序拆装,扭紧力矩过大或力矩大小严重不均。发动机在高速、大负荷和润滑不良的条件下工作发生轴承烧熔事故也可能引起气缸体的变形和主轴承座孔的同轴度产生误差。在发动机修理中,由于各主轴承与轴颈的间隙不均匀,导致主轴承与座孔贴紧度不够,使气缸体承受额外的压力而变形。过热的发动机突加冷水或者过冷的发动机突加热水也有可能导致气缸体的变形。

气缸盖的裂纹常出现在燃烧室表面和进排气门座圈之间。柴油机气缸盖的裂纹最容易出现在进排气门座和喷油器孔之间的三角形区域。主要是由于这些部位的温度过高,散热不良,产生较大的热应力。气缸体水套裂纹的产生多半是由于发动机过热时突然加入大量冷水所致。另外,冬季停车后未将冷却水放掉,结冰膨胀也会造成水套的裂纹。

主轴承座孔的磨损,主要是由于轴承与座孔之间配合不紧,工作中轴承与座孔之间产生相对运动而引起的。主轴承座孔的不同轴度则主要是由于气缸体内部铸造残余应力引起气缸体变形所致。

二、气缸体和气缸盖缺陷的检测

(一)裂纹的检测

气缸体和气缸盖上的明显裂纹可以通过直观检视出来,但对于一些细微隐蔽的裂纹,只有借助于其他方法来进行检测才能确定。发动机大修时,通常采用水压法检测气缸体和气缸盖的裂纹。

水压法是通过向气缸盖和气缸体内的冷却水腔中灌注具有一定压力的水来检查裂纹所在部位。水压法所使用的设备如图3-1所示。

检测方法:将气缸盖、气缸垫装好,按规定力矩上紧气缸盖螺母,把手压水泵的出口接在气缸体的进水口,并把其他水道口封住。压动手压泵,使水进入机体,按规定,应能在294~396 kPa的水压力作用下,保持5 min以上无渗漏现象,凡是有水珠或渗水痕迹处,即为裂纹所在部位。对于新镶气缸套、气门座圈的气缸体和修补过的气缸体,均应对其进行水压试验。

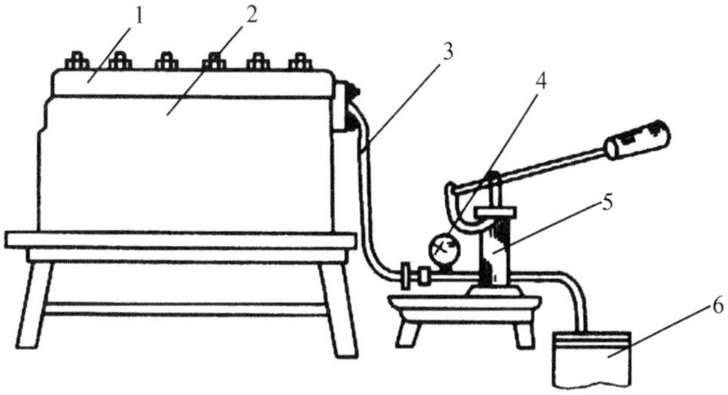

图3-1 气缸体、气缸盖的水压试验

1—气缸盖;2—气缸体;3—水管;4—压力表;5—手压水泵;6—贮存槽

(二)平面翘曲的检测

气缸盖和气缸体的平面翘曲可用直尺和厚薄规进行检测,如图3-2所示。将直尺放在气缸盖或气缸体平面上,用厚薄规测量直尺与平面上未接触处的间隙,塞入厚薄规的最大值,就是气缸盖或气缸体平面变形的翘曲量,其平面度误差气缸盖在100 mm长度上应不大于0.03 mm,气缸体在100 mm长度上应不大于0.05 mm,否则应进行修复。

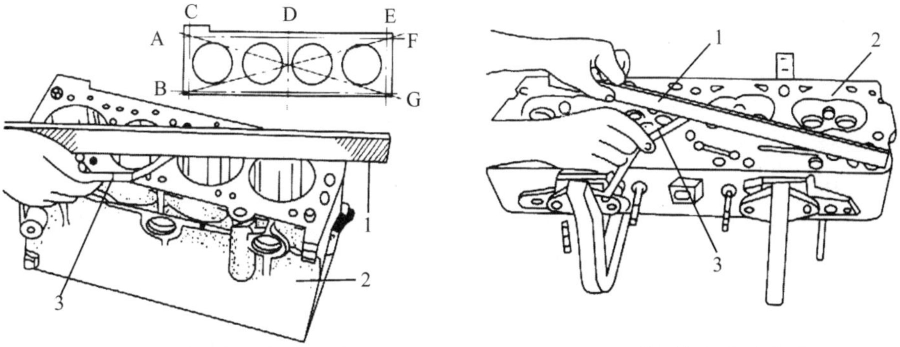

(a)检测气缸体上平面 (b)检测气缸盖下平面

图3-2 气缸体、气缸盖平面翘曲的检测

1—刀口尺;2—气缸体,气缸盖;3—塞尺

(三)主轴承座孔的磨损和同轴度的检测

主轴承座孔除因轴承与其配合不紧产生相对滑动而出现磨损外,一般磨损很少,可用量缸表检测圆度、圆柱度。小型发动机一般圆度误差应不大于0.01 mm,圆柱度误差应不大

于 0.025 mm。

主轴承座孔同轴度的检测,可用直径为 60~70 mm 的镗瓦机镗杆作检验杆(镗杆的圆度、圆柱度和直线度误差均应不大于 0.02 mm)和厚薄规来进行检测。检测时首先将主轴承座孔和轴承盖清洗干净,以规定的扭矩上紧轴承盖,把检验杆穿入主轴承座孔内,用厚薄规检测主轴承座孔与检验杆之间的间隙,以确定主轴承座孔的同轴度误差,如图 3-3 所示。全部座孔的同轴度误差应不大于 0.15 mm,相邻两座孔的同轴度误差应不大于 0.10 mm。

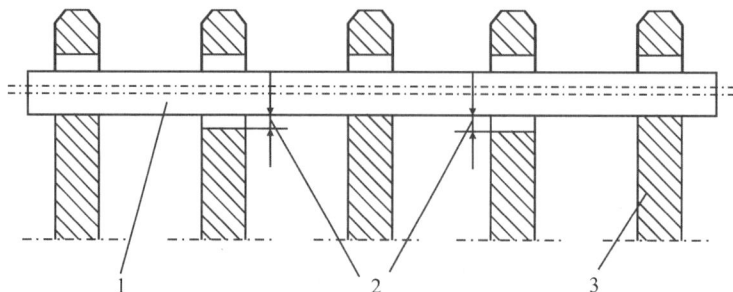

图 3-3　主轴承座孔同轴度的检测

1—检验杆;2—间隙;3—气缸体

三、气缸体和气缸盖的检测与修复

(一)裂纹的修复

目前,发现气缸体和气缸盖有了裂纹,一般采用换新处理。如条件许可,也可采用黏接法和焊补法修复。

1. 黏接法

气缸盖、气缸体外表面的大多数裂纹可采用环氧树脂黏接法修复。该法工艺简单、操作方便、成本低。其主要缺点是不耐高温和冲击,所以,在燃烧室、气门座等高温区不能用黏接法修复。

对破洞或裂纹集中的部位,可以采用补板加环氧树脂黏接的方法修复。对于燃烧室等高温区域的局部裂纹,可采用扣合键无机黏接剂法修复,它可以防止漏水,可承受 873 K 的高温,抗压性能良好。

2. 焊补法

焊补法一般用于修补受力较大部位的裂纹。焊补方法可分为冷焊和热焊。采用热焊时,须将工件预热到 873~973 K 进行,以减小焊缝与工件其他部位的温差,防止由于内应力而产生新的裂纹和白口,但热焊易产生变形且工艺复杂。冷焊一般不预热。目前,随着冷焊质量和可靠性的提高,在气缸体、气缸盖的裂纹修理中得到广泛应用。

必须注意的是,无论采用哪一种方法修复,修复后均应按规定进行水压试验。

(二)缸体和缸盖平面翘曲变形的修复

1. 刮削法

如果平面度误差较小且局部发生变形,可用刮刀将局部高出的部分刮掉。

2. 研磨法

用油石将局部高出的部分磨平,也可以气缸体为底座,在气缸盖底平面和气缸体上平面之间涂上研磨砂,将气缸盖底平面置于气缸体上平面上,往复推动气缸盖使之与气缸体进行互研,以消除轻微的平面度误差。

3. 磨削或铣削法

若翘曲变形大,可在平面磨床上磨平或在铣床上铣平,但最大加工量不得超过 1 mm,因为过大的加工量将会影响燃烧室容积和压缩比。

(三)气缸体与气缸盖螺纹孔的修复

冲击损伤和金属腐蚀会引起螺纹滑扣,螺柱拆装不当和螺纹在工作中振动磨损或拧紧力过大,会造成螺纹孔损坏,螺纹孔的修复方法主要有两种。

(1)对于受力不大处的螺孔,可将损坏的螺孔扩大,并按规定攻出螺纹,然后装入具有相应外螺纹的螺纹套,其内螺纹应与原螺纹相同。

(2)对于受力较大部位,如气缸体平面处的螺纹孔,则需将损坏的螺纹扩大,并按规定攻出螺纹,然后配制台阶形螺栓,螺栓与螺纹孔相连接处的螺纹应与螺孔扩大后车制的螺纹相适应,螺栓上部与原螺纹相同。

(四)主轴承座孔的修复

当主轴承座孔的圆度、圆柱度和同轴度误差超过允许值时,可用镗削主轴承座孔的方法修复。如果主轴承座孔无磨损,仅同轴度误差超过规定时,可铣削主轴承盖结合面,铣削量最大不超过 0.5 mm。如果既有同轴度误差又有磨损时,除铣削主轴承盖结合面外,还需铣削主轴承座孔结合面,最大铣削量不超过 0.4 mm。然后在镗瓦机上,按标准尺寸镗削座孔。

四、气缸的磨损、穴蚀及产生的原因

(一)正常情况下的磨损规律

发动机工作中,气缸的工作表面,由于各部位承受的气体压力、温度及润滑条件的不同,各部位的磨损程度也不一样。其上下方向磨损后产生圆柱度误差,最大磨损位置在活塞位于上止点时第一道气环与缸壁接触处。圆周方向的磨损也是不均匀的,产生圆度误差。气缸的正常磨损规律如图 3-4 所示。

(二)气缸磨损出现圆柱度误差的原因

1. 气体压力的影响

在做功行程中,高压气体通过活塞环环槽之间的间隙,窜入活塞环的背面,把活塞环压向气缸。气体对第一道环的压力最大,加大了活塞环与缸壁的摩擦力,下面的各道环依次降低。随着活塞的下行,气体压力降低。

2. 润滑条件的影响

发动机工作中,气缸上部的温度大于下部。由于上部温度高,润滑油黏度下降,不容易形成良好的油膜,因此,越靠近气缸的上部,润滑条件越差,越容易出现干摩擦的现象。

3. 磨料的影响

当空气和燃油的滤清不良时,进入气缸的灰尘和杂质成为磨料,这些磨料首先与上面的环接触,磨料作用最为剧烈,往下则逐渐被磨碎,作用便逐渐减轻。

以上三种情况,都是使气缸的上部磨损严重,向下则转向轻微,这是气缸磨损形成圆柱

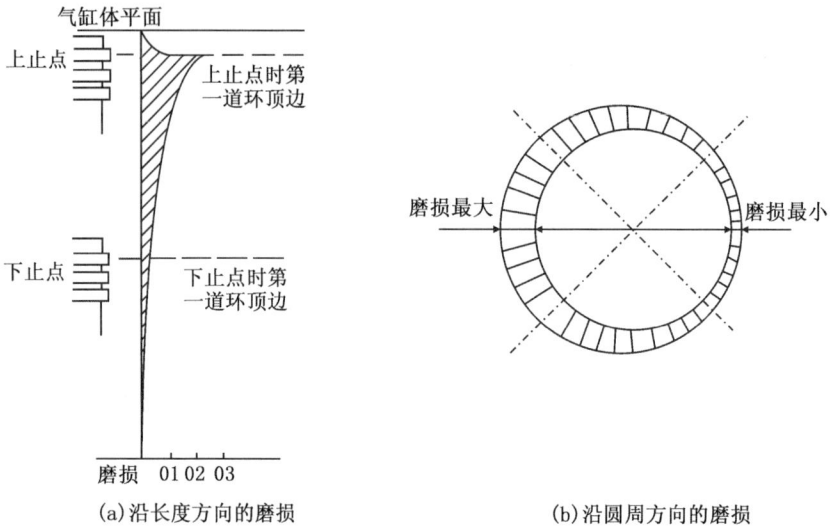

(a)沿长度方向的磨损　　　　　　　　(b)沿圆周方向的磨损

图 3-4　气缸的正常磨损规律

度的主要原因。

(三)气缸磨损出现圆度误差的原因

1.侧压力的影响

在做功行程中,气体压力的分力把活塞压在气缸的一侧,在压缩行程中,气体压力的分力又把活塞压向气缸的另一侧。如图 3-5 所示。这种侧压力的作用使气缸产生偏磨,导致气缸左右方向(垂直于活塞销中心线方向)的磨损大于前后方向(活塞销中心线方向),而最大磨损发生在做功行程中承受侧压力的方向。

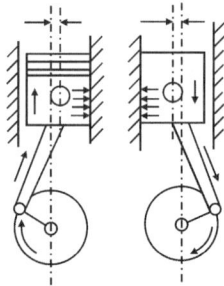

图 3-5　活塞侧压力的方向

2.冷却条件的影响

由于气缸体结构上的原因,缸壁周围的冷却水温度不一样。冷却水温度较低的部位缸壁的工作温度也较低,当缸壁温度低于 413 K 时,燃烧产物中的酸性物质便在缸壁上凝聚,引起酸性腐蚀,温度越低,这种腐蚀现象就越严重。

(四)气缸的异常磨损

气缸产生异常磨损,可以由多方面的原因引起。例如,连杆弯曲,导致活塞在气缸中倾斜,使气缸壁产生偏磨,严重时甚至造成拉缸事故。另外,镗削连杆大端轴承和铰削连杆小端铜套时,如两孔中心线不平行、曲轴主轴颈与连杆轴颈中心线不平行、气缸中心线与曲轴中心线不垂直等,都会造成气缸的异常磨损。

(五)气缸套的穴蚀

湿式气缸套外表面与冷却水接触的某些特定表面,局部出现密集的蜂窝状孔穴,表面呈现红褐色,孔穴直径在 1 mm 左右,严重时甚至将缸壁穿透,这种现象称为缸套的穴蚀,如图 3-6 所示。

穴蚀严重的缸套,应予报废换新。

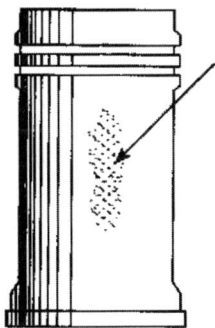

图 3-6 柴油机气缸套的穴蚀

五、气缸的检查测量

(一)测量部位

气缸的磨损情况,使用量缸表进行测量,测量的部位应选择在活塞环运动区域内。一般应测量三个截面,每个截面测量两个方向,即:活塞位于上止点时第一道气环所对应的缸壁位置;活塞位于下止点时最下面一道油环所对应的缸壁位置;以及前两个位置的中间位置。每个位置上测量纵横两个方向(即曲轴中心线方向和垂直于曲轴中心线方向)的数值,共测得六个数值,填入表 3-1 气缸鉴定卡中计算出气缸的磨损量、圆柱度和圆度。

表 3-1　气缸鉴定卡　　　　　　　　　　　　　　单位:mm

车号			发动机型号	EQ6100;$D_0 = 100.00$			备注	
测量位置	第1缸		第2缸		第3缸		第4缸	
	纵	横	纵	横	纵	横	纵	横
Ⅰ-Ⅰ	100.54	100.36						
Ⅱ-Ⅱ	100.26	100.32						
Ⅲ-Ⅲ	100.04	100.06						
最大磨损量	0.54							
圆柱度	0.25							
圆度	0.09							
气缸原直径	100.00						鉴定日期	
处理意见							鉴定人	

(二)磨损量、圆柱度、圆度的确定

磨损量是指最大磨损部位的直径与未磨损处的直径之差;圆柱度是指同一方向各截面的最大半径与最小半径之差;圆度是指同一截面纵横两个方向的半径之差。

当气缸的最大磨损量、圆柱度、圆度任何一项超过规定值时,均应按磨损程度不同分别采用镗、磨等方法进行修复或更换缸套。气缸的磨损量应定期检查测量并做好记录,作为该机的技术档案妥善保存,以便下次修复时对照比较。

六、气缸的修复

(一)气缸的修理尺寸

气缸的修复目前采用的方式主要有两种:一种是将磨损超过限度或者内壁有严重缺陷的气缸直径镗削加大,使之恢复正确的几何形状,同时选配与之相应的活塞和活塞环,以获得正常的配合间隙;另一种是湿式缸套的直接更换。

采用镗大尺寸来恢复气缸的几何形状和精度的气缸修复方法称为修理尺寸法,其镗大的尺寸称为气缸的修理尺寸。气缸直径除标准尺寸外,国家把修理尺寸规定为六级,即:+0.25 mm、+0.50 mm、+0.75 mm、+1.00 mm、+1.25 mm、+1.50 mm。即从标准尺寸开始,每加大 0.25 mm 为增加一级,一直递增到最后一级修理尺寸。但在一般情况下,镗缸都要超过一级修理尺寸。另外,修理级数增多会使气缸直径增大而缸壁减薄,所以用得最多的修理尺寸是+0.50 mm、+0.75 mm 和+1.00 mm。

(二)修理尺寸的选择

通常,选择气缸修理尺寸的方法,是先测量出多缸机磨损最大的气缸直径,再加上加工余量(加工余量一般为 0.10~0.20 mm),然后对照修理尺寸,选取其中与之相适应的一级修理尺寸,即:修理尺寸=磨损最大的气缸的最大直径+加工余量。

例如:6100 汽油机修理时测得磨损最大的气缸直径为 100.23 mm,取加工余量为 0.20 mm,则修理尺寸 = 100.23+0.20 = 100.43 mm,对照该机的修理尺寸表,选择第二级修理尺寸为 100.50 mm,并选配相应的活塞与活塞环。

表 3-2 为几种常见车型的发动机气缸修理尺寸。

表 3-2　发动机气缸修理尺寸(mm)

尺寸 等级	发动机型号					
	气缸直径加工	气缸直径				
		CA6102	EQ6100 EQ6100-1	BJ492Q	桑塔纳	
					1.8 L	1.6 L
标准尺寸	0.00	$101.60^{+0.02}$	$100.00^{+0.06}$	$92.00^{+0.036}$	81.01	79.51
一级修理尺寸	+0.25	$101.85^{+0.02}$	$100.25^{+0.06}$	$92.25^{+0.036}$	81.26	79.76
二级修理尺寸	+0.50	$102.10^{+0.02}$	$100.50^{+0.06}$	$92.50^{+0.036}$	81.51	80.01
三级修理尺寸	+0.75	$102.35^{+0.02}$	$100.75^{+0.06}$	$92.75^{+0.036}$	82.01	80.51
四级修理尺寸	+1.00	$102.60^{+0.02}$	$101.00^{+0.06}$	$93.00^{+0.036}$		
五级修理尺寸	+1.25			$93.75^{+0.036}$		
六级修理尺寸	+1.50			$93.50^{+0.036}$		

(三)镗削量的计算和镗削次数的选择

气缸的修理尺寸确定以后,选择好同级修理尺寸的活塞和活塞环,测量出活塞裙部的外径,结合必要的磨缸余量和缸壁间隙,然后确定气缸的镗削量。

镗削量=活塞裙部最大直径-气缸磨损后的最小直径+配合间隙-磨缸余量

活塞裙部最大直径是指与确定的修理尺寸相配的活塞裙部最大直径,可在实物上量取。

活塞与气缸的配合间隙可在发动机说明书中查到。几种常见车型的发动机活塞与气缸的配合间隙见表3-3。

表3-3 活塞与气缸的配合间隙(mm)

间隙 活塞与测量方法		发动机型号			
		CA6102	EQ6100 EQ6100-1	BJ492Q	桑塔纳
浇铸活塞	塞尺测量		0.05~0.07	0.05~0.06	
	表量		0.035~0.065	0.02~0.04	
液体模锻活塞	塞尺测量	0.015~0.035			
	表量				0.025~0.045

磨缸余量根据设备和技术条件来确定,可在0.03~0.06 mm之间选定,一般取0.05 mm。磨缸余量留得过大,不仅浪费磨缸工时,增加成本,珩磨时还容易出现圆度和圆柱度误差;而磨缸余量过小,则难以确保应有的加工精度和粗糙度。

例如:上例中,确定6100汽油机的修理尺寸为100.50 mm,测得与之配合的活塞裙部最大直径为100.48 mm,气缸磨损后的最小直径为100.08 mm,取气缸配合间隙为0.06 mm,预留磨缸余量为0.05 mm,则镗削量为:

镗削量=100.48-100.08+0.06-0.05=0.41 mm

镗削次数是根据求出的镗削量和镗缸机所允许的吃刀量以及加工工艺要求来确定的。铸铁缸套第一刀吃刀量为0.03~0.05 mm,因为缸壁表面有硬化层,磨损也不均匀,如吃刀量过大则易产生抖动,影响镗削质量和机床精度。最后一刀是保证质量的关键,为获得较高的表面精度和粗糙度,吃刀量亦以0.03~0.05 mm为宜,中间几次的吃刀量可适当加大,一般在0.20 mm左右,但不应超过镗缸机的规定值。

(四)气缸的镗削

气缸镗削的目的是恢复气缸原有的圆度、圆柱度和表面粗糙度,保证各缸中心线与曲轴主轴承孔中心线在一个平面内,并相互垂直。目前在机械修理行业中,使用的镗缸机厂牌较多,结构和使用方法也有差异。常用的镗缸设备有两种:T8014型移动式镗缸机和T716型固定式镗缸机。现以T8014型移动式镗缸机为例介绍镗缸工艺。

T8014型移动式镗缸机如图3-7所示。它是以气缸体平面为镗缸定位基准的,镗孔直径范围为65~140 mm;最大镗孔深度为370 mm;主轴转速为250 r/min、380 r/min;主轴进给量每转0.11 mm;最大切削深度小于0.5 mm。在生产规模不大的修理行业中,多使用移动式镗缸机。

在对气缸镗削之前,必须先完成气缸体的焊补、镶配气门导管和气门座圈等修理工作,

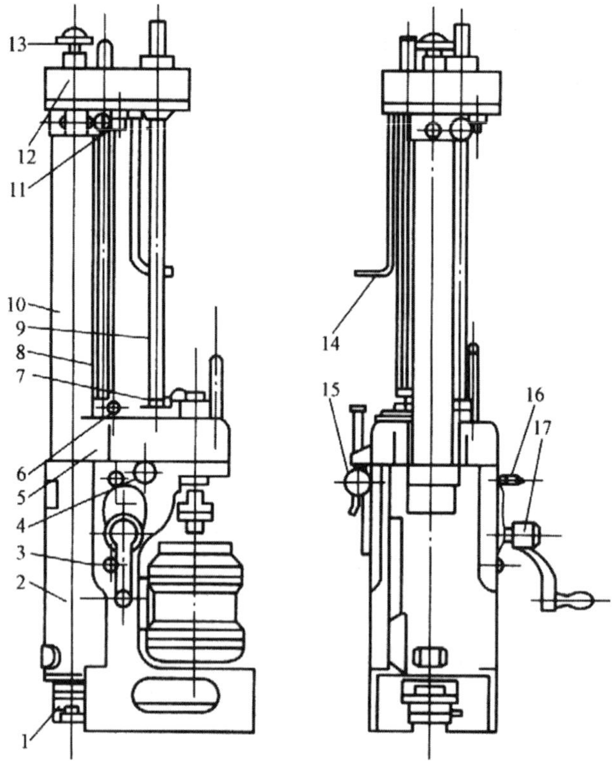

图 3-7　T8014 型移动式镗缸机

1—镗头;2—机体;3—放油孔;4—油杯;5—变速器;6—注油孔;7—磨刀轮;
8—升降丝杆;9—光杆;10—镗杆;11—张紧轮装置;12—带轮箱;13—定中心控
制旋钮;14—自动停刀装置;15—开关;16—进给量变换杆;17—升降把手

以免镗削后气缸因维修缸体而变形。气缸镗削工艺:

1. 修复气缸的上平面

如有不平现象和杂质,将影响镗缸机的定位,使镗杆倾斜,镗出的气缸轴线与缸体基准面(上平面)不垂直,影响修复质量。所以要用油石或细锉刀进行修平,并将气缸上平面和镗缸机底座擦拭干净。

2. 安装镗缸机

将镗缸机放置在气缸体上,使镗杆对正需镗削的气缸孔,初步固定镗缸机。

3. 选择和安装定心指

根据气缸直径选择一套长度相适应的定心指。清洁后插入镗杆定心指孔内,用弹簧箍紧,然后转动定心指旋钮,使定心指收缩。

4. 确定镗缸中心的选择

确定镗缸中心的方法有两种:一种叫同心镗法,是以气缸顶部或底部未磨损部位作为定位基准,使镗缸机的刀杆中心线尽量与原气缸中心线重合,使修理前后的气缸中心线相一致,但这种镗法,必须以气缸最大磨损部位作为镗削半径,磨损小的部位就要被削去较多的金属。另一种叫不同心镗法,是以气缸最大磨损部位作为定位基准,来确定气缸的镗削中心,这种方法可以减少镗削量,但镗削后的气缸中心线必然向磨损较大的一侧偏离了一个距离,如这个偏离量较大,则会使活塞连杆组的装配关系因为气缸轴线的偏移而遭到破坏,导致气缸的不正常磨损,所以实际使用中一般采用第一种方法确定镗削中心。

5. 选择刀架和调整镗刀

根据气缸直径选择刀架和镗刀,将镗刀装入刀架,再将刀架装入镗杆头上的刀架孔内,然后用专用的测微器调整镗刀,直到调整完毕。

6. 镗头转速、进给量和吃刀量的选择

通常根据气缸材料的硬度、气缸直径以及刀具性能、镗削工序来选择。气缸材料硬度大、缸径大时,应采用低转速,进给量和吃刀量也应较小。如粗镗灰铸铁气缸时,可采用低转速,进给量和吃刀量也较大,精镗时可采用高转速、慢走刀。

7. 镗削

将镗刀降到缸口,用手转动镗头,检测吃刀量是否过大,镗刀在气缸圆周的各个方向的吃刀量是否均匀,进行试镗,可镗至气缸口下 10 mm 处,用量缸表测出镗削实际尺寸,并与镗机的实际尺寸进行比较,确定其误差,便于再次调整镗削尺寸时予以修整。

8. 校正自动停刀装置

根据所镗气缸的深度,校正自动停刀控制杆的位置。

9. 缸口倒角

每镗好一只缸,应随时用刀刃的角度在气缸上口镗出倒角,便于活塞与活塞环装入气缸。

(五)气缸轴线对气缸体两端曲轴轴承承孔公共轴线垂直度的检测

气缸轴线对气缸体两端曲轴轴承承孔公共轴线的垂直度,直接影响气缸的磨损速度和使用寿命,所以气缸镗削后必须进行检测。

1. 检测工具

检验工具通常是用如图 3-8 所示的发动机气缸轴线垂直度检验仪,该检验仪由定心轴、前后定心轴套、柱塞、百分表及定心器所组成。

2. 检测方法

(1)按要求安装好定位机构。

(2)将发动机正置,把装好百分表的仪器轻轻放入待测的气缸中,并用两个三爪定心器固定在气缸中,使仪器的轴线与气缸的轴线重合。

(3)柱塞的上端顶在百分表触头上,柱塞下端装有带球形触头的测量头,柱塞轴线至球形触头的距离为 35 mm,转动手柄,带动柱塞使之转动 180°,百分表读数的差值,即表示气缸轴线对主轴承承孔公共轴线在 70 mm 长度范围内的不垂直度。

(4)把上面测得的数值换算成气缸全部长度的不垂直度,应不超过技术标准,不垂直度应小于等于 0.05 mm。

(六)气缸的磨削

气缸经过镗削后,其表面有螺旋形的细小刀痕,这些刀痕的存在影响它与活塞、活塞环的良好配合,所以,还必须进行磨削加工。这是气缸修理的最后一道工序,质量好坏对发动机的使用性能和寿命有很大影响。

气缸的珩磨是在专用的磨缸机上进行的。磨缸机工作时,由主轴带动珩磨头旋转并做上下往复运动,利用珩磨头上的砂条磨光气缸表面,并在气缸表面形成相互交叉的网纹,便

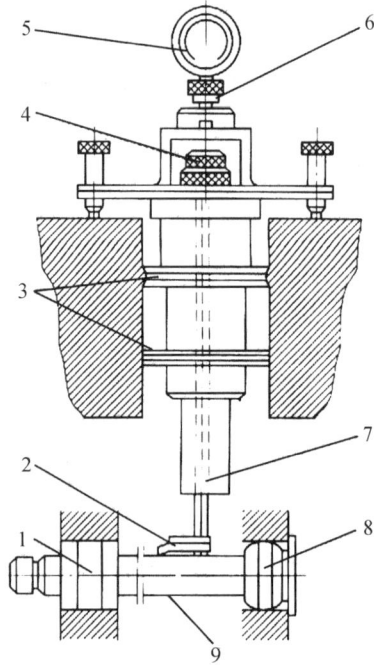

图 3-8　气缸孔垂直度检验仪

1—后定心轴套;2—测量头;3—气缸定心器;4—转动手柄;5—百分表;

6—百分表测头;7—柱塞;8—前定心轴套;9—定心轴

于气缸在工作时,积存润滑油,改善润滑条件。磨缸机的珩磨头如图 3-9 所示。

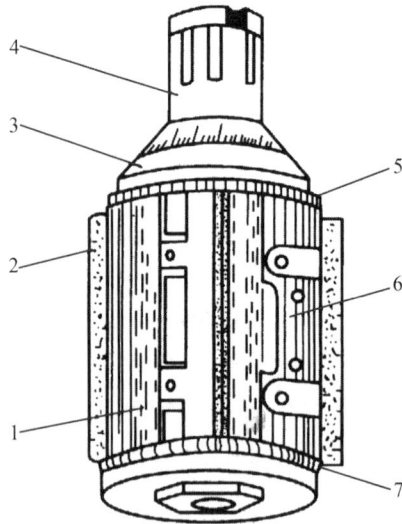

图 3-9　珩磨头

1—连接杆;2—砂条;3—调整盘;4—接头座;5、7—箍簧;6—砂条导片

磨缸程序和注意事项:

(1)将镗过的气缸予以彻底清洁,安装好气缸体,根据需要选择合适的磨条并安装在磨头上。

（2）安装磨头，调整磨条压力。加大压力，可以提高效率，但表面粗糙度过大，压力过小，易造成气缸圆度、圆柱度超差。

（3）选择合适的圆周速度和往复运动速度。磨头的圆周速度一般取 60~70 m/min，往复运动速度，粗磨时取 15~20 m/min，精磨时取 20~25 m/min。

磨头的往复运动速度和圆周运动速度之比称为珩磨速比，它对珩磨气缸的表面粗糙度和生产效率有较大影响。经验证明，增大往复运动速度，切削作用加强，可提高生产率；提高圆周运动速度，能降低缸壁表面粗糙度。磨削时圆周运动速度和往复运动速度在加工表面上形成交叉网纹状磨痕，珩磨速比大，网纹交角 β 也大，反之则小。试验表明，切削网纹的交角 β 为 60°最合适，因为合适的交角可以得到光洁的表面，便于润滑油的渗透与保持，有利于油膜的黏附，提高了气缸的耐磨性，缩短了磨合期。

（4）磨缸时尽量使磨缸主轴、磨缸头和气缸在一条直线上，以防偏磨。

（5）磨缸时要加注冷却液，常用的冷却液有煤油、柴油或在煤油中加入 15%~20% 的机油。为了提高冷却液对气缸壁的冷却效果及清洗带走磨屑，冷却液必须有一定的流量和压力。

（6）磨缸时要先粗磨，后精磨，并按隔缸顺序磨削。

为保证活塞与气缸之间的配合间隙，在磨缸过程中，必须及时用量缸表测量或用活塞试配，由于磨削过程中产生切削热，会影响气缸直径的变化，所以测量和试配应在气缸体温度降至室温后再进行。

用活塞试配时，先将活塞和气缸擦拭干净，把不带活塞环的活塞倒置在气缸体内，在活塞裙部大直径方向（无膨胀槽的一侧）塞入一规定厚度的塞尺，然后一手握住活塞，一手用弹簧秤拉出塞尺，其拉力应符合表 3-4 的规定，具体操作方法如图 3-10 所示。活塞与气缸的间隙配好后，应在活塞顶打上各气缸的序号，以防止错乱。

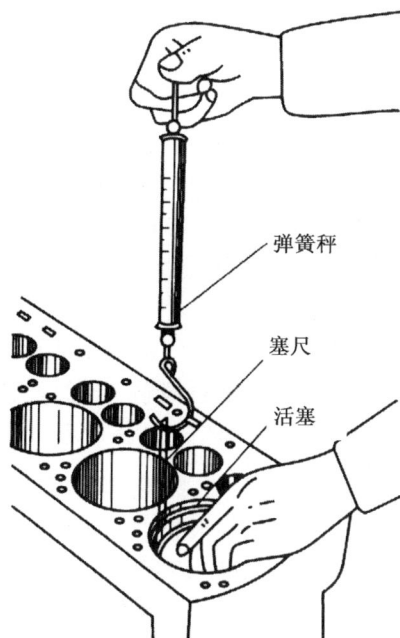

图 3-10　检查活塞与气缸壁的配合间隙

表 3-4 用塞尺检查活塞与气缸壁间隙时的拉力

标准 车型	项目				
	配合间隙（mm）	塞尺长度（mm）	塞尺宽度（mm）	塞尺厚度（mm）	拉力（N）
CA6102	0.015～0.035	200	13	0.05	29～24
EQ6100	0.05～0.07	200	13	0.05	19.6～29.4
EQ6100-1	0.03～0.05	200	13	0.03	14～20
BJ492Q	0.05～0.07	200	13	0.05	29.4～44.1
桑塔纳	0.025～0.045	200	12-15	0.03	9.8～24.5

七、气缸套的镶配

当气缸直径磨损到不能按最后一级修理尺寸修理,或气缸表面产生深的沟痕以致无法进行修复时,应该镶配新的气缸套。另外,如个别气缸发生破损,也可以单独更换,但更换后应镗磨到与其他缸径相同尺寸。

(一)干式气缸套

1. 选缸套

给气缸体第一次选气缸套时,应选用外径尺寸最小的气缸套,以便增加发动机的修理次数。

2. 镗承孔

对于第一次镶配气缸套的气缸,应根据选用的气缸套外径尺寸,把缸体承孔镗至所需的尺寸和表面粗糙度,保证气缸套与承孔结合紧密,导热性能良好。已经镶过气缸套的,应用专用工具将其压出或用镗床镗掉。

3. 压入新缸套

镶压缸套之前,应在承孔内壁和缸套外表面涂上一层机油,然后把缸套对准承孔,并用直尺在四周检查,保证缸套处于与缸体平面垂直的状态,同时在缸口上垫一块木板,用压力机将缸套徐徐压入承孔。在最初压入 20～30 mm 的过程中,应将压力放松几次,使气缸套产生的少许偏斜得到自行校正,同时用角尺在气缸套几个方向上测量,在确认缸套垂直无误时再缓慢施加压力。施压过程中,如压力急剧上升,表明缸套倾斜或过盈太大,压力过低,说明配合过松,应及时进行校正和更换。

镶装气缸套,应采用隔缸顺序压入,以保证气缸体不变形。气缸套压入承孔后,其上端面应与气缸体平面平齐,否则,应用锉刀或油石修整。气缸套镶配后要进行水压试验,检查气缸体有无渗漏现象。

(二)湿式气缸套

首先用专用工具拆除旧缸套,除掉冷却水腔中的污垢,用细砂布轻擦气缸体与气缸套的结合部位,尤其是与密封圈接触的气缸孔壁必须光滑。

在新缸套安装前先进行试配,即将未装封水圈的缸套装入气缸体,在缸体内可以用手转动但应没有明显松旷。缸套压入前,把封水圈装入缸套外圆上相应的槽内,不得扭曲或损伤,封水圈在整个圆周方向应均匀高出缸套外圆。一般情况下用手即可将缸套压入。

缸套压入后,应检查缸套高出气缸体平面的高度,其上端应高于气缸体平面 0.04 ~ 0.15 mm,位于同一气缸盖下的两气缸套高度差应不大于 0.03 mm,如不符合要求,可增减缸套台肩下的紫铜垫片来加以调整,如图 3-11 所示。

全部缸套装好后,应进行水压试验,检查是否有渗漏现象。

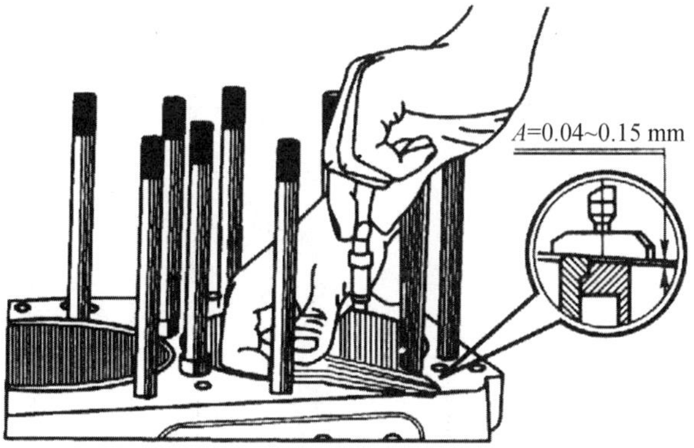

图 3-11　缸套台肩高度检查

任务 2　活塞连杆组的检测与修复

活塞连杆组是发动机的重要组合件之一,在发动机工作过程中,活塞连杆组承受高温、高压并做高速运动,容易产生磨损和变形。它的技术状况好坏,对发动机的动力性和经济性影响特别明显,所以在发动机大修时,活塞连杆组是很重要的修复项目。

为保证气缸的密封性能和防止活塞与气缸在运动中发生冲击,要求活塞与气缸之间的配合间隙要尽可能小;但由于要保证活塞在高温下仍能在气缸中做往复运动,不致发生卡死,又要求缸套活塞间有适当的间隙,因此,对活塞连杆组的配合关系要求很严,在修复中不仅要保证尺寸精度、表面粗糙度和几何形状精度,而且要保证彼此的位置公差和组合件的重量误差,这是发动机修复中一个很重要的环节,必须予以足够的重视。

一、活塞的损伤及选配

(一)活塞的损伤

活塞的主要损伤是磨损,其主要磨损部位是活塞环槽和活塞销座孔,如图 3-12 所示。其中第一道环槽磨损最为严重,向下逐渐减轻。环槽磨损后,由原先的矩形变为梯形,使活塞环侧隙增加,气缸密封性变差,导致漏气和窜油。活塞销座孔长期承受冲击性载荷,磨损后产生圆度和圆柱度,使活塞销与座孔配合间隙增大,严重时会引起敲击。另外,活塞裙部也会发生一定的磨损并出现圆度和圆柱度。

此外,活塞在工作中还可能出现非正常的损坏形式,如刮伤、烧伤、脱顶等。在发生拉缸事故的情况下,活塞容易被刮伤,主要是由于活塞与气缸壁间隙过小,不能形成足够的油膜,或由于气缸表面严重不清洁,活塞与气缸间夹有较大较多的机械杂质所致。活塞烧伤主要是由于发动机在超负荷条件下或爆燃情况下长时间工作,造成活塞顶局部或大面积熔化。活塞脱顶是指活塞顶与裙部发生分离,主要原因是活塞环开口间隙过小,工作中受高温膨胀后在气缸中卡死,而连杆强行拖动活塞运动,造成头部与裙部分离。

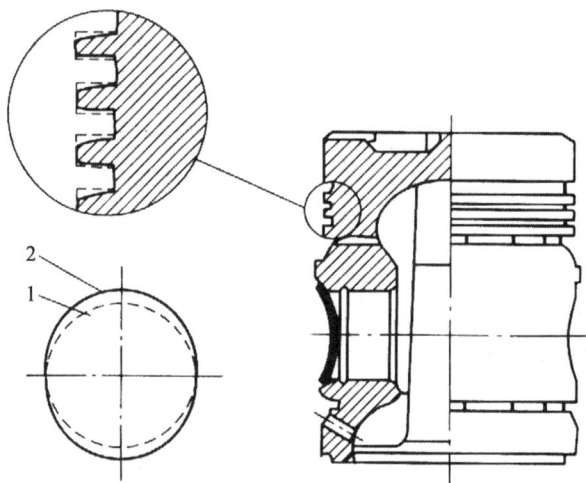

图 3-12　活塞的主要磨损部位
1—原销孔;2—磨损后的销孔

(二)活塞的选配

当气缸的磨损超过规定值及活塞发生损坏时,必须对气缸进行修复,同时根据气缸的修理尺寸选配活塞。选配活塞时要注意以下几点:

(1)按气缸的修理尺寸选用同一修理尺寸的活塞和同一分组尺寸的活塞。活塞裙部的尺寸是镗磨气缸的依据,即气缸的修理尺寸是哪一级,就选用哪一级修理尺寸的活塞。但是,活塞的分组只有在活塞选配后,才能按选定活塞的裙部尺寸进行镗磨气缸。

(2)活塞是成套选配的,同一台发动机必须选用同一厂牌的活塞,以保证其材料和性能的一致性。

(3)在选配的成组活塞中,其尺寸差一般为 0.01~0.15 mm,质量差为 4~8 g,销座孔的涂色标记应相同。若活塞的质量差过大,可适当车削活塞裙部的内壁或重新选配。车削后,活塞的壁厚不得小于规定值,车削的长度一般不得超过 15 mm。

二、活塞销的损伤及选配

(一)活塞销的磨损和变形

活塞销工作时,承受燃烧气体的压力和活塞组零件的往复惯性力,负荷的大小和方向都是周期性变化的,有很大的冲击。活塞销由于受到气缸直径的限制,一般外径尺寸较小,单位面积受到的载荷较大,并且承受一定的弯曲应力,使活塞销产生磨损和弯曲。

目前活塞销多采用全浮式装配,与活塞销座孔的配合精度很高,常温下有微量的过盈,在发动机正常工作时,活塞销与活塞销座孔和连杆衬套之间存在微小的间隙,因此,工作中活塞销可以在销座和连杆衬套中自由转动,使得活塞销的径向磨损比较均匀,磨损速率也较低。

活塞销的磨损过大,会使配合间隙过大而松旷,引起不正常的敲击。活塞销如果弯曲变形过大,将会引起销座的应力集中,可能造成销座的破裂。

(二)活塞销的选配

发动机大修时,一般应更换活塞销,选配标准尺寸的活塞销,为小修留有余地。

选配活塞销的原则是:同一台发动机应选用同一厂牌、同一修理尺寸的成组活塞销,活塞表面应无任何锈蚀和斑点,表面粗糙度 $Ra \leq 0.2$ μm,圆柱度误差 $\leq 0.002\ 5$ mm,质量差在10 g 的范围内。

为了适应修复的需要,活塞销设有四级修理尺寸,可以根据活塞销座和连杆衬套的磨损程度来选择相应修理尺寸的活塞销。

活塞销与活塞销座和连杆衬套的配合一般是通过铰削、镗削或滚压来实现的。其配合要求是:在常温下,汽油机的活塞销与销座配合间隙为 0.002 5 ~ 0.007 5 mm,与连杆衬套的间隙为 0.005 ~ 0.010 mm,且要求活塞销与衬套的接触面积在 75% 以上;柴油机活塞销与销座的过盈量较大,过盈量一般为 0.02 ~ 0.05 mm,与连杆衬套的间隙也比汽油机大,一般为0.03 ~ 0.05 mm。

(三)活塞销与活塞销座孔的修配

活塞销与活塞销座孔的配合,在修理中是通过对活塞销的磨削、座孔的铰削或镗削来达到配合要求的。

1.活塞销座孔的铰削

活塞销座孔铰削是用手工操作的,其工艺过程如下:

(1)选择铰刀

根据销座孔的实际尺寸选择长刃铰刀,使两个活塞销座孔能同时铰削,以保证两孔铰削后的同心度。

(2)调整铰刀

将铰刀垂直夹紧在台虎钳上,将活塞套到铰刀上,调整到刀片上端露出销座孔即可。调好后即做第一刀试验性的微量铰削,以后各刀的铰削量也不应过大,一般以每次旋转调整螺母 60°~90° 为宜,当座孔铰削量很小时,则可每次旋转螺母 30°~60°。

(3)铰削

铰削时,两手握住活塞,如图 3-13 所示。应注意两手掌握要平正,按顺时针方向旋转活塞,边旋转边轻压活塞,用力要均匀。为了使铰削的座孔正直,每调整一次铰刀,要从销座孔的两个方向各铰一次。每次铰削到座孔与刀片的下端平齐时,即停止铰削,压下活塞使其从铰刀下方退出。

(4)试配

活塞销座孔在铰削过程中,要随时用活塞销与之进行试配,防止铰大。当铰削到能用手掌之力将活塞销推入一个销座孔的 1/3 长度时,即应停止铰削。然后用木槌轻轻将活塞销打入活塞销座孔内,再从反方向将其冲出,视其接触的痕迹进行修刮。修刮的原则是"由里向外、刮重留轻、刮大留小",两端边缘少刮或不刮,防止呈喇叭口形。修刮到能用手掌之力把活塞销推进销座孔的 1/2 ~ 2/3 时,即为合适,其配合接触面积要达到 75% 以上,如图3-14 所示。

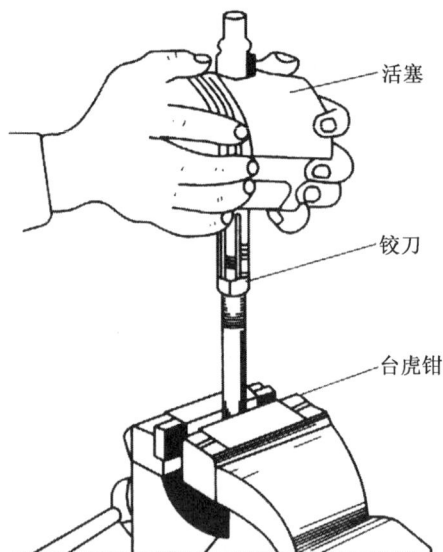

图 3-13　活塞销座孔的铰削

图 3-14　活塞销与销座孔的试配

2.活塞销座孔的镗削

活塞销座孔也可以用镗削方法加工。为获得较高的精度和适宜的粗糙度,一般多采用高速精镗。其操作规范如下:切削速度为 200~300 m/min,走刀量为 0.02~0.05 mm/r,吃刀量为 0.05~0.50 mm,转速为 1500 r/min 以上,刀具采用 YG3 硬质合金钢。

3.活塞销座孔修复后的检验

活塞销座孔经过铰削或镗削之后,需检查活塞销座孔中心线与活塞中心线的垂直度,如两者不垂直,活塞在气缸中工作时会发生倾斜,引起偏磨,检查方法有两种:

(1)直接检查法

如图 3-15(a)所示,检查时将活塞套到销轴上,使活塞外圆表面紧贴座架,使百分表触头接触活塞,记下表盘上指针读数,然后取下活塞翻转 180°,重做上述检测,再记下一个读数,两次读数的误差应不大于 0.05 mm。

(2)间接检查法

如图 3-15(b)所示,用试棒穿入活塞销座孔内,将活塞放置在平台上,用百分表分别测量活塞销座孔两端试棒至平台的距离,在相距 $L = 100$ mm 的长度上误差应不大于 0.05 mm。

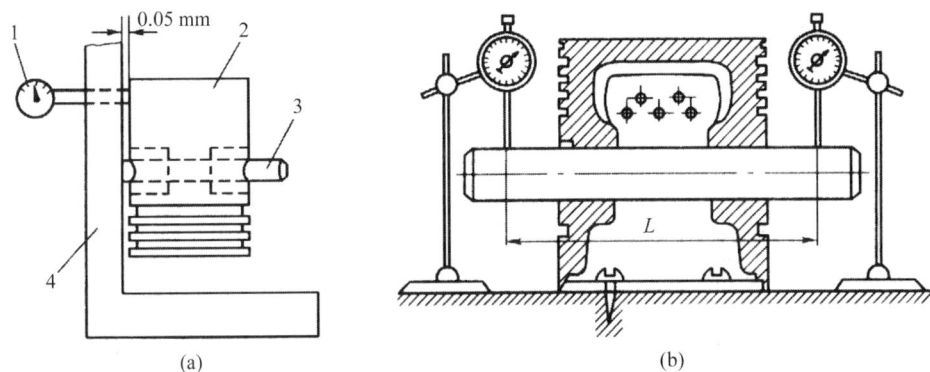

图 3-15　活塞销座孔中心线与活塞中心线垂直度的检查

1—百分表;2—活塞裙部;3—销轴;4—座架

(四)活塞销与连杆衬套的修配

在活塞连杆组的修理中,更换活塞、活塞销的同时,也必须更换连杆衬套,以恢复其正常配合间隙。活塞销与衬套的配合,在常温下应有 0.005～0.010 mm 的微量间隙,这样高的配合要求是难以进行测量的,在修理中一般凭感觉去判断。

1. 连杆衬套的选择和压入

衬套与连杆小头的配合,应有 0.10～0.20 mm 的过盈量,保证衬套在工作中不发生转动。选配时,可用游标卡尺分别测量衬套外径和连杆小头内径,其差值即为过盈量。

新衬套的压入,可在台虎钳上进行。压入前应检查连杆小头孔是否有损伤、毛刺等,以免擦伤衬套外表面。压入时衬套倒角应朝向连杆小头倒角的一侧,并将其放正。对整体式衬套,要使衬套上的油孔与连杆小头上的油孔对正;对两半式衬套,应使衬套压至连杆小头油孔的边缘,不能遮住油孔。衬套露出连杆小头端面的部分用锉刀锉平。

2. 连杆衬套的铰配

活塞销与连杆衬套的铰配,其工艺过程与活塞销座孔的铰削基本相似。

(1)选择铰刀

根据活塞销实际尺寸选择铰刀,将铰刀正直地夹在台虎钳上。

(2)调整铰刀

将连杆小端套入铰刀内,一手托住连杆大头,一手压下连杆小端,调整铰刀上的调节螺母,使铰刀在衬套上平面外露出 3～5 mm。

(3)铰削

铰削时,一手握住连杆大端,顺时针方向均匀转动连杆,一手把持连杆小头,向下略施压力,如图 3-16(a)所示。铰削时应保持连杆轴线垂直于铰刀轴线,以防铰偏。当衬套下方与刀刃下方相平时,停止铰削,将连杆小端压下,使其脱出铰刀,保持铰刀直径不变,将连杆翻转 180°,从衬套另一端再铰削一次。铰刀每次的调整量以旋转螺母 60°～90° 为宜。

(4)试配

在铰削过程中,应不断用活塞销试配,以防铰大。当铰削到用手掌的力量能将活塞销推入衬套 1/3～2/5 时,应停止铰削。此时,可将活塞销压入连杆小端衬套内,并夹在台虎钳上扳动连杆反复转动数次,取下活塞销,观察衬套与活塞销接触印痕情况,进行必要的微量修刮。直到用手掌力量能把活塞销推进连杆衬套,且接触面达到 75% 以上时,则试配成功,如图 3-16(b)、图 3-16(c)所示。

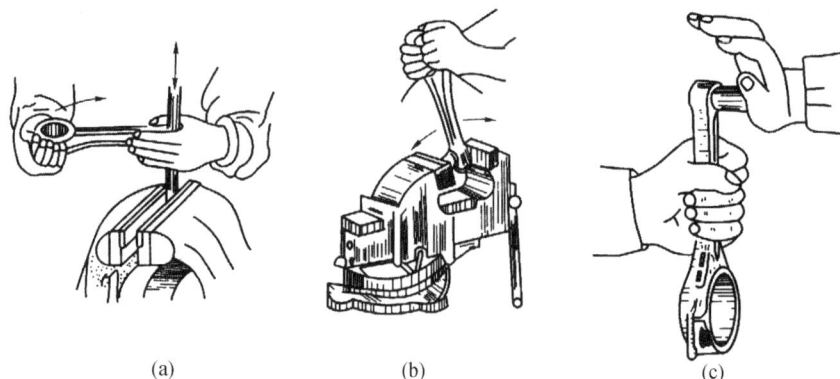

(a)　　　　　　　　　(b)　　　　　　　　　(c)

图 3-16　连杆衬套的铰配

3.连杆衬套的镗削

为提高衬套的修理质量和生产效率,也可用镗瓦机对衬套进行镗削加工。镗削时以衬套的内孔定中心,然后固定连杆大头,支撑连杆小头,用镗刀按标准活塞销直径进行镗削,使其配合间隙为 0.005~0.010 mm,镗削后稍加修整,即可进行装配。

三、活塞环的磨损、检测与选配

(一)活塞环的磨损

活塞环是活塞连杆组中磨损最快的零件,越靠近活塞顶部的活塞环,磨损越严重。活塞环磨损后使得弹力减弱,开口间隙、侧隙、背隙增大,密封性下降,导致发动机功率下降,油耗上升。

活塞环磨损后应予以更换。新活塞环分为标准尺寸的和修理尺寸的,其等级与气缸修理尺寸等级相同。

(二)活塞环的弹力检测

活塞环的弹力检测可在专用的检验仪上进行,如图 3-17 所示。检测时,将活塞环放在仪器的槽中,环的开口放在水平位置,移动检验仪上的重锤,当把活塞环的开口间隙压缩到规定值时,重锤所处位置所示的弹力数值应符合规定。弹力过大,摩擦损失增大,气缸早期磨损;弹力过小,密封作用不良,容易引起漏气窜油。

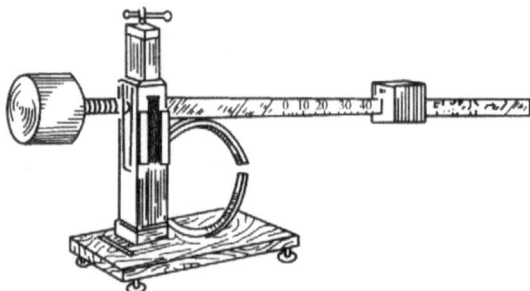

图 3-17　活塞环的弹力检测

(三)活塞环间隙的检测

1. 开口间隙

将活塞环水平装入气缸中未磨损的部位(可用活塞头部把活塞环推平),用厚薄规测量开口之间的间隙值,间隙过小可用平锉修正,间隙过大应重新选配。检测和修正方法如图3-18所示。

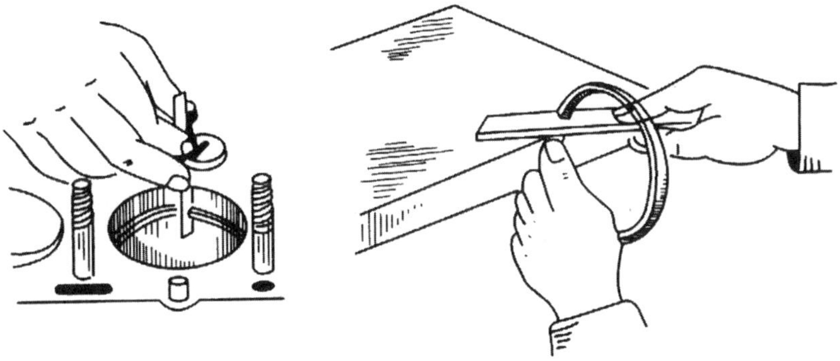

图 3-18　活塞环开口间隙的检测与修正

2. 侧隙和背隙

活塞环装入环槽后与环槽上下方向的间隙称侧隙,可用厚薄规检测,如图3-19所示。背隙值一般用环槽深度与环的厚度之差值表示,测量时可将环装入环槽内,测量活塞环低于环槽岸边的数值。

所有活塞环的间隙均应符合发动机说明书的规定。常见车型活塞环的装配间隙见表3-5。

表 3-5　常见车型活塞环的装配间隙　　　　　　　　　　单位:mm

项目			发动机型			
			CA6102	EQ6100 EQ6100-1	BJ492Q	桑塔纳
端隙	压缩环	第一道	0.50~0.70	0.29~0.49	0.20~0.40	0.30~0.45
		其余	0.40~0.60	0.29~0.49	0.20~0.40	0.25~0.40
	油环		0.30~0.50	0.50~0.70	0.20~0.40	0.25~0.50
侧隙	压缩环	第一道	0.055~0.087	0.055~0.087	0.05~0.08	0.02~0.05
		其余	0.055~0.087	0.04~0.072	0.23~0.67	
	油环		0.40~0.80	0.09~0.20	0.23~0.67	
背隙	压缩环			0.20~0.90	0.20~0.60	
	油环			0.88~1.335	0.305~0.745	
使用极限	压缩环		端隙 2.00~4.00　　侧隙 0.20~0.40			0.15
	油环		端隙 2.00~3.00　　侧隙 0.20~0.30			1.00

(四)活塞环的漏光检测

将活塞环放入标准气缸套内,用活塞把环推平。在缸套中活塞环的下侧放一光源,上

图 3-19　活塞环侧隙的检查

侧用比气缸套内径略小的盖板将环盖住,检测环外圆与缸套配合面的漏光情况,如图 3-20 所示。

要求:活塞环外圆工作面的漏光间隙应不大于 0.03 mm,每处漏光弧长所对应的圆心角应不大于 25°,同一根活塞环漏光总和应不大于 45°,在活塞环开口处左右 30°内不得漏光。

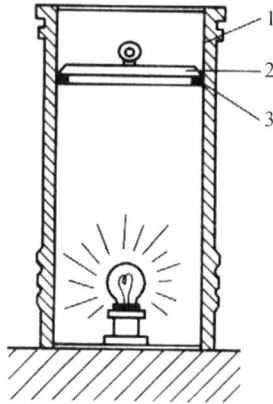

图 3-20　活塞环漏光检测
1—气缸套;2—遮光板;3—活塞环

(五)活塞环的选配

发动机修复中,要根据气缸的修理尺寸,选用与气缸、活塞相适应的同级尺寸的活塞环,各缸选配的活塞环经检查、测量达到标准后,不应互相错乱。

四、连杆的检测与修复

发动机工作中,连杆最容易产生的缺陷是弯曲、扭曲等变形,有时也会发生连杆大小头轴承不正常磨损、连杆螺栓断裂等故障。连杆发生变形后,使活塞在气缸中的正确位置改变,造成活塞与缸壁、连杆轴承与轴颈发生偏磨。因此,修理时应对连杆进行认真的检验与校正。

(一)连杆大端孔的检测

连杆大端孔的圆度、圆柱度超过规定值,会导致曲柄销轴颈的不正常磨损,因此,发动机大修时应对连杆大端进行检测。

（1）将连杆大端的轴承盖装好,不装轴承,按规定的扭紧力矩拧紧连杆螺栓和螺母。

（2）用内径量表测量连杆大端孔的一组直径,测量位置如图 3-21 所示,

（3）计算圆度与圆柱度。

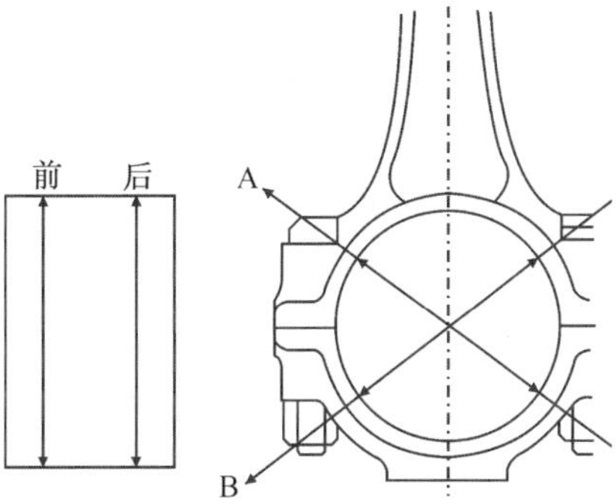

图 3-21　连杆大端孔的检测

（二）连杆弯曲、扭转变形的检测

连杆变形的检测可在如图 3-22 所示的连杆检验器上进行。检验器上用来支承连杆大端孔的心轴与平板相垂直。进行连杆的弯扭检测时,首先将连杆大端的轴承盖装好,不装轴承衬瓦,按规定力矩上紧,同时装上已铰配好的活塞销。将连杆大头装在检验器的心轴上,并使心轴的定心块向外扩张,将连杆固定在检验器上。测量工具是一个带有 V 形块的"三点规"。三点规上的三个测点共面并与 V 形块垂直,下面两测点间的距离是 100 mm,上测点与两下测点间连线的垂直距离也是 100 mm。进行测量时,将放在活塞销上的三点规移向检验器平板,如果三个测点均与检验器平板接触,说明连杆既无弯曲也无扭曲。

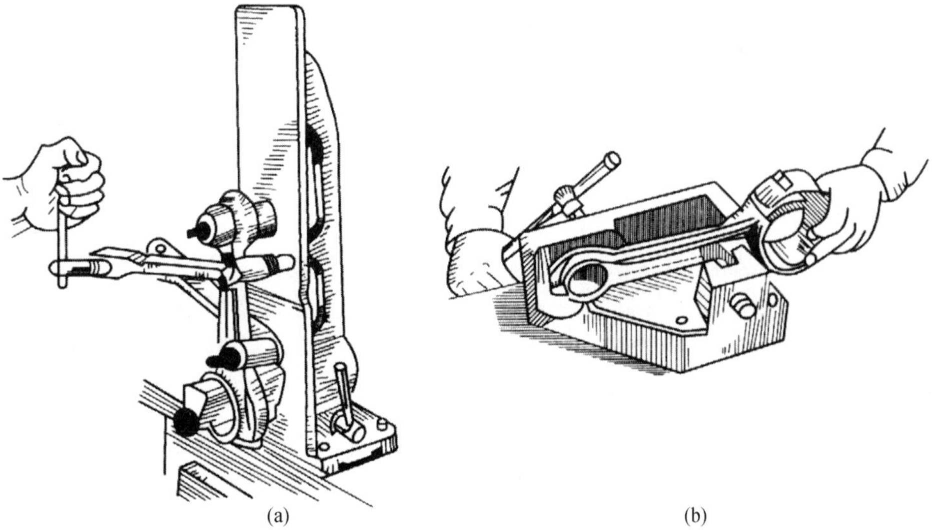

(a)　　　　　　　　　　　　　　　　(b)

图 3-22　连杆弯曲、扭转变形的检测

若上测点与平板接触,而下面两测点与平板不接触且两测点与平板距离相等;或下面两测点与平板接触而上测点与平板不接触,说明连杆发生了弯曲,用厚薄规测出测点与平板间的距离,即为连杆在 100 mm 长度上的弯曲量。

若只有一个下测点与平板接触,且上测点与平板的间隙等于另一下测点与平板间隙的

一半,说明连杆发生了扭曲,这时下测点与平板的间隙,即为连杆在 100 mm 长度上的扭曲量。

若连杆同时存在着弯曲和扭曲,则一个下测点与平板接触,而上测点与平板的距离就不可能正好是另一个下测点与平板之间距离的一半,这时下测点与平板的距离,为连杆在 100 mm 长度上的扭曲量,上测点与平板的距离和下测点与平板的距离的一半的差值为连杆在 100 mm 长度上的弯曲量。

连杆的双弯曲检测如图 3-23 所示。将连杆大端一侧紧贴平板,测量出连杆小端平面与平板间的距离 a,然后把连杆转过 180°,用同样的方法测得距离 b,如两次测得的数值相等,说明连杆没有双重弯曲;若两次测得的数值不等,则两次数值之差就是连杆的双重弯曲量。

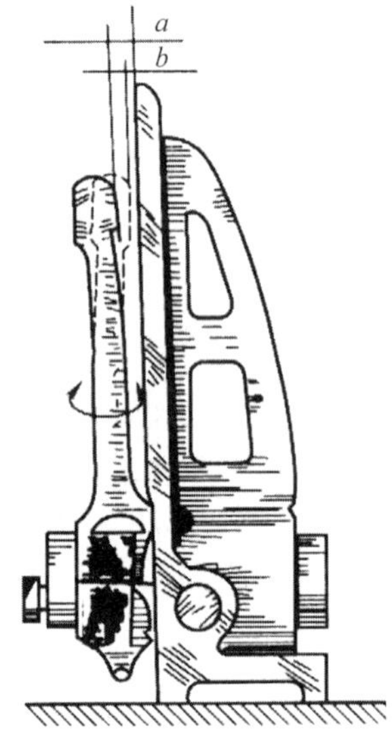

图 3-23　连杆双重弯曲的检测

（三）连杆弯曲、扭转变形的校正

经检验确定连杆确有弯扭变形时,应记住变形的方向,然后进行校正。对既有弯曲又有扭转变形的连杆在校正时,应先校正扭转,再校正弯曲。

弯曲的校正方法如图 3-24 所示,将弯曲的连杆置于校正器上,在各支承点上垫以适当的垫块,而后拧动螺栓,使连杆向弯曲的反方向发生变形,并使变形量超过原来的弯曲量。校正时可用小锤进行适当的敲击,校正时间为 0.5~1 h,校好后还应将连杆加热至 673~723 K,并保温 0.5~1 h,以消除连杆校正时产生的残余应力。

校正连杆扭曲时,先将连杆大端盖盖好,置于检验器的心轴上,使用专用工具使连杆向相反方向扭转,直到合格为止,如图 3-24 所示。

五、活塞连杆组的组装

活塞连杆组各零件经修复检测合格以后,即可以装配成组合件,装配之前,应对各零件进行彻底清洗,清除油道中的油污。

（一）活塞与连杆的组装

由于活塞销与座孔在常温下有微量过盈,所以装配时一定要先将活塞加热。通常的做

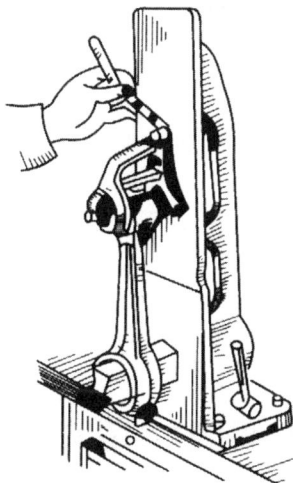

图 3-24　连杆弯曲、扭转变形的校正

法是,把活塞置于水中加热到 353~363 K,取出后迅速擦拭干净,在活塞销上涂以机油,伸入活塞销座孔,并穿过连杆小头直至另一销座孔,达到活塞的另一边缘,再装上锁环。锁环与活塞销两端应各有 0.10~0.25 mm 的间隙,锁环嵌入环槽中的深度,应不小于锁环直径的 2/3,并不允许在环槽中有松转现象。

　　装配时,应注意各缸的活塞和连杆不要互相错乱,活塞和连杆的安装方向不要搞错,要按记号安装。如 CA6102 活塞顶部标有箭头,EQ6100 活塞顶部有一小缺口,它们的连杆和连杆盖上均有一个小凸点,装配时三个标记应朝着同一侧,装入气缸时,三个标记均应朝着发动机前端。活塞裙部的纵槽向着做功行程受力较大一侧的对面。

　　活塞连杆组装配后,还需要在连杆检验器上检验连杆大端孔中心线与活塞中心线的垂直度。方法是:将连杆大端孔套在检验器的心轴上,使活塞裙部紧贴检验器平板,拧动可调心轴的调整螺钉使连杆固定,用厚薄规测量活塞顶部边缘与平板之间的间隙,然后翻转 180° 重新测量一次,两次测量的数值应该相等,如不等,其差值即为垂直度误差,该误差应不大于 0.05~0.08 mm,否则应找出原因重新校正和组装。

(二)活塞与活塞环的组装

　　装配活塞环需用活塞环钳进行,装配时要注意按说明书的规定在各道环槽中装入相应种类的活塞环,不得装错。镀铬环必须装在第一道环槽内。对于扭曲环、锥面环等活塞环,方向不能装反。内圆切槽的扭曲环,安装时切槽向上,外圆切槽的扭曲环安装时切槽向下。安装锥面环时,有标记的一面应向上。对于组合式刮油环,应先装衬环,后装刮片环。活塞环装入环槽后应能灵活转动,不得有阻滞现象。在将活塞连杆组装入气缸前,应将各环的开口错开并在上面涂上机油。

(三)活塞连杆组质量差的检测

　　活塞连杆组合件装好后,应检查同一台发动机的活塞连杆组合件之间的总质量差不得大于说明书的规定,以保证发动机运转平稳。常见车型活塞连杆组的质量差见表 3-6,对于质量差超过标准的活塞连杆组,应分别检查活塞和连杆的质量,并预以调整。

表 3-6　常见车型活塞连杆组的质量差　　　　　　　　　　　　　单位:g

项目　　　　标准	发动机型号	
	EQ6100 EQ6100-1	BJ492Q
同组活塞质量差(不大于)	8	4
同组连杆质量差(不大于)	小头10,大头16	4
活塞连杆组质量差(不大于)	34	8

任务3　曲轴飞轮组的检测与修复

一、曲轴的损伤及原因

(一)轴颈磨损

曲轴上的磨损部位主要是主轴颈和连杆轴颈,根据对多数曲轴的测量结果,主轴颈和连杆轴颈的磨损是不均匀的,其主要表现是径向磨成椭圆,轴向磨成锥形,这种不均匀磨损是曲轴的结构、载荷、润滑油的质量和使用条件等因素造成的,曲轴轴颈磨损的一般规律如图 3-25 所示。

(1)主轴颈和连杆轴颈的磨损具有一定的规律性。由于发动机在工作中,连杆轴颈所承受的气体压力、往复惯性力、离心惯性力的合力始终作用在连杆轴颈的内侧,使连杆轴颈的内侧磨损大于外侧,与此相对应,主轴颈的磨损最大部位发生在靠近连杆轴颈的一侧,因此,主轴颈和连杆轴颈磨损后其截面呈椭圆形。

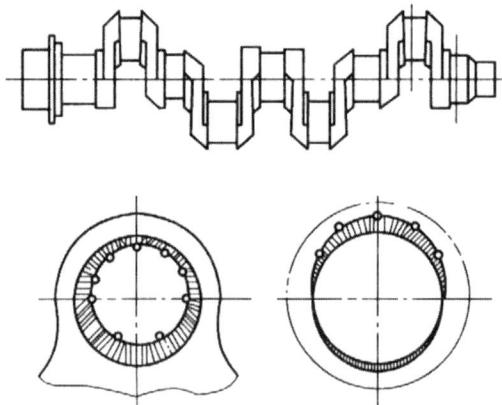

图 3-25　曲轴轴颈磨损的一般规律

(2)由于曲轴中通向连杆轴颈的油道是倾斜的(如图 3-26 所示),当曲轴回转时,在离心力的作用下,润滑油中的杂质偏积在连杆轴颈的一侧,加速了该侧轴颈的磨损,因而,磨损后的连杆轴颈有一定圆柱度,而主轴颈则不明显。

(3)一般情况下,由于连杆轴颈负荷较大,润滑条件较差,所以连杆轴颈的磨损大于主

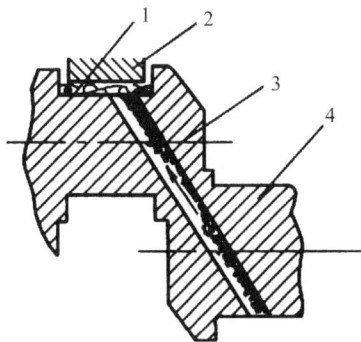

图 3-26 机械杂质在连杆轴颈上的分布情况

1—连杆轴颈;2—连杆轴承;3—油道;4—主轴颈

轴颈磨损,中间主轴颈磨损大于两端主轴颈磨损。

(4)曲轴轴颈的磨损程度,在其他条件相同的情况下,取决于轴承与它们的配合情况及气缸磨损程度,如轴承配合间隙增大,或气缸磨损漏窜气体增多,将导致润滑条件变坏,加速曲轴的磨损。

(二)曲轴的弯曲和扭转变形

曲轴产生弯曲和扭转变形,除材料和制造方面的原因外,多数情况下还由于使用不当。如主轴承间隙过大,发动机工作过程中曲轴发生冲击振动;各缸功率不一致或各主轴承的松紧度不一致使曲轴受力不均匀;气缸体主轴承座孔不同心;活塞连杆组质量相差过大等等,都是导致曲轴弯曲、扭转变形的因素。曲轴的弯曲变形超过一定值后,将加速曲轴和轴承的磨损,严重时会使曲轴出现裂纹甚至折断。曲轴的扭转变形,将改变各缸间的曲轴夹角,影响发动机的配气正时或点火正时。扭转变形的产生,往往是由于个别气缸活塞发生卡缸而造成的。另外,在重载下起步过猛或紧急制动未踩下离合器等原因都会引起曲轴的扭转变形。

(三)曲轴的裂纹和折断

曲轴裂纹的产生主要是应力集中引起的。曲柄臂和轴颈之间的断面由于形状突变而产生应力集中,工作中,这些过渡部位的受力复杂且承受比其他部位更大的弯曲和扭转力矩,因而在过渡部位首先发生横向的疲劳裂纹。另外,由于曲轴内部油道的倾斜,造成曲轴表面油孔处的应力集中,所以油孔处容易产生轴向裂纹。

曲轴工作中发生振动或扭振时,使裂纹有扩展的趋势,其中横向裂纹发展严重时,可能导致曲轴的折断。曲轴的折断多发生在曲柄臂的中部、曲柄臂与连杆轴颈结合部或曲柄臂与主轴颈的结合部等。

二、曲轴的检测

(一)曲轴弯曲变形的检测

曲轴弯曲变形的检测如图 3-27 所示。将曲轴前后端主轴颈支承在平板上的 V 形铁上,调整 V 形铁高度使曲轴轴线呈水平状态。将百分表触头与中间一挡主轴颈接触(使触头压缩 0.5 mm 左右),转动表盘,使指针对零。缓慢转动曲轴一周,百分表指针的最大偏转量即反映了曲轴的弯曲变形情况,百分表上最大读数与最小读数之差的1/2,即为曲轴的弯曲度。

测量时,不可将百分表量头放在轴颈的中间,而应放在轴颈的一侧,否则会由于轴颈的椭圆,而对曲轴的弯曲度做出不正确的结论。必须指出,这样测出的结果,因为牵涉两端轴颈不圆所增加的误差,故为一近似值。

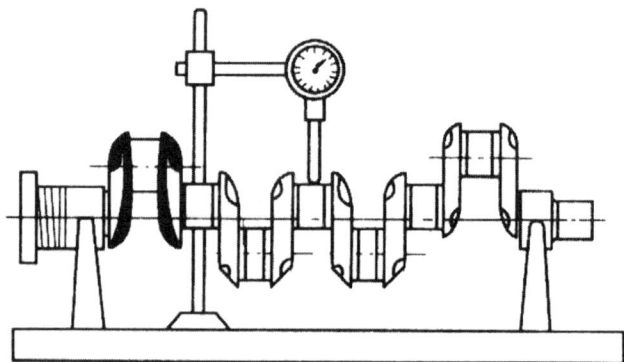

图 3-27　曲轴弯曲变形的检测

(二)曲轴扭转变形的检测

在检测了曲轴的弯曲变形后,将第一缸和最后一缸的连杆轴颈转到水平位置,用百分表分别测量两缸连杆轴颈与平板之间的距离(保持曲轴中心线与平板平行),其差值即反映了曲轴的扭转变形情况。曲轴扭转变形的校正较困难,由于曲轴扭转变形一般较小,可在修磨曲轴轴颈时予以修正,若扭转较大,则应更换曲轴。

(三)曲轴裂纹的检测

检测曲轴裂纹可以采用磁力探伤法或浸油敲击法,其原理与操作方法见项目一任务5。

(四)轴颈磨损变形的检测

轴颈磨损的检测部位如图3-28所示。在每道轴颈上,选取Ⅰ-Ⅰ和Ⅱ-Ⅱ两个截面,每个截面上选取与曲柄平行和垂直两个方向A-A、B-B进行测量,在同一截面上测得的半径之差即为轴颈的圆度误差;不同截面相同方向的半径之差即为轴颈的圆柱度误差。主轴颈和连杆轴颈的圆度、圆柱度误差超过 0.025 mm,应按规定修理尺寸进行修磨,或进行堆焊、镀铬、镀铁后,再磨削至规定尺寸或修理尺寸。

三、曲轴的修复

(一)曲轴的冷压校正

将曲轴用 V 形铁架住两端主轴颈,用油压机沿曲轴弯曲的相反方向加压(为防止损伤轴颈,在 V 形铁和轴颈及压头和轴颈之间应垫上铜块),见图3-29。压弯量为曲轴弯曲量的10~15 倍,在此状态下保持2~3 min,解除压力。为消除冷压后产生的应力,需将曲轴加热到573~773 K,保温0.5~1 h。当曲轴变形量较大时,应反复多次进行校正,防止一次校正变形量过大而导致曲轴折断。对于球墨铸铁曲轴,校正时要特别小心,且压校变形量不得大于原弯曲量的 10 倍。

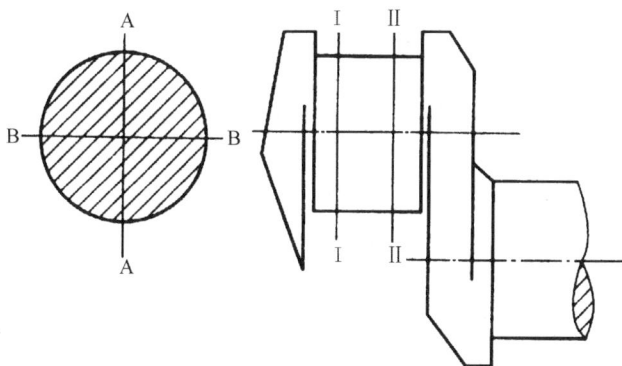

图 3-28 轴颈磨损的检测部位

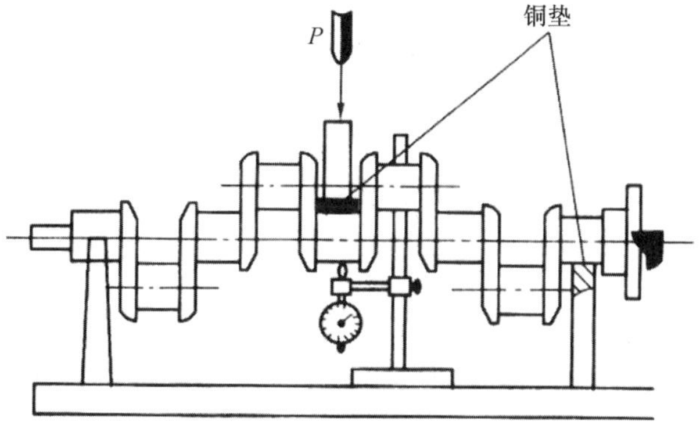

图 3-29 曲轴的冷压校正

(二)曲轴的扭曲校正

对于有轻微扭曲变形的曲轴,可直接在磨床上结合对连杆轴颈的磨修予以校正。对于扭曲严重的曲轴,可以用液压扭力杆进行扭转校正。

(三)轴颈的磨削

当轴颈的圆度、圆柱度误差超过允许值时,应按修理尺寸法对轴颈进行磨削加工。曲轴各轴颈的修理尺寸,一般也分为六级,直径每减小 0.25 mm 为一级。当磨损已超过最后一级修理尺寸的轴颈,可以采用金属喷镀等方法使轴颈恢复到规定尺寸,然后进行修磨。

曲轴轴颈的磨削在专用的曲轴磨床上进行。修理尺寸通常根据磨损最大的轴颈来选定,修理尺寸选定后,同一根曲轴上的所有主轴颈和连杆轴颈,都应按各自所选择的同一级修理尺寸进行磨削。

1. 选择定位基准

曲轴磨削时定位基准的选择对于磨削加工质量有很大影响。选择定位基准,应尽可能与制造曲轴时使用的加工定位基准一致,使得磨削后的曲轴轴线与制造时的轴线保持不变。磨削曲轴主轴颈时,一般采用启动爪螺纹孔倒角和后端轴承座孔作为定位基准;磨削连杆轴颈时,宜采用前端正时齿轮轴颈和后端凸缘盘外圆柱面作为定位基准。

上述基准表面可能在使用过程中被损坏,所以在选择基准时要认真检查,否则容易引起误差,影响磨削加工的质量。

2.主轴颈的磨削

磨削主轴颈时,选用粒度 46~60 号的普通氧化铝,硬度为中软 ZR_1 和 ZR_2,以陶瓷为黏接剂的砂轮。选择的磨削规范,应保证曲轴磨削时,轴颈表面淬火层不致因磨削时产生的高温而退火或产生裂纹。如轴颈的磨削量较大,可以分为粗磨和精磨两步进行。粗磨时采用切入法进刀,这样进给量较大,可缩短磨削时间。精磨时采用纵向进刀法,磨去轴颈表面的刀痕。在结束精磨前,应当停止砂轮的横向进刀,使砂轮沿轴颈长度往复空走一两次,以提高表面光洁度。

3.连杆轴颈的磨削

连杆轴颈的磨削方法有同心法和偏心法两种。同心法就是磨削后保持连杆轴颈的轴线位置不变,即保持曲柄半径和分配角不变;偏心法是按磨损后的轴颈表面来定位进行磨削,这时轴颈轴线位置发生了变化,从而使曲柄半径和分配角略有变化,但偏心法磨削可以减少切削量。目前发动机质量普遍提高,大修次数减少,所以一般应当采用同心法磨削,从而使修理前后压缩比不变,确保发动机的性能不变。

如果采用偏心法磨削连杆轴颈,磨削中应尽量减小连杆轴颈轴线的偏移量,并应力求使各轴颈的偏移量一致,防止各缸压缩比相差太多和破坏曲轴的动平衡状态。

四、飞轮的检测与修复

1.飞轮工作面的修复

当飞轮工作面因磨损形成波浪形或起槽时,应对工作面进行切削光磨,但磨削厚度应不大于 1.2 mm。

2.飞轮齿圈的修复

飞轮齿圈的损坏通常是轮齿磨损和损坏。若单面磨损,可将齿圈翻转 180° 后继续使用。若个别轮齿打坏,可采用镶齿法修复。当轮齿打坏四个以上或两面均已磨损时,应予换新。齿圈与飞轮的装配应采用热压配合。装配时,将加工好的齿圈加温至 573~623 K,趁热套装在飞轮的外圆凸缘上。

飞轮修复后应按规定要求进行静平衡试验。

任务 4　曲轴主轴承和连杆轴承的检测与修复

一、曲轴主轴承的常见损伤及原因

车用发动机的主轴承和连杆轴承一般采用薄壁滑动轴承,在长期的工作中,轴承的减磨合金会发生磨损、裂纹、剥落、烧蚀和表面刮伤等损伤。

引起轴承磨损的主要原因是工作中发生干摩擦,润滑油中的固体杂质将会导致磨损的加剧。轴承合金的裂纹和剥落是由于轴承在工作中长期承受交变的冲击载荷作用,材料产生疲劳而出现裂纹,继而发生剥落。如果轴承在工作中由于润滑不良而长时间处于干摩擦状态,摩擦产生的高温将会使轴承表面的减磨合金烧熔,产生烧瓦抱轴的事故。

二、曲轴主轴承的检测与选配

由于曲轴轴承的本身刚度小，其内孔形状和尺寸完全取决于轴承座孔，选择轴承前，应检查各轴承座孔是否符合标准，检查轴承盖端面是否平整，圆度和圆柱度误差是否符合要求，若误差超过 0.05 mm 时，应按规定修理尺寸镗孔修正。

与发动机曲轴轴颈的修理尺寸相对应，轴承也有对应的修理尺寸，在更换新轴承时，首先应当选用尺寸合适的轴承。薄壁轴承具有一定弹性，在自由状态时，其曲率半径应比连杆大端孔或主轴承座孔的曲率半径稍大，保证装入后能与孔壁紧密贴合。轴承装入孔中后应稍高出座孔平面，其高出的数值 h 一般为 0.025~0.05 mm，如图 3-30 所示。轴承高于座孔平面的目的，也是为了在轴承盖装合并按规定力矩上紧后，轴承与座孔能紧密贴合。若高度过大，轴承盖上紧后，轴承会在座孔中产生变形，这时可用锉刀修挫到规定值。高度过小或低于座孔表面，则轴承与座孔的配合紧度不能保证，工作中传热不良甚至发生滑移，应重新选配。

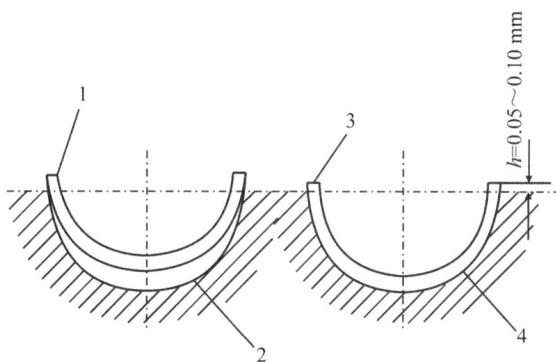

图 3-30 轴承装入座孔的要求
1,3—轴承;2,4—轴承座

三、轴承的修配

为了保证轴颈和轴承在工作中具有合适的间隙，要对选好的轴承进行修配，方法有镗削、手工刮配和直接选配等多种。镗削可保证轴承的尺寸精度和形位公差精度，减小表面粗糙度，提高修理质量，是专业修理厂普遍采用的方法。手工刮削生产效率低，加工精度低，适用于小型修理企业和小修作业中。

(一)轴承的刮削工艺要求

1. 主轴承的刮削

(1)校正水平线。将选好的各挡主轴承放在倒置的气缸体轴承座内，用螺栓和压板将各轴承两端压紧，使之与座孔紧密贴合(见图 3-31)。

将曲轴放入轴承内，转动数圈后抬下，察看各轴承与轴颈的接触情况，要求所有轴承与轴颈的接触均在轴承两端略偏下位置，否则应重新选配轴承。若接触位置相差不大，可将位置高的轴承刮去一些，使中心线趋于一致。

(2)检查接触痕迹。水平线校正好后，拆去压板，装上曲轴，在轴承座与盖之间可加垫

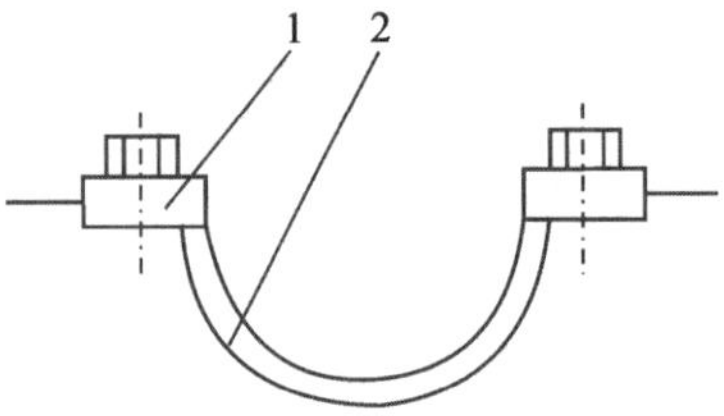

图 3-31　用压板压紧轴承

1—铁压板；2—轴承

厚度不超过 0.20 mm 的调整垫片。安装各道主轴承盖，拧紧顺序一般为先中间，而后依次两边。拧紧力矩的大小，应以曲轴尚能转动为限。每拧紧一道轴承盖，转动曲轴数圈，直至最后一道轴承盖上紧，再转动曲轴数圈，然后拆下轴承盖，检查接触印痕，确定刮削部位。

（3）修刮轴承。修刮时，应掌握刮重留轻，刮大留小，边刮边试、反复进行的原则。经验证明，当轴承两端接触时，可多刮一些；当轴承中间已接触时，应少刮一些。刮削校试时，轴承盖螺栓的拧紧力矩应逐渐加大。

（4）检查接触面积。接近刮好时，应将所有轴承盖按规定力矩上紧，转动曲轴，研磨接触面，然后进行精刮。修刮后的轴承，接触面积应大于 75%，第一道和最后一道主轴承为防止漏油，接触面积应大于 85%。

（5）检查松紧度。修刮后的轴颈与轴承松紧度可用经验法判断。即将各道主轴承涂上机油，按规定力矩上紧轴承盖，转动曲轴，开始转动时，感到稍有阻力，但转动后应轻便灵活。

2. 连杆轴承的刮削

连杆轴承的修刮方法和原则与主轴承基本相似。先将曲轴放在支架上，在连杆轴颈表面涂一层红丹油，将装配好轴承的连杆套在相应的轴颈上，均匀拧紧连杆螺栓，直至转动连杆感觉有阻力为止，然后按工作方向转动连杆，使轴承与轴颈摩擦，拆下后观察摩擦印痕，确定修刮部位。开始修刮时，接触部位都是在轴承的两端，且压痕较重，此时可适当多修刮一些，经几次修刮后，接触面扩大到轴承长度的 1/3 处时，应在端盖结合面处垫入厚度为 0.05 mm 的压片 2~3 片，这样可以提高刮削速度，减少合金的修刮量。轴承修刮好后需保留 1~2 个垫片，以便小修和维护时用抽减垫片的方法调整配合间隙。

连杆轴承松紧度的检测，通常是在轴承上涂一层薄机油，将连杆装在相应的轴颈上，按规定拧紧连杆螺栓，然后用手甩动连杆，应能转动 0.5~1.0 圈，沿轴向扳动连杆应无间隙感觉，即为符合要求，如图 3-32 所示。

（二）轴承的镗削工艺要求

1. 主轴承的镗削

镗削主轴承在专用镗床上进行，基本工艺过程如下：

（1）按修磨好的曲轴主轴颈选择相应修理级别的主轴承，其减磨合金厚度应保证有足够的镗削余量。将主轴承装配入座，按规定力矩上紧螺栓。

（2）将镗杆支架安装在气缸体上，清洁镗杆并涂以机油，将镗杆插入支架铜套内。

（3）在镗杆上装上可调镗刀，并对各道轴承中心做镗杆对中修正，然后固定镗杆支架。移动镗杆，将镗刀靠向主轴承，观察刀头与轴承的接触情况，初步调整镗刀。

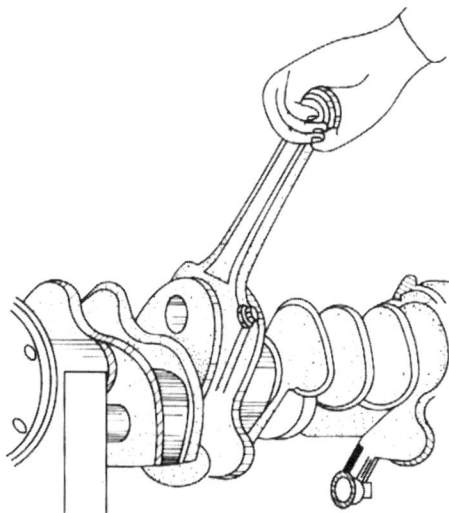

图 3-32 检测连杆轴承松紧度

（4）将镗杆与镗床用万向节连接，开机试镗一刀。退出镗杆，测量主轴承内径，然后以镗杆为基准，对刀头进行调整。为保证对刀精度，可采用带 V 形架的专用对刀百分尺测量刀头尺寸，如图 3-33 所示。若要求镗削的主轴承内径为 D，则在对刀百分尺上的读数 A 应为：

$$A = B + (D-d)/2$$

式中：B——用对刀百分尺测量刀杆的读数；

　　　D——要求镗削的轴承内径（mm）；

　　　d——刀杆直径（mm）。

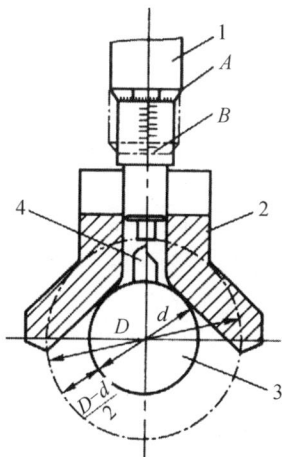

图 3-33 对刀百分尺

1—百分尺刻度套筒；2—V 形架；3—镗杆；4—刀头

每次镗削量应为 0.15 mm 左右，最后一刀应在 0.05 mm 左右。

（5）开机镗削。为降低表面粗糙度，应采用高速精镗，切削速度应选择在 400～600 r/min，进给量为 0.03～0.10 r/min。

（6）镗削完毕后，拆下轴承盖，按顺序做好记号，以免装拆中发生错乱。

2. 连杆轴承的镗削

镗削连杆轴承时，先将检查后符合要求的连杆轴承装入连杆大端座孔，按规定力矩拧紧连杆螺栓，以加工好的连杆小头铜套或活塞销为定位基准，将活塞销的两端放在镗瓦机的 V 形块上，连杆大端支承在可调整的螺钉上，找正中心后，固定住连杆大小端便可进行镗削。

（三）轴承的直接选配

在许多小型车用发动机上，曲轴轴承普遍采用锡铝合金或铜铅合金，在修理中经常采用直接选配法修配轴承，即根据曲轴轴颈的修理尺寸，选用精加工的同级修理尺寸的标准轴承直接装配。装配之前首先要以轴颈与轴承配合要求的径向间隙为依据磨削轴颈，以确定轴颈的尺寸，然后选配与轴颈相匹配的标准轴承。装配时轴承盖接合面内不加垫片，按规定的拧紧力矩拧紧轴承螺栓，轴承的接触面积不小于 85%，由轴承和轴颈的精加工来保证。由于锡铝合金和铜铅合金的膨胀系数较大，因此轴承的径向间隙应稍大些。

任务 5　曲柄连杆机构常见故障的诊断与排除

一、异响类别

曲柄连杆机构常见的故障表现为异响，主要有燃烧异响、机械异响等。

1. 燃烧异响

燃烧异响主要是柴油机不正常燃烧，导致其工作粗暴，缸内产生极高的压力波。这些压力波相互撞击并撞击燃烧室壁和活塞顶，发出强烈的类似敲击金属的声响。

2. 机械异响

机械异响主要是运动副配合间隙太大或配合面有损伤，运动中引起冲击和振动造成的。因磨损、松动或调整不当造成运动副配合间隙太大时，运转中引起冲击和振动，产生声波，并通过机体和空气传出，于是就能听到响声。如曲轴主轴承响、连杆轴承响、活塞敲缸响、活塞销响等，多是因配合间隙太大造成的。

二、影响因素

零部件的质量(原料质量、加工质量)、配合间隙、润滑条件、温度、负荷、速度以及连接等直接影响各组件工作;各组件的工作又决定着故障的程度;而故障的严重程度又影响着异响的变化。它们之间既相互联系，又相互影响。

1. 配合间隙

配合间隙是评价曲柄连杆机构装配质量的重要指标，当润滑、温度、负荷和速度等一定时，异响会随配合间隙的增大而变得明显。例如，活塞与缸套的配合间隙越大，响声也越明显。

2. 润滑条件

润滑是曲柄连杆机构正常工作的重要条件,润滑油既能在摩擦副之间产生润滑油膜以减轻机械磨损,又能带走因摩擦而产生的热量和金属屑。当配合间隙、温度、负荷、速度一定时,润滑油膜的厚度受润滑系统压力和润滑油品质的影响,品质好的润滑油和适宜的压力能产生较好的润滑油膜。润滑油膜越厚,机械冲击就越小,噪声也就越轻,异响就不易发生;反之,异响就会发生且明显而清晰。

3. 温度

曲柄连杆机构工作时,燃烧室内的温度最高可达数千度。而燃烧产生的热量只有约35%转变为机械能,约65%的热能由各零部件承受。同时在曲柄连杆机构运转时,零件间的摩擦也能产生数百度的高温。金属零部件受到高温作用发生几何形状变化,这种变形又影响到配合间隙变化,润滑油在高温下易变质和变稀(润滑油黏度下降),这会使润滑油膜由厚变薄,润滑性能变差。

4. 负荷

曲柄连杆机构异响多数与负荷成正比变化,即负荷越大异响也就越明显。根据异响随负荷变化的规律和特点就可判定故障的性质和位置。例如,发动机稳定在怠速运转,就可听到清晰的活塞敲缸响;而不严重的连杆轴承响则需要在急踩油门时才能听到。活塞敲缸响和连杆轴承响都有,故障缸在停止工作后异响减弱或消失的特点,利用这一特点不仅能确定故障的性质,还能找出故障的位置。

5. 速度

曲柄连杆机构之所以出现异响,是因为每种异响都有其特定的振动频率,当运动速度的频率是异响频率的整数倍时,就会产生共振现象,于是异响加剧,即每种异响在其响声最明显时都对应一个运动速度段(速度范围),如活塞敲缸响在发动机的低速段最明显;连杆轴承响在发动机的中速段最明显。

6. 部位

异响部位一般离故障位置较近,据此可以判定是什么组件出现故障,从而缩小故障的范围。若在曲轴箱内异响明显,则说明活塞、活塞销、连杆或曲轴轴承有故障。

三、燃烧异响

柴油机燃烧不正常,导致其工作粗暴,曲柄连杆机构产生金属敲击异响。

1. 故障现象

声响发生在气缸体上部,类似清脆的金属敲击声,随转速的提高和负荷的增大,异响增大。

2. 故障原因

供油提前角过大或使用的柴油牌号不对。

3. 故障诊断

如果异响声均匀而粗暴,可将整机各缸供油提前角减小,这时异响声减弱或消失,说明是供油过早引起的。如异响声不均匀,可采用逐缸断油的方法来判断,当某缸断油时异响声减轻或消失,表明该缸敲缸。

四、机械异响

(一)曲轴部位异响

1. 故障现象

发动机稳定运转时无声响,发动机转速突然变化时,其发出沉闷连续的金属敲击声,且比连杆轴承声响钝重,严重时导致发动机发生很大振动。发动机负荷变化时,声响明显。发动机转速越高,声响越大。对发动机单缸断火,声响无明显变化,当相邻两缸断火时,声响显著减小,机油压力明显降低。当发动机温度变化时,异响无变化。

2. 故障原因

(1)曲轴轴承与曲轴轴颈磨损,导致配合间隙过大,产生撞击声。

(2)安装时,曲轴轴承盖螺栓拧紧力矩没有达到规定值,因此出现轴颈与轴承的撞击声。

(3)曲轴轴向间隙过大,因此导致曲轴前后窜动,使曲轴轴向定位端面与止推垫圈相互撞击而发出声响。

(4)曲轴在弯曲、折断,运转时产生撞击声。

(5)轴承内的润滑油不足或过稀,导致润滑不良而使轴承合金烧毁脱落致响。

3. 故障诊断

(1)在机油加注口处听察声响,反复变更发动机转速,当突然加速或减速时,有音调明显、低闷、钝哑且沉重的"铛、铛、铛"声响。其特征是发动机负荷越大,声响越明显,转速越快,声响越大。用螺钉旋具听察法将螺钉旋具头抵在气缸体两侧的曲轴位置处并对之听察时,不断变更转速,若声响明显,则可将之判断为曲轴轴承作响。

(2)利用单缸断火法听察声响,若无变化,则利用相邻两缸断火法试验,若声响明显减弱,则声响故障即在这两缸之间。

(3)发动机温度越高,机油黏度越低,声响越明显,当高速运转时,声响变为杂乱,则有可能是由曲轴弯曲造成的。

(4)若在高速运转时,机体有较大振动;当车辆载重爬坡时,驾驶室有振动感,且机油压力显著下降,则说明曲轴轴承间隙过大,轴承合金脱落。

(5)前端主轴承发响,第一缸缸盖上方有振动;后端轴承发响,最后一缸缸盖上方有振动;中间轴发响,第三、第四缸缸盖上方有振动,若声频和振频一致,则可断定相应部位曲轴轴承发响。

(6)踩下离合器踏板,若曲轴带轮向前窜动且声响减轻或消失,则断定由曲轴轴向间隙过大导致发响。

(7)发动机后端曲轴部位若发出一种沉闷的"嗒、嗒、嗒"敲击声,其声响有规律地随工作循环而周期性变化,在改变转速时更易发觉,在启动和停止时特别明显,转速越高越响;在刚出现异响时,关闭点火开关,而在发动机即将熄火之际,再立即接通,此时若能听到一声明显的撞击声,而且在每次如此关闭起点火开关时,均发出一声撞击声,即可证实是由飞轮紧固螺栓松动撞击而发响。

(8)若发动机转速不高,而机体振动却较大,甚至有摆动摇晃现象,同时发出沉重、声响较大的"嘣、嘣、嘣"的金属敲击声时,则表明曲轴将要折断。

（二）连杆轴承异响

1. 故障现象

（1）它是比曲轴轴承敲击声轻、缓和而短促的"铛、铛、铛"的声响。在怠速时，声响较小；在中速时，声响较为明显；在突然加速时，敲击声随之增大。

（2）当发动机负荷增加时，声响也会随之增大。

（3）当发动机温度发生变化时，声响并不变化。

（4）断火后声响会明显减弱或消失。

2. 故障原因

（1）连杆轴承与轴颈磨损过度，从而使径向间隙过大。

（2）连杆轴承盖的紧固螺栓松动或折断。

（3）轴承合金被烧毁或脱落。

（4）连杆轴颈失圆，使轴颈与轴承之间的接触不良。

（5）曲轴主油道被堵塞，集滤器、滤清器过脏，旁通阀与机油泵失效，因此造成油压过低，轴承润滑不良。

3. 故障诊断

（1）当在发动机体外听察时，其声响为短促而坚实的"嗒、嗒、嗒"声。

（2）将机油加注口盖打开，倾耳听察，声响比曲轴轴承的敲击声容易被辨认，声响为清脆且音量较大的"铛、铛、铛"声。

（3）若发动机转速由怠速到中速，声响更清晰，且其为连续敲击，随着转速的增高，敲击声更为突出。

（4）若用单缸断火法检查，声响减弱或消失，则说明是该缸的连杆轴承发响。

（5）若声响混杂，出现"咯铃、咯铃"或"哗啦、哗啦"的声响，也可用断火法对之检查，若在单缸断火后，声响减弱，接着下一缸断火，声响又有所减弱或消失，则说明多缸连杆轴承松旷。

（6）在检查声响的同时，注意观察机油压力。若机油压力过低，则说明润滑不良，由此可辅助诊断异响故障所在。

不论发动机温度高或低，在任何转速情况下，其都会发出严重而无节奏性的"铛、铛、铛"声响，且气缸盖振动很强，进行断火或复火试验的结果都一样，则可断定是由于连杆合金层过热熔化造成，应立即拆修。

（三）发动机冷态活塞敲缸

1. 故障现象

（1）在怠速时气缸盖上部发出有节奏的"嗒、嗒、嗒"金属敲击声，若转速稍高则响声消失。

（2）由于活塞与气缸壁间隙较大，于低温时出现敲击声，待温度升高后活塞受热膨胀而与缸壁的间隙相应减小，故声响减弱或消失。

（3）单缸断火，声响消失。

2. 故障原因

（1）活塞与缸壁磨损造成间隙过大，但其仍处于磨损初期。

（2）在启动发动机时，由于润滑条件不良，机油压力低，致使发动机产生活塞敲缸现象。

（3）缸壁润滑不良。

3. 故障诊断

（1）发动机在冷车启动时，发出有节奏的"嗒、嗒、嗒"声。将发动机转速控制在声响最明显范围内（怠速），察看机油加注口是否冒烟，排气管是否冒蓝烟，并将听诊器抵在机油加注口处一面的缸壁，若活塞敲缸，就能听到有规律的敲击声。

（2）逐缸断火试验，若某缸在断火后其声响减弱或消失，复火时其声响明显增大，不久后又恢复原来声响。发动机在温度升高后其声响由弱至消失，即可诊断为活塞裙部与缸壁敲击。

（3）若多只活塞敲缸，向发响的气缸内逐一注入少量（20~30 mL）机油，慢慢转动曲轴，带动连杆及活塞运动，使机油附于气缸壁和活塞之间，然后启动发动机并听察声响。若某缸敲缸声减轻或消失，但不久又出现，则证明是该缸敲缸。

（4）若敲缸声仅发生在冷车工作时，发动机温度升高后，敲缸声消失，这种情况下，车辆尚可继续使用，但要尽快对之进行修理。

（四）发动机热态活塞敲缸

1. 故障现象

（1）发动机在高速运转时发出"嘎、嘎、嘎"的连续金属敲击声。

（2）温度升高，声响加重。

（3）发动机在怠速时发出"嗒、嗒、嗒"声，且伴有机体抖动现象。

2. 故障原因

（1）连杆轴颈与主轴颈不平行，连杆弯曲或衬套轴向偏斜。

（2）活塞与缸壁间隙过小。

（3）因活塞销装配过紧导致活塞变形。

（4）活塞由于磨损和变形，使椭圆度过小或活塞呈反椭圆状。

（5）活塞环背隙、端隙过小。

3. 故障诊断

（1）发动机在低温时，运转正常无异响，在温度上升后，发动机处于中、高速运转时，发出急促而有节奏的"嘎、嘎、嘎"响声，温度越高，响声越大，而这种响声发生在发动机右侧缸盖与缸体装配处，并易分出前、中、后部位。

（2）发动机在低温时，运转正常无异响，温度上升后，当发动机处于怠速运转时，发出"嗒、嗒、嗒"声，伴有机体抖动现象，且温度越高，响声越大，则可诊断为活塞变形、活塞环过紧，导致活塞与缸壁配合间隙过小或润滑不良。

任务实施

一、任务描述

1. 识别机体组零部件并进行分解、装配,分析机体组的常见缺陷及产生原因;对气缸体和气缸盖的缺陷进行检测与修理;分析气缸体、气缸盖的失效原因;

2. 识别活塞连杆组零部件并进行分解、装配,分析活塞连杆组的常见缺陷及产生原因;对活塞、活塞销、活塞环、连杆、连杆衬套、连杆轴承的缺陷进行检测与修理;分析活塞、活塞销、活塞环、连杆、连杆衬套、连杆轴承的失效原因;

3. 识别曲轴飞轮组零部件并进行分解、装配,分析曲轴飞轮组的常见缺陷及产生原因;对曲轴、主轴承、飞轮的缺陷进行检测与修理;分析曲轴、主轴承、飞轮的失效原因;

4. 判断发动机燃烧异响、曲轴异响、连杆异响、冷态活塞敲缸异响,分析影响因素,排除故障。

二、任务要求

1. 按照检测要求和技术标准将设备仪器分别放在相关工位,将制定的任务单发给学生;每位学生穿上工作服、工作鞋,随身携带一支笔,以便做好记录并分析检测结果;

2. 使用有关工具,按照正确步骤分解、装配机体组、活塞连杆组、曲轴飞轮组一台套;

3. 按照有关技术标准,使用有关工具、量具检测机体组、活塞连杆组、曲轴飞轮组有关零部件,确定修理方法与修理等级,查找发动机异响部位;

4. 对机体组、活塞连杆组、曲轴飞轮组零件的各种失效进行原因分析;

5. 按照正确步骤诊断并排除机体组、活塞连杆组、曲轴飞轮组常见故障,分析故障原因;

6. 监控学生是否按要求完成任务,并指导学生进行正确的操作。

三、任务考核

序号	考核内容	分值	评分标准	得分
1	正确使用工具、量具	6	工具使用不当,一次扣2分	
2	指认机体组、活塞连杆组、曲轴飞轮组位置正确	12	指认不正确扣12分	
	拆装顺序正确		拆装顺序错误,一次扣4分	
	零件摆放整齐		摆放不整齐,扣4分	

（续表）

序号	考核内容	分值	评分标准	得分
3	气缸体、气缸盖裂纹检查 气缸体、气缸盖结合面平面度检查 主轴承座孔磨损检查 气缸套的检查与测量 活塞销的检查与测量 活塞环端隙、侧隙、背隙检查与测量 连杆弯曲、扭曲检查与测量 曲轴主轴颈检查与测量 曲轴连杆轴颈检查与测量 曲轴弯曲、扭曲检查与测量 曲轴弯曲、扭曲校正 飞轮的检查 发动机异响的检查	42	能对各个项目进行准确检测及修理,错一项扣4分;不会调整每项扣10分,调整错误每项扣5分	
4	正确组装机体组、活塞连杆组、曲轴飞轮组	10	不能正确组装,错一次扣2分	
	找到发动机异响部位,并予以排除	15	未能找到异响部位扣10分,未排除故障扣15分	
5	工具、现场清洁	5	每项扣2分,扣完为止	
6	安全、文明生产	10	违规操作、发生人身和设备事故,为0分	
7	配分合计	100	得分合计	

复习思考

一、填空题（将正确答案填在题中横线上）

1. 气缸体、气缸盖失效方式有_____、_____、_____。

2. 气缸体、气缸盖裂纹的产生原因有_____。

3. 气缸体、气缸盖结合面不平的产生原因有_____。

4. 主轴承座孔磨损的原因有_____。

5. 气缸套磨损测量时一共测量_____个平面_____个方向合计_____个直径。

6. 活塞的主要损伤是_____,其主要磨损部位是_____和_____。

7. 活塞的主要磨损部分之一是活塞环槽,其中_____环槽磨损最为严重,向_____逐渐减轻。

8. 环槽磨损后,由原先的矩形变为_____形,使活塞环侧隙增加,气缸密封性变差,导致_____。

9. 活塞销座孔长期承受冲击性载荷,磨损后产生圆度和圆柱度,使活塞销与座孔配合间隙_____,严重时会引起_____。

10. 活塞裙部也会发生一定的磨损并出现_____和_____。

11. 活塞在工作中还可能出现非正常的损坏形式,如_____、_____、_____等。

12. 活塞销的磨损过大,会使配合间隙_____,引起不正常的敲击。活塞销如果弯曲变形过大,将会引起销座的_____,可能造成销座的_____。

13. 曲轴上的磨损部位主要是_____和_____。

14. 主轴颈和连杆轴颈的磨损是不均匀的,其主要表现是径向_____,轴向_____。

15. 主轴颈和连杆轴颈磨损后其截面呈_____。

16. 曲轴产生弯曲和扭转变形,除材料和制造方面的原因外,多数情况下还由于_____。

17. 曲轴裂纹的产生主要是_____引起的。

18. 曲柄臂和轴颈之间的断面由于形状突变而产生应力集中,工作中,这些过渡部位的受力复杂且承受比其他部位更大的弯曲和扭转力矩,因而在过渡部位首先发生_____。

19. 由于曲轴内部油道的倾斜,造成曲轴表面油孔处的应力集中,所以油孔处容易产生_____。

20. 曲轴工作中发生振动或扭振时,使裂纹有扩展的趋势,其中_____裂纹发展严重时,可能导致曲轴的折断。曲轴的折断多发生在曲柄臂的中部、曲柄臂与连杆轴颈_____或曲柄臂与主轴颈的_____等。

21. 柴油机常见的异响,主要有_____、_____、_____和_____等。

22. 燃烧异响主要是柴油机_____造成的。

23. 机械异响主要是运动副_____太大或_____有损伤,运动中引起冲击和振动造成的。

24. 空气动力异响主要是在柴油机_____、_____和运转中的风扇处,因气流振动而造成的。

25. 电磁异响主要是发电机、电动机和某些电磁器件内,由于_____,引起机械中某些部件或某一部分空间产生振动而造成的。

二、判断题(将判断结果填入括号中,正确的填"√",错误的填"×")

1. (　)气缸体、气缸盖裂纹的检查方法唯有视觉检验。

2. (　)气缸体、气缸盖平面度的检查工具是量缸表。

3. (　)气缸套的检查工具是直尺、厚薄规。

4. (　)柴油机气缸套共有六级修理尺寸。

5. (　)镗缸机只有一种结构形式。

6. (　)发动机大修时,一般应更换活塞销,选配标准尺寸的活塞销,为小修留有余地。

7. ( )选配活塞销的原则是:同一台发动机应选用同一厂牌、同一修理尺寸的成组活塞销,活塞表面应无任何锈蚀和斑点,表面粗糙度 $Ra \leqslant 0.2$ μm,圆柱度误差 $\leqslant 0.002\ 5$ mm,质量差在 10 g 的范围内。

8. ( )为了适应修理的需要,活塞销设有四级修理尺寸,可以根据活塞销座和连杆衬套的磨损程度来选择相应修理尺寸的活塞销。

9. ( )活塞销与活塞销座和连杆衬套的配合一般是通过铰削、镗削或滚压来实现的。

10. ( )活塞销与活塞销座孔的配合,在修理中是通过对活塞销的磨削、座孔的铰削或镗削来达到配合要求的。

11. ( )曲轴弯曲变形的检验测量时,不可将百分表量头放在轴颈的中间,而应放在轴颈的一侧,否则会由于轴颈的椭圆,而对曲轴的弯曲度做出不正确的结论。

12. ( )曲轴扭转变形的校正较困难,由于曲轴扭转变形一般较小,可在修磨曲轴轴颈时予以修正,若扭转较大,则应更换曲轴。

13. ( )检查曲轴的裂纹可以采用磁力探伤法或浸油敲击法。

14. ( )零部件的质量(原料质量、加工质量)、配合间隙、润滑条件、温度、负荷、速度以及连接等直接影响各机构、总成和系统的工作。

15. ( )当润滑、温度、负荷和速度等一定时,异响不会随配合间隙的增大而变得明显。

16. ( )当配合间隙、温度、负荷、速度一定时,润滑油膜的厚度受润滑系统压力和润滑油品质的影响,品质好的润滑油和适宜的压力能产生较好的润滑油膜。

17. ( )润滑油膜越厚,机械冲击就越大,噪声也就越大,异响就容易发生;反之,异响就不会发生。

18. ( )发动机在工作时,燃烧室内的温度最高可达数百度。

19. ( )发动机异响多数与负荷成反比变化。

20. ( )当运动速度的频率是异响频率的整数倍时,发动机会产生共振现象。

21. ( ) 异响部位一般离故障位置较近。

三、选择题(选择一个正确的答案,将相应的字母填入题内的括号中)

1. 下列哪种失效方式不是气缸体、气缸盖的失效方式(   )。

    A. 裂纹　　　　　　　　　　　　B. 老化

    C. 翘曲　　　　　　　　　　　　D. 磨损

2. 下列零部件中,价格最高的是(   )。

    A. 活塞　　　　　　　　　　　　B. 连杆

    C. 气缸套　　　　　　　　　　　D. 活塞销

3. 活塞销与衬套的配合,在常温下应有(   )的微量间隙,这样高的配合要求是难以进行测量的,在修理中一般凭感觉去判断。

    A. 0.015~0.020 mm　　　　　　B. 0.035~0.040 mm

    C. 0.005~0.010 mm　　　　　　D. 0.05~0.10 mm

4. 衬套与连杆小头的配合,应有(   )的过盈量,保证衬套在工作中不发生转动。

    A. 0.005~0.010 mm　　　　　　B. 0.10~0.20 mm

    C. 0.015~0.020 mm　　　　　　D. 0.05~0.10 mm

5. 连杆衬套镗削时配合间隙为(   ),镗削后稍加修整,即可进行装配。

A. 0.005～0.020 mm　　　　　　　B. 0.10～0.20 mm

C. 0.015～0.020 mm　　　　　　　D. 0.005～0.010 mm

6.（　）是活塞连杆组中磨损最快的零件。

A. 活塞环　　　　　　　　　　　B. 活塞销

C. 活塞环槽　　　　　　　　　　D. 连杆

7. 曲轴的冷压校正压弯量为曲轴弯曲量的（　）倍,在此状态下保持 2～3 min,解除压力。

A. 3～5　　　　　　　　　　　　B. 5～8

C. 8～10　　　　　　　　　　　 D. 10～15

8. 为消除曲轴的冷压校正冷压后产生的应力,需将曲轴加热到 573～773 K,保温（　）。当曲轴变形量较大时,应反复多次进行校正,防止一次校正变形量过大而导致曲轴折断。

A. 0.1～1 h　　　　　　　　　　B. 1.5～10 h

C. 0.5～1 h　　　　　　　　　　D. 0.5～5 h

9. 对于球墨铸铁曲轴的冷压校正,校正时要特别小心,且压校变形量不得大于原弯曲量的（　）倍。

A. 10　　　　　　　　　　　　　B. 5

C. 3　　　　　　　　　　　　　 D. 2

10. 对于扭曲严重的曲轴,可以用（　）进行扭转校正。

A. 液压泵　　　　　　　　　　　B. 液压扭力杆

C. 弹簧　　　　　　　　　　　　D. 电焊

11. 曲轴各轴颈的修理尺寸,一般也分为六级,直径每减小（　）为一级。

A. 0.025 mm　　　　　　　　　　B. 0.04 mm

C. 0.25 mm　　　　　　　　　　 D. 0.08 mm

12. 当飞轮工作面因磨损形成波浪形或起槽时,应对工作面进行切削光磨,但磨削厚度应不大于（　）。

A. 1.2 mm　　　　　　　　　　　B. 0.4 mm

C. 0.25 mm　　　　　　　　　　 D. 0.08 mm

四、问答题

1. 如何确定气缸修理尺寸?

2. 如何确定气缸的镗削量?

3. 如何检查活塞环三隙?

4. 选配活塞时要注意哪几点?

5. 选配活塞销时要注意哪几点?

6. 如何正确装备活塞连杆组?

7. 活塞、活塞销、连杆衬套三者在工作中处于怎样的配合状态,这样的配合状态有什么优点?

8. 为什么要进行活塞环的漏光检查? 如何检查? 对活塞环漏光的要求是什么?

9. 为什么活塞、连杆、连杆轴承盖在安装时有方向要求? 如果不按照规定的方向安装,有可能会造成什么后果?

    10. 如何对曲轴主轴承进行修配?

    11. 曲轴的主轴颈和连杆轴颈其磨损有何规律?

    12. 发动机异响的影响因素有哪些?

    13. 简述曲轴主轴承异响的诊断方法。

项目四

配气机构的检测与修复

教学目标

一、知识目标

1. 准确描述配气机构的拆装步骤及注意事项；

2. 准确描述气门的工作条件，气门密封面的工作要求，气门、气门弹簧、气门座的常见缺陷及修复方法；

3. 准确描述凸轮轴的工作条件、凸轮轴变形的检验方法、凸轮轴轴承的修配工艺；

4. 准确描述气门间隙的调整原理与方法；

5. 准确描述气门漏气、与转速无关的气门响、随转速变化而变化的气门响、气门挺杆响的故障现象。

二、能力目标

1. 能按照正确的步骤拆装配气机构；

2. 能正确进行气门杆压力矫正、气门与气门座的配研磨、气门座的铰削、气门与气门座密封性检验；

3. 能正确进行凸轮轴变形的检测与修理、凸轮轴轴承的修配；

4. 能熟练进行气门间隙的检查与调整；

5. 能对气门漏气、与转速无关的气门响、随转速变化而变化的气门响、气门挺杆响等故障现象进行诊断与排除。

任务导入

为了掌握配气机构零部件的分解、装配、检查、调整过程，准确判断配气机构故障，查明故障原因，港口机械维修人员必须全面认识配气机构主要零部件，熟悉配气机构检测与调整要求、常见故障诊断与排除方法。

相关知识

任务1　气门组零件的检测与修复

一、气门的检测与修复

(一)气门的损伤与检测

气门的工作条件十分恶劣。气门头部锥形工作面在高温下不断与气门座工作面发生撞击,不但会发生正常的磨损,还会产生斑痕、裂纹或烧蚀。这些损伤通过检视即可发现。由于气门杆的工作温度较高,润滑条件差,导致气门杆磨损;另外,当气门杆与导管间隙过大或发生气门与活塞碰撞的事故时,气门杆会发生弯曲变形。气门杆的磨损情况可直接用分厘卡测量,气门杆的弯曲情况可用图 4-1 所示的方法检测。

(1)将百分表触头与气门杆中部接触,转动气门杆一周,百分表指针的最大偏转量即为气门杆的弯曲度,气门杆的弯曲度不得超过 0.03 mm。

(2)将百分表与气门工作面接触,转动气门杆一周,指针的最大偏转量即为气门工作面对气门杆的径向跳动量,其数值不得超过 0.05 mm。

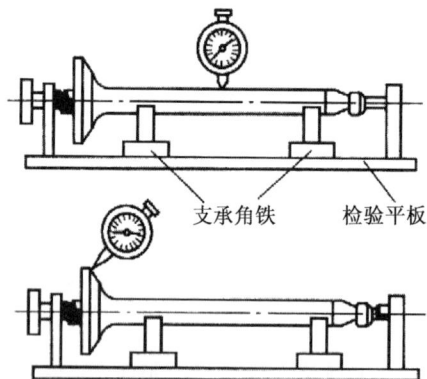

支承角铁　　检验平板

图 4-1　气门杆变形检测

气门杆的弯曲度和径向跳动超过规定值,可采用压力校正的方法修复。

气门杆的磨损可用外径千分尺在磨损最大部位和杆尾部未磨损部位进行对比测量,气门杆的允许磨损量不得超过 0.04 mm,如果磨损过大,可镀铬修复或更换气门。修复后气门杆的圆柱度公差不得超过 0.01 mm,直线度公差不得超过 0.02 mm,气门杆下端应平整,否则应磨平。

（二）气门工作面的光磨

气门工作面磨损起槽或烧蚀,当使用研磨方法不能恢复其配合要求时,应在气门光磨机上按规定的角度进行光磨。气门光磨机的结构如图 4-2 所示,它由机座、车头座、拖板、水泵和砂轮等部件组成。气门的光磨工艺如下:

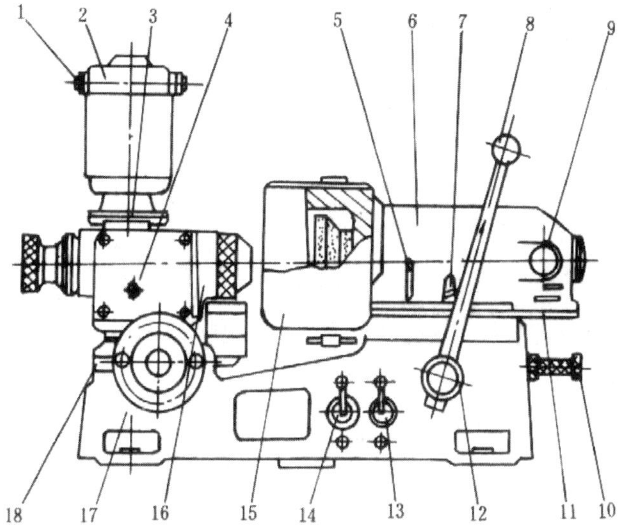

图 4-2 气门光磨机

1—电刷架;2—车头电动机;3—加油孔;4—油窗;5—出风口;6—磨头体;7—注油孔;8—扳杆;9—电刷架;10—定位螺钉;11—纵导轨面;12—插销;13—磨头开关;14—车头开关;15—玻璃罩;16—车头;17—手轮;18—横向导面

（1）气门光磨前,要先将气门杆校直,然后检查砂轮工作面是否平整,根据气门杆直径选择合适的夹头,气门头的伸出长度为 30~40 mm,根据气门工作面的锥度,调整好车头座的角度。

（2）摇动左手轮使气门移近砂轮,但不要使气门与砂轮面接触,先开动车头电动机,再开动砂轮电动机,以检查砂轮工作面是否平整,如不平整应重新装夹。若正常即可进行试磨。试磨时,先使砂轮轻轻接触气门,以查看砂轮与气门工作锥面的接触情况。若磨削痕迹与工作锥面在素线上全长接触或略偏向内端,表示夹架的角度符合要求。

（3）移动右手轮,使砂轮缓慢接触气门工作面,然后停止砂轮的进给,来回转动左手轮,使气门工作面在砂轮面上磨削。注意,此时气门不可移出砂轮面,以防打坏砂轮和磨坏气门,直到磨去全部麻点和缺陷后,再进行 3~5 次空进给,直到没有火花为止,然后摇退砂轮,关闭电动机。

光磨气门时切削量不能太大,以免影响表面粗糙度。为延长气门的使用寿命,磨削量应尽可能小。光磨后气门头部圆柱面的高度应不小于 0.5 mm,如小于此数值,气门应予更换,如图 4-3 所示。

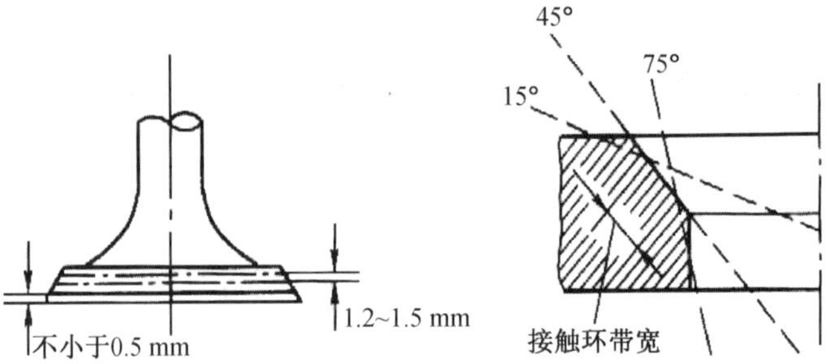

图 4-3　气门头部圆柱面的高度

二、气门座的检测与修复

气门座工作面过度磨损、烧蚀、出现严重斑点或凹坑,应通过铰削、磨削等工艺来恢复其工作性能,如气门座圈有裂纹、松动和严重烧伤时,则应重新镶配气门座。

(一)气门座的铰削

铰削气门座,通常使用如图 4-4 所示的气门座铰刀。铰削时,将铰刀插入气门导管内,以导杆定中心,以保证铰出的气门座中心线与气门导管的中心线相重合,气门座铰削工艺如下:

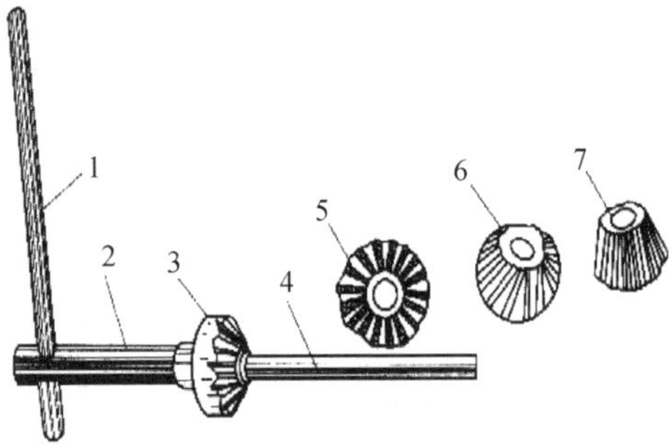

图 4-4　气门座铰刀
1—铰刀手柄;2—刀杆;3—30°铰刀;4—导杆;
5—15°细刃铰刀;6—45°铰刀;7—75°铰刀

1.选择刀杆

铰削气门座时,利用气门导管作为定位基准,因此,要根据气门导管的内径选择相适应的刀杆直径,刀杆插入气门导管内应无松旷,保证铰削的气门座与气门导管中心线重合。

2.粗铰

选用与气门工作面角度相同的粗铰刀粗铰工作面。铰削时两手要均匀用力。如果由于工作面硬化层使铰刀打滑,可用砂布垫于铰刀下砂磨工作面,然后进行铰削,直至将表面的凹陷斑点全部去掉。

3.试配

粗铰后,用光磨过的同一组气门进行试配,在气门工作面上涂一层红丹油,将气门杆插进气门导管,使气门工作面在气门座上轻轻下压,并相对转动一个角度,然后取出气门,检查气门与气门座的接触位置及接触面的宽度。要求接触面应位于气门工作面的中下部,接触面宽度为进气门 1.00~2.20 mm,排气门 1.50~2.50 mm,保证进气门的密封性和排气门的散热作用。

若接触位置偏于气门工作面上部,用 15°铰刀铰削气门座上口,使接触面下移;若接触面偏于气门工作面下部,用 75°铰刀铰削气门座下口,使接触面上移。如果接触面的位置过于偏上或偏下用铰刀无法修正时,应更换气门或气门座圈。

4. 精铰

选用与气门工作面角度相同的细刃铰刀进行精铰,或在铰刀下面垫以细砂布进行光磨,保证工作面平整光滑。

气门座的铰削方法见图 4-5。

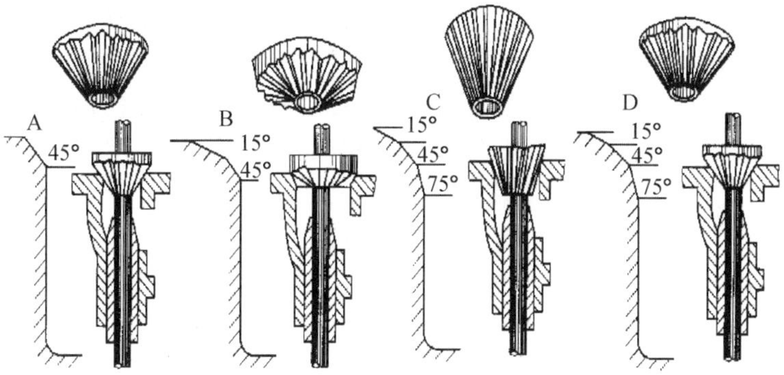

图 4-5　气门座的铰削方法
A—粗铰;B—接触面偏上,铰上口;C—接触面偏下,铰下口;D—精铰

(二)气门座的磨削

气门座除了可用铰刀铰削外,也可用气门座光磨机进行修磨,其基本原理与铰刀铰削相同,不同之处是用砂轮代替了铰刀,用手电钻或电动机代替了手工铰削。用光磨机修磨气门座速度快、精度高、质量好,特别适用于修磨硬度高的气门座。气门座磨削加工后,应检查气门工作面与气门导管孔的同轴度误差,其偏差不应超过 0.05 mm。

(三)气门座的镶配

气门座经多次铰削后直径加大,导致气门下陷,影响压缩比和充气效率。在修理过程中,应检查气门下陷量,如气门顶平面低于缸盖底平面的数值超过说明书规定时,应重新镶配气门座。

1. 镗削气门座圈座孔

如果基体上未镶过气门座,要利用镗床以气门导管中心线为基准进行镗削,其座孔深度和孔径应符合座圈的尺寸要求。如原基体已镶有气门座圈,则应用专用工具将旧座圈拉出。

2. 镶入座圈

座圈与座孔为过盈配合,一般应有 0.07~0.17 mm 的过盈量,镶入座圈时可采用冷缩座圈或热胀座圈孔两种方法进行,一般采用后者,即将气缸盖在烘箱中加热到 373~423 K,保温 2 h,然后将座圈涂上甘油和黄丹粉混合的密封剂后迅速压入座圈孔。压入后,如上端面高出基体平面,应予修平。

三、气门与气门座的配合研磨及密封性检测

为了提高气门与气门座接触面的密合程度,防止工作中发生漏气,在气门光磨、气门座铰削或磨削后,一般还需将气门与气门座一起进行配对研磨。气门与气门座的研磨在专业修理厂是在专用的气门研磨机上进行的,一般小型修理企业通常采用手工操作,操作步骤如下:

(1)清洁气门、气门座及气门导管,并在气门上按顺序做好记号,以免错乱。

(2)在气门工作面上涂抹一层薄薄的粗研磨膏,同时在气门杆上涂以机油,将气门杆插入导管中,用橡皮捻子吸住气门上平面进行研磨。

(3)研磨时应不时地提起和旋转气门,使气门与气门座不断改变接触位置。上下和旋转的幅度不要太大,用力不要过猛,气门不要在气门座上猛烈敲击。当气门接触面上出现一条整齐、无斑痕的接触带时,可将粗研磨膏擦去,换用细研磨膏进行精磨,直至出现一条整齐、灰色无光泽环带时,再洗去细研磨膏,涂上机油,继续研磨几分钟即可。

研磨过程中,应注意不要使研磨膏进入导管中,以免产生磨损。

气门与气门座经配合研磨后,应检查其密封性能,方法有以下几种:

(1)用铅笔在气门工作面上均匀地画上直线条,如图4-6所示。然后将气门插入原气门座,使气门在气门座上上下拍击数次,取出后观察铅笔线,如全部切断,表示密封良好,否则要继续研磨。

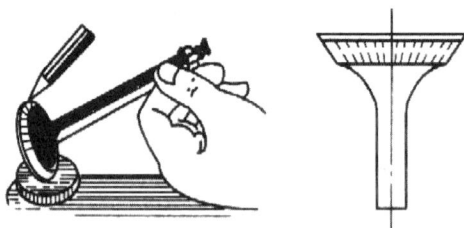

图4-6 用铅笔画线检查气门工作面

(2)将气门装入气门座,装上气门弹簧等零件,在工作面上部浇上煤油,查看其渗漏情况,如几分钟内无渗漏,表示密封良好。

(3)在有条件时,可用专门的气门密封检验仪检验。将检验仪的空气室紧贴在气门座上,然后压缩橡皮球,使空气室内具有 59~69 kPa 的压力,如 30 s 内压力表压力不下降,表示密封良好,如图4-7 所示。

四、气门杆与气门导管的检测与修复

气门导管对气门的往复运动起导向作用,承受气门传动组的侧向力,传递气门的部分热量,工作温度较高,工作中内孔容易磨损,使配合间隙增大,造成工作中气门不密封和偏磨,所以要检查气门杆与气门导管的配合间隙。

(一)气门杆与导管内孔间隙的检测

检验方法如图4-8所示。将百分表固定在气缸盖或气缸体侧壁,将气门升高 15 mm 左

图 4-7 用气门密封检验仪检测气门密封情况
1—气门;2—气压表;3—空气室;4—与橡皮球相通的气孔;5—压气橡皮球

右,使百分表测杆触头与气门头部边缘靠紧,摆动气门,百分表指针摆差即为气门杆与导管的配合间隙,该值超过大修允许标准时应予换新。

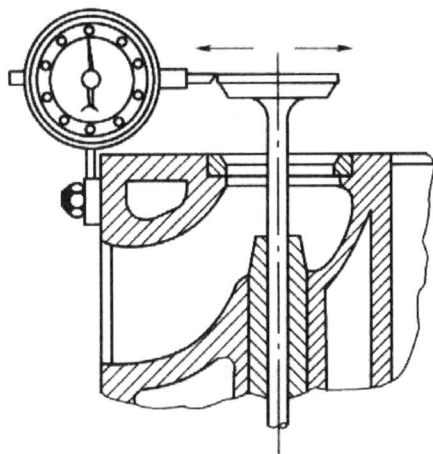

图 4-8 气门杆与导管内孔配合间隙的检测

(二)气门导管的镶入与镶配

镶配气门导管的工作应在镗缸、光磨气门座工序之前进行,因为光磨气门座是根据导管内孔定中心的。另外,对于侧置式气门机构,压配气门导管时,容易引起气缸的变形。

首先采用直径小于导管外径并具有台肩的铣头将旧导管铣出,并清洁导管孔。将选用的新导管外面涂上少许润滑油,用铣头铣入或压床压入导管孔内。

新导管镶入后,要用专门的导管铰刀对内孔进行铰削。铰削时,应根据气门杆直径大小选择和调整好铰刀,铰削量不能太大,铰刀保持平正,边铰削边试配,每次铰削量为0.03~0.04 mm,一直铰至所需的配合尺寸。对于气门杆与导管内孔的配合间隙,可用经验方法判断:将气门杆和导管内孔擦净,在气门杆上涂一层机油,放入导管内上下拉动数次,然后提起气门杆,气门杆能在自重作用下徐徐下降则表示间隙合适。气门杆与气门导管的配合间隙见表 4-1。

表 4-1　气门杆与气门导管的配合间隙　　　　　　　　（单位:mm）

发动机型号	进气门			排气门		
	原厂规定	大修标准	使用极限	原厂规定	大修标准	使用极限
EQ6100-1	0.023~0.075	0.023~0.075	0.20	0.05~0.10	0.05~0.10	0.25
CA6102	0.025~0.062	0.025~0.062		0.04~0.077	0.04~0.077	
BJ492Q	0.02~0.085	0.02~0.10	0.17	0.045~0.105	0.05~0.12	0.23
桑塔纳 JV 发动机	0.02~0.04		不大于 1.0	0.02~0.04		不大于 1.3

五、气门弹簧的检测与修复

发动机的气门弹簧经过长期使用后,由于受力压缩产生塑性变形,使弹簧疲劳而自由长度缩短,弹力减退,簧身歪斜以至变形折断,影响配气相位的正确性和气门的密封性。弹簧折断后,不仅影响发动机的正常运转,而且气门易掉入气缸,造成严重的机损事故。

气门弹簧的检测内容有:检查气门弹簧的表面是否光洁,有无裂纹。检查气门弹簧的弯曲和扭转变形情况,可在平板上用角尺检查垂直度,其垂直度误差不得大于 2 mm。用游标卡尺检测气门弹簧在自由状态下的长度,自由长度不得小于标准长度 3 mm。用弹簧检测仪检测气门弹簧在自由长度和压力负荷下的弹簧张力,均应符合原厂规定;若不符,应予更换。

任务 2　气门传动组零件的检测与修复

一、凸轮轴的检测与修复

(一)凸轮轴的常见缺陷

凸轮轴工作中的常见缺陷主要是轴颈和凸轮工作面的磨损、擦伤和疲劳剥落,当发生气门咬死等事故或拆装不当时,凸轮轴也会产生弯曲或扭转变形。

由于工作负荷不大,润滑条件较好,凸轮轴轴颈的磨损一般比较缓慢。而凸轮工作面的磨损规律是,越靠近顶部,磨损越严重。凸轮工作面的磨损导致气门升程减小,配气相位改变,使发动机功率下降,油耗上升。

凸轮擦伤主要是由于在表面接触应力作用下,润滑条件较差,局部金属表面发生直接接触,造成金属的黏着而引起的刻痕。凸轮的疲劳剥落主要是由于凸轮工作时受到周期性的交变应力作用,使表面产生弹性或塑性变形,变形处发生硬化而出现裂纹,最后发展成点状或片状剥落。

(二)凸轮轴的检测

凸轮表面的擦伤和疲劳剥落,一般可用检视发现。凸轮外形的磨损可用样板检查或用外径千分尺测量。当凸轮表面损伤严重或其升程减小 0.40 mm 以上时,应予修磨,恢复其升程和形状。

凸轮轴的弯曲变形,大多是由于挺杆阻滞,轴承间隙过大,在过大的弯曲、挤压应力作用下产生的。检测方法如图4-9所示。

将凸轮轴两端轴颈置于平板上的V形铁块上,将百分表触头与中间轴颈的表面接触,缓慢转动凸轮轴一周,当其径向圆跳动量大于0.10 mm时,应予以冷压校正。对于只有三个轴颈的凸轮轴,应检测中间轴颈;有四个轴颈时,则应检测中间两道轴颈。凸轮轴的径向圆跳动量应不大于0.03 mm,如径向圆跳动量在0.05~0.10 mm范围内,可以结合凸轮轴轴颈磨修加以修整,若大于0.1 mm,可用冷压法校正。

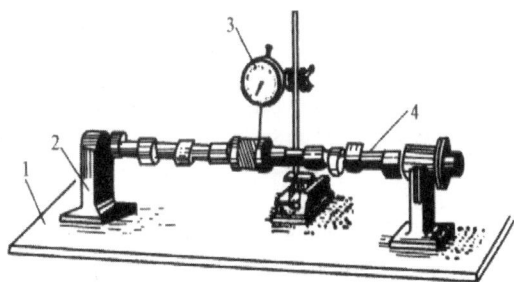

图4-9　凸轮轴弯曲的检测
1—平板;2—V形铁块;3—百分表;4—凸轮轴

(三)凸轮轴的修复

当凸轮升程减小量小于0.40 mm、凸轮表面无明显伤痕时,可直接在专用的凸轮磨床上进行修磨。修磨时,相当于沿标准凸轮各点法线方向均匀磨去一层金属,以恢复气门升起高度及配气相位。修磨后,其基圆高度应高出轴颈0.15 mm以上,凸轮表面剩余渗碳层厚度不应小于0.6~0.8 mm。

修磨凸轮轴时,除应保证凸轮的形状、尺寸、精度外,还要保证各凸轮与正时齿轮键槽的夹角偏差,否则将引起配气相位的变化。

当凸轮升程减小量大于0.4 mm时,应采用堆焊、刷镀及镀铬等方法修复后再在凸轮磨床上修磨。

凸轮轴轴颈磨损,其圆柱度误差超过0.015 mm时,应按分级修理尺寸光磨轴颈,然后按同级修理尺寸选配与镗削轴承。

二、凸轮轴轴承的修配

凸轮轴轴颈与轴承的配合间隙一般在0.03~0.07 mm之间,最多不超过0.15 mm,否则应予更换,并进行刮配。轴承的修配方法有镗削法、铰削法、刮削法等,下面以镗削法为例介绍其工艺步骤:

(1)拆下旧轴承。

(2)根据凸轮轴轴颈的实际尺寸选配同一级修理尺寸的轴承。

(3)用量缸表或游标卡尺测量轴承与座孔的实际过盈量。过盈量一般在0.05~0.13 mm之间。过盈量过大时,轴承难以装入,或导致气缸体胀裂;过盈量过小,轴承工作中易发生转动,引起润滑油孔的堵塞,破坏轴承的正常润滑。

(4)在镗床上加工轴承内孔,加工后轴承内孔尺寸应为:轴颈尺寸+轴颈与轴承配合间隙+轴承与座孔的过盈量。

（5）将轴承压入座孔,应注意对正油孔并防止将轴承打毛。

（6）将凸轮轴装入轴承内,转动数圈,检查接触情况,要求接触面积在 75% 以上。这时可用经验法检查轴颈与轴承的配合情况:用手扳转凸轮轴正时齿轮,凸轮轴应能灵活转动,没有卡滞现象,沿径向移动凸轮轴时,应没有明显的径向间隙感觉。

三、气门挺杆和导孔的检测与修复

气门挺杆的常见缺陷是挺杆圆柱面磨损、挺杆与导孔间隙增大、挺杆球面磨损拉毛等。

挺杆圆柱面的磨损情况可用千分尺测量,其圆柱度误差应不大于 0.01 mm,表面应光洁。挺杆球面对挺杆中心线的摆差应符合规定,检测方法如图 4-10 所示。

挺杆的球面磨损情况可用样板进行检验,当漏光大于 0.2 mm 时,应更换挺杆或进行修复,如图 4-11 所示。

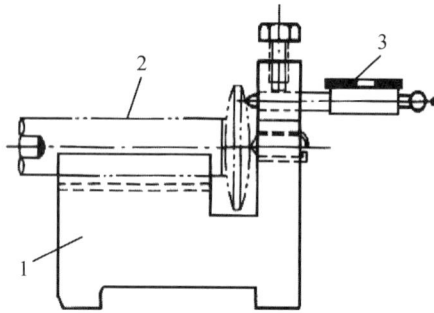

图 4-10　挺杆球面对外圆中心线摆差的检测
1—座架;2—挺杆;3—百分表

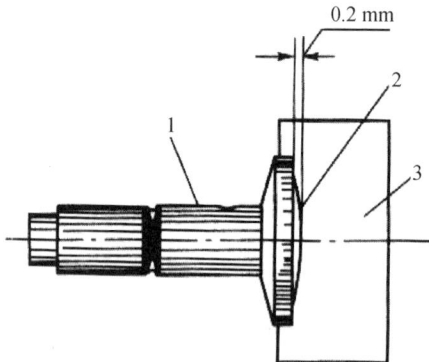

图 4-11　　挺杆球面的检测
1—挺杆;2—球头面;3—样板

挺杆与导孔的配合间隙应符合规定,一般为 0.02～0.07 mm。检验时,可不加机油,用拇指将挺杆推入导孔内,应稍有阻力。当挺杆完全推入后再提起稍许用手摇动,应无或稍有间隙感觉。如果加了机油,挺杆应能自由地上下运动和转动,摇动时应无间隙感觉。挺杆球面的修磨,一般应在专用磨床上进行。

四、气门推杆的检测与修复

气门推杆沿杆身轴线容易产生弯曲,检查推杆的弯曲度,可用下面的方法:将推杆放在平板上,在平板上滚动推杆,用塞尺测量推杆与平板间的间隙,其直线度误差不得超过0.03 mm,否则应更换或进行冷压校正。若推杆两端磨损严重或损伤,也应更换推杆。推杆杆身表面应光滑、平直,不得有裂纹。推杆下端凸球面半径应符合规定,以免半径减小而加快挺杆内球面磨损。气门推杆损伤还有推杆凹球端面和推杆下端凸球磨损,凹球端面和凸球磨损可采用弹簧钢丝堆焊球面,再进行修磨。

五、摇臂及摇臂轴的检测与修复

摇臂的损伤主要是摇臂头的磨损和摇臂衬套的磨损,摇臂轴的损伤主要是摇臂轴轴颈的磨损、摇臂轴的弯曲变形等。摇臂与摇臂轴的配合间隙应符合规定,其规定的配合间隙为 0.02~0.04 mm,当该间隙超过 0.1 mm 时,应更换摇臂衬套或摇臂轴。摇臂轴承孔的青铜衬套,在发动机大修时应予更换,并按摇臂轴的修理尺寸进行铰配。

任务 3　配气机构的装配与调整

一、配气机构的装配注意事项

(1)配气机构总装前应对各零件彻底清洗,零件工作表面应涂上润滑油。

(2)安装凸轮轴时,凸轮轴正时齿轮上的记号应与曲轴正时齿轮上的记号对准,然后紧固止推凸缘的固定螺钉。凸轮轴装好后,应检查凸轮轴的轴向间隙,使之符合说明书的规定。

(3)安装不等距气门弹簧时,应使螺距小的一端放在靠近气门头部的位置。

(4)安装气门、气门弹簧、气门弹簧座及锁销(块)时,应按顺序并使用专用工具进行。装好后应在气门杆顶端锤击几下,保证安装到位,防止脱落。

二、气门间隙的调整

发动机工作中,配气机构的零件(特别是气门)因受热而伸长,如果在气门与气门传动件之间不留间隙或间隙过小,受热后应处于关闭状态的气门就会被顶开,造成气门与气门座不能密合而漏气。气门漏气将会使发动机燃烧过程变坏,功率下降,并使气门很快烧损。因此,配气机构中,当气门关闭时,气门传动零件之间应留有适当的间隙,这个间隙称为气门间隙。但气门间隙如留得过大,工作时传动件之间将会产生冲击,使磨损和噪声增大,同时也会影响气门升程和气门定时。

气门间隙的数值与气门的大小、材料、工作温度有关,由于排气门工作温度比进气门的高,所以通常排气门间隙应稍大些。几种常用发动机的气门间隙(冷车间隙)见表4-2。

表4-2　常用发动机的气门间隙(冷车间隙)

发动机型号	进气门间隙(mm)	排气门间隙(mm)
4115	0.30	0.35
6135G	0.25~0.30	0.30~0.35
QD6102	0.20~0.25	0.20~0.25
EQ6100	0.20~0.25	0.20~0.25

气门间隙的调整应在气缸盖螺母按规定力矩上紧、摇臂座已紧固的情况下进行,检查和调整气门间隙时,该气门的挺杆应处于最低位置。

气门间隙检查调整的部位如图4-12所示。用厚度符合规定间隙的厚薄规,插入气门杆尾端与摇臂之间,来回拉动时以感到有轻微阻力为合适。如间隙过大或过小,先旋松锁紧螺母,然后旋转调整螺钉,直到间隙合适为止,最后上紧锁紧螺母。

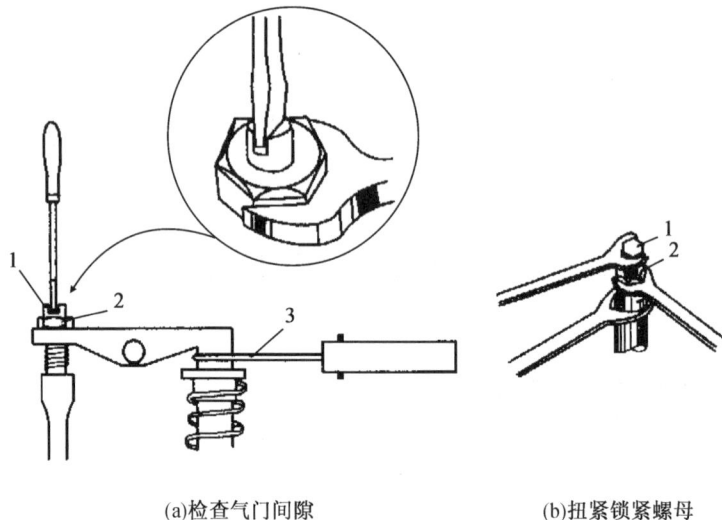

(a)检查气门间隙　　　　　　　　　　(b)扭紧锁紧螺母

图4-12　气门间隙的检查调整

1—调整螺钉;2—锁紧螺母;3—厚薄规

调整气门间隙,可采用逐缸调整法或两次调整法。所谓逐缸调整法,就是转动曲轴,当某一缸活塞处于压缩行程终了时,即调整该缸的进、排气门间隙,然后按工作方向转动曲轴,按发火次序逐缸进行调整。

两次调整法是根据发动机的工作循环、发火次序和配气相位,当某缸处于压缩终了时,除调整该缸的进、排气门外,把其余各缸可以调整的气门间隙同时进行调整,这样,一台发动机只要两次就可以把全部气门间隙调整完毕。

例如,6135柴油机,发火次序是1-5-3-6-2-4,采用两次调整法时,可先将第一缸置于压缩终了上止点位置,这时可以调整间隙的气门是:

缸号	1		2	3	4	5	6
可调气门	进	排	进	排	进	排	

第二次调整时,把曲轴转动360°曲柄转角,使第六缸处于压缩终了上止点位置,这时可将其余的气门间隙全部调整完毕。

缸号	1	2	3	4	5	6	
可调气门		排	进	排	进	进	排

任务 4　配气机构常见故障的诊断与排除

一、气门漏气

(一)故障现象

发生该故障时,柴油机会出现启动困难,排气管放炮、冒烟,燃油消耗增加,以及出现异响等现象。

(二)故障原因

(1)气门与气门座工作面磨蚀、烧蚀、密封不良而漏气。

(2)气门与气门座工作面有积炭,气门关闭不严而漏气。

(3)气门与气门导管间间隙过大,气门杆晃动,导致节气门关闭不严而漏气。

(4)气门杆在气门导管内发涩或卡住,气门不能上下移动。

(5)气门弹簧失去弹性或弹簧折断。

(三)诊断与排除

在排除燃料系统故障原因后,还不能确定故障时,测量气缸压力或进气歧管的真空度,可以比较准确地确定该故障。测量气缸压力时,气门漏气的气缸压力较其他气缸偏低。

二、气门响

(一)与转速无关的气门响

1.故障现象

(1)柴油机冷车发动时,声响易出现。

(2)声响与转速无关,只是偶尔发出清脆的声响,很快就会消失,严重时,此声响将频繁出现。

(3)声响出现,伴随出现个别气缸不工作,声响消失后恢复正常。

2.故障原因

(1)气门座圈与气缸体镶配过盈量过小造成松旷。

(2)选用气门座圈的材料不当,热膨胀系数太小。

3.诊断与排除

(1)当声响出现时,伴随有个别气缸不工作现象;声响消失,柴油机又恢复正常,则可诊断为工作气缸的气门座圈松脱。

(2)利用气缸压力表逐缸测量气缸压力,压力低的气缸即为异响气缸。

(二)随转速变化而变化的气门响

1.故障现象

(1)发动机在怠速时,发出有节奏的"嗒、嗒、嗒"声响。

(2)发动机转速增高,声响也随之变大,在中速以上时,声响变得模糊嘈杂。

2.故障原因

(1)气门杆端摇臂磨损或螺钉调整不当,使其气门间隙过大,导致侧置式气门挺杆端与调整螺钉碰击,或顶置式气门的摇臂头部与气门端部碰击。

(2)凸轮磨损过量,在运转中挺杆产生跳动。

(3)气门弹簧座脱落。

(4)气门挺杆固定螺母松动或调整螺栓端面不平。

(5)气门导管因积炭过多而咬住气门。

3.故障诊断

(1)在气门室一侧或气门室罩处听察,若声响随发动机转速的不同而改变频率,且高、中、低速时均有声响(与点火过早的声响有明显区别)。同时,发动机在温度变化或断火试验时声响并不随之变化,可诊断为气门响。

(2)为查明是哪一只气门响,可将气门室盖(罩)拆下,使发动机怠速运转,并交替将塞尺插入气门与挺杆的间隙中,逐个试验。当插入某个气门间隙时,声响减弱或消失,即可将之诊断为因该气门间隙过大而发响。若在塞尺插入后,声响减轻但未消除,再用螺钉旋具撬住气门杆;若声响消除,则说明是因气门杆与导管磨损过量而发响。

三、气门挺杆响

(一)故障现象

(1)发动机在怠速运转时,在机体凸轮轴一侧发出有节奏而清脆的"嗒、嗒、嗒"的像小钢球落在石板上的声音。

(2)发动机在怠速运转时,声响较明显,中速以上可能减弱或消失。

(二)故障原因

(1)挺杆与导孔有较大的锥度、椭圆度或配合间隙,当凸轮转动时,侧向力使挺杆撞击导孔壁而发出响声。

(2)推杆大端球面或凸轮磨损变形,致使挺杆在导孔内转动不灵活甚至不转动。

(3)凸轮线变形,使之在顶动挺杆时出现跳动。

(三)故障诊断

判断某一挺杆是否发响,可用铁丝径向钩住疑有声响的挺杆,若声响减弱或消失,即可断定为该挺杆发响。

四、凸轮轴响

(一)故障现象

(1)柴油机中速时,从气缸体凸轮轴一侧发出重重的声响。高速时,声响混沌不清。

（2）单缸断油试验时,声响不变。

（3）凸轮轴轴承附近伴有振动。

（二）故障原因

（1）凸轮轴轴承与轴颈配合间隙过大,松旷。

（2）凸轮轴轴承松动或轴承合金烧蚀、剥落或磨损过大。

（3）凸轮轴轴向间隙过大或凸轮轴弯曲。

（三）故障诊断。

（1）发动机以各种速度运转,若其在怠速时声响清晰,中速时声响明显,高速时声响由杂乱变得减弱到消失,则可断定是因凸轮轴轴向间隙过大或衬套转动造成的异响。

（2）使发动机在声响较强的转速运转,用螺钉旋具抵在气缸体外部的各节轴承附近部位听诊,若某处声响较强并有振动,则可初步诊断是该节凸轮轴轴颈发响。

五、液力挺柱响

（一）故障现象

柴油机运转时,出现有节奏的响声,怠速时明显,中速以上减弱或消失。

（二）故障原因

（1）柴油机润滑油油面过高或过低,导致有气泡的润滑油进到液压挺柱中,形成弹性体而产生噪声。

（2）润滑油压力过低。

（3）润滑油泵、集滤器损坏或破裂,使空气吸到润滑油中。

（4）液力挺柱失效。

（5）使用质量低劣的润滑油。

（三）诊断与排除

（1）检查润滑油油面,视情况添加或更换,使油量处于正常状态。

（2）检查润滑油压力是否正常。

（3）检查液力挺柱是否失效。

（4）排除方法。拆卸油底壳,检查更换润滑油泵、集滤器,更换润滑油;拆检配气机构,更换液压挺柱或气门导管。

📋 **任务实施**

一、任务描述

1. 识别气门组、气门传动组主要零部件;

2. 分解、装配气门组、气门传动组零件;

3. 对气门组、气门传动组零件进行检测与修理,就车更换气门组、气门传动组零部件;

4. 对气门组、气门传动组零部件的失效进行原因分析;

5. 判断气门漏气、与转速无关的气门响、随转速变化而变化的气门响、气门挺杆响等典型故障并予以排除。

二、任务要求

1. 按照检测要求和技术标准将设备仪器分别放在相关工位,将制定的任务单发给学生;每位学生穿上工作服、工作鞋,随身携带一支笔,以便做好记录并分析检测结果;

2. 使用有关工具,按照正确步骤分解、装配一套配气机构总成;

3. 按照有关技术标准,使用有关工具、量具检测气门组、气门传动组零部件;

4. 对气门组、气门传动组主要零部件的各种失效进行原因分析;

5. 使用有关工具,按照正确步骤调整气门间隙,对气门间隙失效进行原因分析;

6. 判断气门漏气、与转速无关的气门响、随转速变化而变化的气门响、气门挺杆响的典型故障并予以排除。

7. 监控学生是否按要求完成任务,并指导学生进行正确的操作。

三、任务考核

序号	考核内容	分值	评分标准	得分
1	正确使用工具、量具	6	工具、量具使用不当,一次扣2分	
2	指认气门组、气门传动组零件位置正确	12	指认不正确扣12分	
	指认车上气门间隙位置正确			
	拆装顺序正确		拆装顺序错误,一次扣4分	
	零件摆放整齐		摆放不整齐,扣4分	
3	气门杆磨损、弯曲检测	42	能对各个项目进行准确检测,错一项扣3分	
	气门密封锥面检查			
	气门与气门座密封性检查			
	气门弹簧的检测			
	凸轮轴、凸轮轴轴承的检测			
	气门挺杆、气门导管、挺杆、推杆、摇臂及轴的检测			
4	组装气门组、气门传动组零部件	10	不能正确组装,错一次扣2分	

（续表）

序号	考核内容	分值	评分标准	得分
5	修理气门组、气门传动组零部件	15	不会修理扣10分,调整错误扣5分;不会调整扣10分,调整错误扣5分;确定气门错误扣15分;故障判断错误扣15分,故障原因分析不全扣5分,不能排除故障扣15分	
	确定可调气门			
	调整气门间隙			
	常见故障原因分析与排除			
6	工具、现场清洁	5	每项扣2分,扣完为止	
7	安全、文明生产	10	违规操作、发生人身和设备事故,为0分	
8	配分合计	100	得分合计	

💡 复习思考

一、填空题（将正确答案填在题中横线上）

1. 气门头部锥形工作面在高温下不断与气门座工作面发生_____ ,不但会发生正常的_____,还会产生斑痕、裂纹或烧蚀。这些损伤通过检视即可发现。

2. 由于气门杆的工作温度较高,润滑条件差,导致气门杆的_____。

3. 当气门杆与导管间隙过大或发生气门与活塞碰撞的事故时,气门杆会发生_____变形。

4. 气门杆的弯曲度和径向跳动超过规定值,可采用_____的方法修理。

5. 气门工作面磨损起槽或烧蚀,当使用研磨方法不能恢复其配合要求时,应在气门光磨机上按规定的角度进行_____。

6. 凸轮轴工作中的常见缺陷主要是_____ 工作面的磨损、擦伤和疲劳剥落,当发生气门咬死等事故或拆装不当时,凸轮轴也会产生弯曲或扭转变形。

7. 由于工作负荷不大,润滑条件较好,凸轮轴_____ 的磨损一般比较缓慢。

8. 凸轮工作面的磨损规律是,越靠近顶部,磨损越_____。

9. 凸轮工作面的磨损导致气门升程_____ ,配气相位改变,使发动机功率下降,油耗上升。

10. 凸轮擦伤主要是由于在_____ 作用下,润滑条件较差,局部金属表面发生直接接触,造成金属的黏着而引起的刻痕。

11. 凸轮的疲劳剥落主要是由于凸轮工作时受到周期性的_____ 作用,使表面产生弹性或塑性变形,变形处发生硬化而出现裂纹,最后发展成点状或片状剥落。

12. 配气机构总装前应对各零件彻底清洗,零件工作表面应涂上_____。

13. 安装凸轮轴时,凸轮轴正时齿轮上的记号应与曲轴正时齿轮上的记号对准,然后紧固止推凸缘的固定螺钉。凸轮轴装好后,应检查凸轮轴的_____,使之符合说明书的规定。

14. 安装不等距气门弹簧时,应使_____的一端放在靠近气门头部的位置。

15. 安装气门、气门弹簧、气门弹簧座及锁销（块）时,应按顺序并使用专用工具进行。

装好后应在_____ 锤击几下,保证安装到位,防止脱落。

16.发生气门漏气故障时,柴油机会出现_____ ,_____、冒烟,燃油消耗增加,以及出现_____等现象。

17.气门漏气故障原因:

(1)气门与气门座工作面_____、_____、_____而漏气。

(2)气门与气门座工作面有_____ ,气门关闭不严而漏气。

(3)气门与气门导管间间隙_____ ,气门杆晃动,导致节气门关闭不严而漏气。

(4)气门杆在气门导管内发涩或卡住,气门不能_____ 、_____移动。

(5)气门弹簧失去_____或_____折断。

18.在排除燃料系统故障原因后,还不能确定故障时,测量气缸压力或_____的真空度,可以比较准确地确定该故障。

19.测量气缸压力时,气门漏气的气缸压力较其他气缸_____。

二、判断题(将判断结果填入括号中,正确的填"√",错误的填"×")

1.( )气门座工作面过度磨损、烧蚀、出现严重斑点或凹坑,应通过铰削、磨削等工艺来恢复其工作性能,如气门座圈有裂纹、松动和严重烧伤时,则应重新镶配气门座。

2.( )铰削气门座时,将铰刀插入气门导管内,以导杆定中心,以保证铰出的气门座中心线与气门导管的中心线相重合。

3.( )气门座的磨削。气门座除了可用铰刀铰削外,也可用气门座光磨机进行修磨,其基本原理与铰刀铰削相同,不同之处是用砂轮代替了铰刀,用手电钻或电动机代替了手工铰削。

4.( )用光磨机修磨气门座速度快、精度高、质量好,特别适用于修磨硬度高的气门座。气门座磨削加工后,应检查气门工作面与气门导管孔的同轴度误差,其偏差不应超过0.05 mm。

5.( )气门座的镶配。气门座经多次铰削后直径加大,导致气门下陷,影响压缩比和充气效率。在修理过程中,应检查气门下陷量,如气门顶平面低于缸盖底平面的数值超过说明书规定时,应重新镶配气门座。

6.( )凸轮表面的擦伤和疲劳剥落,一般可用检视发现。

7.( )凸轮外形的磨损可用样板检查或用外径千分尺测量。

8.( )当凸轮表面损伤严重或其升程减小0.40 mm以上时,应予修磨,恢复其升程和形状。

9.( )轴承的修配方法有镗削法、铰削法、刮削法等。

10.( )修磨凸轮轴时,除应保证凸轮的形状、尺寸、精度外,还要保证各凸轮与正时齿轮键槽的夹角偏差,否则将引起配气相位的变化。

11.( )凸轮表面的擦伤和疲劳剥落,一般可用磁力探伤检查。

12.( )发动机工作中,配气机构的零件(特别是气门)因受热而伸长,如果在气门与气门传动件之间不留间隙或间隙过小,受热后应处于关闭状态的气门就会被顶开,造成气门与气门座不能密合而漏气。

13.( )气门漏气将会使发动机燃烧过程变坏,功率上升,并使气门很快烧损。

14.( )配气机构中,当气门关闭时,气门传动零件之间应留有适当的间隙,这个间隙称为气门间隙。

15.（　）但气门间隙如留得过大,工作时传动件之间将会产生冲击,使磨损和噪声增大,同时也会影响气门升程和气门定时。

16.（　）气门间隙的数值与气门的大小、材料、工作温度有关,由于排气门工作温度比进气门高,所以通常排气门间隙应稍大些。

17.（　）只是偶尔发出清脆的声响,很快就会消失,严重时,此声响将频繁出现,此声响与转速无关。

18.（　）与转速无关的气门响故障原因是气门座圈与气缸体镶配过盈量过小造成松旷。

19.（　）当声响出现时,伴随有个别气缸不工作现象;声响消失,柴油机又恢复正常,则可诊断为工作气缸的气门座圈松脱。

三、选择题（选择一个正确的答案,将相应的字母填入题内的括号中）

1.气门杆的允许磨损量不得超过（　）,如果磨损过大,可镀铬修复或更换气门。

    A.0.4 mm　　　　　　　　　　B.0.06 mm

    C.0.04 mm　　　　　　　　　　D.0.08 mm

2.气门杆修复后气门杆的圆柱度公差不得超过（　）。

    A.0.10 mm　　　　　　　　　　B.0.01 mm

    C.0.04 mm　　　　　　　　　　D.0.02 mm

3.气门杆修复后直线度公差不得超过（　）,气门杆下端应平整,否则应磨平。

    A.0.02 mm　　　　　　　　　　B.0.01 mm

    C.0.04 mm　　　　　　　　　　D.0.05 mm

4.气门密封检验仪检验,将检验仪的空气室紧贴在气门座上,然后压缩橡皮球,使空气室内具有（　）的压力。

    A.59~69 kPa　　　　　　　　　B.590~690 kPa

    C.5.9~6.9 kPa　　　　　　　　D.159~169 kPa

5.气门密封检验仪检验时,如（　）内压力表压力不下降则表示密封性合格。

    A.300 s　　　　　　　　　　　B.130 s

    C.3 s　　　　　　　　　　　　D.30 s

6.当凸轮升程减小量小于（　）、凸轮表面无明显伤痕时,可直接在专用的凸轮磨床上进行修磨。

    A.0.40 mm　　　　　　　　　　B.0.15 mm

    C.0.015 mm　　　　　　　　　　D.0.04 mm

7.凸轮修磨后,其基圆高度应高出轴颈（　）以上,凸轮表面剩余渗碳层厚度不应小于0.6~0.8 mm。

    A.0.40 mm　　　　　　　　　　B.0.15 mm

    C.0.015 mm　　　　　　　　　　D.0.04 mm

8.当凸轮升程减小量大于（　）时,应采用堆焊、刷镀及镀铬等方法修复后再在凸轮磨床上修磨。

    A.0.40 mm　　　　　　　　　　B.0.15 mm

C. 0. 015 mm   D. 0. 04 mm

9. 凸轮轴轴颈磨损，其圆柱度误差超过（　　）时，应按分级修理尺寸光磨轴颈，然后按同级修理尺寸选配与镗削轴承。

    A. 0. 40 mm   B. 0. 15 mm

    C. 0. 015 mm   D. 0. 04 mm

10. 凸轮轴轴颈与轴承的配合间隙一般在 0. 03~0. 07 mm 之间，最多不超过（　　），否则应予更换，并进行刮配。

    A. 0. 40 mm   B. 0. 15 mm

    C. 0. 015 mm   D. 0. 04 mm

11. 调整气门间隙，可采用逐缸调整法或（　　）调整法。

    A. 多次   B. 一次

    C. 几缸就是几次   D. 两次

12. 所谓（　　）调整法，就是转动曲轴，当某一缸活塞处于压缩行程终了时，即调整该缸的进排气门间隙，然后按工作方向转动曲轴，按发火次序逐缸进行调整。

    A. 逐缸   B. 一次

    C. 几缸就是几次   D. 两次

13. 两次调整法是根据发动机的工作循环、发火次序和配气相位，当某缸处于压缩终了时，除调整该缸的进、排气门外，把其余各缸可以调整的气门间隙同时进行调整，这样，一台发动机只要（　　）就可以把全部气门间隙调整完毕。

    A. 多次   B. 一次

    C. 两次   D. 几缸就是几次

14. 6135 柴油机，发火次序是 1-5-3-6-2-4，采用两次调整法时，可先将第一缸置于（　　）位置。

    A. 进气行程上止点   B. 压缩终了上止点

    C. 进气行程下止点   D. 压缩终了下止点

15. 气门挺杆响，发动机在怠速运转时，在机体凸轮轴一侧发出有节奏而清脆的（　　）的像小钢球落在石板上的声音。

    A. "砰、砰、砰"   B. "嗒、嗒、嗒"

    C. "喔、喔、喔"   D. "沙、沙、沙"

16. 气门挺杆响，发动机在怠速运转时，声响较明显，（　　）以上可能减弱或消失。

    A. 怠速   B. 低速

    C. 中速   D. 高速

17. 判断某一挺杆是否发响，可用铁丝径向钩住疑有声响的挺杆，若声响减弱或消失，即可断定为该（　　）发响。

    A. 挺杆   B. 凸轮轴

    C. 摇臂   D. 曲轴

四、问答题

1. 对气门和气门座的接触面宽度和接触位置有何要求？如何调整？

2. 气门与气门座的接触面过宽、过窄有什么危害？

3. 如何进行气门与气门座的配合研磨?

4. 如何进行气门与气门座的密封性检验?

5. 配气凸轮过度磨损对配气机构的工作有何影响?

6. 配气机构装配中有哪些注意事项?

7. 如何确定可调气门?

8. 如何调整气门间隙?

9. 如何诊断配气机构的故障?

10. 举例说明配气机构的故障检修方法。

项目五

柴油机燃油供给系统的检测与修复

教学目标

一、知识目标

1. 准确描述普通柴油机、电控柴油机燃油供给系统各部件的常见缺陷和修复方法;
2. 准确描述普通柴油机的组合式喷油泵供油定时的调整原理;
3. 准确描述电控柴油机燃油供给电控系统组成、故障诊断的原则及测试方法;
4. 准确描述电控柴油机故障码读取及确认方法、故障码的说明;
5. 准确描述电控柴油机燃油供给系统各部件的技术检测要求。

二、能力目标

1. 能按照正确的步骤拆装普通柴油机上使用的喷油器、喷油泵;
2. 能熟练进行普通柴油机上使用的喷油器的喷油压力、雾化质量的检查调整;
3. 能熟练进行普通柴油机上使用的组合式喷油泵供油正时的检查调整;
4. 能对不同形式的电控柴油机进行测试;
5. 能正确读取并确认电控柴油机故障码,并按照故障码说明及有关技术要求检测各部件。

任务导入

为了掌握普通柴油机、电控柴油机燃油供给系统的分解、装配、检查、调整过程,准确判断普通柴油机、电控柴油机燃油供给系统故障,查明故障原因,作为港口机械维修人员必须全面认识普通柴油机、电控柴油机燃油供给系统主要零部件,熟悉普通柴油机、电控柴油机燃油供给系统检测与调整要求、常见故障诊断与排除方法。

相关知识

任务1 普通柴油机燃油供给系统的检测与修复

一、喷油器的检测与修复

(一)喷油器针阀偶件的磨损

喷油器针阀偶件在工作中,由于燃油中机械杂质的作用以及针阀弹簧力引起的冲击,使偶件发生磨损。其主要磨损部位是导向圆柱面和密封锥面。导向圆柱面磨损后,使燃油向上泄漏,导致喷油量下降,而且转速越低,泄漏越严重。密封锥面磨损后容易引起喷油嘴滴油、结炭,导致燃烧恶化,油嘴过热。另外,针阀偶件的磨损使喷油器雾化质量下降,喷油量、喷油时间、喷油规律都将发生变化,影响柴油机的正常工作。

(二)针阀偶件的检测与修复

针阀偶件圆柱导向面磨损过度、泄漏严重时,一般应予成对换新。

经过清洗的针阀偶件可以进行简单的滑动性试验。检查方法是将沾有清洁柴油的针阀放入针阀体内,然后将针阀体倾斜45°,将针阀拉出全长的1/3,放手后针阀靠其自身的重量,缓慢而顺利地全部滑下,不能有任何阻碍、卡滞现象。

针阀偶件密封锥面磨损或有轻微伤痕,可用手工研磨法修复。研磨时,先除去喷嘴上的积炭,清洗干净后在针阀锥形面上涂一层薄薄的细研磨膏,然后与阀体锥面互相研磨。研磨时应注意,不要使研磨膏碰到针阀的导向圆柱面上。

(三)喷油器的检测与调整

喷油器的检测应在专用的喷油器试验器上进行,如图5-1所示。向喷油器试验器的油箱内加注过滤后的柴油,并放净空气。首先要检验喷油器试验器本身的密封性是否良好。如将油压增至25 MPa后,在3 min内油压下降应不大于0.89 MPa,则表示试验器本身密封性良好。

1.喷油压力的试验与调整

将喷油器装在试验器的高压油管上,揿动试验器手摇柄均匀缓慢地压油(10次/min左右),直至喷油器开始喷油,观察油压表压力值是否与该喷油器规定的喷油压力相符,如6120型柴油机喷油器喷油压力为(17.5±0.3)MPa;若不符,应通过调压螺钉进行调整。如压力过低,可旋入调压螺钉;反之,则旋出调压螺钉。各缸喷油器喷油压力应调整一致,其

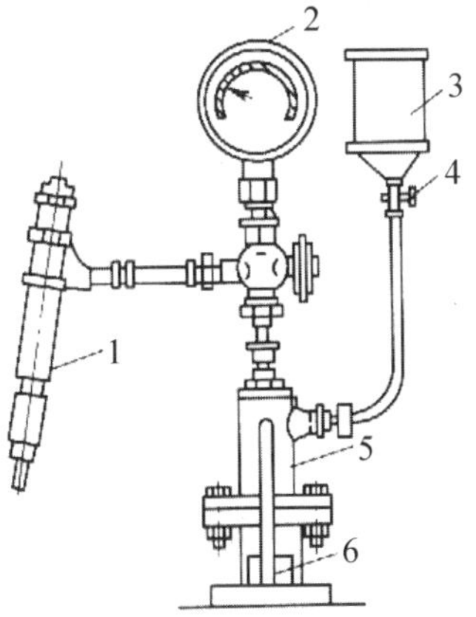

图 5-1　喷油器试验器

1—喷油器;2—压力表;3—油箱;4—开关;5—油泵;6—手摇柄

差值不应大于 245 kPa。

2.喷油器针阀和针阀座的密封性检测

喷油压力调整正常后,应检查喷油器针阀和针阀座的密封性。揿动手摇柄压油,观察油压表的读数,当压力达到 16 MPa 后,以每分钟 10 次左右的速度揿动手摇柄直到 17.2 MPa 时开始喷油,在该过程中,喷孔周围允许有微量潮湿,但不允许有滴油现象。否则表明锥面密封性差,应重新研磨密封锥面。

3.雾化质量的检测

在规定的喷油压力下,以每分钟 60~70 次的速度揿动试验器手摇柄,观察喷出的油束,油束中的油粒应分布均匀,不得有肉眼看得见的油滴飞溅和浓稀不均现象;燃油的切断应干脆利落,每次喷油时应伴有清脆的音响。做该试验时,允许喷孔周围有微量潮湿,但不允许有滴漏现象。

4.喷雾锥角的检测

各种形式的喷油器,喷雾锥角不尽相同。喷嘴磨损后,喷雾锥角会发生变化。检验时,可用标准喷油器作喷雾对比试验来判断是否符合要求。如要比较正确地测定喷油器的喷雾锥角,可在距喷嘴 100~200 mm 处放一张白纸,使油雾喷在纸上,量出喷油嘴到纸面的距离和纸面上的油迹直径 d,则有:

$$\tan\alpha = \frac{d}{2A}$$

α 角的两倍即为喷雾锥角,如图 5-2 所示。

二、喷油泵的检测与修复

(一)组合式喷油泵的拆卸与清洗

拆卸喷油泵前,首先准备好各种专用工具、托盘和清洗用的煤油、柴油等。

拆卸时,将喷油泵正置并夹牢在台虎钳或专用的夹具上。首先拆下出油阀紧座,取下出油阀弹簧,用专用工具把出油阀和出油阀紧座一起拔出。拆下的这些零件均应泡在清洁的煤油或柴油中。由于出油阀和阀座是一对精密偶件,拆卸后不能互相调换。

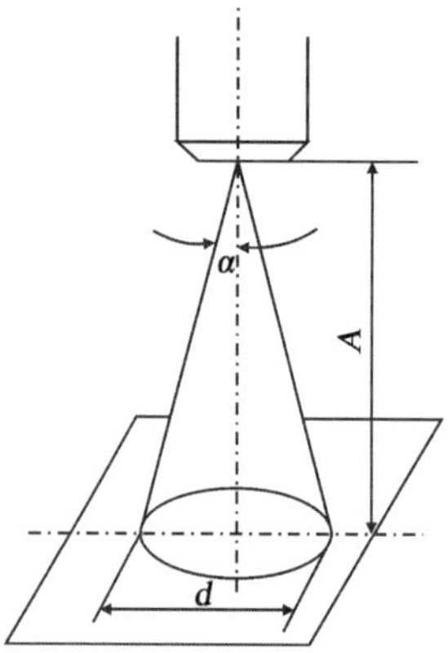

图 5-2　喷雾锥角的检测

组合式喷油泵的柱塞是由弹簧压紧在滚轮组件上的,因此在拆除滚轮组件时,需将泵体倒置,用专用工具分别把各分泵的柱塞弹簧下座、弹簧等零件压下,然后依次把各分泵的滚轮组件取出。滚轮组件拆下清洗后,应测量和记录组件的总高度,作为以后装复时参考。

下一步是使泵的上下壳体分离。然后把弹簧下座、弹簧、柱塞、弹簧上座及油量控制套桶等零件取出。各分泵柱塞要分别放置,切不可搞乱。至此,便可拧出柱塞套桶定位螺钉,将各分泵的柱塞套桶拆下并与相应的柱塞配对。

最后从下壳体中拆出喷油泵凸轮轴。由于一般组合式喷油泵均采用圆锥滚子轴承,轴的轴向定位由轴承和端盖板保证,因此,在拆除了联轴节和泵壳端盖板后喷油泵凸轮轴便可从下壳体中抽出。

喷油泵的所有零件拆下后,应进行仔细清洗。清洗中严禁用铜丝刷刷洗柱塞偶件和出油阀偶件,以免擦伤。也不允许用棉纱擦拭这些精密偶件,因为这些偶件的标准配合间隙只有 0.002~0.004 mm,即使极细微的纤维黏附在配合表面上,也会导致它们的卡滞。

零件清洗干净后,应分别放置在干净的托盘中,避免用有汗渍的手去触摸精密零件,以免引起锈蚀。

(二)组合式喷油泵的装配

1.组合式喷油泵的装配注意事项

喷油泵的装配是拆卸的逆过程,装配中有如下问题需要引起注意:

(1)在装入油量控制齿杆和油量控制套桶后,须反复拉动齿杆数次,应无卡滞现象。此外,还须检查拨叉与控制套桶的配合情况。当柱塞弹簧、弹簧下座装入后,应把柱塞(连同弹簧下座)压到一定位置,此时再拉动齿杆,以检验柱塞下端凸肩与弹簧下座的摩擦阻力。

(2)滚轮组件装复后,在油泵总装之前,应分别检验和调整其总高度,使之与拆卸时所测结果相符,这样,在喷油泵试验时便于调整。

(3)安装出油阀紧座时,拧紧力矩必须符合说明书规定。扭力过大将引起油泵套桶过度变形,引起柱塞卡死。

(4)安装喷油泵凸轮轴时,注意轴向间隙应在规定范围之内,两端的调整垫片应基本一致,否则易引起输油泵挺杆与偏心轮偏磨及推力盘位置的改变。

2. 组合式喷油泵的装配过程（以Ⅱ号喷油泵为例）

先装好凸轮轴、挺杆（包括挺杆上的垫块），然后将油量调节拉杆从调速器侧插入泵体。在插入过程中，分别将各个拨叉套入拉杆中，并按喷油泵解体时做的位置记号将各个拨叉牢固地安装在相应的缸位上。

将上泵体清洗干净，并拆下各缸柱塞套的定位螺钉。将需装配的柱塞偶件按缸序排列好，逐个取出柱塞套装入上泵体。装入时，可从定位孔观察柱塞定位槽是否与定位孔对齐。如确实对齐，将定位螺钉旋入（不要忘记垫圈）并拧紧。再用手左右旋动柱塞套下端，柱塞套应稍有松动余地，否则需拆卸定位螺钉重新调整柱塞套装配方向。依次装入出油阀偶件、出油阀垫圈、出油阀弹簧，并拧上出油阀紧座。全部出油阀紧座均拧上后，将上泵体夹在台虎钳上，用扭力扳手逐个紧固出油阀紧座，扭紧力矩应控制在 36～42 N·m。

将上泵体从台虎钳上取下，依次将密封垫圈、柱塞弹簧、柱塞弹簧下座（柱塞弹簧下座不可装反）、柱塞装上，用手左右来回旋转和拉动柱塞，应无阻滞感，否则该缸的柱塞偶件要重新装配。

把下泵体窗口朝上平放在工作台上，同时把上泵体的所有柱塞凸肩全部竖直朝上摆正（上泵体柱塞定位螺钉朝向下泵体窗口），然后将上泵体平稳地与下泵体接合，接合过程中，可用手适当拨动调节拉杆，使所有柱塞的凸肩全部准确地滑入对应的拨叉当中。依次装上平垫圈、弹簧垫圈，并拧上紧固上下泵体的螺母。在紧固螺母时，应对角分三次上紧，以免上下泵体安装不正，受力不均而变形。

（三）组合式喷油泵的试验与调整（在喷油泵试验台上进行）

1. 第一缸供油开始时刻的检验与调整

在喷油泵试验台上可用溢油法检验供油开始时刻。检验时利用油泵试验台供给的高压油通过连接管供入喷油泵腔中，当柱塞处于未关闭进油孔位置时，高压燃油可顶开出油阀，从标准喷油器的放气管流出。拨转喷油泵凸轮轴，使柱塞逐渐上行，当第一缸柱塞遮住套桶进油孔时，高压油被隔断，第一缸喷油器放气管停止流油，这就是第一缸供油开始时刻。此时，泵轴上的刻线与泵体上的刻线标记应对正。未对正时，应调整第一缸挺杆的高度，国产Ⅱ号喷油泵通过改变调整垫片的厚度来调整挺杆高度，而 B 型泵则是通过调整螺钉来调整挺杆高度，挺杆高度增加，供油开始时刻提早，反之则推迟。调整挺杆高度的方法分别如图 5-3 和图 5-4 所示。

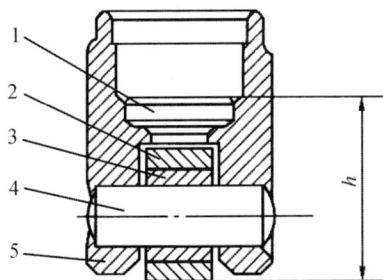

图 5-3　Ⅱ号泵滚轮传动部件
1—调整垫块；2—滚轮；3—衬套；4—滚轮轴；5—滚轮架

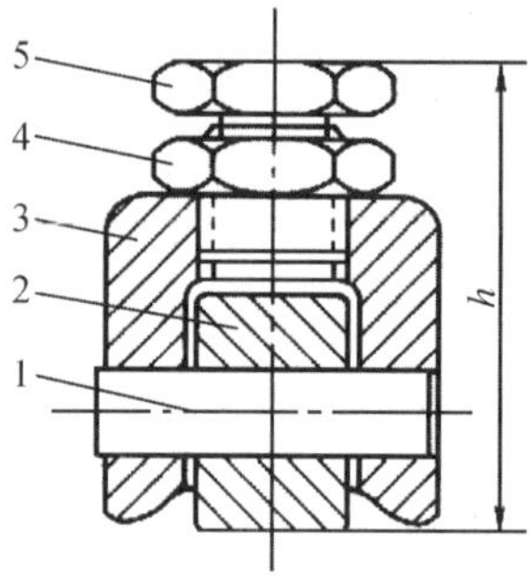

图 5-4　B 型泵滚轮传动部件

1—滚轮轴;2—滚轮;3—滚轮架;4—锁紧螺母;5—调整螺钉

2. 各分泵供油间隔角度的检验与调整

供油间隔角度是指按供油顺序(发火顺序),相邻发火的两分泵供油的间隔角度。由于组合式喷油泵凸轮轴是整体式的,各凸轮的相对位置是固定的,所以,调整各分泵的供油间隔角度时,以第一缸分泵供油开始时刻为基准,按供油顺序,依次调整各分泵滚轮组件的高度(调整方法同上),直至各分泵供油间隔角度相等为止。

3. 供油量的检验与调整

多缸发动机供油量的不均匀度应在规定的范围之内。一般要求额定转速供油量不均匀度不大于 3%,怠速供油量不均匀度不大于 30%。

供油量不均匀度可按下式计算:

$$各缸供油量不均匀度 = \frac{2 \times (最大供油量 - 最小供油量)}{最大供油量 + 最小供油量} \times 100\%$$

供油量的调整方法是:

(1)调整额定转速供油量时,应使喷油泵以额定转速运转,转动操纵臂至最大供油量位置,观察喷油 100 次的各缸供油量,如不合标准,松开调节齿圈或柱塞拨叉的夹紧螺钉,将油量控制套桶相对于调节齿圈或相对于拨叉转动一个角度,即可改变供油量。

(2)调整怠速供油量时,应使喷油泵在怠速条件下运转,缓慢向增加供油量方向转动操纵臂,在喷油器尖端开始滴油时,固定操纵臂,喷油 100 次,观察各缸供油量,如不合标准,仍按上述方法调整。

(3)调整常用转速供油量时,通常因发动机在工作中以中速满负荷运转最多,所以,供油量规定为喷油泵在 600~800 r/min 满负荷的供油量。调整时使喷油泵在 600~800 r/min 下运转,将操纵臂向最大供油量方向转到底,喷油 100 次,观察各缸喷油量,以多数缸的供油量与标准供油量相比较。如不符合要求,调节满负荷供油量调节螺钉,供油量达到要求后,再分别调整各分泵供油量,使其达到均匀度的要求。

4. 调速器的试验与调整

(1)高速起作用转速的试验与调整:试验时,启动试验台,使喷油泵转速由低向高逐渐增加至额定转速,将喷油泵操纵臂向供油方向推到底,再慢慢增加喷油泵转速,当调节齿杆(拉杆)开始向减少供油量方向移动时,这时的转速就是调速器的高速起作用转速,这个转速应符合各机型说明书的规定;若不符合,可通过增加或减少高速弹簧的弹力来加以调整。

(2)怠速起作用转速的试验与调整:试验时,使喷油泵在低于怠速转速下运转,缓慢转动操纵臂,当喷油泵刚刚开始供油时,固定住操纵臂,逐渐增加喷油泵转速,当齿杆开始向减少供油量方向移动时,这时的转速就是调速器怠速起作用的转速,此转速应符合各机型规定的怠速转速;若不符合,可通过调节怠速弹簧的张力来调节怠速的高低。

(四)组合式喷油泵在柴油机上的安装与调整

喷油泵一般用螺栓固定在气缸体旁的支架上,由正时齿轮通过传动轴驱动,传动轴与油泵凸轮轴通过联轴器连接。现以常用的十字联轴节为例,说明喷油泵在柴油机上的安装及喷油正时的检查调整(见图5-5)。

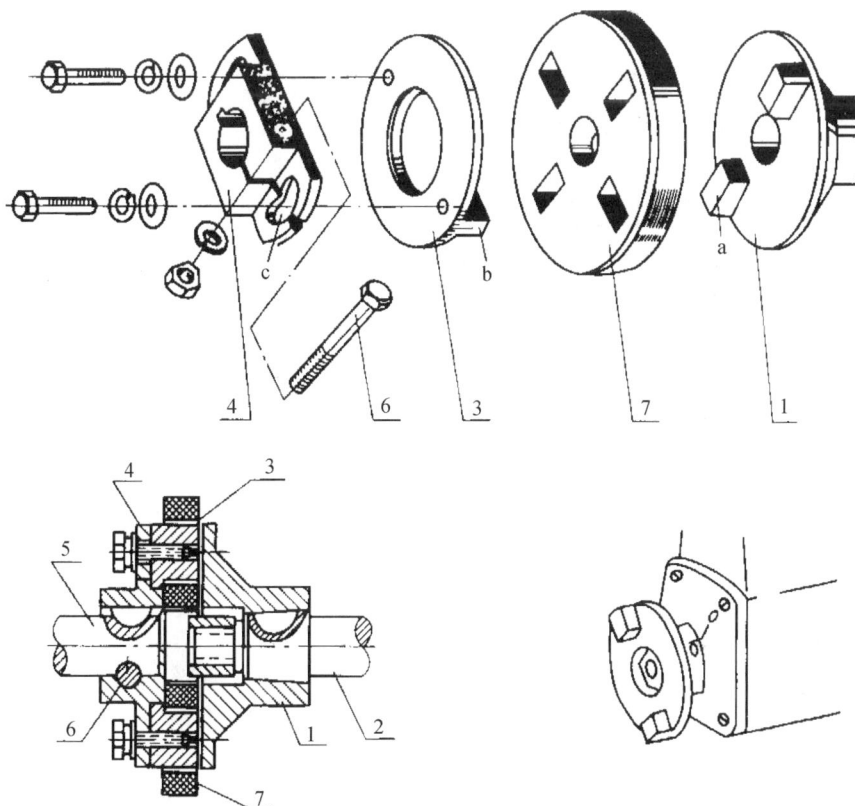

图5-5　喷油泵用联轴器

1—从动凸缘盘;2—凸轮轴;3—中间凸缘盘;4—主动凸缘盘;5—驱动轴;6—夹紧螺栓;7—胶木传动盘

a—从动凸缘盘凸块;b—中间凸缘盘凸块;c—调节孔

1.喷油泵在柴油机上的安装

(1)盘动飞轮,使第一缸处于压缩终了上止点前的供油提前角处(可通过气门机构的动作来判断)。

(2)将喷油泵泵轴上的刻线与泵体上的刻线对齐,使第一分泵处于开始供油位置。

(3)安装喷油泵,使从动凸缘盘凸块a插入胶木传动盘上相应的槽中(此时主动凸缘盘、中间凸缘盘、胶木传动盘已经组装在喷油泵传动轴上),然后把喷油泵固定在支架上。

2.供油正时的检查调整

通过上述方法安装的喷油泵,能保证供油正时的大体正确,这时应进一步检查调整喷油泵的供油正时。

（1）接通油路，通过输油泵泵油驱气，使喷油泵齿条处于供油位置，用螺丝刀撬动第一分泵柱塞，使出油阀接头中出现油面。

（2）盘动飞轮，使第一缸活塞处于上止点前50°左右曲柄转角（比规定的供油提前角大20°左右）。

（3）顺曲轴转向缓慢而均匀地转动飞轮，同时密切注意第一分泵出油阀接头中的油面，当油面出现波动的瞬间，立即停止，此时上止点指针所指的飞轮刻度，就是第一分泵的供油提前角。

如果供油提前角过大过小，可松开主动凸缘盘上的两个调节螺钉，保持喷油泵凸轮轴不动，微量转动飞轮进行调整。

若供油过早，可顺工作转向转动飞轮，使喷油泵传动轴相对于喷油泵凸轮轴转过一个角度（反之，则逆工作转向转动飞轮）。然后把两个螺钉上紧，再按上述方法检查，直到供油正时符合规定为止。

（五）喷油泵主要零部件检测与修复

1. 出油阀偶件的检测与修复

（1）出油阀偶件的磨损

出油阀偶件的磨损主要发生在阀与阀座的锥形密封面以及出油阀的减压环带上。

锥形密封面的磨损主要是由于出油阀在切断供油时，出油阀弹簧的作用力和高压油管中燃油剩余压力同时作用在出油阀上，使出油阀在落座时产生冲击，此外，高压燃油中的硬质颗粒在流经阀面时产生的强烈摩擦也是导致磨损的原因之一。

减压环带的磨损主要是由于供油开始时，减压环带即将离开阀座的瞬间，高压燃油以极高的速度冲击这一很小的环形缝隙，燃油中的杂质冲击工作表面，引起减压环带的磨损，特别在下部磨损较为严重。

（2）出油阀偶件的检测

①外观检验。出油阀偶件表面应无锈蚀、裂痕、刻纹或明显损伤；锥形密封带应光泽明亮、连续完整，光带宽度一致并不超过0.5 mm；出油阀及阀座密封锥面若有轻微伤痕、下凹及磨损，可予以研磨修复，否则应予更换。

②滑动性试验。将经过清洗的出油阀偶件垂直放置，从阀座中抽出阀体配合长度的1/3，转到任一位置松开阀体，它应能借助本身自重自由滑落入座，无卡滞现象。

③密封性试验。检验出油阀偶件的密封性，比较精确的方法是利用喷油器试验台和专用夹具，如图5-6所示。试验夹具3上端内孔按高压油泵出油阀室形状和尺寸加工，下端孔与顶头螺钉4为螺纹配合，顶头螺钉4可用来调节出油阀2的位置，试验夹具3可装夹在台虎钳上。出油阀如图5-6所示装好，出油阀压紧座1接喷油器试验台。试验时，高压油被压入阀室，根据油压的下降速度即可了解阀的密封性。阀在图示位置时，可试验减压环带的密封性；适当拧出顶头螺钉，阀即落在阀座上，可试验锥面的密封性。

减压环带的密封要求是，油压从25 MPa降至10 MPa的时间不得少于20 s；锥形密封面的密封要求是，油压从25 MPa降至10 MPa的时间不得少于60 s。

值得注意的是，上述试验结果与试验台液压系统的密封性有关。因此，试验标准可根据试验台的技术状况予以修正。但是作为比较试验，该方法具有可靠的精度。

图5-7所示为减压环带密封性检验的简单方法。用大拇指把阀座底面的孔堵住，当减

压环带落入座孔中时,用指头轻压阀的顶端,若感到有压缩气体的反力,松开指头后,阀能反跳回原位,则说明密封性良好。

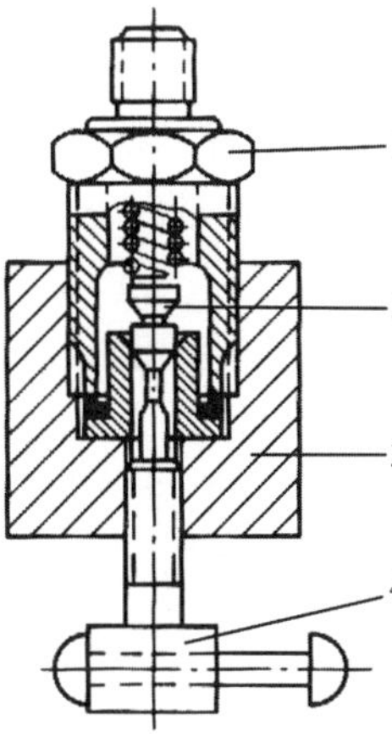

图 5-6　出油阀偶件密封性试验专用工具
1—出油阀压紧座;2—出油阀;3—试验夹具;4—顶头螺钉

图 5-7　减压环带密封性简易试验

（3）出油阀偶件修复

出油阀密封面有轻微缺陷或导向面配合过紧,可用细研磨膏研配加以消除,当阀面或减压环带上有较深沟痕时,应予成对换新。

出油阀座底面与柱塞套桶顶面为精密配合,当两者有轻微缺陷而不能紧密接触时,高压燃油就会从该处泄漏。这种缺陷可通过研磨密封端面予以消除。研磨在平板上进行,研磨中零件要放正,施加的压力要均匀,使零件沿 8 字形轨道来回平移,当端面呈无光泽银灰色时,便认为合格。

出油阀弹簧如有扭曲和弹性减弱等现象,应换新,其弹性应符合原标准规定。

2. 柱塞偶件的检测与修复

（1）柱塞偶件磨损

柱塞偶件的磨损一般集中发生在柱塞和套桶的上部,柱塞供油斜槽表面和套桶回油孔的相应配合面附近。产生这种磨损的原因,除了工作中正常的摩擦作用外,还有就是燃油中的机械杂质引起的。其特征是在磨损部位呈白色的暗淡色泽,检验时应仔细观察。

（2）柱塞偶件检测

①外观检验。在干净的煤油或柴油中把柱塞偶件清洗后进行检查,认真观察柱塞头部

和导向部分的刮伤、变色和卡滞现象。如果柱塞表面光亮并呈蓝紫色光泽,表明磨损不大,可以继续使用;若表面呈无光泽的黄色,则说明磨损严重,应予成对换新。

柱塞偶件配合表面应无锈蚀、裂纹及明显损伤,柱塞不得发生弯曲变形,柱塞下脚调节臂应无松动现象。

②滑动性试验。将在柴油中浸泡过的柱塞偶件,用手指拿住柱塞套,与水平倾斜约60°倾角,拉出柱塞1/3左右,放开后,柱塞应能靠自重平顺地滑入套筒中,转动任何角度,其结果应该相同。

③密封性试验。柱塞偶件的密封性试验,可在喷油器试验器上进行,如图5-8所示。将喷油泵各缸的出油阀取出,阀座与衬垫保留在孔内,装好出油阀紧座,放尽空气,将高压油管与喷油器试验器连接好。移动齿条使柱塞处于最大供油量位置。操纵喷油器试验器使油压达到20 MPa时停止泵油,然后测定油压从20 MPa下降到10 MPa所需的时间,不得少于12 s,同一喷油泵上的柱塞偶件,其密封性相差应不大于5%。

在缺少设备的情况下,也可用简易方法试验柱塞偶件的密封性:用手指堵住柱塞套桶顶部的孔和进、回油孔,使柱塞处于最大供油量位置,将柱塞由最上面的位置往下拉,拉下的距离以柱塞上边缘不露出套桶油孔为限,若能感觉到有真空吸力便迅速松开,柱塞能迅速地回到原来位置则表示密封良好。

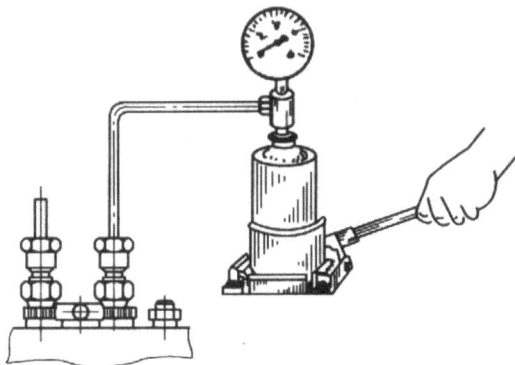

图5-8 用喷油器试验器检验柱塞偶件的密封性

(3)柱塞偶件修复

柱塞偶件有明显缺陷或因磨损导致配合间隙过大时,一般应成对更换。对于磨损较少的柱塞偶件,也可以用选配法或镀覆法修复。

选配法是将磨损的柱塞偶件清洗后,把选配的柱塞与柱塞套分别进行研磨,除去表面的磨损痕迹,恢复零件的正确几何形状,然后经过选配,成对地进行研磨,直到恢复足够的配合精度和粗糙度的要求。

经过研磨的零件应在柴油中彻底清洗,并按尺寸进行分组选配,选配时,以柱塞能插入柱塞套的1/3长度为宜。互研时,当柱塞能整个进入柱塞套时则应停止,以免配合间隙过大。

镀覆法一般是对柱塞表面进行镀铬或镀镍,然后再进行研磨和选配。

任务2　电控柴油机燃油供给系统的检测与修复

一、电控共轨式柴油机组成

电控共轨式柴油机组成(如图5-9)包括:燃油箱、燃油滤清器、轨压传感器及其他传感器、高压油泵、油轨(共轨)、喷油器、ECU等。

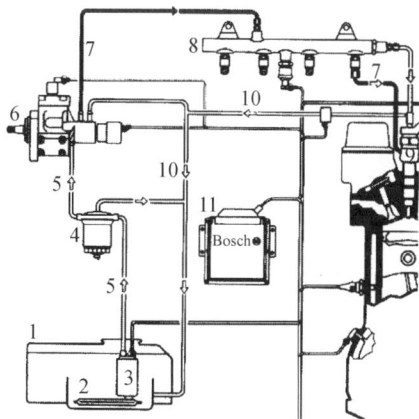

图 5-9　电控共轨式柴油机组成

1—燃油箱;2—滤网;3—输油泵;4—燃油滤清器;5—低压油管;6—高压油泵;7—高压油管;8—共轨管;9—喷油器;10—回油管;11—ECU

二、电控共轨系统柴油机测试

以玉柴 Bosch 电控共轨系统柴油机为例简要说明如下。

利用 Bosch 共轨系统诊断仪(KTSS10)可以进行压缩测试、高压测试和提速测试等相关测试,以检测气缸密封性能、共轨压力变化和喷油器性能等。

(一)压缩测试

柴油机运转不稳、噪声大或功率损失等问题有可能是因某气缸的密封不严漏气造成的。针对气缸密封性的检查,可以通过触发、压缩、测试进行,测试结果用来对气缸压缩性能进行评估。

1.压缩测试的原理

如果存在气缸漏气现象,活塞运动速度在上止点前会因漏气,阻力变小而加快;相反,活塞速度在上止点之后会因漏气,膨胀能量损失而减慢。

通过捕捉活塞在上止点前后一定角度间的经过时间(速度越快,时间间隔越短),可以反映出该气缸的密封性能,如图5-10所示。

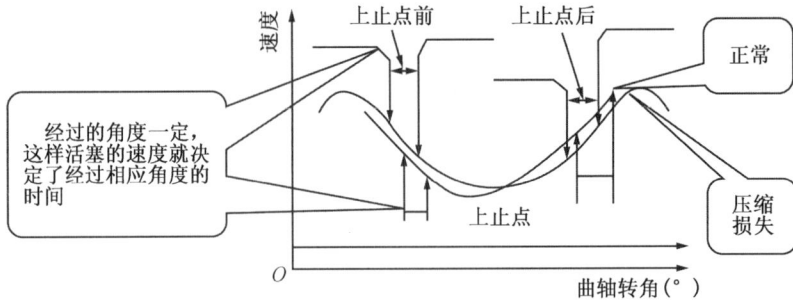

图 5-10　电控柴油机压缩测试原理

2. 压缩测试要点

（1）关闭喷油器（即测试过程中不让柴油机着火，此项功能由 ECU 实现）。

（2）由启动机带动柴油机运转（测试者进行此项操作）。

（3）测量并记录各缸内活塞上止点前后一定角度内运动所经过的时间（此项由 ECU 软件功能实现）。压缩测试曲线如图 5-11 所示。

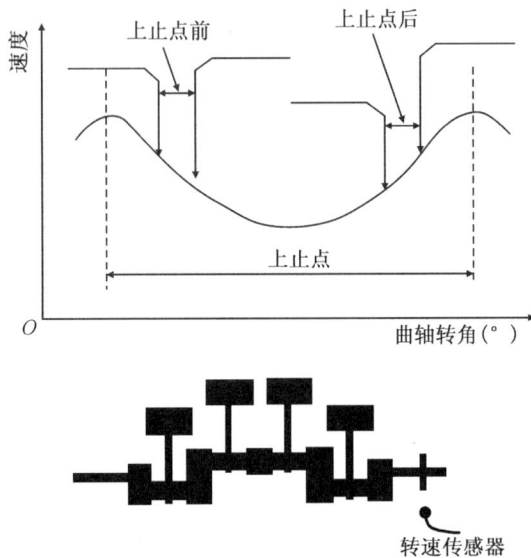

图 5-11　压缩测试曲线

（二）高压测试

通过 ECU 触发，按设定诊断程序来对轨内压力指令进行增大和减小，观察系统执行能力，通过结果数据来综合评估系统的各液压器件的性能。

测试原理：为了彻底展现高压油泵、共轨、喷油器等的能力，编程设计了一系列升压和降压过程，如图 5-12 所示。

在升压过程中，整个系统以它尽可能允许的能力去建压（设定高的轨压目标点和高的升压斜率，调高控制器控制系数等，关闭正常轨压监视功能）；在降压过程中，系统以尽可能允许的能力去降压。

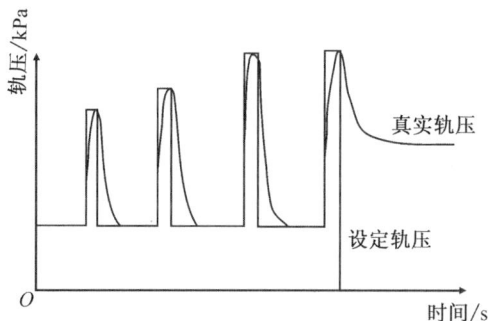

图 5-12　高压测试

（三）提速测试

用来对每缸工作性能进行评估。

车辆静止状态,测试中关闭某一气缸喷油的同时触发柴油机加速(例如对于六缸机,当关掉第 1 缸机时,只有第 2、3、4、5、6 缸机在正常工作),得到失去第 1 缸机的加速数据;同样得到失去第 2、3、4、5、6 缸机的加速数据,这些数据可以拿来对比,评判某一缸的性能。

若第 1 缸的喷油量出现问题,例如喷油量明显比其他缸少,那么在失去第 1 缸时柴油机加速性能就明显比失去其他缸时快,因为在失去其他某一缸进行测试时,喷油量不足的缸参与了工作,如图 5-13 所示。

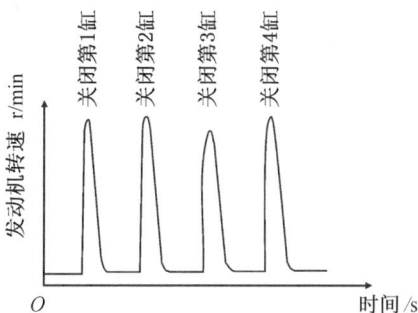

图 5-13　提速测试

主要测试步骤:关闭一个喷油器;柴油机加速,测量加速度;关闭第 1 缸测试完后,再依次关闭其他缸,进行相同的测试。

当所有气缸测试完成后,即可根据测试结果进行分析,不难发现故障所在位置。

电控柴油机高压油路系统主要零部件的技术状态,直接关系到电控柴油机使用运行的质量。因此,对电控柴油机高压油路系统的主要零部件的检测是一项非常重要而细致的工作。

三、燃油进油计量比例电磁阀检测与修复

（一）功用

控制进入柱塞的燃油量,从而控制共轨管压力;其安装位置如图 5-14 所示。燃油进油

计量比例电磁阀的主要技术参数如下:PWM控制(165~195 Hz);线圈电阻为2.6~3.15 Ω;最大电流为1.8 A;缺省状态为全开时进入跛行回家(limp home)状态。

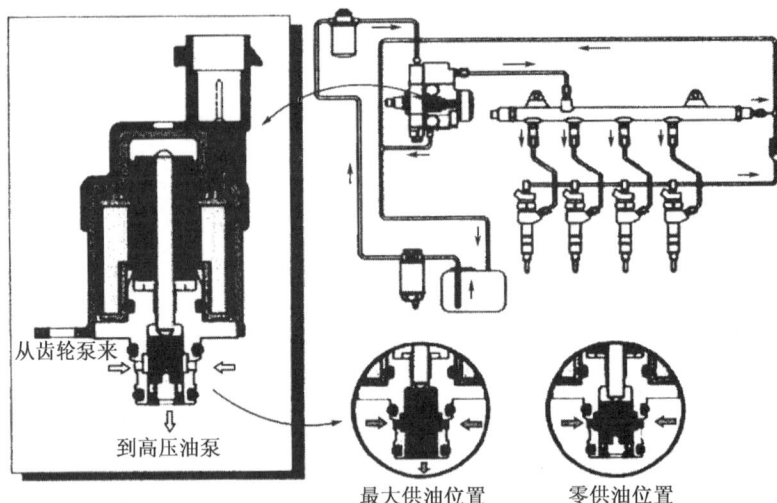

图5-14 Bosch共轨系统的进油计量比例电磁阀

(二)工作原理

以Bosch共轨系统为例,进油计量比例电磁阀安装在高压油泵的进油位置,用于调整燃油供给量和燃油压力值。其调整要求受ECU控制。

进油计量比例阀在控制线圈没有通电时,进油计量比例阀是导通的,可以提供最大流量燃油。ECU通过脉冲信号改变高压油泵进油截面积而增大或减小油量。

(三)失效策略

当进油计量比例电磁阀失效(如拔掉其插头)时,柴油机能否打着火,不能一概而定,应视具体机型而考虑,即使采用了同一个电控系统(如Bosch的CRS2.0),有的车型可以打着火,有的车型不能,主要取决于系统的控制策略,下面具体举例说明。

(1)对于采用Bosch电控系统的长城GW2.8TC增压共轨柴油机,当进油计量比例电磁阀失效时,柴油机无法启动及运行。

当进油计量比例电磁阀失效,如卡滞,无法打开,高压燃油无法进入油轨,导致此类故障现象出现多为燃油中含有杂质造成的,可对进油计量比例电磁阀进行清洗;进油计量比例电磁阀与ECU连接线路断路,导致ECU无法对进油计量比例电磁阀控制,因此柴油机熄火或无法启动。

说明:该车采用的进油计量比例电磁阀为常闭式。

(2)对于采用Bosch共轨系统的玉柴及潍柴电控共轨柴油机,采用常开式的燃油计量电磁阀(缺省状态为全开),其供油特性如图5-15所示。当进油计量比例电磁阀失效,柴油机可以正常启动及运行[跛行回家(limp home)]。

当ECU判断进油计量比例电磁阀的驱动失效(计量阀损坏、驱动线路开路及短路)时,ECU采取系列处理措施如下:点亮故障灯;产生故障码P0251、P0252、P0253、P0254、P025C、P025D;燃油压力超高、限压阀被冲开(用手分别放在回油管及共轨上,能明显感觉到50 ℃

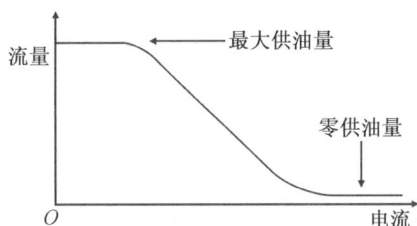

图 5-15　常开式的燃油计量电磁阀的供油特性

左右的温度差);诊断仪显示轨压位于 70.0~76.0 MPa 范围,随转速升高而增大;限制柴油机转速(1 700 r/min 左右,通过控制喷油量实现),在限制范围内,油门仍然起作用;关闭点火开关后,燃油压力泄放阀关闭,恢复正常;如柴油机启动过程已进入(燃油计量电磁阀失效策略,仍能启动且没有明显感觉)。

(3)对于采用 Delphi 共轨系统的玉柴电控共轨柴油机,当进油计量比例电磁阀失效时,柴油机无法启动及运行。

当 ECU 判断进油计量比例电磁阀驱动失效(如进油计量比例电磁阀损坏、驱动线路的开路及短路)时,ECU 采取系列处理措施如下:停机或无法启动;产生故障码 P0251、P0253、P0255。

(四)进油计量比例电磁阀的检修

以长城 GW2.8TC 电控共轨柴油机为例,进油计量比例电磁阀有两个接线端子(见图 5-16)。端子 1 接 ECU 的 A49(低电位);端子 2 接 ECU 的 A19(高电位)。

1. 检查外线路

参考图 5-16,用万用表的电阻挡,分别测量端子 1 与 A49、端子 2 与 A19 之间的电阻值,来判断外线路是否存在短路及断路故障。

2. 测量传感器电阻值

关闭点火开关,拔下进油计量比例电磁阀插头,测量传感器侧 1 与 2 两端子间的电阻,20 ℃情况下,两端子间的电阻值应在 3 Ω 左右。

3. 听声音判断工作是否异常

进油计量比例电磁阀在断电时关闭,切断低压油路与高压油路的联系,在通电时则打开。因此,点火开关"ON"时,应听到进油计量比例电磁阀发出连续不断的嗡鸣声,且把手放上应能够感到明显振动。

图 5-16　GW2.8TC 柴油机进油计量比例电磁阀电路图

4. 数据流检测

用 X-431 故障诊断仪可以读取油量计量单元供油设定值、油量计量单元输出占空比和轨压控制器供油预控值三个参数的数据流。

（五）故障的诊断与处理

燃油计量电磁阀失效时故障的诊断与处理见表 5-1。

表 5-1   燃油计量电磁阀失效时故障的诊断与处理

故障现象	故障原因及提示	相关维修建议
功率不足，转速限在 1 700 r/min	①燃油计量阀故障，驱动线路故障； ②诊断仪中相关故障码 P0251、P0252、P0253、P0254、P025C、P025D； ③相应故障灯闪码是 354、355、356、353	①检查燃油计量电磁阀的驱动线路，是否有开路或短路情况；正常的情况下驱动线路上的电压应是 24 V； ②检查燃油计量电磁阀线路电阻是否符合物理特性（2.6~3.15 Ω），判断是否损坏

注意：燃油计量电磁阀失效后，必须更换整个高压油泵，不允许自行更换燃油计量电磁阀。

四、共轨压力传感器的检测与修复

以长城 GW2.8TC 电控共轨柴油机为例。如图 5-17 所示，共轨压力传感器为压敏效应式，有三个接线端子，端子 1 为搭铁、端子 2 为信号、端子 3 为电源（5 V）。

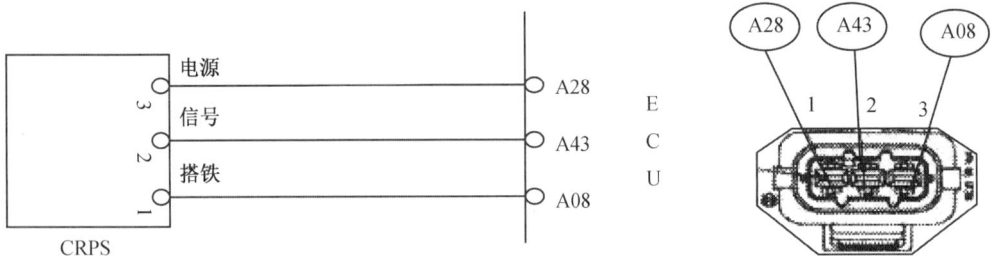

图 5-17   共轨压力传感器的电路图

（一）外线路检查

参考图 5-17，用万用表的电阻挡分别测量端子 1 与 A08、端子 2 与 A43、端子 3 与 A28 之间的电阻值，来判断外线路是否存在短路及断路故障。

（二）传感器电压值测量

关闭点火开关，拔下共轨压力传感器插头，点火开关"ON"，测量传感器侧插头端子 3 与搭铁间的电压应为 5 V，端子 2 与搭铁间的电压应为 0.5 V 左右，端子 1 与搭铁间的电压为 0 V。

（三）数据流检测

用专用故障诊断仪（如 X-431）读取柴油机系统数据流，涉及共轨压力的数据流共有四个：燃油系统轨压、轨压设定值、实际轨压最大值、轨压传感器输出电压。

当柴油机水温达到 80 ℃、怠速运转时,轨压传感器输出电压应为 1 V 左右,燃油系统轨压及轨压设定值均为 25.00 MPa 左右,轨压设定值与燃油系统轨压数值十分接近。

当逐渐踩加速踏板,提高柴油机转速时,上述四个数据流逐渐增加,燃油系统轨压、轨压设定值、实际轨压最大值等最大数值为 145.00 MPa,轨压传感器输出电压的最大值为 4.5 V。实测的数据流(部分)见表 5-2。

表 5-2　实测共轨压力及共轨压力传感器输出电压数据流

数据流状态	点火开关"ON"	怠速	加速 1	加速 2
燃油系统轨压(MPa)	0.65	25	33.6	70.3
轨压传感器输出电压/V	0.45	1.06	1.24	2.06

(四)失效模式分析

当共轨压力传感器失效(如拔掉 CRPS 插头)时,柴油机能否打着火,不能一概而定,应视具体机型而考虑,即使采用了同一个电控系统(如 Bosch 的 CRS2.0),有的车型可以启动,有的车型则不能,主要取决于系统的控制策略。下面举例说明。

(1)对于使用 Bosch CRS2.0 共轨系统的长城 GW2.8TC 增压共轨柴油机而言,当共轨压力传感器失效时,柴油机无法启动及运行。具体分析如下。

启动时,ECU 以共轨的压力为参量来控制喷油器的动作,在共轨压力已知的前提下 ECU 通过控制喷油器的开启、关闭时刻来控制进入气缸的喷油量,如果失去了共轨压力信号,ECU 便失去了燃油喷射控制的重要参量,此时,ECU 便控制柴油机不能启动。同理,如果在柴油机运转时突然失去了共轨压力信号,柴油机会立即熄火。

(2)对于使用 Bosch CRS2.0 共轨系统的玉柴及潍柴电控共轨柴油机而言,当共轨压力传感器失效时,柴油机可以正常启动及运行[跛行回家(limp home)]。

当 ECU 判断轨压传感器信号失效、轨压传感器本身损坏、信号线损坏(开路或短路)等故障时,ECU 采取下列措施:点亮故障灯,产生故障码 P0193、P0192;控制器将加大高压泵的供油量;燃油压力超高、限压阀被冲开;实际轨压维持在 70.0~76.0 MPa 范围内(诊断仪读数 79.0 MPa 左右);限制柴油机转速(小于 1 700 r/min,通过控制喷油量实现),在限制范围内,油门仍起作用。

(3)对于使用 Delphi 共轨系统的玉柴 4F 及 4W 电控共轨柴油机而言,当共轨压力传感器失效(丢失)时,柴油机无法启动及运行。系统将会产生下列相关的故障码:P0192、P0193。当共轨压力传感器失效(漂移)时,柴油机功率不足(减转矩模式),会产生下列相关的故障码:P1912、P1192、P1193。

(五)共轨压力传感器常见故障的诊断与处理

共轨压力传感器常见故障的诊断与处理见表 5-3。

表 5-3　共轨压力传感器常见故障的诊断与处理

故障现象	故障原因及提示	相关维修建议
功率不足,转速限在 1 700 r/min 以内(或者进入跛行回家模式)。难启动,冒黑烟	①传感器信号丢失;②诊断仪中相关故障码为 P0192、P0193;③相应故障灯闪码为 441;④诊断仪显示系统进入油轨压力信号"limp home"模式	①检查信号线路,是否开路或短路;在正常通电的情况下,插接件上三条线中两两之间应是 5 V 左右电压;②参考压力特性检查传感器,决定是否更换
	①传感器信号漂移;②诊断仪中相关故障码为 P0191;③相应故障灯闪码为 442	更换传感器

五、喷油器电磁阀的结构、检测与修复

(一)喷油器电磁阀的结构及功用

喷油器电磁阀的功用为控制喷油量、喷油正时以及喷油规律。现以部分常用的电控共轨系统为例,简要介绍如下。

1. Bosch 共轨系统的喷油器电磁阀

Bosch 共轨喷油器(含电磁阀)如图 5-18 所示。目前,国内生产的电控共轨柴油机,为解决排放及降低噪声,喷油器的喷油过程广泛采用预喷射加主喷射的过程。国内应用的 Bosch 第二代共轨系统,喷油器电流波形如图 5-19 所示。

(1)主喷射电流波形的组成及作用

主喷射电流波形由峰值电流和维持电流组成。各段电流的作用及相关说明如下:峰值电流使电磁阀的上升响应速度加快;在峰值电流后为维持电流,以减少系统能量消耗。这就是典型的电流控制型喷油器驱动形式,电流控制型驱动器的内部结构要比电压控制型更复杂,它除了完成基本的开、关功能外,还要提供电流限制功能。驱动器电路工作时,回路电流在一段时间内不受限制,直到喷油嘴针阀开启为止。

这个时间周期被制造厂商预先调整,一旦电磁喷油器针阀开启,因工作气隙较小,磁路磁阻很低,电磁线圈通入较小的保持电流便能产生足够大的电磁吸力维持电磁控制阀的开启状态,于是驱动器控制电流迅速下降到一个较小值,以保护喷油器不会因在整个脉冲周期内承受大电流而发生过热损坏,节省电能,同时有利于电磁控制阀的快速闭合。

为了精确计量燃油,一般要求喷油器电磁阀的开启响应和关闭响应时间之和小于 0.5 ms,电磁阀体的感抗会使阀体响应滞后,因此采用低感抗的高频电磁阀并以电流控制驱动电路配合,驱动电流、喷射率、电磁阀升程关系如图 5-20 所示。电流控制型喷油器驱动有两种方法降低回路电流:普遍使用的是一种控制电路阻抗限流的方法,通过控制晶体管的基射极电流,来控制集射极电流的大小,这个阶段晶体管工作在放大区,自身的发热量较大,散热问题必须考虑;另一种方法是周期性使电路处于开/关状态,当这个过程足够快时,电磁喷油器的磁场不会崩溃,喷油器将保持在开启状态。

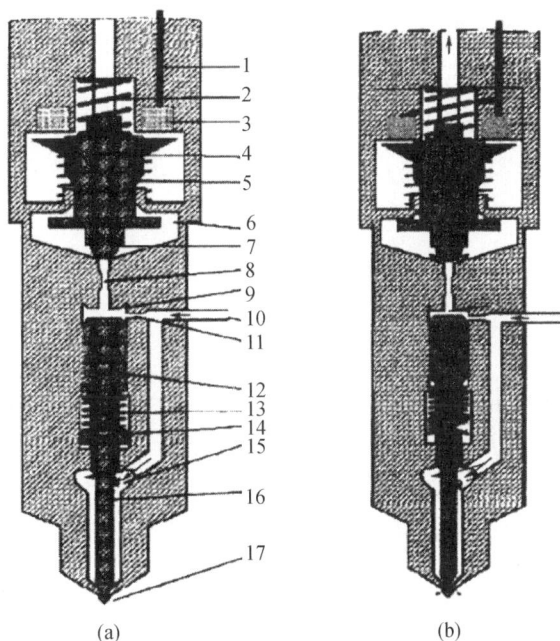

图 5-18 Bosch 共轨喷油器的结构

1—电磁阀线圈供电;2—控制阀弹簧;3—电磁铁及线圈;4—枢轴;5—回位弹簧;6—空腔;7—球阀;8—回油节流油道;9—阀控制腔;10—接共轨;11—进油节流孔;12—控制活塞;13—油嘴弹簧;14—压杆;15—承压腔;16—油嘴轴针;17—喷油嘴

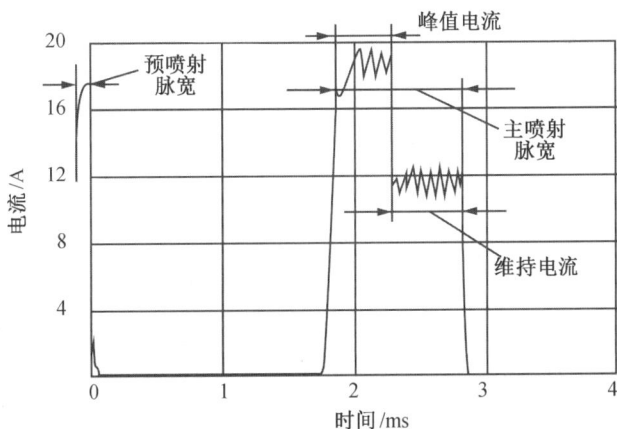

图 5-19 Bosch 共轨系统的喷油器的电流波形

（2）预喷油电流波形

在主喷射之前进行的预喷射可使燃烧噪声明显降低,但由于喷射会导致 PM 排放增加,因此可以使预喷射段靠近主喷射段,以降低 PM 排放。因为预喷油时间短暂（约为0.5 ms）,所以只出现峰值电流。

（3）多段喷射介绍

进入电控共轨系统时代以后,由于采用时间控制,喷油率形状的控制进入了新阶段。

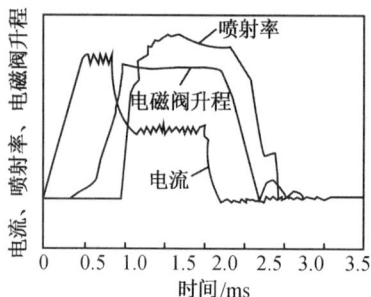

图 5-20 喷油器电磁阀的特性曲线

多段喷射也就是将一个喷油循环细分成若干段相互关联的、各自独立的喷射段,即引导喷射、预喷射、主喷射、后喷射及次后喷射等,如图 5-21 所示。在多段喷射过程中,电磁阀必须完成多次开启、关闭动作,因此驱动能量和消耗能量成了问题,通常采用电容储能驱动方式,这种储能方式以往运用在高速柴油机的燃油喷射系统。

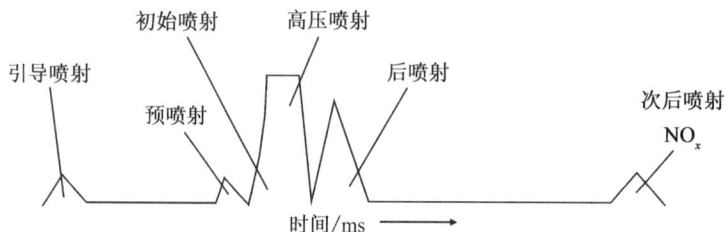

图 5-21 多段燃油喷射过程

2. Delphi 共轨系统喷油器电磁阀

目前,电控柴油机配套的 Delphi 共轨系统喷油器(该喷油器为无压力室式喷油器)如图 5-22 所示。

3. 电装系统的喷油器电磁阀

目前,国内生产的部分中型、重型电控共轨柴油机,如重汽的 WD615、上柴的 SC8DK 采用了 Denso(电装)的 ECD-U2(HP0 高压泵)共轨系统。喷油器及电磁阀的工作原理基本相同,其控制电路如图 5-23 所示。

为改善喷油器的敏感度,将驱动电压变为高电压,从而加速电磁线圈磁化和喷油器电磁阀的响应。ECU 中的充电电路将蓄电池电压提高到约 100 V,维持电压 12.8 V,它通过 ECU 发出驱动喷油器的信号并施加到喷油器上。

喷油器为了实现高频动作,其触发电压一般为几十伏,甚至上百伏,原因是 ECU 内设置了大容量的电容器,利用了电容储能的驱动方式。怠速时,实测的圣达菲 D4EA 柴油机喷油器的驱动电压值可达 79.2 V。

(二)部分电控柴油机喷油器的参数

1. 长城 GW2.8TC 柴油机的 Bosch 共轨系统

喷油器为 CRIP2 型,喷孔直径 0.137 mm,6 孔,电磁阀灵敏度 0.2 ms,最大喷油压力 145.0 MPa。

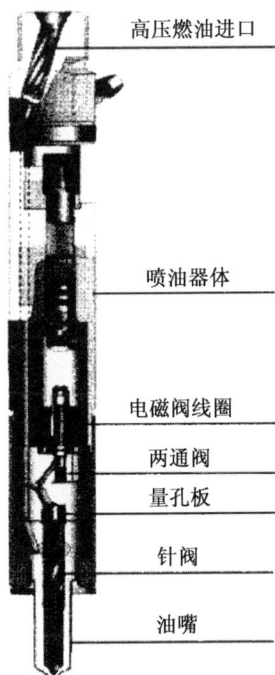

图 5-22 Delphi 共轨系统喷油器的结构

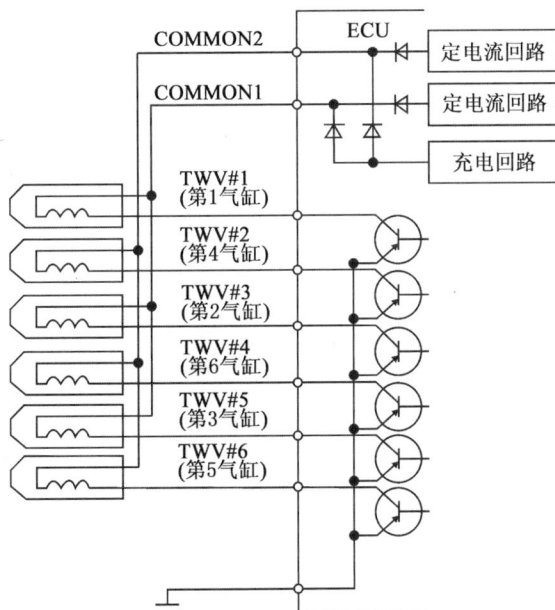

图 5-23 Denso 喷油器控制电路图

2. 玉柴 4F Delphi 共轨系统

喷油器为 6 孔,无压力室式,工作电流 6~16 A,两次喷油间隔 0.2 ms,16 位修正码,最大喷油压力 160.0 MPa。

3.玉柴 Bosch 共轨系统

喷油器为 CRIN2 型,最大喷油压力 160.0 MPa,该喷油器的电气参数见表 5-4。

表 5-4　玉柴 Bosch 共轨系统 CRIN2 型喷油器的电气参数

项目	参数	备注
线圈电阻	0.23 Ω	当温度为 20 ℃时,误差±5%
线圈电感(提升段)	150 μH	当温度为 20 ℃时
线圈电感(保持段)	35 μH	当温度为 20 ℃时
提升电压	48 V	提升开始时,20 ℃
提升电流	24~26 A	设定值 25 A
保持电流	11~13 A	设定值 12 A

(三)喷油器电磁阀的检测与修复

以长城 GW2.8TC 柴油机 Bosch 共轨系统为例,分析喷油器电磁阀的检测与修复。如图 5-24 所示,每个喷油器电磁阀有两个接线端子,每个端子与 ECU 的对应端子相连。如图 5-25 所示,每个喷油器有一个唯一的 IQA(Injector Quantity Adjustment)码。

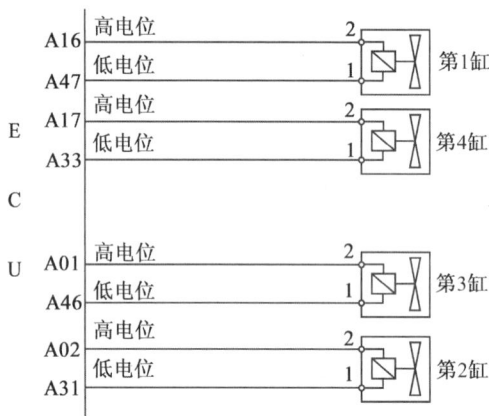

图 5-24　喷油器电磁阀与 ECU 的电路连接

1.外线路检查

参考图 5-24,用万用表的电阻挡,分别测量各喷油器电磁阀与 ECU 对应端子之间的电阻值,来判断外线路是否存在短路及断路故障。

2.电磁阀电阻值测量

关闭点火开关,分别拔下各喷油器电磁阀插头,测量各电磁阀侧 1 与 2 两端子间的电阻,正常情况下,两端子间的电阻值应为 0.2~0.4 Ω。

3.电磁阀工作电流检查

柴油机工作时喷油器的峰值电流为 18 A 左右,保持电流为 12 A 左右(用 Bosch KTS 或其他诊断仪,并需要接钳式电流表,来检测喷油器的工作电流波形,十分方便)。

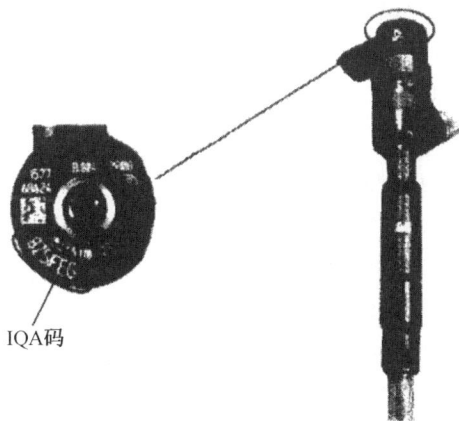

IQA码

图 5-25　喷油器 IQA 码的位置

4. 电磁阀工作电压检查

启动柴油机的情况下,喷油器电磁阀端子处应有 5 V 脉冲电压输入;或用试灯(需串联300 Ω 左右的电阻)连接喷油器电磁阀两个端子,启动时试灯应时亮时灭。

5. 数据流检测

用 X-431 故障诊断仪可以读取系统预设喷油量、当前系统喷油量、主喷修正量三个参数的数据流。

(四)喷油器电磁阀失效模式分析

1. 对于采用 Bosch 共轨系统的长城 GW2.8TC 共轨柴油机而言

喷油器的电磁阀失效后柴油机将出现下列现象:

(1)柴油机无法启动。当燃油中的杂质过多,若有两个及以上的喷油器堵塞时,喷油器回油量过大,导致柴油机轨压在建立后出现回落现象,引起柴油机无法启动。

(2)柴油机抖动。若有一个喷油器堵塞,或者喷油器电磁阀线路与柴油机金属磨损搭铁,或者某缸喷油器电磁阀与 ECU 连接断路,会造成柴油机抖动且出现"N 缸喷油器无效应信号"故障码。

(3)柴油机飞车(极少)。若燃油中杂质过多导致喷孔堵塞,柴油机高速运转时,燃油压力将喷头压掉,大量燃油进入燃烧室。

2. 对于采用 Bosch 共轨系统的玉柴电控共轨柴油机而言

喷油器的电磁阀失效后(当某缸喷油器出现驱动模块、驱动线路或电磁阀本身故障时),会出现下列现象:故障灯亮;某缸不工作,柴油机功率下降,转矩不足;出现相应的故障码:P1203、P1204、P1209、P120B、P120C、P1211、P0261、P0262、P0264、P0265、P0267、P0268、P0201、P0202、P0203、P0204 等。

3. 对于采用 Delphi 共轨系统的玉柴电控共轨柴油机而言

喷油器的电磁阀失效或出现故障后,将出现下列现象:故障灯亮;某缸不工作,柴油机功率下降,转矩不足;出现相应的故障码 P1201、P1202、P1203、P1204、P1618、P1619、P1611、P1612、P0201、P0202、P0203、P0204 等。

注意:喷油器电磁阀失效,必须更换整个喷油器,不可以仅更换电磁阀。

4. 对于采用 Delphi 电控单体泵系统的玉柴电控柴油机而言

当电磁阀(单体泵上的电磁阀)出现故障或失效并出现下列现象时：

(1)某一缸驱动线路开路；

(2)某一缸驱动线路短路；

(3)某一缸驱动线路高端对地短路；

(4)某一缸驱动线路高端对电源短路；

(5)某一缸驱动线路低端对地短路；

(6)某一缸驱动线路低端对电源短路。

ECU 将采取下列处理措施：故障灯闪烁，产生相应故障码；油门仍然起作用；针对(1)、(2)、(5)进入条件，仅该缸停止喷油；针对(3)、(4)、(6)进入条件，该缸所属高端驱动模块的相关单体泵全部停喷(例如当第 1 缸出现(3)现象时，则第 1、3、5 单体泵全部停喷，第 6 缸出现(4)现象时，则第 2、4、6 单体泵全部停喷)，这种故障模式导致运行及启动非常困难；针对(6)进入条件，该缸所属高端及低端驱动模块的相关单体泵全部停喷(例如第 1 缸出现(6)现象时，第 1、2、3、5 单体泵全部停喷)，这种故障模式通常导致无法运行及启动。

(五)喷油器的故障诊断与处理

玉柴电控柴油机喷油器故障的诊断与处理见表5-5。

表 5-5　玉柴电控柴油机喷油器故障的诊断与处理

故障现象	故障原因及提示	相关维修建议
某缸不工作，整机功率、转矩不足，运行不稳、冒黑烟、油耗高	(1)控制器喷射驱动模块/驱动线路/喷油器电磁阀本身故障导致相关的喷油器停喷； (2)诊断仪中相关故障码：P1203、P1204、P1209、P120B、P120C、P1211、P0261、P0262、P0201、P0264、P0265、P0202、P0267、P0268、P0203、P0270、P0271、P0204 等； (3) 相应故障闪码是 322、323、324、332、334、335 等	(1)检查喷油器驱动线路，是否有开路/短路情况； (2)检查喷油器电磁阀特性，是否满足静态电阻 230 mΩ； (3)排除上述情况后，表明故障可能出现在控制器内部

(六)电控共轨柴油机喷油器故障检测与修复案例

故障现象：某港口装卸搬运车辆用电控共轨柴油机的电控喷油器出现了连续损坏的故障，该车的柴油机为 YC4F115-30 电控共轨柴油机，该机采用德尔福高压共轨燃油喷射系统。据介绍，该车行驶约 5.2×10^4 km 时，感觉柴油机动力下降，到普通修理厂检修，发现电控喷油器已损坏，更换了燃油滤清器和四个电控喷油器后，启动柴油机运转，但行驶约 2 km 后，又感觉柴油机的动力下降，似乎有"缺缸"状态。此时，听见柴油机内发出"嘎嘎"敲击声，随后排气管冒了一股黑烟，柴油机随即熄火。之后，多次启动柴油机，虽能达到启动转速，但柴油机就是不能启动。

故障诊断：根据上述现象，对柴油机进行初检，并对已更换下的电控喷油器进行外表检查，发现喷油嘴处的积炭较多，喷孔堵塞，此现象说明所用燃油有问题。经询问得知，该用户加注的不是车辆要求的国Ⅲ柴油，燃油箱内柴油混浊，呈深黄色，含杂质多。

随后清洁油箱并更换燃油滤清器。进一步检测发现打开点火开关至 ON 位置，故障灯常亮，用数字万用表直流电压挡测水温传感器有 5 V 电压，说明电控单元 ECU 有电。

将故障诊断仪与诊断接口线束插座(该诊断接口有三根线束,一根电源线 12.39 V,一根信号线 11.05 V,一根地线)及诊断模块三线连接(电源线红色,信号线黄色,地线白色对接)。此时需注意,三根线不能错接,否则会损坏诊断模块或诊断通信连接不上。正确连接后诊断模块电源灯亮起,诊断模块另一端与笔记本电脑连接。

连接完毕后,进入德尔福柴油机共轨故障诊断程序,读取故障码:水温传感器信号故障-超高短路;预热驱动故障-开路;轨压信号故障-超高;进气质量流量信号故障-超低。

对于出现的历史故障码,视情况检查故障码对应传感器插接件的接触情况,并测量相应传感器的阻值。检查完毕,消除历史故障码,再打开点火开关,故障指示灯显示正常,启动发动机,没有故障码。点击柴油机状态栏,选中与柴油机启动相关的数据,数据显示:柴油机转速 230 r/min,标定轨压 31.5 MPa,实际轨压 31.0~31.8 MPa,初始轨压:31.0~31.8 MPa,凸轮轴信号同步 0,曲轴信号同步 0。根据以上检测到的数据,该机已具各启动运转的先决条件,但仍然不能启动运转。

观察柴油机排气管,启动时,没有烟雾排出,将电控喷油器回油胶管拆下,观看启动时回油状况,发现无回油流出,用手触摸高压油管无脉动油流感觉,说明燃油未进入缸内。因此,观察电控喷油器回油状况,也能帮助分析发动机各缸喷油器工作是否正常:喷油器正常工作的回油状况是有油珠断续喷出;喷油器喷嘴卡死堵塞时,回油管回油长流不断;喷油器电磁驱动线圈或壳体变形损坏,则无燃油流出。

根据上述现象分析,电控喷油器损坏的可能性很大。为此,将第4缸喷油器的高压油管拆下,用启动机拖动柴油机运转,观察该高压油管有燃油喷涌流出,说明通往喷油器的高压油路通畅。外接备用喷油器,喷油嘴处有油雾喷出,证明该机喷油器已损坏。

故障分析:观察所有电控喷油器均为正规产品,排除了劣质喷油器的可能。因此,查找喷油器如此快速损坏的原因就成为排除该机故障的关键。除非外力或安装所致,否则喷油器不可能在如此短的时间内全部损坏。询问用户得知,安装该喷油器的高压油管时,没有使用专用工具且未按规定力矩拧紧,而是用紧固传统柴油机机械泵的方法,大力拧紧了喷油器的高压油管,这可能给电控喷油器中间部位(腰部)一个很大的旋转力矩,导致其内部油道或电磁阀损坏。

故障排除:找到故障原因后,更换了四个新的电控喷油器,但启动柴油机时仍无启动迹象。用诊断仪再次检测,启动工况时各项数据正常。但观察电控喷油器回油管,同样无油流出。此现象应该是油路系统存在空气所致。为排除油路系统中的空气,在启动机拖动柴油机运转的过程中,维修人员使用 15 mm 扳手固定住喷油器电磁驱动线圈尾部,再用 17 mm 扳手松开高压油管,高压油管接头处相继有燃油涌出,再将喷油器端的高压油管拧紧,柴油机即刻顺利启动。之后,该柴油机运转状况良好,故障得以排除。

故障提示:该机出现电控喷油器连续损坏故障的原因是安装高压油管时用力过度所致。因此,在安装电控喷油器高压油管时,应根据喷油器拆卸要求进行,并按技术要求紧固即可,绝不能使用蛮力,认为越紧越好。

六、电控柴油机共轨系统喷油器修正码匹配

电控柴油机最大的优势在于对喷油量及喷油规律的控制自由度大,可以根据不同的工况点要求,精确控制喷油量、喷油时间和喷油规律,从而满足柴油机动力性、经济性及排放

法规的要求。

由于喷油器本身的制造误差,会对喷油量等的控制精度产生影响,为克服这种影响,电控柴油机普遍采用喷油器修正码技术。

在共轨系统中,喷油量取决于共轨压力和喷油器线圈的激励时间。对同一只喷油器而言,当其喷孔数量、喷孔直径及喷油锥角已确定,在相同的共轨压力及激励时间下,喷油量在理论上应是一个定值。但在喷油器的批量生产过程中,喷油器本身的制造误差不可避免,如喷孔直径、量孔大小、电磁阀开启时需要克服的阻力等参数,在各喷油器之间都存在一定的差异。若不对上述喷油器的差异进行修正,ECU 对喷油器的精确控制就会受到限制。喷油器修正码的输入过程如图 5-26 所示。

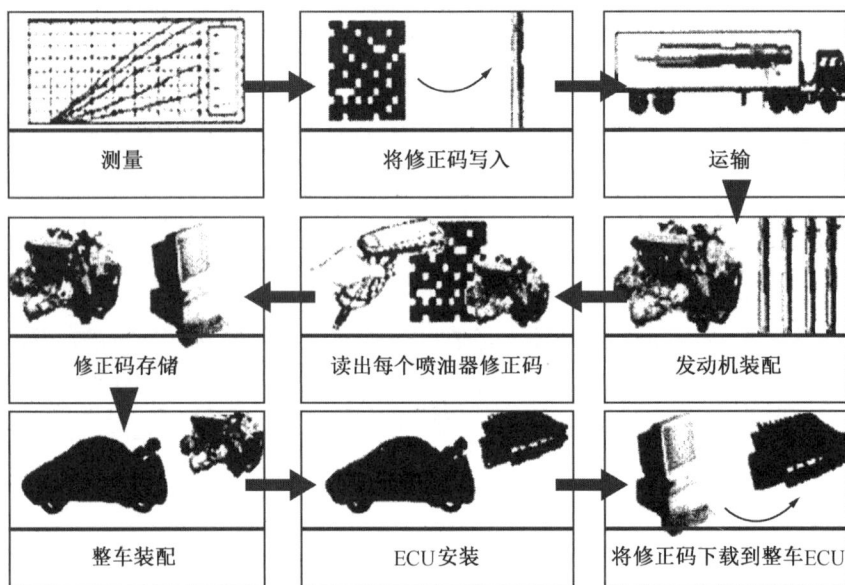

图 5-26　喷油器修正码的输入过程

(一)Bosch 共轨喷油量修正码 IQA

IQA 的功能在于修正共轨系统中不同喷油器之间的差异,从而使油量—喷油时间 MAP 更加完善。该功能的输入是 ECU 的修正值,这些修正值描绘了每只喷油器与标准喷油器之间的差别,这种差别以代码的形式印在每只喷油器的顶部(见图 5-27)。在柴油机下线以前,各缸喷油器的调整值将被刷写到 ECU 中。

喷油量修正用于对单个喷油器依据工作点进行油量修正,基于这个目的每个喷油器的四个调整值被存储在 ECU EEPROM 中:排放相关的油量范围;全负荷油量范围;怠速油量范围;预喷射油量范围。Bosch 共轨系统喷油量修正码如图 5-28 所示。

(二)Delphi 共轨喷油器修正码 IQA

玉柴 4F、4W 电控共轨柴油机的 Delphi 共轨喷油器修正码(20 位代码)直接标注在喷油器上(见图 5-29)。

(三)Denso 共轨喷油器修正码 Denso(电装)

喷油器修正码有机读和人工输入两种输入方式,人工输入代码共 30 位,上柴 SCSDK 电

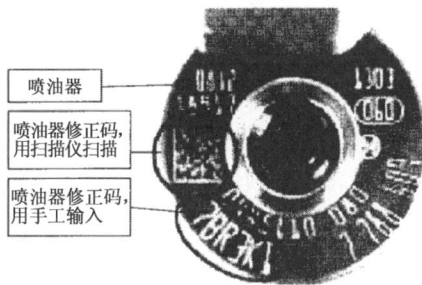

图 5-27　Bosch 共轨系统喷油器修正码

图 5-28　Bosch 共轨系统喷油量修正码

图 5-29　玉柴 4F、4W 电控共轨柴油机的 Delphi 共轨喷油器修正码

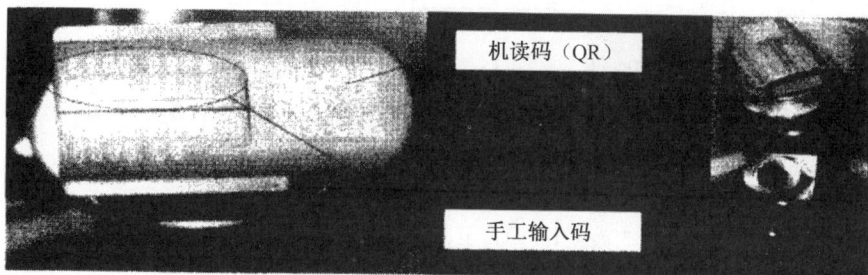

图 5-30　Denso 共轨喷油器修正码

控共轨柴油机 Denso 喷油器修正码如图 5-30 所示。电装机读 QR 码包含下列信息：电装零件号、配件厂零件号、生产号、机型号、喷油修正量等。

七、高压共轨柴油机 SCR 系统检测与修复(以康明斯 ISG 发动机为例)

(一)康明斯 ISG 发动机简介

ISG 发动机是由福田康明斯生产的一款新型柴油机。它采用顶置式凸轮轴、齿轮室后置、每缸三气门设计。其配备的超高压共轨喷射系统,喷油压力高达 180 MPa。该平台下有 10.5 L 和 11.8 L 两个排量,目前主要生产国Ⅳ产品,主要型谱见表5-6。

表 5-6 ISG 系列发动机型谱

款型	发动机型号	功率/kW(hp)1 900 r/min	峰值转矩/N·m	排放标准
ISG11	ISGe4　310	228(310)	1 400@1 000	国Ⅳ
	ISGe4　330	243(330)	1 700@1 000	国Ⅳ
	ISGe4　350	257(350)	1 800@1 000	国Ⅳ
ISG12	ISGe4　380	279(380)	2 000@1 000	国Ⅳ
	ISGe4　400	294(400)	2 100@1 000	国Ⅳ
	ISGe4　430	316(430)	2 200@1 000	国Ⅳ
	ISGe4　460	331(460)	2 300@1 100	国Ⅳ
	ISGe4　490	360(490)	2 300@1 100	国Ⅳ

(二)康明斯 ISG 发动机 SCR 系统组成

康明斯 ISG 发动机 SCR 系统为气助式(即系统工作时有压缩空气参与),系统组成如图 5-31 所示。

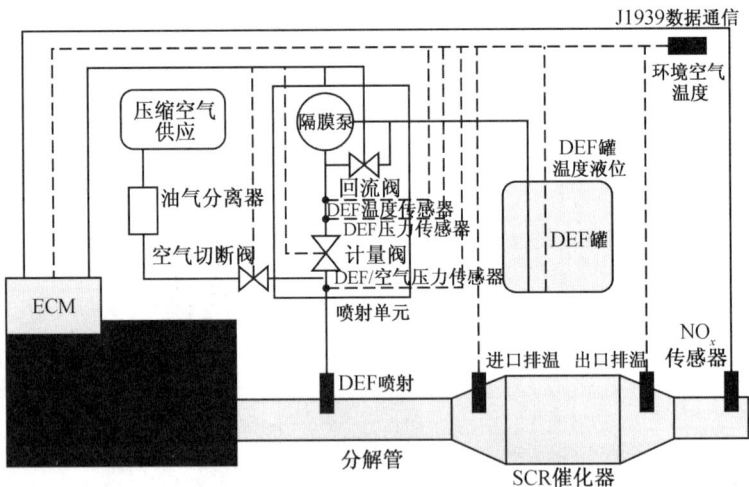

图 5-31 ISG 发动机 SCR 系统组成

1. 尿素喷射单元

如图 5-32 所示,DEF(尿素在美国被称为 DEF,即柴油机排气处理液)喷射单元主要包含以下部件:隔膜泵、回流阀、计量阀、空气切断阀、尿素压力传感器、尿素/空气压力传感器、尿素温度传感器。其中隔膜泵负责为尿素建压;回流阀在系统排空时动作,打开回流通道,完成系统排空;空气切断阀在系统工作时打开,控制压缩空气进入;计量阀控制尿素喷射量。尿素压力传感器和尿素/空气压力传感器负责监测系统工作情况,当压力异常时电子控制模块(ECM)会存储相应故障码。尿素温度传感器为 ECU 提供尿素泵内尿素温度信号,用于加热控制。

图 5-32　尿素喷射单元的内部结构

1—空气切断阀;2—尿素空气压力传感器;3—单向阀;4—计量阀;5—泵电动机;6—尿素压力传感器;7—尿素温度传感器;8—滤芯;9—回流阀;10—导线插头;11—冷却液出口;12—尿素/空气出口(去喷嘴);13—冷却液进口

2. SCR 处理器

如图 5-33 所示,SCR 处理器可分为三个部分:扩散区、催化器砖和消声部分。其中扩散区使尿素水解后生成的氨(NH_3)充分扩散,为下一步还原反应做准备;催化器砖为多孔陶瓷体,其表面的特殊金属涂层为催化剂,还原反应在此区域完成;处理器的末端为消声部分。

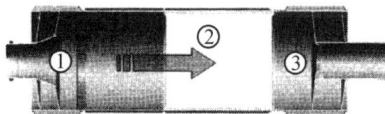

图 5-33　SCR 处理器结构

1—扩散区;2—催化器砖;3—消声部分

3. 尿素喷嘴

尿素喷嘴(如图 5-34)上共有四个喷孔,负责将计量阀供应的尿素喷入废气中。喷嘴外壳上有定位销,这保证了喷射方向与废气气流方向一致。

图 5-34　尿素喷嘴

4. 尿素箱

ISG 发动机的尿素箱可以与尿素泵集成为一体,如图 5-35 所示,这种设计可使系统简化,系统不再需要对尿素管路进行加热,省去了电加热系统,通过水加热可以实现尿素泵、尿素箱同时加热。

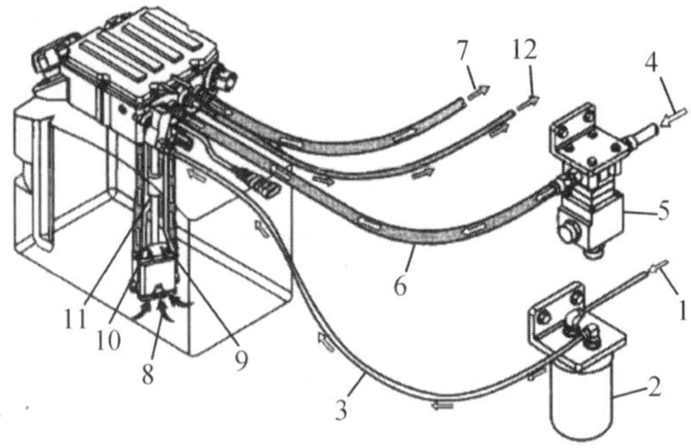

图 5-35　尿素箱、尿素泵集成安装

1—来自储气筒的压缩空气；2—油气分离器；3—尿素泵供气管；4—来自机体的供水管；5—尿素罐加热电磁阀；6—尿素箱进水管；7—尿素箱出水管；8—尿素；9—吸液管；10—尿素罐内滤清器；11—液位浮子；12—尿素管（至喷嘴）

（三）康明斯 ISG 发动机 SCR 系统工作原理

在正常的工作情况下，系统工作过程可分为初始化、预注、计量喷射、排空四个阶段。

1. 初始化阶段

发动机点火开关打开但不启动发动机，系统初始化并自检。

2. 预注阶段

SCR 系统温度满足以下要求：罐内温度高于$-7\ ℃$；喷射单元温度高于$5\ ℃$。如果温度过低，系统首先开始解冻。开始解冻温度：环境温度低于$-7\ ℃$；尿素罐内温度低于$-7\ ℃$；喷射单元内温度低于$7\ ℃$。

（1）温度条件满足后，以下条件至少满足其一，系统开始预注：

①发动机运转超过 120 s。

②催化器进口排气温度超过$150\ ℃$。

（2）预注分为快速排空和系统建压两个阶段。

①快速排空

排空过程如图 5-36 所示。空气切断阀、计量阀和回流阀均通电打开。压缩空气将流经以下两条通路：

通路 1：压缩空气流经混合室，最终自尿素喷嘴流出。

通路 2：经混合室、计量阀、滤芯、回流阀，自尿素吸液管流出。

快速排空过程大约持续 10 s 以上，目的是排除管路内的杂物。快速排空完成后关闭空气切断阀。

②系统建压

发动机启动后，在第一次预注过程中，隔膜泵将把尿素的压力提高至$560\sim570\ kPa$。在之后的正常运转中，尿素的压力将保持在 500 kPa。如果建压成功，空气切断阀自动打开，喷嘴向排气管内喷入空气；隔膜泵电动机进入待机状态，此时进入准备喷射阶段。整个预注阶段大约持续 2 min。如果建压失败，将会报出 1682 故障码。

3. 计量喷射阶段

在计量喷射阶段，空气压力被控制在 400 Pa 左右。喷入空气可将尿素（尿素水溶液）带入排气系统，辅助雾化；还可冷却喷嘴及防止喷嘴堵塞。计量阀不停地开/闭，将尿素喷入

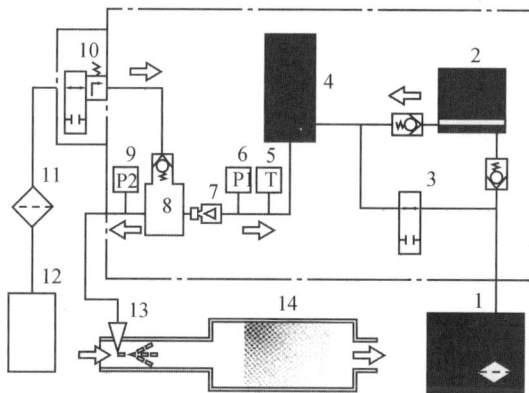

图 5-36 SCR 系统排空过程

1—尿素箱;2—隔膜泵;3—回流阀;4—滤清器;5—尿素温度传感器;6—尿素压力传感器;
7—计量阀;8—混合室;9—尿素空气混合物压力传感器;10—空气切断阀;11—油气分离
器;12—储气筒;13—喷嘴;14—后处理器

混合室。尿素和空气在混合室混合,最终由喷嘴喷出。隔膜泵持续运转并将尿素压力维持在 500 kPa,如图 5-37 所示。

计量喷射阶段是否计量喷射取决于氮氧化物的产生量和相应的排气温度。在催化器进口排气温度达到 210 ℃之前,喷射单元不会喷射尿素到排气系统中。但是空气会一直通过喷射单元、喷嘴流入到排气系统中。

喷入尿素的条件:

(1)催化器进口排温高于 220 ℃,进、出口两个排温传感器的平均温度也高于 210 ℃。

(2)没有某些现行的 SCR 系统故障码(一些 SCR 故障可使系统关闭)。

(3)尿素罐液位高于 0%。

(4)空气压力高于 300 kPa,尿素压力高于 480 kPa。

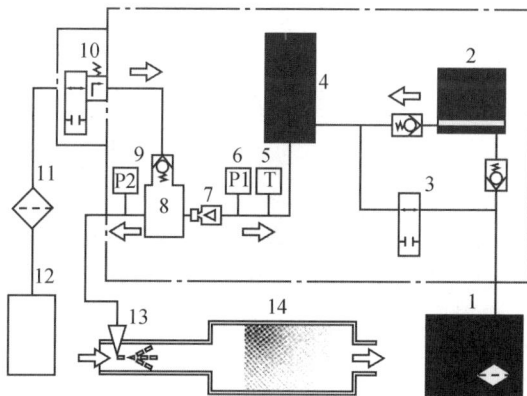

图 5-37 计量喷射阶段

1—尿素箱;2—隔膜泵;3—回流阀;4—滤清器;5—尿素温度传感器;6—尿素压力传感器;7—计量阀;
8—混合室;9—尿素空气混合物压力传感器;10—空气切断阀;11—油气分离器;12—储气筒;13—喷嘴;
14—后处理器

4.排空阶段

当点火开关关闭,系统自动进入排空阶段,如图 5-38 所示。

排空的最初阶段,与预注阶段的快速排空基本相同,空气切断阀、回流阀、计量阀通电,空气吹扫喷嘴和尿素箱内吸液管。在排空的最后阶段,泵电动机运转,将残留在隔膜泵中的尿素排出。排空阶段持续 30 s 后,系统停止工作。为保证排空顺利完成,不得在车辆熄火后 30 s 内切断常电源(如切断电源总开关、拆卸蓄电池等)。

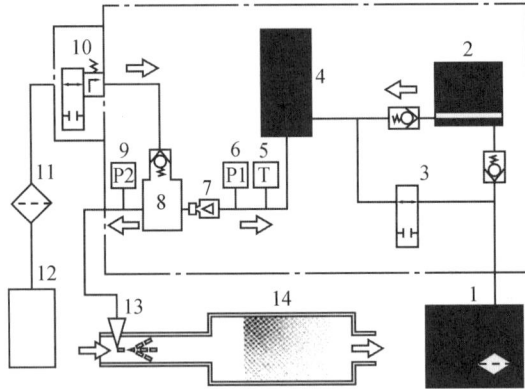

图 5-38　排空阶段

1—尿素箱;2—隔膜泵;3—回流阀;4—滤清器;5—尿素温度传感器;6—尿素压力传感器;7—计量阀;8—混合室;9—尿素空气混合物压力传感器;10—空气切断阀;11—油气分离器;12—储气筒;13—喷嘴;14—后处理器

(四)康明斯 ISG 发动机电控系统

ISG 发动机电控系统组成如图 5-39～图 5-41 所示。

1.控制单元

电子控制模块(ECM)是系统的控制中心,它的主要功能是通过对所有的输入信息进行处理,然后向燃油系统、SCR 系统发出指令,完成燃油喷射控制和尿素喷射控制、SCR 系统加热控制等。ECM 还有其他辅助控制功能,如巡航控制、发动机制动控制、启动控制、预热控制等。ECM 对大多数电路具有诊断功能,如果发现某个电路有故障,ECM 就会存储一个故障码。现行故障码会触发故障指示灯点亮,通知驾驶员维修。ECM 还可以通过 SAE J 1939 数据通信线与车辆上的其他控制器进行通信。

ISG 发动机 CM2880 电控系统 ECM 共有两个插接器与外部相连接,如图 5-42 所示。一个 94 针 OEM 插接器与主机厂的整车线束相连接,另一个 60 针插接器与发动机传感器和执行器相连接。

2.电控燃油喷射系统

(1)曲轴转速/位置传感器

如图 5-43 所示,它是一个霍尔效应传感器。其作用是为 ECM 提供曲轴转速、位置信号,以便实现喷油控制。当凸轮轴转速/位置传感器发生故障时,ECM 使用此传感器提供的发动机位置信号确定正时。

(2)凸轮轴转速/位置传感器

如图 5-44 所示,它是一个霍尔效应传感器,安装在缸盖前端。其作用是为 ECM 提供判

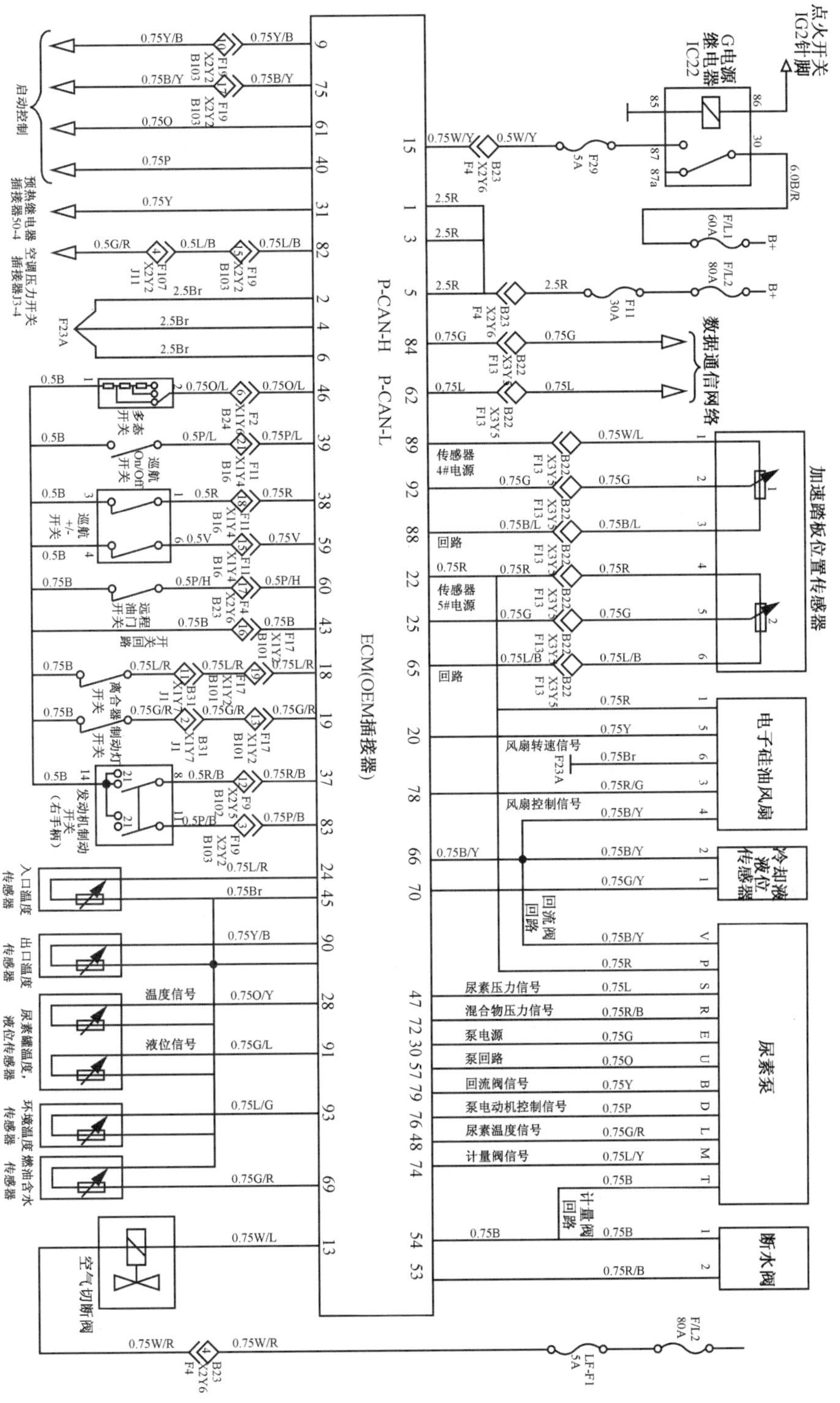

图 5-39　康明斯 ISG 发动机电控系统（OEM 部分）

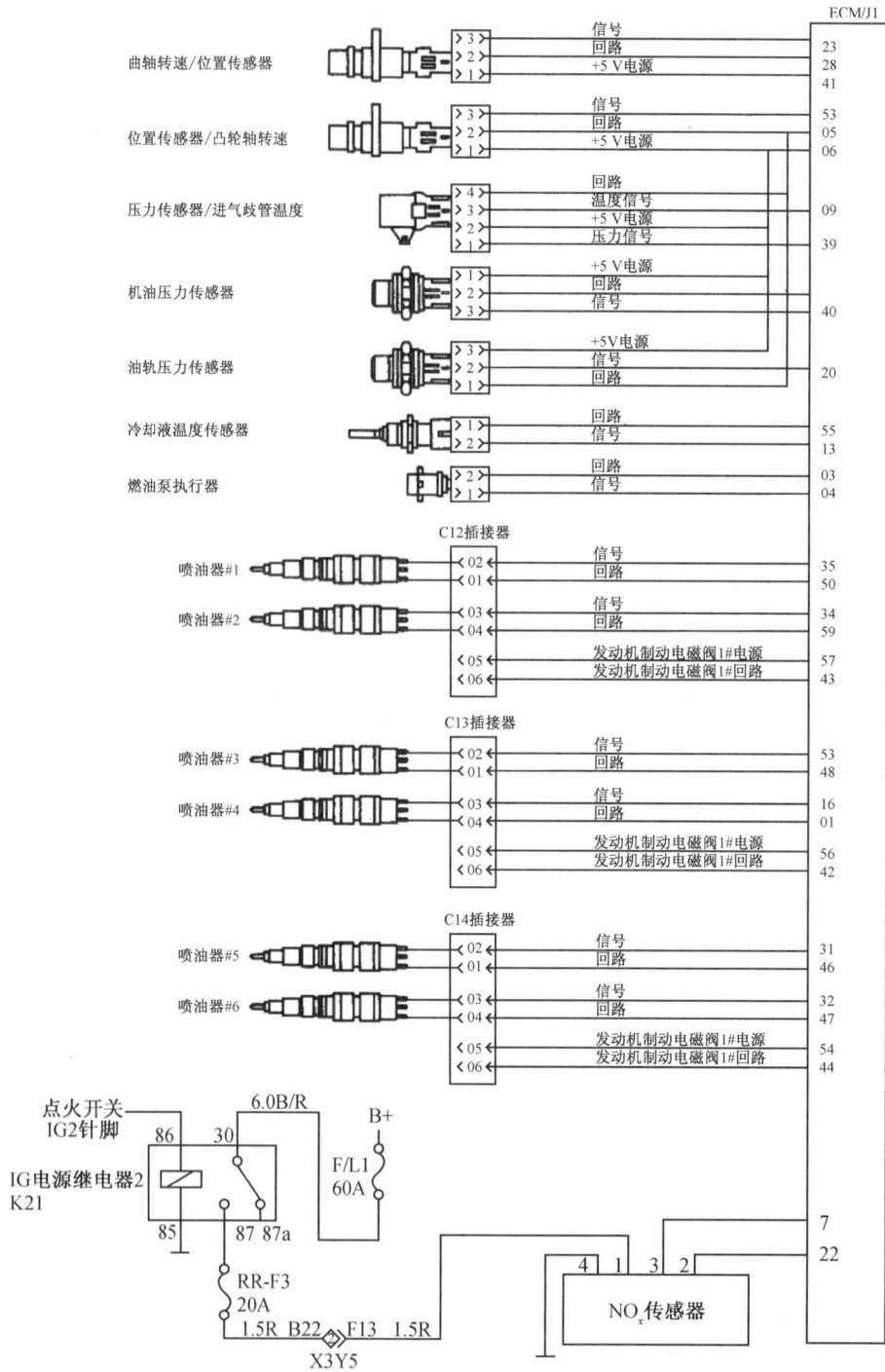

图 5-40　康明斯 ISG 发动机电控系统(发动机部分)

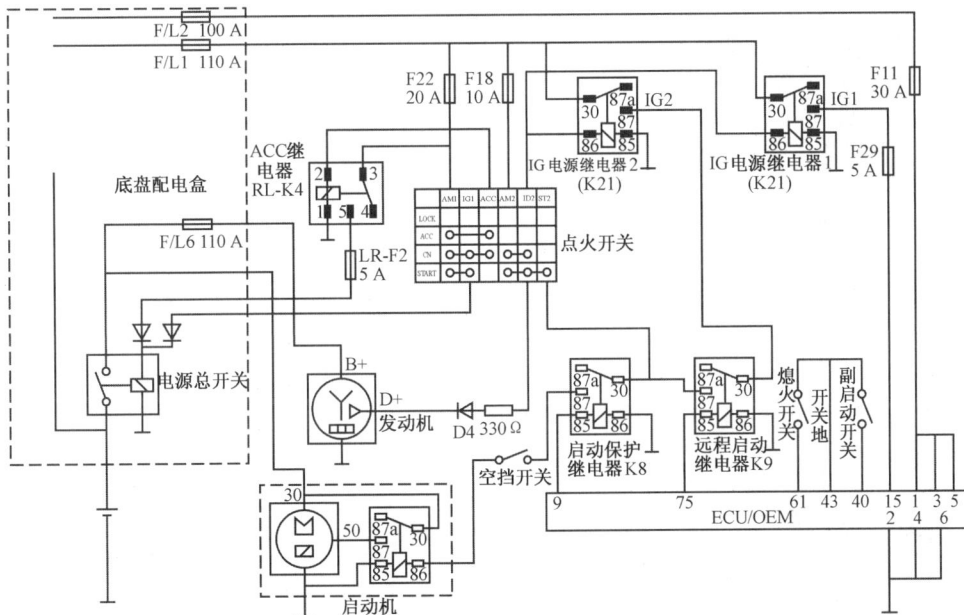

图 5-41 康明斯 ISG 发动机电控系统(启动控制电路-欧曼 GTL 超能版牵引车)

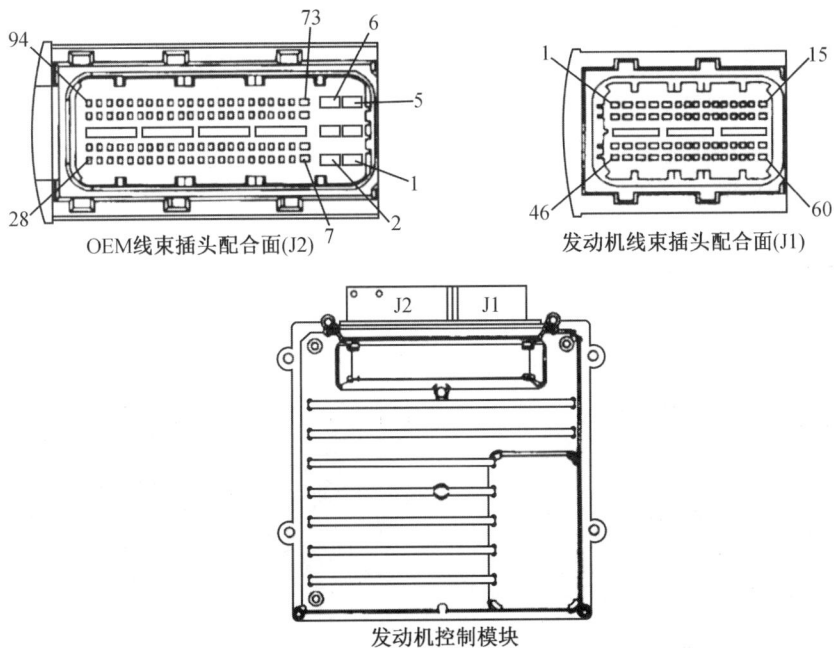

OEM线束插头配合面(J2)

发动机线束插头配合面(J1)

发动机控制模块

图 5-42 ECM 插接器

缸信号。

(3)进气歧管温度/压力传感器

如图 5-45 所示,它是一个组合式传感器,位于发动机进气管接头上,用于测量进气歧管压力和进气温度。压力和温度信号用于喷油量控制和发动机保护。

图 5-43　曲轴转速/位置传感器

图 5-44　凸轮轴转速/位置传感器

（4）燃油油轨压力传感器

如图 5-46 所示，燃油油轨压力传感器安装在高压燃油油轨上，用于监测燃油油轨实际压力，与燃油泵执行器一起实现轨压闭环控制。ECM 无法收到此传感器的信号时，会控制燃油泵执行器在一个合适的开度，保持一定的燃油油轨压力，使发动机能继续运转。

图 5-45　进气歧管温度/压力传感器

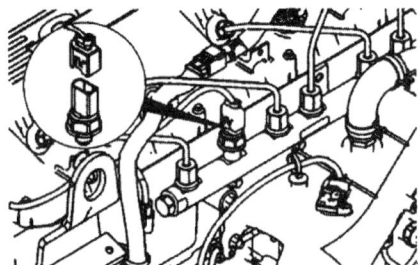

图 5-46　燃油油轨压力传感器

（5）冷却液温度传感器

如图 5-47 所示，冷却液温度传感器安装在节温器壳体上，用于测量发动机的冷却液温度。冷却液温度信号用于发动机保护和冷启动时的喷油控制。

（6）机油压力传感器

如图 5-48 所示，机油压力传感器位于发动机左侧缸体上，用于检测发动机的机油压力。机油压力信号用于发动机保护。

图 5-47　冷却液温度传感器

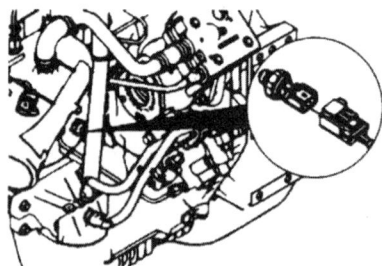

图 5-48　机油压力传感器

（7）机油温度传感器

机油温度传感器位于发动机左侧空气压缩机背面，用于检测主油道的机油温度。机油温度信号用于发动机保护。

（8）大气压力传感器

大气压力传感器集成在 ECM 内部,用于监测大气压力。此信号用于高海拔环境下的涡轮增压器超速保护。高海拔环境下,通过减少全负荷喷油量,以降低涡轮增压器的转速。

（9）燃油泵执行器

如图 5-49 所示,燃油泵执行器安装在燃油泵进油通道上。根据 ECM 的指令改变开度,将实际油轨的压力控制在设定范围内。燃油泵执行器开度与其通电电流成反比。燃油泵执行器是常开阀(断电打开、通电关闭),当线路开路故障时,常开的特性可使发动机仍能运行。

图 5-49　燃油泵执行器

①喷油器

ECM 通过驱动喷油器电磁阀,控制发动机的喷油正时和喷油量。电子控制的喷油器(图 5-50)可以更精确地控制燃油喷射过程,并且可以进行多次喷射。

图 5-50　喷油器

②加速踏板位置传感器

加速踏板位置传感器由两个位置传感器组成。1 号加速踏板位置传感器信号电压是 2 号加速踏板位置传感器信号电压的 2 倍。主传感器失效时,ECM 依据备用传感器信号确定加速踏板位置。

③燃油含水传感器

安装在吸入侧滤清器的底部,信号用于发动机保护。当滤清器中的水积累量达到一定程度时,ECM 会报警。

④冷却液液位传感器

冷却液液位传感器一般安装于膨胀罐上。当冷却液液位低于下限值时,触发发动机保护。

3. SCR 电控系统

SCR 电控系统组成如图 5-51 所示。系统工作时 ECM 依据发动机工况信息计算尿素喷射量。ECM 还根据各温度传感器信号来控制断水阀工作。如果 ECM 判定系统需要进行加热,就为断水阀通电,打通尿素箱的循环水路,实现为系统加热。NO_x 传感器负责监测后处理出口 NO_x 的浓度,然后将浓度信号通过 CAN 总线传送给 ECM。OBD 排放法规要求,如果 NO_x 浓度≥5 g/(kW·h),ECM 要点亮 OBD 故障灯(同时激活 2772 故障码),提醒驾驶员维修;如果 NO_x 浓度≥7 g/(kW·h),ECM 在点亮 OBD 故障灯的同时,要激活转矩限制器(同时激活 2773 故障码)。

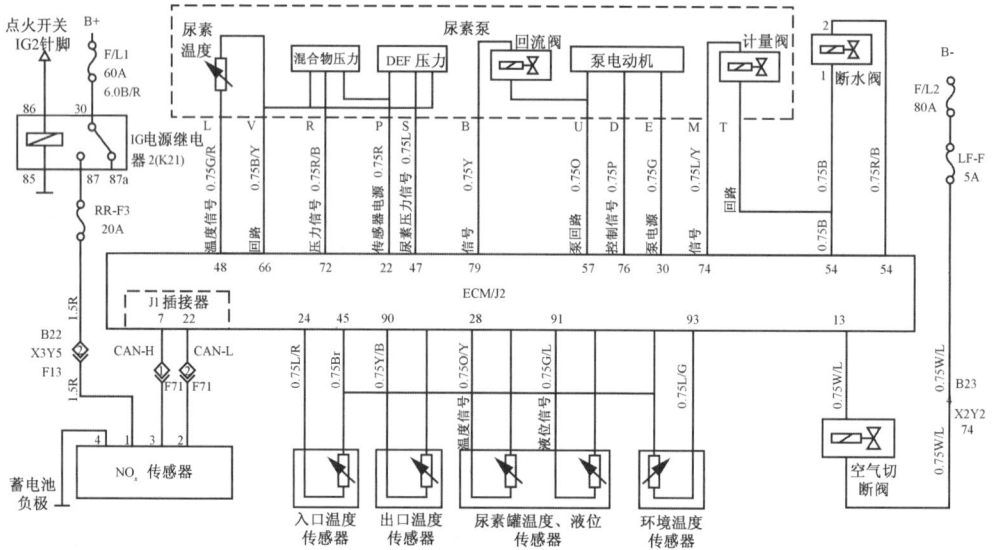

图 5-51 ISG 发动机 SCR 电控系统

(五)康明斯 ISG 发动机 SCR 系统测试

1. 喷射单元超控测试

此项测试是借助专用的诊断软件来直接控制 SCR 喷射单元进入预注、喷射、净化、排空工作阶段,以检查系统工作是否正常。拆下尿素喷嘴,置于一个透明的塑料容器中(见图 5-52)。

打开 INSITE 服务软件进入 ECM 诊断测试,运转发动机,执行喷射单元超控测试。检查尿素喷射雾化情况,不应有偏斜、滴漏等现象。测试运行 6 min,喷射量 95～105 mL 为合格。如果喷射量不足,检查尿素喷嘴及管路是否堵塞;如果喷射量过大,应检查或更换尿素泵。

2. 喷射单元冲洗

该步骤用于冲洗喷射单元空气回路中残留的尿素。尿素残留会诱发 4239(尿素空气混合物压力过高)等相关故障。

冲洗方法:如图 5-53 所示,断开喷射单元供气管路,将充满 40 ℃的蒸馏水专用塑料软

图 5-52 检查喷嘴喷射

管串接于供气管路和喷射单元供气接头之间。拆下尿素喷嘴置于透明的塑料量杯之中。

连接 INSITE 服务软件。在 ECM 诊断测试中，执行喷射泵空气电磁阀"咔嗒"测试，使空气驱动塑料软管中温水流过喷射单元、尿素喷嘴供应管及尿素喷嘴。温水的冲刷会溶解管路中结晶的尿素。冲洗时要检查空气是否流过喷嘴的全部四个喷孔。

也可以用充满温水的注射器连接到尿素喷射单元供气接口上来进行冲洗。

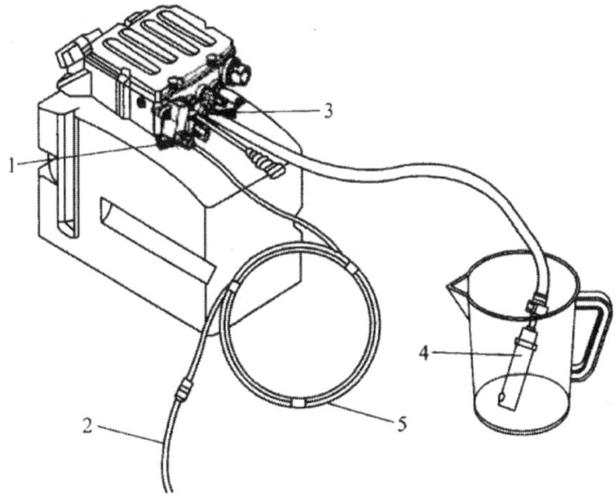

图 5-53 喷射单元冲洗示意图

1—供气端口；2—车辆供气；3—尿素泵混合物出口；4—喷嘴；5—充满温水的软管

(六)康明斯 ISG 发动机 SCR 系统故障

1.4239 故障

（1）故障描述

SCR 喷射空气辅助绝对压力—数据有效但高于正常工作范围—中等严重级别。喷射单元中检测到高喷射空气辅助压力。现行故障会使发动机转矩降低。

（2）故障原因

①处理喷嘴堵塞。

②气压调节器故障。

③SCR 喷射空气辅助阀故障。

④SCR 喷射空气辅助压力传感器故障。

（3）故障诊断与排除

①连接 INSITE 服务软件,进行一个"喷射单元冲洗"作业,注意观察四个喷孔有无堵塞。堵塞的喷嘴清洗无效时应更换。

②执行超控测试,系统进入喷射阶段后,通过数据流监测混合物压力,标准值为 320 ~ 410 kPa。压力高于规范值应检查空气切断阀、混合物压力传感器或更换喷射单元。

（4）4239 故障案例

故障描述:

服务站信息反馈车辆发动机故障灯、OBD 故障灯常亮,请求技术支援。

车辆基本信息:

①车辆型号:BJ4259 sNFKB-XG。

②发动机型号:ISGe4-380。

故障诊断与排除:

①INSITE 诊断软件接入车辆诊断接口,检测出故障码 4239(如图 5-54)。

②进一步检查发现至尿素喷嘴的尿素管路结晶堵塞。

③用温水对尿素管和喷嘴进行清洗后,进行喷射单元超控测试,故障排除。

故障代码	状态	计数	指示灯	名称
	故障参数	第一	最后	单位
▧CM2880	ECM 时间（钥匙开关接通时间）	51:34:25		HH:MM:SS
	发动机小时数	28:44:50		HH:MM:SS
	切断	297		
▣❷ 4239	现行	1	淡黄色	后处理1 SCR喷射空气辅助绝对压力-数据有效但高于正常工作范围-中等严重级别
▣❷ 0272	非现行	1	淡黄色	发动机燃油泵增压总成1电路-电压高于正常值或对高压电源短路
▣❷ 2771	非现行	1	淡黄色	后处理1出口氧化物传感器-更新速率异常
▣❷ 3558	非现行	1	淡黄色	后处理1柴油机排气处理液喷射单元-电压高于正常值或对高压电源短路

图 5-54　INSITE 读取的故障码

2. 4238 故障

（1）故障描述

SCR 喷射空气辅助绝对压力—数据有效但低于正常工作范围—中等严重级别。喷射单元中检测到低喷射空气辅助压力。现行故障会使发动机转矩降低。

（2）故障原因

①尿素泵至尿素喷嘴间管路漏气。

②供气压力不足、供气管路堵塞。

③空气切断阀故障。

④压力传感器故障。

（3）故障诊断与排除

①接 INSITE 服务软件,执行超控测试,系统进入喷射阶段后,通过数据流监测混合物压力,标准值:320 ~ 410 kPa。压力低于规范值应检查尿素泵至尿素喷嘴间管路有无漏气。必要时要检查喷射单元供气压力是否达到 600 kPa。

②检查更换尿素泵。

③检查空气切断阀触针及相关线路是否断路和短路。

（4）4238 故障案例

故障描述：

欧曼 GTL 超能版车辆，配备 ISGe-430 发动机，运行中发动机故障灯点亮，发动机限制转矩。

故障诊断与排除：

①连接康明斯诊断设备（INSITE）检查，现行故障码为 4238、4177（SCR 喷射空气辅助阀-电压低于正常值或对低压电源短路），其中现行故障码 4177 故障次数为 120 次（图 5-55）。

②如图 5-56 所示，检查空气辅助电磁阀及 ECM 线束插接件，正常，插头无松动及腐蚀现象。检查空气辅助电磁阀信号线（OEM 线束插头 13 号针脚与空气辅助电磁阀 1 号针脚）导通性及绝缘性，电阻为无穷大，信号线断路。检查空气辅助电磁阀电源线（OEM 线束插头 1、3、5 号针脚与空气辅助电磁阀 2 号针脚）导通性，电阻小于 10 Ω，正常。

③测量空气辅助电磁阀信号线的电阻，为无穷大，检查发现导线中间已经开路。

故障代码	状态	计数	指示灯	名称	PID	SID	J1587 FMI	J1939 FMI	SPM
	故障参数	第一	最后	单位					
CM2880	ECM 时间（钥匙开关接通时间）	718:46:50		HH:MM:SS					
	发动机小时数	578:19:01		HH:MM:SS					
	切断	248							
4238	现行	3	淡黄色	后处理 SCR喷射空气辅助绝对压力-数据有效但低于正常工作范围-中等严重级别		1		18	433
4177	现行	120	淡黄色	后处理1 SCR喷射空气辅助阀-电压低于正常值或低压电源短路		4	4		433
1117	非现行	1	无	点火断电-数据不稳定、间断或不正确	251	4		2	359
1673	非现行	1	淡黄色	后处理1 柴油机排气处理液液位-数据有效但低于正常工作范围-最高严重级别		1	1		176
1671	非现行	1	淡黄色	后处理1 柴油机排气处理液液位-数据有效但低于正常工作范围-中等严重级别		1	1		176
3575	非现行	1	淡黄色	后处理1 柴油机排气处理液压力-数据有效但高于正常工作范围-中等严重级别		0		16	433

图 5-55　INSITE 读取的故障码

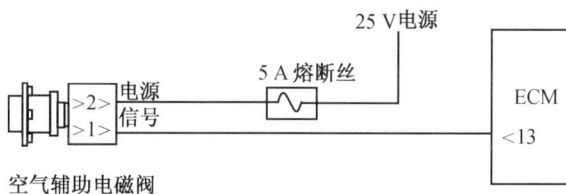

图 5-56　空气辅助电磁阀电路

④对信号线进行维修后，执行后处理喷射单元超控测试后，故障排除。

提示：4238 故障由于 4177 故障所诱发，因此当 4177 故障排除后，只要 ECM 完成故障检测，4238 故障随之变为非现行。

3. 1682 故障

（1）故障描述

后处理柴油机排气处理液喷射单元输入管—状况存在。后处理柴油机排气处理液喷射单元不能充注。现行故障会使发动机转矩降低。

（2）故障原因

①柴油机排气处理液罐中的后处理柴油机排气处理液液位偏低。

②柴油机排气处理液罐滤清器堵塞或阻塞。

③柴油机排气处理液供应管堵塞或阻塞、断裂或冻结。

（3）故障诊断与排除

①检查尿素泵吸液管有无渗漏；检查尿素箱液位是否偏低。

②检查隔膜泵与 ECM 导线连接是否开路、短路。

③将钥匙开关转到 OFF（断开）位置。逆时针旋转尿素喷射单元 1/4 圈，从尿素箱上拆下尿素泵附液位温度传感器总成（见图 5-57）。然后从尿素泵上拆下液位/温度传感器。检查尿素箱内滤清器（见图 5-58）有无堵塞现象，必要时更换。

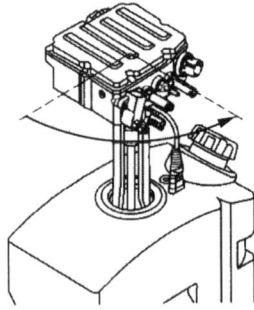

图 5-57　拆卸尿素泵

图 5-58　拆下尿素箱内滤清器

4. 2772、2773 故障

（1）故障描述

2772：后处理出口氮氧化物—数据有效但高于正常工作范围—最低严重级别。发动机氮氧化物排放量高于建议级别。

2773：后处理出口氮氧化物—数据有效但高于正常工作范围—最高严重级别。发动机氮氧化物排放量高于建议级别。

氮氧化物排放超过限值 1 [5 g/(kW·h)] 报出 2772，氮氧化物排放超过限值 2 [7 g/(kW·h)] 报出 2773。2772 和 2773 均由氮氧化物排放超标触发，只是程度不同而已。两个故障均会点亮 OBD 故障灯，不同之处在于 2773 会限制转矩，而 2772 则不限制转矩。

（2）故障原因

①柴油机排气处理液质量不符合技术规范。

②柴油机排气处理液喷射单元和/或柴油机排气处理液管出现外部泄漏。

③柴油含硫量过高，污染了 SCR 催化器并导致高氮氧化物输出。

④后处理喷嘴故障（堵塞）。

⑤尿素泵故障或损坏。

⑥后处理 SCR 催化器损坏或丢失。

（3）故障诊断与排除

①有其他相关 SCR 故障码报出时，应先排除。

②检查后处理 SCR 催化器以及所有附属排气管路有无排气泄漏或损坏。

③使用折射仪检测尿素水溶液浓度，如果为劣质尿素，应清洗尿素箱后更换符合国家标准要求的尿素。

④连接诊断仪，通过数据流检测后处理器出口与进口温度。如果 SCR 系统进入正常喷射阶段后两温度值相同，则说明催化器损坏或缺失。

⑤执行喷射单元超控测试，如果 6 min 喷射量不达标，应检查喷嘴是否堵塞，必要时用 40 ℃温水清洗；检查尿素泵，必要时换新件。

⑥拆下入口排气温度传感器，安装压力表测量排气背压，排气阻力最大值为 113 mmHg（15 kPa），如果背压过高应查明原因或更换后处理 SCR 催化器。

确认 2772 或 2773 故障原因并进行有效维修后，现行故障并不会立即变为非现行故障，而需要一个特定的行车循环，ECM 完成多个工况点数据采集后，方能对氮氧化物排放是否超标做出判断。为了使 ECM 尽快完成监测，INSITE 软件提供的 ECM 诊断测试/高 NO_x 复位功能能够为尽快完成监测提供帮助。连接 INSITE 软件，在车辆运行条件下执行高 NO_x 复位，驾驶员按照界面提示驾驶（改变发动机转速和负荷），可以有效缩短监测时间，使故障变为非现行故障并使发动机转矩恢复。

任务 3　电控高压共轨式柴油机常见故障的诊断与排除

一、电控高压共轨式柴油机故障诊断的一般原则

（1）首先要细心聆听操作员的描述，了解故障发生时的一些客观因素，如了解是在什么情况下会发生故障、发生故障的频率、发生故障时发动机工作的一些现象（包括声音、振动、动力性、油耗、烟度情况等）；并了解之前都曾进行过哪些检测、维修等。

（2）根据了解到的现象，从电控柴油机工作原理入手，分析可能出现这些故障的各种因素，初步判断故障模式和故障部位。

（3）利用诊断软件，获取发动机的各种参数，包括是否出现故障码、各个开关值，各个传感器的电压值和发动机运行数据（如转速、水温、油温、油压、进气温度和压力等），并根据参考资料和维修经验，判断这些参数是否正常，是否符合标准值。

（4）利用万用表、示波器、线束检查盒等工具对各 NE、G、PCV、TWV 等的信号，以及各传感器的电阻值和线束通断等情况进行检查。

（5）诊断维修时应遵循由简到复杂、先外围部件再内部零件的顺序进行。不能够刚开始就直接进行那些复杂的检查，如拆缸盖、调变速箱飞轮壳之类的。

（6）进行故障分析时应采取按系统分段、逐段检查的原则，如柴油机无法启动，可以分

为进排气系统、电路系统、油路系统、柴油机本体等几段,再根据实际情况逐段进行分析。

电控柴油机除了会出现与传统柴油机相同的机械故障外,还会出现因电路系统、控制系统因素导致的软性故障。因此,对于电控柴油机而言,除了机械故障(如拉缸、烧瓦抱轴等)可以直接凭经验判断外,很多软性故障(如 ECU 故障、电路故障等)是不能凭经验解决问题的。这需要使用故障诊断仪器检测故障,并根据故障码找出故障原因后加以排除。因此,在排除电控柴油机故障时,诊断仪和故障码就显得非常重要。没有这两样东西,有时会寸步难行。但是,在某些情况下,柴油机出现故障后,并无故障码显示,这就需要维修人员凭经验或采取其他方法诊断和排除故障。

目前,国内生产的国Ⅲ(电控)柴油机绝大部分是在国Ⅱ柴油机的基础上,进行了必要的改进并加装了电控燃油喷射系统而发展起来的,因此,国Ⅱ柴油机的部分诊断方法,如柴油机故障诊断的五种方法(经验判断法、故障类比法、现场观察法、仪器检查法、换位思考法)依然可以继续使用。

对于电控柴油机的机械类故障,可以完全按照上述故障诊断方法进行诊断和排除。对于电控燃油喷射系统,必须掌握下列故障诊断方法。

二、电控高压共轨式柴油机故障诊断的一般方法

(一)观察法

通过观察柴油机的排烟等故障特征判断故障情况。

(二)听诊法

根据柴油机异常声音凭听觉判断故障部位性质及程度。

(三)断缸法

停止某缸工作,以判断故障是否出现在该缸。断缸法一般是向怀疑出现故障的气缸停止供油,比较断缸前后柴油机状态的变化,为进一步查找故障部位或原因缩小范围。

(四)比较法

对某些总成或零部件,采用更换的办法确定是否存在故障。

(五)故障诊断灯

当车辆出现故障时,可以通过整车仪表盘上的闪码灯读出闪码,参照闪码表初步判断故障原因。

(1)车辆故障诊断开关和闪码灯位置如图5-59所示。

(2)闪码读取操作说明如下。

①点火钥匙开关处于接通位置。

②按下松开故障诊断请求开关。

③闪码灯将报出闪码。

④每一次操作只闪烁一个闪码,直至循环至第一个为止。

⑤闪码由三位组成。闪码读取方法如图5-60所示。

闪码闪烁时间和间隔时间可以由柴油机厂自行定义。

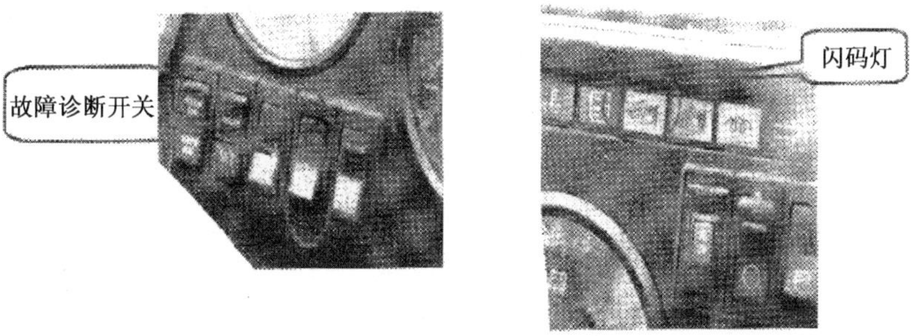

图 5-59　故障诊断开关和闪码灯位置

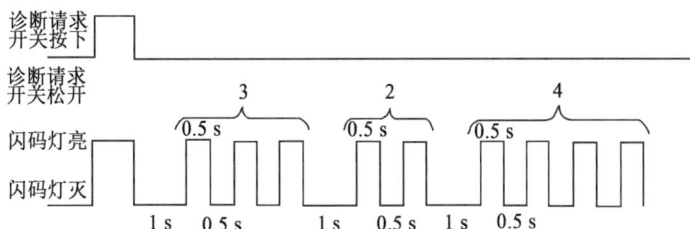

图 5-60　闪码读取方法

（六）专用诊断仪诊断

利用专用诊断仪读取故障码，当电控系统出现故障码时，则说明电控系统存在一定的故障，进行电路和控制系统的故障排查时，通常进行下列五个方面的基本检查。

1. 元件功能检查

由于电路元件的多样性，元件的功能检查需要根据实际的元件采取不同的方法。如温度传感器可采取测量其电阻的办法；压力传感器需要专用的测试导线在其工作时测量其输出的信号电压；对电磁阀可以通过诊断仪测试。

2. 供电电源的检查

正确的电源供应是电子控制系统元件正常工作的必备前提。没有电源供应或者错误的电源供应都会导致系统不能工作或工作异常。在整个控制系统中，ECU 由蓄电池供电，其他大部分元件由 ECU 提供工作电源。常见的电源故障包括由于插头损坏等造成的电路虚接，熔断丝熔断和错误的接线等。

3. 导通性检查

导通性检查是电子控制系统最常用的检查项目。导通性检查是测量两点之间的电阻值，用于确认这两点之间是否导通。对导通性的要求是两点之间的电阻值小于 10 Ω。

4. 对搭铁短路检查

对搭铁短路是指电路上的某点按电路设计要求不应该搭铁而实际电路已经搭铁的故障。火线对搭铁短路会引起熔断丝熔断等故障。

5. 线与线短路检查

与对搭铁短路检查相似，线与线之间短路是指两点之间按照电路设计的要求不应该导通而实际却导通的故障。两点之间开路的要求是两点之间的电阻大于 100 k Ω。

（七）特别说明

（1）判断柴油机故障形成的原因是一项很细致的工作，在未基本弄清原因之前，对柴油机不得乱拆乱卸，否则不仅不能消除故障，反而会因拆卸后装配不当造成更严重的故障。

（2）对高压油泵、增压器等关键零部件，维修检查不仅要有专用的仪器设备，还需要具有一定经验的人员，因此没有经验和条件的操作者不要对其随意进行拆卸调整。

（3）对于电控柴油机的故障检测，不能随心所欲地对线束插接件、各传感器的插接件等拔出和插入，也不能使用测试仪器随意测量插接件引脚。

三、故障闪码的确认方法

（1）将点火开关由"OFF"旋转到"ON"位置，不要启动柴油机。这时驾驶室仪表盘上的故障指示灯应点亮（见图5-61）。

（2）电控系统进行自检，如果电控系统无当前故障和历史故障，柴油机故障指示灯常亮而不闪烁，可正常启动柴油机。

（3）如果电控系统发现系统存在当前故障或历史故障，柴油机故障指示灯不断闪烁，这时打开故障诊断开关，故障指示灯就以闪码的形式显示。

驾驶者必须排除当前的故障，如果是历史故障，驾驶者必须确认故障已经排除，才可以正常启动柴油机。

（4）柴油机无故障，正常启动后，故障指示灯应熄灭。

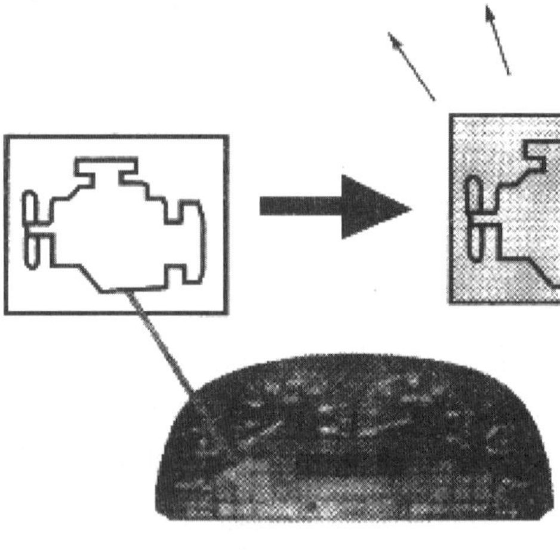

图 5-61　故障指示灯位置

四、电控高压共轨式柴油机故障码的说明

（一）自诊断功能

电控单元（ECU）具有故障自诊断的功能，一旦 ECU 检测出电控系统故障，系统将产生对应的故障码并存入内存；依照故障的严重等级，自动进入不同的失效保护策略；大多数情况下，失效保护策略仍能保持柴油机以降低功率的方式继续工作；少数极其严重的故障，失效策略会停止喷油。

（二）故障码读取

（1）通过故障检测仪读取。

（2）通过柴油机故障灯的闪码读取。

（三）故障码清除

（1）对故障维修后，通过诊断请求开关清除 ECU 历史记录。

（2）如果驾驶者无法排除故障，请尽快通知专业人员进行检测。

（四）故障码含义

以故障码 P0112（进气温度传感器信号故障）为例（按照 SAE 规范）说明，如图 5-62 所示。

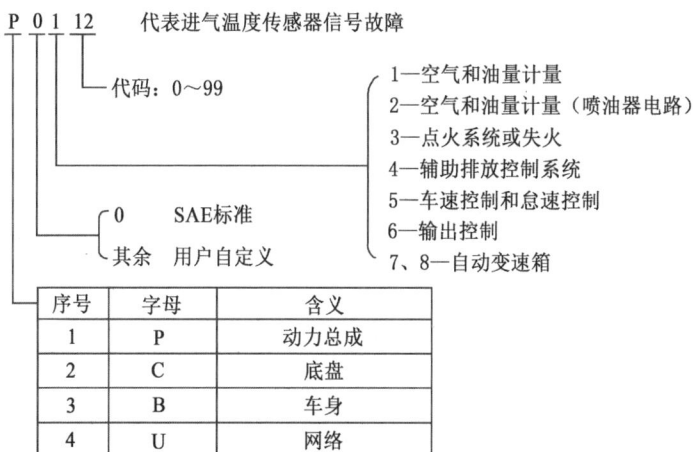

序号	字母	含义
1	P	动力总成
2	C	底盘
3	B	车身
4	U	网络

图 5-62　故障码及其含义

（五）故障码说明

同一电控系统应用于不同的品牌柴油机时，一般而言，柴油机部分的故障码是可能通用的或至少是可以参考的。但与设备有关联部分的故障码不一定具有通用性。因此，在维修过程中，尽可能使用原厂的故障码诊断和排除故障，避免出现不必要的错误。

五、电控高压共轨式柴油机的故障码及含义

以玉柴 Bosch 共轨系统柴油机为例，其故障码及含义见表 5-7。

表 5-7　玉柴 Bosch 共轨系统柴油机的故障码及含义

序号	故障代码	故障闪码	故障码解释
1	P2519	11/12	空调压缩机驱动电路故障/请求开关信号故障
2	P2229	13	油门与制动踏板信号逻辑不合理
3	P060B	14	控制器模/数（A/D）转换不合理
4	P0113/P0112	15	进气温度传感器信号范围故障（高/低）
5	P0101	16	进气质量流量信号漂移

（续表）

序号	故障代码	故障闪码	故障码解释
6	P0103/P0103	21	进气质量流量信号不合理（高/低）
7	P0103/P0103	22	进气质量流量信号范围故障（高/低）
8	P0401	23	废气再循环控制偏差超过低限值
9	P0402	24	废气再循环控制偏差超过高限值
10	P1020/P1021	25	电压信号变动范围故障—进气预热开关接合（高限/低限）
11	P1022/P1023	26	电压信号变动范围故障—进气预热开关断开（高限/低限）
12	P0540	31	进气预热执行器黏滞（永久结合）
13	P0123/P0122/P2135	32	第一路油门信号范围故障（高限/低限/相关性）
14	P0223/P0222/P2135	33	第二路油门信号范围故障（高限/低限/相关性）
15	P2229/P2228/P0000/P2227	34	环境压力传感器信号范围故障（高限/低限/CAN信号/增压压力不合理）
16	P0542/P0541	35	进气加热执行器驱动电路故障（对电源短路/对地短路）
17	P0649	36	最大车速调节指示灯电路故障（开路/短路）
18	P0563/P0562	41	蓄电池电压信号故障（高限/低限）
19	P1000/P1001/P1002	42	增压压力调节器模/数转换模块故障（信号高限/低限/错误）
20	P0048	43	增压压力调节器驱动电路对电源短路
21	P0047	44	增压压力调节器驱动电路对地短路
22	P0045/P0046	45	增压压力调节器驱动电路开路/对接短路
23	P0235/P0236/P0237/P0238	46	增压压力传感器信号故障（CAN信号/不合理/低限/高限）
24	P0571/P0504	51	制动踏板信号故障（失效/不合理）
25	P022 A/P022B/P022C	52	中冷器旁通阀驱动电路故障（对电源短路/对地短路/开路）
26	P0116	53/54	冷却水温信号动态测试不合理/绝对测试不合理
27	P2556/P2557/P2558/P2559	55	冷却水液位传感器信号服务故障（高限/低限/开路/不合理）
28	P0301	56	第1缸失火频率超高
29	P0302	61	第2缸失火频率超高
30	P0303	62	第3缸失火频率超高
31	P0304	63	第4缸失火频率超高
32	P0305	64	第5缸失火频率超高

（续表）

序号	故障代码	故障闪码	故障码解释
33	P0306	65	第6缸失火频率超高
34	P0300	66	多缸失火频率超高
35	P161F	111	压缩测试试验报告故障
36	P0704	112	离合器开关信号故障
37	P0856	113	牵引力控制系统的输出转矩干涉超过上限
38	P0079/P0080/P1633/P1634	114	减压阀驱动电路故障（对电源短路/对地短路/开路/对接短路）
39	Pl635/P1635/P1637/P1638	115	冷启动指示灯线路故障（对电源短路/对地短路/开路/对接短路）
40	P0115/P0116/0117/P0118	116	冷却水温传感器信号范围故障（CAN信号/不合理/低限/高限）
41	P0217	121	冷却水温超高故障
42	P0071/0072/P0073	122	环境温度传感器信号故障（CAN信号/低限/高限）
43	P245A/P245C/P245D	131	EGR旁通阀驱动电路故障（开路/对地短路/对电源短路）
44	P2530	132	柴油机室启动开关信号故障
45	P0470/P0472/P0473	133	排气背压传感器信号服务故障（不合理/低限/高限）
46	P0490	134	EGR驱动电路对电源短路
47	P0489	135	EGR驱动电路对地短路
48	P0403/P0404	136	EGR驱动电路开路/对接短路
49	P0008	141	仅采用凸轮轴相位传感器信号运行
50	P0340/P0341	l42	凸轮轴信号故障（丢失/错误）
51	P0335/P0336	143	曲轴转速信号故障（丢失/错误）
52	P0016	144	凸轮相位/曲轴转速信号不同步
53	P0219	145	柴油机超速
54	P0478	146	排气制动驱动电路对电源短路故障
55	P0477	151	排气制动驱动电路开路故障
56	P0476	152	排气制动驱动电路对地短路故障
57	P480/P481/P691/P692	153	风扇驱动电路故障（对电源短路/对地短路/开路/对接短路）
58	P0694/P0693	154	风扇驱动2号电路故障
59	P0526/P0527	155	风扇转速传感器信号故障（对电源短路/对地短路）
60	P015	156	燃油滤清器脏污开关指示信号故障（超高）

（续表）

序号	故障代码	故障闪码	故障码解释
61	P1016	161	燃油滤清器脏污开关指示信号故障（超低）
62	P1017	162	燃油滤清器脏污开关指示信号故障（不合理）
63	P1008/P1009	163	燃油滤清器加热驱动电路故障（对电源短路/对地短路）
64	P2267	164	油水分离器开关指示信号超上限
65	P2266	165	油水分离器开关指示信号超下限
66	P1018	166	燃油滤清器脏污
67	P2269	211	燃油含水指示信号
68	P1007	212	油量-转矩转换趋势错误
69	P0405/P0406/P0409	213	CAN 网络上得到的 EGR 流量信号不正确（对电源短路/对地短路/丢失）
70	P040A/P040B/P040C/P040D	214	CAN 网络上得到的 EGR 温度信号不正确（对电源短路/对地短路/开路/失效）
71	UC158	215	仪表板信息故障
72	P0000	216	CAN 网络上得到的电控制动信号不正确
73	UC113	221	CAN 网络上得到的 EGR 信号不正确
74	UD100	222	CAN 网络上得到的减速器信号不正确
75	UC103	223	CAN 网络上得到的自动变速箱信号不正确
76	UD101	224	CAN 网络上得到的车辆行驶里程信息不正确
77	UC156	225	CAN 网络上的环境条件信息不正确
78	UC104	226	CAN 网络上的巡航控制/车速信息不正确
79	UD102	231	CAN 网络上的废气排放温度信息错误
80	UC157	232	CAN 网络上的转速表信息不正确
81	UD103	233	CAN 网络上的传输速率信息不正确
82	UD114	234	CAN 网络上的时间/日期信息不正确
83	UD104/UD105	235	CAN 网络上的制动系统控制—速度限制信息不正确（激活/不激活）
84	UD106/UD107	236	CAN 网络上的制动系统控制—转矩限制信息不正确（激活/不激活）
85	UD108/UD109	241	CAN 网络上的制动系统控制—转矩限制信息不正确（激活/不激活）
86	UD10A/UD10B	242	CAN 网络上的减速器控制—转矩限制信息不正确（激活/不激活）
87	UD10C/UD10D	243	CAN 网络上的动力输出信号不正确（激活/不激活）

（续表）

序号	故障代码	故障闪码	故障码解释
88	UD10E/UD10F	244	CAN 网络上的变速箱控制—速度限制信息不正确（激活/不激活）
89	UD13A/UD13B	245	CAN 网络上的变速箱控制—转矩限制信息不正确（激活/不激活）
90	UD110/UD111	246	CAN 网络上的车身控制—速度限制信息不正确（激活/不激活）
91	UD112/UD113	251	CAN 网络上的车身控制—转矩限制信息不正确（激活/不激活）
92	UD115	252	CAN 网络上的轮速信息不正确
93	UC001	253	CAN 网络上周期性发出不正确信号
94	P0182/P0183	254	燃油温度传感器信号范围故障（低限/高限）
95	P1623/P1624/P1625/P1626	256	指示灯 1 驱动电路故障（对电源短路/对地短路/开路/对接短路）
96	P1627/P1628/P1629/P162 A	261	指示灯 2 驱动电路故障（对电源短路/对地短路/开路/对接短路）
97	P162B/P162C/P162D/P162E	262	指示灯 3 驱动电路故障（对电源短路/对地短路/开路/对接短路）
98	P160C	263	高压试验报告故障
99	P060A	264	通信模块受到干扰
100	P062F	265	电可擦除存储器出错
101	P0607	266	控制器硬件恢复功能被锁
102	P150B/P150C	315	空气湿度传感器信号范围错误
103	P0097/P0098/P0099	316	空气温度传感器信号错误（低限/高限/CAN 信息错误）
104	P1300/P1301/P1302	321	燃油喷射功能受到限制
105	P1203/P1204	322	喷油器驱动电路故障—组 1 短路/低端对地短路
106	P1209	323	喷油器驱动电路故障—组 1 开路
107	P120B/P120C	324	喷油器驱动电路故障—组 2 短路/低端对地短路
108	P1211	325	喷油器驱动电路故障—组 2 开路
109	P062B	326/331	喷油器驱动模块故障模式 A/喷油器驱动模块故障模式 B
110	P0261/P0262	332	喷油器 1 驱动电路故障—短路（低端对电源/对接）
111	P0201	333	喷油器 1 驱动电路故障—开路
112	P0264/P0265	334	喷油器 2 驱动电路故障—短路（低端对电源/对接）
113	P0202	335	喷油器 2 驱动电路故障—开路
114	P0267/P0268	336	喷油器 3 驱动电路故障—短路（低端对电源/对接）

（续表）

序号	故障代码	故障闪码	故障码解释
115	P0203	341	喷油器3驱动电路故障—开路
116	P0270/P0271	342	喷油器4驱动电路故障—短路（低端对电源/对接）
117	P0204	343	喷油器4驱动电路故障—开路
118	P0273/P0274	344	喷油器5驱动电路故障—短路（低端对电源/对接）
119	P0205	345	喷油器5驱动电路故障—开路
120	P0276/P0277	346	喷油器6驱动电路故障—短路（低端对电源/对接）
121	P0206	351	喷油器6驱动电路故障—开路
122	P1225	352	多缸喷油系统出现故障
123	P025C/P025D	353	燃油计量阀信号范围故障（高限/低限）
124	P0251/P0252	354	燃油计量阀输出开路（开路/断路）
125	P0254	355	燃油计量阀输出对电源短路
126	P0253	356	燃油计量阀输出对地短路
127	P0564	361	巡航控制错误
128	P0650	362	MIL启动电路故障
129	P160E	363	主继电器电路故障—对电源短路
130	P160F	364	主继电器电路故障—对地短路
131	P060C	365	硬件故障导致停机—监视狗或控制器
132	P0686/P0687	366	主继电器2电路故障（对电源短路/对地短路）
133	P154A/P154B/P154C	411	多状态开关电路故障
134	UC029	412	CAN A BUS OFF
135	UC028	413	CAN B BUS OFF
136	UC047	414	CAN C BUS OFF
137	P250A/P250B/P250C/P250D	415	机油液位传感器信号范围故障
138	P250A/P250B/P250C/P250D	421	机油压力传感器信号范围故障（CAN信号错误/不合理/低限/高限）
139	P0524	422	机油压力过低故障
140	P195/P197/P198/P100D	423	机油温度传感器信号范围故障（CAN信号错误/不合理/低限/高限）
141	P0196	424	机油温度不合理故障
142	P2263	432/433	轨压控制偏差超过上限/轨压控制偏差超过下限
143	P1010/P100E/P100	434	压力泄放阀驱动故障（无法打开/永久开/被冲开）
144	P0192/P0193	441	轨压传感器信号范围故障（低限/高限）

（续表）

序号	故障代码	故障闪码	故障码解释
145	P0191	442	轨压传感器信号漂移故障
146	P1011	443	轨压控制偏差故障—模式0
147	P1012	444	轨压控制偏差故障—摸式1
148	P1018	445	轨压控制偏差故障—模式10
149	P1019	451	轨压控制偏差故障—模式12
150	P1013	452	轨压控制偏差故障—模式2
151	P0087	453	轨压控制偏差故障—模式3
152	P0088	454	轨压控制偏差故障—模式4
153	P101A	455	轨压控制偏差故障—模式6
154	P1014	511	轨压控制偏差故障—模式7
155	P1615	512	加速测试报告故障
156	P1621	513	断缸测试报告故障
157	P1616/P1617/P1618	514	冗余断缸测试报告故障
158	P0642/P0643	515	参考电压1(用于增压压力及温度传感器等)故障(高限/低限)
159	P1636/P1637	521	12 V传感器参考电压故障(高限/低限)
160	P0652/P0653	522	参考电压2(用于油门等传感器)故障(高限/低限)
161	P0698/P0699	523	参考电压3(用于油轨压力传感器等)故障(高限/低限)
162	P0616/P0617	524	启动电机开关故障—高限(对电源短路/对地短路)
163	P1638/P1639/P163A	525	启动电机开关故障—低限
164	P1619/P161A/P161B/P161C	531	系统灯驱动电路故障(对电源短路/对地短路/开路/对接短路)
165	P2533	532	点火开关信号故障
166	P2530	533	启动电机信号故障
167	P0607	534	控制器计时模块故障
168	P2142	535	进气节流阀驱动电路故障—对电源短路
169	P2141	541	进气节流阀驱动电路故障—对地短路
170	P0487/P0488	542	进气节流阀驱动电路故障—开路
171	P0501/P1510/P0500	544	车速信号故障1(超速/信号错误/不合理)
172	P2157/P2158/P2159/P2160	545	车速信号故障2—超范围(信号高限/低限/CAN信号错误/信号不合理)

序号	故障代码	故障闪码	故障码解释
173	P1511/P1512/P1513	551	车速信号故障3—脉宽故障(脉宽超高限/低限/频率错误)
174	P0607	552	通信模块故障
175	P162F/P1630/P1631/P1632	553	警告灯驱动电路故障(对电源短路/对地短路/开路/对地短路)

任务实施

一、任务描述

1. 识别普通柴油机、电控柴油机燃油供给系各组件;描述普通喷油泵、喷油器、电磁喷油泵、电磁喷油器各部分组件的构造;

2. 分解、装配普通柴油机上使用的喷油器、喷油泵,分析各部件的常见缺陷、失效原因、修复方法;

3. 检查、调整普通柴油机上使用的喷油器的喷油压力、雾化质量;

4. 检查、调整普通柴油机上使用的组合式喷油泵的供油量、供油正时;

5. 对不同形式的电控柴油机进行测试,读取并确认电控柴油机故障码,并按照故障码说明及有关技术要求检测电控柴油机燃油供给系相关组件,分析失效原因;

6. 对普通柴油机、电控柴油机燃油供给系常见故障进行诊断与排除。

二、任务要求

1. 按照检测要求和技术标准将设备仪器分别放在相关工位,将制定的任务单发给学生;每位学生穿上工作服、工作鞋,随身携带一支笔,以便做好记录并分析检测结果;

2. 识别普通柴油机、电控柴油机燃油供给系各组件;识别普通喷油泵、喷油器、电磁喷油泵、电磁喷油器各部分组件的构造;

3. 使用有关工具,按照正确步骤分解、装配普通喷油器、组合式喷油泵、电磁喷油器、电磁喷油泵总成各一套,分析各部件的常见缺陷、失效原因、修复方法;

4. 按照有关技术标准,使用有关工量具检测、调整普通喷油器的喷油压力、雾化质量以及组合式喷油泵供油量与供油时刻;

5. 对电控柴油机进行测试,读取并确认电控柴油机故障码,并按照故障码说明及有关技术要求检测电控柴油机燃油供给系相关组件,分析失效原因;

6. 按照正确步骤诊断并排除普通喷油器、喷油泵、电磁喷油器、电磁喷油泵常见故障;

7. 监控学生是否按要求完成任务,并指导学生进行正确的操作。

三、任务考核

序号	考核内容	分值	评分标准	得分
1	正确使用工具、量具	6	工具使用不当,一次扣2分	
2	指认车上喷油器、喷油泵位置正确	12	指认不正确,扣12分	
	指认车上电控柴油机燃油供给系统正确			
	拆装顺序正确		拆装顺序错误,一次扣4分	
	零件摆放整齐		摆放不整齐,扣4分	
3	喷油器针阀、针阀体检测与修理	42	能对各个项目进行正确检测与修理,错一项扣3分	
	喷油器压力调节弹簧检测与修理			
	喷油器喷油压力、雾化质量检查			
	组合式喷油泵分泵检测与修理			
	组合式喷油泵供油量、供油正时检查			
	电控柴油机高压油轨检查			
	电控柴油机电磁喷油器检测			
	电控柴油机电磁喷油泵检测			
	柴油箱及低压油路检查			
	常见故障原因分析与排除			
4	组装喷油器、喷油泵零部件	10	不能正确组装错一次扣2分;不会调整扣10分,调整错误扣5分	
	组装普通柴油机燃油供给系统零部件			
	调整普通柴油机燃油供给系统			
5	组装电磁喷油器、喷油泵零部件	15	不能正确组装错一次扣2分;不会调整扣10分,调整错误扣5分	
	组装电控柴油机燃油供给系统零部件			
	调整电控柴油机燃油供给系统			
6	工具、现场清洁	5	每项扣2分,扣完为止	
7	安全、文明生产	10	违规操作、发生人身和设备事故,为0分	
8	配分合计	100	得分合计	

复习思考

一、填空题(将正确答案填在题中横线上)

1. 喷油器针阀偶件在工作中,由于燃油中机械杂质的作用以及针阀弹簧力引起的冲击,使偶件发生_____。

2. 喷油器针阀偶件主要磨损部位是导向圆柱面和_____。

3. 针阀偶件圆柱导向面_____过度、泄漏严重时,一般应予成对换新。

4. 针阀偶件密封锥面磨损或有轻微伤痕,可用手工_____法修复。

5. 研磨时,先除去喷嘴上的积炭,清洗干净后在针阀_____面上涂一层薄薄的细研磨膏,然后与阀体锥面互相研磨。

6. 研磨时应注意,不要使研磨膏碰到针阀的_____圆柱面上。

7. 电控共轨式柴油机组成包括:燃油箱、燃油滤清器、_____传感器及其他传感器、_____油轨(共轨)、喷油器、ECU 等。

8. 利用 Bosch 共轨系统诊断仪_____可以进行压缩测试、高压测试和提速测试等相关测试,以检测气缸密封性能、共轨压力变化和喷油器性能等。

9. 压缩测试时,柴油机运转不稳、噪声大或功率损失等问题有可能是因某气缸的密封造成的_____。

10. 电控柴油机_____系统主要零部件的技术状态,直接关系到电控柴油机使用运行的质量。

11. 对电控柴油机高压油路系统的主要零部件的检测是一项非常重要而_____的工作。

12. 了解故障发生时的一些客观因素,如了解是在什么情况下会发生故障、发生故障的频率、发生故障时发动机工作的一些现象(包括声音、振动、动力性、油耗、烟度情况等);并了解之前都曾进行过_____、_____等。

13. 根据了解到的现象,从电控柴油机工作原理入手,分析可能出现这些故障的各种因素,初步判断_____和_____。

14. 利用诊断软件,获取发动机的各种参数,包括是否出现_____、各个开关值,各个传感器的电压值和发动机运行数据(如转速、水温、油温、油压、进气温度和压力等),并根据参考资料和维修经验,判断这些参数是否正常,是否符合标准值。

15. 利用万用表、示波器、线束检查盒等工具对各 NE、G、PCV、TWV 等的信号,以及各传感器的_____和线束_____等情况进行检查。

16. 诊断维修时应遵循由简单到复杂、先外围部件再内部零件的顺序进行。不能够刚开始就直接进行那些复杂的检查,如拆缸盖、调变速箱飞轮壳之类的。

17. 在进行故障分析时应采取按系统_____、_____检查的原则,如柴油机无法启动,可以分为进排气系统、电路系统、油路系统、柴油机本体等几段,再根据实际情况逐段进行分析。

二、判断题(将判断结果填入括号中,正确的填"√",错误的填"×")

1. (　　)喷油器的检验应在专用的喷油器试验器上进行。

2.（　　）检验喷油器试验器本身的密封性是否良好，如将油压增至 125 MPa 后，在 13 min 内油压下降应不大于 1.89 MPa，则表示试验器本身密封性良好。

3.（　　）喷油压力的试验与调整时，各缸喷油器喷油压力应调整一致，其差值不应大于 1 245 kPa。

4.（　　）喷油器针阀和针阀座的密封性检验时，喷孔周围允许有微量潮湿，但不允许有滴油现象。否则表明锥面密封性差，应重新研磨密封锥面。

5.（　　）雾化质量的检验时，油束中的油粒应分布均匀，不得有肉眼看得见的油滴飞溅和浓稀不均现象；燃油的切断应干脆利落，每次喷油时应伴有清脆的音响。

6.（　　）燃油进油计量比例电磁阀的功用：控制进入柱塞的燃油量，从而控制共轨管压力。

7.（　　）燃油进油计量比例电磁阀工作原理：进油计量比例阀在控制线圈没有通电时，进油计量比例阀是导通的，可以提供最大流量燃油。ECU 通过脉冲信号改变高压油泵进油截面积而增大或减小油量。

8.（　　）燃油进油计量比例电磁阀失效策略：当进油计量比例电磁阀失效（如拔掉其插头）时，柴油机能否打着火，不能一概而定，应视具体机型而考虑，即使采用了同一个电控系统（如 Bosch 的 CRS2.0），有的车型可以打着火，有的车型不能，主要取决于系统的控制策略。

9.（　　）当 ECU 判断进油计量阀驱动失效（如进油计量阀损坏、驱动线路的开路及短路）时，ECU 采取系列处理措施如下：停机或无法启动；产生故障码 P0251、P0253、P0255。

10.（　　）以长城 GW2.8TC 电控共轨柴油机为例，进油计量比例电磁阀有两个接线端子。

11.（　　）观察法。通过观察柴油机的排烟等故障特征，判断故障情况。

12.（　　）听诊法。根据柴油机异常声音凭听觉判断故障部位性质及程度。

13.（　　）断缸法。停止某缸工作，以判断故障是否出现在该缸。断缸法一般是向怀疑出现故障的气缸停止供油，比较断缸前后柴油机状态的变化，为进一步查找故障部位或原因缩小范围。

14.（　　）比较法。对某些总成或零部件，采用更换的办法确定是否存在故障。

15.（　　）故障诊断灯。当车辆出现故障时，可以通过整车仪表盘上的闪码灯读出闪码，参照闪码表初步判断故障原因。

三、选择题（选择一个正确的答案，将相应的字母填入题内的括号中）

1.经过清洗的针阀偶件可以进行简单的滑动性试验。检查方法是将沾有清洁柴油的针阀放入针阀体内，然后将针阀体倾斜（　　），将针阀拉出全长的 1/3，放手后针阀靠其自身的重量，缓慢而顺利地全部滑下，不能有任何阻碍、卡滞现象。

A. 45　　　　　　　　　　　　　　B. 30

C. 60　　　　　　　　　　　　　　D. 75

2.喷油泵偶件的标准配合间隙只有（　　）mm，即使极细微的纤维黏附在配合表面上，也会导致它们的卡滞。

A. 0.000 2～0.000 4　　　　　　　B. 0.002～0.004

C. 0.02～0.04　　　　　　　　　　D. 0.2～0.4

3.当共轨压力传感器失效（如拔掉 CRPS 插头）时，柴油机能否打着火，不能一概而定，应视具体机型而考虑,即使采用了同一个电控系统(如 Bosch 的 CRS2.0),有的车型可以启动,有的车型则不能,主要取决于系统的( )。

A. 计算策略   B. 算法

C. 控制策略   D. 控制人

4. 在共轨系统中,喷油量取决于共轨压力和喷油器线圈的激励( )。

A. 时间   B. 强度

C. 电流   D. 电压

5. Denso 共轨喷油器修正码 Denso(电装)喷油器修正码有机读和人工输入两种输入方式,人工输入代码共( )位。

A. 30   B. 24

C. 18   D. 12

6. 电控单元(ECU)具有故障自诊断的功能,一旦 ECU 检测出电控系统故障,系统将产生对应的故障码并存入内存;依照故障的严重等级,自动进入不同的失效保护策略;大部分情况下,失效保护策略仍能保持柴油机以降低功率的方式继续工作;少数极其严重的故障,失效策略会停止( )。

A. 喷油   B. 点火

C. 进气   D. 排气

7. 同一电控系统应用于不同的品牌柴油机时,一般而言,柴油机部分的故障码是可能通用的或至少是可以参考的。但与设备有关联部分的故障码不一定具有( )。

A. 可靠性   B. 可读性

C. 通用性   D. 准确性

8. 在维修过中,尽可能使用原厂的( )诊断和排除故障,避免出现不必要的错误。

A. 诊断仪   B. 使用手册

C. 随车工具   D. 故障码

四、问答题

1. 如何进行喷油压力和雾化质量的检验与调整?

2. 如何在喷油泵试验台上调整第一缸供油开始时刻?

3. 如何在喷油泵试验台上调整各分泵的供油量和供油间隔角?

4. 如何在柴油机上检查调整喷油泵的供油定时?

5. 如何检查出油阀偶件的密封性能?

6. 如何检查柱塞偶件的密封性能?

7. 电控柴油机电控系统组成有哪些?

8. 试述对玉柴 Bosch 电控共轨系统柴油机测试时,压缩测试的原理和压缩测试要点。

9. 以长城 GW2.8TC 电控共轨柴油机为例,试描述如何对进油计量比例电磁阀进行检查。

10. 试描述电控柴油机故障诊断的一般原则。

11. 试描述电控柴油机故障诊断的一般方法。

12. 试描述故障闪码的读取及确认方法。

13. 试举例说明故障码及其含义。

项目六

润滑系统的检测与修复

教学目标

一、知识目标
1. 准确描述润滑系统各部件的常见缺陷；
2. 准确描述润滑系统各部件的修复方法；
3. 准确描述润滑系统机油压力过低、过高,机油消耗过多、机油变质的现象及原因。

二、能力目标
1. 能按照正确的步骤拆装、清洗机油泵及机油滤清器；
2. 能按照正确的步骤对机油泵进行相关检查和调整；
3. 能对机油压力过低、过高,机油消耗过多、机油变质等现象进行原因分析,并排除有关故障。

任务导入

为了掌握润滑系统零部件的分解、装配、检查、调整过程,准确判断润滑系统故障,查明故障原因,港口机械维修人员必须全面认识润滑系统主要零部件,熟悉润滑系统检测与调整要求、常见故障诊断与排除方法。

任务1　润滑系统零部件的检测与修复

一、机油泵的检测、修复及试验

发动机上常用的机油泵有外啮合齿轮泵和内啮合转子泵两种,均属于容积式机油泵。机油泵的主要故障是零件磨损以后造成密封性降低而导致供油压力不足。下面以齿轮泵为例叙述其分解方法和检修内容。

(一)机油泵的分解

(1)从发动机体上拆下机油泵总成,如果机油泵在曲轴箱内,应先拆下油底壳后再拆机油泵。

(2)旋下机油泵盖的固定螺栓,取下泵盖和衬垫,取出被动齿轮。

(3)拆下泵盖上的限压阀螺塞,取出弹簧和钢球(或柱塞)。

(4)取掉泵盖上固定集滤器位置的开口销,或卸去集滤器与泵体的连接螺栓,取下集滤器。

(5)用锉刀锉掉传动齿轮横销的铆钉头,取出铆钉,拉出传动齿轮,抽出主动齿轮及泵轴。

(二)机油泵的检测

1. 端面间隙检测

机油泵齿轮端面与泵盖内平面之间的间隙为 $S=S_1+S_2$,其中 S_1 为齿轮端面到泵分解面之间的距离,S_2 为泵盖在轴向的磨损量,S_1 和 S_2 的测量可用直尺和厚薄规配合进行,如图6-1所示。此间隙应不大于0.10 mm,间隙不当可通过增减垫片或磨削泵壳端面进行调整。

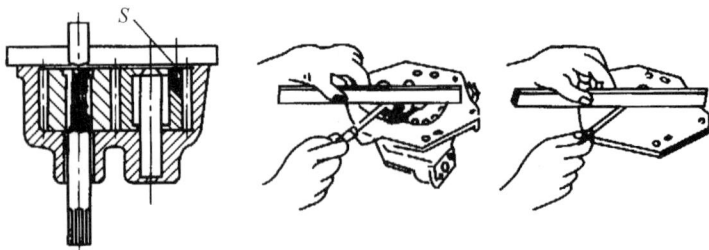

图6-1　齿轮泵端面间隙及检测

2. 啮合间隙检测

用厚薄规在互成120°的三点测量,啮合间隙为 0.05 ~ 0.25 mm,齿隙差不大于0.10 mm,如图6-2所示。

图 6-2　啮合间隙、齿顶与泵壳径向间隙检测

3.用厚薄规检测齿顶与泵壳的径向间隙

该间隙为 0.05~0.15 mm,检查方法见图 6-2,间隙过大时应更换齿轮。

4.用百分表检测主动轴与轴承的配合间隙

该间隙一般为 0.03~0.08 mm,最大不超过 0.12 mm,否则可进行铰孔后换用加大直径的轴,也可采用镶套法予以修复。

(三)机油泵的装复

机油泵的全部零件经过检修后应清洗干净,将各零件按分解时的相反顺序装配总成。装复时边装边检查各机件的配合情况,如齿轮的啮合间隙、从动轴与壳体的配合、主动轴与齿轮承孔的配合等。应重点检查和调整主、从动齿轮端面与泵盖间的间隙,该间隙过大,将会导致供油压力下降。另外,装配时要注意主动轴轴向间隙应略小于齿轮端面与泵盖的间隙,以免造成碰伤。

(四)机油泵的试验

机油泵装合后,应进行总成试验,试验条件应尽量接近发动机的正常工作条件,这样可以比较客观地反映出机油泵的技术状态。

1.机油泵转速

转速对机油泵泵油量的影响较大,当压力不变时,转速与泵油量的变化近似于直线关系,对于不同车型的机油泵应按其所要求的转速进行试验。

2.试验压力

机油在发动机内流动时有一定阻力,试验时可人为增加机油泵出口处的阻力(可采用阻力管),使其与在发动机内流动时的阻力相近。有些车型若有特定要求,则应根据不同的要求调整试验压力。

3.机油黏度

发动机工作时机油的工作温度约为 353~363 K,油温上升时,机油黏度下降,为使室温下试验时机油的黏度与正常工作时相似,可在试验机油中加入一定比例的煤油。

4.试验温度

一般要求试验时室内温度为 20 ℃,但温度偏差几度时,对试验结果影响不大。在一些缺少试验设备的修理厂中,也可用经验方法检验机油泵。试验时将机油泵灌满机油,用拇指堵住出油口,按工作方向转动机油泵轴,如感觉到有一定的出油压力即认为合格。

机油泵安装到发动机上后,发动机温度正常时,机油压力应符合说明书的规定,如不符,应调整机油限压阀。当油压过低时,可在限压阀螺塞孔内加调整垫片,以增加弹簧张力,使油压升高;当油压过高时,应在连接处加垫圈,或减少螺塞孔内的调整垫片,以减弱弹簧张力,使油压降低。若因球阀关闭不严而影响机油压力时,则应换用新阀。常见发动机的机油压力应符合表 6-1 的规定。

表 6-1　发动机机油泵泵油压力

车型	车速(km/h)	机油压力(kPa)	怠速压力(kPa)
CA1091	30~40	196~390	不低于 98
EQ1090E	30~40	294~343	不低于 98
BJ2020	45	196~390	不低于 49

有些发动机润滑系统采用转子式机油泵,转子式机油泵的损坏形式主要是机油泵磨损过大及机油泵限压阀失效。为判定转子式机油泵磨损是否过大,可做如下检测:

(1)检测内转子齿顶与外转子齿廓面间的间隙,方法如图 6-3(a)所示。

(2)检测外转子与泵体间的间隙,方法如图 6-3(b)所示。

(3)检测转子断面与泵盖间转子轴向间隙,方法如图 6-3(c)所示。

(4)检查机油泵轴与轴孔间的间隙。

以上各间隙超过标准所示的数值,即表明机油泵磨损过大,应更换内、外转子或泵体,更换后还达不到规定的数值时,应更换机油泵总成。

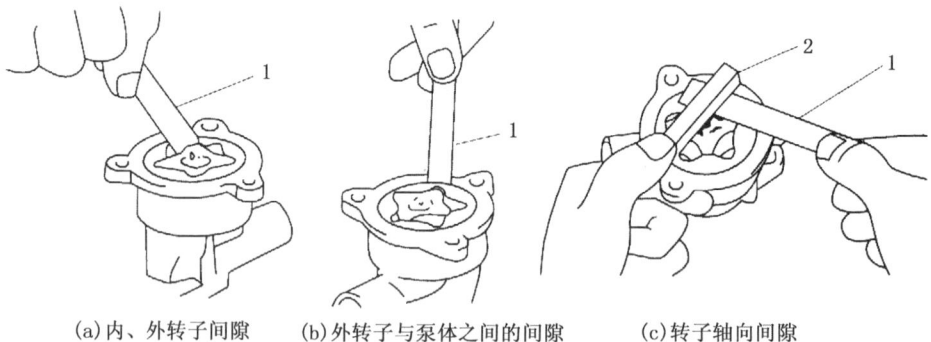

(a)内、外转子间隙　　(b)外转子与泵体之间的间隙　　(c)转子轴向间隙

图 6-3　检测转子式机油泵

1—塞尺;2—钢板尺

二、机油滤清器的检测与修复

(一)粗滤器的检测与修复

车用发动机上经常使用的是金属片式滤芯和纸质滤芯的机油粗滤器,其中,金属片式

滤芯属永久性滤芯,可以反复使用;而纸质滤芯是用微孔滤纸制成的,是一次性滤芯。下面主要介绍金属片式滤芯的检修。

发动机大修时,对金属片式粗滤器应进行全面检修,内容主要有:

(1)检查滤清器的壳盖有无破损和裂缝,当裂缝较小时,可以进行焊修。

(2)检查和清洗壳体中的油道和旁通阀,旁通阀钢球与球座如密封性不好,应研磨修理或更换。

(3)检查滤片、中间片、刮片是否平整完好,有缺陷的应予更换。

滤清器装合时各零件应按原位装复,装合后,手柄应能灵活转动且没有轴向间隙。如不合适,可用增减滤片和刮片数量的方法调整。

滤清器装合后应在试验台上进行密封性试验,当机油泵油压在 300~350 kPa 时,试验油经过滤清器后的压差应在 10~20 kPa 范围内,同时调整旁通阀,使其在 70~80 kPa 时打开。

(二)精滤器的检测与修复

对于纸质滤芯的精滤器,检修时只需对其外壳和中心管进行清洗,然后换新滤芯即可。

对于离心式机油精滤器,发动机大修时要进行如下检修:

(1)清洗转子内腔的脏物,检查转子体和转子盖是否有裂纹、破损。

(2)检查转子轴与轴套的间隙是否符合规定。

(3)检查转子转动时有无阻力,转子清洗后装在转子轴上,用手推动旋转时应转动灵活无跳动。

(4)检查转子内部油路有否堵塞。转子内部油路堵塞的主要部位是滤网和喷嘴,对于堵塞的喷嘴孔应用软金属丝疏通。

(5)检查喷嘴孔是否磨损超过限度,当喷嘴孔磨损过大时,会导致转子转速下降。对磨损过大的喷嘴应予更换。

离心式精滤器在装配、试验时要注意如下几点:

(1)装转子罩壳时,要注意转子罩壳与转子体上的箭头要对准,否则将会破坏转子总成的平衡,使转速下降,滤清效果降低。

(2)在装复转子上方止推垫圈时,应注意垫圈光滑面朝下。

(3)在转子总成上方固定螺母拧紧后转子应能轴向移动,其轴向间隙为 0.4~0.8 mm。

(4)精滤器限压阀装好后,应检查其进油开启压力,当机油压力达到 147~196 kPa 时,限压阀应开启,机油进入精滤器。若开启压力不符合要求,可通过增减限压弹簧后面的调整垫片来调整。

离心式精滤器装在发动机上正常工作时,在发动机熄火后的 2~3 min 内,在发动机旁应能听到转子由于惯性旋转而发出的轻微"嗡嗡"声,若无此声音,说明转子不工作,应拆下检查并排除故障。

三、机油散热器的检测与修复

机油散热器的功用是对机油进行冷却,一般装在冷却系统散热器的前面,与主油道联通。机油在管中流动,借助风扇向空气中散热。机油散热器常见的故障是管道阻塞、管道破裂、散热片重叠变形、限压阀调整不当等。机油散热器拆下后,可用煤油灌入散热管道进行清洗,并用压缩空气吹通。散热管如有损坏应进行换修,散热片重叠变形予以拨正,并用压缩空气吹净片间积垢,连接散热器的管道应畅通无阻。

任务 2　润滑系统常见故障的诊断与排除

一、机油压力过低

(一)故障现象

(1)发动机在被发动后,机油压力很快降低,蜂鸣器报警或报警指示灯亮。

(2)发动机在运转中的机油压力始终过低。

(二)故障原因

(1)油底壳内机油不足。

(2)机油黏度小,不符合要求。

(3)限压阀调整不当,或其弹簧折断、弹簧过软弹力不足。

(4)机油进油管接头松动或油管破裂。

(5)机油泵磨损严重,工作失常使供油压力过低。

(6)机油集滤器堵塞,且旁通阀黏滞打不开。

(7)曲轴主轴承、连杆轴承或凸轮轴轴承间隙过大。

(8)机油压力表或其传感器失效。

(三)故障诊断

(1)检查机油量是否不足。拔出机油尺检查油面高度,如过低应及时加机油。

(2)检查机油黏度是否过小。用拇指和食指蘸少许机油,两指拉开,两指间应有油丝,否则为机油过稀。

(3)若机油量充足,黏度正常,则检查机油压力表及其传感器。可换用新机油压力表及其传感器,运转发动机查看机油压力是否正常。若机油压力正常,则说明原机油压力表或其传感器失效;若机油压力仍低,则进行下一步检查。

(4)拆下机油传感器,短时间内启动发动机,若机油喷出无力,则应检查限压阀弹簧是否过软,限压阀是否不密封。若限压阀有故障,则应更换损坏的零件。在限压阀正常时,进行下一步检查。

(5)检查机油滤清器旁通阀是否因堵塞而不能开启,若有故障,则更换机油滤清器;若正常,则进行下一步检查。

(6)拆下油底壳,检查集滤器是否堵塞,机油进油管接头是否松动或油管破裂。若正常,则进行下一步检查。

(7)检查机油泵是否磨损严重,若机油泵工作正常,则油压过低可能是由曲轴主轴承、连杆轴承、凸轮轴轴承的间隙过大所致,应检查这些间隙。

二、机油压力过高

（一）故障现象

发动机在正常温度和转速下工作时,机油压力表指示压力始终过高或突然增高。

（二）故障原因

（1）限压阀调整不当。

（2）气缸体润滑油道有堵塞处。

（3）机油滤清器滤芯堵塞,且旁通阀开启困难。

（4）机油压力表或机油压力传感器不良或失效。

（5）机油黏度过大。

（6）新装的发动机主轴承连杆轴承或凸轮轴轴承间隙过小。

（三）故障诊断

若发现机油压力过高,应熄火查明原因,否则容易冲裂机油细滤器盖和机油压力传感器。

（1）检查机油黏度是否过大,若正常则进行下一步检查。

（2）换用新机油压力表及其传感器,运转发动机,查看机油压力是否正常。若机油压力正常,则说明原机油压力表或机油压力传感器失效;若机油压力仍高,则进行下一步检查。

（3）检查限压阀是否调整不当,弹簧是否过硬。对于新装发动机,还应检查主轴承、连杆轴承和凸轮轴轴承的间隙是否过小。若正常,则进行下一步检查。

（4）检查机油滤清器滤芯是否堵塞,旁通阀弹簧是否过硬。若正常,则进行下一步检查。

（5）润滑油压力突然变高,可首先检查润滑油限压阀柱塞是否卡滞;若良好,则一般为润滑系统油道堵塞。

（6）检查润滑系统油道是否堵塞。

三、机油消耗过多

（一）故障现象

（1）机油消耗率超过正常值。

（2）排气管冒蓝烟。

（二）故障原因

发动机机油消耗量过多,有两种可能:机油外漏或机油进入燃烧室被烧掉。其可能原因如下。

（1）缸壁间隙过大或活塞环密封性变差,其使机油窜入燃烧室燃烧。

（2）活塞环装配不当,如锥面环、扭曲环上下方向装反,则在发动机工作时活塞环具有向燃烧室泵油的作用,不断地将润滑缸壁的机油刮入燃烧室燃烧。

（3）活塞环的端隙、背隙及边隙过大以及活塞环在安装时有对口现象,这些均容易使机油进入燃烧室。

（4）气门导管磨损过度，气门杆油封损坏，使机油容易进入燃烧室。

（5）曲轴箱通风不良，会使曲轴箱内的气体压力和机油温度升高，气体压力升高容易造成机油渗漏和蒸发，使之进入气缸燃烧，使机油消耗过多。

（6）机油压力过高，容易导致机油窜入燃烧室燃烧。

（7）机油渗漏，如正时齿轮室、曲轴后油封密封不良、凸轮轴后端油堵漏油。

（8）空气压缩机的活塞与缸壁间隙过大。

综上所述，润滑油消耗过多的原因主要是：漏油和烧润滑油。

（三）故障诊断

（1）应首先检查有无漏油的地方，并采取措施修理。

①在主要的漏油部位中，应当特别注意曲轴前端和后端漏油。曲轴前端漏油常因油封破损、老化或曲轴皮带轮与油封接触面磨损过度所致。曲轴后端漏油，除因后油封密封不良外，对无后油封的柴油机，还应检查后主轴承盖回油孔是否过小，凸轮轴后端油堵是否漏油。

②如果柴油机前后气缸盖罩、前后气门挺杆室、粗细润滑油滤清器、油底壳衬垫及柴油机前后油封都有润滑油渗出痕迹，但找不出明显的漏油处，应检查曲轴箱通风不良，清理曲轴箱通风管道中的积炭结胶。

③若滑油滤清器盖经常漏油，应检查润滑油限压阀调整不当或卡死（润滑油压力过高），滑油滤清器堵塞，且旁通阀难以开启。

（2）若排气管大量排蓝烟，应检查是否烧润滑油，并采取维修措施。

①当加大负荷柴油机高速运转时，排气管大量排蓝烟，润滑油加注口也冒烟或脉动冒烟说明活塞、活塞环与气缸壁磨损过度，应当拆下活塞连杆组进行检查分析，检查活塞环的端隙、背隙与侧隙。

②当柴油机大负荷运转时，排气管冒浓蓝烟，但润滑油加注口并不冒烟，应当检查气门导管磨损过甚或油封漏油。

③若短时间冒蓝烟，而曲轴箱润滑油不减，是滤清器油面过高或堵塞所致。

（3）若从储气筒放污塞放出很多润滑油，空气压缩机活塞、活塞环与气缸壁磨损过度，应该检修。

四、机油变质

（一）故障现象

（1）颜色明显发黑，用手捻搓，失去黏性感并有杂质感。

（2）含有水分，机油乳化，呈乳浊状并有泡沫。

（3）失去黏性感，并有汽油味。

（二）故障原因

（1）机油使用时间过长，在高温和氧化作用下形成氧化物和氧化聚合物，使机油逐渐老化变质。

（2）活塞环漏气。

（3）曲轴箱通风不良。机油中混杂有废气燃油，导致机油变质。

（4）发动机缸体裂纹,冷却水漏入油底壳。

（5）汽油泵膜片破裂,汽油进入油底壳。

（6）废气中含有 SO_2 和 H_2O,下窜进入油底壳中,使机油呈酸性。

（7）机油过脏,含有杂质。

（三）故障诊断

（1）用机油尺取数滴机油观察,可大致分辨出机油污染情况。若机油显示雾状,油色混浊和乳化,说明机油已被水严重污染;若机油呈灰色,闻有燃油气味,则表示机油已被燃油稀释;若机油放置一段时间,则说明机油添加剂已失去作用。若用手指捻搓机油,有颗粒感,则表示含杂质较多。也可取数滴机油滴于中性滤纸上,检查其扩散后的油迹,若中心黑色杂质较黑,颗粒较粗,则说明机油含杂质较多已变质。

（2）若机油油面上升,且机油含有汽油味,进而应检查汽油泵膜片是否破裂。曲轴箱通风是否良好、活塞的漏气量是否过大。

（3）若机油呈乳化状态,应检查缸壁是否有裂纹渗漏处。

（4）检查机油滤清器是否失效以及油道是否堵塞。

任务实施

一、任务描述

1. 识别润滑系统主要零部件;

2. 分解、装配润滑系统主要零部件;

3. 检测与修理润滑系统主要零部件;分析润滑系统主要零部件的各种失效原因;

4. 对润滑系统常见故障进行诊断并予以排除。

二、任务要求

1. 按照检测要求和技术标准将设备仪器分别放在相关工位,将制定的任务单发给学生;每位学生穿上工作服、工作鞋,随身携带一支笔,以便做好记录并分析检测结果;

2. 用有关工具,按照正确步骤分解、装配润滑系统主要零部件;

3. 按照有关技术标准,使用有关工具、量具检测、调整、修理润滑系统主要零部件;

4. 对润滑系统主要零部件的各种失效进行原因分析;

5. 对润滑系统机油压力过低、过高,机油消耗过多、机油变质等现象进行原因分析,并排除有关故障;

6. 监控学生是否按要求完成任务,并指导学生进行正确的操作。

三、任务考核

序号	考核内容	分值	评分标准	得分
1	正确使用工具、量具	6	工具、量具使用不当，一次扣2分	
2	指认车上润滑系统主要零部件位置	12	指认不正确扣12分	
	拆装顺序正确		拆装顺序错误，一次扣4分	
	零件摆放整齐		摆放不整齐，扣4分	
3	机油泵检测与调整	42	能对各个项目进行准确检测及调整，错一项扣3分	
	机油滤清器检查			
	机油散热器检查			
	常见故障原因分析与排除			
4	组装润滑系统主要零部件	10	不能正确组装，错一次扣2分	
5	调整机油压力	15	不会调整扣15分，调整错误扣5分	
6	工具、现场清洁	5	每项扣2分，扣完为止	
7	安全、文明生产	10	违规操作、发生人身和设备事故，为0分	
8	配分合计	100	得分合计	

复习思考

一、填空题（将正确答案填在题中横线上）

1. 发动机上常用的机油泵有外啮合齿轮泵和内啮合转子泵两种，均属于_____式机油泵。

2. 机油泵的主要故障是零件磨损以后造成密封性降低而导致供油压力_____。

3. 机油泵的全部零件经过检修后应清洗干净，将各零件按分解时的_____顺序装配总成。

4. 主、从动齿轮端面与泵盖间的间隙，该间隙过大，将会导致供油压力下降。另外，装配时要注意主动轴轴向间隙应略_____齿轮端面与泵盖的间隙，以免造成碰伤。

5. 机油泵装合后，应进行总成试验，试验条件应尽量接近发动机的正常工作条件，这样可以比较客观地反映出机油泵的_____。

6. 发动机在被发动后，机油压力很快降低，蜂鸣器报警或报警_____亮。

7. 油底壳内机油不足，机油压力_____。

8. 限压阀调整不当，或其弹簧折断、弹簧过软弹力不足，机油压力_____。

9. 用拇指和食指蘸少许机油，两指拉开，两指间应有油丝，否则为机油_____。

二、判断题（将判断结果填入括号中，正确的填"√"，错误的填"×"）

1. （　）车用发动机上经常使用的是金属片式滤芯和纸质滤芯的机油粗滤器，其中，金属片式滤芯属一次性滤芯，可以反复使用；而纸质滤芯是用微孔滤纸制成的，是永久性滤芯。

2. （　）检查滤清器的壳盖有无破损和裂缝，当裂缝较大时，可以进行焊修。

3. （　）对于纸质滤芯的精滤器，检修时只需对其外壳和中心管进行清洗，然后换新滤芯即可。

4. （　）离心式精滤器在装配、试验时要注意：装转子罩壳时，要注意转子罩壳与转子体上的箭头要对准，否则将会破坏转子总成的平衡，使转速下降，滤清效果降低。

5. （　）离心式精滤器装在发动机上正常工作时，在发动机熄火后的 2~3 min 内，在发动机旁应能听到转子由于惯性旋转而发出的轻微"嗡嗡"声，若无此声音，说明转子不工作，应拆下检查并排除故障。

6. （　）限压阀调整不当，则机油压力过高。

7. （　）气缸体润滑油道有堵塞处，则机油压力过高。

8. （　）机油滤清器滤芯堵塞，且旁通阀开启困难，则机油压力过低。

9. （　）机油压力表或机油压力传感器不良或失效，则机油压力过高

10（　）机油黏度过大，则机油压力过低。

11. （　）新装的发动机主轴承连杆轴承或凸轮轴轴承间隙过小，则机油压力过高。

三、选择题（选择一个正确的答案，将相应的字母填入题内的括号中）

1. 机油泵安装到发动机上后，发动机温度正常时，机油压力应符合说明书的规定，如不符，应调整机油（　）。
A. 泵　　　　　　　B. 旁通阀　　　　　　C. 限压阀

2. 当油压过低时，可在限压阀螺塞孔内加调整垫片，以增加弹簧张力，使油压（　）。
A. 不变　　　　　B. 升高　　　　　　C. 降低

3. 当油压过高时，应在连接处加垫圈，或减少螺塞孔内的调整垫片，以减弱弹簧张力，使油压（　）。
A. 不变　　　　　B. 升高　　　　　　C. 降低

4. 各间隙超过标准所示的数值，即表明机油泵磨损过大，应更换内外转子或泵体，更换后还达不到规定的数值时，应更换（　）。
A. 机油泵总成　　　B. 润滑系统总成　　　　C. 机油滤清器

5. 若发现机油压力过高，应熄火查明原因，否则容易冲裂机油细滤器盖和（　）。
A. 机油压力传感器　　B. 机油泵　　　　　　C. 润滑油道

6. 机油消耗过多，故障现象可能是：排气管冒（　）烟。
A. 白　　　　　　B. 蓝　　　　　　　C. 黑

7. 润滑油消耗过多的原因主要是：漏油和（　）。
A. 发动机功率太大　　B. 油门太大　　　　　C. 烧润滑油

四、问答题

1. 如何检查机油泵的端面间隙？

2. 离心式精滤器的装配要点有哪些？

3. 如何诊断机油消耗过多?

4. 如何诊断机油变质?

5. 如何诊断发动机烧机油?

项目七

冷却系统的检测与修复

教学目标

一、知识目标

1. 正确描述水泵和散热器的拆装、清洗步骤；
2. 正确描述水泵的检测、调整技术要求；
3. 正确描述水泵、散热器、节温器、风扇的常见缺陷的检测方法与修理工艺；
4. 正确描述发动机过热、冷却液升温缓慢、冷却液消耗过多等故障现象和排除方法。

二、能力目标

1. 能按照正确步骤对水泵和散热器进行拆装、清洗；
2. 能按照有关技术要求对水泵进行检测、调整；
3. 能对水泵、散热器、节温器、风扇的常见缺陷进行检测、原因分析与修复；
4. 能熟练查找发动机过热、冷却液升温缓慢、冷却液消耗过多等故障并予以排除。

任务导入

为了掌握冷却系统零件的分解、装配、检查、调整过程，准确判断冷却系统故障，查明故障原因，作为港口机械维修人员必须全面认识冷却系统主要零部件，熟悉冷却系统检测与调整要求、常见故障诊断与排除方法。

相关知识

任务 1 冷却系统零件的检测与修复

一、水泵的检测与修复

水泵的常见损伤,主要有水泵壳体的渗漏、破裂,水泵轴的弯曲、磨损,叶轮叶片的破损、腐蚀以及垫圈的磨损、老化等。

(一)就车检查水泵的技术状况

检修水泵之前,首先就车检查水泵的技术状况。启动发动机,水泵溢水孔若渗漏,则表明水封已损坏。查听有无异响。停机后用手扳动风扇叶片,查看带轮与水泵轴配合。若明显松旷,表明带轮与泵轴或带轮与锥形套配合松旷。如果就车检查水泵无漏水、发卡、异响及带轮摇摆现象,可不用分解水泵,只要加注润滑油即可,如有上述异常现象,则应分解检查并予以修理。

(二)水泵主要零件的修复

1. 水泵壳体的修复

铸铁水泵壳体如有裂纹,可在裂纹两端各钻直径为 2.5 mm 的止裂孔,沿裂纹开 V 形坡口,经预热后,用铸铁焊条焊修。水泵壳体接合平面翘曲变形量超过 0.05 mm 时,可采用车、锉削的方法予以修复,但总的加工量应不大于 0.5 mm。为保证叶轮与端盖的原有间隙,在装合时,应视加工的厚度,加厚水泵盖的衬垫。

2. 水泵水封的检测与修复

水泵水封的陶瓷动环或水泵水封的密封圈应平整光滑,水封弹簧应无严重的锈蚀或弹力减退现象,水封胶木垫圈磨损超过规定,应换用新件。

3. 水泵叶轮的修复

水泵叶轮如有破损,可采用堆焊修复。叶轮与轴的配合孔磨损后,可采用镗孔镶套法修复,注意衬套材料应与叶轮材料相同。

4. 水泵轴的修复

水泵轴前后轴颈磨损过度,可采用镀铬、镀铁法修复。水泵轴弯曲时可采用冷压校正。轴端螺纹损伤若超过两牙,可采用堆焊后重新加工螺纹的方法修复。泵轴轴向间隙应不超过 0.03 mm,径向间隙应不超过 0.15 mm,否则应更换。

5. 水泵装合后的性能试验

水泵经修复装合后,应进行工作性能试验。首先用手转动皮带轮,水泵轴应无阻滞现象,叶轮与泵壳、泵盖之间应无碰擦。然后装于水泵试验台上进行流量和压力试验。试验过程中,应观察水泵运转时有无异响,有无漏水,皮带轮是否偏摆等。

(三)水泵的润滑

水泵轴承应定期加注润滑脂,否则会加速水泵轴承磨损。水泵壳上有一个小孔,加注润滑脂时,加至从小孔能挤出少许润滑脂即可。加注完毕,应将挤出的润滑脂擦净,防止甩在风扇皮带上造成打滑。

二、散热器的清洗、检测与修复

散热器的常见缺陷有:内部积垢、渗漏、散热片损伤以及水管堵塞等。发动机大修时,应对散热器进行检测和修复。

(一)散热器的清洗

散热器长期使用后,在管道内壁上会沉积有一层较厚的水垢,积垢越严重,散热器的水容量越少,散热器的散热条件也越差。

清除水垢时,先将散热器的外部洗净,然后采用化学清洗法清除内部水垢,方法如下:

先将含有碳酸钠 3%~5% 的水溶液在洗涤池中加热,使温度保持在 353~363 K 之间,将散热器置于其中浸泡 5~8 h 后取出,用清水冲洗干净。

对于水垢特别严重的散热器,可用 3%~5% 的盐酸溶液,并按每升溶液加入 3~5 g 六亚甲基四胺,然后加热到 333~343 K,清洗 30 min 后,再用热碱水清洗,最后用热清水冲洗干净。

(二)散热器渗漏的检测

散热器的渗漏情况可用气压法检测,渗漏检查应在散热器外表洗净、水垢清除后进行。

检测时,应将散热器的进出水管口用膨胀式橡皮塞堵住,将散热器盖拧紧,把连接空压机的软管接在放水开关上,并在管路中用三通管连接一只气压表,然后将散热器置于清水池内。打开散热器放水开关,向散热器内充入压缩空气,当散热器盖泄气管放出压缩空气时,压力表的读数应为 24.5~29.4 kPa。再关闭放水开关,将压缩空气从泄气管处充入,加压至 49~98 kPa,保压 1 min,检查散热器有无渗漏,如压力表指针迅速下降,则表明散热器有渗漏,应将渗漏部位做好记号,以便修复。

(三)散热器的修复

散热器的渗漏大多出现在散热管与上下水室间的接触部位,如渗漏不太严重,仅有少数小孔或斑点时,可用镀锡法修理。

若上下水室有较大的孔洞和裂缝时,可用补板法修理,方法是:在裂缝两端各钻一个止裂孔,将补板盖在裂缝上(补板长度应大于裂缝 10~20 mm),其间涂以氯化锌-铵混合溶剂,用氧-乙炔焊加热,将接口用锡焊焊牢。

散热器冷却管的修复可根据冷却水管的损坏情况确定。当散热器外层冷却管有少数损坏且长度不大时,可用接管法进行修复。修复时先将损坏的冷却管断口修整平齐,再取一段旧管,其长度为镶接部分长度加 10 mm,并将其断口处略扩大,使其套装在原冷却水管的两断口处。将通条插入冷却水管,将端口整理平整,然后用空气-乙炔焰加热,用锡焊焊牢。

当冷却水管损坏的长度大,可以采用换管法修复,这时需将损坏的冷却水管抽出,然后装入新冷却管并焊合。

三、节温器的检测与修复

节温器的主要故障是阀门开启时的温度过高甚至不能开启,所以检修中要对节温器进行检验。

检验时,将节温器拆下放在装有热水的烧杯中,然后逐渐提高水温,用温度计测量水温,分别记下节温器开始开启和完全开启时的温度。性能良好的节温器阀门在 341~345 K 时开始开启,在 353~358 K 时完全开启。若开始开启和完全开启的温度高于上述数值,水套水温就会过高。

节温器失灵,一般应予更换新件。

四、风扇的检测与修复

(一)风扇叶片的检测与修复

风扇叶片由钢板冲压而成,如果检查出风扇叶片有裂纹或折断,应及时更换。连接风扇叶片的铆钉如有松动,应予重铆。风扇叶片与旋转平面有 30°~45°倾斜角度,每片倾斜度应相等,可用样板检查是否符合规定,否则会影响风量,而且产生振动和噪声。叶片角度变形,可在压模内扳正。

(二)风扇传动皮带张力的检测和调整

风扇传动皮带的张力要适当。如张力过小,皮带容易打滑,使发动机过热,蓄电池充电电流过小;张力过大,会加速发电机和水泵轴承磨损,同时导致皮带的早期损坏。

风扇皮带张力的检查调整:在两带轮之间,用拇指以约 39 N 的力按下单根皮带,皮带的挠度应为 10~15 mm,如不符合要求,可用移动发电机与调节臂相对位置的方法来调整。两根皮带的松紧度要保持一致,换用新带时应同时更换两根同一厂家的产品,以免伸长量不一致。

任务 2　冷却系统常见故障的诊断与排除

一、发动机过热

(一)故障现象

(1)在发动机启动后,冷却水的温度上升很快。

(2)运转中的发动机,水温表指针经常指在 100 ℃以上并伴随冷却液沸腾现象。

(3)发动机易产生突爆、早燃、熄火困难等现象。

(二)故障原因

(1)冷却液量不足或冷却液中水垢过多,致使冷却效能降低。

(2)没有完全打开百叶窗。

(3)冷却液温度表或警告灯指示有误,如感应塞损坏、线路搭铁、脱落或指示表失灵等。

（4）散热器心管被堵塞或漏水，或其中的水垢过多，散热器片变形，散热器的出水管被吸瘪或被堵塞，如此导致冷却效果下降。

（5）风扇有故障。例如，风扇皮带松弛或因油污而打滑，风扇离合器失效，温控开关、风扇电动机损坏，叶片变形等。

（6）节温器失效，不能被正常开启，致使冷却液大循环工作不良。

（7）水泵有故障。例如，水泵的泵水量不足、水泵皮带过松或因油污而打滑，水泵的轴承松旷，水泵轴与叶轮脱转，水泵的叶轮、叶片破损，水泵的密封面、水封漏水，水泵内有空气等。

（8）点火过迟或过早，混合气过稀或过浓。

（9）使用发动机不合理，如经常超负荷工作等。

（三）故障诊断与排除

（1）检查冷却液的液面高度是否符合要求，以及冷却液中的锈皮或水垢是否过多等。

（2）检查百叶窗能否被完全打开。

（3）检查冷却液的指示装置。在就车诊断时，将连接感应塞的导线与发动机的机体搭铁。若搭铁后水温表指针摆动，说明水温表良好，感应塞有故障；否则，说明水温表有故障。

（4）检查风扇。先检查风扇的风量，可用一张薄纸放在散热器前面，若薄纸被牢牢吸住，说明风量足够。然后，检查风扇皮带是否过松，叶片有无变形，风扇离合器是否失效等。对于电动风扇，应先检查温控开关。若在将其短接后风扇立即转动，说明温控开关损坏；若在短接后风扇仍不转，应检查线路熔断器、继电器、电动机等是否损坏。

（5）检查散热器是否变形、漏水，并触试散热器和发动机的温度。若散热器温度低而发动机温度高，说明冷却水循环不良，应检查散热器出水胶管是否被吸瘪或被堵塞。如果出水管良好，可拆下散热器的进水软管并启动发动机，这时冷却水应被有力地排出，若不排水，说明水泵或节温器有故障。

（6）若上述部位均正常，再检查散热器和发动机各部位的温度是否均匀。如果散热器冷热不均，说明其水管被堵塞。如果发动机的前端温度低于后端温度，则表明其分水管已损坏或被堵塞，应将其拆换。

（7）若非上述原因，则可能是由于水套内的积垢过多，应予以清除。

（8）若在冷却系统正常的情况下发动机仍过热，则应考虑其他系统问题，如点火是否过迟，排气门脚的间隙是否过大，混合气是否过浓或过稀，燃烧室内的积炭是否过多以及机油是否不足等。此外，在上长坡、顺风行驶或在高温季节的条件下，长时间低速大负荷运转时也会引起发动机过热。

二、冷却液升温缓慢

（一）故障现象

（1）温度指示值低于发动机正常工作温度值。

（2）发动机运转无力，消声器时有放炮，燃油消耗增加。

（二）故障原因

（1）水温表或水温感应器损坏，指示有误。

(2)未装节温器或其阀门因黏结而不能闭合。

(3)当在冬季或寒冷地区行驶时,未关闭百叶窗或未采取车身保温措施。

(4)冷车快,怠速调整过低。

(三)故障诊断与排除

(1)若环境温度较低,应检查百叶窗是否被关闭,是否采取了保温措施。

(2)检查水温表、传感器及线路是否正常。

(3)拆检节温器,若损坏则应将其更换。

三、冷却液消耗过多

(一)故障现象

发动机有漏液现象,冷却液液面下降过快,需经常添加冷却液。

(二)故障原因

(1)散热器损坏,因水泵密封不良或管路接头损坏、松动等造成冷却系统外部渗漏。

(2)气缸垫损坏,因缸体缸盖处的水套破裂、气缸盖翘曲、缸盖螺栓松动等造成冷却系统内部渗漏。

(三)故障诊断与排除

(1)检查冷却系统有无外部渗漏现象。由于发动机的冷却液通常加有染料着色,若有外部渗漏,则外部渗漏部位较为明显,应重点检查软管、接头、散热器和水泵等部位。

(2)检查冷却系统有无内部渗漏现象。一般当内部渗漏时其会伴随发动机无力、排气管排白烟、散热器内冒气泡、机油液面升高、机油呈乳白色等现象,这时,应拆检缸体、缸盖和缸垫等。

任务实施

一、任务描述

1. 识别冷却系统主要零部件;

2. 分解、清洗、装配水泵和散热器;

3. 按照有关技术标准检测和修理水泵、散热器、节温器、风扇,并对失效原因进行分析;

4. 查找发动机过热、冷却液升温缓慢、冷却液消耗过多等故障并予以排除。

二、任务要求

1. 按照检测要求和技术标准将设备仪器分别放在相关工位,将制定的任务单发给学生;每位学生穿上工作服、工作鞋,随身携带一支笔,以便做好记录并分析检测结果;

2. 使用有关工具,按照正确步骤分解、装配、清洗一套冷却系统总成;

3. 按照有关技术标准,使用有关工具、量具检测冷却系统主要零部件;

4. 按照正确步骤诊断并排除冷却系统常见故障;

5. 对冷却系统主要零件的各种失效进行原因分析;

6. 监控学生是否按要求完成任务,并指导学生进行正确的操作。

三、任务考核

序号	考核内容	分值	评分标准	得分
1	正确使用工具、量具	6	工具、量具使用不当,一次扣2分	
2	指认车上冷却系统各零部件位置	12	指认不正确,扣12分	
	拆装顺序正确		拆装顺序错误,一次扣4分	
	零件摆放整齐		摆放不整齐,扣4分	
3	检测与调整水泵	42	能对各个项目进行准确检测及调整,错一项扣3分	
	检测、清洗与修理散热器			
	检测散热器盖			
	检测节温器、风扇叶片			
	组装和检修水泵			
	检测风扇皮带张紧度			
	检查冷却液温度、温升时间、消耗量			
	调整节温器			
	常见故障原因分析与排除			
4	正确组装冷却系统零部件	10	不能正确组装,错一次扣2分	
5	正确调节冷却水温	15	不会调节扣10分,调节错误扣5分	
6	工具、现场清洁	5	每项扣2分,扣完为止	
7	安全、文明生产	10	违规操作、发生人身和设备事故,为0分	
8	配分合计	100	得分合计	

复习思考

一、填空题(将正确答案填在题中横线上)

1. 节温器的主要故障是阀门开启时的温度_____甚至不能开启,所以检修中要对节温器进行检验。

2. 检验时,将节温器拆下放在装有热水的烧杯中,然后逐渐提高水温,用温度计测量水温,分别记下节温器_____开启和_____开启时的温度。

3. 性能良好的节温器阀门在_____ K 时开始开启,在_____ K 时完全开启。若开始开启和完全开启的温度高于上述数值,水套水温就会过高。

4. 节温器失灵,一般应予_____。

5. 风扇叶片由钢板冲压而成,如果检查出风扇叶片有裂纹或折断,应及时更换。连接风扇叶片的铆钉如有松动,应予重铆。

6. 风扇皮带张力的检查和调整风扇传动皮带的张力要适当。如张力_____,皮带容易打滑,使发动机过热,蓄电池充电电流过小;张力_____,会加速发电机和水泵轴承磨损,同时导致皮带的早期损坏。

7. 发动机有漏液现象,冷却液液面下降过快,需经常_____冷却液。

8. 散热器损坏,因水泵密封不良或管路接头损坏、松动等造成冷却系统外部_____。

9. 气缸垫损坏,因缸体缸盖处的水套破裂、气缸盖翘曲、缸盖螺栓松动等造成冷却系统内部_____。

10. 检查冷却系统有无外部渗漏现象。由于发动机的冷却液通常加有染料着色,若有外部渗漏,则外部渗漏部位较为明显,应重点检查软管、接头、散热器和_____等部位。

11. 一般当内部渗漏时其会伴随发动机无力、排气管排白烟、散热器内冒气泡、机油液面升高、机油呈_____色等现象,这时,应拆检缸体、缸盖和缸垫等。

二、判断题(将判断结果填入括号中,正确的填"√",错误的填"×")

1. ( )散热器的常见缺陷有:内部积垢、渗漏、散热片损伤以及水管破裂等。发动机大修时,应对散热器进行检查和修理。

2. ( )散热器长期使用后,在管道内壁上会沉积有一层较厚的水垢,积垢越严重,散热器的水容量越少,散热器的散热条件也越差。

3. ( )散热器的渗漏情况可用气压法检查,渗漏检查应在散热器外表洗净、水垢清除后进行。

4. ( )散热器的渗漏大多出现在散热管与上下水室间的接触部位,如渗漏不太严重,仅有少数小孔或斑点时,可用电焊法修理。

5. ( )当冷却水管损坏的长度大,可以采用换管法修复,这时需将损坏的冷却水管抽出,然后装入新冷却管并焊合。

6. ( )水温表或水温感应器损坏,指示有误,则冷却液升温缓慢。

7. ( )未装节温器或其阀门因黏结而不能闭合,则冷却液升温缓慢。

8. ( )当在冬季或寒冷地区行驶时,未关闭百叶窗或未采取车身保温措施,则冷却液升温缓慢。

9. ( )冷车快怠速调整过低,则冷却液升温缓慢。

10. ( )若环境温度较低,应检查百叶窗是否被关闭,是否采取了保温措施。

三、选择题(选择一个正确的答案,将相应的字母填入题内的括号中)

1. 铸铁水泵壳体如有裂纹,可在裂纹两端各钻直径为( )的止裂孔,沿裂纹开 V 形坡口,经预热后,用铸铁焊条焊修。

　　A. 2.5 mm　　　　　　　　B. 5 mm　　　　　　　　C. 12.5 mm

2. 水泵壳体接合平面翘曲变形量超过( )时,可采用车、锉削的方法予以修复,但总的加工量应不大于 0.5 mm。

　　A. 5 mm　　　　　　　　B. 0.5 mm　　　　　　　　C. 0.05 mm

3. 水泵轴前后轴颈磨损过度,可采用镀铬、镀铁法修复。水泵轴( )时可采用冷压校正。

　　A. 弯曲　　　　　　　　B. 裂纹　　　　　　　　C. 扭曲

4. 水泵轴承应定期加注( ),否则会加速水泵轴承磨损。

    A. 润滑油   B. 润滑脂   C. 石墨粉

5. 在发动机启动后,冷却水的温度( )很快,则发动机过热。

    A. 下降   B. 上升   C. 不变

6. 发动机过热,水温表指针经常指在( )℃以上并伴随冷却液沸腾现象。

    A. 60   B. 80   C. 100   D. 150

7. 发动机( )易产生突爆、早燃、熄火困难等现象。

    A. 过热   B. 过冷   C. 抖动   D. 加速

8. 冷却液量不足或冷却液中水垢过多,致使冷却效能( )。

    A. 不变   B. 加强   C. 降低

四、问答题

1. 如何就车检查水泵的技术状况?

2. 如何进行散热器渗漏的检查?

3. 如何调整风扇皮带的张力?

4. 试从点火是否过迟,排气门脚的间隙是否过大等方面考虑对发动机过热的分析。

5. 试从混合气是否过浓或过稀等方面考虑对发动机过热的分析。

6. 试从燃烧室内的积炭是否过多以及机油是否不足等方面考虑对发动机过热的分析。

项目八

发动机的总装、磨合与试验

教学目标

一、知识目标

1. 准确描述发动机总装的步骤、操作要领、注意事项；

2. 准确描述发动机磨合的步骤、操作要领、注意事项；

3. 准确描述发动机试验的步骤、操作要领、注意事项。

二、能力目标

1. 能按照总装的步骤、操作要领、注意事项对发动机进行总装；

2. 能按照磨合的步骤、操作要领、注意事项对发动机进行冷磨合、热磨合、无负荷热磨合、有负荷热磨合；

3. 能按照发动机的验收标准对发动机性能进行评判，具备发动机是否合格验收的能力。

任务导入

发动机的总装，是发动机修复的最后一道工序。发动机在修复和装配过程中，各配合零件之间存在着一定的宏观和微观缺陷，通过以最少的磨损量和最短的磨合时间试验，检测发动机修理和装配的质量，建立起适合工作条件要求的配合表面，判断发动机的动力性和经济性。港口机械维修人员应当熟悉发动机的总装、磨合与试验技术要求及注意事项，准确测量发动机各项参数,按照发动机的验收标准对发动机性能进行评判,为发动机投入使用提供依据。

📄 相关知识

任务 1　发动机的总装

一、发动机总装的注意事项

(1)总装之前,必须对各零件和部件进行检查和测量,确保质量合格。

(2)不可互换的基础件、组合件(如气缸体和飞轮壳、活塞连杆组与其对应的气缸、主轴承盖和连杆轴承盖等),一定要按拆卸和修理中所做的记号装回到原来位置,不得错乱。尤其是有相互位置要求的零部件(如经过平衡试验的曲轴、飞轮,与点火正时、喷油正时有关的零部件),必须按规定的方向找准位置,不能弄错。

(3)重要的螺栓、螺母(如气缸盖、主轴承和连杆轴承盖等),必须按规定的力矩分次上紧。上紧气缸盖螺栓、螺母时,必须从中间开始,按顺序交叉分次进行,以防缸盖变形。

(4)各重要零件或组合件之间的间隙(如活塞与气缸、轴颈与轴承、气门间隙等),都必须符合修理技术标准。各缸的配气相位、喷油正时、点火正时等都必须符合原说明书的规定。

(5)各螺纹连接件所需的开口销、保险垫片等必须配备齐全,不得漏装。

(6)各有相对运动的摩擦表面(如轴承与轴颈、活塞与缸套等),在装配中要涂以机油,防止在冷磨合初期发生干摩擦,加速零件磨损。

(7)在装配过程中,应尽量采用专用工具,尤其对于过盈配合的零件,为防止损坏,一定要使用压力机或专用工具操作。

(8)装配前必须认真清洗零件、工具和工作台等,对气缸体、气缸盖、曲轴上的润滑油道要彻底清洗,并用压缩空气吹净。

二、发动机总装的工艺过程

发动机总装的工艺顺序随发动机的类型和结构的不同而异,但其装配原则基本相同,即以气缸体为基础由内向外逐渐装配。即先分装后总装。总装的工艺顺序如图 8-1 所示。

(一)安装曲轴

(1)在轴承盖和气缸体上的轴承座上安装轴承(或轴承外圈)和止推垫圈时,应注意止推垫圈的合金面(或有润滑油槽的一面)应向外(朝向曲轴)。

(2)安装轴承时,应在轴承内表面涂上发动机润滑油。注意不要在轴承背面涂发动机润滑油。因为轴承产生的热,会通过轴承背面散发到气缸体中。如果在轴承背面涂上发动机润滑油,势必会妨碍这些总成之间的接触,从而造成散热效果下降。

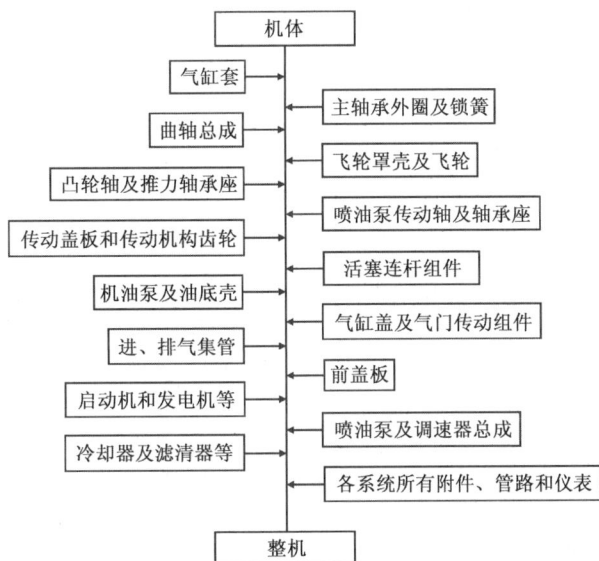

图 8-1 柴油机总装的工艺顺序示意图

（3）将曲轴放在轴承座上后，应按拆卸时的位置和方向安装轴承盖，不可错乱。

（4）依照先中间、后两边顺序的原则，按规定的力矩分别拧紧各个主轴承盖螺栓，拧紧顺序如图 8-2 所示。部分发动机重要螺栓、螺母的拧紧力矩见表 8-1。

（5）曲轴装配之后，应确保用手能够转动曲轴。

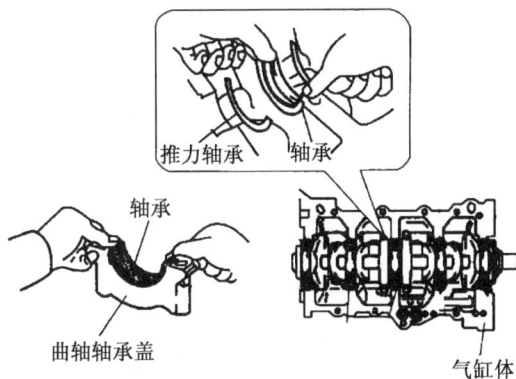

图 8-2 主轴承盖螺栓拧紧顺序示意图

表 8-1 部分发动机重要螺栓、螺母的拧紧力矩（N·m）

名称	EQ6100-1	CA6102	CA10B CA15
气缸盖螺栓	167~196	98~118	98~117
连杆螺栓、螺母	98~118	98~118	98~88
主轴承盖螺栓	167~186		
后主轴承和中间主轴承		98~118	78~98
其他主轴承		137~157	108~127
飞轮紧固螺栓	118~137	98~118	

（二）活塞连杆组组装

（1）组装活塞、活塞销、连杆时，要注意活塞和连杆的安装方向应一致。半浮式活塞销要使用专用工具安装，如图8-3所示。全浮式活塞销在安装时，应先将活塞放在沸水中加热后再安装活塞销。或者将连杆置于电热盘上，在每个连杆小头处放上一块锡，加热，直到锡块熔化（大约250 ℃），对活塞进行润滑后，迅速将活塞销压入。

（2）安装活塞环时，要注意活塞环的方向和序号。不要将所有的活塞环端隙放成一列，应将其互相错开，要求将活塞环的开口交错布置，一般是以第一道活塞环的开口位置为始点，其他各环的开口布置成迷宫状的走向。或按柴油机维修手册的有关规定安装，以防止泄漏压缩气体。并将安装好的活塞连杆组安装到缸体上。

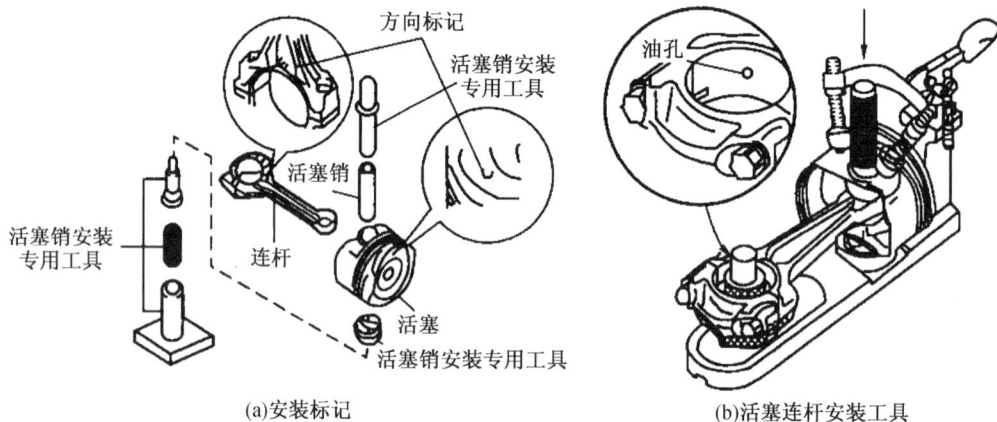

(a)安装标记　　　　　　　　　　　　　(b)活塞连杆安装工具

图8-3　半浮式活塞销安装示意图

（三）气门组组装

组装好气门组后，应检查气门弹簧锁片是否安装到位。可将旧气门杆放在装好的气门杆端部，用橡胶锤子快速而轻轻地敲击已安装的气门。敲击气门杆时，要用布将气门杆盖住，以防止在气门未正确安装时，气门锁片和气门弹簧弹出。

（四）气缸盖安装

1. 安装气缸垫

安装气缸垫以前，清洁气缸盖下部和气缸体上部，清除各螺栓孔中的油污或者水分。按照正确的方向将垫片定位，然后安装在气缸体上。如果垫片未正确定位，油孔和水套就可能被覆盖，从而造成漏油和漏水或油孔和水套的堵塞。

2. 安装气缸盖总成

将气缸盖和缸体的定位销对准，然后将气缸盖放在气缸体上。将气缸盖放在气缸体上时应小心，不要移动气缸盖；否则，锁销就有可能损坏气缸盖底部。

在安装气缸盖螺栓时，应在螺栓的螺纹和螺栓头下部涂一薄层润滑油。然后按先中间顺序、后两边顺序，分几次按规定力矩逐步拧紧，如图8-4所示，也可按对称交叉的原则拧紧。具体机型发动机气缸盖螺栓的拧紧次数和顺序应参考维修手册。

（五）油封安装

油封在安装时应根据其外形选择专用工具，以防止油封在安装时损坏。在安装油封以前,应在油封唇部涂上油脂。

(六)凸轮轴安装

1.安装凸轮轴

有些发动机必须先将气缸盖安装到气缸体上后,才能安装凸轮轴。在这种情况下,安装凸轮轴之前应先将曲轴从第1缸上止点位置逆时针旋转大约40°,使活塞向下移动。以防止安装凸轮轴时,气门下移顶到活塞,造成气门杆弯曲。

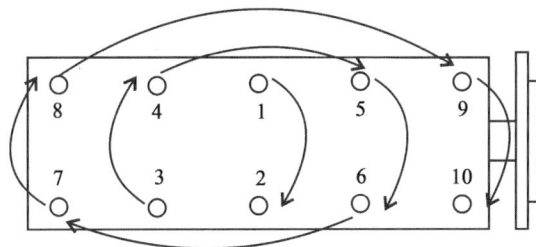

图8-4　气缸盖螺栓拧紧顺序示意图

2.凸轮轴安装正时齿轮

安装正时齿轮前首先转动曲轴,使飞轮上的标记点与壳体上标记对正。其次,安装凸轮轴正时齿轮,注意凸轮轴正时齿轮与缸体上标记对应,同时确认凸轮轴正时齿轮与惰轮、曲轴正时齿轮的安装标记(或皮带与凸轮轴、曲轴正时齿轮上的正时标记位置)。最后顺时针摇转动曲轴8~10圈,确保正时标记正确。必要时应进行凸轮轴的轴向定位调整。

(七)润滑系统部件安装

在机体底部安装吸油盘,一侧装配润滑油泵和油底壳,并事先检查润滑油泵各零件的配合间隙,调整好各间隙。

(八)调速器、喷油泵装配

事先安装好调速器、喷油泵总成并装配到机体上,在气缸盖上安装好喷油器,并装配柴油滤清器、低压油管、高压管。

(九)喷油泵正时齿轮安装

摇转曲轴,先将飞轮上的正时标记与飞轮壳体上的正时标记对正,再将曲轴正时齿轮、凸轮轴正时齿轮、喷油泵的正时齿轮按装配标记一一啮合装配。装配好后顺时针转动曲轴几周,确保正时标记正确,无错乱。正时标记一旦装错,柴油机将无法启动,必须重新调整正时。

1.调整总供油正时

当第1缸出油阀处的溢油管停止溢油(或出油阀口油液开始微微闪动)时,喷油泵凸轮轴的相位正是第1缸供油正时位置,此时提前器壳上的刻线应与泵体前端面上的正时指示片上刻线对准(见图8-5)。如果没对准,应松开提前器后面的驱动接头紧固螺栓,转动提前器壳,使之对准。

2.调整各缸供油正时的方法

(1)打开喷油泵侧面的检查窗口,找准要调的柱塞所对应的挺柱。

(2)拧松该挺柱上的正时螺钉锁紧螺母。

211

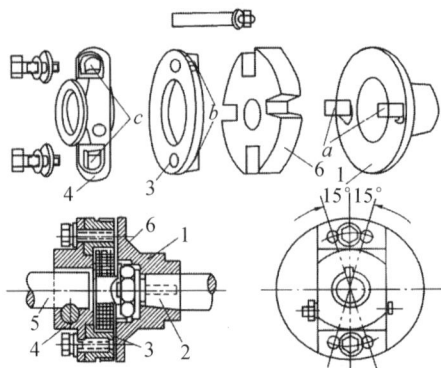

图 8-5　喷油泵提前器与正时调整

1—从动凸缘盘;2—喷油泵凸轮轴;3—中间凸缘盘;4—主动凸缘盘;5—驱动轴;6—胶木盘

（3）若正时迟后,应旋出正时螺钉少许,用锁紧螺母锁紧再试。

（4）若正时超前,应旋入正时螺钉少许,用锁紧螺母锁紧再试。

（5）每次调整后,都要小心地慢转喷油泵凸轮,使柱塞升到最高点。然后,用螺丝刀撬起柱塞尾部,用厚薄规(塞尺)测量柱塞尾部与正时螺钉头之间的间隙。此间隙不得小于 0.4 mm,以防柱塞顶到出油阀座,损坏两组偶件。如果只有间隙小于 0.4 mm 才能满足正时要求,则必须换用新柱塞偶件。

喷油正时调整如果发生错误,则装配好的发动机无法启动。

（十）附件的安装与技术检查

发动机的附件包括:排气歧管隔热罩、排气歧管、排气歧管衬垫、歧管支架、进气歧管衬垫、进气歧管、发电机、发动机线束、涡轮增压器、中冷器、空气压缩机等。安装时,应按维修手册规定的顺序进行。最后检查技术状态包括调整供油提前角、喷油压力、气门间隙和风扇的皮带张紧度等。具体技术要求请参阅故障机型的维护手册。

任务 2　发动机的磨合

发动机的磨合,通常分为冷磨合和热磨合两个阶段。

一、发动机的冷磨合

发动机的冷磨合,是把发动机装在专用的磨合架上,加足润滑油,利用可变转速的外来动力带动发动机旋转。冷磨合时,侧置式气门的发动机可不装气缸盖,顶置式气门的发动机则不装火花塞或喷油器。

冷磨合时所用的润滑油,一般宜用黏度较小的车用机油,如机油黏度较大,可加入 15% 的煤油或轻柴油。因为润滑油黏度较小时,可以缩短磨合时间,同时也有利于散热和冲洗磨合中产生的金属微粒。

发动机冷磨合的起始转速对磨损量和磨合时间影响较大,起始转速主要应当保证主要润滑表面的润滑条件。试验资料表明,车用发动机冷磨合的初始转速以 600 r/min 为宜,在此转速下,可以保证在各摩擦面上形成良好的润滑油膜。然后在此基础上逐步增加每一级的发动机磨合转速,一般每一级转速以 100~200 r/min 递增。

发动机冷磨合时间一般为 2~4 h。因为经过一段时间的磨合以后,零件配合表面的接触面积逐渐增大,磨损速度趋于缓慢,继续冷磨合已经不能在短时间内达到磨合的最终目的,这就要求增加负荷和提高转速,在另一级磨合条件下完成以后的磨合过程。发动机的冷磨合规范见表 8-2。

在整个冷磨合过程中,都要注意观察机油压力表指示的压力是否正常,各机件的工作情况是否良好。如发现有不正常的现象或异常的响声时,应停止磨合,检查原因排除故障后再继续进行。磨合中如果发动机温度达 363 K,应及时用风扇冷却。

冷磨合结束后应放出全部润滑油,加入清洗油(90% 的柴油和 10% 的车用润滑油),再运转 5 min 左右,然后放出清洗油,清洗或更换机油滤清器的滤芯,拆检、清洗发动机各零件及油道,检查活塞、活塞环与气缸壁的接触情况以及轴颈与轴承的磨合情况,如果一切正常,则将各机件按规定装复,再进行热磨合。

表 8-2 发动机的冷磨合规范

发动机额定转速 (r/min)	磨合转速 (r/min)	时间 (min)	总时间 (h)	发动机额定转速 (r/min)	磨合转速 (r/min)	时间 (min)	总时间 (h)
≤3 200	500~600 600~800 800~1 000 1 000~1 200	30~45 30~45 30~45 30~45	≥2	>3 200	700 900 1 100 1 300	60 60 60 60	≤4

二、发动机的热磨合

发动机的热磨合可分为两个阶段,即无负荷热磨合和有负荷热磨合阶段。热磨合的目的是全面检验各部件的技术状况,发现和排除修理中存在的缺陷,使发动机各主要机件得到进一步磨合。

(一)无负荷热磨合

无负荷热磨合也叫无载热磨合。柴油机冷磨后,装上全部附件进行无载热磨合。无载热磨合是为有载热磨合做准备。它是在冷磨的基础上使零件表面再增加一些压力,在比较低的转速下进一步磨合,磨合时,先使发动机以较低的转速运转 1 h,运转中调整水温由 70 ℃渐升至 95 ℃观察发动机有无异常现象。如果在此运转中发现发动机本身阻力较大,应及时停机检查,然后再以正常温度用不同转速(350~500 r/min、1 300~1 500 r/min)进行试验。在这一阶段中,要进行发动润滑油、电路的必要调整、检查和排除故障。

(二)有负荷热磨合

有负荷热磨合也叫有载热磨合。有负荷热磨合即通过加载装置,使发动机对外输出功率,进行负载运转,目的是使发动机在有载状态下进一步磨合,改善摩擦副工作表面的微观不平度,检验发动机在修理后的各项技术性能指标,以及发现在无负荷热磨合中不能发现或不易发现的故障。

有负荷热磨合的初始负荷约为额定负荷的 10%～15%,然后逐渐增加负荷并提高转速,磨合时间应不少于 3 h,如配合较紧时,应适当增加磨合时间。应该注意的是,在磨合试验中,应尽量减少发动机在较大负荷下的工作时间,特别不能做满负荷试验,以免损坏发动机。

三、发动机磨合后的检查

为了保证发动机的大修质量,热试后应将主要的运动部件拆下来检查,在拆检中应注意观察以下情况:

(1)检查气缸内表面有无纵向划痕,上止点处活塞环的印迹是否完整。气缸壁表面应光洁,呈深蓝色,无异常磨痕。

(2)注意活塞裙部的摩擦痕迹是否均匀,是否有划伤、拉毛等现象。正常情况下,磨合后活塞裙部长轴两侧的方向磨成灰白色,有 30～40 mm 宽的丝缕状磨痕。

(3)检查活塞环的开口位置是否符合技术规定,如果活塞环的开口位置移至一条线上,则说明气缸有变形。

(4)活塞环外表面的摩擦痕迹应沿圆周方向均匀分布而不间断,扭曲环的磨痕应在环的下边缘呈整周窄亮条带(宽度约 0.3～0.5 mm)。

(5)检视活塞顶面、气缸盖底面的积炭颜色和厚度。如果积炭层较厚且呈潮湿的深黑色,说明有窜油现象;若呈深黑色细灰状烟质积炭,可能是发动机过冷,火花塞不灵所致;若积炭层较薄并为松质浅色时,说明气缸工作良好。

(6)检查气门头积炭和气门杆的结焦情况。如积炭较多,说明气缸可能不工作,气门杆结焦说明气门导管等处漏油。

(7)检查轴承和轴颈表面有无擦伤、拉毛等现象。磨合后的主轴承和连杆轴承接触表面一般都呈灰白色或暗红色,磨合正常的轴承表面应光滑平整,无异常磨痕,手工刮削的轴承,接触面应在 75% 以上。

(8)检查喷油器表面有无积炭。

发动机拆检后,如无异常,则可将零件清洗干净后重新装复,然后再低速运转一会儿,重新调整并消除松漏现象。如拆检中发现有划伤、拉毛等现象时,应查明原因,消除隐患,必要时更换有缺陷的零件。如果仅仅更换轴瓦或活塞环,则可不必再磨合,但应低速运转 1 h 左右。

凡经过拆检修理的发动机,热试后应检查气缸盖螺栓,并按规定扭矩复检一遍,铸铁气缸盖可在发动机工作温度正常时进行,铝合金气缸盖应在发动机冷却后进行。

任务3　发动机的试验与验收

一、最高空转转速和最低稳定转速的测量

这两项指标可由台架转速表中直接读出。

二、有效功率的测量

发动机的有效功率可以用曲轴的输出扭矩 M_e 和曲轴转速 n 来表示。因此在测定有效功率时,可测出发动机的扭矩和转速,再根据它们的乘积求出功率值。

测定扭矩常用的测功器,按扭矩的测量方法不同可分为吸收法和传动法两种。吸收法是用某种装置将转轴制动,与发动机发出的功相当的制动功以热的形式散发,测量这时的制动力就可求得扭矩。由于测功器把发动机的功全部吸收,故称为吸收式测功器。其类型有水力测功器、电力测功器等。传动法是测定内燃机与被驱动机械的连接轴的扭转或应变,从而直接测得扭矩,称为传动式测功器,目前在港机修理厂家普遍使用的是水力测功器。

试验时,首先预热发动机使冷却水温上升到 353 K 左右,使机油温度上升到 348 K 左右,待发动机运转稳定后,逐渐加大水力测功器的进水量,使发动机负荷逐渐加大,测出发动机的转速,读取测功器称盘上的指针读数 p,按下式计算发动机的有效扭矩 M_e 和有效功率 N_e:

$$M_e = 7.062 \times p \quad (\text{N} \cdot \text{m})$$

$$N_e = \frac{M_e \cdot n}{9\,554} \quad (\text{kW})$$

式中:M_e——发动机的有效扭矩,N·m;

$\quad N_e$——发动机的有效功率,kW;

$\quad n$——发动机转速,r/min;

$\quad p$——测功器指针读数。

三、有效燃油消耗率的测定

图 8-6 为用重量法测量有效燃油消耗率的装置简图。在天平右端加两个砝码重量为 W_0 和 W,在测量前,三通阀 4 与油箱 1 接通,发动机由油箱 1 供油。准备测量时,把三通阀 4 扳到使油箱的燃油一方面供给发动机使用,另一方面向油杯 2 内充入,直到油杯内的燃油重于右边的法码。然后,把三通阀 4 扳到由油杯向发动机供油的位置(如图示位置)。待油杯燃油量下降到天平的指针指零时按动秒表开始计时,同时取出一只砝码重量为 W,待油杯燃油量下降到天平指针又一次指零时再按动秒表,计时结束。这样,在计时时间内,发动机所消耗的燃油重量就是砝码重量 W,砝码重量 W 的选择,应使测量时间在 1 min 左右较合适。所测得的有效燃油消耗率为:

$$g_e = 3\,600\,\frac{W}{t \cdot N_e} \quad \text{kg/(kW} \cdot \text{h)}$$

式中:W——所测燃油消耗量(砝码重量),kg;

$\quad t$——测量时间,s;

$\quad N_e$——测试中发动机的有效功率,kW。

四、发动机的验收

发动机经磨合和检验调整后,即可进行验收,被验收的发动机应保证动力性能良好,怠

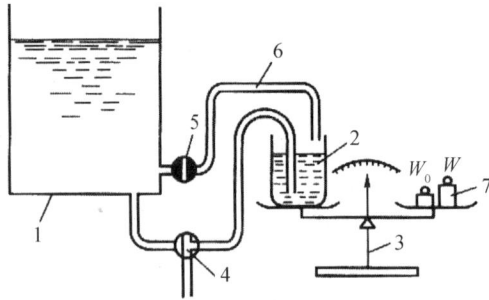

图 8-6　重量法测量有效燃油消耗率的装置简图

1—油箱;2—油杯;3—天平;4—三通阀;5—二通阀;6—油管;7—砝码

速运转稳定,燃料消耗经济,验收时应符合下列技术要求:

(1)发动机在环境温度不低于−5 ℃(柴油发动机不低于 5 ℃)时,用原车规定电压的蓄电池或外电源和手摇柄,应能顺利启动,在常温下,启动时间不超过 5 s。

(2)发动机在正常温度下,怠速、中速、高速运转平稳均匀,改变转速时应过渡圆滑。

(3)气缸压缩压力、进气管真空度和机油压力应符合规定。其中气缸压力除符合原设计值外,各缸气缸压力差,汽油机不大于8%,柴油机不大于10%。

(4)大修后的发动机在磨合期内,要按规定加装限速片。

(5)发动机的怠速排放应符合有关规定,具体规定见表8-3。

(6)验收中的发动机不能有下列现象:

①发动机各部位不得有漏气、漏油、漏水、漏电及温度过高的现象。

②在正常温度下不允许有活塞敲缸声,活塞销、连杆轴承和主轴承的响声及正时齿轮的敲击声。

③气门杆与摇臂间、机油泵等处不允许有明显的声响。

④不允许有窜机油的现象。

⑤不允许气缸盖衬垫有漏气的噪声。

(7)验收中的发动机允许有下列现象:

①正时齿轮、机油泵齿轮、分电器驱动齿轮有轻微均匀的噪声。

②气门杆与摇臂间在间隙符合规定、装配调整符合要求时,允许有轻微均匀的噪声。

③排气管内有轻微的排气噪声。

表 8-3　发动机怠速排放的有关规定

污染物		车辆状况	
		新车	在用车
汽油机	CO 含量	≤5%	≤6%
	HC 含量(ppm)	≤2 500	≤3 000
柴油机	烟度值(波许烟度单位 Rb)	≤5.0	≤6.0

任务实施

一、任务描述

1. 识别发动机的各总成部件；

2. 按照总装的步骤、操作要领、注意事项对发动机装配；

3. 对发动机各配合副零件进行检测；

4. 对发动机组装不当引起的故障进行诊断与排除；

5. 按照磨合的步骤、操作要领、注意事项对发动机进行冷磨合、热磨合、无负荷热磨合、有负荷热磨合，并对磨合后的技术状况进行检测；

6. 测量发动机的最高空转转速、最低稳定转速、有效功率、有效燃油消耗率；

7. 按照发动机的验收标准对发动机性能进行评判，判定发动机是否合格。

二、任务要求

1. 按照检测要求和技术标准将设备仪器分别放在相关工位，将制定的任务单发给学生；每位学生穿上工作服、工作鞋，随身携带一支笔，以便做好记录并分析检测结果；

2. 使用有关工具，按照正确步骤装配一台发动机，对发动机组装不当引起的故障进行诊断与排除；

3. 按照有关技术标准，使用有关工具、量具检测发动机配合要求高的配合副参数；

4. 按照要求对发动机进行冷磨合、无负荷热磨合、有负荷热磨合；测量发动机最高空转转速、最低稳定转速、有效功率、有效燃油消耗率；

5. 按照发动机的验收标准对发动机性能进行评判，判定发动机是否合格；

6. 监控学生是否按要求完成任务，并指导学生进行正确的操作。

三、任务考核

序号	考核内容	分值	评分标准	得分
1	正确使用工具、量具	6	工具、量具使用不当,一次扣2分	
2	指认发动机各位置正确	12	指认不正确扣12分	
	拆装顺序正确		拆装顺序错误,一次扣4分	
	零件摆放整齐		摆放不整齐,扣4分	
3	活塞连杆组组装和检查	52	能对各个项目进行正确组装及调整,错一项扣3分;不会调整扣10分,调整错误扣5分;不会测量扣10分,测量错误扣5分;不会检查扣10分,测量错误每项扣5分	
	曲轴飞轮组组装和检查			
	机体组组装和检查			
	配气机构的组装和检查			
	气门间隙的调整			
	润滑系统组装和检查			
	冷却系统组装和检查			
	燃油系组装和检查			
	供油正时调整			
	发动机附件组装和检查			
	发动机总体检查			
	冷磨合检查			
	热磨合检查			
	无负荷热磨合检查			
	有负荷热磨合检查			
	发动机验收与检查			
	测量发动机最高空转转速			
	测量发动机最低稳定转速			
	测量发动机有效功率			
	测量发动机燃油消耗率			
	常见故障原因分析与排除			
	发动机验收与检查			
4	正确组装发动机各零部件	15	不能正确组装,错一次扣2分	
6	工具、现场清洁	5	每项扣2分,扣完为止	
7	安全、文明生产	10	违规操作、发生人身和设备事故,为0分	
8	配分合计	100	得分合计	

复习思考

一、填空题（将正确答案填在题中横线上）

1. 总装之前，必须对各零件和部件进行检查和测量，确保质量_____。

2. 不可互换的基础件、组合件（如气缸体和飞轮壳、活塞连杆组与其对应的气缸、主轴承盖和连杆轴承盖等），一定要按拆卸和修理中所做的_____装回到原来位置，不得错乱。

3. 尤其是有相互位置要求的零部件（如经过平衡试验的曲轴、飞轮，与点火正时、喷油正时有关的零部件），必须按规定的方向找准_____，不能弄错。

4. 重要的螺栓、螺母（如气缸盖、主轴承和连杆轴承盖等），必须按规定的_____分次上紧。上紧气缸盖螺栓、螺母时，必须从中间开始，按顺序交叉分次进行，以防缸盖变形。

5. 各重要零件或组合件之间的_____（如活塞与气缸、轴颈与轴承、气门间隙等），都必须符合修理技术标准。

6. 各有相对运动的摩擦表面（如轴承与轴颈、活塞与缸套等），在装配中要涂以_____，防止在冷磨合初期发生干摩擦，加速零件磨损。

7. 发动机的_____，是把发动机装在专用的磨合架上，加足润滑油，利用可变转速的外来动力带动发动机旋转。

8. 冷磨合时，侧置式气门的发动机可不装气缸盖，顶置式气门的发动机则不装与_____。

9. 冷磨合时所用的润滑油，一般宜用黏度_____的车用机油，如机油黏度较大，可加入 15% 的煤油或轻柴油。

10. 发动机冷磨合的起始转速对_____和磨合时间影响较大，起始转速主要应当保证主要润滑表面的润滑条件。

11. 发动机冷磨合时间一般为_____h。

12. 最高空转转速和最低稳定转速这两项指标可由台架_____表中直接读出。

13. 发动机的有效功率可以用曲轴的输出_____和曲轴_____来表示。

14. 在测定有效功率时，可测出发动机的扭矩和转速，再根据它们的_____求出功率值。

15. 测定扭矩常用的测功器，按扭矩的测量方法不同可分为吸收法和_____两种。

二、判断题（将判断结果填入括号中，正确的填"√"，错误的填"×"）

1. （　）柴油机总装的工艺顺序随柴油机的类型和结构的不同而异，但其装配原则基本相同，即以气缸体为基础由内向外逐渐装配。即先部装后总装。

2. （　）组装活塞、活塞销、连杆时，要注意活塞和连杆的安装方向应错开。

3. （　）在安装气缸盖螺栓时，应在螺栓的螺纹和螺栓头下部涂一薄层润滑脂。

4. （　）全浮式活塞销在安装时，应先将活塞放在冰箱中冷却后再安装活塞销。

5. （　）安装正时齿轮前先转动曲轴，使飞轮上的标记点与壳体上标记对正。

6. （　）发动机的热磨合可分为两个阶段，即无负荷热磨合和有负荷热磨合阶段。

7. （　）热磨合的目的是全面检验各部件的技术状况，发现和排除修理中存在的缺陷，使发动机各主要机件得到进一步磨合。

8.(　　)有负荷热磨合的初始负荷约为额定负荷的 10% ~ 15%,然后逐渐增加负荷并提高转速,磨合时间应不少于 3 h,如配合较紧时,应适当增加磨合时间。

9.(　　)应该注意,在磨合试验中,应尽量减少发动机在较大负荷下的工作时间,特别不能做满负荷试验,以免损坏发动机。

10.(　　)发动机经维修组装后,即可进行验收。

11.(　　)被验收的发动机应保证动力性能良好,怠速运转稳定,燃料消耗经济。

12.(　　)发动机在验收时:环境温度不低于 −5 ℃(柴油发动机不低于 5 ℃)时,用原车规定电压的蓄电池或外电源和手摇柄,应能顺利启动,在常温下,启动时间不超过 5 s。

13.(　　)发动机验收时在正常温度下,怠速、中速、高速运转平稳均匀,改变转速时应过渡圆滑。

三、选择题(选择一个正确的答案,将相应的字母填入题内的括号中)

1. 安装活塞环时,要注意活塞环的方向和序号。不要将所有的活塞环(　　)放成一列,应将其互相错开。

　　A. 背隙　　　　　　　　　　　　B. 测隙

　　C. 端隙　　　　　　　　　　　　D. 间隙

2. 喷油正时调整如果发生错误,则装配好的发动机(　　)。

　　A. 可以启动　　　　　　　　　　B. 无法启动

　　C. 启动后转速很慢　　　　　　　D. 启动后转速上升很慢

3. 附件的安装与技术检查,安装时,应按(　　)规定的顺序进行。

　　A. 维修手册　　　　　　　　　　B. 维修人员的经验

　　C. 维修方法

4. 为了保证发动机的大修质量,热试后应将主要的运动部件(　　)检查。

　　A. 装配好　　　　　　　　　　　B. 运行一段时间

　　C. 拆下来

5. 活塞裙部的摩擦痕迹正常情况下,磨合后活塞裙部长轴两侧的方向磨成灰白色,有(　　)宽的丝缕状磨痕。

　　A. 30 ~ 40 mm　　　　　　　　　B. 130 ~ 140 mm

　　C. 30 ~ 90 mm

6. 检查活塞环的开口位置是否符合技术规定,如果活塞环的开口位置(　　)上,则说明气缸有变形。

　　A. 移至一条线　　　　　　　　　B. 错开 180°

　　C. 错开 90°

7. 活塞环外表面的摩擦痕迹应沿圆周方向均匀分布而不间断,扭曲环的磨痕应在环的下边缘呈整周(　　)条带(宽度约 0.3 ~ 0.5 mm)。

　　A. 窄暗　　　　　　　　　　　　B. 窄亮

　　C. 宽亮

8. 发动机验收时气缸压力除符合原设计值外,各缸气缸压力差,汽油机不大于 8%,柴油机不大于(　　)。

A. 6% B. 8%

C. 10% D. 12%

9.验收中的发动机各部位不得有漏气、漏油、漏水、漏电及温度(　)的现象。

A.过高 B.过低

C.正常

10.验收中的发动机在正常温度下(　)有活塞敲缸声,活塞销、连杆轴承和主轴承的响声及正时齿轮的敲击声。

A.允许 B.不允许

C.无所谓

11.验收中的发动机允许有(　)。

A.机油泵等处不允许有明显的声响

B.气门杆与摇臂间明显的声响

C.正时齿轮、机油泵齿轮有轻微均匀的噪声

D.窜机油

12.验收中的发动机允许有(　)。

A.窜机油 B.分电器驱动齿轮有轻微均匀的噪声

C.气缸盖衬垫有漏气的噪声 D.机油泵等处不允许有明显的声响

四、问答题

1.发动机总装中,要特别注意哪些零件必须按记号装复到原来的位置? 为什么?

2.发动机上的哪些螺栓必须按规定的力矩上紧,在上紧这些螺栓时要注意什么问题?

3.发动机磨合的作用是什么?

4.什么是发动机的冷磨合和热磨合?

5.发动机磨合后要进行哪些检查?

6.验收中的发动机不能有哪些现象?

7.验收中的发动机允许有哪些现象?

模块三

底盘及工作装置的检测与修复技术

项目九

离合器的检测与修复

教学目标

一、知识目标
1. 能正确识别离合器主要零部件,掌握离合器的分解、装配、检测、调整过程;
2. 准确描述离合器常见故障的诊断与排除方法。

二、能力目标
1. 能按照正确的步骤分解、装配离合器;
2. 能正确进行离合器踏板自由行程和分离杠杆高度的检测、调整;
3. 能按离合器维修操作规范,就车更换摩擦片总成,正确分析、判断并排除离合器的常见故障;
4. 能对离合器的各种失效进行原因分析。

任务导入

为了掌握离合器的分解、装配、检查、调整过程,准确判断离合器故障,查明故障原因,作为港口机械维修人员必须全面认识离合器主要零部件,熟悉离合器检测与调整要求、常见故障的诊断与排除方法。

相关知识

任务 1　离合器的检测、装配与调整

一、离合器的检测

(一)检测要求

应使用专门的测量仪器或工具来检测零件,根据指定的维修标准来断定零件是否能继续使用。零件损坏应按要求进行修理或更换。如果在配对零件中有一个被磨损,使间隙超出规定,则按有关要求更换此零件及配对零件;某些仍在修理或在磨损极限内的零件,在超出极限之前应更换;通过检视或红色颜料渗透等指定的方法,仔细检查所有零件的外观。如果零件的外表面有异常现象,有关零件应按要求进行修理或更换;所有的橡胶件,如 O 形圈、油封、垫片等,拆下来之后,不准再使用。

(二)检测内容及方法

表 9-1　离合器的检测

序号	检测内容及方法	示意图	技术要求
离合器从动盘的检测			
1	离合器从动盘总成摆差的检测	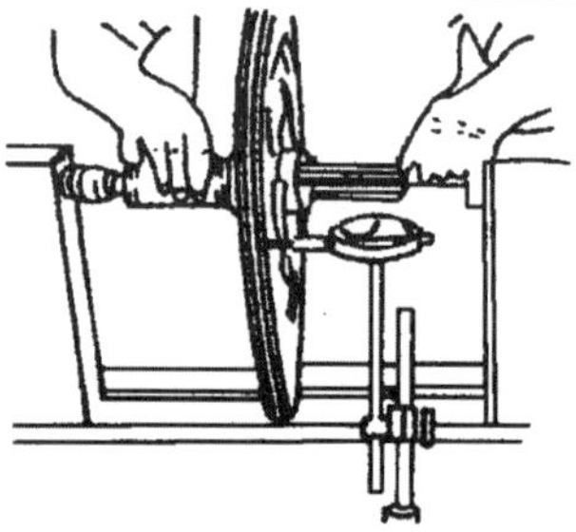	维修标准: 0 ~ 0.1 mm,使用极限: >1.0 mm
2	检查减振弹簧和波纹片是否有断裂	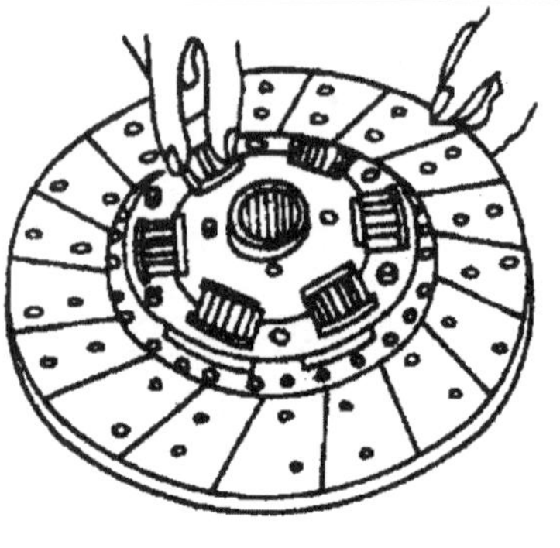	如果有断裂的情况,需更换离合器从动盘摩擦片总成

（续表）

序号	检测内容及方法	示意图	技术要求
3	测量从动盘表面至铆钉头部的厚度 A	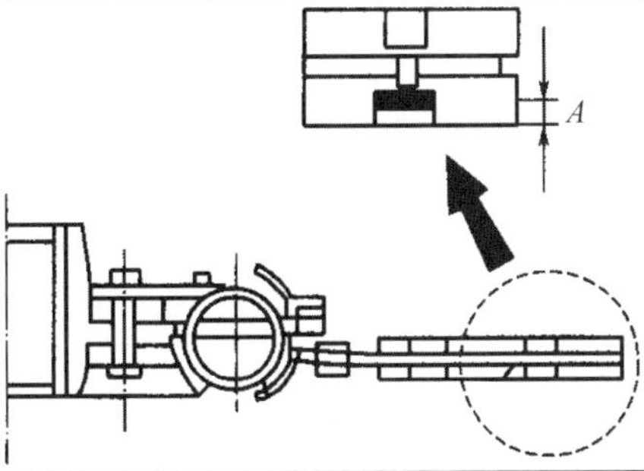	
4	测量从动盘花键毂与花键轴的侧隙	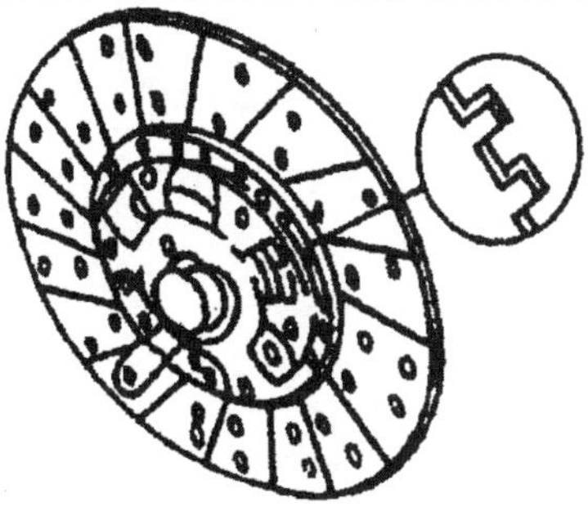	标准尺寸：0.05～0.15 mm，使用极限：0.3 mm
离合器压盘的检测			
5	离合器压盘平面度的检查		标准尺寸要求不大于 0.1 mm，使用极限：0.3 mm
6	压盘厚度的测量	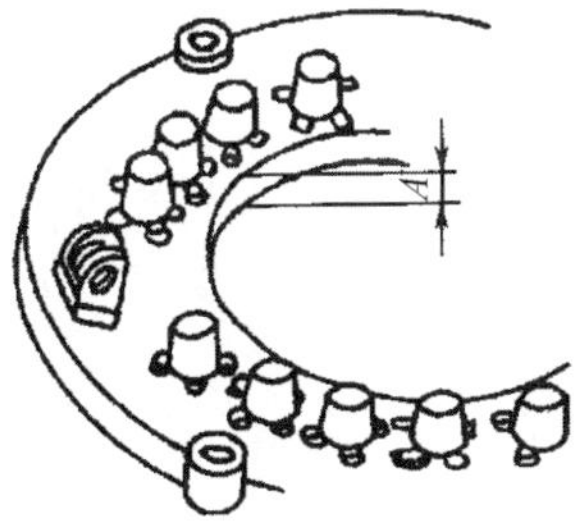	当图中尺寸 A 由于磨损或修理小于规定尺寸 2 mm 时，应更换压盘。标准尺寸 $A=25$ mm。使用极限 $A=23$ mm
飞轮的检测			
7	检测其工作表面的偏摆量	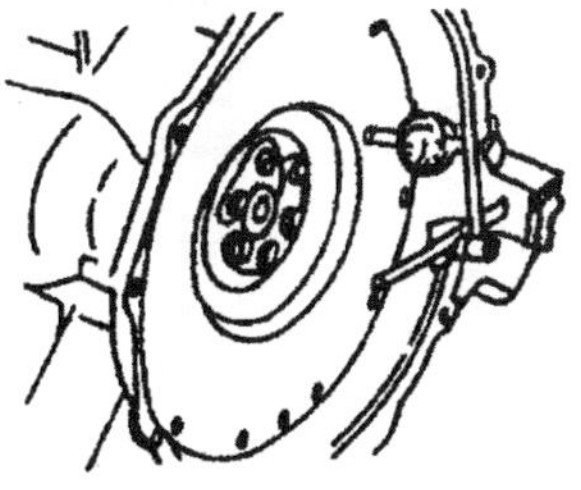	使用极限：0.15 mm

（续表）

序号	检测内容及方法	示意图	技术要求
8	齿圈损坏,需用黄铜棒抵住齿圈的侧面,用锤敲下。更换的新齿圈需用喷燃器均匀加热到200 ℃后,装在飞轮上,并保证齿圈冷却后,牢固地与飞轮接合在一起	 1—飞轮;2—齿圈;3—喷燃器;4—黄铜棒	
压盘弹簧的检测			
9	测量压盘弹簧的长度		标准尺寸:74 mm,使用极限:72 mm
10	测量压盘弹簧的弹力		标准弹力:600 N,使用极限:450 N
11	测量压盘弹簧的垂直度		使用极限:4.0 mm

（续表）

序号	检测内容及方法	示意图	技术要求
离合器操纵机构的检测			
12	离合器分离轴承的检查：沿轴线方向用手压紧内套转动，如有阻力，说明轴承套或滚珠已磨损，分离轴承为封闭式，不能拆卸清洗或充加润滑剂，若损坏必须更换		
13	检查离合器踏板衬套的磨损。若衬套与踏板轴间隙过大，应从踏板上铣出衬套，并更换	踏板　弹簧　衬套	标准尺寸：0.02～0.14 mm，使用极限：0.2 mm
14	离合器分离叉轴衬套的磨损检查。若与离合器分离叉轴的间隙过大时，应更换衬套		标准尺寸：0.02～0.15 mm，使用极限：0.2 mm

二、离合器的装配(见表9-2)

表 9-2　离合器的装配

步骤	装配与调整内容及方法	示意图	技术要求
离合器装配			
装配离合器压盘总成	将分离杠杆衬套压入分离杠杆孔,并在衬套内表面上涂润滑脂		装配前,在轴和衬套之间的表面涂一层润滑脂
	将分离杠杆调整螺钉和圆柱销装到分离杠杆孔,并装上卡环		
	利用圆柱销将分离杠杆总成装到压盘上		
	将压盘弹簧装到压盘上		
	将压盘放到压力机上,在分离杠杆调整螺钉上装上分离杠杆弹簧和调整螺钉弹簧片,将离合器盖放在压盘上,利用压力机进行加压		注意:分离杠杆弹簧带分离杠杆垫环的要间隔安装;组装盖和压盘时,应对准标记;用一根圆棒理正压紧弹簧
	利用压力机压下压盘盖,直到调整螺钉螺纹端露出表面,拧上调整螺母		注意:支承压盘的工作平台不允许和盖接触;在盖和螺纹之间涂上重载轴承润滑脂
	离合器压盘总成装配完成后,需进行动平衡测试,不平衡量应小于 700 mg·m		
离合器壳组装	将离合器拨叉轴衬套压入离合器壳的孔中,并在衬套内表面涂抹一层润滑脂;将分离轴承内装满润滑脂。再将拨叉、分离轴承及回位弹簧装到轴上		

（续表）

步骤	装配与调整内容及方法	示意图	技术要求
离合器总成装配	将离合器盖总成和从动盘按照定位标识装到飞轮上	 1—从动盘；2—离合器盖总成； 3—定心轴	单片式离合器的从动盘短毂一端朝向飞轮安装，双片离合器的两从动盘短毂相对安装；盖的连接螺栓要以交叉顺序拧紧，拧紧力矩：40~60 N·m

三、离合器的调整

（一）离合器踏板自由行程的调整

离合器分离杠杆顶端与离合器分离轴承应有一定的间隙，这个间隙反映在离合器踏板上的非工作行程，就是离合器踏板的自由行程（如图 9-1 所示），常用叉车离合器踏板高度（如图 9-2 所示）和自由行程有关数据见表 9-3。离合器此间隙用以防止离合器分离轴承损坏和摩擦片烧坏。

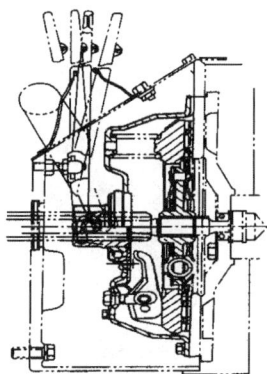

图 9-1　离合器踏板自由行程示意图

图 9-2　离合器踏板高度示意图

表 9-3　离合器技术数据　　　　　　　　　　　　　　（单位:mm）

机型	杭州叉车		合力叉车	大连叉车
	1~1.8 t	2~3.5 t	1~3 t	3 t
踏板高度	105~107	116~120	1 t:105~107 2~3 t:116~120	120
自由行程	10	10	10	35
分离杠杆或膜片弹簧 与分离轴承间隙	2~2.5	3	1~2	3
总泵活塞与 推杆间隙	0.5~1.0	0.5~1.0	0.5~1.0	—
分离杠杆高度	51.8±0.7	64.50±0.05	国产 64.5 进口 58.1	—
分离杠杆高度差	小于 0.4	小于 0.4	—	—
摩擦片厚度	8.5	7.8	8.9±0.3	8.5
使用极限	摩擦片至铆钉头大于 0.3		摩擦片至铆钉头 大于 0.3	—

检查及调整如下:

(1)先将量尺或钢尺一端抵在驾驶室底板上,尺身与踏板靠拢,测量踏板最高位置,然后将踏板向下压至感到有阻力为止,测量踏板位置。两次测出的高度之差则为踏板自由行程,如图 9-3 所示。

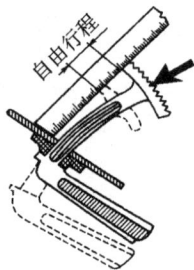

图 9-3　离合器踏板高度自由行程检查

(2)移去底板。

(3)离合器机械操纵机构:通过调节连杆和限位螺钉来调整踏板自由行程。调整后,离合器踏板与制动踏板在确保各自的自由行程后,其高度位置应一致。

(4)离合器液压操纵机构:通过调整总泵推杆与活塞之间的间隙,改变总泵推杆的长度,来调整踏板自由行程。首先松开止动螺栓锁紧螺母,其次左右转动止动螺栓调整踏板高度,如图 9-4 所示。

(5)拧紧锁紧螺母后装好底板。

(二)分离杠杆高度调整

检查离合器三个分离杠杆的高度差,是否小于 0.4 mm,视情况进行调整。调整时可拧动分离杠杆上的调整螺母,使分离杠杆的内端距飞轮断面的距离在规定范围之内,如图 9-5

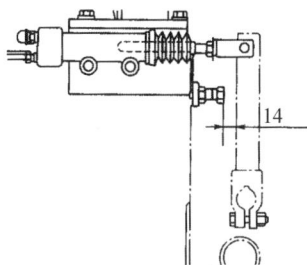

图 9-4　离合器分泵的调整

所示,调整后应将锁紧螺母拧紧。

(三)中间压盘限位螺钉调整

对于双片离合器还要调整中间压盘限位螺钉,以控制中间压盘的行程。中间压盘移动行程一般为 1.0~1.25 mm,如图 9-6 所示。调整时应在离合器完全接合状态下进行。拧紧三个中间压盘限位螺钉直到与中间压盘接触,再退回 5/6 圈(旋出时听到垫板发出 5 次响声)。三个螺钉的调整应一致,螺钉头与中间压盘之间的间隙为 1.25 mm。

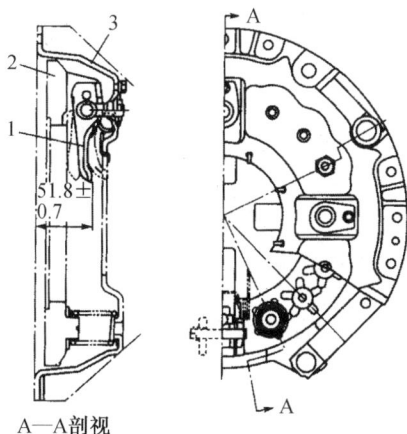

A—A剖视

图 9-5　离合器分离杠杆的内端距飞轮端面距离示意图

1—分离杠杆;2—压盘;3—离合器盖

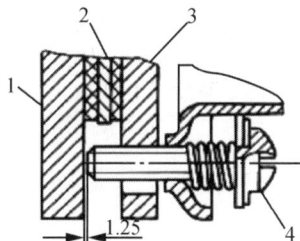

图 9-6　中间压盘限位螺钉的调整

1—中间压盘;2—从动盘;3—压盘;4—限位螺钉

四、就车更换离合器摩擦片总成

就车更换离合器摩擦片总成的方法(以杭叉 1~3.5 t 机械传动式叉车为例)如下:

(1)踩下离合器踏板,在离合器盖与分离杠杆之间分别用三只隔套使摩擦片脱开。

(2)逆时针转动变速箱上端滑动螺杆,使主动轴缩进变速箱内。

(3)取下离合器盖的六只螺栓,使其与飞轮脱开,随即取出旧摩擦片总成。

(4)装进新摩擦片总成。注意使摩擦片的盘毂花键套伸出较长的一端朝向变速箱一侧。

(5)顺时针转动滑动螺杆,逐步将主动轴拉出,使其插入摩擦片盘毂花键孔内。

(6)当判断主动轴已确定进入飞轮中间轴承内,锁紧滑动螺杆,拧紧力矩 107~119 N·m。

(7)将离合器盖装到飞轮上。

(8)踩动离合器踏板,取下三只隔套。

(9)调整离合器踏板自由行程。

任务 2　离合器常见故障的诊断与排除

离合器常见故障的诊断与排除见表 9-4。

表 9-4　离合器常见故障的诊断与排除

故障类型	故障现象	故障原因	检验方法	排除方法
分离不彻底	发动机怠速运转,踩下离合器踏板,原地挂挡有齿轮撞击声,且难以挂入,情况严重时会导致发动机熄火	离合器自由行程过大	(1)踩下离合器踏板并转入低速挡;(2)再切换至空挡,并踩下油门踏板;(3)暂时停顿一下,再换倒车挡。如果在转入倒车挡时"咔嗒"声很大,则证明离合器不能正确分离	重新调整
		从动盘正反面装错,造成从动盘仍与飞轮有摩擦		重新装配
		从动盘翘曲变形,使从动盘与飞轮或压盘仍有摩擦		校正从动盘
		从动盘花键毂在变速器一轴(输入轴)上移动不灵活,造成从动盘与压盘或飞轮仍有摩擦,使离合器分离不彻底		更换从动盘

（续表）

故障类型	故障现象	故障原因	检验方法	排除方法
起步发抖	起步时,离合器不能平稳接合而产生抖动	从动盘的钢片或压盘发生翘曲、变形,造成从动盘不能正常与飞轮或压盘接合		更换从动盘或压盘
		飞轮与从动盘的接触面偏摆,造成飞轮与从动盘不正常接触		修复飞轮
		从动盘上缓冲片或减振弹簧折断,造成从动盘不正常工作		更换从动盘
		从动盘上铆钉松动或露出,造成铆钉与飞轮或压盘接触		更换从动盘
		压盘总成与飞轮的固定螺栓松动,造成从动盘与压盘不正常接触		紧固螺栓
离合器打滑	放松离合器踏板时,叉车不能起步;加速时发动机转速上升,但车速不相应升高;当拉紧驻车制动器,起步试验时,发动机不熄火	离合器自由行程太小或没有,膜片弹簧力全部或部分作用在操纵机构,而使从动盘不能很好地与飞轮及压盘压紧	(1)完全拉上手制动器; (2)踩下离合器踏板,并切换至最高挡位; (3)逐步踩下油门踏板,慢慢松开离合踏板: ①如发动机熄火,则证明离合器工作良好; ②如发动机不熄火,则证明离合器打滑	调整离合器自由行程
		从动盘上有油污,造成从动盘表面摩擦力减小		去除从动盘油污并排除漏油故障
		从动摩擦片、压盘和飞轮工作面磨损严重,厚度减薄		更换从动盘
异响	离合器分离或接合时发出不正常响声	分离轴承缺少润滑油干磨或轴承损坏		更换分离轴承
		从动盘花键孔与轴配合松旷		更换从动盘
		从动盘摩擦片铆钉松动或铆钉头露出		更换从动盘
		分离轴承套筒与其导管之间有油污、灰分或分离轴承回位弹簧与离合器踏板回位弹簧疲劳、折断、脱落,造成分离轴承回位不佳		清洗更换损坏零件

任务实施

一、任务描述

1. 识别离合器主要零部件；

2. 离合器的分解、装配；

3. 离合器从动盘、压盘等零件的检测，就车更换摩擦片总成，踏板自由行程和分离杠杆高度的检测、调整；

4. 离合器常见故障诊断与排除；

5. 离合器各种失效原因分析。

二、任务要求

1. 按照检测要求和技术标准将设备、仪器分别放在相关工位，将制定的任务单发给学生；每位学生穿上工作服、工作鞋，随身携带一支笔，以便做好记录并分析检测结果；

2. 使用有关工具，按照正确步骤分解、装配一套叉车离合器总成；

3. 按照有关技术标准，使用有关工具、量具检测叉车离合器从动盘、压盘，就车更换摩擦片；

4. 按照有关技术标准，使用有关工具、量具检测、调整叉车离合器踏板自由行程和分离杠杆高度；

5. 按照正确步骤诊断并排除叉车离合器常见故障；

6. 对叉车离合器主要零件的各种失效进行原因分析；

7. 监控学生是否按要求完成任务，并指导学生进行正确的操作。

三、任务考核

序号	考核内容	分值	评分标准	得分
1	正确使用工具、量具	6	工具、量具使用不当,一次扣2分	
2	指认车上离合器位置正确	12	指认不正确,扣12分	
	拆装顺序正确		拆装顺序错误,一次扣4分	
	零件摆放整齐		摆放不整齐,扣4分	
3	从动盘检查	42	能对各个项目进行准确检测及调整,错一项扣3分	
	压盘和离合器盖检查			
	压盘弹簧检查			
	分离轴承检查			
	飞轮检查			
	主缸和工作缸组装和检修			
	储液罐液面高度检查			
	液压操纵机构泄漏检查			
	液压系统中空气的排除			
	分离杠杆高度检查及调整			
	踏板自由行程检查及调整			
	工作情况检查、调整及动态试验			
	常见故障原因分析与排除			
4	正确组装离合器零部件	10	不能正确组装,错一次扣2分	
5	正确调整间隙	15	不会调整扣10分,调整错误扣5分	
6	工具、现场清洁	5	每项扣2分,扣完为止	
7	安全、文明生产	10	违规操作、发生人身和设备事故,为0分	
8	配分合计	100	得分合计	

💡 **复习思考**

一、填空题（将正确答案填在题中横线上）

1. 离合器从动盘方向装反,将会引起离合器_____。

2. 摩擦式离合器一般由主动部分、_____、_____和操纵机构四部分组成。

3. 膜片弹簧离合器的膜片弹簧本身兼起_____和_____的作用。

4. 当膜片式离合器摩擦片磨损后,离合器踏板的自由行程将变_____。

5. 检查从动盘的端面圆跳动,在距从动盘外边缘_____处测量,离合器从动盘最大端面圆跳动为_____。

6. 摩擦片的磨损程度可用游标卡尺进行测量,铆钉头埋入深度应不小于_____。

237

7.离合器压盘平面度不应超过 0. 2 mm,检查方法是用钢直尺压在压盘上,然后用_____测量。

8.双片离合器采用_____个从动盘和_____个压盘的结构,工作时有_____个摩擦面。

二、判断题(将判断结果填入括号中,正确的填"√",错误的填"×")

1.( )离合器在紧急制动时,可防止传动系过载。

2.( )离合器工作时分离套筒不转动,分离杠杆则随离合器盖和压盘转动。

3.( )膜片弹簧式离合器不用调整离合器分离杠杆的高度。

4.( )摩擦片沾油或磨损过甚会引起离合器打滑。

5.( )分离杠杆内端高低不一致将导致离合器分离不彻底,并且车辆在起步时车身发生颤抖现象。

6.( )单片离合器从动盘花键毂短的一面朝向飞轮安装。

7.( )离合器盖与压盘间、平衡片与离合器盖间、离合器盖与飞轮间不需要按记号或位置装配。

8.( )离合器踏板自由行程过大,使分离轴承压在分离杠杆上,造成离合器打滑。

9.( )膜片弹簧离合器的结构特点之一是:用膜片弹簧取代压紧弹簧和分离杠杆。

10.( )离合器在使用过程中,不允许出现摩擦片与压盘、飞轮之间有任何相对滑移的现象。

11.( )在离合器接合情况下,车辆无法切断发动机与传动系的动力传递。

12.( )从动盘摩擦片、压盘或飞轮工作面磨损严重,离合器盖与飞轮的连接松动,使压紧力减弱,造成离合器打滑。

13.( )离合器液压操纵机构漏油、有空气或油量不足,会造成离合器分离不彻底。

14.( )从动盘或压盘翘曲变形,飞轮工作端面的端面圆跳动严重会造成起步发抖现象。

15.( )连踩踏板,如果离合器刚接合或刚分离时有响声,说明从动盘减振弹簧退火、疲劳或折断。

16.( )在摩擦面压紧力、摩擦面的尺寸、材料的摩擦系数相同的条件下,双片离合器比单片离合器传递的转矩要大。

三、选择题(选择一个正确的答案,将相应的字母填入题内的括号中)

1.当离合器处于完全接合状态时,变速器的第一轴( )。

  A.不转动   B.与发动机曲轴转速不相同

  C.与发动机曲轴转速相同   D.按相反的转速旋转

2.离合器液压操纵系统漏油或有空气,会引起( )。

  A.离合器打滑   B.离合器分离不彻底

  C.离合器异响   D.离合器接合不柔和

3.摩擦片式离合器的从动部分是指( )。

  A.分离杠杆   B.压盘

  C.从动盘   D.传动片

4.摩擦片式离合器的压紧机构为沿圆周均布的( )。

A. 螺栓　　　　　　　　　　　　B. 螺钉

C. 压紧杠杆　　　　　　　　　　D. 螺旋弹簧

5. 离合器最容易磨损的零件为(　　)。

A. 分离轴承　　　　　　　　　　B. 从动盘

C. 压盘　　　　　　　　　　　　D. 分离杠杆

6. 摩擦片式离合器的主、从动部分和压紧机构保证离合器处于(　　)状态。

A. 分离　　　　　　　　　　　　B. 接合

C. 半分离　　　　　　　　　　　D. 切断动力

7. 离合器分离轴承与分离杠杆之间的间隙是为了(　　)。

A. 实现离合器踏板的自由行程　　B. 减轻从动盘磨损

C. 防止热膨胀失效　　　　　　　D. 保证摩擦片正常磨损后离合器不失效

8. 关于离合器打滑的原因错误的说法是(　　)。

A. 离合器踏板没有自由行程,使分离轴承压在分离杠杆上

B. 离合器踏板自由行程过大

C. 从动盘摩擦片、压盘或飞轮工作面磨损严重,离合器盖与飞轮的连接松动

D. 从动盘摩擦片油污、烧蚀、表面硬化、铆钉外露、表面不平,使摩擦系数下降

9. 关于离合器分离不彻底的原因错误的说法是(　　)。

A. 离合器踏板自由行程过大

B. 分离杠杆调整不当,其内端不在同一平面内或内端高度太低

C. 新换的摩擦片太厚或从动盘正反装错

D. 压力弹簧疲劳或折断,膜片弹簧疲劳或开裂,使压紧力下降

10. 起步发抖的原因是(　　)。

A. 分离轴承套筒油污、尘腻严重,使分离轴承不能回位

B. 从动盘或压盘翘曲变形,飞轮工作端面的端面圆跳动严重

C. 分离轴承缺少润滑剂,造成干摩擦或轴承损坏

D. 新换的摩擦片太厚或从动盘正反装错

11. 离合器分离或接合时发出不正常的响声的原因是(　　)。

A. 分离轴承缺少润滑剂,造成干摩擦或轴承损坏

B. 从动盘或压盘翘曲变形,飞轮工作端面的端面圆跳动严重

C. 膜片弹簧弹力减弱

D. 分离杠杆弯曲变形,出现运动干涉,不能回位

12. 当膜片弹簧离合器处于完全分离状态时,膜片弹簧将发生变形,其(　　)。

A. 锥顶角不变　　　　　　　　　B. 锥顶角为180°

C. 锥顶角为反向锥形

13. 离合器分离轴承与分离杠杆之间的间隙是为了(　　)。

A. 实现离合器踏板的自由行程　　B. 减轻从动盘磨损

C. 防止热膨胀失效　　　　　　　D. 保证摩擦片正常磨损后离合器不失效

14. 当双片离合器总成安装在飞轮上或使用中发现离合器有拖滞时,应调整(　　)。

A. 分离杠杆螺钉　　　　　　　　B. 压紧弹簧

C.限位调整螺钉　　　　　　　　D.传动销

四、问答题

1.如何分解、检查、装配离合器？

2.如何就车更换离合器摩擦片总成？

3.离合器分离杠杆高度、踏板自由行程是如何调整的？

4.离合器使用过程中会产生哪些故障？常见原因有哪些？如何排除？

项目十

变速器的检测与修复

教学目标

一、知识目标

1. 能正确识别手动换挡、动力换挡变速器主要零部件,掌握手动换挡、动力换挡变速器的分解、装配、检修、调整、磨合试验过程;

2. 准确描述手动换挡、动力换挡变速器常见故障的诊断与排除方法。

二、能力目标

1. 能按照正确的步骤分解、检修、装配手动换挡、动力换挡变速器;

2. 能正确进行手动换挡、动力换挡变速器的磨合试验;

3. 能按变速器维修操作规范,正确分析、判断并排除手动换挡、动力换挡变速器的常见故障;

4. 能对手动换挡、动力换挡变速器主要零件的失效进行原因分析。

任务导入

为了掌握变速器的分解、装配、检修、调整、磨合过程,准确判断变速器故障,查明故障原因,港口机械维修人员必须全面认识变速器主要零部件,熟悉变速器分解、装配、检修、调整、磨合要求以及常见故障诊断与排除方法,并对变速器主要零件的失效进行原因分析。

📄 **相关知识**

任务1 手动换挡变速器主要零件的检测与修复

一、壳体和盖

变速器壳体与盖的材料一般为灰铸铁铸造而成,受力复杂,工作条件恶劣,还经常受冲击、振动而产生的动载荷的影响。主要损伤是裂纹、轴承座孔磨损、壳体变形等。

(一)裂纹

变速器壳体和盖不允许有裂纹,裂纹一般用检视法、敲击法、磁力探伤法检查,如果发现裂纹损伤,视其损伤部位确定修复方法。对未延伸到轴承座孔处及不重要部位的裂纹,可用环氧树脂黏接法修复或用螺钉填补法修复。对重要部位的裂纹(如轴承座孔处),则应采用焊接修复。焊接修复时应先对壳体或盖加温再焊,防止局部内应力过大、焊后再裂。壳体上所有连接螺纹的损伤不得多于 2 牙,超过规定时,应采用扩孔攻螺纹或焊补后重新钻孔攻螺纹的方法修复。

(二)变形

检验变速器壳体与盖(或与飞轮壳)接合平面的翘曲不平时,可用平板或将两者靠合在一起,用厚薄规检查,当间隙超过 0.15 mm 时,可用铲、锉、磨等方法予以修整,当用刨床刨削修复平面时,应注意定位基准的选取。

(三)轴承座孔磨损

变速器壳体与各轴承的配合关系发生变化时,使齿轮轴线偏移和两轴线不平行,齿轮的正常啮合关系遭到破坏,造成齿轮发响、跳挡等一系列不良后果。

轴承座孔与轴承的配合间隙一般为 0~0.04 mm,大修允许为 0~0.05 mm,使用限度为 0.06 mm,当配合间隙超过使用限度时,可采用镶套法修复或换新。

二、齿轮

齿轮常见的损坏形式是磨损、疲劳剥落、腐蚀斑点及轮齿断裂等,一般规律是直齿多于斜齿、滑动齿轮与套齿多于常啮齿轮。

齿轮的检验常采用仪器、仪表及磁力探伤机等工具,也可用卡尺、齿规样板及新旧齿轮对比的方法。

(1)齿轮轮齿的啮合面上,不允许有明显的缺陷和不规则的磨损,在轮齿的表面上允许有占齿面积不到 25% 的小斑点。

(2)在齿顶上允许有很小的剥落,但应将锋边修磨光,可用油石修磨后继续使用。

(3)齿轮轮齿表面如有不大于 0.20 mm 的痕纹或阶梯形磨损,可用油石或风动修磨后继续使用。

（4）常啮齿轮的啮合间隙一般为 0.15~0.50 mm，各齿轮的啮合印痕应在轮齿啮合面的中部，且不小于啮合面的 60%，齿轮轮齿磨损齿厚减小 0.25 mm 以上且啮合间隙超过 0.50 mm，长度的磨损超过全长 30% 时，应更换新齿轮。

（5）齿轮上的接合齿，或与其相配合的滑动齿轮轮齿的端部磨损量不得超过齿宽的 15%，齿厚减少 0.4 mm 以上且啮合间隙超过 0.6 mm，长度磨损超过全长的 30% 时，应予以更换。

（6）齿轮上不相邻的个别轮齿折断时允许采用电焊予以修复。

（7）齿轮上的花键齿磨损、厚度减少 0.20 mm 以上且间隙超过 0.40 mm 以上时应予以更换。

（8）齿轮上不允许有任何裂缝，否则应予以更换。

三、轴

轴的常见损坏形式是轴弯曲、轴颈磨损、轴上花键齿磨损。

（一）轴弯曲

变速器轴弯曲变形可用百分表检验，即将变速轴装夹到车床上或支承到 V 形铁上，用百分表测量轴中间轴颈的径向圆跳动（见图 10-1），其标准值为 0.04~0.06 mm，使用极限为 0.10 mm。超限时，可对轴进行冷压校正，严重时更换新轴。

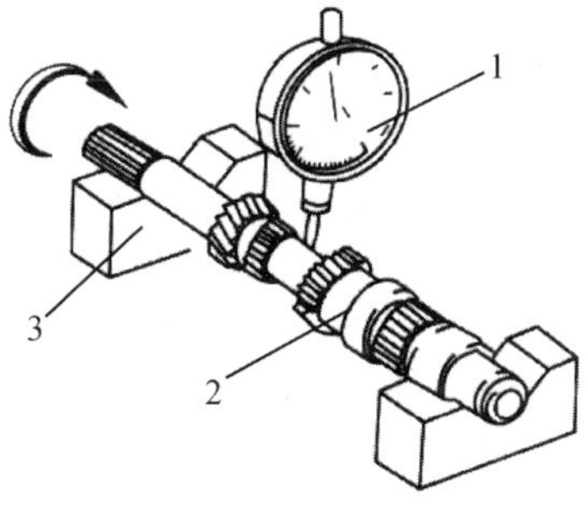

图 10-1 轴弯曲变形的检验
1—百分表；2—变速器轴；3—V 形铁

（二）轴颈磨损

轴颈磨损过大，不但会使齿轮轴线偏移，带来齿轮啮合齿隙改变，传动时噪声也大，而且会使轴颈在轴承孔内转动而引起烧蚀，因此，安装滚珠、滚柱、滚锥轴承的轴颈磨损一般不超过 0.03 mm，若轴颈磨损超过 0.03 mm，或配合间隙超过使用限度，应对轴颈进行涂镀、镀铬或堆焊修复。修复后要求各轴颈的径向圆跳动公差不大于 0.05 mm，大修允许不大于 0.07 mm，使用限度为 0.3 mm。

安装滚针轴承的轴颈磨损不得超过 0.03 mm，轴颈与滚针轴承的配合为 0.02~0.10 mm，大修允许不大于 0.13 mm，使用限度为 0.30 mm，同一组滚针直径差不大于 0.02 mm。若轴颈磨损超过 0.03 mm，配合间隙超过使用限度，应对轴颈进行涂镀、镀铬或堆焊修复，也可更换加粗的滚针。若滚针断裂时，应予更换。

安装油封的轴颈部位，其磨损出现的沟槽深度不得超过 0.35 mm，否则应堆焊后进行车、磨或镶套修复。

(三)轴上花键齿磨损

轴上花键齿的磨损可用测齿卡尺或百分表测量。花键齿的磨损在受力一侧较为严重。各滑动齿轮键槽与花键轴键齿的配合一般为 0.04 ~ 0.30 mm,使用限度不大于 0.50 mm。轴上键齿的磨损不得超过 0.20 mm。主动轴上键齿宽度的磨损,最大不超过 0.25 mm,与离合器从动盘花键孔配合间隙最大不超过 0.45 mm。当键齿磨损超过限度时,可用堆焊修复。堆焊时最好堆焊未磨损的一侧,可以保证修理质量。

四、轴承

(一)滚针轴承

检查滚针轴承的磨损时,将相应的轴承、齿轮安装到轴颈上,然后把轴固定到台虎钳上,一面上下摆动齿轮,一面用百分表测量齿轮的摆动量,此即为齿轮与滚针轴承以及轴颈的径向间隙(测量方法如图 10-2 所示),其最大值不得超过 0.08 mm,否则应更换新滚针轴承。

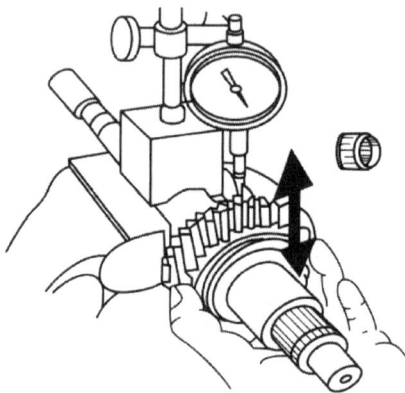

图 10-2　滚针轴承的检查

(二)圆锥滚子轴承

检查轴承内圈滚子及外圈滚道的疲劳磨损、烧蚀和损伤情况,若滚道因烧蚀而变色或滚动体出现裂纹、表层剥落以及大量斑点时,均应更换;当保持架上有穿透的裂纹或者由于圆锥滚子磨损,其小端的工作面凸出于轴承外圈端面时,也应更换。若内、外圈有一个需要更换,则必须成对更换,以确保圆锥滚子轴承能灵活转动。若正常磨损,其间隙可通过安装调试来恢复到正常状态。

(三)球轴承

首先对轴承进行外表检视,轴承内、外滚道上不得有撞击痕迹和严重擦伤、烧蚀现象,检查保持架装滚动体的槽口磨损情况,钢球不能自行掉出,否则应更换新件。

若外表检视正常,还应进行空转试验:用拇指和食指夹住轴承内圈,转动轴承外圈,查看轴承转动是否灵活,有无噪声,有无卡住、急停现象;如果转动不灵活或有卡住、急停现象,则多为滚道或钢球磨损失圆所致,应更换新件。必要时进行轴承内部间隙检查。

(四)轴承内部间隙

轴承内部间隙的检测分为径向间隙检测和轴向间隙检测。轴向间隙的检测方法如图10-3所示,将轴承外圈放置于两等高的垫块上,使内圈悬空,并在内圈上放一块小平板,将百分表触针抵在平板的中央,然后上下推动内圈,百分表指示的最大与最小读数之差就是轴向间隙。

径向间隙的检测方法如图10-4所示,将轴承放在平板上,使百分表的触针抵住轴承外圈,然后一手压紧轴承内圈,另一手往复推动轴承外圈,表针所摆动的数字即为轴承的径向间隙。

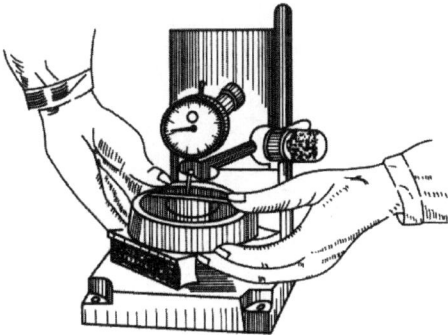

图 10-3　轴承轴向间隙的检查　　　　图 10-4　轴承径向间隙的检查

当滚动轴承的轴向间隙大于 $0.30 \sim 0.40$ mm,径向间隙大于 $0.20 \sim 0.30$ mm,或滚动体与内外滚道有麻点、麻面、斑疤、烧灼等缺陷时,应更换轴承。内孔与外径磨损使配合松旷时,可刷镀(刷镍或刷铜)修复。

五、同步器

(一)锁环式同步器

锁环式同步器的主要磨损是锁环内锥面的磨损、滑块及其滑动槽的磨损、锁环齿的磨损以及同步器毂的磨损等。锁环内锥面磨损的检查方法如图10-5所示,将锁环套装到与之相配合的齿轮外锥面上,并使之相互靠紧,然后用厚薄规检查锁环与齿轮之间的端面间隙(该间隙称为同步器的后备行程),使用极限一般为 $0.30 \sim 0.50$ mm,超过极限应更换锁环。同时应检查锁环内锥面与齿轮外锥面的接触面积不得小于80%。

同步器滑块及其滑动槽磨损的检查方法如图10-6所示,将滑块放在与之相配的位于同步器毂上的滑动槽内,用厚薄规测量滑块与槽侧面的间隙,使用极限为 0.25 mm,超过极限应更换滑块,若滑块顶部磨出沟槽也应更换。

此外锁环缺口与滑块的宽度之差应等于锁环齿的宽度,若该差过大,会造成换挡困难,故应铜焊修补或更换锁环。当锁环齿明显变薄、折断或齿端锁止角发生明显变化时,也应更换锁环。

同步器毂磨损的检查方法如图10-7所示,将同步器毂与其相配的轴相装合,用台虎钳夹住轴转动同步器毂,然后用百分表测量同步器毂的摆动量,即为两者的配合侧隙。使用极限为 0.12 mm,超过极限应更换同步器毂。同步器接合套的检查方法如图10-8所示,将

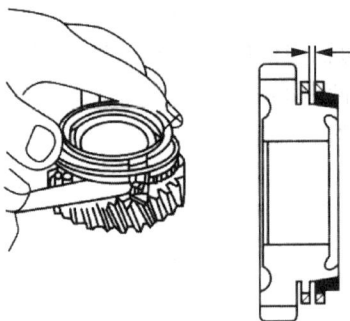

图 10-5　锁环内锥面磨损的检查

图 10-6　滑块及其滑动槽磨损的检查

接合套安装在有滑块的同步器毂上,上下移动接合套,应能带动滑块沿同步器毂的轴向顺利移动,否则应更换同步器接合套。

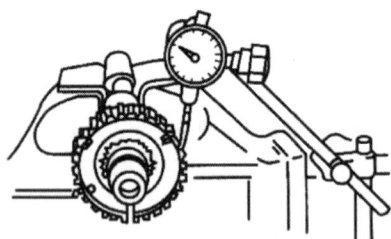

图 10-7　同步器毂磨损的检查

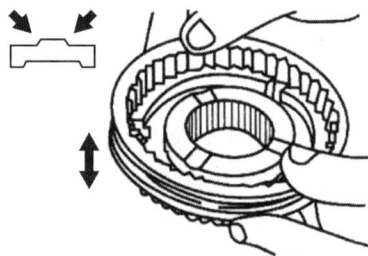

图 10-8　同步器接合套的检查

(二)锁销式同步器

锁销式同步器的主要磨损是锥环外锥面磨损及烧蚀、锁销磨损及松动、定位销磨损、定位球磨损及其定位弹簧弹力减弱、滑动齿套凹槽磨损等。锥环外锥面的磨损,将使其螺纹沟槽深度减小,摩擦作用减弱,甚至使锥环与锥盘端面相接触,造成同步器失效。因此,应测量锥盘和锥环大端两端面间的距离。如 CA1091 型汽车变速器二挡同步器的该距离的标准值为 0.5 mm,使用极限为 2.0 mm,超过极限则应更换。

锁销的锁止锥面出现明显磨损,应更换同步器总成。锁销两端与锥环的铆接松动,应重新铆紧,铆紧后其端头不得高出锥环端面。定位销严重磨损与滑动齿套配合松旷,滑动齿套凹槽磨损过大,定位钢球严重磨损以及定位弹簧弹力明显减弱等,均应更换同步器总成。

六、操纵机构

操纵机构中各零件的损坏形式主要是各运动副之间的磨损、变速杆及拨叉轴上拨叉的磨损和弯曲变形,以及定位弹簧弹力减弱与折断等。

(一)拨叉

拨叉损伤主要是弯扭变形及与齿轮环形槽接触部位的磨损。拨叉的正常配合间隙是 $0.045 \sim 0.117$ mm,大修允许 0.30 mm,使用限度为 0.35 mm,当磨损超过限度时,应堆焊后锉磨修复。

对弯扭变形,可用冷压或榔头敲击校正。

(二)拨叉轴

拨叉轴的损伤主要是定位球凹槽的磨损及弯曲变形。拨叉轴正常配合间隙为 $0.045 \sim 0.117$ mm,大修允许 0.30 mm,使用限度 0.35 mm,当超过使用限度时,应以涂镀、镀铬、镀铁等进行修复。拨叉轴的直线度公差为 0.05 mm,轴上定位凹槽的磨损量在直径上不得超过 0.5 mm,否则可堆焊高强度的合金钢,然后用风动砂轮修磨。拨叉轴弯曲时可冷压校正。锁定槽磨损后可用中碳钢焊条焊补,然后加工外圆与槽口至规定要求。

(三)定位球、定位弹簧

定位球应与拨叉轴的凹槽相吻合,当磨损严重使其直径变小,一般不予以修理,可更换新件。

定位弹簧自由长度变短、弹力减弱(凭经验判断,即把定位弹簧放在变速器相应的孔中,若弹簧能与孔边缘平齐,说明可继续使用,否则应更换新件)或折断时,一般应更换新件。

任务 2　动力换挡变速器主要零件的检测与修复

一、壳体与盖

变速器壳体是变速器的基础件,壳体的技术状况对整个变速器总成的技术性能影响很大。变速器壳体与盖常见损伤有变形、裂纹和磨损等。

(一)变形

变速器壳体与盖变形的原因:一是时效处理不当,在内应力作用下而产生变形。二是车辆在恶劣条件下行驶和作业时,壳体因承受很大的扭矩而变形。三是焊修引起变形。四是轴承座孔镶套时,机加工工艺和装配工艺不当引起变形。

　　修理时,对壳体的检验通常用专用量具进行。其方法是:将自制辅助芯轴和百分表固定在被测壳体上,如图 10-9 所示。

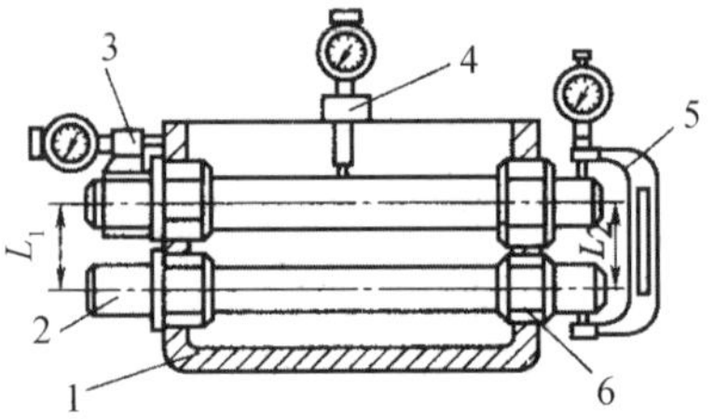

图 10-9　壳体变形的检验

1—壳体;2—辅助芯轴;3,4—百分表;5—百分表架;6—衬套

　　测量两轴平行度时,两芯轴外侧距离减去两芯轴半径之和即为中心距,两端中心距之差即为不平行度。这种测量方法只有当两芯轴在同一平面内时才准确。一般要求是,在 100 mm 长度内其公差值为 0.025 mm。

　　测量端面垂直度时,可用图 10-9 所示的左侧百分表,将其轴向位置固定,转动一周,表针摆动量即为所测圆周上的垂直度。一般要求在半径 100 mm 处的端面圆跳动,前端公差值为 0.10 mm,后端公差值为 0.16 mm。

　　测量壳体上平面与轴线间平行度时,可在上平面搭放一横梁,在横梁中部安放一百分表,使表头触及芯轴上表面,横梁由一端移至另一端,表针摆动量大小即反映了壳体上平面对轴心线的平行度以及壳体上平面平面度与翘曲量。一般要求轮胎式装载机平面度公差值为 0.15 mm。

　　测量壳体与盖接合面翘曲不平时,可将壳体与盖扣在平板上,或将壳体与盖扣合在一起,用塞尺检查,当间隙超过 0.3 mm 时,可用铲刀或锉刀修平,也可用平面磨床磨平。

(二)裂纹

　　壳体与盖是否存在裂纹,可用敲击听声法进行判断,最好用探伤仪进行探伤。

　　壳体与盖有裂纹,可用铸铁焊修、打补丁、塞丝、黏接等方法修补。当裂纹严重或裂至壳体轴承孔时,应换用新件。

(三)轴承座孔磨损

　　当轴承内进入脏物使滚动阻力增大时,轴承外圈可能产生相对座孔的转动,引起座孔磨损。轴承座固定螺钉松动使座产生轴向窜动,也会引起安装座孔的磨损,严重时,甚至影响轴和齿轮的正确工作位置,造成一系列的不良后果。

　　轴承座孔可用内径量表和外径千分尺配合测量。先用内径量表测出座孔直径,再用外径千分尺量取其内径量表上的尺寸。这个尺寸与轴承外径之差即为配合间隙。经验检验法是:将轴承装入座孔内试配,若有明显松旷,说明间隙过大。当配合间隙超过规定值时,应进行修理。

　　磨损较轻时,用胶黏剂黏接固定的方法修理;磨损严重时,可用电镀、刷镀轴承外圈或轴承座孔的方法修复,还可以用电火花拉毛的方法修复轴承座孔。

(四)螺纹孔磨损

　　螺栓松动未及时拧紧,易造成螺纹孔磨损。

螺纹孔损坏可采用扩孔攻螺纹,或焊补后重新钻孔攻螺纹的方法修复。如螺纹孔磨损不严重,安装螺栓时可用黏接固定的方法修复。

二、齿轮

变速器齿轮常出现的损伤有齿面磨损、齿面疲劳剥落、轮齿裂纹与断裂、齿轮花键孔磨损等。由于齿轮结构及使用条件不同,其损坏情况也不一样,一般规律是直齿轮损坏多于斜齿轮,滑动齿轮损坏多于常啮合齿轮。轮齿的断裂、齿端的磨损、齿面磨损成锥形多发生于啮合套和套合齿。

(一)齿面磨损

齿轮传动中,齿面既有滚动摩擦,又有滑动摩擦,因此易产生摩擦磨损,严重时会出现明显的刮伤痕迹。

齿面磨损检验的技术要求是:

(1)齿长磨损不应超过原齿长的30%(套合齿为20%)。

(2)弦齿厚磨损最大限度不应超过0.4 mm。

(3)齿轮啮合面积应不低于工作面积的2/3。

(4)齿轮啮合间隙因机型不同而有所区别。装载机用动力换挡变速器齿轮啮合间隙大修允许0.40~0.60 mm,使用极限为0.60~0.90 mm(套合齿啮合间隙一般不超过0.60 mm)。

齿面磨损有轻微台阶时,可用油石修整齿面后继续使用。形状对称的齿轮单向齿面磨损后,可换向使用。此法虽可使齿面啮合正确,但因齿厚减薄,齿侧间隙增大,易产生冲击和响声。齿面磨损严重时,应成对更换齿轮。

(二)齿面疲劳剥伤

齿面疲劳剥伤也称疲劳点蚀,即在齿面节圆处形成麻点状蚀伤,严重时会出现大面积剥伤。这是轮齿表面承受过大交变、挤压应力造成疲劳破坏的一种现象。

齿面疲劳剥伤可直接看出,大修时其疲劳剥伤面积应不超过齿高的30%、齿长的10%,否则,应成对换用新品。

(三)轮齿裂纹与折断

轮齿裂纹与折断的原因大多是齿轮啮合过紧或过松,在传动过程中引起过大冲击载荷或接触挤压应力所致。轮齿断裂多发生在根部。

三、齿轮轴

变速器齿轮轴在工作过程中承受着交变扭转力矩、弯曲力矩,键齿部分还承受着挤压、冲击等负荷。常见的损伤有磨损、变形和折断等。

(一)轴颈磨损

轴颈磨损主要是由于润滑不良、油液变质、被脏物卡滞所致。

与油封接触的轴颈磨损时,出现沟槽深度大于0.2 mm时,应及时修理或更换。

轴颈磨损后可用磨削加工法消除形状误差,然后镀铬或镀铁以恢复过盈量。轴颈磨损严重时,可用镶套、堆焊、振动堆焊、埋弧焊、气体保护焊等方法修复。镶套时,其壁厚应为

3~4 mm,加工时注意轴的阶梯圆角半径不应太小,且应光洁。轴颈修后的表面粗糙度为 0.8 μm,径向圆跳动量公差值为 0.04 mm。

(二)花键磨损

轮式装载机键齿厚度磨损一般不得大于 0.20 mm。

花键与键槽磨损时一般应换用新品。

(三)轴弯曲变形或断裂

齿轮轴弯曲变形是由于负荷过大所致,一般径向跳动公差值为 0.70 mm。轴弯曲变形过大时,可进行冷压矫正或局部火焰加热矫正。

齿轮轴断裂多发生在阶梯台肩圆角处。齿轮轴断裂不易修复,应予以换新。

四、换挡离合器

换挡离合器的主要损伤是活塞与油缸工作表面磨损,活塞密封环磨损,主动盘和从动盘磨损或由于长期打滑而烧蚀、翘曲变形等。

离合器油缸的标准尺寸为 $200_{\ 0}^{\ +0.009}$ mm,允许极限为 200.6 mm。活塞环厚度标准尺寸为 4.50 ± 0.07 mm,允许极限为 4.00 mm,超限时换新。活塞回位弹簧变形或弹力下降,应换新。弹簧的自由长度应为 $105_{\ -1.0}^{\ +3.5}$ mm,压缩后长度为 80 mm 时,负荷应为 260~320 N。主动盘厚度标准尺寸为 $2_{\ -0.06}^{\ 0}$ mm,允许极限为 1.44 mm;从动盘厚度标准尺寸为 $4_{\ -0.12}^{\ -0.04}$ mm,允许极限为 3.32 mm,超限时换新。当摩擦片磨损后不具备大修条件时,为解决因主从动片总厚度减少引起的打滑,可在紧贴压盘或止推盘处增加一片主动盘。当主从动盘齿顶磨尖时,必须更换新件。主动片翘曲超过 0.20 mm 时校平或换新;从动盘翘曲超过 0.10 mm 时换新。

五、超越离合器

正常情况下,拨动其中一个齿轮,应使该齿轮只能相对于另一个齿轮的一个方向转动,而相对于另一个方向则不能转动。若正反两个方向均能转动或出现卡滞现象时,说明超越离合器因零件损伤而失效。

检修时,当滚柱磨损量大于 0.02 mm 或直径差大于 0.01 mm 时,应全部更换。

外环齿轮内圆滚道磨损量大于 0.02 mm 时,应更换该齿轮。内环凸轮轻微磨损或有毛刺时,可用油石进行修磨。隔离环如有轻微的磨损、出现毛刺时,可用锉刀进行修整。当内环凸轮和隔离环损伤严重时,均应换用新件。

六、行星轮架总成

行星轮架总成检修时,应重点检查行星齿轮、滚针及与行星齿轮配合端面的损伤情况。

行星齿轮的常见损伤部件主要在齿面、齿端、内孔磨损。当齿面磨损量大于 0.25 mm 或齿端磨损出现沟槽时,应换用齿轮。

当齿轮轴磨损量大于 0.02 mm,滚针磨损后直径差大于 0.01 mm 时,均应换用新件。

行星轮架的常见损伤主要是与行星齿轮配合端面的磨损。当行星轮架磨损量大于 0.5 mm 时,可换用加厚的垫片进行调整;当磨损严重时,应更换行星轮架。

七、液压离合器

(一)活塞与油缸体的损伤

活塞与油缸体的损伤主要是相互配合的表面产生磨损,当出现毛刺时,可用锉刀修整。如磨损严重或有明显的拉伤现象时,应换用新件。

检修液压离合器时还应疏通活塞上的细小油孔,以保证内外密封圈的外胀及自动补偿作用。

(二)摩擦片

ZL50 型装载机主、从动摩擦片的厚度分别为 3.8 mm、3 mm,使用极限分别为主动摩擦片 3.3 mm、从动摩擦片 2.7 mm。

八、轴承

轴承可直接用目视观察法检查。滚动轴承常见损伤有滚道及滚动体磨损、疲劳剥伤、出现麻点、保持架损坏等。凡出现上述损伤时均应更换。

九、操纵机构

变速杆可直接用目视观察法检查,主要损伤有磨损和弯曲、变形。变速杆上球节、定位槽(定位销)、下端头磨损严重时,易造成变速器乱挡。

十、液力变矩器

(一)检测

(1)检查液力变矩器外部有无损坏和裂纹、轴套外径有无磨损、驱动液压泵的轴套缺口有无损伤,如有异常,应更换液力变矩器。

(2)将液力变矩器安装在发动机飞轮上,用千分表检查变矩器轴套的径向圆跳动,如图10-10 所示。固定好表架,使千分表表头触杆垂直地顶在轴套的外圆面上并有一定的压缩量,调零并盘转飞轮一周,观察千分表的偏摆量,若偏摆量大于 0.03 mm,可换一个角度重新安装液力变矩器;若无法校正,应更换液力变矩器。

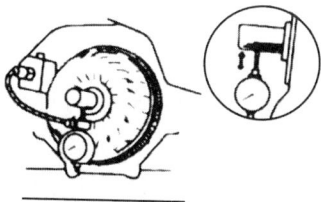

图 10-10 液力变矩器轴套偏摆量的检查

检查导轮的单向离合器。将单向离合器内座圈驱动杆(专用工具)插入变矩器中[见图10-11(a)];将单向离合器外座圈固定器(专用工具)插入变矩器中,并卡在轴套上的液压泵驱动缺口内[见图10-11(b)];转动驱动杆,检查单向离合器的工作是否正常。在逆时针方向上单向离合器应锁止,顺时针方向应能自由转动[见图10-11(c)]。如有异常,说明单向离合器损坏,应更换液力变矩器。

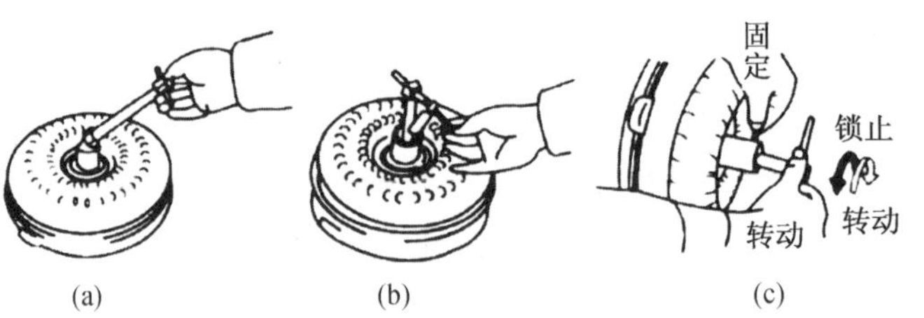

图 10-11　导轮单向离合器的检查

(二)修复

(1)涡轮轴花键齿磨损、轴颈烧伤轻微,可用油石修磨;磨损、烧伤严重应更换。花键磨损后,其配合间隙大于 0.30 mm 时应换用新件。轴颈及密封环槽磨损,可采用机加工的方法进行修正后,再进行电镀或刷镀处理。密封件老化、磨损、变形、硬化、变质应更换新件。

(2)单向离合器运转应正常,顶套卡死、弹簧折断,应清洗或更换新件。

(3)泵轮、涡轮、导轮有擦伤、叶片点蚀、裂纹或折断,应更换新件。

(4)检查各轴、齿轮、轴承的磨损情况。各轴键齿应光滑、平直,不应有锐边和毛刺,齿轮如严重磨损、疲劳剥落与齿断裂,应更换。滚动轴承的滚道及滚动体磨损、疲劳剥落、出现麻点及保持架损坏,应更换新件。

(5)挂挡压力阀、进油压力阀及回油压力阀的阀芯磨损严重,应更换或镀铬修复,压力不符合规定,应重新调整。

(6)变矩器外壳如有裂纹和铸造缺陷,当出现裂纹或变形严重时,应更换。飞轮壳与齿轮箱接合处外圆、接合面应相互平行和同轴,其平面度与同轴度应不大于 0.045 mm。

任务 3　变速器的装配、调整与磨合试验

一、手动换挡变速器

手动换挡变速器的装配一般分两步进行:先进行组合件的装配,然后再进行变速器的总装。装配调整的好坏,对修理质量影响很大,仅有零件的修理质量而无正确的装配调整质量,仍无法保证变速器的正常工作,甚至会出现新的故障。

(一)变速器装配注意事项

(1)对于不熟悉的新结构部分,先详细阅读说明书,了解它的结构特点、技术要求及装配程序等,并严格按照要求去操作,切不可随意更改。

(2)所有零件应彻底清洗干净,特别是齿轮轮齿间有润滑油孔必须注意疏通,并用压缩空气吹净。各轴承及滑动键槽在安装前应涂以齿轮油或机油。所有在轴上转动的齿轮,应转动灵活,无轴向和径向的明显旷动。变速器中尺寸、规格相同的轴承,注意轴承内挡圈不要弄混,必要时做好记号。装配各轴承时,只允许缓慢、垂直地压轴承内套,不允许压外套,不允许施加冲击载荷。

（3）应对同步器各元件做好装配记号，特别是锁环或锥环的装配位置，以免装错，影响两锥面的接触面积。应注意各挡齿轮、同步器固定齿座以及止推垫圈的安装方位，拆卸时最好做上记号，以保证齿轮的正确啮合位置。

（4）装配油封时，应在油封的刃口处涂以少量润滑脂，然后垂直压入，同时应注意油封的安装方向是否正确；每次拆装油封、O形圈，均应更换新件。装配前后密封垫时，注意应与回油孔对正，同时在密封垫的两侧涂以密封胶，并按规定的扭矩分 2~3 次对称交叉拧紧各固定螺栓，以确保密封效果。

（5）在装配操纵机构变速叉轴时，中间一根叉轴应最后装，并在装配时先将另外两根拨叉轴拨入空挡位置。安装变速器盖前，将各齿轮置于空挡。

（6）在装配过程中，不可用铁榔头直接敲打金属零件表面，应垫以软金属，以防损伤零件或金属被击脱落飞出伤人。

（7）在安装壳体上的油堵螺塞、螺栓、轴承盖时，应涂上密封膏，以防漏油。

（二）变速器装复后的磨合试验

变速器装复后应进行磨合试验，改善各配合运动副表面工作状况，检验修理和装配质量，及时发现和排除修理中的隐患，避免装车后的返工。

变速器装复后磨合试验分为无负荷磨合和有负荷磨合。磨合试验时，将变速器（附驻车制动器）装在专门的试验台架上，以电动机或发动机为动力，拖动变速器运转，以驻车制动器作为短暂的加载机构，检查变速器带负载时的工作情况。磨合试验的顺序是：先进行无负载磨合试验，从低于第一轴额定转速 300~400 r/min 开始，逐渐升高至额定转速，并逐次接合各挡位，观察各挡齿轮的配合运转情况，当一切正常时，在额定转速、电动机（发动机）负荷能力允许的条件下，拉动驻车制动器 2~3 次（负荷为各挡额定负荷的 35%、50%、75%），使变速器承受突加载荷，观察变速器在有负荷的情况下，齿轮有无发响、脱挡现象。

各挡磨合运转时间不得少于 15 min，无负荷磨合时间总和不得少于 1 h，各挡位的负荷磨合总时间为 60~80 min，对换修零件较多的挡位可适当增加磨合时间。

变速器在磨合运转试验中应符合下列技术要求，否则应查明原因予以排除。

（1）试验一段时间后，齿轮油的温度不得超过 35 ℃，轴承温升不得超过 40 ℃。

（2）换挡时齿轮的接合和分离应灵活轻便，迅速可靠。

（3）在任何位置都不允许有干涉、卡轴、跳挡和自行脱挡现象，变速和方向杆应能在空挡位置自由移动。

（4）各挡齿轮允许有均匀的啮合声，但在稳定转速下不允许有高低变化的敲击声和不正常噪声产生。

（5）各密封处、接合处不得有漏油、渗油现象。

（6）变速器盖、轴承盖等处的螺栓螺母等应紧固，最后将非接合面外露部分涂上银粉。

磨合后放净磨合机油，换用加有 50%煤油的柴油清洗各部件。检查各齿轮的啮合情况，对运转中有严重噪声的挡位齿轮，应拆下修磨或重新更换。齿轮的啮合印痕应在齿面中部，新齿轮的啮合面积应不小于齿面的 1/2，原有齿轮应不小于 2/3，不符合要求时，可用油石或手砂轮修磨后重新磨合。

二、动力换挡变速器

以厦工 ZL50 型装载机变速器为例。厦工 ZL50 型装载机变速器零件检测与修复后,应进行认真的清洗,并用压缩空气疏通箱体上所有油道,以保证变速器的装配质量。

(一)动力输出轴

(1)装配时,将变速器壳体放在工作台上,依次装入中间轴承、动力输出轴齿轮和前动力输出轴、前端轴承、卡环、油封座。

(2)在箱体的另一侧分别装入后动力输出轴、后端轴承、卡环、油封座、动力输出接盘、O 形密封圈、平面垫圈、固定螺母,并以 530 N·m 的拧紧力矩将固定螺母拧紧。

(3)将拨叉轴油封装入箱体座孔内,装上拨叉、拨叉轴,穿上连接销,并在连接销上插入开口销,以防连接销脱落。扳动拉杆摇臂进行试验,要求拨叉应能带动滑套在动力输出轴上灵活移动,并能定位。

(4)动力输出轴装好后,装上油底壳垫、油底壳。

(二)倒挡

(1)将倒挡活塞密封圈分别装入活塞内外环槽内,在倒挡油缸体内壁涂上适量的润滑油,用专用工具将活塞装入倒挡油缸体内。

(2)倒挡行星轮架总成组装时,在行星齿轮内孔涂上适量的润滑脂,装入滚针、隔圈,在倒挡行星轮架上分别装上平面垫圈、行星齿轮、行星齿轮轴、止动片,并用螺栓将其固定,装上轴承。

(3)安装倒挡摩擦片时,应先装一片从动片,将倒挡行星轮架总成装入箱体,其余七片摩擦片应按主、从动摩擦片的顺序交替进行安装。

(4)装上隔离架,由箱体外侧插入定位销,以防隔离架转动。

(三)Ⅰ挡

(1)Ⅰ挡行星轮架总成组装时,在行星齿轮内孔涂上适量的润滑脂,装入滚针、隔圈,在Ⅰ挡行星轮架上分别装上平面垫圈、行星齿轮、行星齿轮轴、止动盘、太阳轮、直接挡连接盘,拧上螺栓将其固定。

(2)将组装好的Ⅰ挡行星轮架总成装入箱体,在Ⅰ挡齿圈上分别装入五片主、从动摩擦片。

注意:主、从动摩擦片安装时应交替进行。将Ⅰ挡齿圈及摩擦片一起装入箱体,再将其余各三片主、从动摩擦片安装到Ⅰ挡齿圈上。

(3)装上回位弹簧及弹簧杆,放入Ⅰ挡油缸限制片。

(4)将Ⅰ挡活塞密封圈分别装入活塞内外环槽内,在Ⅰ挡油缸体内涂上适量的润滑油,装上Ⅰ挡活塞。并将 O 形密封圈装在Ⅰ挡油缸体进油口处。

(5)将组装好的Ⅰ挡油缸体及Ⅰ挡活塞总成装入箱体,扣上中盖,对称拧上两个工装螺栓。待固定螺栓拧上后,取出工装螺栓,换上固定螺栓,并将所有固定螺栓拧紧。注意:在安装中盖之前,必须检查Ⅰ挡油缸体端面与中盖凸肩端面之间的间隙。此间隙为 0.04~0.12 mm。

(四)Ⅱ挡

(1) Ⅱ挡离合器组装时,将离合器轴放到一主动摩擦片上,装上从动摩擦片和另一主动摩擦片,用螺栓将主动毂与主动摩擦片固定在一起。其从动摩擦片应能活动。

(2)将Ⅱ挡油缸体装到中间轴输出齿轮上,使齿轮上的定位销进入油缸体的销孔内,并用专用工具将油缸体打到位。

(3)将Ⅱ挡活塞密封圈分别装入活塞内外环槽内,在Ⅱ挡油缸体内壁涂上适量的润滑油,将活塞装入油缸体,装上碟形弹簧,并用卡环限位。

(4)将装有摩擦片的离合器轴通过轴承安装到油缸体上,装上受压盘,拧上螺栓,并用铁丝锁紧,以防工作中松动。

(5)将Ⅱ挡离合器总成装入箱体。此时,应在油缸体延长毂上垫上铜棒,并用大锤敲击,使下端轴承进入中盖座孔内。

(6)在端盖上装上旋转油封和O形密封圈。注意旋转油封唇口应向里,在端盖接合面上涂上密封胶,装上石棉纸垫。将端盖装到箱体上,拧上螺栓将其固定。注意:在安装端盖之前,必须检查端盖与球轴承两者相贴端面之间的间隙。该间隙为 0.05~0.40 mm。

(五)停车制动器及变速操纵阀

(1)在箱体前端装上制动蹄及支架,并用螺栓固定。装上制动鼓、O形密封圈、平面垫圈,拧上固定螺母,并用 530 N·m 的力矩拧紧固定螺母。

(2)在箱体的侧面装上石棉纸垫、变速操纵阀。

(六)超越离合器

(1)超越离合器组装时,先将螺栓穿入内环凸轮,在螺栓大头的一端垫上平板后平放于工作台上。装上隔离架、压板,用胶圈分别套住螺栓和隔离架,以防组装时螺栓和滚柱脱落,将滚柱装在隔离架上。

(2)将二轴小总成装入一级输入齿轮的内环,分别取出隔离架和螺栓上的两只胶圈,装上三根小弹簧。注意小弹簧装好后应有 2~4 mm 的预压量,并使隔离架处于左旋姿势。装上二级输入齿轮,并用专用工具将其安装到位,装上弹簧垫圈,拧紧螺母。

(3)装上隔离套并注意方向,装上轴承,用专用工具将轴承安装到位。

(4)在箱体上装上调整圈、超越离合器总成。在齿轮轴上垫上铜棒,并用大锤敲击,使下端轴承进入箱体座孔。

在变矩器与变速器箱体接合面上装上石棉纸垫,用螺栓将变矩器和变速器箱体连接在一起,拧紧固定螺栓。当所有螺栓拧紧后,转动弹性连接盘,应灵活、无卡滞现象。分别装上变矩变速齿轮泵、工作齿轮泵、转向齿轮泵。

任务4　变速器常见故障的诊断与排除

一、手动换挡变速器

(一)异常响声

1.故障现象

变速器工作中发出异常响声。

2.故障原因

(1)主轴与副轴不平行度超过标准。

(2)变速器与飞轮壳连接螺栓松动。

(3)轴承磨损过甚或损坏。

(4)齿轮磨损过甚。

(5)变速拨叉磨损变形。

(6)副轴轴向窜动。

(7)修理时未成对更换齿轮。

3.故障诊断与排除

(1)若发动机怠速运转时有异响,踩下离合器踏板后响声消失,则为第一轴后轴承、第二轴前轴承、常啮齿轮或中间轴轴承响。若踩下离合器踏板后有响声,而抬起离合器踏板后响声消失,则为第一轴前轴承响。

(2)若行驶中换入任何挡位都响,则为第二轴后轴承响。若换入某挡后响声明显,则为该挡齿轮啮合响。如果响声均匀,多为齿面磨损过大造成的,如响声呈周期性,多为某齿面损伤或轮齿断裂所致。若用力换入某挡位后,有齿轮碰击声或齿轮端面摩擦声,松手后响声消失,则为挂挡用力过猛或自锁装置欠佳引起的。若在变速行驶时,变速器内发出在旋转轴向上的撞击声,则为所挂挡齿轮齿隙太大或该挡齿轮与第二轴花键配合间隙太大引起的。

(3)在空挡滑行时,若变速器内发出齿轮碰击声或齿轮端面摩擦声,可手握变速杆从空挡位置依次向每个挡位上轻轻靠拢,若靠拢某挡后响声加剧,向反方向靠拢响声消失,说明该挡齿轮与相邻齿轮有碰擦现象。

(4)当变速器内齿轮油的黏度太低、数量不足、规格不符合要求时,均会增大变速器的噪声,应引起足够重视。

(二)跳挡

1.故障现象

变速器跳挡,是指变速器挂入某挡后,在车辆行驶或机械作业中,变速器自动跳回空挡。这种现象容易发生在中高速或载荷较大以及载荷和转速突然变化的时候,另外,车辆剧烈振动时也易发生跳挡。

2. 故障原因

（1）变速叉轴凹槽及定位钢珠磨损松旷,以及定位弹簧过软或折断,以致某挡位的定位装置失效或定位效果不佳。

（2）变速换挡叉弯曲或磨损过度,以及固定螺钉松动,使齿轮轴向移动的有效行程减少而不能正常啮合。

（3）齿轮或齿套沿齿长方向磨成锥形,使齿轮或齿套传力时产生轴向分力,造成齿轮脱离。

（4）变速器第一轴、第二轴的轴承严重磨损,致使轴承松旷或轴向间隙过大,使轴和齿轮传动时产生跳动和窜动,造成跳挡。

（5）第二轴后端固定螺母松动,造成第二轴轴向窜动。

（6）同步器锁销松动或散架。

3. 故障诊断与排除

（1）用手扳动变速杆做挂挡试验检查,换入该挡后,若感到没有冲击（空位锁球没进拨叉轴凹槽的感觉）,同时又感到很松,则故障在换挡机构,应拆下变速器盖后检查叉轴定位销球、凹槽和锁球弹簧等。

（2）若挂挡时有冲击的感觉,则将跳挡的某挡仍挂入该挡,拆下变速器盖检查齿轮啮合情况,如齿轮未完全啮合,而用手推动后能完全啮合,应检查换挡叉是否弯曲或磨损过大,以及换挡叉固定螺钉是否松动。

（3）若换挡机构和齿轮啮合没有问题,则应检查齿轮是否磨成锥形,以及轴的前后移动情况。

（4）若上述检查均正常,则应检查第一轴与曲轴的同轴度是否超差。检查时可旋松变速器固定螺母,挂入直接挡,松开手制动,用手柄摇转发动机,查看变速器与离合器壳的接触面间隙是否一致,若不一致,则有可能变速器第一轴与曲轴同轴度超差,应予排除。

（5）对装有锁销式惯性同步器的变速器,则应检查同步器锁销是否松动,同步器是否散架等。

（三）换挡困难或乱挡

1. 故障现象

车辆起步或行驶中换挡时,挂不上所需的挡位,或者所挂挡位与需要挡位不符,或者虽挂入所需挡位但不能及时退回空挡。

2. 故障原因

（1）离合器工作状况不正常和驾驶操作不当。

（2）长距离操纵杆机构磨损松旷、咬死、变形和调整不当。

（3）变速杆球头与座磨损过甚,或定位销松旷、失效。

（4）变速杆下端及拨叉导块槽磨损过大。

（5）同步器锥面磨损丧失工作能力。

（6）齿轮油不符合规定标准。

3. 故障诊断与排除

（1）以变速杆中心线为轴转动变速杆,若能成圈转动,说明其球头限位销磨短或脱落,应予修复或更换。

（2）挂挡后不能脱入空挡。若变速杆可以转动而引起错挡，则属于变速杆下端弧形工作面和变速叉顶端凹槽或变速叉轴导块上的凹槽磨损过大，应予修复。若变速杆摆动幅度大而引起错挡，说明变速杆下端弧形工作面脱出导块凹槽或变速叉槽，应拆下变速器盖，查明原因，予以排除。

（3）若同时挂两个挡，说明变速叉轴互锁装置失效，可能是弹簧折断或钢球磨损过甚造成的，应予更换。

（4）若只有挂入直接挡才能行驶或空挡也能行驶，而其他挡位均不能正常行驶，则应检查第二轴前端的滚针轴承是否烧结而使第一轴和第二轴连成一体，此时应分解清洗变速器。

二、动力换挡变速器

大、中吨位的内燃叉车和轮式装载机通常由液力变矩器和动力换挡变速器组成动力系统，以满足道路条件、工况负荷变化及前进、倒车、停车的要求，并依靠湿式离合器或制动器的接合和分离进行换挡，下面以 CPCD50 型叉车采用的动力换挡变速器为例分析常见故障诊断与排除方法。

（一）挂不上挡

1. 故障现象

变速器挂挡时，不能顺利进入挡位。

2. 故障原因

（1）挂挡压力阀压力过低。

（2）液压泵工作不良，密封不好。

（3）液压管路堵塞。

（4）湿式离合器密封圈损坏、泄漏或活塞环磨损。

（5）湿式离合器摩擦片烧毁或钢片变形。

（6）湿式离合器制动滑阀不回位。

（7）制动皮碗不能回位或回位不好。

（8）支承座螺栓松动。

（9）40 环磨损。

（10）挂挡阀杆不到位。

3. 故障诊断与排除

（1）若挂挡时不能顺利挂入挡位，应首先查看挂挡压力表指示压力，如挂空挡时压力低，则可能是液压泵供油压力不足，这时应检查油面高度，如油位符合要求，则检查液压泵传动零件的磨损情况及密封装置的密封情况，同时要考虑过滤器是否有密封不严使空气进入系统，如液压泵、过滤器无不良情况，则应查看变速压力阀是否失灵，变速操纵阀阀芯是否磨损。

（2）如空挡时压力正常，挂挡时压力低，则可能是湿式离合器供油管接头及变速器第一轴、第二轴分配器和离合器的油缸活塞密封圈密封不严而漏油。

（3）如发动机转速低时压力正常，转速高时压力降低或压力表指针跳动，一般是油位过低，过滤器堵塞或液压泵吸入空气造成的，应分别检查和排除。

(4)若非挂挡压力不够的原因,则应检查制动滑阀的工作情况,是否有卡死、弹簧弹力不足等情况。

(5)如上述检查均正常,则应检查制动皮碗、制动滑阀与操纵阀的配合间隙等,必要时更换皮碗或研磨制动滑阀。

(二)挡位脱不开

1.故障现象

变速器变速时,挡位脱不开。

2.故障原因

(1)离合器活塞拉伤鼓轮孔。

(2)离合器活塞环胀死。

(3)离合器摩擦片烧毁。

(4)离合器回位弹簧失效或损坏。

(5)回油路堵塞。

3.故障诊断与排除

启动发动机,变换各挡位,检查是哪个挡位脱不开,以确定该检修的部位。拆开回油管接头,吹通回油管路,连接好后再进行检查,看挡位分离是否迅速,如仍不奏效,须拆开离合器,检查弹簧力是否合适,摩擦片是否烧蚀,活塞环是否发卡,鼓轮内腔是否拉伤等。

(三)已挂上挡,但运行乏力

1.故障现象

动力换挡变速器已挂上挡,但叉车运行乏力,甚至不能行走。

2.故障原因

(1)离合器摩擦片磨损过甚,间隙过大。

(2)离合器轴套磨损严重,使间隙增大,漏损严重。

(3)离合器自动排油阀密封不严,使压力下降。

(4)换挡操纵阀管路堵塞。

(5)断流阀(切断阀)的自动滑阀不能自动回位。

(6)变速阀定位装置弹簧过软或折断,钢球跳动。

(7)离合器活塞环、密封圈磨损严重,使泄漏增大。

(8)换挡操纵阀到位而误认为挂上挡,实际未挂上挡(由于油箱油面过低,液压泵、过滤器、流量控制阀等故障所致)。

(9)换挡操纵阀滑阀磨损严重导致泄漏增大。

3.故障诊断与排除

(1)首先检查换挡压力表压力值是否为 1.2 MPa,如压力未达到此值,应检查动力换挡操纵油路系统是否有严重泄漏,油箱压力油是否过少,压力油是否变质,液压泵的输出压力是否达到规定值,过滤器、油管是否堵塞等。

(2)如换挡压力达到规定值,可变换各挡位,观察叉车是否能运行,如叉车在各挡位均不能行走,可能是主油路的压力油未进入各离合器,其中可能是由于断流阀中制动滑阀未回到位,应拆开断流阀检查。也可能油液太脏,使换挡操纵阀内进油道堵塞,使高压油无法进入各离合器,因此实际上并未挂上挡,而表面上滑阀已移动,给人挂上挡的错觉,此时应拆下进油管接头,吹通油路,同时移动换挡滑阀,即可排除故障。

(3)如系某一挡挂上后叉车难以行走,是由于该离合器摩擦片磨损严重,密封圈损坏,活塞环严重磨损,自动排油阀密封不严,或管路堵塞、换挡滑阀严重磨损,各接头处漏油等原因,应逐一检查排除。

(四)工作油压过低

1.故障现象

压力表反映的变速器各挡油压均低于正常值,叉车不能行走。

2.故障原因

(1)变速器油底壳油量不足。

(2)主油道漏油。

(3)变速器过滤器堵塞。

(4)转向(变速)液压泵齿轮磨损或密封损坏,造成严重内漏。

(5)变速器挂挡压力阀调压阀调整不当。

(6)挂挡压力阀弹簧失效、折断或滑阀发卡。

(7)过滤器堵塞。

3.故障诊断与排除

(1)首先检查油底壳油量是否足够,如不足,加到规定油位。

(2)检查油底壳中滤油器是否堵塞而造成液压泵吸油不足,检查油道中的过滤器是否堵塞而使油流不畅。

(3)检查主油道是否漏油,接合面是否密封不严。

(4)调整挂挡压力阀,使压力达到规定值,如失效,应检查弹簧是否失效或折断,滑阀是否发卡等。

(5)检查转向(变速)泵是否有故障,可拧松该泵出油管接头渗出油液,观察在发动机低速和高速下渗油量的变化,若渗油量显著变化,表明泵无故障;若渗油量变化不大,表明该泵有故障。应拆检之。

(五)异常响声

1.故障现象

工作中变速器发出"咣咣"或"咯噔、咯噔"的异响。

2.故障原因

(1)润滑油不足。

(2)变速器轮齿打坏。

(3)轴承间隙过大。

(4)花键轴与花键孔磨损松旷。

3.故障诊断与排除

(1)首先检查变速箱内液压油是否足够,如不足,加到规定油位。

(2)采用变速法听诊,若异响为清脆而较轻的"咯噔、咯噔"声,则表明轴承间隙过大或花键轴松旷,同时在齿轮、轴承和花键轴等所在部位的外壳处听诊,以确定异响所在。

任务实施

一、任务描述

1. 识别手动换挡、动力换挡变速器主要零部件；
2. 手动换挡、动力换挡变速器的分解、装配；
3. 手动换挡、动力换挡变速器的检修、调整、磨合试验；
4. 手动换挡、动力换挡变速器的常见故障诊断与排除；
5. 手动换挡、动力换挡变速器的失效原因分析。

二、任务要求

1. 按照检测要求和技术标准将设备、仪器分别放在相关工位，将制定的任务单发给学生；每位学生穿上工作服、工作鞋，随身携带一支笔，以便做好记录并分析检测结果；

2. 使用有关工具，按照正确步骤分解、装配手动换挡、动力换挡变速器各一台；

3. 按照有关技术标准，使用有关工具、量具检测并维修手动换挡、动力换挡变速器主要零件；

4. 按照有关技术标准，使用有关工具、量具对装配的手动换挡、动力换挡变速器进行调整、磨合试验；

5. 按照正确步骤诊断并排除手动换挡、动力换挡变速器常见故障；

6. 对手动换挡、动力换挡变速器主要零件的各种失效进行原因分析；

7. 监控学生是否按要求完成任务，并指导学生进行正确的操作。

三、任务考核

序号	考核内容	分值	评分标准	得分
1	正确使用工具、量具	6	工具、量具使用不当，一次扣2分	
2	指认车上变速器零部件位置正确	12	指认位置不正确，扣12分	
	拆装顺序正确		拆装顺序错误，一次扣3分	
	零件摆放整齐		摆放不整齐，扣3分	
	清楚零件的作用及工作原理		不清楚，扣12分	

(续表)

序号	考核内容	分值	评分标准	得分
3	壳体和盖的拆装与检查 齿轮的拆装与检查 齿轮轴的拆装与检查 同步器的拆装与检查 操纵机构的拆装与检查 换挡离合器的拆装与检查 超越离合器的拆装与检查 行星轮架的拆装与检查 液压离合器的拆装与检查 停车制动器的拆装与检查 变速操纵阀的拆装与检查 工作情况检查、调整及动态试验 常见故障原因分析与排除	42	能对各个项目进行准确检测及调整,错一项扣3分	
4	正确组装变速器零部件	10	不能正确组装,错一次扣2分	
5	正确调整间隙	15	不会调整扣10分,调整错误扣5分	
6	工具、现场清洁	5	每项扣2分,扣完为止	
7	安全、文明生产	10	违规操作、发生人身和设备事故,为0分	
8	配分合计	100	得分合计	

复习思考

一、填空题(将正确答案填在题中横线上)

1. 手动变速器操纵机构中三大锁止装置是指自锁装置、_____装置和_____装置。

2. 变速器输入轴的前端与离合器的_____相连,输出轴的后端通过凸缘与_____相连。

3. 手动换挡变速器又称为机械换挡变速器,通过机械式操纵机构来移动_____或_____进行换挡;而动力换挡变速器是通过_____进行换挡。

4. _____是指港口机械在正常使用情况下,未经人力操纵,变速杆连同齿轮_____自动跳回空挡位置,使动力传递中断。

5. 挂不上欲挂的挡位、实挂挡位与欲挂挡位不符、同时挂入两个挡位、只能挂入某一挡位及挂挡后不能退出均称为变速器_____。

6. _____主要表现为挂不上挡,或挂上挡后摘不下挡。变速器出现该故障后使车辆无法正常工作。

7. 同步器在待啮合齿轮未同步前,挂不上挡的原因是由于_____作用。

8. 变速器采用两种同步器，_____ 和_____。

9. 对变速器壳和盖未延伸到轴承座孔及不重要部位的裂纹，可采用_____修复，或用_____修复；对轴承座孔处的裂纹采用_____修复。

10. 变速器壳体和盖接合平面翘曲变形用_____检查。

11. 齿轮轮齿啮合面上允许有占齿面积不到_____的小斑点，可用_____修磨后继续使用。

12. 变速器各啮合齿轮的啮合印痕应在轮齿啮合面的_____，且不小于啮合面的_____。

13. 变速器轴常见的损伤有_____、_____、_____、_____ 等。

二、判断题（将判断结果填入括号中，正确的填"√"，错误的填"×"）

1.（ ）变速器中的常啮合齿轮一般都采用直齿齿轮传动。

2.（ ）变速器中的滑动齿轮一般都采用斜齿齿轮传动。

3.（ ）齿轮的损伤形式主要有齿面磨损、齿端磨损、疲劳剥落、腐蚀斑点、轮齿破碎或断裂等。

4.（ ）变速器倒挡传动比数值设计得较大，一般与一挡传动比数值相近。这主要是为了倒车时车辆具有足够大的驱动力。

5.（ ）变速器互锁装置采用四个互锁钢球和一个互锁销来防止变速器同时挂入两个挡，但对于互锁钢球的大小及锁销的长度都没有规定。

6.（ ）同步器能够保证变速器换挡时，待啮合齿轮的圆周速度迅速达到一致，以减少冲击和磨损。

7.（ ）变速器在换挡时，为避免同时挂入两挡，必须装设自锁装置。

8.（ ）液力变矩器由泵轮、涡轮和导轮及壳体等主要元件组成，变矩工况时导轮不转动。

9.（ ）变速器的变速换挡原理是借助不同齿轮的啮合传动来变换传动比。

10.（ ）动力换挡变速器可以在运行时换挡，且换挡平稳。

11.（ ）变速器的自锁装置有防止自动脱挡和保证全齿轮长度啮合的作用。

12.（ ）变速器变速传动机构只是改变发动机曲轴输出的转速，不改变转矩和转动方向。

13.（ ）变速器异常响声现象，可能是由于变速器内部齿轮磨损过大引起的。

14.（ ）互锁装置的作用是当驾驶员用变速杆推动某一拨叉轴时，自动锁上其他所有拨叉轴。

15.（ ）变速器的互锁装置中，两个互锁钢球的直径之和正好等于相邻两根拨叉轴间的距离。

16.（ ）变速器的互锁装置中，互锁销的长度恰好等于拨叉轴的直径。

17.（ ）采用移动齿轮或接合套换挡时，待啮合的一对齿轮的圆周速度必须相等。

18.（ ）变速器装配过程中可用铁榔头直接敲击金属零件表面，以便快速安装到位。

19.（ ）动力换挡变速器的换挡离合器摩擦片磨损后不具备大修条件时，可在紧贴压盘或止推盘处增加一片主动盘。

三、选择题(选择一个正确的答案,将相应的字母填入题内的括号中)

1. 变速器中超速挡的齿轮传动比( )。

    A. 大于 1   B. 小于 1

    C. 等于 1   D. 以上都不是

2. 在多轴驱动港口机械中,将变速器输出的动力分配给各驱动桥的装置是( )。

    A. 副变速器   B. 主减速器

    C. 分动器   D. 差速器

3. 齿轮沿齿长方向磨损成锥形会造成( )。

    A. 跳挡   B. 乱挡

    C. 挂挡困难   D. 换挡时齿轮相撞击而发响

4. 关于乱挡原因,下列说法错误的是( )

    A. 互锁装置失效:如拨叉轴、互锁销或互锁钢球磨损过甚

    B. 变速杆下端弧形工作面磨损过大或拨叉轴上拨块的凹槽磨损过大

    C. 变速杆球头定位销折断或球孔、球头磨损过于松旷

    D. 自锁装置的钢球或凹槽磨损严重,自锁弹簧疲劳过软或折断

5. 关于换挡时齿轮相撞击而发出异响的原因,下列说法错误的是( )

    A. 离合器踏板行程不正确   B. 同步器损坏

    C. 缺油和油的质量不好   D. 变速杆调整不当

6. 变速器传动比越大,则输出扭矩( )。

    A. 越小   B. 越大

    C. 由大变小   D. 以上答案都不对

7. 使用变速器( )时,即使离合器接合,发动机动力也不能传给驱动轮。

    A. 一挡   B. 倒挡

    C. 空挡   D. 超速挡

8. 单排行星齿轮机构的内齿圈固定,太阳轮为主动件,行星架为从动件,则可实现( )。

    A. 降速挡   B. 超速挡

    C. 直接挡   D. 倒挡

9. 单排行星齿轮机构的行星齿轮架固定,太阳轮为主动件,内齿圈为从动件,则可实现( )。

    A. 超速倒挡   B. 减速倒挡

    C. 直接挡   D. 空挡

10. 变速器自锁装置的作用是( )。

    A. 防止跳挡   B. 防止同时挂上两个挡

    C. 防止误挂倒挡   D. 提高变速器的传动效率

11. 为了避免同时挂上两个挡位,在变速器操纵机构中设置了( )装置。

    A. 差速锁   B. 倒挡锁

    C. 自锁   D. 互锁

12. 同步器式换挡装置,是在接合套换挡结构基础上,在接合套与接合齿圈之间加装了

一套同步装置,当接合套与接合齿圈( )一致时可换挡,否则,就挂不上挡。

    A.匀速   B.加速

    C.线速度   D.角速度

13.变速器斜齿轮磨损会造成( )。

    A.挂挡困难   B.跳挡

    C.异响   D.乱挡

14.变速器的齿轮啮合间隙用( )进行校验。

    A.百分表   B.千分尺

    C.塞尺   D.卡尺

15.变速器齿轮和齿轮端面间隙用( )进行校验。

    A.百分表   B.千分尺

    C.塞尺   D.卡尺

16.若猛用力推拨叉方能挂上挡,说明变速叉轴自锁装置良好;若用力较小就能挂挡,说明自锁性能( )。

    A.良好   B.欠佳

    C.很差   D.很好

17.变速器由低速挡换入高速挡,其输出轴的转速和转矩变化情况是( )。

    A.转速增大、转矩减小   B.转速减小、转矩增大

    C.转速增大、转矩增大   D.转速减小、转矩减小

18.变速器自锁装置的作用是防止( )。

    A.跳挡   B.乱挡

    C.挂挡困难   D.换挡时齿轮相撞击而发响

19.锁环式惯性同步器加速同步过程的主要原因是( )。

    A.作用在锁环上的推力   B.惯性力

    C.摩擦力   D.以上各因素综合

四、问答题

1.手动换挡变速器的齿轮、同步器分别是如何检测和维修的?

2.手动换挡变速器是如何进行装配和磨合的?

3.动力换挡变速器的齿轮、换挡离合器分别是如何检测和维修的?

4.动力换挡变速器是如何进行装配和磨合的?

5.手动换挡、动力换挡变速器器的常见故障分别有哪些? 原因有哪些? 如何排除?

项目十一

万向传动装置的检测与修复

一、知识目标

1. 能正确识别万向传动装置的主要零部件,掌握万向传动装置的分解、装配、检测与维修过程;

2. 准确描述万向传动装置常见故障的诊断与排除方法。

二、能力目标

1. 能按照正确的步骤分解、检修、装配万向传动装置;

2. 能正确进行传动轴的装配与试验;

3. 能按维修操作规范,正确分析、判断并排除万向传动装置的常见故障;

4. 能对万向传动装置主要零件的失效进行原因分析。

任务导入

为了掌握万向传动装置的分解、装配、检修、调整过程,准确判断万向传动装置故障,查明故障原因,作为港口机械维修人员必须全面认识万向传动装置主要零部件,熟悉万向传动装置分解、装配、检修、调整要求以及常见故障诊断与排除方法,并对万向传动装置主要零件的失效进行原因分析。

📄 **相关知识**

任务1　万向传动装置主要零件的检测与修复

一、万向节

（一）十字轴刚性万向节

十字轴轴颈不得有疲劳剥落、磨损沟槽等,对于轻微的金属剥落或者压痕,可进行修磨处理。如果压痕深度超过 0.1 mm 则应更换十字轴。

十字轴与轴承的最小配合间隙应符合原厂规定,最大配合间隙应符合表 11-1 的规定。检查十字轴与滚针轴承的配合间隙时,用手拉动万向节,不能有明显的松旷感,如图 11-1 所示。也可将十字轴夹在台虎钳上,用百分表进行检查,如图 11-2 所示。径向间隙的原厂标准为 0.02~0.08 mm,大修标准为 0.02~0.14 mm,使用极限为 0.25 mm。当配合间隙超过规定极限值时,应予以更换。检查万向节叉不得有裂纹或其他严重损伤,否则更换新件。

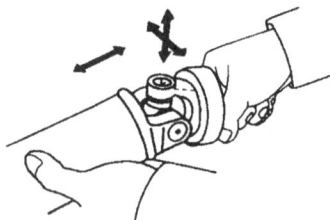

图 11-1　用手拉动万向节
与滚针轴承的配合间隙

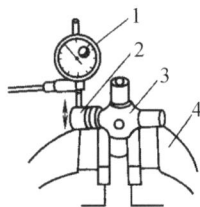

图 11-2　用百分表检查十字轴
1—百分表;2—滚针轴承;3—十字轴;4—台虎钳

检查轴承壳、滚针及轴承油封等其他零件,如有破裂、严重磨损等情况,应更换。

表 11-1　十字轴与轴承的配合间隙

十字轴轴颈直径(mm)	≤18	18~23	>23
最大配合间隙(mm)	符合原厂规定	0.10	0.14

（二）等角速万向节

对于等角速万向节主要是检查内、外等速万向节中各部件的磨埙情况和装配间隙。一般外等速万向节酌情单件更换。内等速万向节,如某部件磨损严重,则应整体更换。

外等速万向节的 6 颗钢球要求有一定的配合公差,并与星形套一起组成配合件。检查轴、球笼、星形套与钢球有无凹陷与磨损,若万向节间隙过大,需更换万向节。

内等速万向节的检修要检查球形壳、星形套、球笼及钢球有无凹陷与磨损,如磨损严重则应更换。

防尘罩及卡箍、弹簧挡圈等损坏时,应予以更换。

二、传动轴

(一)轴管

轴管常出现弯曲、凹陷和焊缝裂纹等缺陷。检验时,通常将传动轴轴管支承在两个 V 形块上,或夹持在车床上转动,用百分表检查。传动轴全长上的径向圆跳动公差应符合表 11-2 的规定。为检查准确,在全长上的测量点应不少于三个。一般轴心线全长直线度公差值为 1 mm。轴管的直线度径向跳动设计要求不大于 0.3 mm,大修时不得大于 1 mm。上限适合于转速高且较长的传动轴,即长度 $L>1$ m 的传动轴。

表 11-2　传动轴的径向圆跳动公差

轴长(mm)	≤600	600~1 000	>1 000
径向圆跳动公差(mm)	0.6	0.8	1.0

当弯曲量在 5 mm 以内时,可采用冷压法校正;弯曲量大于 5 mm 时,应采用热压法校正。热校时,可先去掉花键轴和万向节叉,将轴管加热至 600~850 ℃,用直径比轴管孔径稍小的矫正芯棒穿入轴管内,架起芯棒两端,在轴管弯曲或凹陷处加垫块或用锤敲击校正。

(二)花键轴

花键轴键齿和键槽的工作表面不得有横向裂纹、严重磨损和锈蚀,键齿与键槽不得出现扭曲现象,否则应换用新件。

花键轴键齿与花键套键槽的侧隙,大修时不得大于 0.3 mm。一般配合检查时,其间隙大于 0.5 mm 或键槽、键齿宽度磨损大于 0.25 mm 时应更换。更换花键轴或万向节叉时,首先在车床上车去焊缝,同时在花键轴或万向节叉焊缝处车出 45°的倒角,在轴管焊缝处车出 60°倒角,并做好原接口位置的记号。然后,压出花键轴或万向节叉并清理焊缝,再对准记号将新的花键轴或万向节叉压入。在坡口的圆周上,先对称均匀地焊上六个定位点,再沿坡口圆周将其焊牢,如图 11-3 所示,清理焊渣后应进行检验。在车床上检验时,传动轴总成的轴管径向跳动不应大于 1 mm,测量全长不得小于公称尺寸 10 mm。有条件的应进行平衡试验。每端的平衡块不得大于三块。

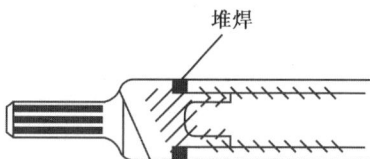

图 11-3　传动轴花键轴的焊接

(三)花键轴套

花键轴套常出现键槽磨损、十字轴轴承座孔磨损、螺纹孔或黄油嘴孔磨损等损伤。

花键套键槽磨损后可采用局部更换法修理,如图 11-4 所示。更换花键轴套时,首先应将磨损的花键轴套从 A 处切去,切面 A 必须与中心线 B 垂直,要求不垂直度不得大于 0.10 mm,A 面车出与新花键轴套相接的焊缝倒角为 7×45°。新的花键轴套有两种:一种是花键轴套的键槽已经做好,只需按技术要求焊接上即可;另一种是用 45 号钢制造的花键轴套。按图 11-5 所示尺寸车削一个套管,然后将原滑动套与新制的花键套管套装在与内孔相配合的轴上,先在两连接的倒角处沿圆周对称焊上四点,再全部焊牢。清理焊渣后,精车内孔和端面,以端面为基准,拉内花键,最后钻黄油嘴孔和焊牢防尘盖。

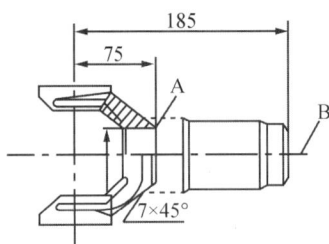

图 11-4　用局部更换法修复万向节花键套

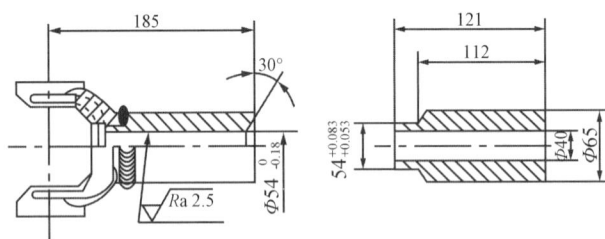

图 11-5　花键套的车制与镶接

对于磨损不大的花键槽,可将其拉削加宽,与采用加厚齿的花键轴配合使用。

黄油嘴螺纹孔损坏时,可旋转 180°重新钻孔攻螺纹。

三、中间支承

中间支承常见损伤形式是橡胶老化、轴承磨损所引起的振动和异响等。

若中间支承轴承的滚珠、滚道出现烧蚀、裂纹、刻痕、金属剥落等现象,应予以更换。轴承旋转应灵活,无噪声、停滞和卡住现象。轴承径向间隙的检测如图 11-6 所示,将轴承放在平板上,一手压紧轴承内座圈,一手推动轴承外座圈,百分表的摆动量就是轴承的径向间隙。

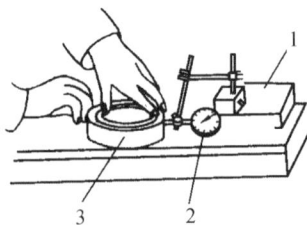

图 11-6　检查轴承的径向间隙
1—检验平板;2—百分表;3—轴承

轴承轴向间隙的检查方法如图 11-7 所示,将轴承外座圈放在两垫块上,在轴承内座圈上放一平板,百分表触头抵在平板中央,上下推动轴承内座圈,在百分表上即可读出轴承的轴向间隙。轴向间隙的使用极限为 0.50 mm,若径向间隙或轴向间隙过大,应予以更换。

图 11-7　检查轴承的轴向间隙
1—轴承;2—平板;3—百分表;4—垫块

中间支承的橡胶垫环在使用一定时间后,会发生老化、龟裂而丧失弹性,从而使传动轴在运转中产生振动,修理中应予更换。平时小修时,为减少工作量,往往在垫环外圈垫一周厚度为 1.5~2.0 mm 的铁皮,以改善垫环弹性,但应注意不要堵住油嘴孔。

任务 2　万向传动装置的装配与试验

一、滑动叉的装配

(1)将油封盖、油封垫、油封套在短花键轴上。
(2)对准滑动叉和短花键轴上的装配标记,把滑动叉套到短花键轴上。
(3)装好油封、油封垫,旋紧油封盖。

二、十字轴万向节的装配

(1)使十字轴上的油嘴朝向滑动叉一方,并和滑动叉上的油嘴同方向,插入万向节叉的耳孔内,把滚针轴承放入耳孔并套到十字轴轴颈上,如图 11-8(a)所示。
(2)用铜棒、锤子轻敲滚针轴承外底面,使轴承进入耳孔到位,用卡钳把卡环装入万向节叉耳孔槽内。
(3)对准装配标记,把万向节叉套到十字轴的另一对轴颈上,如图 11-8(b)所示。

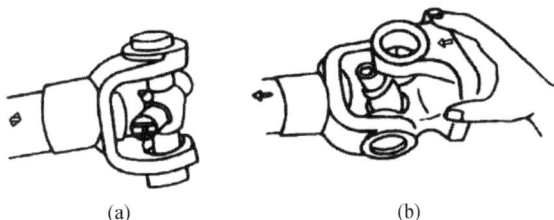

(a)　　　　　　　　(b)

图 11-8　万向节的装配

(4)把滚针轴承放入万向节叉耳孔,并套到十字轴轴颈上,用铜棒、锤子轻敲轴承进入耳孔到位,用卡钳把卡环装入耳孔槽,要注意卡环一定要整个厚度进入槽底,否则,会在传动轴转动过程中弹出,发生轴承脱落的事故。

万向节装复后,应能在±25°范围内自由摆动,手感灵活无卡住现象。必要时,可检查万向节轴承端部间隙,该间隙标准值为 0.02~0.20 mm,极限尺寸为 0.40 mm。

三、等角速万向节的装配

(1)装配内万向节。对准凹槽将星形套嵌入保持架;将钢球与保持架的星形套垂直装入球形壳,如图 11-9(a)所示,并使球形壳上的宽间隔 a 对准星形套上的窄间隔 b,如图 11-9(b)所示;扭转星形套,使星形套转出保持架,使钢球与球形壳中的球槽有足够的间隙;用力撤压保持架,使装有钢球的星形套完全转入保持架壳内;用手将星形套在轴向范围内来回推动,若移动灵活,则说明组装正确。

(2)装配外万向节。将星形套的扇形齿旋至保持架的方孔内,将星形套装入保持架中;将球笼与星形套一起装入球形壳(使保持架的两个方孔与球形壳对直);对称交替地压入钢球,并确保星形套在保持架及球形壳内原先位置;检查星形套与球形壳运动是否灵活,若有卡滞,应查明原因,排除故障;将卡环装入星形套。

(3)加注润滑脂。分别向内、外万向节注入 90g G-b 润滑脂。

(4)将蝶形座圈装于传动轴上,用专用工具将传动轴压入内万向节,如图 11-9(c)所示,并装好卡环。安装时,星形套花键齿有倒角的一端应朝向传动轴。

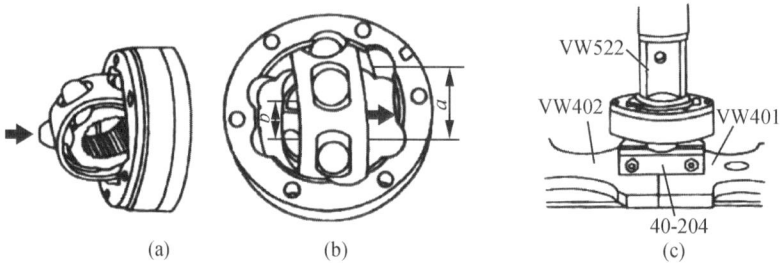

图 11-9　内万向节的装配

(5)将内、外万向节防尘套及钢带箍装到传动轴上,并安装好外万向节端蝶形座圈、隔套及卡环,用橡胶锤将外万向节敲入传动轴上。用专用工具夹紧防尘套钢带箍,如图 11-10 所示。安装防尘套时,由于受到挤压防尘套内会产生一定的负压,使防尘套产生凹陷,使用中很容易损坏,因此,在紧固好小径端以后,应向防尘套内稍微充点气,然后再紧固好其大径端。

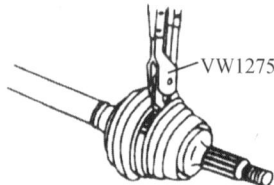

图 11-10　夹紧防尘套钢带箍

(6)向车上安装传动轴,先在外万向节球形壳的花键上涂一圈 5 mm 宽的 D6 防护剂。安装时,外万向节与轮毂间紧固螺母的旋紧力矩为 230 N·m,内万向节与半轴凸缘间连接螺栓的旋紧力矩为 45 N·m。

四、中间支承的装配

(1)将轴承装入轴承座,两侧压入油封,装上橡胶垫圈。

(2)将上述装好的中间支承套到中间花键轴上(无油嘴的一侧朝向中间传动轴,凸缘螺栓孔布置相位和前端万向节叉螺栓孔布置相位一致)。

(3)在凸缘端面上垫上垫板,用锤子轻敲,使中间支承和凸缘到位。

(4)放上垫圈,旋紧螺母,装上开口销。螺母的旋紧力矩不小于 196 N·m。

五、万向传动装置总成装车

安装万向传动装置从前端开始,逐步往后装。

(1)先装中间传动轴及中间支承总成,把前端的凸缘装到驻车制动鼓上,装上弹簧垫圈和螺母,用 90~110 N·m 的力矩拧紧螺母。

(2)中间传动轴的后端通过中间支承,用支架和上盖板装到车架横梁上,装上螺栓、平垫圈、弹簧垫圈、螺母。拧紧力矩为 90~110 N·m。

(3)安装主传动轴及滑动叉总成。安装前应注意一下油嘴的朝向,应与中间传动轴的油嘴同一方向,以便加注润滑脂。

(4)将有滑动叉的一端与中间传动轴的后端凸缘连接,另一端与后桥上的凸缘连接。采用专用螺栓、弹簧垫圈、螺母。注意:在每个螺栓上都装有两个弹簧垫圈,一个装在凸缘叉一侧的六角螺栓头下面,另一个装在凸缘另一侧的螺母下面,螺母的拧紧力矩为 90~110 N·m。

六、万向传动装置的装配与试验

(1)安装传动轴伸缩节时,必须使传动轴两端万向节叉位于同一平面内(如有箭头记号,应使箭头相对),误差允许限度为±1°。如果键齿磨损松旷,应使后端万向节顺传动轴旋转方向(车辆前进时)超前偏转一个键齿即可。

(2)油嘴的方向应便于加注润滑脂。十字轴不可装反,油嘴必须朝向传动轴一方,三个十字轴上油嘴应在一条直线上,有油嘴的中间支承轴承油封盖应装在支架的后面且油嘴朝下。

(3)车辆总装时,应尽量使传动轴两端与变速器输出轴、主传动器输入轴所形成的夹角相等,一般不许做任何调整。若需调整时,其夹角一般不得比原厂规定的角度大3°~5°。

(4)保证传动轴各零件本身回转质量的平衡。在装配传动轴时,防尘套上两只卡箍的锁扣应错开180°,不得任意改变原平衡的质量和位置。

(5)保证回转质量中心与传动轴旋转轴线的重合。为减少传动轴旋转质量中心偏离旋转轴线而造成的附加动载荷,制造厂已进行了动平衡试验。当传动轴的动平衡被破坏时,如动平衡块脱落,传动轴各零件回转质量不平衡、装配不当等,将使质量中心偏离旋转轴线而降低传动轴临界转速。试验证明,当万向节由于磨损出现间隙,就可能使传动轴在低于临界转速下产生振动、冲击,甚至会折断。为此,万向节组装后,不允许十字轴有轴向窜动,十字轴轴承与座孔不应有相对转动。为消除轴向间隙,一般通过在轴承座背面加薄铜皮来解决。但必须注意各轴承座背面所加垫片厚度应一致,否则,十字轴中心线必然偏离传动轴旋转轴线,破坏传动轴的平衡。有条件的应进行传动轴动平衡试验与调整。

任务3 万向传动装置常见故障的诊断与排除

一、车辆行驶中有异响

(一)故障现象

车辆起步时无异响,但行驶过程中,从传动轴部位传出类似于金属碰击的声音,整个行驶过程中声响不断。

(二)主要原因

(1)传动凸缘连接松动。

(2)万向节轴颈和轴承磨损过度而松旷。

(3)中间轴承支架固定螺栓松动或中间轴承内圈松旷。

(4)中间轴承安装不当。

(5)后钢板弹簧上骑马螺栓松动。

(6)万向节轴承外圈压得过紧,转动不灵活。

(三)检查判断

(1)车辆行驶中,当突然改变转速时,有金属敲击声,可能是个别凸缘或万向节十字轴轴承磨损松旷,用撬棒撬动凸缘,晃动很明显的凸缘即为故障所在。

(2)起步和变速时,撞击声明显,低速行驶时比高速时明显,可能是中间支承轴承内圈过盈配合松动所致。

(3)起步和行驶中,始终有明显异响,并伴有振动与发抖,可能是中间支承轴承支架固定螺栓松动,导致位置偏斜造成的。

(4)低速行驶时出现清脆而有节奏的金属撞击声,脱挡滑行时声响清晰存在,可能是万向节十字轴轴承壳压紧过甚所致。应拆开重新装配。

(5)车辆行驶中,声响随车速增大而增大,一般是中间支承轴承响,若响声混浊、沉闷而连续,说明中间支承轴承散架。若响声是连续的"呜、呜"声,首先检查中间支承轴承支架橡胶垫环隔套紧固螺栓是否过紧或过松,使轴承位置偏斜,可旋转轴承盖螺栓,若声响消失,说明中间支承轴承装置偏斜。若仍有声响,应拆下中间支承进行分解检查。

二、传动轴异响并伴随车身振动

(一)故障现象

在一些传动轴较长的车辆上,传动装置在车辆行驶中除了发出周期性异响外,还伴随着车身的振动与发抖。此种异响的特点是中速以上才出现,车速越高,响声越大,达到一定速度时,车身发生振动与发抖,高速时脱挡滑行,振响仍然存在。

（二）主要原因

（1）万向节滚针轴承磨损、损坏。

（2）传动轴弯曲或平衡片脱落。

（3）传动轴中间支承轴承磨损松旷或损坏。

（4）装配不当,传动轴两端的万向节不在同一平面内。

（5）传动轴万向节滑动叉的花键配合松动。

（6）发动机前后支架的固定螺栓松动。

（三）检查判断

（1）若声响呈周期性,且随车速升高而增大,此时可将驱动桥支起,挂高速挡,查看传动轴的摆振情况,特别是当抬起加速踏板时,若摆振更大,说明是凸缘和轴管焊接时歪斜或传动轴弯曲引起的,应检查轴管的径向跳动量,采用加热校正法校正或更换传动轴。

（2）若声响呈连续振响,这时将发动机熄火,到车底下用手握住中间支承架附近的中间传动轴,径向晃动,检查中间支承轴承与架的橡胶垫环隔套是否间隙过大,固定螺栓有无松动,支承架是否偏斜等。

（3）若以上检查未发现故障原因,则应进一步检查十字轴回转中心与传动轴的同轴度是否超差,超差原因大多是十字轴两端的滚针轴承壳凹槽内加垫厚度不等所致,故从检查其加垫厚度是否均匀即可判断其同轴度。

任务实施

一、任务描述

1. 识别万向传动装置主要零部件;

2. 万向传动装置的分解、装配;

3. 万向传动装置的检修、调整与试验;

4. 万向传动装置的常见故障诊断与排除;

5. 万向传动装置的失效原因分析。

二、任务要求

1. 按照检测要求和技术标准将设备、仪器分别放在相关工位,将制定的任务单发给学生;每位学生穿上工作服、工作鞋,随身携带一支笔,以便做好记录并分析检测结果;

2. 使用有关工具,按照正确步骤分解、装配万向传动装置一台套;

3. 按照有关技术标准,使用有关工具、量具检测并维修万向传动装置主要零件;

4. 按照有关技术标准,使用有关工具、量具对装配的万向传动装置进行调整、动态平衡试验;

5. 按照正确步骤诊断并排除万向传动装置常见故障;

6. 对万向传动装置主要零件的失效进行原因分析;

7. 监控学生是否按要求完成任务,并指导学生进行正确的操作。

三、任务考核

序号	考核内容	分值	评分标准	得分
1	正确使用工具、量具	6	工具、量具使用不当,一次扣2分	
2	指认车上万向传动装置零部件位置正确	12	指认位置不正确,扣12分	
	拆装顺序正确		拆装顺序错误,一次扣3分	
	零件摆放整齐		摆放不整齐,扣3分	
	清楚零件的作用及工作原理		不清楚,扣12分	
3	十字轴万向节的拆装与检查	42	能对各个项目进行准确拆装、检测及调整,错一项扣6分	
	球笼式万向节的拆装与检查			
	球叉式万向节的拆装与检查			
	传动轴的拆装与检查			
	中间支承的拆装与检查			
	工作情况检查、调整及动态试验			
	常见故障原因分析与排除			
4	正确组装万向传动装置零部件	10	不能正确组装,错一次扣2分	
5	正确调整间隙	15	不会调整扣10分,调整错误扣5分	
6	工具、现场清洁	5	每项扣2分,扣完为止	
7	安全、文明生产	10	违规操作、发生人身和设备事故,为0分	
8	配分合计	100	得分合计	

💡 复习思考

一、填空题(将正确答案填在题中横线上)

1.万向节十字轴轴颈不得有_____ 、_____ 等,对于轻微的金属剥落或者压痕,可用_____ 进行修磨处理。

2.检查万向节十字轴与滚针轴承的配合间隙时,可用手拉动_____ ,不能有明显的松旷感,也可将十字轴夹在台虎钳上,用_____ 进行检查。

3.传动轴轴管常出现_____、_____、_____ 等缺陷,其中弯曲可用_____ 测量,且测量点不得少于_____ 个。

4.当传动轴弯曲量在5 mm以内时,可采用_____ 校正;弯曲量大于5 mm时,应采用_____ 校正。

5.装配传动轴时,必须使两端的万向节叉处在_____ ,否则会导致万向传动装置发生故障。

6.十字轴式刚性万向节,它允许相邻两轴的最大交角为_____ 。

二、判断题(将判断结果填入括号中,正确的填"√",错误的填"×")

1. ( )对于磨损不大的传动轴花键槽,可将其拉削加宽,与采用加厚齿的花键轴配合使用。

2. ( )传动轴上的黄油嘴螺纹孔损坏时,可旋转180°重新钻孔攻螺纹。

3. ( )安装传动轴伸缩节时,传动轴两端万向节叉应位于同一平面内,且误差允许限度为±1°。

4. ( )在装配传动轴时,防尘套上两只卡箍的锁扣应错开180°,不得任意改变原平衡的质量和位置。

5. ( )万向传动装置能在轴间相互位置经常发生变化的转轴之间传递动力。

6. ( )传动轴总成装复后,只做静平衡试验,不用做动平衡试验。

7. ( )传动轴中间支承安装时不要拧紧,走合后自动定心后拧紧。

8. ( )为加注润滑脂方便,万向传动装置的润滑脂嘴应在一条直线上,且万向节上的润滑脂嘴应背离传动轴。

9. ( )球笼式万向节星形套与主动轴用花键固接在一起,星形套外表面有四条弧形凹槽滚道。

10. ( )十字轴上安全阀的作用是保护油封不致因油压过高而被破坏。

11. ( )造成万向节异响的原因主要是由于润滑不良而使万向节十字轴、滚针轴承、万向节叉轴承严重磨损松旷或滚针断裂等。

12. ( )传动轴发生抖动的原因是传动轴变形,装配时滑动叉与轴管未对准记号,动平衡块脱落,焊修传动轴时歪斜,十字轴轴承磨损等原因,使传动轴很容易失去平衡。

三、选择题(选择一个正确的答案,将相应的字母填入题内的括号中)

1. 安装传动轴时,应使两端万向节叉位于( )内。
   A. 同一平面
   B. 两个平面
   C. 垂直平面
   D. 相交平面

2. 港口机械上使用的万向传动装置采用的是( )。
   A. 普通十字轴式万向节
   B. 等角速万向节
   C. 球叉式万向节
   D. 球笼式万向节

3. 港口机械传动轴在装配时,其伸缩节要对正记号,其目的是( )。
   A. 保持传动轴原有的动平衡
   B. 缩小传动轴的长度
   C. 传动轴长度可变
   D. 传动轴便于安装

4. 组装港口机械传动轴两端万向节叉时应( )。
   A. 在同一条线上
   B. 在同一个平面上
   C. 互相垂直
   D. 呈一定角度

5. 十字轴式不等速万向节,当主动轴转过一周时,从动轴转过( )。
   A. 一周
   B. 小于一周
   C. 大于一周
   D. 不一定

6. 十字轴式刚性万向节属于( )万向节。
   A. 不等速
   B. 等速
   C. 准等速
   D. 挠性

7. 球笼式万向节属于( )万向节。

    A. 等速　　　　　　　　　　　　　　B. 不等速

    C. 准等速　　　　　　　　　　　　　D. 固定型

8. 十字轴式刚性万向节的十字轴轴颈一般都是( )。

    A. 中空的　　　　　　　　　　　　　B. 实心的

    C. 无所谓　　　　　　　　　　　　　D. A,B,C 均不正确

9. 为了提高传动轴的强度和刚度,传动轴一般都做成( )。

    A. 空心　　　　　　　　　　　　　　B. 实心的

    C. 半空、半实的　　　　　　　　　　D. 无所谓

10. 下列哪种万向节属于不等速万向节( )。

    A. 球叉式万向节　　　　　　　　　　B. 球笼式万向节

    C. 十字轴刚性万向节　　　　　　　　D. 三销式万向节

11. 关于引起传动轴动不平衡的原因,以下说法错误的是( )。

    A. 传动轴上的平衡块脱落　　　　　　B. 传动轴弯曲或传动轴管凹陷

    C. 伸缩叉安装错位　　　　　　　　　D. 中间支承安装方法不当

12. 关于引起传万向节松旷的原因,以下说法错误的是( )。

    A. 凸缘盘连接螺栓松动　　　　　　　B. 传动轴上的平衡块脱落

    C. 万向节主、从动部分游动角度太大　D. 万向节十字轴磨损严重

13. 传动轴装复时,传动轴上的防尘罩应配备齐全,并用卡箍紧固,两只卡箍的锁扣应错开( )装配。

    A. 180°　　　　　　　　　　　　　　B. 120°

    C. 90°　　　　　　　　　　　　　　D. 以上都不对

14. 为实现刚性十字轴式万向节的等角速度传动,将两个万向节( )安装。

    A. 并联　　　　　　　　　　　　　　B. 串联

    C. 固联　　　　　　　　　　　　　　D. 焊接

15. 球叉式万向节在传力时,( )。

    A. 只有两个钢球传力　　　　　　　　B. 只有三个钢球传力

    C. 只有四个钢球传力　　　　　　　　D. 只有一个钢球传力

四、问答题

1. 万向传动装置的十字轴万向节、传动轴分别是如何检修的?

2. 万向传动装置是如何进行分解、装配的?

3. 传动轴是如何进行装配与试验的?

4. 万向传动装置的常见故障分别有哪些? 原因有哪些? 如何排除?

项目十二

驱动桥的检测与修复

教学目标

一、知识目标
1. 能正确识别驱动桥的主要零部件,掌握驱动桥各总成的分解、装配、检修过程;
2. 准确描述驱动桥常见故障的诊断与排除方法。

二、能力目标
1. 能按照正确的步骤分解、检修、装配与调整驱动桥各总成;
2. 能正确进行驱动桥的装配与试验;
3. 能按维修操作规范,正确分析、判断并排除驱动桥的常见故障;
4. 能对驱动桥各总成主要零件的失效进行原因分析。

任务导入

为了正确识别驱动桥的主要零部件,掌握驱动桥各总成的分解、装配、检修、调整过程,准确判断驱动桥故障,查明故障原因,作为港口机械维修人员必须全面认识驱动桥主要零部件,熟悉驱动桥分解、装配、检修、调整要求以及常见故障诊断与排除方法,并对驱动桥主要零件的失效进行原因分析。

相关知识

任务 1　驱动桥主要零部件的检测与修复

一、壳体

(一)桥壳

驱动桥壳体是驱动桥总成的基础零件,其结构型式有整体式和分开式两种,多数采用铸造成型并在两端压装钢管,以增加其强度。轮式装载机桥壳的材料一般为铸钢,半轴套管材料为 45Mn 无缝钢管。

桥壳的损伤主要有桥壳弯曲变形和断裂、桥壳裂纹,半轴套管座孔因长期承受冲击和挤压而磨损,以及安装轴承的轴颈磨损,螺纹孔、定位孔磨损或损坏等。

桥壳由于承受着车辆的重力、牵引力、制动力、侧向力以及时效不够和焊接修理时残余内应力等,会产生较大的弯曲、扭转变形,在超负载作业或剧烈颠簸的情况下尤为严重。其前后弯曲是由于冲击过猛以及紧急制动所致。桥壳上应力大的危险断面是在机架与驱动桥连接处附近,此处易出现断裂。

桥壳弯曲使两半轴不同轴,车轮运转不正常,传动效率降低,行驶阻力增大,润滑性能变差,轮胎磨损严重,同时使半轴受过大的弯曲应力,容易疲劳折断。

1. 桥壳变形

桥壳弯曲大修允许值为 0.75 mm,极限值为 1 mm。座孔的同轴度大修允许值为 0.10 mm。端部螺纹损伤不得多于两牙,安装油封的轴颈磨损不大于 0.15 mm,机架与驱动桥连接螺栓孔磨损不大于 1.5 mm。

桥壳弯曲的检验方法很多,不同形式的桥壳可采用不同的方法。常用的测量仪器有机械式、光学式等。检测时,须将半轴套管拉出,检验半轴套管座孔的同轴度来确定桥壳是否弯曲变形。通常采用如下方法:

一是将两轮毂装在桥壳上,并按要求调整好轴承紧度,装上合格的两半轴。从桥壳中部孔中检查两半轴端头是否对正,误差应不超过前述规定值。

二是用比桥壳长 50 mm、直径比半轴套管内径小 2 mm 的钢管插入桥壳内,如能自由转动,即为基本符合要求。

三是在套管内穿一细线,线的两端伸出套管外,并悬吊一重物使线拉直,此时细线如能与套管内壁均匀贴合,即符合要求。为检验准确,应沿内孔圆周每隔 45°检查一次。

桥壳弯曲变形在 2 mm 范围内时,可用冷压法进行校正。冷压校正时,校正变形量应大于原有变形量,并保持一段时间,同时用锤敲击以减少内应力,达到所需要的塑性变形。当弯曲大于 2 mm 时,应采用热压法校正,即将桥壳弯曲部分加热至 300~400 ℃,再进行校正。加热温度最高不得大于 700 ℃,以防金属组织发生变化而影响桥壳的刚度和强度。

2. 其他损伤

桥壳有裂纹时，应进行焊修。铸钢桥壳可用抗拉强度较高的焊条焊接。可锻铸铁桥壳裂纹可用黄铜焊条钎焊，或用纯镍焊条、高钒焊条电弧冷焊。特别是高钒焊条是焊接可锻铸铁比较理想的焊条，焊接强度不低于母材。

焊接前，首先在距裂缝端部的延续方向 7 mm 处钻一直径 5 mm 的通孔，以防裂纹继续扩大。再沿裂纹开成 60°～90° 的 V 形槽，较厚部位的槽深一般为工件厚度的 2/3，较薄部位的槽深为工件厚度的 1/2。焊接时，一般用直流反极性手工电弧焊。每焊一段（20～30 mm）用小锤敲击焊缝，清除焊渣以降低温度，消除内应力，待工件温度降至 50～60 ℃ 时再焊下一段。为增加强度，可在焊缝处焊补加强附板，附板厚度为 4～6 mm，焊后要检查桥壳变形情况。

（二）主减速器壳体

主减速器壳体常见的损伤有壳体变形、裂纹、轴承座孔磨损等。

主减速器壳体变形是由于承受负荷过大，时效处理不充分而引起。壳体变形后，会使配合面及相互位置受到破坏，影响了齿轮的正确啮合，使噪声增大、磨损加剧和传动效率降低。

主减速器壳体裂纹多发生在壳体与桥壳接合面处。其原因除桥壳承受的各种载荷作用外，牵引力引起的反作用转矩影响更大。

轴承座孔磨损多是因反复拆装使配合松旷所致。

当主减速器壳体变形量超过技术要求或轴承座孔磨损过甚时，可通过对轴承座孔进行铜焊或镶套后再机加工修复，或采用厌氧胶填塞轴承外圈与座孔之间的过大间隙加以修复。

（三）差速器壳体

差速器壳体常见损伤有行星齿轮球面座磨损、与半轴齿轮相接触的止推平面磨损、半轴齿轮轴颈座孔磨损、十字轴座孔磨损及滚动轴承轴颈磨损等。

止推球面和止推平面磨损有明显的沟槽，其深度大于 0.2 mm 时，可按修理尺寸镗削止推面，然后采用加厚球面垫圈及平垫圈的方法，以恢复齿轮的啮合间隙。

半轴齿轮轴颈座孔磨损超过 0.25 mm 时，用镶套法修复。衬套壁厚应为 2～2.5 mm，过盈量为 0.02～0.04 mm。

十字轴座孔磨损有自然磨损和黏着磨损。自然磨损用镀铬法修复，黏着磨损可在两旧孔之间重新钻孔予以修复。钻孔时需进行退火，修复后应重新进行淬火、正火处理。

滚动轴承轴颈磨损可用振动焊或刷镀法修复。修复时，先磨去轴颈的不圆度，然后刷镀。刷镀要留出 0.15 mm 的磨削余量，最后光磨至公称修理尺寸。轴颈磨损在 0.3 mm 以内时，可采用厌氧胶填充间隙修复。

螺纹孔磨损后螺钉微量松动时，可采用厌氧胶修复。损伤严重时，采用扩孔加大螺栓法修复。

（四）其他部分

（1）桥壳两端内外轴承座颈同轴度误差应不大于 0.01 mm；轴承座颈与其止推端面的垂直度误差应不大于 0.05 mm；轴承座颈应与制动底板凸缘平面垂直，垂直度误差应不大于

0.1 mm。

（2）螺孔的螺纹损伤应不多于 2 牙,超过时可镶螺套修复或焊修。

（3）油封轴颈磨损大于 0.15 mm 时,可镶套修复。

（4）半轴套管装滚动轴承的轴颈磨损大于 0.04 mm 时,可镀铬或堆焊修复。

（5）半轴套管有任何性质的裂纹和缺损时,应予以更换。

（6）驱动桥壳装半轴套管内外端座孔磨损不得大于 0.06 mm,否则可将半轴套管轴颈镀铬或扩大至修理尺寸。

（7）驱动桥壳折断时,应予更换。

二、齿轮

驱动桥齿轮材料均为合金钢。齿轮常见损伤有齿面磨损、疲劳剥落、齿轮裂纹与轮齿折断等。

齿轮的检验一般多采用手摸感觉法和量具测量法进行。疲劳剥落、断裂损伤多采用目测法检查。

1. 齿轮的检验技术要求

（1）齿面磨损一般不得大于 0.5 mm。

（2）主、从动锥齿轮的疲劳剥落面积不得大于齿面的 25%;轮齿损伤(不包括裂纹)不得大于齿长的 1/5 和齿高的 1/3。在上述情况下,主动锥齿轮轮齿损伤不得超过 3 个(相邻的不超过两个);从动锥齿轮轮齿损伤不得超过 4 个(相邻的不超过 3 个)。如仅损坏一齿,可酌量放宽。

（3）行星齿轮球面和半轴齿轮端面如有擦伤,其深度不得大于 0.25 mm,擦伤面宽度不得大于工作面的 1/3,否则应予修磨。

（4）对于损伤不严重的斑点、毛刺、擦伤,可修磨后继续使用。

对于损坏超过规定的齿轮,一般应更换。如是主、从动锥齿轮,应成对更换(因为它们是配对研磨成形的偶件)。每对齿轮有相同的记号。主动锥齿轮记号印在轴端键槽上或两轴承轴颈之间,从动锥齿轮记号印在有轮齿一面的铆钉附近。如因配件困难,仅换一只齿轮,最好选择与原齿相似的旧齿轮,以尽量减少啮合不良而产生的响声。

2. 铆接时应注意的要点

从动锥齿轮还应检查铆钉是否松动。检查方法可用敲击法,即用手指抵触铆钉一端,用手锤敲击另一端,凭手感觉其窜动量。亦可用煤油渗透,而后锤击。如有煤油飞溅痕迹,说明铆钉松动。当发现铆钉松动时,应拆除重铆。

（1）检查接合盘与齿轮的铆钉孔是否失圆。如失圆,应将孔修整为正圆,且更换加大的铆钉。

（2）检查从动齿轮的偏摆度。偏摆度过大,会破坏主、从动锥齿轮的正常啮合,工作时发出不正常的响声。检查方法是将接合盘与齿轮用螺栓紧定,然后在从动锥齿轮背面检查。当偏摆量大于 0.10 mm 时,应先修磨接合盘平面,然后铆接。

（3）铆接方法一般采用冷铆,或将从动锥齿轮加热至 100~160 ℃时进行铆接。铆钉的材料选用低碳钢,不宜采用中碳钢。铆钉直径与孔应有 0.02~0.05 mm 的间隙。铆钉在冷状态下装入,然后用压床或铁锤铆紧。铆接时应对角交叉进行。

此外,也可以采用热铆,即把铆钉加热到 85 ℃以上然后铆紧。但这种方法易使铆钉表面产生氧化皮,冷却后会脱落,受力时易松动。以上方法可视具体条件选用,但最好采用冷铆。

三、轮毂

(一)驱动轮轮毂分解

支起车桥,按顺序拆下车轮、半轴、锁止装置、调整螺母,然后卸下轴承、轮毂与油封等。将所拆机件清洗干净,然后检查各机件的技术状况。

(二)驱动轮轮毂的检测与修复

(1)检查轮毂轴承滚柱、滚道有无严重锈蚀或疲劳剥落,若有则应更换。轴承内径和轴颈配合间隙应符合规定值,一般为 0.015~0.060 mm。超过规定的使用限度,应更换轴承或修复轴颈。

(2)检查轮毂油封,如有损坏、断裂,应更换。橡胶油封如有损坏、老化或弹簧损坏等,均应更换。

(3)检查半轴套管,不应有裂纹或弯曲变形,半轴套管螺纹损坏不应超过 3 牙,否则应修复或更换。

(三)轮毂安装调整

(1)轮毂内加注 100 mL 润滑脂(注意:轮毂轴承润滑时,应在轴承滚柱各空间填满润滑脂,而在轮毂腔内表面只涂一层润滑脂,实行"空毂"润滑),然后装在轴上(如图 12-1 所示)。

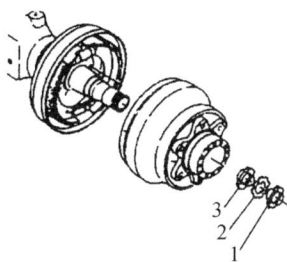

图 12-1 加注润滑脂
1—锁紧螺母;2—锁片;3—调整螺母

(2)按与拆卸相反的顺序将内轴承、轮毂、外轴承依次装到轴颈上,并装上调整螺母,边旋紧调整螺母,边转动车轮。使用约 98 N·m 的力矩拧紧调整螺母后再退回 1/2 圈。

(3)将弹簧秤挂在螺栓上测量轮毂始动力矩(一般为 49~147 N·m),如图 12-2 所示,达到规定值时,使车轮转动灵活,轴向推拉无间隙感觉。

(4)装上锁片及锁紧螺母,慢慢锁紧螺母并将锁片扳起锁住止动,如图 12-2 所示。

四、主减速器

(1)当轮齿端部剥落部分不超过齿高的 1/3 和齿宽的 1/10,损伤轮齿的主动齿轮不多于 2 个且不相邻,从动齿轮不多于 3 个且相邻不多于 2 个时,可修整磨光后继续使用。

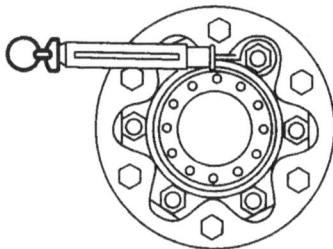

图 12-2　测量始动力矩

（2）安装轴承的轴颈磨损：当轴颈磨损大于 0.04 mm 时，可镀铬修复。

（3）轮齿磨损：当齿厚磨损大于 0.4 mm 时，应予以更换。

（4）不相邻的个别轮齿的裂损，可采用堆焊后修磨修复。

（5）主动锥齿轮轴具有键齿者，其键齿磨损、齿厚磨损大于 0.2 mm 时，可采用堆焊法修复。对于具有单键者，若键槽损伤，可将键槽加工至修理尺寸，配键修复，或在原键槽 180°处的轴颈上另外加工键槽修复。

（6）主动锥齿轮轴螺纹损伤超过 2 牙时，可焊补修复。

（7）轴承的滚子和滚道不应有裂纹、伤痕和烧伤变色等缺陷。

（8）轴承架不应有缺口、裂纹、铆钉松动和钢球脱出的现象。

（9）滚动轴承隔离环端面磨损深度不得超过 0.3 mm。

（10）将轴承进行空转试验，应转动自如，无噪声、卡滞现象。

（11）滚动轴承的轴向间隙和径向间隙应符合标准。

五、差速器

（1）差速器壳体不允许有裂纹和断裂。

（2）差速器两端轴承的轴颈磨损不得大于 0.05 mm，否则镀铬修复轴承内座圈。

（3）差速器壳十字轴孔的磨损应不大于 0.1 mm，否则堆焊后再加工至标准尺寸。

（4）差速器十字轴装行星齿轮的轴颈磨损应不大于 0.08 mm，否则镀铬修复。

（5）差速器十字轴有裂纹和断裂时，应予以更换。

（6）半轴齿轮轴颈外部磨损大于 0.15 mm 时，可镀铬修复。键齿磨损、键厚度减少 0.3 mm 以上时，应予以更换。

（7）齿轮轮齿剥落部分不大于齿宽的 1/10 和齿高的 1/3；齿数不超过 2 个且不相邻时，可修整磨光后继续使用。

（8）行星齿轮轴承孔磨损应不大于 0.12 mm。

（9）差速器壳体与盖装合时，应按原有记号装配。十字轴孔与十字轴的配合间隙一般为 -0.01～0.16 mm。

（10）行星齿轮与半轴齿轮的配合间隙为 0.2～0.3 mm，应用增减行星齿轮球形垫圈及半轴齿轮垫圈的厚度来调整。

（11）从差速器壳润滑孔检查各锥齿轮应转动灵活，无阻滞现象。半轴齿轮端隙应为 0.5～0.8 mm，最大不得大于 1 mm，否则应更换止动垫片。

（12）差速器轴承轴向间隙的调整：差速器轴承轴向间隙应为 0.05～0.1 mm，可旋动调整大螺母进行调整。

CPQ30 叉车差速器轴承轴向间隙的调整方法是先不装主动锥齿轮,可从主动锥齿轮轴孔中检查,从动锥齿轮应转动灵活,以感觉不到轴向间隙为宜。可通过增减轴承处调整垫片进行轴向间隙调整。

六、半轴

半轴由于长期承受交变力矩的作用,极易产生疲劳损伤。常见的损伤有弯曲、扭曲、断裂、花键的磨损等。

1. 半轴的检测技术要求

(1)半轴弯曲变形,其弯曲量不得大于 0.5 mm。

(2)半轴键齿与键槽配合间隙不得大于 0.75 mm。

(3)键齿与键槽扭斜不得超过 1 mm。

2. 半轴的检测与修复

(1)检验半轴弯曲时,可将半轴夹在车床上或放在 V 形块上,用百分表进行测量。当弯曲量大于 0.5 mm 时,应进行冷压校正。冷压校正时,施力点应在中间位置,因为半轴弯曲最大部位通常在中间位置。

(2)半轴裂纹应用磁力探伤法或浸油敲击法进行探伤检查。半轴不得有任何性质的裂纹,如有裂纹应换用新件。

(3)以半轴轴线为基础,半轴中部未加工面的径向跳动应不得大于 1.3 mm,如图 12-3 所示;半轴花键外圆柱面的径向跳动不得大于 0.25 mm;半轴凸缘内侧端面圆对半轴轴心线的跳动误差不得大于 0.10 mm,大修允许为 0.15 mm,使用极限不大于 0.25 mm。径向跳动超限,应进行冷压校正;端面圆跳动超限,可车削端面进行修正,如图 12-4 所示。

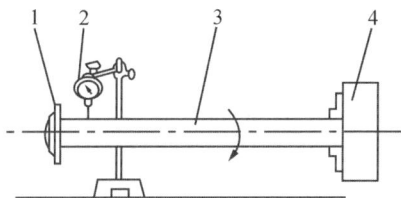

图 12-3　半轴变形的检测

1—半轴凸缘;2—百分表;3—半轴;4—三爪卡盘

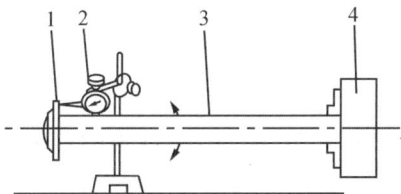

图 12-4　半轴凸缘平面垂直度的检测

1—半轴凸缘;2—百分表;3—半轴;4—三爪卡盘

(4)半轴油封轴颈不得有沟槽,磨损量不得大于 0.2 mm,否则应用镶配油封轴颈的方法恢复其基本尺寸。

(5)半轴花键与半轴齿轮及凸缘的键槽配合侧隙增大量较原厂规定不得大于0.15 mm,否则应换用新件。

(6)半轴花键扭曲变形在保证装配侧隙条件下不得大于0.8 mm,否则,应换用新件。

(7)半轴的弯曲应不大于0.5 mm,否则应进行冷压校正。

(8)半轴花键齿磨损,与半轴齿轮内花键孔的配合间隙大于0.75 mm,或半轴花键齿扭斜大于1 mm时,应予以更换。对于两半轴齿轮到驱动桥中间不等距,两半轴又相等的驱动桥,若半轴齿轮与半轴花键齿配合间隙过大,可将两轴调换使用,使其啮合位置改变即可。

(9)半轴套管轴承轴颈磨损大于允许值时,可镀铬或振动堆焊后加工修复。

(10)半轴套管端紧固螺母螺纹损坏2牙以上的应予以修复。

七、轴颈和座孔

轴颈与座孔常见损伤是磨损松旷。检查的部位是轴承与轴颈及座孔、油封与轴颈,以及差速器十字轴与壳孔及行星齿轮的配合。

(一)轴承与轴颈及座孔的配合

1. 主动锥齿轮轴承与轴颈及座孔

(1)外轴承内径与轴颈的配合。轮式装载机多数为过盈配合,少数为过渡配合,一般为-0.038~-0.003 mm,大修允许过盈量一般为0 mm,使用极限为0~0.03 mm。

(2)外轴承外径与座孔的配合。轮式装载机多数为过渡配合,少数为过盈配合。ZL50型装载机的外轴承外径与座孔的配合标准为-0.026~0.024 mm。

(3)内轴承内径与轴颈的配合。轮式装载机多数为过盈配合,少数为过渡配合。其配合要求和外轴承内径与轴颈的配合相同。

(4)内轴承外径与座孔的配合。轮式装载机多数为过渡配合,少数为过盈配合。其配合要求与外轴承外径与轴颈的配合相同。

(5)主动锥齿轮轴为跨置式支承,要求主动锥齿轮导向轴承内径与轴颈的配合一般为-0.032~-0.015 mm。导向轴承外径与座孔的配合有过盈配合、过渡配合、间隙配合三种。不同机型有不同要求。

2. 差速器轴承与轴颈及座孔

轮式装载机差速器轴承内径与差速器壳轴颈均为过盈配合,大修允许最小值为0 mm,极限值为0~0.01 mm。

差速器轴承外径与座孔的配合为过渡配合,大修允许最大间隙为-0.02~0.05 mm,极限值为0.04~0.08 mm。

3. 轮毂内、外轴承与轴颈及座孔的配合

轮毂内、外轴承内径与半轴套管轴颈配合,多数为间隙配合,少数为过渡配合。大修允许最大间隙和使用极限各不相同,应按各机型规定执行。

轮毂内、外轴承外径与座孔的配合为过盈配合,一般大修允许值为-0.012~0 mm,极限值为0.02 mm。

(二)半轴套管磨损

半轴套管油封轴颈磨出沟槽或磨损超过限度时,应予修复。修复时,对没有油封座圈

的油封轴颈,可采用镶套法修复。要求套的厚度为 6 mm,宽为 20 mm,套与轴管配合的过盈量为 0.02~0.09 mm。对装有油封座圈的油封轴颈,可将座圈拆下更换或镀铬修复。

(三)十字轴轴颈与差速器壳孔及行星齿轮内孔的配合

差速器壳孔径与十字轴轴颈的配合多数为过渡配合,少数为间隙配合。行星齿轮孔径与十字轴轴颈的配合均为间隙配合,其大修允许值和使用极限值,按各机型的规定配合执行,超过规定应更换或电镀、刷镀修复。

(四)半轴齿轮轴颈与差速器壳孔的配合

半轴齿轮轴颈与差速器壳孔的配合均为间隙配合,其标准按各机型规定执行,大修允许最大间隙,轮式装载机一般为 0.20 mm,使用极限一般为 0.35~0.40 mm,超过规定可采用电镀、刷镀法进行修复。

八、轮边减速器

(1)轮边减速器壳体不得有任何性质的裂纹和损伤。

(2)检查轮边减速器行星齿轮、接合套工作面不得有裂纹、断齿和磨损过甚现象,否则必须予以更换。

(3)轮边减速器半轴油封在安装时应将刃口朝向半轴输入端方向(由于两个油封材质不同,应将有标记的油封装到输入端里边)。

(4)装配过程中,连接螺栓载入壳体一端必须涂以乐泰 262 螺纹锁固胶,行星齿轮架组件连接面应涂以乐泰 510 平面密封胶,并将油封部位和轴承内涂以润滑脂。

(5)轮边减速器行星齿轮齿侧间隙为 0.15~0.30 mm。

任务 2　驱动桥的装配、调整与试验

一、驱动桥的装配注意事项

(一)零件的原始装配位置

在总成分解之前,对关键部位解体时,如侧隙大小、印痕情况、轴向间隙等,应在零件上做上记号,尤其注意将各处调整垫片分别放置,以便按原位置装配。

(二)零件装配前和装配中的检验

主减速器壳上的主、从动锥齿轮轴心线的位移量和垂直度、轴的支承刚度,以及各轴承外座圈的安装、磨损情况等,都会对齿轮的啮合有影响。从动锥齿轮与差速器壳凸缘上的接合端面和安装座孔的垂直度,也需要有较高的精度。否则,轮齿虽加工精确,但由于上述误差过大,仍得不到正确啮合。因此,应加强零件装配前和装配过程中的检验,以免给调整齿轮啮合间隙时带来困难。

(三)旧齿轮的调整

调整旧齿轮时,应按原啮合位置进行调整,否则齿形不吻合,工作时会发响。如原啮合位置与技术要求相差过大,则应修磨齿面或换用新齿轮,以免出现轮齿折断等危险。

(四)主动锥齿轮轴轴承的预紧度

所谓轴承的预紧度,就是在消除了滚锥轴承内外座圈与滚动体之间的间隙后,再加以适当的压紧力,使滚锥轴承预先产生微量弹性变形。主动锥齿轮轴轴承的预紧度是以增减两轴承之间的调整垫片来实现的。

(五)主、从动锥齿轮接触印痕的位置

从理论上看,对于两轴线垂直相交的螺旋锥齿轮,为使螺旋锥齿轮的轮齿能沿其全齿长接触,必须使两齿轮节锥的母线在节锥顶点汇合,并使两齿啮合的曲面具有完全一致的曲率半径。但是轮式装载机在工作过程中受到较大载荷的作用,轴、轴承和壳体产生变形,装配调整中形成的误差,两齿轮势必略有偏移,这将引起载荷偏向于轮齿的一端,造成应力集中、磨损加剧,甚至造成轮齿断裂。为消除这种影响,在齿轮制造时,使齿轮的凸面曲率半径稍小于凹面的曲率半径,规定两齿轮的轮齿不允许沿全长接触,只沿长度方向接触 $1/3 \sim 1/2$,以及接触区偏向于小端。这种接触方式使齿轮副对位置偏差的敏感性有所降低。

目前,国产轮式装载机主减速器所用的齿轮大多数为格里森制螺旋锥齿轮,齿形曲线为圆弧,按齿高分类属渐缩齿。接触区在承受载荷后,位置的变化是根据齿制不同而有所区别,这是由齿长曲线的性质决定的。格里森制圆弧锥齿轮承受载荷后,接触区的位置向大端移动,其长度和宽度均扩大。因此,在装配中,应将接触区偏向小端,如图 12-5 所示。

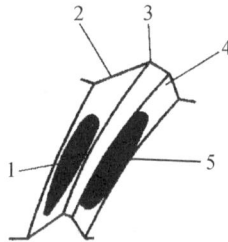

图 12-5　格里森制齿轮正确啮合时的印痕

1—接触区在齿的中部偏向小端 2~7 mm
范围内;2—前进啮合面;3—大端;4—倒
退啮合面;5—控制在齿的中部

(六)齿侧间隙

齿轮工作时,应具有一定的齿侧间隙。此间隙是保证齿轮润滑的重要条件。间隙过小,不能在齿面之间形成一定厚度的油膜,工作时将产生噪声和发热,并加速齿面磨损和擦伤,甚至导致卡死和轮齿折断。当间隙过大时,齿面会产生冲击载荷,破坏油膜,并出现冲击响声,同样会加速齿面磨损,严重时也可能折断轮齿。

齿侧间隙值的大小,取决于齿轮端面模数和工作条件。齿轮端面模数越大,工作条件恶劣,齿侧间隙值越大。技术规范规定轮式装载机主、从动锥齿轮的齿侧间隙一般为 $0.2 \sim 0.6$ mm。主、从动锥齿轮齿面接触印痕和齿侧间隙是利用改变两齿轮中心距来调整的。在改变接触印痕时,齿侧间隙也随着变化,而改变齿侧间隙时,印痕又会随着改变。在调整时,往往出现齿侧间隙达到要求,但印痕不符合要求,或印痕符合要求,而齿侧间隙又不符合要求的矛盾。由于齿面接触印痕的好坏,是判断齿面接触面积、装配中心距离和齿形等

是否合理的重要依据,因此,当印痕和齿侧间隙出现相互矛盾时,印痕是矛盾的主要方面,应尽可能迁就印痕。但齿侧间隙最大不应大于 1 mm,否则须重新选配齿轮。

齿侧间隙测量方法如图 12-6 所示,亦可用压铅丝法进行测量。应多点测量,不同位置测得的间隙差,不得大于 0.15 mm。

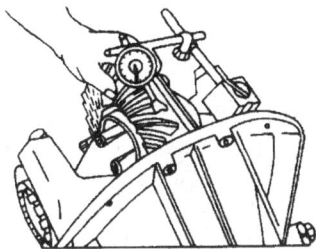

图 12-6　用百分表检查齿侧间隙

二、驱动桥的装配与调整

(一)主动锥齿轮轴的装配及轴承预紧度的调整

装配前,应将轴承等机件清洗干净,并涂以薄薄的一层机油,然后把轴承、调整垫片、隔套、轴承座分别装在主动锥齿轮轴上,再装上接盘和锁紧螺母等。应注意安装锁紧螺母时,应一边使轴承旋转,一边旋紧螺母,以免轴承在轴承座内歪斜。按规定力矩拧紧螺母后,检查轴承的预紧度。

轴承预紧度的调整:主动锥齿轮轴承预紧度通过增减两轴承之间的调整垫片进行调整。增加垫片,轴承预紧度减小(间隙增大);反之则增大(间隙减小)。主动锥齿轮轴轴向间隙一般为 0.05 mm,最大不得超过 0.1 mm。

检查轴承预紧度大小常用的方法有两种:

1.检查预紧力矩

当锁紧螺母按规定拧紧力矩拧紧后(一般不装油封),通过测定主动锥齿轮转动力矩大小来判定,具体做法如图 12-7 所示。

将轴承座夹持在台虎钳上,用弹簧秤挂在连接凸缘盘螺孔内,沿切线方向测量轴转动所需的拉力,应为 39.3~49.0 N,若弹簧拉力过大,则说明轴承过紧,应增加前轴承内座圈下的垫片,反之应减少垫片。测量时,主动锥齿轮轴必须顺着一个方向旋转不少于 5 圈以后进行,同时轴承必须经过润滑。

2.经验检查法

用手推拉连接凸缘盘,感觉不到有轴向间隙,且转动灵活,即为合格。调整时,选择适当厚度的垫片,当有明显轴向间隙时,应减少垫片,反之应增加垫片。

(二)从动锥齿轮的装配及轴承预紧度的调整

主减速器从动锥齿轮用螺栓按规定拧紧力矩固装在差速器壳上。装配时,各零件应清洗干净,接合面和螺孔光滑平整。螺栓固装后,应在车床上或专用台架上检查从动锥齿轮的偏摆度。出现偏摆度的原因主要是由于差速器壳与从动锥齿轮接合面不平,其平面度误差大于 0.05 mm 时,应予修磨。

将装合好的差速器装入差速器轴承(即从动锥齿轮轴承)支座内,将轴承盖的固定螺母按规定拧紧力矩(ZL50 型装载机为 198 N·m)拧紧。再转动调整圈,调整从动锥齿轮轴承紧度。调整过程中,在转动调整圈的同时,还应转动从动锥齿轮,以便检查从动锥齿轮轴承紧度是否合适。调整后的要求是转动从动锥齿轮应灵活、无卡滞现象,用撬棒撬动从动锥齿轮,应无轴向间隙感觉。

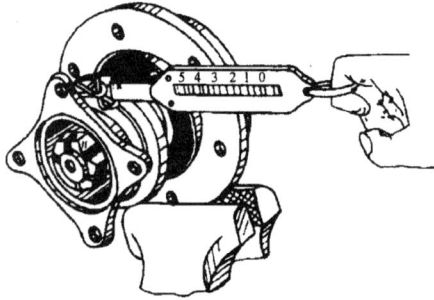

图 12-7　测量主动锥齿轮轴承预紧度

(三)主、从动锥齿轮啮合印痕及啮合间隙的调整

为获得良好的齿面接触区,主、从动锥齿轮在制造时都经过成对研磨和检验。因此,在修理过程中,不能单独更换齿轮副中的某一件,也不能将配好的齿轮副搞乱,否则,在调整的过程中会遇到不必要的麻烦,甚至无法调出正确的啮合印痕和啮合间隙。

检验主、从动锥齿轮啮合位置是否正确,一般是用齿面的接触印痕来判断。在主动锥齿轮相邻的 3~4 个轮齿上涂以薄层均匀的红印油,对从动锥齿轮略施压力,然后转动主动锥齿轮,使其相互啮合数次后,观察齿面上的啮合印痕。

轮式装载机主、从动锥齿轮一般采用渐缩齿(格里森制齿),其长度为全齿长的 2/3,距小端的边缘为 2~4 mm,距齿顶边缘为 0.8~1.6 mm。齿轮正反面啮合印痕要求相同。如两者发生矛盾,应以正面啮合为主,但要以反面印痕能够保证齿轮正常工作为原则。

主减速器齿轮啮合位置的调整是在主、从动锥齿轮轴承紧度调整后进行。不正确的啮合印痕可通过移动主、从动锥齿轮,改变其中心距进行调整,如图 12-8 所示。

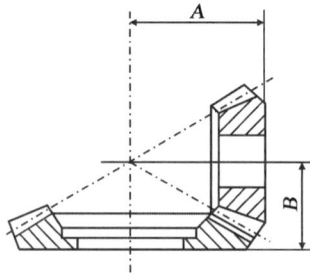

图 12-8　锥齿轮装配中心距示意图
A—主动锥齿轮装配中心距;B—从动锥齿轮装配中心距

(1)移动主动锥齿轮,改变中心距 A。可通过改变主动锥齿轮轴轴承座与主减速器壳体之间的调整垫片厚度来实现。

(2)移动从动锥齿轮,改变中心距 B。可用改变从动锥齿轮左右两边轴承的调整垫圈进行调整,但不能改变从动锥齿轮轴承的预紧度。

主减速器主、从动锥齿轮常见的不正确的啮合印痕有四种情况:接触印痕偏大端、偏小端、偏齿顶、偏齿根,对于常用的圆弧锥齿轮而言,调整主、从动锥齿轮啮合印痕的具体方法见表12-1。

表 12-1　锥齿轮啮合印痕调整方法

被动齿轮面上接触痕迹的位置		调整方法	齿轮移动方向
		将从动锥齿轮向主动锥齿轮靠拢,若此时所得轮齿的齿隙过小,则将主动齿轮移开	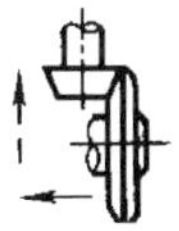
		将从动锥齿轮自主动锥齿轮移开,若此时所得轮齿间的齿隙过大,则将主动锥齿轮靠拢	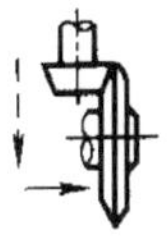
		将主动锥齿轮向从动锥齿轮靠拢,若此时所得轮齿间的齿隙过小,则将从动锥齿轮移开	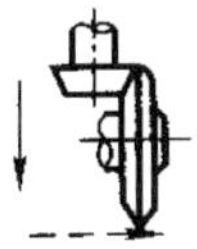
		将主动锥齿轮自从动锥齿轮移开,若此时所得轮齿间的齿隙过大,则将从动锥齿轮靠拢	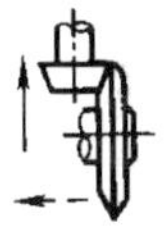

为工作方便,可将上述调整方法简化为口诀:大进从、小出从、顶进主、根出主。对于主、从动锥齿轮为双曲线齿轮而言,由于主动锥齿轮轴心线与从动锥齿轮轴心线不相交而有偏移量,当主动锥齿轮做轴向移动时,啮合印痕的移动方向与圆弧螺旋锥齿轮相反,从动锥齿轮轴向移动时,其规律与圆弧螺旋锥齿轮相同,其口诀:大进从、小出从、顶出主、根进主。如果在调整中印痕变化规律不符合上述四种情况,如图12-9所示的不正常时,其原因是齿轮齿形或轴线位置不正确,可用手砂轮修磨齿面。若经修磨仍不能修正,则应重新选配齿轮,不能勉强使用。

(四)差速器的装配与调整

差速器装配前,应将各垫片及齿轮的工作面上涂以润滑油。装配时,应注意垫片有油槽的一面朝向齿轮,并要求两半轴齿轮垫片的厚度差不大于0.05 mm,使行星齿轮与半轴齿轮啮合。差速器两半壳装合时应注意对准记号,按规定方向穿入固定螺栓,装上锁片,按规定拧紧力矩(78.4~98 N·m)对称交叉拧紧螺母,并用锁片锁住。装合后,用手转动半轴齿

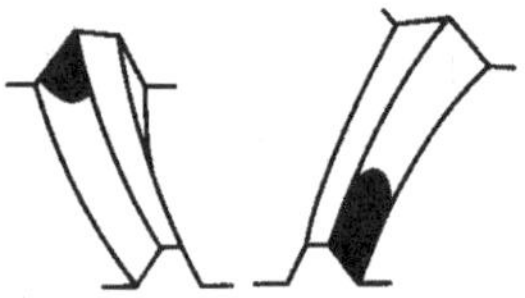

图 12-9　啮合印痕不正常示意图

轮应转动自如,用厚薄规从差速器壳窗孔测量半轴齿轮背面与差速器壳之间的间隙,一般为 0.3~0.6 mm,最大不超过 1 mm。测量应分别从四个窗孔进行,其误差不得超过 0.20 mm,否则应更换垫片。

半轴齿轮大端的弧面与四个行星齿轮背面的弧面应在一个球面上。不合适时,应通过改变行星齿轮背面垫片的厚度来调整。调整后,重新检查齿轮在行星齿轮上转动是否灵活及间隙值是否合适。

差速器轴承紧度可利用差速器左、右轴承环形调整螺母来调整。其经验方法是:从差速器轴承没有轴向间隙的位置起,把左右调整螺母中的一个再退出一个凹槽(指环形调整螺母外端止动用的凹槽)。调整时,应边转动调整螺母,边转动差速器总成,齿轮应转动自如,无卡滞现象。

(五)止推销及止推垫块的调整

单级主减速器的从动锥齿轮直径较大,工作时轴向力所形成的力矩可引起从动锥齿轮偏摆。因此,在从动锥齿轮背面与主动锥齿轮相对的壳体上装有止推销及止推垫块。止推垫块与从动锥齿轮背面的间隙应按各机型规定进行调整。如间隙过大,应更换青铜止推垫块;如间隙过小,应进行锉修。止推销的铆钉头应低于垫块平面 1 mm。如发现铆钉头露出,应立即更换。否则,青铜止推垫块脱落将会损坏轮齿。

ZL50 型轮式装载机止推垫块(顶套)与从动锥齿轮背面间隙为 0.2~0.4 mm。调整时,将止推螺栓拧至与从动锥齿轮背面靠拢后,退回 1/4 圈,调好后拧紧锁紧螺母。

(六)轮毂轴承的调整

(1)轮边减速器在装配时,各齿轮及轴承等应涂抹齿轮油。齿轮转动应灵活自如,无卡滞现象。

(2)螺栓的拧紧力矩符合规定要求。

(3)轮毂安装好后,使轴承处于正确位置,然后拧紧圆头螺母(滚动轴承的间隙是靠调整圆头螺母来实现的),直到轮毂能勉强转动为止,然后将螺母倒退 1/10 圈。调整好滚动轴承的间隙后,应拧紧外侧螺钉。此时,轮毂应转动自如,不应有卡滞现象。

(4)前右轮边减速器与后右轮边减速器相同,前左轮边减速器与后左轮边减速器相同。

(5)端盖处加油口加入的润滑油注到从孔溢出为止。润滑油与主减速总成用油相同。将轮毂及轴承加足润滑油装在桥壳半轴套管上以后,一边转动轮毂,一边将轴承调整螺母拧紧,将螺母调到底后,再退回 1/6~1/4 圈。然后装上外油封、止动垫圈,最后用锁紧螺母锁紧。调整后,用手转动轮毂应灵活,轴向推拉时无间隙感觉。

三、驱动桥的试验与验收

（一）驱动桥的试验

（1）驱动桥总成装配后，应在专门的试验台上进行无负荷（空转）及有负荷（车轮制动器制动时）正、反运转试验。在车上进行时，应先将后桥顶起，将变速器挂入适应于传动转速的挡位，并将一边车轮制动器间隙适当调小，使各齿轮和轴承都具有一定的负荷。试验前从桥壳上部的加油孔加入一定量的新的 80W/90 号普通齿轮油，并拧紧加油孔螺塞。试验时，主动圆锥齿轮的转速：两级减速器为 1 400~1 500 r/min；单级减速器为 1 000 r/min。各项试验的时间均不得少于 10 min。运转时间根据检查中发现的具体情况而定，但最短不少于 1.5 h。高速带负荷运转一般不超过 15 min。

（2）试验中各轴承区的温度不得高于 60 ℃；齿轮啮合时声音应均匀，在有负荷（车轮制动器制动时）正、反运转试验时不允许有敲击声或高低变化的异常响声；油封及各接合部位不允许有渗油、漏油现象；所有运动和非运动部件，不得有相互刮碰现象；试验合格后，应放净润滑油，清洗减速器，否则应重新装配与调整。

（二）驱动桥验收技术条件

（1）检查主、从动圆锥齿轮的齿侧间隙和啮合印痕应符合要求，检查合格后，齿轮允许有均匀的啮合噪声，但在稳定转速条件下，不允许有高低变化的敲击声，各接合部位不允许有漏油现象，轴承区温度应符合规定。

（2）加注的润滑油种类应符合要求，油面高度应符合车型规定。

（3）修复后的驱动桥应进行防锈处理。

任务3　驱动桥常见故障的诊断与排除

一、驱动桥异响

（一）故障现象

随着车辆作业时间和行驶里程的增加，驱动桥可能会出现异常响声等故障。驱动桥的响声比较复杂，零部件不符合规格、装配时安装和调整不当、磨损过甚等，在作业或行驶时便会出现各种不正常的响声。有的在加大油门时严重，有的在减小油门时严重，有的较均匀，有的不均匀，但它们的共同点则是响声随着运动速度的提高而增大。

（二）故障原因及排除

1. 主减速器异响

（1）齿轮啮合间隙过大。发出无节奏的"咯噔、咯噔"的撞击声。在装载机运动速度相对稳定时，一般不易出现，而在变换速度的瞬间或速度不稳定时容易出现。排除方法：应更换已磨损的零件，重新对各部位的间隙进行调整。

（2）齿轮啮合间隙过小。发出连续的"嗷嗷"的金属挤压声，严重时好似消防车上警笛的叫声。这主要是齿轮啮合间隙调整过小或润滑油不足所致。响声随装载机运动速度的提高而加大,加速或减速时均存在。在这种情况下,驱动桥一般会有发热现象。这种故障大多出现在刚对前后桥进行过维修的装载机上。排除方法:应重新进行装配和调整。

(3)齿轮啮合间隙不均。发出有节奏的"哽哽哽"声。响声随装载机运动速度提高而增大,加速或减速时都有,严重时驱动桥有摆动现象。主要是由于从动锥齿轮装配不当,或工作中从动锥齿轮因固定螺栓松动,而出现偏摆,使之与主动锥齿轮啮合不均而发出响声。从动锥齿轮在装配时,与差速器壳的连接如果是铆接连接,应在专门的压床上进行。如果没有专门设备,手工铆接时,要求从动锥齿轮与差速器壳的接合面贴合紧密,不能偏歪、有缝隙。

2. 差速器异响

差速器常出现齿轮啮合不良、行星齿轮与十字轴卡滞、齿面擦伤等引起的异常响声。

(1)齿轮啮合不良。当直线行驶速度达 15~20 km/h,一般出现"嗯嗯"的响声,车辆速度越高,响声越大,减油门时响声比较严重,转弯时除此响声外,又出现"咯噔、咯噔"的撞击声音,严重时驱动桥还伴随着抖动现象。

(2)行星齿轮与十字轴存在卡滞现象。转弯时出现"咔吧、咔吧"的响声,直线低速行驶有时也能听到,但行驶速度升高后,响声一般消失。

(3)齿面擦伤。直线高速行驶时,出现"呜呜"的响声,减小油门时响声严重,转弯时又变为"嗯嗯"的声音。

排除方法:对差速器进行检修。

3. 轴承异响

(1)轴承间隙过小。发出的是较均匀的连续"嘎嘎"的声音,比齿轮啮合间隙过小的声音尖锐,车辆运动速度越高,响声越大,加速或减速时均存在,同时驱动桥会出现发热现象。

(2)轴承间隙过大。发出的是非常杂乱的"哈啦、哈啦"声,装载机运动速度越快,响声越大,突然加速或减速时响声比较严重。

二、驱动桥异常过热

(一)故障现象

车辆行驶和作业时间并不长,手摸桥壳时有无法忍受的烫手感觉,表面温度约 70 ℃以上,即为驱动桥异常过热。

(二)故障原因及排除

驱动桥过热主要是由于轴承装配过紧,主动锥齿轮与从动锥齿轮啮合间隙过小,润滑油不足或润滑油过稀,桥壳或半轴变形等所致。以上原因应根据具体情况,加以分析后进行处理。

(1)维修之后发现驱动桥过热,主要是由于轴承装配过紧、主动锥齿轮与从动锥齿轮啮合间隙过小所致。应重新进行装配和调整。

(2)在使用过程中发现驱动桥过热,主要是由于润滑油不足或润滑油过稀、桥壳或半轴变形所致。应加注合格的润滑油。如果响声没有消失,则应该检修驱动桥。

三、驱动桥漏油

(一)故障现象

检修车辆时,发现驱动桥油封处、壳体接合面或主动锥齿轮轴的连接凸缘盘处有较严重的漏油现象。

(二)故障原因及排除

导致车辆驱动桥漏油主要是由于油封损坏、轴颈磨损、衬垫损坏、螺栓松动所造成。当发现有漏油现象时,应根据漏油的部位和漏油的严重程度,采取相应的方法予以消除,以免造成润滑油数量的不足,导致润滑条件变差,加剧零件的磨损和损坏。

但如果出现惯性、经常性在同一部位漏油,也就是说前一次修理好后没有多长时间同一部位又出现漏油,则是因为:

(1)油封质量不合格。应使用质量合格的油封。

(2)轴颈密封部位磨损。应更换主动锥齿轮轴。

(3)衬垫损坏或接合面变形不平。应换用合格的衬垫并加注密封胶。

(4)齿轮啮合间隙不均匀,引起螺栓松动等原因造成的漏油。应检查从动锥齿轮是否铆接质量不合格。

任务实施

一、任务描述

1. 识别驱动桥各总成主要零部件;

2. 驱动桥各总成的分解、装配;

3. 驱动桥各总成的检修、调整与试验;

4. 驱动桥各总成的常见故障诊断与排除;

5. 驱动桥各总成零件的失效原因分析。

二、任务要求

1. 按照检测要求和技术标准将设备、仪器分别放在相关工位,将制定的任务单发给学生;每位学生穿上工作服、工作鞋,随身携带一支笔,以便做好记录并分析检测结果;

2. 识别驱动桥各总成主要零部件,使用有关工具,按照正确步骤分解、装配驱动桥总成一台套;

3. 按照有关技术标准,使用有关工具、量具检测并维修驱动桥各总成主要零件;

4. 按照有关技术标准,使用有关工具、量具对装配的驱动桥各总成进行调整、动态试验;

5. 按照正确步骤诊断并排除驱动桥各总成常见故障;

6. 对驱动桥各总成主要零件的失效进行原因分析;

7. 监控学生是否按要求完成任务,并指导学生进行正确的操作。

三、任务考核

序号	考核内容	分值	评分标准	得分
1	正确使用工具、量具	5	工具使用不当,一次扣2分	
2	指认车上驱动桥零部件位置正确	15	指认位置不正确,扣15分	
	拆装顺序正确		拆装顺序错误,一次扣3分	
	零件摆放整齐		摆放不整齐,扣3分	
	清楚零件的组成、作用及工作原理		不清楚,扣15分	
3	壳体和半轴套管的拆装与检查	40	能对各个项目进行准确检测及调整,错一项扣4分	
	齿轮的拆装与检查			
	轮毂的拆装与检查			
	主减速器的拆装、检查与调整			
	差速器的拆装、检查与调整			
	半轴的拆装与检查			
	轮边减速器的拆装、检查与调整			
	驱动桥拆装、检查与调整			
	工作情况检查、调整及动态试验			
	常见故障原因分析与排除			
4	正确组装驱动桥零部件	10	不能正确组装,错一次扣2分	
5	正确调整间隙	15	不会调整扣10分,调整错误扣5分	
6	工具、现场清洁	5	每项扣2分,扣完为止	
7	安全、文明生产	10	违规操作、发生人身和设备事故,为0分	
8	配分合计	100	得分合计	

复习思考

一、填空题(将正确答案填在题中横线上)

1. 驱动桥壳体的结构型式有_____、_____两种,其损伤主要有_____和_____、桥壳_____等。

2. 通过检验半轴套管座孔的_____来确定驱动桥桥壳的_____。

3. 桥壳弯曲变形在2 mm范围内时,可用_____进行校正。当弯曲大于2 mm时,应采用_____校正。

4. 主减速器壳体常见的损伤有_____、_____、_____等。

5. 差速器壳体常见损伤有行星齿轮_____磨损、与半轴齿轮相接触的_____磨损、半轴齿轮_____磨损、_____磨损及_____磨损等。

6. 驱动桥齿轮常见的损伤有_____、_____、_____、_____等。

7. 半轴常见的损伤有_____、_____、_____、_____。

8. 主减速器主、从动锥齿轮啮合印痕及啮合间隙的调整应遵循_____、_____、_____的原则进行。

9. 驱动桥在使用中常见的故障有_____、_____和_____等。

10. 从动锥齿轮的调整包括从动锥齿轮_____的调整和主、从动锥齿轮之间的_____的调整。

二、判断题(将判断结果填入括号中,正确的填"√",错误的填"×")

1. ( )主减速器的唯一作用是降低速度,增大扭矩。

2. ( )当啮合间隙与啮合印痕发生矛盾时,此时应以啮合印痕为主,啮合间隙的要求可略微放松。

3. ( )双曲线齿轮主减速器,当没有双曲线齿轮油时,可用普通齿轮油代用。

4. ( )锥齿轮啮合调整时,啮合间隙首要,啮合印痕次要,否则将加剧齿轮磨损。

5. ( )差速器的作用是保证两侧车轮以相同转速旋转。

6. ( )差速器装配时,若半轴齿轮大端的弧面与四个行星齿轮背面的弧面不在一个球面上,可通过改变行星齿轮背面垫片的厚度来调整。

7. ( )主减速器齿轮啮合位置的调整是在主、从动锥齿轮轴承预紧度调整后进行。

8. ( )主、从动锥齿轮齿面接触印痕和齿侧间隙,都是利用改变两齿轮中心距来调整的。

三、选择题(选择一个正确的答案,将相应的字母填入题内的括号中)

1. 驱动桥由主减速器、差速器、半轴和( )等组成。

    A. 万向传动轴　　　　　　　　　　B. 变速器

    C. 驱动桥壳　　　　　　　　　　　D. 离合器

2. 使车辆转弯时左右车轮以不同转速旋转的是( )。

    A. 万向传动装置　　　　　　　　　B. 主减速器

    C. 差速器　　　　　　　　　　　　D. 半轴

3. 车辆转弯时,差速器中的行星齿轮( )。

    A. 只有公转,没有自转　　　　　　B. 只有自转,没有公转

    C. 既有公转,又有自转　　　　　　D. 根本不转

4. 当任何一侧半轴齿轮的转速为零时,另一侧半轴齿轮的转速为差速器壳转速的( )倍。

    A. 1　　　　　　　　　　　　　　B. 2

    C. 3　　　　　　　　　　　　　　D. 4

5. 车辆直线行驶时,差速器中的行星齿轮( )。

    A. 只有自转,没有公转　　　　　　B. 只有自转,没有公转

    C. 既不公转,又不自转　　　　　　D. 只有公转,没有自转

6. 车辆上装有差速器后,转弯时两侧驱动轮能以不同转速沿地面( )。

    A. 滑动　　　　　　　　　　　　　B. 滚动

C. 滑拖   D. 滑转

7. 车辆直线行驶时,由于轮胎的磨损程度不同,差速器使两侧驱动轮( )。

    A. 以相同转速旋转   B. 以不同转速旋转

    C. 滑移   D. 滑转

8. 锥齿轮差速器能使两侧驱动车轮差速靠的是 ( )。

    A. 行星齿轮的自转   B. 半轴齿轮的自转

    C. 差速器的自转   D. 差速器壳的自转

9. 设对称式锥齿轮差速器壳的转速为 n_0,左、右两侧半轴齿轮的转速分别为 n_1 和 n_2,则有 ( )。

    A. $n_1+n_2=n_0$ B. $n_1+n_2=2n_0$

    C. $n_1+n_2=n_0/2$ D. $n_1=n_2=n_0$

10. 设对称式锥齿轮差速器壳所得到转矩为 M_0,左右两半轴的转矩分别为 M_1、M_2,则有 ( )。

    A. $M_1=M_2=M_0$ B. $M_1=M_2=2M_0$

    C. $M_1=M_2=M_0/2$ D. $M_1+M_2=2M_0$

11. 驱动桥行驶时驱动桥有异响,脱档滑行时异响减弱或消失说明( )。

    A. 圆锥和圆柱主从动齿轮、行星齿轮、半轴齿轮啮合间隙过大

    B. 主动锥齿轮轴承松旷

    C. 差速器行星齿轮半轴齿轮不匹配

    D. 车轮轮毂轴承损坏,轴承外圈松动

12. 车辆直线行驶时无异响,转弯时驱动桥处有异响说明( )。

    A. 主、从动锥齿轮啮合不良

    B. 差速器行星齿轮半轴齿轮不匹配,使其啮合不良

    C. 制动鼓内有异物

    D. 齿轮油加注过多

13. 车辆行驶时驱动桥有异响,脱挡滑行时亦有异响说明( )。

    A. 半轴齿轮花键槽与半轴的配合松旷   B. 主动圆柱齿轮轴承松旷

    C. 差速器十字轴轴颈磨损   D. 轴承处过热

14. 驱动桥发热的原因是( )。

    A. 驱动桥中缺油或油质低劣

    B. 轴承配合间隙过小

    C. 齿轮啮合间隙过小

    D. 驱动桥中缺油或油质低劣、轴承配合间隙过小、齿轮啮合间隙过小

15. 装用普通锥齿轮差速器的车辆,当一个驱动轮陷入泥坑时,车辆难于驶出的原因是( )。

    A. 该轮无转矩作用

    B. 好路面上的车轮得到与该轮相同的小转矩

    C. 此时的两车轮转向相反

    D. 差速器不工作

16. 全浮式半轴支承承受(　　)。

    A. 弯矩　　　　　　　　　　　　　　B. 两端的反力

    C. 扭矩　　　　　　　　　　　　　　D. 弯矩、两端的反力,弯矩和扭矩

四、问答题

1. 驱动桥的半轴套管、轮毂、齿轮、主传动器、差速器、半轴、轮边减速器等主要零件分别是如何进行检修的?

2. 驱动桥的主传动器、差速器分别是如何进行装配和调整的?

3. 驱动桥装配后是如何进行试验和验收的?

4. 驱动桥使用过程中常见的故障分别有哪些? 原因有哪些? 如何排除?

项目十三

转向系统的检测与修复

教学目标

一、知识目标

1. 能正确识别机械式转向系统、液压助力转向系统、全液压转向系统的主要零部件,掌握机械式转向系统、液压助力转向系统、全液压转向系统各总成的拆装、检测与修理过程;

2. 准确描述机械式转向系统、液压助力转向系统、全液压转向系统常见故障的诊断与排除方法。

二、能力目标

1. 能按照正确的步骤分解、检修、装配与调整机械式转向系统、液压助力转向系统、全液压转向系统各总成;

2. 能正确进行机械式转向系统、液压助力转向系统、全液压转向系统的装配与试验;

3. 能按维修操作规范,正确分析、判断并排除机械式转向系统、液压助力转向系统、全液压转向系统的常见故障;

4. 能对机械式转向系统、液压助力转向系统、全液压转向系统各总成主要零件的失效进行原因分析。

任务导入

为了正确识别转向系统的主要零部件,掌握转向系统各总成的分解、装配、检修、调整过程,准确判断转向系统故障,查明故障原因,港口机械维修人员必须全面认识转向系统主要零部件,熟悉转向系统分解、装配、检修、调整要求以及常见故障诊断与排除方法,并对转向系统主要零件的失效进行原因分析。

相关知识

任务 1 机械式转向系统的检测与修复

一、主要零件的检测与修复

(一)转向操纵机构

(1)用磁力探伤法检查转向轴与转向传动轴是否有裂纹,如有应予以更换。

(2)转向轴与衬套的配合间隙大于 0.20 mm 时应更换衬套。

(3)转向传动轴上端的花键槽宽度大于 2.85 mm 或用百分表测量转向传动轴与滑动叉的配合间隙超过 0.40 mm 时均应予以更换。

(4)转向传动轴下端的十字轴轴承在传动轴叉中是靠挤压出的 6 个凸台进行轴向定位的,在维修中是不可拆卸的,如果十字轴轴承或十字轴磨损需修理时,应更换整根转向传动轴。

(5)检查万向节叉及十字轴应无裂纹、十字轴滚针轴承应转动灵活、无卡滞现象及破损,如有应予以更换。

(6)万向节十字轴轴承的径向间隙应小于 0.25 mm,否则应更换新轴承。用游标卡尺测量十字轴轴颈的磨损,若超过 0.10 mm,应予以更换。

(7)零件有裂纹、严重的伤痕、扭曲等,均应予以更换。

(8)孔用弹性挡圈在拆卸后必须更换。

(二)转向器

1. 曲柄指销式转向器

(1)转向蜗杆工作表面轻微磨损与剥落,可用油石研磨后继续使用,严重者必须更换;齿面有明显压痕者,应更换。任何表面出现裂纹,必须更换。

(2)止推轴承有下列情况之一者,必须成套更换:内外圈滚道严重磨损、剥落、保持架变形,有裂口,严重磨损,轴承钢球碎裂,钢球从保持架上掉落。

(3)摇臂轴曲柄、花键轴不得扭曲,否则应更换,任何部位有裂纹,或支承表面严重磨损以及严重偏磨,要更换,花键处是否有变形、扭曲,发现有两齿以上变形、扭曲、损坏时,应更换。

(4)指销头部有剥落或严重偏磨,指销挡边碎裂,应更换指销轴承总成。

(5)摇臂轴衬套发生严重偏磨,或者衬套孔与摇臂轴外圈配合间隙超过 0.20 mm,应更换衬套。

(6)壳体有裂纹或其他损伤,应更换。

(7)发现油封刃口或密封面有伤痕、变形等,必须更换新件。

2. 循环球式转向器

（1）转向器壳出现裂纹，应予以更换。壳体与侧盖、接合面的平面度误差大于 0.10 mm 时，应将其修磨平整。转向器壳及端盖上各轴承孔磨损严重、齿扇轴与滚针轴承配合松旷，配合间隙大于 0.10 mm 时，均应更换。

（2）转向器壳变形造成摇臂轴轴承孔的公共轴线相对转向螺杆两轴承孔公共轴线的垂直度误差超限（公差为 0.04~0.06 mm）时，应修整变形。先修整接合面，然后更换摇臂轴衬套，在图 13-1 所示的镗模上镗削摇臂轴衬套，利用镗模校正两衬套的同轴度（公差为 0.01 mm）和两轴线的垂直度与轴心距。

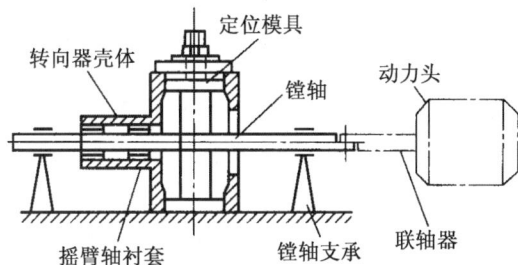

图 13-1　摇臂轴衬套镗模

摇臂轴衬套镗削后与摇臂的配合间隙较原厂规定的增大量不得大于 0.005 mm，使用滚针轴承其配合间隙不得大于 0.10 mm。车辆进行二级维护时，应检查摇臂轴与衬套的配合间隙，使用限度为 0.20 mm。配合间隙超限后应更换衬套，衬套与承孔的配合过盈为 0.110~0.051 mm。

（3）齿扇工作面出现轻微点蚀可用磨石修磨后继续使用，点蚀严重时应更换。摇臂轴端连接螺纹损伤超过 2 牙，可堆焊后重新加工螺纹。摇臂轴出现裂纹，应予以更换。

（4）转向螺杆应无裂纹松旷，否则应予以更换。转向螺杆与轴承的轴向配合出现松动时，应予以更换。转向螺杆与转向螺母的配合，径向间隙大于 0.05 mm 时，应更换全部钢球。各钢球直径差不得超过 0.01 mm。转向螺杆及转向螺母滚动表面、转向螺母齿面应无金属剥落现象及明显的磨损痕迹，否则应予以更换。

（5）轴承出现点蚀及烧蚀现象或轴承保持架明显变形等，应成套更换。油封老化或刃口损坏造成漏油时，应更换油封。

（6）总成大修时，必须对摇臂轴进行隐伤检验，产生裂纹后应更换，不许焊修。轴端花键出现台阶形磨损、扭曲变形，应更换。支承轴颈磨损超限，应更换。

3. 齿轮齿条式转向器

（1）用检视法检查，转向器壳体应无裂纹，转向齿轮及齿条应运动灵活、无卡滞现象，无法修复时，更换转向器总成。

（2）齿轮和齿条的裂纹应采用磁力探伤法进行检查，若有裂纹，更换新的总成。

（3）轴承是否松旷，两轴承是否同心。如磨损严重或不同心应更换新的轴承。

（4）各密封圈、密封环及防尘套等老化、破损，必须更换。

（5）检查补偿弹簧是否过软或断裂。否则，应更换。

（6）自锁螺母和螺栓一经拆卸，必须更换。

注意：转向器各零件不允许进行焊修或整形。

（三）转向传动机构

1.转向横拉杆和纵拉杆

横、纵拉杆出现裂纹，应更换新件。横、纵拉杆弯曲量大于 2 mm，应进行冷压校正。纵拉杆球头销座孔磨损超过 2 mm 时，应予堆焊修复或更换新件。球头销及座孔有明显磨痕，应更换新件。弹簧失效、橡胶防尘罩老化、破裂等，均应进行更换。横拉杆两端的倒顺螺纹，前束调整接头的螺纹，均不得有损伤，紧固螺栓应有效。

2.转向摇臂、转向节臂及转向梯形臂

转向节臂上的锥形销颈与转向节上的锥形孔配合时，锥形销颈小端面应低于锥形孔，其凹入量不得小于 2 mm，锥形销的键与键槽应配合紧密，但键不要顶住键槽底部，以免影响正常紧固。对转向节臂和左、右梯形臂应进行探伤检查，如有裂纹，应予以更换，以防使用时因损伤断裂发生事故。转向摇臂花键扭曲变形，应更换新件。转向摇臂的花键孔磨损后，使花键轴的端面伸出花键孔的端面，应予以更换。摇臂的另一端球头，如果磨损起槽或磨损超过 1 mm，应予以更换。

（四）转向桥

1.拳形转向桥

（1）转向梁

①用拉线法检查

如图 13-2 所示，在细线的两端吊上重锤，并使线通过两主销孔中心，测量两个钢板弹簧座平面至细线之间的距离 h_1 和 h_2，两者之差即为梁的直线度误差；再检查两座的定位中心孔至线的距离是否有偏差，如有偏差，说明梁有扭曲。

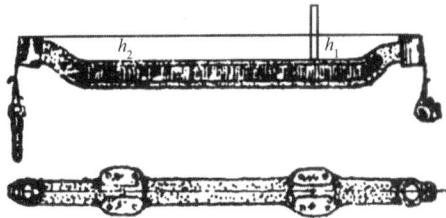

图 13-2　用拉线法测量横梁弯曲情况

②用试棒和角尺检查

如图 13-3 所示，用与主销直径相同的标准试棒插入主销孔内，在钢板弹簧上放两块与主销孔上端面同样高的垫块，用专用角尺检查。如果角尺与试棒的上端存在间隙，说明梁的端部向下弯曲，反之向上弯曲。此外，根据角尺与垫块刻线的重合情况以及角尺与试棒的重合情况，可以判断横梁有无前后弯曲或扭曲。

转向梁的弯曲、扭转变形超过规定时，应予以冷压校正；如变形量较大，可局部加热，加热温度不得超过 600 ℃，加热长度不应超过 500 mm。

转向梁上的主销孔磨损过度，可用修理尺寸法或镶套法进行修复；主销孔端面磨损时，可用手工锉平；横梁出现裂纹，原则上不进行焊补修理，以免影响安全。

图 13-3　用试棒和角尺检查横梁弯曲情况
1—试棒；2—角尺；3—垫块；4—工字梁

（2）转向节

转向节内外轴颈的根部容易发生裂纹，可用磁力探伤法、浸油敲击法或着色探伤法检查，重点检查轴颈下部和上部。敲击时应在轴颈中部锥面用铜锤轻敲，以免损伤轴颈。转向节前端螺纹应无裂纹、滑牙等损伤。轴颈与轴承的配合间隙超过规定时可用堆焊修复。

转向节最常见的损伤是主销衬套磨损，当主销与衬套间隙超过 0.15~0.20 mm 时，应更换衬套。压入衬套时，应注意使衬套的油槽与油嘴注油孔对齐，衬套的两端应不高于转向节销孔端面。

衬套压入后，即可进行铰削，铰削时，最好采用长刃铰刀，一刀能同时铰上下两孔，以保证两套同轴。在铰削过程中，应随时选配，一般手感是，用铜棒将主销轻敲入内，用扳手能转动主销。如果主销在孔中能自由地轴向移动或自行落下，则说明主销与孔间隙过大，应重新换套、再铰配。

2. 叉形转向桥

（1）转向梁

①转向节销孔 C（如图 13-4 所示）公差为 0.06 mm，当大于 0.1 mm 时，可铰孔至修理尺寸，配主销轴。

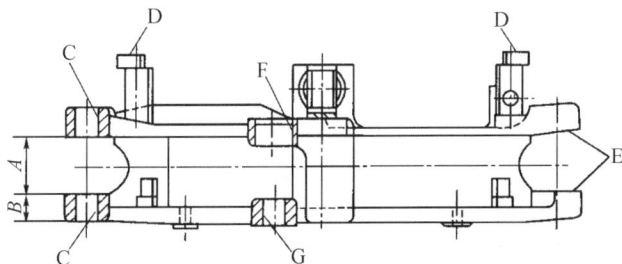

图 13-4　转向桥的修理

②主销孔 C 与平面 E 的垂直度误差大于 0.3 mm 时，可修整 E 面。

③转向板销孔 F、G 磨损时，不得大于 0.15 mm，否则可铰至修理尺寸或镶套修复。

④由于限动螺钉撞击的结果，D 面受到损伤时，可焊补并打磨修复。

⑤当转向桥出现两条以上裂缝，深度和长度达到 8 mm 时，应予以更换。

⑥转向桥弯曲、扭曲，会破坏后轮的相互位置，将使行驶转向困难。当转向桥弯曲、扭曲时，可用冷压校正修复。如果弯扭过大、用冷压校正有困难时，可将弯扭部分加热至 500~600 ℃，进行热压校正。

（2）转向节（见图 13-5）

①转向节颈部如有裂纹,应予更换。

②转向节轴承颈 D 及油封轴颈 E（如图 13-5 所示）的磨损,一般应不大于 0.05 mm,若大于 0.05 mm 可用镀铬方法修复。

③转向节止推轴承平面 B（如图 13-5 所示）,应平整,如不平整时应修平。

④转向节销孔 C 面（如图 13-5 所示）磨损,并与止推轴承平面 B 垂直度误差大于 0.12 mm 时,可铰削销孔 C 面至修理尺寸。

⑤转向节螺纹如损伤超过 2 牙时,可修车螺纹配螺母或堆焊后重新车削螺纹。

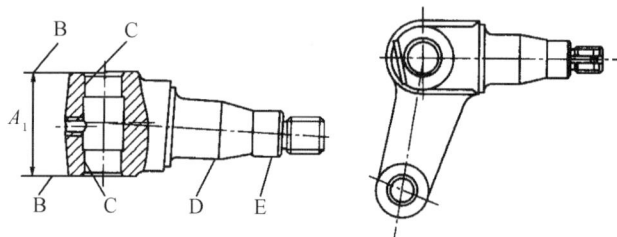

图 13-5　转向节损伤示意图

二、装配与调整

（一）曲柄指销式转向器

（1）转向器壳竖立固定,将轴承外座圈压入壳体轴承孔,有滚道的一端向内,并使其距离壳端面 12.5～13.0 mm;将密封圈装在轴承垫块槽中,然后装入轴承垫块;安装转向器下盖及其衬垫,并用 30～60 N·m 的力矩对角拧紧下盖螺栓。

（2）利用压力机将上、下轴承内座圈压装在转向蜗杆上;转向器壳的上盖轴承孔朝上放置,放入下轴承保持架及转向蜗杆。

（3）放好转向蜗杆上轴承保持架,压入轴承外座圈,并使其到壳体上端面的距离为 12.5～13.0 mm;放好密封圈、转向器上盖油封（刃口向内）及原来的垫片或总厚度为 1.2 mm 的垫片,该处垫片厚度不得随意改变,以免破坏转向蜗杆的轴向位置;将组装好的上盖装到转向器壳上,并以 30～60 N·m 的力矩对角拧紧上盖螺栓。

（4）调整转向蜗杆轴承的预紧度。将转向器下盖上的调整螺塞旋到底,如图 13-6 所示,然后,再退回 1/8～1/4 圈。调整完毕后转向蜗杆应转动灵活、无轴向间隙,最后以 50 N·m 的力矩拧紧调整螺塞的锁紧螺母。

（5）在压床上用心轴将摇臂轴油封压入转向器壳中（刃口向内）,如图 13-7 所示;将指销及轴承涂抹润滑脂后,安装在摇臂轴的曲柄上,装上止动垫片,并用调整螺母调整合适后用锁紧垫片锁紧;在摇臂轴上涂抹润滑脂后,将其插入转向器壳的摇臂轴孔中,使指销与蜗杆啮合。

（6）在转向器壳及侧盖接合面上涂抹适量密封胶,然后将侧盖及密封垫装到转向器壳上,并拧入带有弹簧垫圈螺栓（双头螺栓短的一端向外）,如图 13-8 所示,由中间向两端交叉拧紧侧盖上的各紧固螺栓,M14 螺栓旋紧力矩为 70～100 N·m,M10 螺栓旋紧力矩为 30～60 N·m。

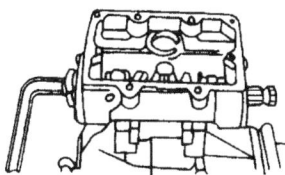

图 13-6　调整转向蜗杆轴承预紧度

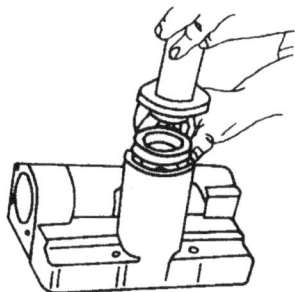

图 13-7　安装摇臂轴油封

（7）安装好侧盖后，转动转向蜗杆，使指销在中间位置啮合后，将转向器侧盖上的调整螺钉拧到底，然后再退回 1/8 圈，如图 13-9 所示，再以 50 N·m 的力矩拧紧锁紧螺母。

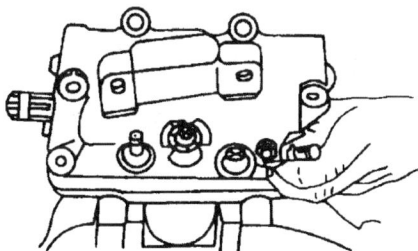

图 13-8　安装双头螺栓

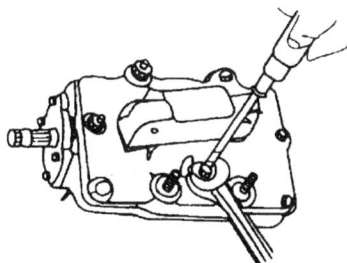

图 13-9　调整转向器啮合间隙

（8）组装完毕后，加注润滑油，检查蜗杆的转动力矩应不大于 2.7 N·m，转动量应不小于 6 圈，且无阻滞现象，各接合部位不得漏油。

（二）循环球式转向器

（1）测量转向螺杆轴颈对中心的跳动量，若大于 0.08 mm，则需要更换总成，如图 13-10 所示。

（2）把螺杆装入螺母中，装钢球时可用塑料棒将钢球轻轻敲入循环滚道内。装导管钢球时，可在导管口涂一层润滑脂，防止钢球脱出。每组循环滚道连同导管中的钢球应符合规定，最后用导管夹固定，如图 13-11 所示。严禁将钢球误装入循环回路之外。

（3）测量转向螺杆轴向窜动量，如图 13-12 所示。维修标准规定该值不大于 0.1 mm。螺杆直立时应避免螺母由于自重作用滑到头而损伤导管或钢球。

（4）转向螺母位于转向螺杆滚道对称中心，上下左右扳动花键端，测量转向螺杆两端轴颈的垂直和水平跳动量，如图 13-13 所示。测量值均不应大于 0.10 mm。

（5）安装轴承内圈，使其紧压在止推平面上，装配调整螺钉前，摇臂轴孔应涂抹薄层润滑脂，按顺序装入，最后用尖嘴钳把孔用弹性挡圈装入槽中，装复后的调整螺钉应能用手轻轻转动。

（6）测量调整螺钉轴向间隙（见图 13-14）。当轴向窜动量大于 0.12 mm 时，需配磨垫圈，使间隙不大于 0.08 mm。

（7）安装转向器总成，装入下盖并从壳体上孔处放入转向螺杆螺母总成。装入上盖并

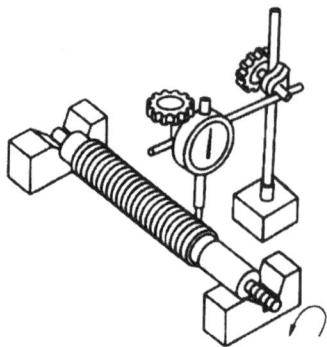

图 13-10　测量转向螺杆轴颈的跳动量

图 13-11　循环钢球的装入

图 13-12　测量转向螺杆轴向窜动量

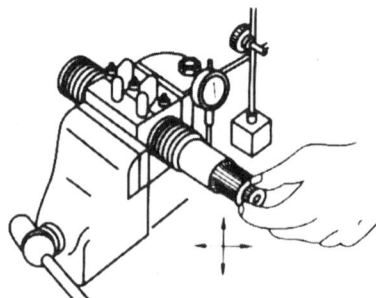

图 13-13　测量转向螺杆的垂直和水平跳动量

通过增加或减少调整垫片(调整垫片不得有折痕、锈蚀),使转向螺杆轴承预紧力矩符合规定,测量螺杆轴承的预紧力矩,如图 13-15 所示(允许用其他方法测量)。

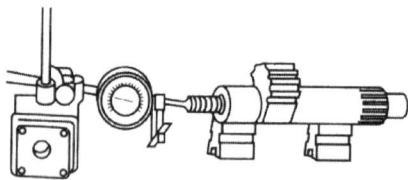

图 13-14　测量调整螺钉轴向间隙

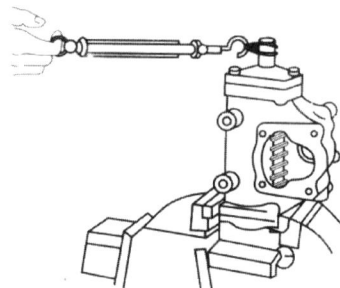

图 13-15　测量螺杆轴承的预紧力矩

(8)在壳体的摇臂轴输出孔均匀地压入油封,油封的平端面一侧应向外。逆时针拧紧调整螺钉使摇臂轴与侧盖相连。

(9)安装摇臂轴时应使转向螺母处于中间位置,使齿扇的中间齿与转向螺母的中间齿槽啮合,如图 13-16 所示,拧紧侧盖螺钉,拧紧力矩为 29~49 N·m。当拧紧侧盖螺钉时,侧盖上调整螺钉应处于拧出的位置。

(10)齿条与齿扇的啮合间隙用调整螺钉调整。使转向器位于中间位置(螺杆总转动圈数的一半)时,不允许有啮合间隙。

(11)对蜗杆与摇臂轴主销啮合进行调整,先松开摇臂轴调整螺钉,用手握住蜗杆轴输入端,在蜗杆行程的中间位置附近来回转动,同时用旋具插入调整螺钉头部槽里。顺时针旋转螺钉,直到有摩擦为止。

(12)装配完成后检查转向螺杆的转动力矩,如图 13-17 所示,此摩擦力矩不应大于 2.7 N·m。

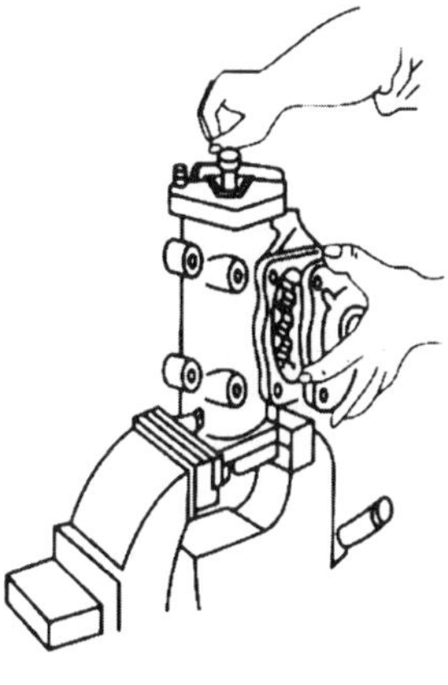

图 13-16 拧紧侧盖螺钉 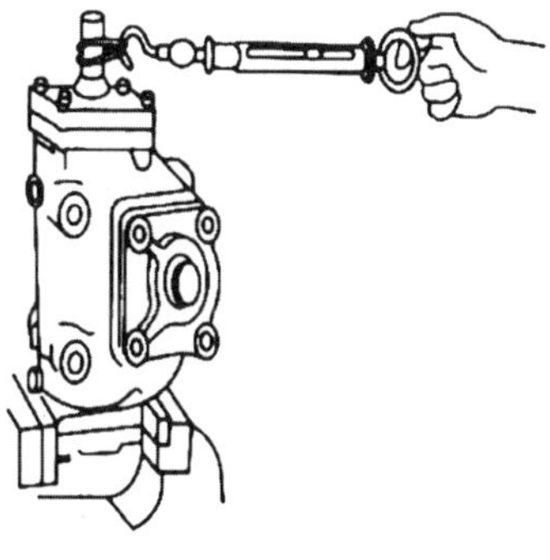   图 13-17 检查转向螺杆的转动力矩

(三)齿轮齿条式转向器

齿轮齿条式转向器装配时需注意以下几点:

(1)转向器壳的固定螺栓应按规定力矩拧紧。

(2)转向齿轮与转向柱下端连接时,夹紧箍应推到转向柱下端,密封环应嵌入转向器壳上的环形槽中。

(3)组装好的转向器用手可直接转动转向齿轮。转向器啮合间隙的调整,应在车轮着地且处于直线行驶位置下进行,向里拧调整螺钉,直至螺钉与压块相接触。此时,转向齿轮应处于间隙变小状态,且转动灵活,调整合适后拧紧锁紧螺母。

(四)转向传动机构

1. 装配

(1)零部件清洗吹干后,在球头销与球头座配合表面涂抹适量润滑脂。然后按与拆卸相反的顺序安装好横、纵拉杆两端的球头销等零件。装配后,调整球头销预紧度,将调整螺塞旋到底再退回 1/4~1/2 圈,使螺塞上的槽与开口销孔对正,穿入开口销锁止。此时,用手扳动球头销,应转动灵活且无松旷感觉,否则,重新调整。

(2)安装横、纵拉杆时,两端的横拉杆接头旋入的长度应相同,各球头销螺母应以 200~500 N·m 的力矩旋紧。对正装配标记,将转向摇臂安装到转向摇臂轴上。更换新件时,由于原标记被破坏,可将转向盘转到中间位置,并使前轮处于直线行驶位置,然后将转向摇臂安装到摇臂轴上。

2. 检查与调整

(1)前轮前束

在空载状态下,将车辆停在平坦的场地上,顶起前桥,使车轮处于直线行驶位置。用前束尺在左右轮胎的中间位置测量,否则,应松开横拉杆上的夹紧箍,用管钳转动横拉杆进行调整。

①检查

i. 架起前桥,使前轮离地。

ii. 将前束尺(如无前束尺也可用钢卷尺)两端水平地支承在两轮胎内侧边缘最小距离处,即前轮内侧面最前点,这一点应与前轮中心线同高(见图13-18)。

iii. 移动游标尺并量出 A 值后,转动车轮至后方,量出 B 值,即得前束值 $B-A$,前束值应为 $1\sim5$ mm。

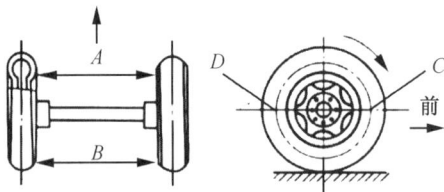

图 13-18　前束的检查位置

②调整

先把横拉杆两端夹紧螺栓松开,旋转横拉杆。如横拉杆是弯曲的不能旋转,应将拉杆一端从转向节臂上拆下旋转接头。使横拉杆伸长,前束增大;反之前束缩小。

③调整时应注意事项

i. 调整时前桥左右车轮气压应保持相同。

ii. 使用中的机械前束调整时前轮应该着地。这是因为机械使用后,转向节主销和衬套、轮毂轴承等已被磨损,它们的配合间隙已变大,车轮位置不正,使测得的前束值与实际值将有误差,调整结果亦不会精确。

iii. 调整前应先将轮毂轴承预紧度调整合适。

(2)最大转向角

转向角有左右之分,所谓左转向角即左转向轮从直线行驶的位置向左偏转到极限位置时所转过的角度,所谓右转向角即右转向轮从直线行驶的位置向右偏转到极限位置时所转过的角度。转向角过大,车辆急转弯时,轮胎与地面横向滑磨以及车轮可能与工作装置或车架碰擦而加速轮胎磨损;而转向角过小,将使转弯困难,因此在修复后或发现转向角失常时,应及时调整。

①转向角的检查

转向角可用车轮转角仪进行检查,如图13-19(a)所示。

在无仪器的情况下,也可用下述方法检查:

i. 顶起转向桥,使车轮离开地面并处于直线行驶位置。

ii. 在转向轮一侧或胎面中心的地面上作一前后延长线。

iii. 转动方向盘,使车轮向左或右偏转到极限位置,再在转向轮一侧或胎面中心的地面上作一前后延长线。

iv. 用量角器测量出两条延长线相交的夹角,即是该机械的转向角,如图13-19(b)所示。

②转向角的调整

改变转向角的大小可调整转向节凸缘上的限位螺钉,限位螺钉向里拧,转向角增大,反之则减小。调整合适后,拧紧限位螺钉的锁紧螺母。有些车辆上转向角无法调整,其最大

(a)用车轮转角仪检查前轮转向角　　　　　(b)用直尺检查测量前轮转向角

图 13-19　转向角的检查测量

转向角靠限位块限制。

（3）转向盘自由行程

转向盘自由行程是指转向盘在空转阶段转过的角度。转向盘自由行程对于缓和路面冲击及避免驾驶员过度紧张是有利的,但不宜过大,否则将使转向灵敏性降低。

①检查

i. 用检查器检查,将前轮置于中间位置（即直线行驶位置）,将检查器的刻度盘和指针分别夹持在转向器管柱和方向盘上,如图 13-20 所示,然后向左（或右）转动方向盘至感到有阻力时（记住指针所指位置）,再反向转动至感到有阻力为止,这时指针在刻度盘上所划过的角度就是方向盘的自由行程。一般来说,转向盘从相应于直线行驶的中间位置向任一方向的自由行程最好不超过 10°～15°。当零件磨损严重到使转向盘自由行程超过 25°～30°时,则必须进行调整。

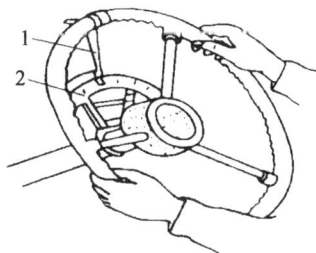

图 13-20　转向盘自由行程检查
1—指针;2—刻度盘

ii. 如无检查器,可用一根铁丝一端固定在转向器管柱上,另一端伸向方向盘的边缘。用同样的方法转动方向盘,利用铁丝计出方向盘所转过的一段弧长,并用尺测量出这段弧长。然后,将用尺测得的弧长与标准弧长比较,如超过标准弧长则自由行程过大,应进行调整。

②调整

影响方向盘自由行程的原因较多,调整时应首先找出原因。在判断原因和部位时,通常是一人转动方向盘,另一人在车下观察。如果方向盘已转动了许多,而转向垂臂不转动,则原因在转向器部位;如转向垂臂已转动了许多,而转向轮并不偏转,则原因在转向传动机构。

若原因在转向器部分,就应对蜗杆轴承预紧度和滚轮、蜗杆的啮合间隙进行调整。若原因在传动机构部分,就应调整拉杆球铰紧度和检查、紧定各连接部分。另外,轮毂轴承松旷和转向节主销磨损过甚,均应调整修复。调完后还应再次检测转向盘自由行程。

(五)转向轮轴承预紧载荷的调整

(1)对轮毂、内外轴承及轮毂盖的内腔加润滑脂,如图 13-21 所示,同时给油封的唇口涂一些润滑脂。

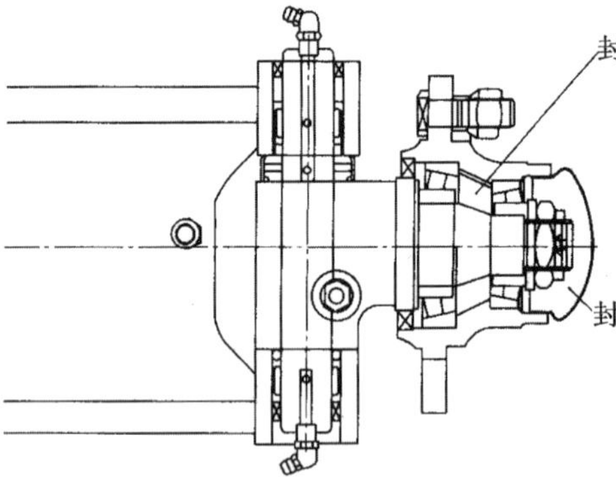

封入润滑脂(空间的80%)

封入润滑脂(空间的80%)

图 13-21　添加润滑脂和预紧载荷调整

(2)把轴承外圈固定到轮毂上,把轮毂装到转向节轴上。

(3)装平垫圈,并拧紧槽形螺母,其力矩为 206~235 N·m,松开槽形螺母 1/8~1/6 圈,然后再拧紧该槽形螺母,其力矩为 9.8 N·m。

(4)用木榔头轻轻敲打轮毂。将轮毂转动 3~4 圈,以保证轮毂没有松动。

(5)拧紧槽形螺母,使槽子对准转向节上的开口销孔。

(6)再用木榔头轻轻敲打轮毂,用手将轮毂转动 3~4 圈,以确保转动平稳,并测定轮毂的转动力矩,其值为 2.94~7.8 N·m。

(7)当转动力矩高于规定值时,可以退回 1/6 圈,再测定其转动力矩。

(8)当达到规定的转动力矩后,用开口销锁住槽形螺母。

转向桥装在车架上时,应控制支承座与桥体的轴向间隙不大于 1 mm,调整间隙后,螺栓涂密封胶,1~3 t 叉车紧固力矩为 171.5 N·m。间隙过大,桥体窜动;间隙过小,转向桥摆动不灵活。

更换轮胎时,应注意当装上新轮胎后,在轮毂螺栓上涂密封胶,确保轮毂螺母的紧固力矩:1~3 t 叉车为 160 N·m。

(六)转向桥的装配与调整

转向桥装合后,各零件之间必须有正确的连接和配合间隙。

(1)转向节和转向节销轴的间隙应不大于 0.1 mm。

(2)转向节与转向桥间的端隙,一般为 0.05~0.1 mm,如端隙过大,可加装调整垫圈进行调整。

(3)转向节轴与转向桥间的滚针轴承,其最大间隙应不大于 0.1 mm。

(4)转向桥轮毂轴承加注润滑脂装好后,旋紧轮毂轴承调整固定螺母,当转动车轮困难时,应将螺母退回 1/5 圈,装上锁紧垫圈。转动车轮时应灵活,扳动车轮时应没有轴向间隙的感觉为适宜。

（5）调整轮毂的平行度,其误差应不大于 1 mm,可通过调节转向杆螺杆进行调整,调整后拧紧止动螺母。

（6）调整转角。将转向桥顶起,将轮毂转动到左侧终点位置上（转向节至转向桥的间隙大约为 0.5 mm）,限位块仍未碰到限位螺钉时,先检查油缸是否到位,再调高转向安全阀的压力以减少转弯半径(注意:轮胎与车体、桥体间无干涉）。

任务 2 　 液压助力转向系统的检测与修复

液压助力转向系统的转向操纵机构和转向传动机构部分的装配与检修可参照机械式转向系统部分进行,本部分重点介绍动力转向器、恒流阀、液压助力转向系统等的检修。

一、主要零件的检测与修复

（一）转向轴杆

转向轴杆常见损伤为弯曲、断裂,以及与轴承配合处的轴颈磨损等。

转向轴杆的弯曲可用百分表进行检验。将转向轴杆两端放在 V 形铁块或夹持在车床上,百分表垂直抵在轴杆上,转动轴杆,同时观察百分表的读数,即可得出轴杆的弯曲值。弯曲大于 0.5 mm 时,应用冷压法校正。

与轴承配合处的轴颈磨损可用千分尺测量。当磨损量大于 0.1 mm 时,可电镀修复。转向轴端螺纹损坏 2 牙以上时,应堆焊后重新加工出原尺寸螺纹。断裂时,应换用新件。

转向轴端键槽磨损过甚,可堆焊后重新开出键槽,或更换较宽的平键。

（二）齿条螺母及摇臂轴

齿条螺母常见损伤为齿面磨损、钢球滚道磨损等。摇臂轴常见损伤为轮齿齿面磨损,轴端花键损伤和扭曲等。

齿条和扇形齿轮齿面磨损时,可用油石修磨。当磨损严重或疲劳剥落面积大于 30%,以及出现断裂现象时,应换用新件。

（三）转向器壳体

转向器壳体常见损伤有变形翘曲、裂纹、螺纹孔损伤、轴承座孔磨损、轴管碰伤、弯曲等。

变形较轻微时,可用砂轮打磨修平,严重时换用新件。壳体裂纹可通过浸油法或磁力探伤法检查。如发现裂纹,应换用新件或焊修恢复。螺纹孔损伤可焊修后重新加工出原尺寸螺纹。

转向轴管如有凹陷、弯曲影响转向轴转动时,应予以修整校直。

（四）主阀

主阀芯出现轻微拉伤并有卡滞现象时,可先用油石或细砂纸修磨后,在主阀芯上涂上研磨膏,插入阀孔进行研磨。当拉伤或磨损严重时,应换用新阀。

(五)转向阀

转向阀常见损伤主要是阀孔与阀杆磨损、拉伤,以及弹簧损坏等。

阀杆与阀孔的配合间隙为 0.03~0.04 mm。当出现轻微的拉伤和卡滞现象时,可用油石或细砂纸将毛刺去除后,在阀杆上涂上适量的研磨膏,然后再插入阀孔内研磨。当配合间隙过大时,应对阀杆进行电镀。拉伤严重时,应换用新件。

各弹簧弹力和高度应正确,且不能断裂或变形。否则应换用新件。

(六)恒流阀

恒流阀的主要损伤有主阀芯与阀孔磨损和拉伤,导阀芯与导阀座密封不严。恒流阀拉伤或磨损严重时,应换用新件。

(七)液压助力转向器

(1)滑阀与阀体的定位孔出现裂纹、明显的磨损,滑阀在阀体内发卡,应更换阀体组件,如图 13-22 所示。

(2)输入轴配合表面不得有明显的磨痕、划伤和毛刺,否则应更换。

(3)修理时,必须更换所有的橡胶类密封元件。

(4)壳体上的球堵、堵盖之类的密封件不得有渗漏现象。

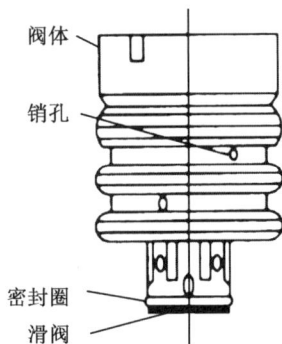

图 13-22　转向控制阀的检验

二、装配与调整

(一)转向器装配注意事项

(1)主阀芯和阀体的配合间隙为 0.025~0.035 mm,最大不超过 0.045 mm,常开轴向间隙为 0.15 mm。常开轴向间隙过小,转向系统油液温度升得快;间隙过大,转向易飘动不稳,灵敏性极差。

(2)安装阀体上、下端面各四个柱塞及四根回位弹簧时,柱塞与阀体的径向配合间隙为 0.03~0.04 mm,不能过紧。四根弹簧在安装前应先压缩三次,检查其质量,经压缩检查后的弹簧长度应一样(约 32 mm)。否则,由于回位弹簧的弹力不一致,使转向盘动力感不一样,行驶中会发现转向这一方向重,另一方向轻。

(3)在阀接头处安装骨架油封时,应注意油封唇口朝向阀体。

（二）转向器调整

1. 转向器轴向间隙调整

转向器螺杆端部螺母在锁紧时应适中。调整时,可两人配合进行。一人抓住转向盘,另一人锁紧螺母。转动转向盘,检查转动力感轻重程度及是否有空行程。

当转向力感觉适中又基本无空行程后,将锁紧螺母固定。

2. 反馈杆的调整

见图 13-23,转动转向盘,使前后桥平行后,拆下摇臂。将转向盘从一个极限位置转到另一个极限位置并记下总圈数,然后将转向盘转到中间位置,装上摇臂。反馈杆的长度可通过旋转接头调整,并用螺母锁紧。ZL50 型装载机反馈杆正常长度应为 510 mm。

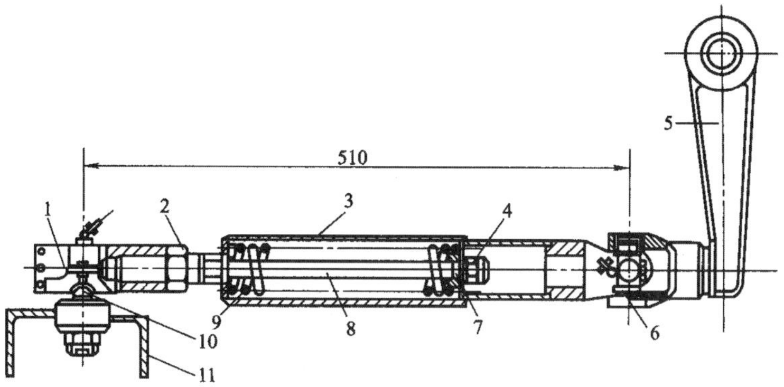

图 13-23　反馈杆

1—接头;2—锁紧螺母;3—弹簧筒;4—螺母;5—摇臂;6—十字轴;7—弹簧座;8—螺杆;9—弹簧;10—球铰;11—前车架

3. 齿条与扇形齿轮啮合间隙的调整

齿条与扇形齿轮啮合间隙应适当。间隙过大,转向盘易飘动;间隙过小,转向沉重。调整时,顺时针拧动调整螺钉到极限位置,然后退回 1/6 ~ 1/4 圈。注意:顺时针拧动调整螺钉,啮合间隙减小;逆时针拧动调整螺钉,啮合间隙增大。

（三）恒流阀的调压

恒流阀的作用是使转向平稳,并调整系统压力,使转向轻便。调压方法是:将压力表装在恒流阀上,转动转向盘,直至转至极限位置,然后加大发动机油门,观察压力表读数。顺时针转动调整螺杆,压力升高,反之降低。一般情况下,调整螺杆每转一圈,系统压力变化 3 MPa。调好后,锁紧螺母,再拧紧保护螺母。

（四）液压行程限制器的检查和调整

1. 用仪表在车上检查

检查时,在油泵和转向加力器之间的压力输油管上安装一个压力表(见图 13-24),并将前轴支起。

液压行程限制器卸荷阀开始起作用时,车轮转角限制螺钉与前轴限位凸块之间的距离应为 2 ~ 3 mm。为此,将一厚度为 3 mm 的垫片放在前轴限位凸块上。启动发动机,转动转向盘至转向轮与前轴限位凸块上的垫片相碰为止,大约用 300 N 的力握住转向盘。此时,液压行程限制器卸荷阀应立即开启,压力表的读数应为 2 940 ~ 3 430 kPa。压力过高,说明卸荷阀开启过晚,应进行调整。如图 13-24 所示,当转向垂臂向 α 方向摆动时,调节调整螺钉 4;反之,向 β 方向摆动时,调节调整螺钉 6。逆时针旋动螺钉,卸荷阀提前开启;顺时针旋动螺钉,卸荷阀延迟开启。调整合适后,应将锁紧螺母拧紧,并取出前轴限位凸块上的垫片。

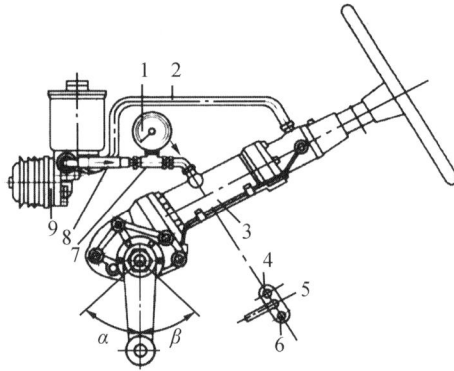

图 13-24   液压行程限制器的检查

1—压力表;2—回油管;3—转向加力器;4—转向垂臂转角 α 的液压行程限制器调整螺钉;5—压力油管接头;6—转向垂臂转角 β 的液压行程限制器调整螺钉;7—三通接头;8—压力油管;9—转向油泵

2. 不用仪表,在车上调整

先将前轴支起,将 3 mm 厚垫片放到前轴的限位凸块上。启动发动机,转动转向盘至车轮的限位机构起作用时为止。按逆时针方向旋动调整螺钉,直到卸荷阀开启时为止,这时可以听到降压的排油声。

调整后应对车辆进行复检,其方法是:缓慢开动车辆,转动转向盘直至液压加力作用不足,但又不完全为机械转向时,车轮转向限位螺钉与前轴限位凸块之间应有 2~3 mm 的间隙。

三、检查与调整

液压助力转向系统装配完毕后,应进行油量、油压试验,排除系统内的空气,调整转向液压泵传动带预紧度等作业,以保证系统有良好的工作性能。无动力转向试验台,可进行就车试验。

(一)检查调整转向液压泵传动带张力

以原厂规定的压力(约 98 N),在传动带中部按下传动带,传动带的挠度应符合原厂规定,一般新传动带的挠度为 7~9 mm,在用传动带挠度在 10~12 mm 范围内。

(二)液压助力转向系统油量检查

(1)保持转向轮与地面接触,在发动机维持怠速转动(约 1 000 r/min)条件下,将转向盘反复从一侧极限位置转至另一侧极限位置,使液压油的温度升至 50~80 ℃。

(2)此时,储油罐中油面应在上下限标线("HOT"和"COLD")之间,且油中无气泡。

(3)检查各部位确无泄漏后,若需补给液压油,按原厂规定牌号补给液压油。

(4)更换液压油的程序。若需要更换液压油,先顶起转向桥,从储油罐及回油管排出旧油;同时使发动机怠速运转(约 1 000 r/min),排放旧液压油;并将转向盘向左、向右反复转到极限位置,直至旧液压油排尽后 1~2 s,再加注新液压油。

(三)动力转向系统中的空气排放

动力转向系统在更换液压油之后和检查储油罐中油位时发现有气泡冒出,说明系统内已渗入了空气,这将会引起转向沉重、前轮摆动、转向液压泵产生噪声等故障,必须将系统内的空气排放干净。排放程序如下:

(1)架起转向桥。

(2)发动机怠速运转(1 000 r/min),同时反复向左、向右转动转向盘到极限位置,直至储油罐内泡沫冒出并消除乳化现象,就表明液力转向系统内的空气已基本排除干净。

(3)发动机刚刚熄火后,储油罐中应无气泡,液面不得超过上限,停机 5 min 之后,液面应升高约 5 mm。

(四)检查动力转向系统的油压

动力转向系统的油压,可以表示转向液压泵和流量控制阀的技术状况。为了检查系统油压,在检查储油罐液位之前,应在系统内装入油压测试仪,如图 13-25 所示,油压测试仪由油压表 3 和截止阀 4 并联而成。

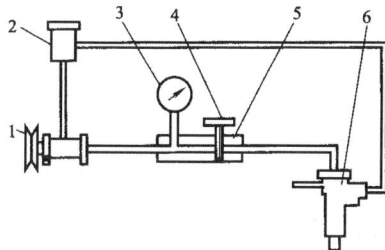

图 13-25　油压测试仪与系统的连接
1—转向液压泵;2—储油罐;3—油压表;4—截止阀;
5—油压测试仪;6—动力转向器

(1)将油压测试仪串联在动力转向器的进油管道上。

(2)转动转向盘,使转向车轮向右转至极限位置。

(3)启动发动机,使其转速稳定在 1 500~1 600 r/min 之间。

(4)关闭截止阀 4,油压表指示压力应符合原厂规定(一般不低于 7 MPa)。截止阀关闭时间不宜超过 10 s,以免对转向液压泵造成不良影响。

(五)测量动力转向器的有效油压

(1)发动机维持怠速运转。

(2)截止阀完全打开,并将转向盘转至极限位置,此时油压表指示压力应符合原厂规定(一般不小于 7 MPa)。若油压过低或油压表指针抖动,说明转向器内部有泄漏。

(六)检验流量控制阀的工作性能

检查流量控制阀工作性能的方法有两种:一种方法是检验发动机在怠速范围内急加速时系统内的油压回降情况;另一种方法是检验无负荷时的油压差。

（1）检查系统油压降。将油压测试仪安装在动力转向器的进油管道上，使发动机处于稳定的怠速工况。用截止阀开度调整油压表，指示油压为 3 MPa。转向盘不动，在怠速范围内急加速，指示压力应随发动机转速的增大而提高。突然放松加速踏板，使发动机恢复稳定怠速工况，油压表指示油压仍能回复到 3 MPa，说明流量控制阀性能可靠。否则，表明流量控制阀卡死或堵塞，需进行检修或更换流量控制阀。

（2）流量无负荷油压差。完全打开截止阀，分别测量发动机转速在 1 000 r/min 和 3 000 r/min 两个转速下的油压，若油压差小于 0.49 MPa，表明流量控制阀性能良好，动作灵活。否则，表明流量控制阀需检修或更换。

（七）系统防过载装置的调整

系统防过载装置由转向器限位螺栓和车轮最大转向角限位螺栓组成。前者用于限制扇形齿即摇臂轴的最大摆角，后者用于限制转向时转向轮的最大转角。要求在转向盘转到左、右极限位置时摇臂轴先碰抵转向器限位螺钉之后，转向节才碰抵最大转向角限位螺栓，防止转向车轮转角过大，造成液力转向系统油压突然升高而产生过载，损坏密封件或使管道胀裂。调整程序如下：

（1）油压测试仪仍然装在液力转向器的进油管道上，并使发动机继续处在稳定怠速工况。

（2）松开转向器限位螺栓，再将转向盘转至一侧极限位置。

（3）将转向器限位螺栓拧进至与齿扇刚刚接触后，再退回约 1/3 圈，此时指示油压应在 0~2 MPa 范围内。

（4）调整最大转向角限位螺栓，使转向轮与最大转向角限位螺栓抵触时，指示油压应不小于 7 MPa。

（八）检查动力转向器的回油压力

把油压测试仪装在动力转向器回油管路中，发动机处于怠速工况，此时指示油压应小于 0.5 MPa。若回油压力过大，会造成转向盘自动向左方转动，说明回油油管堵塞或压瘪，回油阻力过大。

（九）测量转向力

（1）落下前桥，使机械车辆停放在平坦地面上，两转向车轮处于平行位置。

（2）发动机怠速运转。

（3）测量转向盘从直行（中间位置）向左、向右转动所需的力矩，一般不大于 7.5 N·m。

任务 3 全液压转向系统的检测与修复

一、主要零件的检测与修复

（一）全液压转向器

（1）连接凸块与调芯端部榫头、转向轴榫头应配合适当，如有明显间隙感觉时，应将凸块修复或更换。

（2）片弹簧变形、弹性减弱、折断均应更换新品。

（3）阀芯、阀套、阀体的配合表面，以及摆线马达的各接合表面，如出现油孔堵塞，应用气泵产生的压缩空气吹通，不可用铁丝等金属物疏通，以免损伤；油槽若有轻微刮伤，可用细油石修磨毛刺后继续使用；如出现沟槽或严重刮伤时，则应更换新件。

（4）各 O 形密封圈出现断裂、膨胀或失去弹性时，应更换新件；密封圈装入槽内至少应高出接合面 0.5 mm，否则应更换新件。

（5）单向阀钢球磨损如出现沟槽、锈蚀，均应更换新件。

（6）油口螺纹损坏 2 牙以上，应扩孔加工出螺纹，并换配相应接头。

（7）检查阀芯、阀套、阀体间配合间隙：标准值为 0.20～0.40 mm，使用限度不超过 0.60 mm。

（8）检查配油盘、端盖翘曲变形程度：端盖平行度标准值为 0.015 mm，使用限度不超过 0.025 mm。

（二）转向液压泵

（1）拆检后应更换油封和橡胶类密封圈。

（2）叶片与转子上的滑槽表面应无划痕、烧灼以及疲劳磨损；其配合间隙一般不大于 0.035 mm；叶片磨损后的高度与厚度不得小于原厂规定的使用限度，否则应更换叶片或总成。

（3）转子轴径向配合间隙为 0.03～0.05 mm，间隙过大，应视情况更换轴承。

（4）转子与凸轮环的配合间隙约为 0.06 mm。工作面上应光滑，无疲劳磨损和划痕等缺陷。转子与凸轮环一般为非互换性配合，若间隙过大，通常应更换总成。

（5）因带轮有缺陷或其他原因而丧失平衡性能之后，应更换。

（6）流量控制阀弹簧的弹力或自由长度应符合原厂规定。检修流量控制阀球阀的密封性时，先堵塞进液孔，然后从旁通孔通入 0.39～0.49 MPa 的压缩空气，其出液孔处不得漏气。否则应更换流量控制阀。

（三）转向油缸

（1）转向油缸拆卸后如图 13-26 所示，必须将零件放在松节油或洗油中清洗，烘干后进行检查。

（2）缸筒内表面有浅线状的拉伤伤痕或点状伤痕时，可用极细砂布或珩磨头进行珩磨修整。

（3）缸筒内表面有纵向拉伤深痕时，应更换缸筒。

（4）活塞杆的滑动面镀铬层部分磨损、产生剥落或有纵向伤痕时，应磨掉原镀铬层，重新镀铬。

（5）活塞杆导向压盖的内表面，不均匀磨损的深度在 0.5 mm 以上或配合间隙大于 0.2 mm 时，应更换导向套。

（6）密封件如有唇边挤出而断裂，或摩擦面有磨损和伤痕时，应更换密封件。

（7）以 ZL50 型装载机转向油缸为例，其各项检测标准见表 13-1。

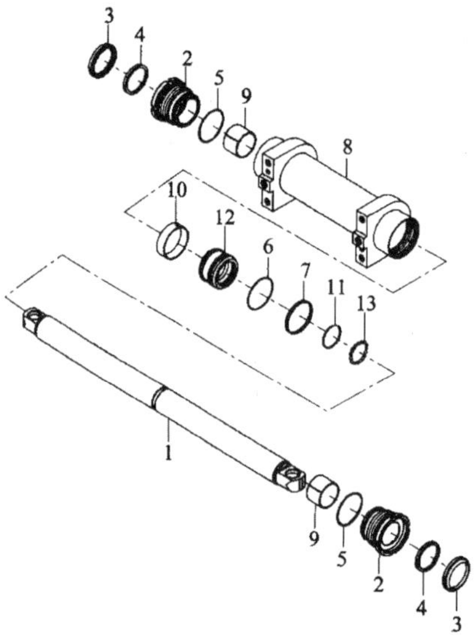

图 13-26　转向油缸分解示意图

1—活塞杆;2—缸盖;3—防尘圈;4—U 形密封圈;5,6,11—O 形圈;7,10—支
承环;8—缸筒总成;9—钢背轴承;12—活塞;13—钢球

表 13-1　转向油缸检测标准

检查项目	判断标准					措施
活塞杆安装孔	标准尺寸 Φ47 mm			公差±0. 025 mm		
油缸底安装孔	标准尺寸 Φ40 mm			公差±0. 054 mm		
油缸缸径	标准尺寸 Φ75 mm			公差±0. 074 mm		
活塞杆与导向套之间的间隙	标准尺寸	公差		标准间隙	间隙极限	更换导向套
		孔	轴			
	Φ40	−0. 025 −0. 050	+0. 542 +0. 480	+0. 505 −0. 592	1. 094	
活塞螺母拧紧力矩	1 280~1 564 N · m					重拧紧
缸头拧紧力矩	706. 3~863. 3N · m					重拧紧

二、装配与试验

(一)转向器的装配注意事项

(1)装配前先用压缩空气将各零件孔、槽内的脏物吹出吹净,禁止用铁丝乱捅,然后用干净液压油清洗,禁止用汽油或煤油清洗。

(2)装片弹簧不能高出阀套外圆面(无外挡圈时),以免刮伤阀体内壁;若片弹簧折断或弹性不足时,必须更换新件,绝不可以用其他类似物件代替。

(3)按要求将阀芯、阀套、横销、片弹簧组合,待推力轴承(或挡圈、滑环)装入阀体后,再将阀芯、阀套装入阀体。在装配时应注意在各部件上涂少量的液压油。

（4）装配摆线马达传动杆与转子时，必须按要求进行，否则将会造成不能转向。

（5）转向器各零件必须按要求装配，不得漏装单向阀钢球（否则也将导致不能转向），单向阀螺杆应装在原位。

（6）端盖处紧固螺栓紧定时，不可一次扭紧或挨个扭紧（以防端盖受力不均而变形，引起漏油），应分次、对称、均匀用力扭紧。

（7）端盖装配时，要注意接合面处不可有异物存在（以防产生缝隙导致漏油）。

（二）转向器的装配

（1）将阀芯装入阀套，装上传动销、片弹簧及弹簧挡圈。

（2）将推力轴承（或挡圈、滑环）装入阀体后，再把阀套与阀芯联体装入阀体。

（3）将摆线泵端盖、定子、配油盘、支承柱、转子装在一起，各连接孔要对齐。

（4）将传动杆装入转子内齿前，先将转子一齿对正定子一槽并完全啮合，使传动杆上端横销槽垂直于所啮合两齿的重合中心线，再装入转子，如图13-27所示。

（5）再将传动杆上端横销槽对正横销，将摆线泵与控制阀装在一起。

（6）按要求位置装入单向阀。

（7）装上端盖，并调整其与定子、配油盘一道与阀体螺孔重合对正，然后按要求装入螺钉并对称均匀地扭紧（扭紧力矩为50 N·m）。

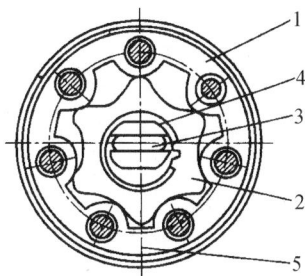

图13-27　全液压转向器传动杆的安装
1—定子；2—转子；3—横销槽；4—传动杆；5—重合中心线

（三）转向器装配后的试验

转向器装配后应进行技术性能试验，主要检验动力转向与手动转向是否符合技术要求。

如有试验设备，应将转向器装配完毕后，在试验设备上试验合格后再装回车上。

若没有试验设备，可将转向器装配完毕后在车上就车试验。

（1）支起转向桥，发动机低速运转，先缓慢左右转动方向盘几次，以排除液压管路和转向油缸中的空气。

（2）操纵方向盘时，应轻便、灵活、用力均匀、转动平稳；且当方向盘不转时，转向轮也应停止偏转，即转向轮处在某一转角位转向状态。

（3）检查油压管路布置安装是否正确、左右转向是否一致、方向盘的自由转动量是否符合要求（一般在9°左右）。

（4）当发动机熄火后，手动转向时，阻力大，操作费力。

（四）转向压力调整（图 13-28）

装载机转向额定工作压力为 14 MPa，调整步骤如下：

（1）在停机状态下卸下流量放大阀上的测压口塞头 21，装上压力表。

（2）将流量放大阀上的调压螺杆 14 逆时针拧到没有压住弹簧为止，然后顺时针旋转 2~3 圈（调压螺杆 14 每旋转一圈，压力变化约为 2 MPa）。

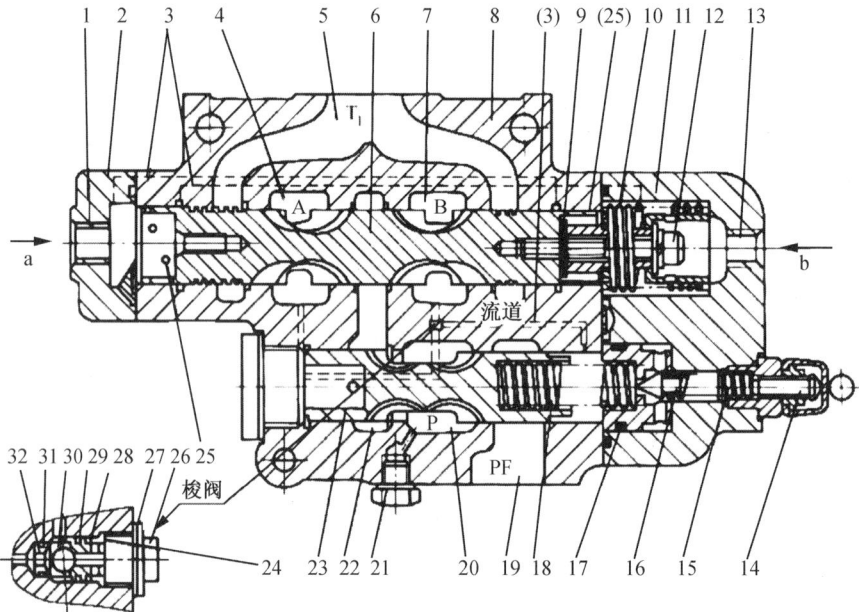

图 13-28　流量放大阀

1—左先导油口；2—前盖；3—流道；4—左转向油腔；5—回油腔；6—放大阀芯；7—右转向油腔；8—阀体；9—调整垫片；10—弹簧；11—后盖；12—螺钉；13—右先导油口；14—调压螺杆；15—先导阀弹簧；16—先导阀；17,27,29,31—O 形圈；18—优先阀弹簧；19—分流口；20—进油口；21—测压口塞头；22—转向进油口；23—优先阀芯；24—垫片；25—计量孔；26—螺塞；28—梭阀座 II；30—钢球；32—梭阀座 I

（3）启动柴油机，边转向边观察压力表压力，当转向到终端（左或右转）时，压力表显示的最高值为转向压力值。当其压力低于额定工作压力时，可再次将调压螺杆 14 顺时针旋转，压力再次升高，当其最高压力值达到额定工作压力时，调压完毕，用锁紧螺母将调压螺杆 14 固定。

（五）全液压转向系统的装配

（1）将铜垫圈退火，并去掉氧化皮。

（2）全液压转向器安装时，应保证与转向柱同轴，并且轴向应有间隙，以免全液压转向器阀芯被顶死。

（3）管路应按转向器接头处的标记安装。

（4）将空气从液压转向系统中排出。首先将转向车轮抬起，迅速向一个方向推动转向轮，直到转向油缸转到极点位置（转向油缸的一腔内没有油时）为止，再从中立位置向另一方向推动转向轮，以便排出另一腔内的空气。

然后启动发动机,向左右两个方向转动转向盘,并使转向油缸达到全行程,直至油箱内不再出现气泡时为止。应注意:活塞在极限位置停留的时间不应超过 2~3 s。

(5)向油箱内补充油液至标准位置,然后盖上盖子。

(6)将转向车轮放下,检查负重的转向轮,再一次向左和向右转动转向盘,转向盘能回到中立位置,且各接头、油管不允许有漏油现象。

任务 4　转向系统常见故障的诊断与排除

一、机械式转向系统

(一)转向沉重

1. 故障现象

转向沉重是指转向轮转动不灵活,转动转向盘时感觉费力。

2. 主要原因

(1)转向器主、从动轴轴承装配过紧。

(2)转向器啮合传动副啮合过紧或润滑不良。

(3)横、纵拉杆球头销装配过紧或接头处缺油。

(4)转向节主销与衬套配合过紧或缺油。

(5)前束调整不当。

(6)转向轮轮胎气压不足或两转向轮气压相差过多。

(7)车架弯曲或损坏。

(8)前钢板弹簧弹力变弱。

(9)前轴变形。

3. 检查判断

(1)支起前轴,转动转向盘,若转向变轻,则故障在前轴、车轮或其他部位,应检查前轴、车架有无变形,前钢板弹簧是否良好,轮胎气压是否过低等。若以上部位良好,则应拆检转向轮定位的主销内倾、车轮外倾是否符合要求。

(2)若支起前轴后仍感转向沉重,说明故障在转向器或转向传动机构,可拆下转向摇臂,再转动转向盘,若感到转向灵活了,说明故障在转向传动机构,进而检查各球头销装配是否过紧或推力轴承是否缺油损坏,各拉杆是否弯曲变形等。

(3)若拆下转向摇臂后,转向依然沉重,则故障在转向器本身。先打开转向器加油口,检查转向器润滑油的数量,如缺油,应加注润滑油。如油量充足,则转动转向盘,听察转向轴与管壁是否碰擦,内部有无卡阻,拆下转向器,检查转向器蜗杆轴承预紧度是否过大,蜗杆与蜗轮的啮合间隙是否过小等。

(二)行驶跑偏

1. 故障现象

车辆行驶或作业时,不能保持直线方向行驶而自动偏向一边,为了保证直线行驶,必须用力握住转向盘,不断校正方向。

2. 主要原因

(1)转向轮左、右轮胎气压不一致。

(2)转向轮定位失准。

(3)钢板弹簧左、右弹力不一样。

(4)横梁或车架变形。

(5)两边轮胎规格不一致。

(6)两边轮毂轴承的紧度不一样。

(7)前轴、转向节臂、纵拉杆等零件变形。

(8)某一边减振器失效

3. 检查判断

(1)先检查转向轮左、右轮胎气压是否一致,左、右轮胎花纹和磨耗高低是否相同,如气压不同或花纹不一样,应充气或更换同花纹的轮胎。

(2)当行驶一定里程或工作一段时间后,用手触摸轮毂轴承处,如感到烫手,则是轮毂轴承过紧而使车辆向轴承过紧的一边偏跑。用手触摸制动鼓,如感觉到烫手,则架起前轴,转动车轮,侧耳细听是否有制动蹄片刮磨制动鼓的声音,如有不正常的摩擦声,则为制动间隙过小引起行驶跑偏,应重新调整。

(3)若左、右两转向轮气压相等,而车身一边高一边低,应检查低的一面钢板弹簧的弹性和拱度,不符合规定时,可进行热处理恢复,若有裂纹和断损,应予更换。

(4)经以上检修,故障仍未消除,应检查前轴和车架是否弯曲,前轮定位是否失准等。

(三)行驶摆头

1. 故障现象

车辆在低速行驶时,感到方向不稳,转向轮摆动;高速行驶时,或在某一高速时,出现转向轮发抖摆振,行驶不稳定等。

2. 主要原因

(1)前钢板弹簧挠度不良。

(2)前轴变形。

(3)转向轮定位不准。

(4)前轮毂轴承调整不当。

(5)转向节主销与衬套间隙过大。

(6)转向节上臂与左、右转向节臂松动。

(7)车轮轮辋摆差过大。

(8)减振器损坏。

(9)传动轴弯曲。

(10)稳定杆作用不良。

3. 检查判断

(1)机械低速摆头时,首先检查前钢板弹簧挠度的变化,是否错位,有无折断,弹簧的规格是否一致等。再左右转动转向盘,检查其自由转动量是否过大;若过大,则检查横、纵拉杆球节是否松旷;如松旷,则为球头或球碗磨损过甚,或弹簧折断,或螺塞调整过松,应更换或重新调整。

若自由转动量正常,则检查滚轮与蜗杆的啮合间隙是否过大,如啮合间隙正常,则检查转向器轴承和传动机构是否松旷;若轴承松旷,可通过增减调整垫圈进行调整;若传动机构松旷,则应修复或更换。

如果以上检查均无问题,可支起前轴,沿轴向扳动轮胎,如有明显间隙感觉,而转向节有松旷,说明转向节主销和衬套的间隙过大,应更换衬套或主销;如转向节没有松旷,则为转向轮毂轴承松旷,应重新进行调整。

(2)机械高速摆头时,可在转向轮下垫上塞块,支起驱动桥,启动发动机,逐渐提高转速换入高速挡,若转速提高到某一数值,出现车身和转向盘振抖,则是传动系统故障引起的摆头;若转速提高后并不出现振抖,说明故障部位在转向桥,应检查转向轮轮辋是否拱曲,钢板弹簧骑马螺栓是否松动,车架前横梁铆钉有无松脱,前轴是否弯曲变形等。

(四)转向盘不能自动回正

1. 故障现象

车辆行驶中将转向盘转过一定角度后取消外力时,必须用力扳转转向盘才能回复到直线行驶状态。

2. 主要原因

(1)转向轮定位失准。

(2)左右轮胎气体压力不等或气压不足。

(3)转向机构各联接件润滑不良。

(4)转向节主销与衬套配合过紧。

(5)独立悬架稳定杆弯曲。

3. 检查判断

首先检查轮胎充气情况和各连接处是否缺油,若无故障,可顶起前轴,用双手扳动前轮来回偏转,检查转向节主销与衬套的配合情况,如仍检查不出原因,应检查转向轮定位是否符合要求。

对具有独立悬架的车辆,还应检查独立悬架上下臂与轴间隙是否过大,若过大,应重新装配或调整。

二、液压助力转向系统

(一)转向盘游隙过大

1. 故障现象

转向盘游隙过大将使转向不灵敏,或者转向盘不动而车轮自动偏转,直接影响行车安全。

2. 故障原因及排除

引起转向盘游隙过大的原因主要有:

（1）齿条螺母与扇形齿轮间隙过大。齿条螺母与扇形齿轮间隙过大,将导致从转动转向盘到随动阀的油路打开的时间延长,需要消除齿条螺母与扇形齿轮间隙后,转向压力油才进入油缸。

柴油机熄火后,一人左右转动转向盘至极限位置,另一人用手抓住转向器摇臂,查看转向盘转动与摇臂的摆动是否基本同步,若时间差较大,则表明齿条螺母与扇形齿轮间隙过大。

（2）反馈杆、万向节间隙过大或调整不当。反馈杆、万向节间隙过大或调整不当时,将使转向系统的反馈迟钝,反映到转向盘上就像是转向停止不及时。

反馈杆、万向节的间隙可以通过用手晃动来感觉。

（3）转向杆端部锁紧螺母松动。转向杆端部锁紧螺母如果没有拧紧或锁好,会产生松动,甚至转向盘不转向时也会自动转向。

将转向器下盖拆下后,就能观察到锁紧螺母是否松动。

（4）转向油缸固定销轴与孔配合间隙过大。转向油缸固定销轴与孔配合间隙过大,转向油缸活塞杆开始动作,前车架没有立即动作。

用长柄起子或用撬杆拨动活塞杆,能感觉到间隙。

（二）转向沉重

1. 故障现象

转向盘操纵力超标或转向盘转动而液压缸移动缓慢。

2. 故障原因及排除

（1）机械零件方面的原因

①扇形齿轮与齿条螺母啮合间隙过小。扇形齿轮与齿条螺母啮合间隙过小,将使转轴的径向间隙过小,转向发紧。

将扇形齿轮与齿条螺母啮合间隙调大一些,如果故障消除,则表明是此原因所致。

②反馈杆的球头螺母锁得过紧。反馈杆的球头螺母锁得过紧,转向阻力大,转向沉重。

将反馈杆的球头螺母调松。如果故障消除,则表明是此原因所致。

③转向杆的齿条螺母与螺杆的滚珠轴承卡死,同样会转向沉重。

（2）液压系统方面的原因

①转向齿轮泵烧伤或磨损过甚,效率过低。转向齿轮泵使用的时间太长,磨损过甚,泄漏过大,效率过低。

如果转向齿轮泵磨损过甚,大油门转向时会轻一些,油门小时转向重一些。

②转向油缸油封损坏,恒流阀的调压阀门无法完全封闭。转向油缸油封损坏,泄漏量大,以及恒流阀的调压阀门无法完全封闭,都会使进入油缸的有效压力油减少,压力也降低。

③转向器入口处的单向阀的锥弹簧损坏,使系统压力上不去或油液流量供应不足。

如果在修理以后发现转向沉重,其原因可能是由于装配不当,各摩擦副配合间隙过小所致。如在使用中发现转向沉重,多因为机件缺油、变形或者损坏等造成。

检查时,可拆下直拉杆,转动转向盘。若转动过紧,故障在转向器本身;若转动轻松,故障在传动机构或液压系统。

（三）一边转向轻,一边转向沉重

1. 故障现象

向左(右)转向时轻,而向另一侧右(左)转向时重。

2. 故障原因及排除

(1)转向阀上下两端弹簧压力不同,柱塞卡死的状况也不同。转向盘转动时,通过转向杆带动转向阀芯上下滑动,使转向阀门打开或关闭,此时需克服上下两端面各四个滚柱对其施加的回位弹簧的压力。如果上下两端面的弹簧压力或柱塞"卡死"情况不同,则必然反映到左右转动力感的不同。

(2)转向油缸一腔漏油,另一腔完好。

解决方法:一是检查转向阀滚柱与阀体的配合间隙。标准间隙为 0.03 ~ 0.04 mm。弹簧长度应一致,且不能断裂或变形。二是更换油缸密封件。

三、全液压转向系统

（一）转向沉重

1. 故障现象

车辆在作业或运行中,操纵转向盘实施转向时,感到转向沉重或转动转向盘时费力。

2. 故障原因

(1)转向油箱油液不足或油液变质、油液黏度不合要求或牌号不相符。

(2)油泵供油量不足(即油泵故障)或转向系统中有空气。

(3)阀体内单向阀失效(可能关闭不严或发卡)。

(4)转向油缸内泄漏太大。

(5)阀块中溢流阀压力低于工作压力。

(6)管路破裂(接头松动)或堵塞。

(7)转向传动机构故障(如轮胎气压过低、润滑不良及车架、车桥变形等)。

3. 故障诊断与排除

全液压转向系统在正常工作时,是非常轻便、灵活的,如果当转向出现操作费力、转动沉重时,主要是由于系统中的油液不能按工作需求供应的结果(即供油不足),或者是转向机构机械部分有问题等原因而导致的。液压系统部分的故障及排除参见有关内容,这里只介绍机械部分的情况。

(1)系统供油不足的原因及排除方法

系统供油不足主要是吸油不充分造成的,而导致吸油不充分的各种原因及解决方法如下:

①油箱油液不足导致油泵吸不上油。应检查油箱液面高度,添加足够的液压油。

②油液黏度太大、选用液压油牌号不合适或环境温度太低,导致油泵吸油困难。应更换合适的油液,采取措施提高液压油的温度。

③滤清器堵塞导致油泵吸不上油或油液循环不畅。应清洗或更换滤芯。

④进、出油管内孔堵塞,导致油泵吸油困难或吸不上油。应清洁疏通。

⑤回路中有空气导致油泵吸空。应排除回路中的空气。

⑥油管接头松动而泄漏油液,导致吸油困难或吸不上油。应紧固油管接头,确保密封良好。

(2)油泵故障

①油泵过度磨损,内部泄漏严重。拆解油泵,检查工作情况,修理或更换油泵。

②油泵驱动部分故障。驱动带打滑或驱动齿轮(键)磨损。应检查油泵驱动部分,适度调整驱动带张紧度,修理或更换驱动齿轮(键)。

③油泵连接部分故障。油泵连接螺栓松动或缺失,应检查油泵连接部分,确保油泵连接牢固可靠。

(3)油缸故障

油缸出现故障,主要是密封不良,造成内泄漏;推(拉)杆弯曲变形。

(4)人力转向单向阀故障

①单向阀钢球与阀座密封不严。

②单向阀钢球掉入阀套与阀体环槽之间。

③单向阀弹簧损坏。

④保养时未装人力转向单向阀。

以上原因都可导致动力转向时单向阀关闭不严,进、出油口连通。应检查并确保单向阀安装正确;检查单向阀钢球与阀座密封情况,密封不严时可通过研磨修复,或换装新单向阀钢球,同时还应检查油液是否清洁。

(5)转向器安全阀故障

①转向器安全阀调定压力太低。

②转向器安全阀弹簧损坏。

③转向器安全阀阀座密封不严。

④转向器安全阀阀体损坏。

以上原因可导致转向器安全阀失灵,提前开启。检查安全阀调定压力、阀座密封情况,弹簧是否变形或失效,若弹簧弹力不足,可在弹簧与弹簧座之间增加垫片。

(6)阀芯与阀套变形,导致两者卡死。原因在于转向器在保养时,装配前未在阀芯上或阀套内表面加注少量液压油;装配后未检查转动阀芯是否灵活,若有卡滞现象,应进行研磨。紧固时,在拧紧转向器底部螺栓时用力不均匀,也会出现阀芯卡死现象(正常使用中的转向器一般不会出现这种情况)。

(7)转向传动机构故障

①轮胎气压不足。

②转向节与主销配合过紧或缺油。

③转向节止推轴承缺油或损坏。

④转向桥、车架变形等造成前轮定位失准。

依据上面情况分析,诊断排除如下。

i.在实施转向操作时,无论快转还是慢转,转向盘均感到沉重费力时,首先检查一下转向系统的各管路情况,有无漏油迹象、接头有无松动现象、管路是否出现破裂情形等,若有,视情况修复;然后检查油箱油液是否缺少(液面过低),油液黏度是否过大,若液面过低需加注液压油,如油液黏度过大,则应更换黏度合适且牌号相同的液压油;如果油液液面、黏度

328

正常,则应分解转向器,查看单向阀工作状况;若有脏物卡住钢球,应清洁;若阀体单向阀密封带与单向阀接触不良,则用钢球适当用力冲击密封带,使其密封可靠,否则更换转向器。

ii. 如果是慢转方向盘时轻、快转时沉重,则可能是油泵供油量不足引起的。应检查、试验油泵的工作情况。如果油泵供油量小或压力低,则应修复或更换油泵。

iii. 若是空负荷转向轻而重负荷转向沉重时,则可能是阀块中溢流阀压力低于工作压力,或溢流阀被脏物卡滞、弹簧失效或密封圈损坏所致。为此先调整溢流阀的工作压力(注意:此阀工作压力一般出厂时已调整好并锁止,使用中一般情况不需调整),在调整无效的前提下,需分解、清洗溢流阀,如弹簧失效、密封圈损坏,应更换。

iv. 若在转动转向盘时,油缸作间歇摆动且发出不规则的响声,可能是转向系统中有空气或转向油缸内漏太大的原因造成的,应打开油箱盖,查看油箱油液中是否有泡沫,如油中有泡沫,首先检查吸油管路有无漏油处,再检查各连接处,并查看转向器至油泵油管有无破裂。如各连接处均良好,则应排除系统中的空气,若排完后,油缸仍做间歇摆动,则应检查油缸活塞的密封状况,必要时,应更换其密封装置。

若上述均检查良好,而转向还是操作沉重时,须检查转向系统的传动机构,查看转向节球头销润滑是否良好、轮胎气压是否过低,必要时需要查明了解车辆有无受到撞击等损伤而使车架或车桥变形,并根据检查情况采取相应的解决措施。

(二)转向失灵

1. 故障现象

车辆在行驶或作业中,要大幅度地转动转向盘时才能控制行驶方向,且转向盘不能自动回中,有时甚至不能转向或出现时动时不动的现象。

2. 故障原因

(1)油箱中油量不足或油黏度过大。

(2)转向器故障如下:

①定位弹簧片折断或弹性不足。

②传动销、传动杆开口折断或变形。

③转子与传动杆的相对位置装错。

④安全阀堵塞或密封圈损坏。

⑤摆线马达磨损严重。

(3)阀芯、阀套与阀体间被脏物卡住。

(4)转向泵故障。

(5)转向油缸内漏严重。

(6)油管破裂或某接头松脱,造成油液严重外漏而不能转向。

3. 故障诊断与排除

首先应检查转向系统中油管与接头是否松脱、管路有无破裂,检查油箱中的油量与油质是否符合要求,当上述检查均正常,应逐步进行诊断。

(1)若转动转向盘时,转向盘不能自动回中或定位,且中间位置压力降增加,可能是转向器内的定位弹簧片弹力不足或折断所致。此时可将转向器分解,查看定位弹簧片。如完好,则为弹力不足;如折断,均应更换新品,严禁用其他零件替代。

(2)若转动转向盘时,压力摆振现象明显增加,甚至不能转动,可能是转向器内的传动销轴变形或折断、传动杆开口变形或折断造成的。此时应分解转向器,查看传动销和传动杆情况。

如传动销无折断,可将传动销水平放置在木板上,看其是否与木板贴合,若有缝隙,则为变形,应校正或更换;再看传动杆开口,如有变形或折断,应校正或更换;否则是转向泵工作不良的缘故。视情况予以修复或更换。

(3)当转向器拆解、重新装配后,在使用中若转向盘出现自转或左右摆动,可能是转子与传动杆相对位置装错,而导致转向完全失灵或无法转向的缘故。此时应分解转向器,将传动杆上带冲点的齿与转子花键孔带冲点的齿对正装复即可。若传动杆齿键部分或转子花键部分没有安装记号,须按下述方法进行装配。

传动杆的花键部分有 12 个齿,转子与传动杆任意安装时会有两种情况出现:一种是传动杆上端横槽方向对准转子的下凹方向;另一种是传动杆上端横槽方向对准转子的凸起方向。正确的安装是第一种情况,如安装错误,则只需任意方向移动一个花键齿即可,同时还要保证转子一齿对正定子一槽并完全啮合,使传动杆上端横槽垂直于所啮合两齿的重合中心线便可。

如不按上述要求装配,就会出现转向失灵,还会导致转向盘自转,引发伤人事故。

(4)若车辆跑偏,或转动转向盘时油缸不动(也可能缓动),可能是安全阀的钢球被脏物卡住或密封圈损坏,应分解转向器,清洗安全阀,更换密封圈,否则检查转向油缸密封情况。

(三)液压转向工作中,发生转向盘自转而不能回中现象

1.故障现象

转向盘转在中心位置时,压力降增加或转向盘停止转动时,转向器不卸荷,出现转向盘自转而导致车辆跑偏现象。

2.故障原因

(1)转向柱与阀芯不同心或转向柱与阀芯在轴向出现卡滞现象。

(2)定位弹簧片折断或传动销变形。

(3)传动杆与转子装配不当。

3.故障诊断与排除

出现此种故障,一般都是对液压转向器拆解或保养后,在装配时没有按要求操作而导致的情形(即阀芯与阀套的相对位置错误,使转向配油关系错乱)。具体在装配时,需进一步诊断。

(1)转向轮支起,使发动机低速运转,同时转动转向盘。若转动阻力较大,此时将发动机熄火,两手握住转向盘进行上下推拉,如没有任何间隙感觉,且拉动也很费力,说明转向柱轴向顶死阀芯,或转向柱与阀芯不同心,应重新安装并适当调整。

(2)经重新装复后,转向盘仍不能回到中位,说明转向器内出现的问题可能是定位弹簧片折断、传动销变形或传动杆与转子装配不当。应分解转向器进行检查:如定位弹簧片变形、弹性不足或折断,应更换新件;传动销变形,应校正或更换;否则检查传动杆与转子的装配是否合乎要求。视情况予以解决。

(四)转向器漏油

1.故障现象

转向器阀体、配油盘、定子及后盖接合面等处有明显的漏油痕迹。

2. 故障原因

(1)转向器阀体、配油盘、定子及后盖配合面间有异物。

(2)转向器接合螺栓紧固力不均或不足。

(3)连接部位密封圈损坏、老化;限位螺栓处垫圈不平。

3. 故障诊断与排除

(1)查看漏油痕迹、寻找漏油部位。如漏油部位是在阀体、配油盘、定子及后盖接合面处,可先用扳手检查接合螺栓的松紧度。若螺栓松动,且拧紧后不再漏油,则故障在此。

(2)若螺栓不松动,可将后盖上的所有螺栓松动,然后按交叉的顺序依次拧紧。如不漏油,说明出现漏油故障是由于接合面螺栓紧度不均匀所致。

(3)若螺栓按规定顺序拧紧后仍漏油,说明接合面处有异物或接合面不平,或是密封圈损伤、老化等缘故。此时应拆解转向器清洗检查;若密封圈损伤、老化,应更换(密封圈装入位,必须高出接合面 0.5 mm),同时检查限位螺栓处的垫圈,如不平,应修整或更换垫圈。

(五)无人力转向(也称全液压转向无死点)

1. 故障现象

动力转向时,油缸活塞虽已运动到极限位置,但操作者终点感不明显;或人力转向时,转向盘转动,但油缸不动作。

2. 故障原因

(1)转向器内的转子与定子径向间隙磨损过大。

(2)阀芯、阀套与阀体之间的径向间隙磨损超过限度。

(3)转向器内传动销轴断裂。

(4)转向油缸密封圈损坏。

(5)转向系统中连接油管破裂或接头松脱。

(6)管路系统中有堵塞情况。

(7)双向缓冲阀失灵。

3. 故障诊断与排除

(1)先检查转向系统中的连接管路有无破裂、接头是否松动;如有漏油处,说明管路破裂或接头松动,应更换油管,并拧紧接头。

(2)若管路良好,再将转向油缸一油管接头卸下,向左(或向右)转动转向盘,查看油管接头处有无油液流出。如无油液流出,说明系统管路有堵塞处,应予以疏通;否则应分解转向器,按技术要求检测转子与定子、阀芯、阀套与阀体之间的径向间隙磨损是否超过使用限度,如果超过,应更换;再查看传动销轴是否折断,若折断则更换;必要时清洗系统油道。

(3)若上述检查均良好,则故障可能出现在转向油缸。拆下油缸并分解,检查 Y 形、O 形密封圈是否损坏;活塞头部是否擦伤;导向套筒有无破裂等,并视情况予以修复或更换。

(六)全液压转向系统转向盘自由行程过大

1. 故障现象

转向盘转动很大转角后,转向油缸活塞才稍微移动,转向轮才开始偏转。

2. 故障原因

(1)转向系统中有空气。

（2）转向油缸与摆板、转向节球销及各拉杆铰接处间隙太大。

（3）转向轴与转向器之间的连接块间隙较大。

（4）传动杆开口部位变形或传动销磨损严重。

3.故障诊断与排除

将转向桥支起，转动转向盘，若超过规定的游动间隙角度时，车轮不偏转，即为自由行程过大。先应排除系统中的空气，并检查或调整各球销铰接处的间隙，使之间隙适当；必要时检查转向轴与连接块情况，若磨损、变形使间隙增大，应修理或更换。再拆解转向器，检查传动销与传动杆开口部位工作情况，视情况修复或更换。

（七）行驶跑偏

1.故障现象

车辆作业或行驶中，当转向盘转动并停止时，转向器内不卸荷，即转向轮仍能偏转，向一侧跑偏运行，无法按操作人员的意图运行。

2.故障原因

（1）转向柱与阀芯不同心或转向柱顶死阀芯。

（2）定位弹簧片弹性太软或损坏。

（3）传动销轴变形。

（4）油液脏污，使阀套转动受阻。

（5）转向油缸的一侧密封件损坏。

（6）一侧轮胎的气压不足（或气压相差太大）。

3.故障诊断与排除

先检查外部，如发现轮胎气压相差太大，应予以充气使两侧轮胎气压一致；若跑偏仍未消除，将转向桥支起，使转向轮离地，在发动机怠速运转下，转动转向盘，若转动阻力大，双手上下推拉转向盘，如无任何间隙感觉时，说明转向柱顶死阀芯，或者是转向柱与阀芯不同心所致，应拆下转向柱，检查并重新装配调整；如经调整后，转向器仍不能卸荷，可能是转向器内定位弹簧片折断或传动销轴变形引起的，此时应分解转向器进行查看。如果是定位弹簧片弹性不足或折断，更换新件；如果是传动销轴变形，应校正或更换；否则还需分解转向油缸，检测缸内密封件情况。

📖 任务实施

一、任务描述

1.识别机械式转向系统、液压助力转向系统、全液压转向系统的主要零部件；

2.机械式转向系统、液压助力转向系统、全液压转向系统的分解、装配；

3.机械式转向系统、液压助力转向系统、全液压转向系统的检修、调整与试验；

4.机械式转向系统、液压助力转向系统、全液压转向系统的常见故障诊断与排除；

5.机械式转向系统、液压助力转向系统、全液压转向系统各总成主要零件的失效原因分析。

二、任务要求

1. 按照检测要求和技术标准将设备、仪器分别放在相关工位,将制定的任务单发给学生;每位学生穿上工作服、工作鞋,随身携带一支笔,以便做好记录并分析检测结果;

2. 识别机械式转向系统、液压助力转向系统、全液压转向系统各总成主要零部件;使用有关工具,按照正确步骤分解、装配机械式转向系统、液压助力转向系统、全液压转向系统各总成一台套;

3. 按照有关技术标准检测并维修机械式转向系统、液压助力转向系统、全液压转向系统各总成主要零件;

4. 按照有关技术标准,对装配的机械式转向系统、液压助力转向系统、全液压转向系统各总成进行调整、动态试验;

5. 按照正确步骤检查并排除机械式转向系统、液压助力转向系统、全液压转向系统各总成常见故障;

6. 对机械式转向系统、液压助力转向系统、全液压转向系统各总成主要零件的失效进行原因分析;

7. 监控学生是否按要求完成任务,并指导学生进行正确的操作。

三、任务考核

序号	考核内容	分值	评分标准	得分
1	正确使用工具、量具	4	工具使用不当,一次扣2分	
2	指认车上转向系统零部件位置正确	12	指认位置不正确,扣12分	
	拆装顺序正确		拆装顺序错误,一次扣3分	
	零件摆放整齐		摆放不整齐,扣3分	
	清楚零件的组成、作用及工作原理		不清楚,扣12分	
3	转向操纵机构的拆装与检查	44	能对各个项目进行准确检测及调整,错一项扣4分	
	曲柄指销式转向器的拆装、检查与调整			
	循环球式转向器的拆装、检查与调整			
	齿轮齿条式转向器的拆装、检查与调整			
	转向传动机构的拆装、检查与调整			
	转向桥的拆装与检查			
	液压助力转向系统的拆装、检查与调整			
	全液压转向系统的拆装、检查与调整			
	转向盘转向操纵力的检查			
	工作情况检查、调整及动态试验			
	常见故障原因分析与排除			

（续表）

序号	考核内容	分值	评分标准	得分
4	正确组装转向系统零部件	10	不能正确组装,错一次扣2分	
5	正确调整间隙	15	不会调整扣10分,调整错误扣5分	
6	工具、现场清洁	5	每项扣2分,扣完为止	
7	安全、文明生产	10	违规操作、发生人身和设备事故,为0分	
8	配分合计	100	得分合计	

复习思考

一、填空题(将正确答案填在题中横线上)

1. 港口机械上使用的转向器结构型式为_____、_____、_____。

2. 转向盘自由行程是指_____未发生偏转而转向盘所转过的角度。

3. 齿轮齿条式转向器的传动副为_____、_____,循环球式转向器的第一级传动副为_____、_____,第二级传动副为_____、_____,蜗杆曲柄指销式转向器的传动副为_____、_____。

4. 机械式转向系统常见的故障有_____、_____、_____、_____。

5. 液压助力转向系统常见的故障有_____、_____、_____。

6. 全液压转向系统常见的故障有_____、_____、_____、_____、_____。

7. 蜗杆曲柄指销式转向器的转向蜗杆轴承预紧度调整时应将转向器下盖上的调整螺塞旋到底再退出_____圈。

8. 转向蜗杆工作表面有轻微磨损与剥落,可用_____研磨后继续使用。

9. 循环球式转向器的_____、_____总成装配好后,_____应能从_____的上端自由滑落。

10. 转向器传动副啮合间隙的调整应在转向轮着地且处于_____位置进行。

11. 拳形转向桥的转向梁的弯扭变形可用_____、_____检查。

12. 在发动机停机_____后,储油罐液面升高约_____,则表明液压助力转向系统中的空气已排尽。

二、判断题(将判断结果填入括号中,正确的填"√",错误的填"×")

1. (　　)转向盘的自由行程既是不可避免的,又是不可缺少的。

2. (　　)循环球式转向器在转向过程中,各运动件之间采用滚动摩擦,使传动效率高,操纵省力。

3. (　　)安装转向垂臂时,不一定要对准装配记号。

4. (　　)转向盘自由行程的调整是通过调整循环球式转向器的转向齿条和齿扇的啮合间隙进行的。

5. (　　)在液压动力转向中,主要靠液压力来克服转向阻力。

6.（　）加注转向助力油时，必须加注规定牌号的液压油。

7.（　）为获得最佳的驾驶位置和舒适性，有些车辆转向柱的倾斜度或长短可调。

8.（　）转向纵拉杆两端的压紧弹簧应分别位于球头销的同一侧。

9.（　）液压助力转向系统中当油泵有故障不能正常工作时，车辆将不能实现转向。

10.（　）转向器转向螺杆的轴承预紧度的调整是越紧越好。

11.（　）车辆在转弯时，内转向轮和外转向轮滚过的距离是不相等的。

12.（　）两转向轮偏转时，外轮转角比内轮转角大。

13.（　）转向半径 R 越小，则车辆在转向时，所需要的场地面积就越小。

14.（　）可逆式转向器有利于转向轮和转向盘自动回正，但车辆在坏路面上行驶时易发生转向盘打手现象。

15.（　）转向盘自由行程对于缓和路面冲击，使操纵柔和以及避免使驾驶员过度紧张是有利的。

16.（　）港口机械上使用的全液压转向系统有自动回正功能。

17.（　）港口机械转向时，全部车轮可以不绕同一瞬时转向中心旋转，减少轮胎磨损，使转向轻便。

18.（　）蜗杆曲柄指销式转向器的啮合间隙是通过转向器侧盖上的调整螺钉来调整的。

19.（　）转向横拉杆两端螺纹旋向不同是为了拆装方便。

20.（　）转向系统角传动比越大，转向越省力，所以转向系统角传动比应越大越好。

21.（　）转向摇臂轴的端部刻有标记，装配时应与转向摇臂上的刻度标记对正。

22.（　）为了提高行车的安全性，转向轴可以有少许轴向移动。

23.（　）动力转向系统是在机械式转向系统的基础上加设一套转向加力装置而形成的。

三、选择题（选择一个正确的答案，将相应的字母填入题内的括号中）

1.调整转向器啮合间隙时，转向器应处于（　）位置。

　　A. 中间啮合　　　　　　　　　B. 两端啮合

　　C. 任意位置

2.转向梯形机构由转向梁、横拉杆和左右（　）构成。

　　A. 主销　　　　　　　　　　　B. 梯形臂

　　C. 转向节臂　　　　　　　　　D. 转向垂臂

3.为了适应总布置的要求，有些车辆在转向盘和转向器之间由（　）连接。

　　A. 轴　　　　　　　　　　　　B. 钢丝

　　C. 万向传动装置　　　　　　　D. 链条

4.车辆行驶时，路面作用在车轮上的力经过转向器可大部分传递给转向盘，这种转向器称为（　）。

　　A. 可逆式　　　　　　　　　　B. 不可逆式

　　C. 极限可逆式　　　　　　　　D. 极限不可逆式

5.转向横拉杆两端的球头销与横拉杆体的螺纹连接采用（　）。

　　A. 一端右旋，一端左旋　　　　B. 两端均左旋

C. 两端均右旋   D. 锥螺纹

6. 车辆转向时,内外转向轮偏转角间的正确关系是由( )来保证的。

     A. 转向主拉杆   B. 转向梯形

     C. 转向器   D. 转向摇臂

7. 转向系统的角传动比越大,则( )。

     A. 操纵越轻便,灵敏度越高   B. 操纵越轻便,灵敏度越低

     C. 操纵越不轻便,灵敏度越高   D. 操纵越不轻便,灵敏度越低

8. 转弯半径是指由转向中心到( )。

     A. 内转向轮与地面接触点间的距离   B. 外转向轮与地面接触点间的距离

     C. 内转向轮之间的距离   D. 外转向轮之间的距离

9. 要实现正确的转向,只能有一个转向中心,并满足( )关系式。

     A. $\cot \alpha = \cot \beta - \dfrac{M}{L}$ B. $\cot \alpha = \cot \beta + \dfrac{M}{L}$

     C. $\alpha = \beta$ D. 以上都不是

10. 转向盘自由行程一般不超过( )。

     A. $10° \sim 15°$ B. $25° \sim 30°$

     C. $15° \sim 30°$

11. 转向盘自由行程过大的原因是( )。

     A. 转向器传动副的啮合间隙过大   B. 转向传动机构各连接处松旷

     C. 转向节主销与衬套的配合间隙过大

12. 在轮式车辆使用的机械式转向系统中,( )转向器有二级传动副。

     A. 蜗杆曲柄销式   B. 循环球式

     C. 球面蜗杆滚轮式   D. 齿轮齿条式

13. 机械式转向系统的转向梯形的作用是( )。

     A. 转向时,保证转弯半径最大

     B. 转向时,保证转弯半径最小

     C. 转向时,保证内外轮同向偏转

     D. 转向时,所有车轮行驶的轨迹中心相交于一点,保证车轮纯滚动,减少轮胎磨损

14. 转向器传动副配合间隙过大是( )的原因之一。

     A. 转向沉重   B. 转向不稳

     C. 行驶跑偏   D. 转向沉重和前轮摆头

15. 转向器传动副啮合间隙过小或轴承过紧、损坏是( )的原因之一。

     A. 行驶跑偏   B. 转向不稳

     C. 转向沉重   D. 转向沉重和前轮摆头

16. ( )路感不明显,转向后转向盘不能自动回位。

     A. 机械式转向系统   B. 动力转向系统

     C. 液压助力式转向系统   D. 全液压转向系统

17. 在全液压转向系统中,摆线马达起( )作用。

     A. 计量马达   B. 反馈

C. 手动泵　　　　　　　　　　　　D. 计量马达、反馈和手动泵

18. 转向盘自由行程过大,会造成(　　)。

A. 转向轻便　　　　　　　　　　　B. 转向沉重

C. 转向不灵敏　　　　　　　　　　D. 转向跑偏

19. 循环球式转向器中的转向螺母可以(　　)

A. 转动　　　　　　　　　　　　　B. 轴向移动

C. A,B 均可　　　　　　　　　　　D. A,B 均不

20. 在动力转向系统中,转向所需的能源来源于(　　)。

A. 驾驶员的体能　　　　　　　　　B. 发动机动力

C. A,B 均有　　　　　　　　　　　D. A,B 均没有

四、问答题

1. 机械式转向系统的转向轴与转向传动轴、曲柄指销式转向器、循环球式转向器、齿轮齿条式转向器分别是如何进行装配和检修的?

2. 机械式转向系统的转向盘自由行程、转向轮定位分别是如何调整的? 拳形和叉形转向桥分别是如何装配、检修与调整的?

3. 液压助力转向系统的动力转向器、恒流阀分别是如何进行装配和调整的?

4. 液压助力转向系统是如何进行检查和调整的?

5. 全液压转向系统的转向器、转向泵、转向油缸是如何进行装配和调整的?

6. 机械式转向系统、液压助力转向系统、全液压转向系统使用过程中常见的故障分别有哪些? 原因有哪些? 如何排除?

项目十四

制动系统的检测与修复

一、知识目标

1. 能正确识别鼓式、盘式制动器及制动传动机构的主要零部件,掌握制动器、制动传动机构各总成的拆装、检修、调整过程;

2. 准确描述制动器、制动传动机构常见故障的诊断与排除方法。

二、能力目标

1. 能按照正确的步骤分解、检修、装配与调整鼓式、盘式制动器及制动传动机构各总成;

2. 能正确进行鼓式、盘式制动器、制动传动机构的装配与试验;

3. 能按维修操作规范,正确分析、判断并排除鼓式、盘式制动器及制动传动机构的常见故障;

4. 能对鼓式、盘式制动器及制动传动机构各总成主要零件的失效进行原因分析。

任务导入

为了正确识别制动系统的主要零部件,掌握制动系统各总成的分解、装配、检修、调整过程,准确判断制动系统故障,查明故障原因,港口机械维修人员必须全面认识制动系统主要零部件,熟悉制动系统分解、装配、检修、调整要求以及常见故障诊断与排除方法,并对制动系统主要零件的失效进行原因分析。

任务 1　车轮制动器的检测与修复

一、鼓式制动器的检测与修复

(一)鼓式制动器的检查调整

鼓式制动器在不制动时,制动蹄与制动鼓之间应有一定的间隙(简称制动器间隙),以保证车轮能自由旋转。

一般在制动鼓腹板外边开有一个检查孔,以便用厚薄规检查制动器间隙。一般鼓式制动器的制动器间隙采用手动方法调节,也有一些制动器加装了自动调节装置。

1.轮缸式制动器的间隙调整

(1)转动调整凸轮和带偏芯轴颈的支承销

如 ZL35 型装载机的蹄鼓式制动器不工作时,其制动间隙一般为 0.25~0.50 mm。

若发现制动器间隙已增大到使制动器效能明显降低时,可转动调整凸轮进行局部调整,这样沿摩擦片周向各处的间隙即减小。当制动鼓磨损到一定程度时,需要重新加工修整其内圆面。在进行修理作业后重新装配制动器时,为保证蹄鼓的正确接触状态和间隙值,应当全面调整制动器间隙。全面调整除靠转动调整凸轮外,还要转动制动蹄下端的支承销。支承销的轴颈是偏心的。

支承销的尾端伸出制动底板外,并铣切出矩形截面,以便用扳手夹持使之转动。转动支承销,制动器各处(特别是制动蹄下端处)的间隙即减小。

(2)通过转动调整螺母调整制动器间隙

有些制动器的轮缸两端的端盖制成调整螺母,如图 14-1 所示。用一字旋具 5 拨动调整螺母 1 的齿槽 4,使螺母转动,带动螺杆的可调支座 3 向内或向外做轴向移动,使制动蹄上端靠近或远离制动鼓,实现制动间隙减小或增大。间隙调整好以后,用锁片插入调整螺母的齿槽中,使螺母的角位置固定。

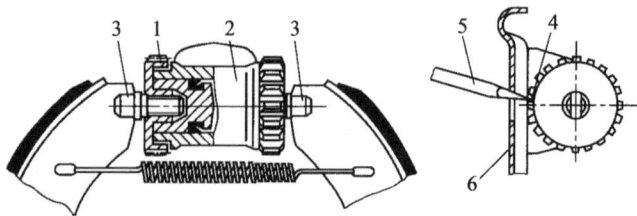

图 14-1　用调整螺母调整制动器间隙的示意图

1—调整螺母;2—制动轮缸;3—可调支座;4—齿槽;5——字旋具(螺丝刀);6—制动底板

（3）通过转动调整器齿轮调整制动器间隙

在自动增力式制动器中，两制动蹄下端支承在可调顶杆上，如图14-2所示。可调顶杆由顶杆体3、调整螺钉1和顶杆套2组成。顶杆套一端具有带齿的凸缘，套内制有螺纹，调整螺钉借螺纹旋入顶杆套内；顶杆套与顶杆体做动配合。当拨动顶杆套带齿的凸缘时，调整螺钉沿轴向移动，改变了可调顶杆的总长度，从而就调整了制动器间隙。

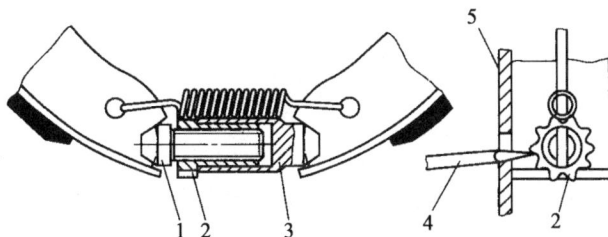

图14-2 用调整器长度来调整制动器间隙示意图
1—调整螺钉；2—顶杆套；3—顶杆体；4——字旋具(螺丝刀)；5—制动底板

（4）通过调整器调整制动器间隙

轮式装载机的车轮制动器的下端装有调整器，制动器的制动间隙的调整是通过调整器实现的，调整器的结构如图14-3所示，主要由外壳、螺管、推杆、调整齿轮和调整杆等组成。调整时，调整器的推杆长度变化，从而达到调整制动间隙的目的。

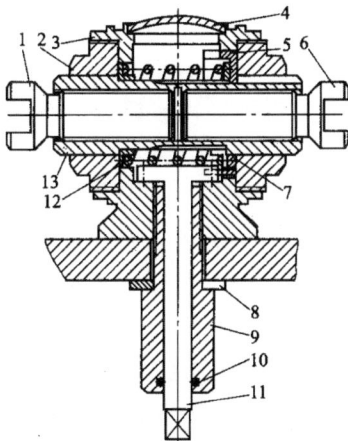

图14-3 调整器
1—左螺纹推杆；2—螺母；3—外壳；4—盖；5—调整齿轮；6—右螺纹推杆；7—弹簧座；8—弹簧垫；9—固定螺杆；10—O形密封圈；11—调整杆；12—弹簧；13—螺管

外壳固定在制动底板上，壳内装有螺管。螺管可在壳内轴向移动，不制动时在弹簧作用下处于中间位置。螺管内圆制有螺纹，其左端是右螺纹，右端是左螺纹，上面分别装有左、右推杆。由于两端螺纹方向相反，当螺管转动时，则两端的推杆可同时向外伸出或向内收缩。螺管外圆制有花键槽，调整齿轮以内齿套在上面，外齿和调整杆上的齿轮相啮合。转动调整杆，使推杆两端伸出或收缩即可改变制动器间隙的大小。

（5）自动间隙调整器检查

在叉车行车制动器中装有间隙自调装置。制动器安装时，先使制动蹄直径接近规定的安装尺寸，用手拉调整杠杆使调整器转动，当松开手时，调整杠杆返回其原位，而调整器齿轮不转动，如图14-4所示。注意：即使松开手时，调整器齿轮与调整杠杆一道返回，调整器装车后仍能正常工作。

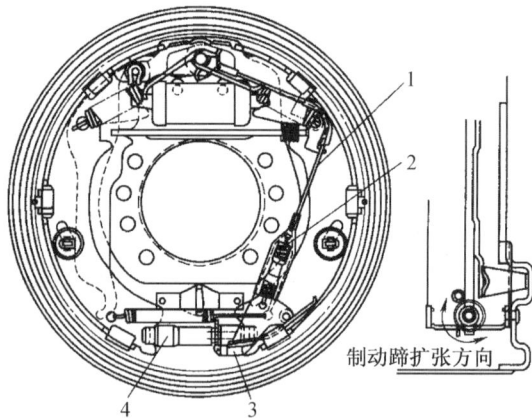

图 14-4　自动间隙调整器的检查
1—拉索；2—弹簧；3—调整拉杆；4—调整器

若在拉动调整杠杆时，调整器不能做上述动作，必须进行下列检查：检查调整杠杆、顶杆、顶杆弹簧和压簧座是否装牢；检查顶杆回位弹簧和调整器弹簧有无损坏，再检查调整器齿轮的转动情况及其啮合部位是否过度磨损或损坏。检查杠杆与齿轮是否接触。更换损坏零件。

2.凸轮式制动器的间隙调整

凸轮式制动器经解体或修理、蹄片与制动鼓工作面的同心度因蹄片销轴松动而被破坏及在更换蹄片、镗削制动鼓等情况后，需要通过制动调整臂蜗杆及支承销进行全面调整。调整方法如下：

（1）用千斤顶顶起车桥，使车轮离地至能自由转动，松开制动蹄支点销的固定螺母。

（2）标记相对的两个支承销向外转动，先使蹄片下端向制动鼓靠近，再转动制动臂调整蜗杆，使蹄片上端向制动鼓靠近，这样上下反复调整，使两蹄上、下端均能全面均匀地和制动鼓接触、抵紧，直至制动鼓不能转动为止。

（3）按相反方向转动制动臂调整蜗杆，使摩擦片与制动鼓脱离接触，产生间隙，并用符合规定值的厚薄规从制动鼓检视孔中插入，分别在距摩擦片上、下端20~30 mm处测量，如下端间隙不合适，可再稍微转动支承销。如此上下配合进行，直至间隙符合规定为止。

（4）制动器间隙调整到正常值后，拧紧支承销的锁紧螺母。

在实际调整过程中，有时会出现同一车轮制动器内前后制动蹄与制动鼓间隙调整不一致的情况。这时，可将制动凸轮轴支架固定螺栓旋松，然后用撬棒撬动凸轮轴支架，向蹄片间隙大的一边移动少许，调好后再固定凸轮轴支架。如果用上述方法仍不能使两边间隙相接近，可在间隙大的一边制动蹄与凸轮接触的部位套上一个铁套，使之达到两边制动器间隙相同的目的。

(二)鼓式制动器的检测与修复

1.制动鼓的检测与修复

制动鼓的损伤形式主要是工作表面磨损、裂纹、刮伤等。

制动鼓的检测主要是测量磨损后的最大直径、圆度和圆柱度,可用游标卡尺、圆度误差码、百分表或弓形内径规测量,弓形内径规用法与量缸表类似。如图14-5、图14-6所示。

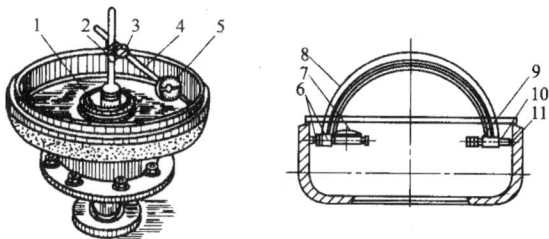

（a)用百分表测量　　　　　(b)用弓形内径规测量

图 14-5　测量制动鼓内圆面

1—夹具;2,6—锁紧装置;3—中心杆;4—支架;5,7—百分表;8—弓形
内径规;9—锁紧螺母;10—测量调整杆;11—制动鼓

图 14-6　制动鼓内孔磨损与尺寸的检查

1—后制动鼓;2—卡尺;3—测量圆度误差码的工具

用卡尺 2 检查内孔尺寸,接近或低于使用极限值应更换。用工具 3 测量后制动鼓 1 内孔的圆度误差,超过极限应更换后制动鼓 1。

制动鼓圆度误差超过 0.125 mm 或工作面拉有深而宽的沟槽,以及制动鼓工作表面与轮毂间同轴度误差大于 0.10 mm 时,应镗削制动鼓。修复后,圆度误差和同轴度误差应不大于 0.025 mm,圆柱度误差应不大于 0.05 mm,同轴两鼓直径差应不大于 1 mm。

镗削制动鼓可在车床或专用镗鼓机上进行。镗削时应以轮毂轴承座孔为定位基准,以保证同轴度要求。镗削后内径增大,为保证强度,设计时已考虑修理时有 2~4 次(4~6 mm)镗削量,对内径加大超过 2 mm 的制动鼓,应配用加厚的摩擦片。

2. 制动蹄的检测与修复

制动蹄衬片(摩擦片)2 的厚度用卡尺 1 测量,如图 14-7 所示,接近使用极限值应更换。在未拆下车轮时,后制动蹄衬片的厚度可从制动底板 6 的观察孔 4 中检查。当制动蹄摩擦片出现磨损严重(一般指铆钉头埋进深度减小至 1.00 mm 以下)以及油污过甚、烧焦变质、产生裂纹等现象时,应更换摩擦片。更换摩擦片的方法与更换离合器从动盘摩擦片的方法相同,但应注意以下几点:

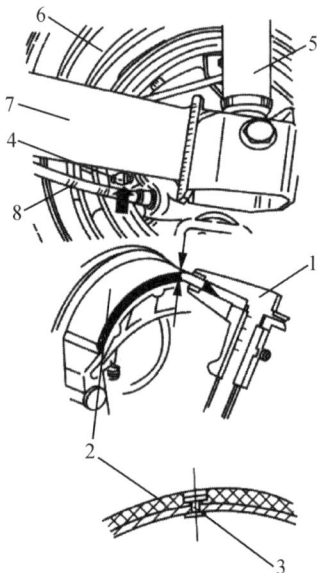

图 14-7　制动蹄衬片(摩擦片)厚度检查

1—卡尺;2—摩擦片;3—铆钉;4—观察孔;5—后减振器;6—制
动底板;7—后桥体;8—驻车制动钢索

(1)铆合时制动蹄与摩擦片必须贴紧,摩擦片与制动蹄之间不允许有大于 0.12 mm 的间隙。为此,所选摩擦片的曲率应与制动蹄相同。

(2)铆合时应用专用夹具夹紧,由中间向两端依次铆合,如图 14-8 所示。

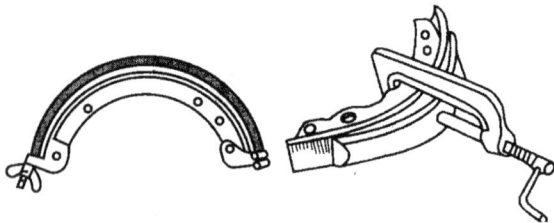

图 14-8　将摩擦片夹持在制动蹄上

(3)同一车辆,特别是同一车桥车轮,选用的摩擦片材质应相同,以保证制动效能一致。

(4)采用黏结法时,应将摩擦片与制动蹄相互贴合面上的油污去除,并将摩擦片按制动蹄片的曲率切削加工,在两者的贴合面上涂以黏接剂,用夹具夹紧放入烘箱加温固化;采用铆接时,制动蹄片上铆钉孔与铆钉必须密合,若发现铆钉孔磨损,可焊补后重新钻孔或扩孔后换加大的铆钉。

（5）更换摩擦片的制动蹄,外圆应根据制动鼓实际内径(理论分析和使用表明制动蹄片圆弧半径比制动鼓圆弧半径大 0.3~0.6 mm 时制动效能最好)用制动蹄片磨削机或制动蹄片车削机进行加工。如无上述设备,也可用专用夹具在车床上加工。加工后摩擦表面应清洁、平整、光滑。

（6）为避免制动时摩擦片两端与制动鼓卡滞,两端头要锉成坡形。制动蹄摩擦片与制动鼓靠合面积应大于摩擦片总面积的 50%,靠合印痕应两端重中间轻,两端靠合面长约各占摩擦片总长的 1/3。

检查制动蹄支承销孔、与制动凸轮相接触表面的磨损情况。支承销孔磨损过大,与销的配合间隙达 0.25~0.40 mm 时,可采用扩孔镶套或更换衬套的方法进行修复。支承销轴的工作面在直径方向磨损达 0.15 mm 时,应修复或更换。与制动凸轮相接触的平面磨损严重时可采用焊修,焊后加工修整。

3. 制动蹄衬片（摩擦片）与制动鼓接触面积的检测（如图 14-9 所示）

将制动蹄衬片(摩擦片)1 表面打磨干净后,在摩擦表面上用粉笔涂抹,靠在后制动鼓 2 上,检查两者的接触面积,应不小于 60%,否则需打磨制动蹄衬片(摩擦片)1 的表面。

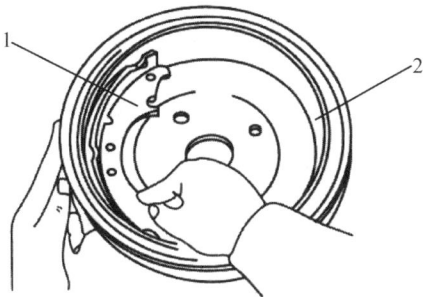

图 14-9　制动蹄衬片(摩擦片)与制动鼓接触面积的检查

1—制动蹄衬片(摩擦片);2—制动鼓

4. 制动蹄回位弹簧的检测与修复

制动蹄回位弹簧有裂纹,必须更换。弹簧的自由长度标准为 130.00 mm,当拉力为590~785 N 时,拉伸长度为 179.00 mm,检测方法如图 14-10 所示,不符合要求时,应更换。同一车桥左右车轮制动器制动蹄回位弹簧的性能应尽量一致。

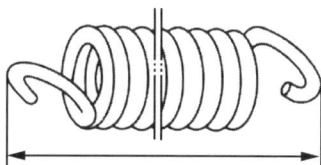

图 14-10　制动器弹簧长度的检查

5. 制动底板的检测与修复

直观检查制动底板出现明显变形或裂纹时,应换用新件。将制动凸轮轴装入底板上的支承孔中用百分表进行检查,其配合间隙应不大于 0.60 mm,否则,应更换凸轮轴衬套。用磁力探伤法检验凸轮轴,当其出现裂纹时,应换用新件。制动蹄支承销与制动底板的配合间隙应不大于 0.15 mm,否则,应更换支承销或制动蹄轴衬套。修理后其配合间隙应为 0~0.09 mm,其轴线与轮毂轴承轴线的平行度误差应不大于 0.20 mm。

二、钳盘式制动器的拆装、检测与修复

(一)钳盘式制动器的拆装

钳盘式制动器分解图如图 14-11 所示。

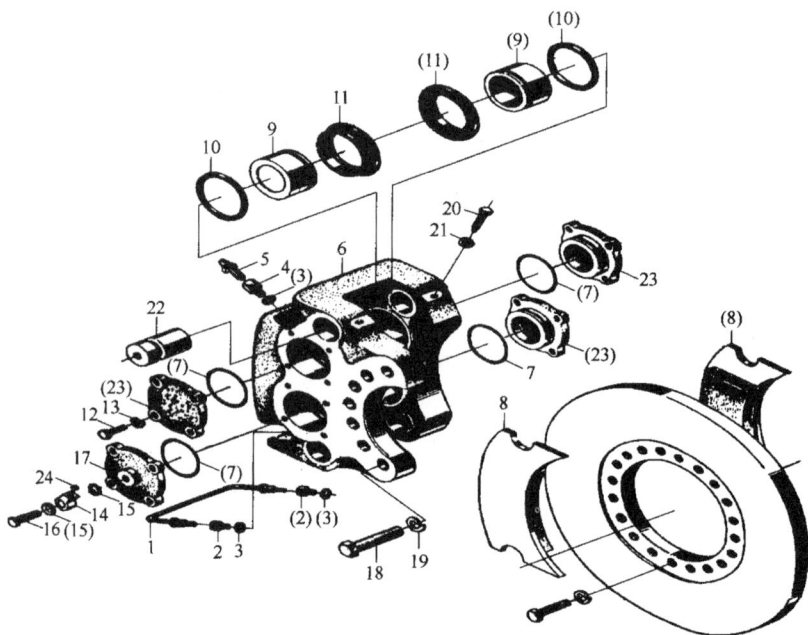

图 14-11　钳盘式制动器分解图

1—油管总成;2—接头;3,13,19—垫圈;4—放气嘴座;5—放气嘴;6—夹钳;7,15,24—O 形圈;8—摩擦衬块总成;9—活塞;10—矩形密封圈;11—防尘圈;12,18—螺栓;14—管接头;16—管接头螺栓;17—下液压缸盖;20—止动螺钉;21—螺母;22—销轴;23—上液压缸盖

(二)钳盘式制动器的检测与修复

钳盘式制动器冷却好,烧蚀、变形小,制动力矩稳定,维修方便。故大部分轮式车辆采用该种制动器,如 ZL20 型、ZL30 型、ZL40 型、ZL50 型、ZL70 型、ZL90 型等轮式装载机都采用钳盘式制动器。

1. 钳盘式制动器的维护

(1)清除制动钳和制动器护罩上的油污积垢,检查并按规定转矩拧紧制动钳紧固螺栓和导向销,支架不得歪斜。

(2)检查液压缸,不得有任何泄漏,制动后活塞能灵活复位,无卡滞,回位行程一般为 0.10~0.15 mm;橡胶防尘罩应完好,不得有任何老化、破裂,否则更换。

(3)检视制动盘工作面不得有可见裂纹或明显拉痕起槽。若有阶梯形磨损,磨损量超过 0.50 mm、平行度超过 0.07 mm(或超过原厂规定)、端面跳动超过 0.12 mm(或原厂规定)时,应拆下制动盘修磨,如制动盘厚度减薄至使用极限以下时,则应更换新件。制动盘

表面磨损及厚度的检查如图 14-12 所示。

图 14-12　制动盘表面磨损及厚度的检查
1—卡尺；2—制动盘

（4）检视内外摩擦片，两端定位卡簧应安装完好，无折断、脱落。有下列情况之一时，应更换摩擦片：摩擦片磨损量超过原厂规定极限，或黏结型摩擦片剩余厚度在 2 mm 以下，有铆钉者铆钉头埋进深度 1 mm 以下时；制动效能不足、下降，应检查摩擦片表面是否析出胶质生成胶膜、析出石墨形成硬膜，如是，也应更换摩擦片。摩擦片厚度的检查如图 14-13 所示。

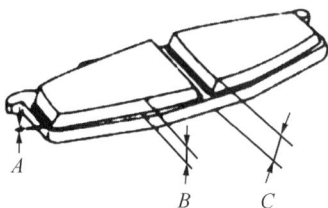

图 14-13　摩擦片厚度的检查
A—摩擦片厚度；B—摩擦片磨损极限的残余厚度；C—摩擦片的总厚度

（5）检查调整轮毂轴向间隙应符合所属车型规定。踩下制动踏板随即放松，车轮制动器应在 0.8 s 内解除制动，用 5~10 N 的力应能转动制动盘。

2. 更换制动摩擦片

旧车更换制动摩擦片时，按以下步骤操作：

（1）顶起车辆并稳固，拆去轮胎。

（2）不踩制动踏板，拧松液压缸放气螺栓，放出少量制动液。

（3）用扁头楔形工具，榫入液压缸活塞与摩擦片间，使液压缸活塞压缩后移。

（4）拆卸制动钳紧固螺栓、导向销螺母，取下翻起制动钳总成（注意：使制动钳稳妥搁置合适部位，避免制动软管吊挂受力）。

（5）拆下摩擦片两端定位卡簧，取下摩擦片。

（6）换用新摩擦片。注意检查厚度、外形应符合规定。按拆卸相反顺序，依次装合各零部件。装合时，导向销等滑动部位应涂润滑脂，按规定转矩拧紧紧固螺栓和导向销。

（7）制动液压缸放气。踩制动踏板数次，踏板行程和高度应符合规定，制动器应能及时解除制动。转动制动盘，应无明显阻滞。

3. 制动钳体与活塞的检测与修复

（1）拆去制动软管、制动油管，拆下制动钳总成。

（2）用压缩空气从轮缸进油口处施加压力，压出轮缸活塞。压出时，在活塞出口前垫上木块，防止其撞伤。

（3）用酒精清洗轮缸缸体和活塞。

（4）检查轮缸缸体内壁，应无拉痕，若有锈斑可用细砂纸磨去。若有严重腐蚀、磨损或沟槽时，应更换缸体。

（5）检查缸体和活塞橡胶密封圈，若有老化、变形、溶胀等现象时，应更换密封圈。

（6）检查活塞表面，应平滑光洁，不准用砂纸打磨活塞表面。

（7）彻底清洗零件，按解体相反顺序装合活塞总成。装合时，各密封圈、缸体内壁与活塞表面应涂洁净的锂基乙二醇润滑油或制动液；各密封圈应仔细贴合装入环槽，再用专用工具将活塞压入液压缸缸体，最后装好端部密封件和橡胶防尘罩。

任务 2　制动传动机构的检测与修复

一、液压制动系统的检测与修复

（一）制动总泵的拆装、检测与修复

1. 制动总泵的拆装

制动总泵的分解见图 14-14。

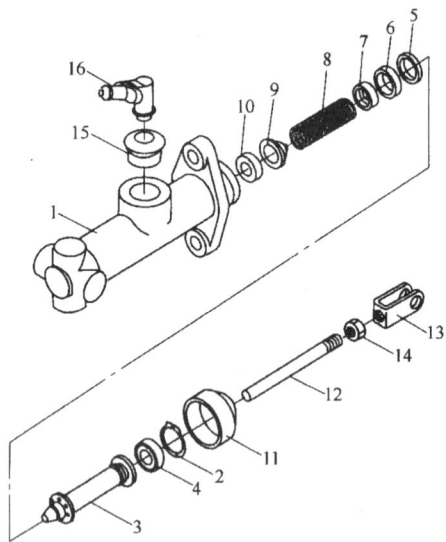

图 14-14　制动总泵分解图

1—阀体；2—止动环；3—活塞；4—前皮碗；5—衬套皮碗；6—主皮碗；7—弹簧座；8—回位弹簧；9—切断阀；10—阀座；11—保护罩；12—推杆；13—支耳；14—螺母；15—胶皮衬套；16—接头

2. 制动总泵的检测与修复

先在制动液中清洗所拆下的零件，然后进行如下检测与修复：

（1）检查活塞与缸筒之间的间隙，如图 14-15 所示，先检查制动总泵缸体 2 内孔和活塞 4 表面的划伤和腐蚀，再用内径表 1 检查制动总泵缸体 2 内孔的直径 B，用千分尺 3 检查总泵活塞外径 C，算出缸筒与活塞 4 的间隙值 A，间隙超过 0.13 mm 时，应更换总泵。同时还应检查密封圈的老化、损坏与磨损情况，酌情更换。

图 14-15　制动总泵与活塞的检查

1—内径表；2—制动总泵缸体；3—千分尺；4—总泵活塞；A—泵
体与活塞的间隙；B—泵体内孔直径；C—活塞的外径

（2）缸壁上有明显的划痕，则应换总泵；总泵回位弹簧损伤、变形或弹性下降时应更换。

（3）检查阀门、弹簧、垫圈是否完好，若损坏必须更换，橡胶皮碗和垫圈维修时一律全部换新。

（二）制动分泵的拆装、检测与修复

1. 制动分泵的拆装

制动分泵的分解图见图 14-16。

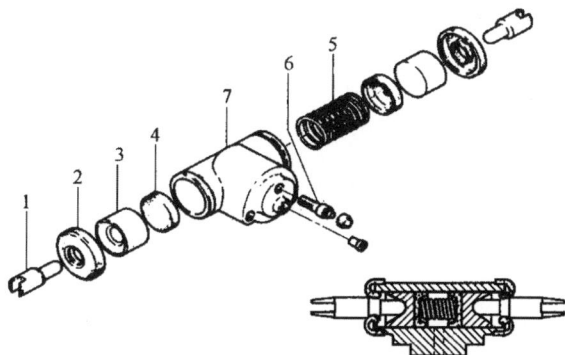

图 14-16　制动分泵分解图

1—活塞顶杆；2—防尘罩；3—活塞；4—皮碗；5—回位弹簧；6—放气螺钉；7—泵体

2. 制动分泵的检测与修复

分泵活塞与缸壁配合间隙、缸壁损伤的检查方法与制动总泵相同。

(1)分泵放气螺钉和缸体螺纹部分如有损坏,应更换。

(2)分泵密封圈如有渗漏,应更换。

(3)防尘罩如有老化、裂纹、密封不良等现象应更换。

(三)真空增压器的检测与修复

真空增压器的结构型式很多,但基本结构都是由增压缸(辅助缸)、动力缸(加力气室)和控制阀三部分组成,这三部分的构造和工作,分别与液压制动机构中的制动总泵,气压制动机构中的制动气室和制动阀相类似,其检修方法也有相类似之处。真空增压器的技术状况变坏,大多数是因密封被破坏而引起的,因此,在拆检时,应重点检查各密封部位的技术状况,装配时应特别注意保持内部各零件间及外部各连接处的密封。

1. 增压缸的检测与修复

增压缸(辅助缸)的故障除各连接部位密封不良而漏油外,主要是活塞组零件的损伤,如皮碗损坏、活塞磨损、单向阀工作不正常等。

活塞皮碗损坏后,制动时高压油腔中的油会沿皮碗边缘流向低压腔,使制动分泵的油压降低而导致制动失效。另外,流回低压腔的油会使低压腔和制动总泵的油压升高,使总泵活塞回位,形成所谓踏板反冲现象。皮碗损坏后应予更新,更新皮碗安装时刃口应朝向高压腔。

活塞顶部的油液通孔,由单向阀控制,应保持此孔在制动时完全封闭,不制动时畅通。

2. 动力缸的检测与修复

动力缸(加力气室)的常见损伤主要是推杆油封损坏漏油,弹簧弹力减弱或变形等。在更换油封时不得变形;更换皮碗等密封件时,要注意安装顺序和安装方向;在装合时,应注意各部位的密封,如推杆与增压缸间的连接部位,膜片与推杆的连接部位以及各管路的接头部位等。膜片在气室中应运动自如、不歪斜,回位弹簧应有效。

3. 控制阀的检测与修复

控制阀的常见损伤有:小活塞运动阻滞、皮碗磨损漏油、膜片破裂、阀门密封不良等。小活塞皮碗损坏,会使控制阀动作不灵敏,并使制动油液窜入真空腔;膜片破裂会使动力缸工作失效;阀门密封不良会降低真空系统的真空度,使真空增压器作用力下降,影响制动效能。

检修中,应着重检查各密封部位的密封性能,必要时更换新件。同时,应注意检查空气阀、真空阀和膜片的回位弹簧弹力是否正常。另外,由于控制阀是精密零件,在清洗和装配中要保持清洁,不得采用汽油清洗,也不得用纤维丝擦洗,以免微小纤维嵌入而影响控制阀的工作。

4. 真空增压器的试验

真空增压器修理装合后应进行试验,以检验修理质量,精确的检验应在试验台上进行,如条件不具备时,也可以就车试验,大致判断真空增压器的工作性能是否良好。

启动发动机,当达到足够的真空度后,踩制动踏板,测出踏板至驾驶室底板的距离,然后将发动机熄火,再踩制动踏板数次,当真空度为零时,用同样方法踩制动踏板并测出上述距离。如果两次测出的距离没有差别,说明真空增压器工作不良。

(四)液压制动系统的检查与调整

1.液压制动系统的检查与维护

(1)保持液压制动制动系统油路的清洁,保持制动总泵盖上通气孔的畅通。

(2)经常检查液压制动制动系统,管路、接头应无凹瘪、严重锈蚀或裂纹现象,连接应可靠而无渗漏,制动软管应舒展无折叠,无脱皮、老化或膨胀等缺陷。经常紧固油路连接件接头和管夹。

(3)定期检查和补充制动总泵储油罐内的油液(油面高度一般应保持在总泵盖上边缘下 15~20 mm 处)或参考储液室上的 MAX、MIN 液面刻线标记。

2.制动踏板的调整

(1)调短推杆;

(2)调节止动螺栓,按图 14-17 调整踏板高度(见表 14-1);

(3)将制动踏板踩下调节推杆,直到推杆前端与总泵活塞开始接触为止;

(4)拧紧推杆锁紧螺母(见图 14-18)。

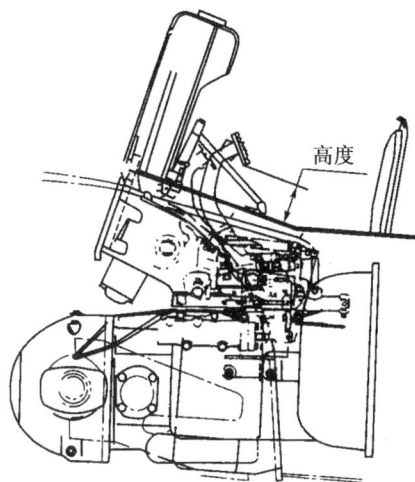

图 14-17 制动踏板高度调整

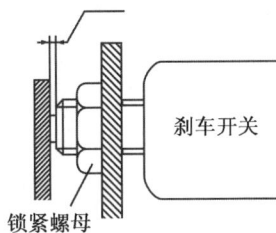

图 14-18 刹车开关调整

表 14-1　叉车制动系统技术数据　　　　　　（单位：mm）

机型	杭州叉车			合力叉车		大连叉车	
	1~1.8 t	2~3.5 t	CPCD50	1~3 t	CPCD50	3 t	CPCD50
制动踏板自由行程	30~50	10~30	10~20	10~50	45	—	10~20
制动踏板工作行程	—	—	—	50~100	125	60	80~100
制动踏板高度	105~140	118~140	142	100~124	145	—	200
制动踏板踩下高度	>60	>60	>60	15~50	20	120	130~150
微动踏板高度	130~140	130~140	142	100~124	145	120	—
微动踏板自由行程	—	—	18	2~10	10	120	—
手制动器间隙	—	—	0.25	—	—	1~2	0.25
手制动行程	—	—	<18	<300	150~300	—	200
制动鼓与摩擦片间隙	0.25~0.35	0.25~0.35	0.25~0.50	0.25~0.40 2 t:0.40~0.45	0.4~0.6	0.40~0.45	0.2~0.6
活塞与总泵推杆端隙	0.5~1.0	0.5~1.0	0.5~1.0	0.5~1.0	<2	—	1~2
总泵油缸与活塞间隙	—	—	极限 0.15	0.03~0.10	0.03~0.13	—	0.17~0.27
分泵油缸与活塞间隙	—	—	—	0.03~0.10	0.03~0.13	—	—
制动液	DOT3	DOT3	DOT3	4604 合成制动液	合成型	合成型	合成型

3. 制动踏板自由行程的检查

制动踏板自由行程是主缸活塞与推杆之间的间隙的反映。检查时，可用手轻轻压下踏板，当手感变重时，用钢板尺测出踏板下移的量，该量即为踏板自由行程，应符合有关技术规定。踏板自由行程一般为 15~20 mm，推杆与活塞间隙为 1.2~2.0 mm。

踏板的踩下余量，也应该进行检测。将踏板踩到底后，踏板与地板之间的距离，即为踏板余量。踏板余量减小的原因主要是制动间隙过大、盘式制动器自动补偿调整不良、制动管路内进气、缺制动液等。踏板余量过小或者为零，会使制动作用滞后、减弱，甚至失去制动作用。

4. 制动踏板自由行程的调整

制动踏板自由行程的调整，大多通过调节推杆长度的方法来实现，如图 14-19 所示。将推杆长度缩短，可以增大自由行程；加长则可以减小自由行程。

还有一些车辆推杆与踏板通过偏心销铰接，如图 14-20 所示。调整自由行程时，可转动偏心销,使推杆的轴向位置改变,而使自由行程改变。推杆向踏板方向移动,可使自由行程增大;向主缸方向移动,可使自由行程减小。液压制动踏板自由行程一般为 10~14 mm。

无论何种调整方法,调整完毕后,应将锁紧螺母锁止。

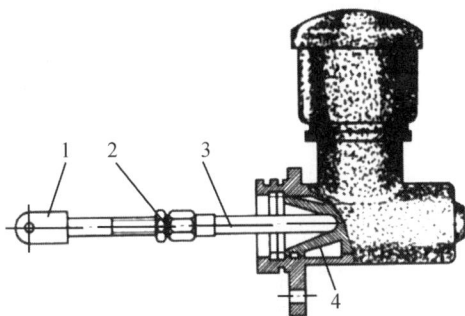

图 14-19　制动踏板自由行程的调整(一)
1—叉型接头;2—锁紧螺母;3—活塞推杆;4—活塞

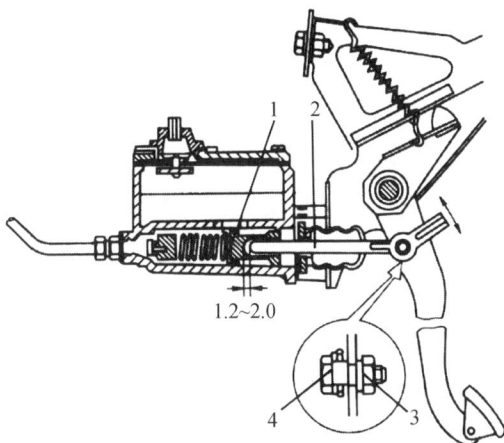

图 14-20　制动踏板自由行程的调整(二)
1—活塞;2—推杆;3—锁紧螺栓;4—偏心螺栓

5. 停车制动手柄的调整

停车制动手柄为凸轮式,可用位于制动手柄端部的调整器调整制动力。

制动力的调整:顺时针转动调整器,制动力增大;逆时针转动调整器,制动力减少。拉力为 196~294 N。

注意:对于 2~2.5 t 叉车可转动调整器内的螺钉进行调整。

6. 刹车开关的调整

(1)制动踏板高度调整好后,松开刹车开关锁紧螺母;

(2)拔下插头让导线分离;

(3)转动开关,使间隙达到 1 mm(如图 14-18 所示);

(4)制动踏板踏下时刹车灯应亮。

7. 制动系统中空气的排除

发动机运转,制动管路中充满制动液,方可进行行车制动系统放气操作。排除空气时,可由两人协同进行,如图 14-21 所示。取下放气螺钉 1 的胶帽,把软管 2 放到放气螺钉上,另一端放到一个清洁的容器 3 里,一人将踏板连续踩下,至踏板升高后,踩住踏板,另一人将轮缸放气螺钉旋松少许,空气随油液一起排出,当踏板逐渐降到底时,先旋紧放气螺钉,再连续踩踏板,重复上述动作。如此反复,直到放出的油液无气泡。放出的油液用容器收集再处理。

在放气过程中,应及时向储液室内添加制动液,保持液面的规定高度。对制动系统进行维修或更换部件后应添加制动液。

放气顺序应由远而近逐缸进行(踏板要快踩缓抬以使空气彻底排净)。空气放净后,要检查补充储液室制动液,并要检查通气孔是否畅通,以使储液室与大气相通。

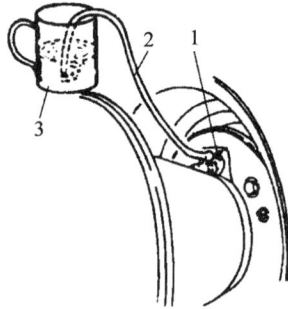

图 14-21　制动分泵放气
1—放气螺钉;2—软管;3—容器

二、气压制动系统的检测与修复

(一)空气压缩机的拆装、调整、检测与修复

1. 空气压缩机的拆装

空气压缩机的分解图如图 14-22 所示。

2. 空气压缩机的调整

(1)传动带松紧度的调整

将空气压缩机安装到发动机上,如果采用带传动,带的松紧度应合适。检查时,以 28.4~39.2 N 力压下传动带,其挠度为 15~20 mm。挠度不当时,可松开空气压缩机座上的固定螺栓,移动空气压缩机的位置进行调整。

(2)空气压缩机性能的试验

启动发动机使之带动空气压缩机转动,当空气压缩机以 1 200~1 350 r/min 的转速运转 15 min 后,空气压缩机向储气筒内充入气体的压力从 0 升高到 0.7 MPa 以上。停止运转后,储气筒内气体压力开始下降,在 1 min 内不应超过 0.02 MPa。若不能达到上述要求,应重新检修空气压缩机。

3. 空气压缩机的检测与修复

(1)机体的检测与修复

用直尺、厚薄规进行检查或将零件扣在平台上用厚薄规检查,缸体、缸盖、曲轴箱及底盖各接合面的平面度误差应不大于 0.05 mm,否则,应换用新件或进行磨削加工。

气缸体与气缸盖如有裂纹,可进行焊接修复或换用新件。气缸磨损后,其圆柱度大于

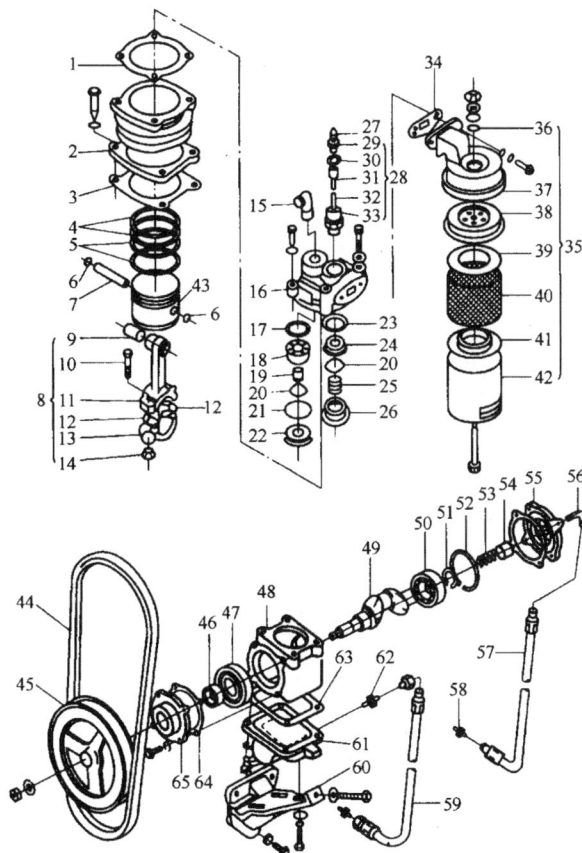

图 14-22　空气压缩机分解图

1—气缸垫;2—气缸体;3—缸体衬垫;4—气环;5—油环;6—挡圈;7—活塞销;8—连杆总成;9—连杆衬套;10—连杆螺栓;11—连杆;12—调整垫片;13—连杆盖;14—连杆螺栓螺母;15—出气弯接头;16—缸盖;17—波形垫圈;18—排气阀导向座;19—排气阀弹簧;20—阀片;21—排气阀座密封圈;22—排气阀座;23—进气阀密封圈;24—进气阀座;25—进气阀弹簧;26—进气阀导向座;27—管接头;28—卸荷阀总成;29—定位塞;30—密封圈;31—阀杆;32—回位弹簧;33—本体总成;34—衬垫;35—空气滤清器;36—密封垫圈;37—底座;38—隔板;39—滤芯上垫圈;40—滤芯;41—滤芯下垫圈;42—外壳;43—活塞;44—传动带;45—带轮;46—曲轴油封;47—曲轴前轴承;48—曲轴箱;49—曲轴;50—曲轴后轴承;51—垫圈;52—锁环;53—油堵弹簧;54—油堵;55—曲轴箱后盖;56—油管接头;57—进油管;58—管接头;59—回油管;60—支架;61—底盖;62—管接头;63,64—衬垫;65—曲轴箱前盖

0.1 mm,圆度大于 0.05 mm 或严重拉伤时,应镗磨气缸。气缸镗磨后,应无擦伤和刻痕,内表面粗糙度为 0.4 mm,圆柱度不大于 0.02 mm,气缸轴线对曲轴轴线的垂直度不大于 0.08 mm。

　(2)曲轴的检测与修复

　曲轴常见的损伤有弯曲、裂纹和轴颈磨损。当曲轴弯曲大于 0.05 mm 时,应采用压力校正。轴颈与轴承(单列向心球轴承)的配合为过盈配合,其过盈量为 0.03~0.032 mm。当过盈量小于 0.03 mm 时,应对轴颈或轴承内圈孔进行镀铬修复。

　(3)活塞连杆组的检测与修复

　连杆轴颈与轴承(滑动轴承)的配合为间隙配合,其间隙为 0.02~0.07 mm。当间隙大于 0.2 mm 时,应更换轴承;当轴颈圆度大于 0.3 mm 时,应光磨轴颈,光磨后的轴颈圆度不得大于 0.01 mm。同时更换轴承,连杆轴颈与主轴颈两轴线的平行度不得大于 0.08 mm。

活塞的常见损伤有活塞裙部磨损、裂纹或拉伤。当出现裂纹时,应在裂纹末端钻一小孔,以限制裂纹继续扩大。裂纹严重时,应更换;出现拉伤现象,可用细砂布和油石修磨。活塞销与活塞销座孔的配合间隙为 0~0.006 mm。当间隙大于 0.01 mm 时,应更换活塞销。活塞销与连杆衬套的配合间隙为 0.004~0.01 mm。当间隙大于 0.02 mm 时,应更换连杆衬套。连杆弯曲时,可进行冷压校正或采用锤击的方法校正。

(4)空气滤清器的检测与修复

空气滤清器芯脏污时,可用清洗剂清洗干净。

(二)制动阀的检测与修复、调整及试验

1. 制动阀的检测与修复

以单腔式脚制动阀为例。制动阀常见损伤主要有壳体变形、裂纹,弹簧弹性减弱,阀门、密封圈、滚轮外圆及传动套顶端磨损等。

(1)壳体不得有变形、裂纹和穿孔等现象,否则应更换。

(2)平衡弹簧弹性减弱,易使制动缓慢或失效,应采用热处理的方法恢复其弹性。如有裂纹或折断应予以更换。

(3)活塞回位弹簧弹性减弱或折断,均会造成制动过猛,也应采用热处理的方法恢复其弹性或更换。

(4)阀门回位弹簧弹性减弱、锈蚀或断裂,应予以更换。

(5)密封圈磨损造成密封不严,制动时会从排气孔漏气,引起制动缓慢。检修时,可在安装密封圈的凹槽内加纸垫或铜皮,使其增强密封性;当密封圈磨损严重、失去弹性或破裂时,应换用新件。

(6)滚轮外圆及传动套顶端磨损,踏板自由行程会逐渐增大,应进行电镀或堆焊修复,也可在传动套与弹簧座之间增加垫片进行调整。

(7)阀门密封不严,可进行研磨,磨损起槽后可翻面使用或换用新件。

2. 制动阀的调整及试验

(1)制动阀排气间隙的调整

不制动时,制动阀芯管下端面与阀门端面之间的间隙称为排气间隙,此排气间隙反映到制动踏板,即为制动踏板自由行程。排气间隙的调整步骤如下:

①拆下制动阀下端的下盖,取出阀门回位弹簧及阀门。

②用深度游标卡尺测量间隙,应为 2~2.5 mm,否则应进行调整。

③踩下制动踏板,松开锁紧螺母,当排气间隙太小时,向里拧调整螺栓;当排气间隙太大时,向外拧调整螺栓。

④松开制动踏板,检查排气间隙。

⑤上述动作反复进行,直到排气间隙符合要求,拧紧锁紧螺母。

⑥安装阀门回位弹簧及阀门,拧紧下盖。

(2)制动阀的性能试验

试验时,在制动阀进气口与储气筒之间串入一个 1 L 的容器用气压表,并用一个阀门控制气路的通断。首先通入压力为 78 kPa 的压缩空气,待压力表的读数稳定后,将阀门关闭。

此时只有串入的小容器中压缩空气与进气腔相通,压力表用来显示进气腔压力的变化。经5 min 试验后,气压表读数的降低不得大于 24.5 kPa,否则,应检修或更换进气阀。打开阀门,使储气筒与制动控制阀相通,压下制动踏板至极限位置不动,然后关闭阀门,以小容器内的压缩空气检查两出气腔的密封情况,在 5 min 内气压表读数降低不得大于 49 kPa,否则应检查制动气室、芯管和排气阀是否漏气。

(三)压力控制阀的调整、检测与修复

1.压力控制阀的调整

发动机熄火,将储气筒内的压缩空气放掉,再启动发动机,并稳定在 700~800 r/min,当气压达到 0.75~0.8 MPa 时,气体应从压力控制阀放气孔排出。放气时,如气压低于0.75 MPa,说明放气压力过低;如气压大于 0.8 MPa,说明放气压力过高。放气压力过高或过低都需要进行调整。调整时拧出调整螺杆,气压降低;反之气压增高。调整时要用精确的压力表进行校正。

2.压力控制阀的检测与修复

压力控制阀的阀体和阀盖不得有裂纹和严重变形。调压弹簧和阀门弹簧不得锈蚀、变形和折断。膜片变形、老化、有裂痕应更换新件。每行驶 12 000 km 后要清洗、检查进气口上的滤芯。检查阀门总成的密封性,必要时更换新件。

(四)制动气室的拆装、检测与修复

1.制动气室的拆装

制动气室的分解图如图 14-23 所示。

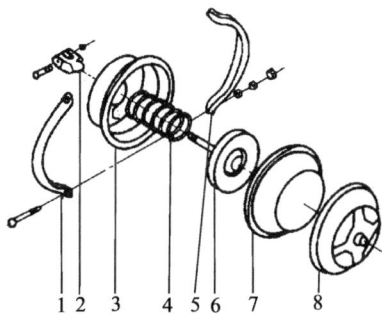

图 14-23 制动气室分解图
1,5—卡箍;2—连接叉;3—壳体;4—回位弹簧;6—推杆;7—膜片;8—盖

2.制动气室的检测与修复

制动气室的壳体和盖有裂纹,应堆焊修复;膜片如有裂纹、老化或变形,应更换;回位弹簧如有明显变形、严重锈蚀、弹性降低或折断时,应更换;同一轴制动气室的弹簧张力应一致,不符合规定应予调整;推杆如有变形或磨损呈台阶状,应校正或堆焊修复;推杆叉销孔因磨损过大,可堆焊后修复,或换用与孔直径相适应的加大销,应保持孔与销的间隙为0.01~0.03 mm。

活塞式制动气室的活塞及气室缸筒磨损严重时应换新件。膜片式制动气室更换里程为 60 000 km,以保证安全。

(五)制动调整臂的调整、检测与修复

1. 制动调整臂的调整

(1)将制动调整臂及调整垫片安装到制动凸轮轴上,插入开口销。此时,推拉制动凸轮轴检查,其轴向间隙应不大于 0.70 mm,否则,应改变调整垫片的厚度进行调整。

(2)将制动气室安装到支架上,并使推杆连接叉与制动调整臂的孔对准连接(用拧动推杆连接叉改变推杆长度的方法对正销孔)。

(3)安装完毕后调好车轮制动器间隙。

2. 制动调整臂的检测与修复

(1)蜗杆和蜗杆轴配合的细花键如有磨损应更换。

(2)制动调整臂体破裂、变形严重时应更换。两侧的铆钉松动时,更换铆钉后铆紧,但要保证蜗轮能灵活转动。

(3)锁止钢球磨损、破裂或定位弹簧变形、折断时应更换。更换后的新锁止钢球放入孔内不得太松和太紧,应有 0.01~0.03 mm 间隙,使其滑动自如。

(4)蜗杆轴装在制动调整臂体内,如有松旷可在壳体孔内扩大孔镶套修复。

(5)蜗轮外圆凹齿损坏 1~2 齿可焊后修复。如有裂纹,应焊补修复。损坏严重,应予以更换。

(6)蜗轮内花键和制动凸轮外花键松旷或花键扭转变形,应修复。磨损或变形严重时,应更换调整臂总成。

(六)储气筒与附件的检测与修复

储气筒应进行耐压试验,在 1 274~1 470 kPa 水压下,应无明显变形、局部凸起和渗漏,否则应予以更换。检查合格后按规定涂漆。

1. 单向阀的检测与修复

如发现单向阀阀片发卡、破损或密封不严可将单向阀解体,清洗并检查阀门和阀座的密封性。若有锈蚀或损坏,应予以更换。

2. 安全阀的检测与修复

用肥皂水检查安全阀的密封性,当排气孔出现气泡时,说明安全阀密封不严,应予以更换。

3. 放水阀的检测与修复

观察放水阀,如果在关闭状态下有油、水滴漏,说明放水阀密封不严,应予以更换。如果发现放水阀拧动困难或拧开后无油、水滴漏,说明放水阀锈蚀或堵塞,应解体清洗或更换新件。

三、气顶油制动系统的检测与修复

(一)组合阀的检测、修复及调整

组合阀一般不允许随意拆卸,只有当储气筒内气体压力低于 0.5 MPa 或大于 0.8 MPa,经调整无效时,方可分解检修。

1. 组合阀的检测与修复

组合阀常见损伤主要有壳体变形、裂纹,弹簧弹性减弱,密封圈磨损、老化、变质,膜片

老化或破裂,阀门关闭不严等。

（1）壳体不得有变形、裂纹和穿孔等现象。由于壳体的材质为铝合金,强度较低,易损坏,因此,在拆装过程中应特别注意。

（2）弹簧弹性减弱时,应采用热处理恢复。当出现歪斜或断裂现象时,应换用新件。

（3）密封圈磨损、老化、变质等应换用新件。

（4）调压阀和安全阀膜片老化或破裂,会造成系统压力过低,甚至无法建立系统压力,应及时进行更换。

（5）阀门关闭不严,易出现漏气现象,致使系统压力过低,应进行研磨。磨损严重时,可翻面使用或换用新件。

（6）滤网堵塞时应进行清洗,破损后应换用新件。

2. 组合阀的调整

组合阀修复后,应在试验台上或在装载机上进行调整。

（1）安全阀调整

当储气筒的气压低于 0.65 MPa、安全阀阀体上的排气孔不断排气,或当储气筒的气压高于 0.8 MPa、而安全阀阀体上的排气孔仍不排气时,均应对安全阀进行调整。

调整方法:通过增减安全阀阀体内腔弹簧座与弹簧之间的垫片厚度,达到改变安全阀弹簧的预紧力。调整时,先将调压阀体上的调整螺钉按顺时针方向拧到底,使气体压力逐渐升高,并注意观察安全阀阀体上排气孔排气时的压力数值。若压力过低,应增加垫片;若压力过高,则应减少垫片。垫片厚度每增减 0.1 mm,气压改变 0.037 MPa。

（2）调压阀的调整

当储气筒内气体压力低于 0.5 MPa 时,调压阀下部的排气阀门便开始排气,或当储气筒内气体压力高于 0.65 MPa、调压阀下部的排气阀门还不能排气时,应对调压阀进行调整。

调整方法:通过转动调压阀阀体上的调整螺钉,改变大弹簧预紧力的大小来实现。调整时,先松开固定螺母,当排气阀关闭、气体压力低于 0.5~0.55 MPa 时,应顺时针转动调整螺钉,使气体压力升高;当排气阀开启、气体压力高于 0.65 MPa 时,应逆时针转动调整螺钉,使气体压力降低。

若经上述调整仍无效时,可能的原因及相应的排除方法如下:

①调压阀下部活塞外圈上的 O 形密封圈过紧,使正常压力的气体无法推动活塞运动。当气压上升到 0.65 MPa 时,排气阀还不能开启。遇此情况时,应均匀地修磨密封圈外圆,使活塞能够灵活运动。

②调压阀内部小弹簧预紧力过大,使堵头上的阀门始终处于关闭状态,活塞不能向下移动,排气阀不能开启,使额定压力增大;反之,小弹簧预紧力过小,堵头上的阀门在较小气压作用下便可打开,此时,气体经滑阀与顶针的间隙处至调压阀壳体上的小孔排出,造成系统压力过低。遇此情况,应先将调整螺钉卸下,将小弹簧预紧力调好,然后再调整大弹簧的预紧力。

当压力调整正常后,将调整螺钉上的固定螺母拧紧。

（二）气液总泵的检测、修复及装配

1. 气液总泵的检测与修复

气液总泵损伤形式主要有缸筒磨损、腐蚀,皮碗和密封圈老化、腐蚀,回位弹簧弹性减弱、锈蚀和折断等。

（1）气缸活塞与缸筒的配合间隙为 0.42~0.60 mm。当大于 0.80 mm 时，应更换气缸活塞皮碗及密封圈。若缸筒磨损严重也应同时更换。

（2）液压缸活塞与缸筒配合间隙为 0.09~0.134 mm。当大于 0.2 mm 时，可用修理尺寸法修复缸筒，并选配相应尺寸的新活塞及皮碗。缸筒的修理尺寸分为四级，每一级加大 0.25 mm。当缸筒最大磨损处内径达到极限尺寸时，应换用新件。

（3）皮碗及密封圈老化、腐蚀时，均应换用新件。

（4）回位弹簧弹性减弱，会使活塞及皮碗不能迅速回位，不但可引起制动不能彻底解除，而且储液室的制动液不能迅速地使工作腔得到补充，造成第二脚制动时，出现空行程，导致因油压不能迅速提高而影响制动性能。应换用新件或采用热处理法进行修复。回位弹簧严重锈蚀或折断时，均应换用新件。

2. 气液总泵的装配

气液总泵在装配前，所有零件应用酒精清洗干净，不得使用其他油料清洗，以免腐蚀皮碗。所有滑动零件摩擦表面应涂以薄层润滑脂，活塞及皮碗应涂少量的制动液。

组装活塞皮碗时皮碗开口的一端应朝向气室进气的一侧。将活塞装入气室缸体时注意不要碰坏活塞皮碗。组装气室缸体盖时，应在压力机上进行，以防回位弹簧弹出伤人。

装复后，应检查气缸活塞和液压缸活塞运动是否灵活，液压缸活塞及皮碗位置是否合适。若位置不当，可通过改变垫圈厚度进行调整。气液总泵不得有漏气及漏油现象。

四、防抱死制动系统的检测与修复

（一）ABS 系统检测与修复的注意事项

（1）系统发生故障由 ABS 警告灯和制动装置警告灯指示。某些故障只能在车速超过 20 km/h 后才能被检测到；如果 ABS 警告灯和制动装置警告灯不亮，但制动效果仍不理想，则可能是系统放气不干净或在常规的制动系统中存在故障；对 ABS 修理前，应先用 V. A. G1552 故障诊断仪查询故障存储。

（2）拔 ABS 电气插头之前，必须关闭点火开关；开始修理前，应关闭点火开关并拆下蓄电池接地线。

（3）拆卸前必须彻底清洁连接点和支承面，但绝不允许使用汽油、稀释剂等清洁剂。

（4）系统检修不允许使用机油或油脂；拆下的零件必须放在干净的地方并覆盖好；把 ABS 电子控制单元和压力调节器分开后，必须把压力调节器放在专用支架上，以免搬运中碰坏阀体；拆下的元件若不能立即完成修理工作，必须小心地用不起毛的抹布盖好或者用塞子封闭。

（5）配件要在安装前从包装内取出；必须用原装配件；系统打开后不要使用压缩空气，也不要移动车辆；注意不要让制动液流到线束插头内。

（6）打开制动系统完成作业后，用专用工具 VW1238A 制动液充放机与 V. A. G1552 故障诊断仪配合使用，对系统进行放气。

（7）在试车中，至少进行一次紧急制动。当 ABS 正常工作时，会在制动踏板上感到有反弹，并可感觉到车速迅速降低而且平稳。

（8）紧急制动时，制动踏板应踩住不放；ABS 工作时踏板有震颤感、听到工作噪声属正常现象。

（9）避免制动液溅到车身上，因为制动液会腐蚀油漆。如制动液已接触油漆，应立即用清水冲洗。

（二）ABS主要部件的检测与修复

1. 前轮转速传感器

（1）检查前轮齿圈

①前轮轴承损坏或轴承轴向间隙过大时，会影响前轮转速传感器的间隙。举升起前轮，使之离地，用双手转动前轮感觉前轮摆动是否异常。若轴承间隙过大，则要检查齿圈轴向摆差，轴向摆差应不大于0.3 mm。

②若前轮轴承损坏或轴向间隙过大，则应更换轴承。

③若出现齿圈轴向摆差过大，而引起前轮转速传感器与齿圈擦碰，造成齿圈变形或齿圈残缺不全，则应更换前轮齿圈。

④若前轮齿圈完好无损，但被泥或脏物堵塞，应清除齿圈空隙中的脏物。

（2）检查前轮转速传感器输出电压

①检查前轮转速传感器与齿圈之间的间隙是否符合规定，标准值为1.10~1.97 mm。

②顶起前轮，松开驻车制动。

③拆下ABS电线束，在电线束插接器处测量。

④以30 r/min的转速转动前轮，用万用表或示波器测量输出电压。左前轮接线柱为4和11，右前轮接线柱为3和18，用万用表测量时，前轮转速传感器输出电压应为70~310 mV；用示波器测量时，输出电压应为3.4~14.8 mV/Hz。

⑤若输出电压不符合规定时，检查前轮转速传感器是否有故障；检查前轮转速传感器电阻值（1.0~1.3 kΩ）；在齿圈上取四点检查齿圈与前轮转速传感器之间的间隙是否过大；检查电线束是否有误差。

2. 后轮转速传感器

（1）检查后轮齿圈

①举升起后轮，使之离地，用双手转动后轮感觉后轮摆动是否异常。若后轮摆动过大，则要检查后轮轴承的径向圆跳动，径向圆跳动标准值为0.05 mm。

②若后轮轴承径向圆跳动过大，则需要调整螺母调节后轴承的间隙，或者更换后轮齿圈。

③若后轮齿圈完好无损，但被脏物堵塞，应清除齿圈空隙中的脏物。

（2）检查后轮转速传感器输出电压

①检查后轮转速传感器与齿圈之间的间隙是否符合规定，标准值为0.42~0.80 mm。

②顶起前轮，松开驻车制动。

③拆下ABS电线束，在电线束插接器处测量。

④以30 r/min的转速转动后轮，用万用表或示波器测量输出电压。左后轮接线柱为2和10，右后轮接线柱为1和17，用万用表测量时，后轮转速传感器输出电压应大于260 mV；用示波器测量时，输出电压应大于12.2 mV/Hz。

⑤若输出电压不符合规定时，检查传感器是否有故障；检查传感器电阻值（1.0~1.3 kΩ）；在齿圈上取四点检查齿圈与车轮转速传感器之间的间隙是否过大；检查电线束是

否有误差。

3. ABS 控制器的检测

(1)检查 ABS 控制器的线束插头应无松动,接触良好;管脚应无腐蚀,否则应清除干净。

(2)检查 ABS 控制器的输入电源及搭铁情况。

(3)直接用替换法进行试验。

需要指出的是:ABS 控制器并不容易损坏,不要轻易更换,应仔细做好上述(1)(2)步骤检查。

4. 制动压力调节器的检测

制动压力调节器常见故障是电磁阀、油泵不工作,电磁阀泄漏等。

(1)检查电磁阀线圈的电阻,应符合要求。

(2)对电磁阀、油泵进行通电试验应能听到动作声。

(3)可用专门的 ABS 测试设备进行测试。

(4)利用汽车电脑诊断仪(解码器)的"执行元件测试"功能进行测试。

5. 继电器的检测

ABS 装用的继电器主要有控制 ABS 工作电源的主继电器、电磁阀继电器、油泵继电器等。这些继电器的常见故障是触点接触不良、线圈断路或短路等,检查方法如下:

(1)用万用表测量线圈电阻,阻值应正常。

(2)通电检查。用万用表测量两触头间电阻值,不通电时为无穷大,通电时应为 0。

(3)继电器触头接触情况也可以通过测量触头的电压降进行判断,如工作时电压降超过 0.5 V,则说明接触不良。

任务3　制动系统常见故障的诊断与排除

一、液压制动系统的故障诊断与排除

随着运行或作业时间的不断增长,液压制动系统各机件由于磨损、疲劳、老化、变形、间隙增大等多种因素,技术状况变差。液压制动系统在工作中发生的故障主要有制动失效、制动不灵、制动跑偏、制动拖滞等,现分述如下。

(一)制动失效

1. 故障现象

制动时各车轮不能起制动作用,车辆不能减速或停车。

2. 故障原因

(1)制动总泵缺油。

(2)制动总泵皮碗损坏或踩翻。

(3)制动管路破裂或管接头漏油。

(4)制动机构的机械连接部分脱落。

3.故障诊断与排除

（1）连续踩几下制动踏板,如踏板不升高,同时感到无阻力,应检查总泵是否缺油,如不缺油,再检查前后制动油管是否有漏油或损坏。

（2）制动踏板无连接感,则为踏板至总泵的连接脱开,在车下检视,即可发现脱开部位。

（3）制动踏板有一定阻力,但踏板位置保持不住,出现明显下沉,可能为总泵皮碗破裂,从车下可发现总泵有滴油和喷油现象。

（4）上述检查正常,则可能是总泵皮碗踩翻,应更换皮碗。

（二）制动不灵

1.故障现象

车辆行驶或作业中,一脚制动,不能减速停车,连踩几脚制动,效果也不好;踩下踏板后,从高度看情况正常,但感到较软,车辆不能立即减速或停车。

2.故障原因

（1）制动分泵和油管内有空气。

（2）踏板自由行程过大。

（3）总泵出油阀损坏或补偿孔和空气孔堵塞。

（4）总、分泵皮碗损坏老化。

（5）油管破裂或接头松脱漏油。

（6）摩擦片与制动鼓间隙过大。

（7）摩擦片有油污、硬化或铆钉外露。

（8）制动鼓或制动蹄失圆或过薄。

（9）摩擦片材质不同。

3.故障诊断与排除

（1）连续踩几下制动踏板,踏板能逐渐升高,不抬脚继续往下踩,感到有弹力,松开踏板稍停一会儿再踩,如无变化,即为制动系统内有空气,应予排气。放气顺序是先从总泵开始,再到各分泵。各分泵的放气次序是从离总泵最近的一个分泵开始,依次进行。

（2）如一脚制动不灵,连踩几脚制动踏板,踏板位置逐渐升高并制动效果良好,说明踏板自由行程过大或摩擦片与制动鼓间隙过大,应先检查调整踏板自由行程,再检查调整摩擦片与制动鼓间隙。

（3）若连续踩下制动踏板,踏板位置能逐渐升高,当升高后,不抬脚继续往下踩不感到有弹力而有下沉的感觉,说明制动系统中有漏油,应检查修复。

（4）当踩下踏板时,踏板位置很低,再连踩几下踏板,位置还不能升高,一般是总泵通气孔或补偿孔堵塞,应检查疏通。

（5）当踩下踏板时,踏板高度符合要求,也不软弱下沉,但制动效果不好,则为车轮制动器的故障,应检修车轮制动器。

（三）制动跑偏

1.故障现象

制动时同轴两边车轮不能同时起制动作用,甚至一边车轮制动一边还在滚动,使车辆在制动时向一边偏斜。

2. 故障原因

(1)两边制动鼓与制动蹄摩擦片间隙不一样。

(2)两边车轮制动蹄摩擦片与制动鼓接触面积相差过大。

(3)两边车轮制动蹄摩擦片材质不同。

(4)两边车轮制动鼓内径相差过大。

(5)两边车轮制动器回位弹簧弹力不一样。

(6)两边车轮制动分泵活塞磨损不一致。

(7)某边制动管路中有空气。

(8)某边车轮制动鼓失圆或过薄。

(9)两边轮胎气压不一致。

(10)某边车轮制动蹄摩擦片油污、硬化或铆钉外露。

3. 故障诊断与排除

(1)进行路试。当车辆行驶中减速制动时,若行驶方向向右偏斜,说明左边车轮制动不良,反之说明右边车轮制动不良。

(2)找出制动不良的车轮后,仔细检查该轮制动管路有无损伤漏油的现象,如有则查明原因排除之。

(3)如该轮外观完好,可对该轮制动分泵进行放气,若放气时发现有空气或放气后故障消失,说明该制动分泵管路有气阻。

(4)如无气阻现象,则检查调整该轮摩擦片与制动鼓之间的间隙,如间隙符合要求,再检查该轮轮胎气压和磨损程度,若该轮胎气压不足或花纹磨平,则进行充气或更换轮胎。

(5)如上述检查均无问题,说明故障在车轮制动器内部,应拆检车轮制动器。

(四)制动拖滞

1. 故障现象

抬起制动踏板后,全部或个别车轮的制动作用不能立即全部解除,以致影响了车辆的重新起步、加速行驶或滑行。

2. 故障原因

(1)制动踏板没有自由行程或回位弹簧太软。

(2)制动总泵活塞回位弹簧过软或折断。

(3)制动总泵或制动分泵皮碗发胀或活塞变形。

(4)制动鼓与制动蹄摩擦片间隙过小。

(5)制动蹄回位弹簧过软或折断。

(6)制动蹄在支承销上转动不灵活。

(7)制动液过脏或黏度过大使制动管路堵塞。

3. 故障诊断与排除

(1)工作一段时间后,用手摸各车轮制动鼓,若全部车轮制动鼓都发热,说明故障发生在制动总泵;若个别车轮发热,则故障在车轮制动器。

(2)故障在制动总泵,应先检查制动踏板自由行程。若制动踏板自由行程符合要求,可将制动总泵储油室盖打开,连续踩下和放松制动踏板,看其回油情况,如不能回油,则为回油孔堵塞,应疏通;如回油缓慢,则为皮碗发胀或回位弹簧无力,应检修制动总泵。

（3）故障在车轮制动器，应先拧松放气螺钉，若制动液急速喷出，制动蹄回位，则为油管堵塞，制动分泵不能回油所致。如制动蹄仍不能回位，则应调整摩擦片与制动鼓之间的间隙。

（4）上述检查调整均无效，应拆下制动鼓，检查制动分泵活塞与回位弹簧的情况以及制动蹄片销的活动情况，必要时进行修理更换。

二、真空增压液压制动系统的故障诊断与排除

真空增压液压制动系统是在液压简单传动的基础上，加设一套产生真空度的加力机构。该机构与液压制动装置联合作用，使车轮的制动力增大数倍。这样既可减轻驾驶员的疲劳，保证安全，同时，即使真空加力机构失去作用，整个系统还可以如同简单液压制动系统一样工作。下面着重分析真空增压器工作不良导致真空增压液压制动系统出现的主要故障。

（一）制动时踏板阻力大，制动效能不良

1. 故障现象

制动时，制动踏板高、硬，制动效能不良。

2. 故障原因

（1）管接头松动或管道破裂。

（2）单向阀阀面或阀座表面脏污或破损。

（3）空气阀阀面或阀座表面脏污或破损。

（4）真空阀阀面或阀座表面脏污或破损。

（5）控制阀活塞密封件、膜片或量孔破损。

（6）加力气室膜片破裂。

3. 故障诊断与排除

（1）检查各真空管接头是否松动，管子是否破裂。

（2）若管子及接头完好，则应检查真空增压器是否有故障。可先踩下制动踏板，然后启动发动机，怠速运转几秒钟，如感到制动踏板自行下降少许，说明真空增压器良好，若制动踏板并不自行下降，说明真空增压器工作不良。

（3）若真空增压器工作不良，可先检查控制阀的空气阀是否良好，方法是：在放松制动踏板，发动机怠速运转时，悬一小束棉纱或小纸条于控制阀进气口前面，如被吸入，说明空气阀密封不良；如不吸入，且在踩下制动踏板时也不吸入，则表明制动阀失效；如制动踏板刚一踩下棉纱或纸条即被吸入，说明空气阀良好，故障多为控制阀的真空阀不密封。

（4）有些车辆的加力器的空气室一端有加油孔塞，可将其拆下，用手捂住加油孔，然后启动发动机，踩下制动踏板，如感到有吸力，说明真空阀可能漏气或膜片破裂。

（二）制动时踏板反弹，制动效能不良

1. 故障现象

发动机运转中，踩下制动踏板后，踏板忽然向上反弹顶脚，且制动效能不良。

2. 故障原因

（1）增压缸活塞磨损过甚。

（2）增压缸活塞回位弹簧过软。

（3）增压缸单向球阀密封不良。

（4）增压缸皮圈损坏。

3.故障诊断与排除

当踩下制动踏板,踏板反弹,说明车轮制动器制动分泵侧制动液向制动总泵侧倒流,可能是增压缸活塞皮圈破裂,活塞止回球阀密封不良,活塞回位弹簧太软造成的,应拆下增压器出油管接头,踩下制动踏板,将弹簧和活塞顶出,检查弹簧的弹力是否符合要求,皮圈有无破损,活塞与泵体的配合是否良好,单向止回球阀是否密封可靠等,视情况予以检修。

（三）解除制动迟缓

1.故障现象

抬起制动踏板时,不能立即解除制动作用。

2.故障原因

（1）加力气室活塞回位弹簧太软。

（2）控制阀膜片弹簧过软。

（3）控制阀的空气阀与真空阀间隙过大。

（4）控制阀活塞不良或皮碗发胀。

3.故障诊断与排除

（1）拆下空气阀上的空气滤清器,使发动机怠速运转,踩下制动踏板,当抬起踏板时,如用起子能立即推动空气阀,且制动作用亦随之解除,则说明控制阀膜片回位弹簧过软,或控制阀活塞不良或皮碗发胀,应更换皮碗,清洁活塞,检验回位弹簧的弹力。

（2）若用上述办法推不动空气阀,则应检查加力气室回位弹簧是否太软或气压活塞运动阻滞。如良好,则应调整控制阀的空气阀与真空阀之间的距离,若两阀间距过大,使真空阀与其座的距离过小或大于间隔,不但解除制动缓慢,而且在发动机启动后,即可能自动产生制动作用。

三、气压制动系统的故障诊断与排除

（一）制动失效

1.故障现象

车辆行驶或作业时,将制动踏板踩到底,制动装置根本不起作用,或者在使用一次或数次制动后,制动装置突然不起作用。

2.故障原因

（1）空气压缩机发生故障,储气筒内无压缩空气。

（2）制动阀内进气阀或排气阀失灵。

（3）制动软管或制动气室膜片破裂。

（4）制动阀进气迟缓,阀门与空芯杆间隙过大。

（5）气动管路阻塞。

（6）车轮制动器失效。

3.故障诊断与排除

（1）如果在使用一次或数次制动后,制动阀排气口放气或漏气,应分解制动阀,查看上体阀口与进气阀口间是否有杂物,进气阀门有无发卡、损坏,回位弹簧有无折断,下体上的阀口有无损伤,润滑脂是否干结等。

(2)观察气压表,如气压表指示为"0",应检查空气压缩机皮带是否过松,若皮带完好,可拆下空气压缩机出气管,察听发动机工作时空气压缩机有无泵气声,如无泵气声,应拆检空气压缩机,如空气压缩机工作正常,则进一步检查单向阀、制动气管是否卡滞、堵塞,出气阀与座是否密封等。

(3)如气压表指示气压正常,可根据踩下制动踏板后气压下降值断定故障所在,若气压下降太少或为零,则说明制动阀不良,应检查制动踏板自由行程是否过大,排气阀加垫是否过多,进气阀开度是否过小,推杆是否弯曲及平衡弹簧是否太软等。若踩下制动踏板后,气压一直下降,说明制动阀至制动气室之间某处漏气,应检查漏气处,拧紧制动气室紧固螺栓和制动管路接头连接螺栓。

(4)若气压降正常,在40~50 kPa范围内且无漏气声,说明故障在车轮制动器。

(二)制动不灵

1. 故障现象

制动不灵是指车辆行驶中,将制动踏板踩到底后,仍不能停车或减速,制动距离超过规定标准。

2. 故障原因

(1)空气压缩机传动带过松、排气阀密封不严或弹簧过软。

(2)空气压缩机活塞环或活塞磨损过度。

(3)空气压缩机缸盖螺栓松动或衬垫损坏。

(4)油水分离器或空气滤清器堵塞。

(5)管路接头漏气或管路堵塞。

(6)制动气室活塞皮碗或制动膜片损坏。

(7)制动阀膜片损坏。

(8)制动踏板自由行程过大。

(9)制动气室气压不足。

(10)制动蹄摩擦衬片与制动鼓间隙过大或摩擦衬片上有油污。

(11)制动凸轮转动困难,制动蹄支承销锈蚀。

3. 故障诊断与排除

(1)中速运转发动机数分钟后,观察气压表读数是否正常,如气压表读数依然很低,可踩下制动踏板,当放松踏板时放气声很大,说明气压表损坏,故障在车轮制动器;若无放气声或放气声很小,则故障可能在空气压缩机,应对空气压缩机可能出现的故障进行检查排除。

(2)如气压表读数正常,但发动机熄火后气压自动下降,应检查制动阀是否漏气,制动阀到空气压缩机之间的管路是否漏气。

(3)如气压表读数正常,发动机熄火后气压也能保持正常,但踩下制动踏板后有漏气声,应先检查制动阀,若制动阀不漏气,再检查制动气室和制动软管处是否漏气。

(4)如发动机熄火后气压能保持正常,踩下制动踏板后也不漏气,但制动效果却不灵,应检查制动踏板自由行程是否过大,制动鼓与摩擦衬片之间的间隙是否过大,摩擦衬片是否沾有油污,制动鼓是否起槽或失圆以及制动气室推杆的伸张情况等。

(三)制动跑偏

1.故障现象

车辆制动时,两边车轮不能同时起制动作用,甚至一边车轮制动,另一边车轮仍然转动,使车辆不能沿直线方向停车,这种现象称为制动跑偏。

2.故障原因

(1)左右轮制动器摩擦衬片与制动鼓间隙不等。

(2)左右轮制动器摩擦衬片材质不同或接触情况不一致。

(3)某边制动摩擦衬片沾油、硬化或铆钉外露。

(4)某边制动气室推杆弯曲变形、膜片破裂或管路漏气。

(5)某边制动器凸轮轴被卡住。

(6)两边制动蹄片回位弹簧弹力相差过大。

(7)车架、制动器有故障。

3.故障诊断与排除

(1)通过路试,找出制动效能不良的车轮,一般是车辆向右侧偏斜,左侧车轮制动不良,车辆向左侧偏斜,右侧车轮制动不良。同时,停车后察看左右车轮在地面上的拖印痕迹,拖印短的一边,该车轮制动不良。

(2)一人踩住制动踏板,另一人注意听察该车轮的制动气室、气管或接头处是否有漏气声,如制动气室内有漏气声,为膜片破裂。若无漏气声,注意观察制动气室推杆的伸出速度是否相等,有无歪斜或卡住情况。如左右制动气室伸出速度不等,则应检查左右气室工作气压,如相差过大,应检查制动气室气压低的制动软管是否老化、堵塞。

(3)如左右制动气室推杆伸出速度相等,可检查制动气室推杆行程是否过大,如推杆行程符合要求,可将车轮架起,从制动鼓检查孔观察摩擦衬片是否有松脱现象,并检查制动鼓与摩擦片之间的间隙是否正常且两轮一致。

(4)如上述情况良好,再拆检制动鼓是否失圆,摩擦衬片是否磨损过量,左右轮胎的气压是否一致等。

(四)制动拖滞

1.故障现象

制动拖滞是指制动踏板抬起后,制动不能很好解除,摩擦衬片与制动鼓仍在接触,致使车辆起步困难,行驶无力。

2.原故障因

(1)排气阀行程调整不当或排气阀弹簧折断,使排气阀不能完全打开。

(2)制动蹄摩擦衬片与制动鼓之间间隙太小。

(3)蹄片回位弹簧失效。

(4)制动凸轮轴转动不灵活。

(5)制动气室推杆伸出过长或因弯曲变形而卡住。

3.故障诊断与排除

发生制动拖滞故障时,首先检查制动鼓发热情况,如所有制动鼓均发热,应检查制动阀的工作情况,可踩下制动踏板,察听排气情况,如不排气或排气很少或间断排气,则为制动阀故障;如某个制动鼓发热,应检查该制动气室推杆伸缩是否自如,凸轮轴是否卡住,回位弹簧工作是否良好;如上述检查均未发现故障,则应检查制动蹄与制动鼓间隙是否符合要求。

四、驻车制动系统的故障诊断与排除

(一)制动不灵

1. 故障现象

拉紧手制动后,车辆停在坡道上仍可滑溜,或行驶中拉紧手制动,不能使车速立即降低。

2. 故障原因

(1)盘式制动器

①联动臂拉杆过长。

②摩擦片与制动盘间隙过大。

③摩擦片上有油污。

④手制动器各销轴磨损过多而松旷。

⑤手制动盘不平。

⑥摩擦片铆钉外露、过薄或硬化。

(2)鼓式制动器

①手制动拉线调整过长。

②摩擦片与制动鼓的间隙太大。

③摩擦片上有油污,硬化或铆钉外露。

④制动鼓磨损过甚或失圆。

⑤手制动器拉线螺钉螺母松脱或拉线折断。

⑥制动鼓与摩擦片接触面过小。

3. 故障诊断与排除

(1)将手制动器拉紧,如果能够起步(不熄火),或挂挡用手摇柄摇车,能够摇转车轮前进,说明手制动器的制动效果不良,需要拆检和调整。

(2)对于盘式制动器,拉紧手制动器后,如果摩擦片与制动盘未贴紧,应调整联动臂拉杆上的调整螺母,旋入螺母,间隙减小;反之,则间隙增大。同时旋入手制动支架上端的两个调整螺钉,使两蹄片与手制动盘保持平行。如果能贴紧而制动效果不好,应检查摩擦片上有无油污,铆钉有无外露,摩擦片是否烧蚀或破裂,需针对具体情况,分别采取清洗、重新更换新摩擦片等方法进行处理。经上述检查调整未见异常,则应查看手制动盘工作表面,若磨损出现沟槽,应给予光磨(或镗削)处理。

(3)对于鼓式制动器,拉紧手制动器后,制动蹄摩擦片与制动鼓未贴紧,说明手拉线过长或联动机构松动应调整。当蹄片与制动鼓间隙调整符合要求后,蹄片与鼓仍未贴紧,说明联动机构松动,应对手柄进程给予调整。如可贴紧,应检查制动蹄摩擦片上有无油污或制动蹄摩擦片与制动鼓的结合面是否过小。必要时应检查制动鼓的圆度。

(二)不能解除制动或解除不彻底

1. 故障现象

起步困难,或行驶作业一段距离(时间)后,用手摸制动蹄和制动盘感到烫手。

2. 故障原因

(1)摩擦片与制动鼓间隙过小。

(2)制动蹄片与制动鼓间隙过小。

(3)蹄臂拉杆弹簧过软或折断。

(4)手制动器摇臂回位弹簧和制动蹄回位弹簧过软或折断。

(5)手制动盘和手制动架固定螺钉松动。

3. 故障诊断与排除

遇此故障应立即停车,用手抚摸制动蹄、制动盘或制动鼓是否烫手,若烫手,先看手制动杆是否放到底,在松到底的情况下,检查蹄臂拉杆弹簧是否过软或折断,手制动盘和手制动架固定螺钉是否松动。如均良好,应检查摩擦片与制动盘(翻动鼓)的间隙大小,不合适时,应按要求重新进行调整,达到手制动杆从放松的极限位置往上拉,应只有两响的自由行程,第三响即开始有制动的感觉,至第五响时,机械应能在规定的坡度停住。

(三)手制动拉杆不能定位

1. 故障现象

拉紧手制动器不能松手,否则拉杆自动滑回原位。

2. 故障原因

(1)拉杆变形,移动不灵。

(2)棘爪拉杆弯曲、卡住。

(3)弹簧失效或折断。

(4)棘爪与扇齿磨损严重、断裂或滑齿。

3. 故障诊断与排除

(1)反复按下松开棘爪拉杆按钮,经多次试验检查,看棘爪拉杆上下活动情况。若棘爪拉杆上下活动阻滞或卡住,则可能是弹簧失效或折断,拉杆弯曲变形所致。此时应分解手制动杆,更换弹簧,校正拉杆。

(2)如上述检查未见异常,可检查扇形齿板上的牙齿和拉杆棘爪。若有磨损过甚、断裂或滑牙,应堆焊后锉削修复或换新。

(四)异响

1. 故障现象

车辆在行驶中,出现连续的金属敲击声或在脱挡滑行至停车时,传动轴部分出现较沉重的金属撞击声。

2. 故障原因

(1)手制动盘翘曲。

(2)制动蹄下端拉紧小弹簧折断,脱落。

(3)手制动拖滞。

(4)各活络连接部位的销轴与孔或衬套磨损松旷。

（5）第二轴凸缘螺母松动。

（6）第二轴凸缘与花键轴配合松旷。

3. 故障诊断与排除

（1）行驶或作业时听到响声,可轻拉手制动杆 1~2 响,如响声消失,应检查手制动蹄销与销孔,杠杆与铜套的配合间隙,若间隙过大时,对销、轴涂镀、镀铬或堆焊后修磨修复;或更换衬套修复。若间隙合适,应检查制动蹄回位弹簧是否失效或折断,一般进行换新。

（2）如轻拉手制动杆响声无变化,应检查变速器第二轴的凸缘花键配合是否磨损松旷。凸缘花键配合松旷和制动盘(鼓)偏摆引起的敲击声,挂挡时并不一定出现,而滑行时才出现。若滑行接近停车时有金属撞击声,可检查手制动器是否拖滞,视具体原因,采取更换、紧固、调整的方法排除。

任务实施

一、任务描述

1. 识别鼓式、盘式制动器及制动传动机构的主要零部件;

2. 鼓式、盘式制动器及制动传动机构各总成的分解、装配;

3. 鼓式、盘式制动器及制动传动机构各总成的检修、调整与试验;

4. 鼓式、盘式制动器及制动传动机构各总成的常见故障诊断与排除;

5. 鼓式、盘式制动器及制动传动机构各总成主要零件的失效原因分析。

二、任务要求

1. 按照检测要求和技术标准将设备、仪器分别放在相关工位,将制定的任务单发给学生;每位学生穿上工作服、工作鞋,随身携带一支笔,以便做好记录并分析检测结果;

2. 使用有关工具,按照正确步骤分解、装配鼓式制动器、钳盘式制动器、液压制动传动机构、气压制动传动机构、气推油制动传动机构各总成一台套;

3. 识别鼓式制动器、钳盘式制动器、液压制动传动机构、气压制动传动机构、气推油制动传动机构各总成主要零部件;

4. 按照有关技术标准检测并维修鼓式制动器、钳盘式制动器、液压制动传动机构、气压制动传动机构、气推油制动传动机构各总成主要零件;

5. 按照有关技术标准,对装配的鼓式制动器、钳盘式制动器、液压制动传动机构、气压制动传动机构、气推油制动传动机构各总成进行调整、动态试验;

6. 按照正确步骤检查并排除鼓式制动器、钳盘式制动器、液压制动传动机构、气压制动传动机构、气推油制动传动机构各总成常见故障;

7. 对鼓式制动器、钳盘式制动器、液压制动传动机构、气压制动传动机构、气推油制动传动机构等各总成主要零件的失效进行原因分析;

8. 监控学生是否按要求完成任务,并指导学生进行正确的操作。

三、任务考核

序号	考核内容	分值	评分标准	得分
1	正确使用工具、量具	4	工具使用不当,一次扣2分	
2	指认车上制动系统零部件位置正确	12	指认位置不正确,扣12分	
	拆装顺序正确		拆装顺序错误,一次扣3分	
	零件摆放整齐		摆放不整齐,扣3分	
	清楚零件的组成、作用及工作原理		不清楚,扣12分	
3	车轮制动器的拆装、检查与调整	44	能对各个项目进行准确检测及调整,错一项扣4分	
	驻车制动器的拆装、检查与调整			
	液压式制动传动机构的拆装、检查与调整			
	真空增压液压式制动传动机构的拆装、检查与调整			
	气压式制动传动机构的拆装、检查与调整			
	气顶油式制动传动机构的拆装、检查与调整			
	驻车制动操纵手柄行程的检查与调整			
	制动踏板自由行程的检查与调整			
	工作情况检查、调整及动态试验			
	常见故障原因分析与排除			
4	正确组装制动系统零部件	10	不能正确组装,错一次扣2分	
5	正确调整间隙	15	不会调整扣10分,调整错误扣5分	
6	工具、现场清洁	5	每项扣2分,扣完为止	
7	安全、文明生产	10	违规操作、发生人身和设备事故,为0分	
8	配分合计	100	得分合计	

复习思考

一、填空题（将正确答案填在题中横线上）

1. 车轮制动器主要由_____部分、_____部分、张开机构、调整机构等四部分组成。

2. 制动轮缸的作用是将制动主缸传来的_____、转变为使制动蹄张开的_____。

3. 制动踏板自由行程_____，将引起制动不良。

4. 制动系统常见故障有_____、_____、_____、_____等。

5. 鼓式制动器不制动时的蹄鼓间隙可通过制动鼓腹板外边开有的检查孔用_____检查。

6. 轮缸张开的鼓式车轮制动器的蹄鼓间隙可通过_____、_____加以调整。

7. 凸轮张开的鼓式车轮制动器的蹄鼓间隙可通过_____、_____加以调整。

8. 制动鼓磨损后的最大直径、圆度、圆柱度可用_____或_____加以测量。

9. 在镗床或专用镗鼓机上镗削制动鼓时，应以_____为定位基准，以保证同轴度。

10. 铆合制动蹄摩擦衬片时，用专用夹具夹紧，由_____向_____铆合。

11. 液压制动系统制动总泵储油罐的油面高度一般应保持在总泵盖上边缘下_____处。

12. 液压制动系统排气应从距制动总泵_____的分泵开始，由_____及_____将其他分泵按规定放气，踩踏板时要_____。

13. 气压制动控制阀不制动时，芯管下端面与阀门端面间的排气间隙反映到制动踏板上为_____。

14. 气压制动系统的常见故障有_____、_____、_____等。

二、判断题（将判断结果填入括号中，正确的填"√"，错误的填"×"）

1. （　）修理时制动鼓和制动蹄的曲率半径应相等。

2. （　）气压制动储气筒气压不足，会使制动不灵。

3. （　）造成气压制动拖滞的主要原因有制动阀故障、车轮制动器故障和其他机件故障等。

4. （　）造成制动跑偏的主要原因是左、右车轮制动力矩不平衡。

5. （　）非平衡式制动器制动时，左右两蹄的制动效果是相同的。

6. （　）凸轮张开蹄式制动器的制动间隙是不可以调节的。

7. （　）非平衡式制动器，前进和倒退时的制动效果相同。

8. （　）液压制动系统的油路中有空气是制动跑偏的原因之一。

9. （　）液压制动系统的制动总泵推杆自由行程太大是制动不灵的原因之一。

10. （　）左右车轮制动器的制动间隙不一致是制动跑偏的原因之一。

11. （　）制动蹄回位弹簧失效是制动拖滞的原因之一。

12. （　）制动蹄摩擦衬片与制动鼓靠合面积应大于总面积的50%，且靠合印痕为两端重中间轻。

三、选择题(选择一个正确的答案,将相应的字母填入题内的括号中)

1. 盘式车轮制动器的摩擦工作面是旋转元件的(　　)。

　　A. 外圆柱面　　　　　　　　　　　B. 内圆柱面

　　C. 端面　　　　　　　　　　　　　D. 侧面

2. 在不制动时,气压制动控制阀的进排气阀门的开闭情况是(　　)。

　　A. 进气阀开启排气阀关闭　　　　　B. 进气阀关闭排气阀开启

　　C. 进排气阀均关闭　　　　　　　　D. 进排气阀均开启

3. 液压制动系统四轮制动分泵放气的顺序是(　　)。

　　A. 右前轮→左前轮→左后轮→右后轮

　　B. 右后轮→左后轮→右前轮→左前轮

　　C. 左后轮→左前轮→右后轮→右前轮

　　D. 左前轮→右前轮→左后轮→右后轮

4. 使已停驶的车辆在原地不动的制动系统是(　　)。

　　A. 行车制动系统　　　　　　　　　B. 驻车制动系统

　　C. 第二制动系统　　　　　　　　　D. 辅助制动系统

5. 中央制动器的旋转元件固装在(　　)上。

　　A. 传动系的传动轴　　　　　　　　B. 车轮

　　C. 半轴　　　　　　　　　　　　　D. 主减速器

6. 液压制动系统作用在前后桥制动蹄上的张开力与下面哪个因素无关?(　　)

　　A. 踏板力　　　　　　　　　　　　B. 制动踏板的杠杆比

　　C. 前后制动分泵活塞的直径比　　　D. 制动蹄摩擦片面积

7. 双回路液压制动系统中任一回路失效时,下列哪个说法不正确?(　　)

　　A. 制动总泵仍能工作　　　　　　　B. 所需踏板行程变小

　　C. 制动距离增加　　　　　　　　　D. 制动效能下降

8. 真空增压器开始起助力作用时,(　　)。

　　A. 真空阀关闭,空气阀关闭　　　　B. 真空阀关闭,空气阀打开

　　C. 真空阀打开,空气阀关闭　　　　D. 真空阀打开,空气阀打开

9. 港口机械的行车制动器一般采用(　　)。

　　A. 摩擦式制动器　　　　　　　　　B. 液力式制动器

　　C. 电磁式制动器　　　　　　　　　D. 其他形式制动器

10. 在港口机械维护中,一般需要检查和调整蹄式制动器的(　　)。

　　A. 制动力　　　　　　　　　　　　B. 制动间隙

　　C. 复位弹簧的长度　　　　　　　　D. 摩擦片的厚度

11. 气压制动比液压制动(　　)。

　　A. 制动和解除制动都快　　　　　　B. 制动慢、解除制动快

　　C. 制动快和解除制动慢　　　　　　D. 制动和解除制动都慢

12. 在双回路制动系统中,一般要求具有(　　)。

　　A. 前轮制动比后轮制动晚　　　　　B. 前轮制动比后轮制动早

　　C. 前轮和后轮同时制动　　　　　　D. 没有要求

13. 在车轮制动器中,液压制动分泵安装在( )上。
    A. 制动蹄
    B. 制动底板
    C. 制动鼓
    D. 摩擦片

14. 目前,港口机械制动系统多采用( )。
    A. 单回路制动
    B. 双回路制动
    C. 三回路制动
    D. 四回路制动

15. 液压制动系统的制动主缸中的制动液不足,会造成( )。
    A. 制动跑偏
    B. 制动失效
    C. 制动拖滞
    D. 制动不良

16. 气压制动系统中制动踏板无自由行程或制动间隙过小会造成( )。
    A. 制动跑偏
    B. 制动失效
    C. 制动拖滞
    D. 制动不良

17. 非平衡式制动器左右蹄制动效能不相等,其主要原因是( )。
    A. 两蹄的摩擦片面积不相等
    B. 两蹄的张力不相等
    C. 轮缸的活塞直径不相等
    D. 两蹄的摩擦力不相等

18. 不制动时,液压制动系统制动主缸和制动轮缸的油压关系是( )。
    A. 制动总泵比制动分泵高
    B. 制动总泵比制动分泵低
    C. 制动总泵和制动分泵相同
    D. 不定

19. 双向自增力式车轮制动器的制动效能( )。
    A. 前进时高
    B. 倒车时高
    C. 前进与倒车一样

20. 简单非平衡式制动器前后蹄制动效能不相等,其主要原因是( )。
    A. 两端的摩擦片不等长
    B. 两分泵直径不相等
    C. 两蹄片张开力不等值
    D. "助势"和"减势"作用不同

21. 就制动效能来看,鼓式制动器对自动助势的效果利用的最差的制动器是( )。
    A. 简单非平衡式
    B. 简单平衡式
    C. 双向平衡式
    D. 自动增力式

22. 在气压制动传动回路中,调压阀的两个接头应分别连接( )
    A. 空气压缩机和储气筒
    B. 空气压缩机和制动阀
    C. 空气压缩机和单向阀
    D. 卸荷阀和储气筒

23. 为了使自动增力式制动器的蹄片摩擦片磨损均匀,应使长片安装在( )。
    A. 前面
    B. 后面
    C. 无所谓

24. 在解除制动时,液压制动总泵的出油阀和回油阀开闭情况是( )
    A. 先关出油阀,再开回油阀
    B. 先开回油阀,再关出油阀
    C. 两阀均开

四、问答题

1. 鼓式、钳盘式制动器分别是如何拆装、检修、调整的?

2. 液压制动传动系统的制动总泵、制动分泵、真空增压器等总成分别是如何进行拆装和检修的?

3.液压制动踏板自由行程是如何调整的?液压制动系统中的空气是如何排除的?

4.气压制动系统的空气压缩机、气制动控制阀、制动气室、压力控制阀等总成分别如何进行拆装、检修的?

5.气液制动系统的组合阀、气液总泵分别是如何进行装配、检修的?

6.液压制动、真空增压液压制动、气压制动、驻车制动系统分别有哪些故障?原因有哪些?如何排除?

项目十五

行驶系统的检测与修复

教学目标

一、知识目标

1. 能正确识别轮式车辆行驶系统的主要零部件,掌握轮式车辆行驶系统各总成的拆装、检修、调整与动态试验过程;

2. 准确描述轮式车辆行驶系统常见故障的诊断与排除方法。

二、能力目标

1. 能按照正确的步骤检修、装配与调整轮式车辆行驶系统各总成;

2. 能按维修操作规范,正确分析、判断并排除轮式车辆行驶系统的常见故障;

3. 能对轮式车辆行驶系统主要零件的失效进行原因分析。

任务导入

为了正确识别轮式车辆行驶系统的主要零部件,掌握轮式车辆行驶系统各总成的分解、装配、检修、调整过程,准确判断轮式车辆行驶系统故障,查明故障原因,作为港口机械维修人员必须全面认识轮式车辆行驶系统主要零部件,熟悉轮式车辆行驶系统分解、装配、检修、调整要求以及常见故障诊断与排除方法,并对轮式车辆行驶系统主要零件的失效进行原因分析。

任务 1 主要零部件的检测与修复

一、车架

(一)常见损伤形式

在使用过程中,车架会发生各种损坏,最常见的是车架变形和产生裂纹。车架有下列情况时,应予拆旧换新。

(1)由于锈蚀,初始截面已损失了 50% 以上。

(2)出现两条以上长度大、位置危险的严重的疲劳裂纹。

(3)在已经补焊过的地方或其附近再次出现疲劳裂纹。

(4)出现裂纹,或者由于事故产生裂口,在修理后不能达到所要求的承载能力的车架,也要予以更换。

(5)在一个节点上,各种缺陷数量较多时,也应换新。

(二)车架的检测与修复

1. 外观检查

车架检修前应除去锈层和旧漆,然后从外观上寻找车架是否产生严重的弯曲和扭转变形,是否有开裂、脱焊、锈蚀及铆接松动现象。对肉眼不易直接看到的裂纹,可用水将车架清洗干净后再涂上滑石粉,用手锤敲打找出裂纹。

2. 车架变形

当车架变形不大于 6 mm 时,可用冷校正法校正。但冷校正只能在气温 0 ℃以上进行。校正时可用弓形卡钳、千斤顶等工具进行校正。

当凹陷和变形较大时,可用快速加热到 700~1 100 ℃(碳钢)或者 900~1 150 ℃(低合金钢)的方法来消除大的变形。

在各种情况下,当温度低于 700 ℃时,校正工作应即刻停止,对变形的部分用喷嘴在变形量最大处沿外凸面加热。校正以后,构件应在周围气温 0 ℃以上的状态下冷却。

3. 车架裂纹

车架裂纹多半发生在截面发生剧烈变化的构件、构件的连接点和焊缝过多的节点处。检验时可在可能产生裂纹的地方,清除涂料、灰尘和泥土,露出金属光泽,并用 6~8 倍放大镜检查,还可用浸油锤击法,显示出裂纹的分布。

对检查出的裂纹,可在距可见裂纹始末两端 10~15 mm 处,钻直径为 8~25 mm 的孔,以控制裂纹的发展。补焊前应沿裂纹磨坡口,对碳素结构钢用 E4315 或 E4316,对低合金结构钢用 E5015-A1 或 E5016-A1 型电焊条补焊。

焊后应检查焊接有无裂缝,如果有了裂纹则应用砂轮将焊口磨掉,并重新焊接。磨掉的长度应超过明显的裂纹尾部 50~100 mm。新焊缝应当平直、密实,确实焊透,并与基本金属之间过渡很平顺。

二、驱动桥壳

车辆的驱动桥壳安装在车架上。由于驱动桥和车架是刚性连接,车辆在铲取或搬运作业中,驱动桥部分重量和道路不平、载荷不均等情况产生的载荷作用于驱动桥,使驱动桥出现弯曲、断裂,半轴套管产生轴承孔磨损和半轴套管轴颈磨损等损伤。

(一)驱动桥壳弯曲的检测与修复

1. 驱动桥壳弯曲的检测

检验前,应首先校正半轴及轮毂端平面接触凸缘的平整度,消除其端面圆跳动误差,再将标准半轴装在驱动桥壳上,校紧轴承,从壳内测试左右半轴的中心位置(见图 15-1),判断有无弯曲。两轴线之差应不大于 0.75 mm,极限值为 1 mm。

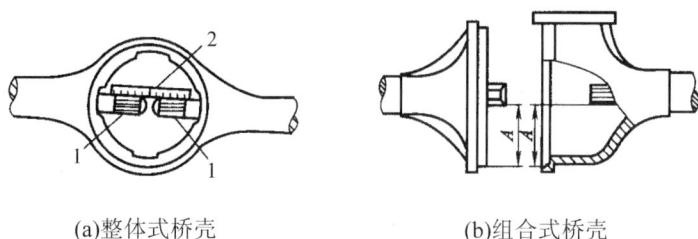

(a)整体式桥壳　　　　　　　　(b)组合式桥壳

图 15-1　驱动桥壳弯曲的检测

1—半轴;2—直尺

2. 驱动桥壳弯曲超限的校正

校正时,校正变形量应不大于原有弯曲变形量,并将校正压力保持一段时间,使桥壳得到一定的塑性变形。当弯曲变形大于 2 mm 时,可预热后校正,但加热温度应在 700 ℃ 以下,防止温度过高金相组织发生变化,影响桥壳的强度和刚度。铸造的桥壳最好避免加热校正。

(二)驱动桥壳裂纹的检测与修复

驱动桥壳中部裂纹及凸缘上裂纹,可用焊接法修复,其操作要点如下:

(1)沿裂纹开成90°的 V 形坡口,其深度为厚度的 2/3。

(2)在距裂纹两末端 6~10 mm 处,各钻直径为 5 mm 的孔。

(3)电焊焊补裂纹,其焊层应高于基本金属,但不超过 1 mm。正面焊好后再在反面进行焊补,焊后应将焊缝修平。焊补在工作平面的,其平面度误差应不大于 0.25 mm。

(4)裂纹焊补后应在裂纹处焊接加强腹板,其厚度一般为 4~6 mm,加强腹板应与驱动桥壳中心对称。

(5)如裂纹穿透至驱动桥壳盖或主减速器凸缘平面,则在焊补后应另焊加强腹环(厚度为 4~6 mm)。驱动桥壳盖平面的加强腹环可复接于外面,主减速器壳则视内部空间的许可,应复接于内面。焊接加强腹环时,应先用螺栓将加强腹环紧压于平面上,以免焊接时位置移动和挠曲。

(6)焊补加强后的驱动桥壳,要重新进行检验其直线度误差、壳盖面和主减速器凸缘平面的平面度误差,并校正、修磨到符合标准。

(三)其他部分的检测与修复

(1)桥壳两端内外轴承座颈同轴度误差应不大于 0.01 mm;轴承座颈与其止推端面的垂直度误差应不大于 0.05 mm;轴承座颈应与制动底板凸缘平面垂直,垂直度误差应不大于 0.1 mm。

(2)螺孔的螺纹损伤应不多于 2 牙,超过时可镶螺套修复或焊修。

(3)油封轴颈磨损大于 0.15 mm 时,可镶套修复。

(4)半轴套管装滚动轴承的轴颈磨损大于 0.04 mm 时,可镀铬或堆焊修复。

(5)半轴套管有任何性质的裂纹和缺损时,应予以更换。

(6)驱动桥壳装半轴套管内外端座孔磨损不得大于 0.06 mm,否则可将半轴套管轴颈镀铬或扩大至修理尺寸。

(7)驱动桥壳折断时,应予更换。

三、车轮与轮胎

(一)车轮盘(或称轮胎钢圈)的检测与修复

(1)装螺栓的承孔如磨损,圆度误差大于 1.5 mm 或轮胎螺栓承面不均衡时,可堆焊修复。

(2)螺栓承孔之间或与大孔之间有裂纹,可焊补修复。

(3)轮辐与轮辋连接处如有脱焊或铆钉松动,应重焊或重铆。

(4)轮辋上如有裂纹,可焊补修复。

(二)轮毂的检测与修复

(1)轮毂内外轴承座孔磨损大于 0.05 mm 时,应镀铬修复。

(2)油封座孔不均匀磨损或有 0.15 mm 以上的凹痕,可焊补修复。

(3)与制动轮毂接触的圆周面应平整,对其轮毂中心线的圆跳动大于 0.1 mm 时,应予车削加工修复。

(4)制动轮毂出现裂纹时,可开坡口焊接并车平。

(5)固定半轴螺栓孔内螺纹损坏时,可堆焊后,重新钻孔攻螺纹。

(6)与半轴凸缘接触的端面圆跳动误差应不大于 0.1 mm,否则应予修正。

(三)轮毂轴承预紧度调整

轮毂轴承间隙过紧会加速机件磨损和发热,过松会使机械行驶不稳,因此,轮毂轴承间隙应调整合适。

(1)支起前轮,拧下轮毂盖螺钉,拆下前轮毂盖、衬垫。

(2)打平锁片,旋下锁紧螺母,拆下止动垫圈,拆下锁紧垫圈。

(3)旋转调整螺母可以改变轮毂轴承间隙,旋进轴承间隙变小,旋出轴承间隙变大。一般把调整螺母旋紧到底,再退回 1/3 圈。

(4)调整好后,车轮应能自由转动而无明显的轴向间隙。

(5)顺序装上锁紧垫圈、止动垫圈,按规定力矩拧紧锁紧螺母,翻卷止动垫圈的一边锁住螺母。

（6）装上衬垫、轮毂盖并用螺钉拧紧。

（7）放下车轮。

(四)轮胎的检测与修复

车辆轮胎有充气轮胎和实心轮胎。轮胎充气压必须按原厂规定标准，不得过高或过低。过高则使轮胎弹性降低，线层容易断裂。气压过低会引起轮胎的剧烈变形，温度升高，造成脱胶或断裂，还可能使外胎在轮辋上移动磨损胎圈，严重时内胎气门嘴会被撕裂。

1. 外胎检修

外胎有裂口、穿洞、起泡、脱层等损伤时，应根据具体情况修补或翻修。

外胎胎体周围有连续不断的裂纹，胎面胶已磨光并有大洞口、胎体线层有环形破裂及整圈分离等情况时，应予更换。

2. 内胎检修

内胎穿孔和破裂范围不超过 20 mm 时，可进行热补或冷补。

（1）热补

将内胎损坏处周围锉粗糙，将火补胶贴在损坏处，并使破洞小孔刚好在补胶的中心，然后将补胎夹对正火补胶装上，拧紧螺杆压紧，再点燃火补胶上的加热剂，待 10~15 min，即可黏结牢固。

（2）生胶补（冷补）

将内胎破口处周围锉粗糙，涂上生胶水，待胶水表面微干后再涂两次胶水，当胶水风干后，将准备好的生胶（应比破口略大，也要锉粗糙再涂胶水和风干）贴附在破口上，加压并加温 140~145 ℃，保温 10~20 min 使生胶硫化，待冷却后，即可黏结严密。

内胎有折叠、破裂严重且无法修复，老化发黏变质，变形、裂口过甚，均应报废换新。

（3）气门嘴根部漏气修补

旋下气门嘴固定螺母，将气嘴顶入胎内。然后将气门嘴口处锉毛，露出底胶。剪三块直径约 20 mm、30 mm、50 mm 的帆布和一块直径约 60 mm 的生胶，在帆布中央开一小洞，洞的大小应与气门嘴上端直径一致。在帆布表面（两面）及气门嘴口锉毛处涂生胶水（2~4次），待胶水风干后，将帆布以先小后大的次序铺在气门嘴口处，使帆布上的洞口对正气门嘴口，然后在帆布洞口处放一小纸团，最后放上生胶加温硫化。补好后，用剪刀在中间开一小口，取出纸团，将气门嘴装回原处，拧紧螺母。

（4）气门嘴更换

气门嘴更换时，可在气门嘴附近开一小洞，松开紧固螺母后，将气门嘴顶入内胎并从所开小洞取出，新气门嘴也从此洞装入，待新气门嘴装好后将该洞用生胶补好。

3. 轮辋检修

大修时应检查轮辋有无铆钉松动或焊接裂纹，检查轮毂螺栓周围有无裂纹、生锈、腐蚀或过度磨损。轮辋及挡圈锁圈生锈可用砂布除锈并涂漆保护。轮辋裂纹、螺栓孔定位锥面过度磨损、变形超限均应更换新件。

4. 轮胎的换位与拆装

（1）轮胎的换位

轮胎在使用过程中，因安装部位和承受负荷的不同，其磨损情况也不一样。为使轮胎磨损均匀，安装在机械上的所有轮胎，应按技术维护规定及时地进行轮胎换位。轮胎换位如图 15-2 所示。轮胎的换位方法一旦选定就应坚持,且须注意轮胎的检查和拆装工作。

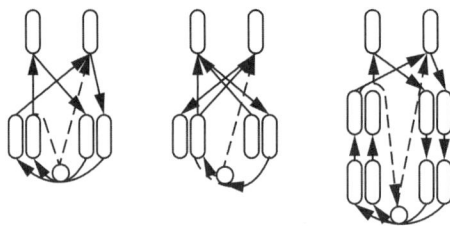

图 15-2　轮胎换位

（2）轮胎检查和拆卸注意事项

轮胎的拆卸应在清洁、干燥、无油污的地面上进行。拆装轮胎时,应用专用工具(如手锤、撬胎棒等),不允许用大锤敲击或用其他尖锐的用具拆胎。轮辋应该完好,轮辋及内外胎的规格应相符。内胎装入外胎时,应在外胎内表面、内胎外表面及垫带上涂一层干燥的滑石粉,内、外胎之间应保持清洁,不得有油污,更不得夹入沙粒等。气门嘴的位置应在气门嘴孔的正中。安装定向花纹的轮胎时,花纹的方向不得装反。

双胎并装时,两胎的气门嘴应错开180°。轮胎充气时,应注意安全,并将轮辋装锁圈的一面朝下,最好用金属罩将轮胎罩住。

（五）车轮总成动平衡检测

车轮总成由于轮胎、轮毂、轮辋和轴承受材料质量、制造工艺、安装误差、磨损、变形等影响,使得总质量对车轮转动中心呈不均匀分布,造成车轮的不平衡。

车轮总成动平衡检测有离车式检测和就车式检测两种。

1. 离车式车轮动平衡检测

使用离车式车轮动平衡机时,需将车轮从车上拆下,安装到检测机转轴上进行平衡状况检测。如图 15-3 所示。

（1）清除车轮上的泥土、石子等杂物,取下旧平衡块。检查轮胎气压,充至规定值。

（2）根据轮辋中心孔的大小选择锥体,装上车轮,并用快速锁紧螺母锁紧。

（3）打开电源开关,检查指示与控制装置的面板指示是否正确。

（4）用卡尺测量轮辋宽度、轮辋直径,用平衡机上的标尺测量轮辋边缘至机箱距离,并将这些数值输入指示与控制装置。

（5）放下车轮防护罩,按下启动键,车轮旋转,平衡测试开始,自动采集数据。运行几秒钟后,车轮自动停转(或听到提示笛声按下停止键),读取车轮内、外不平衡量和不平衡位置信息。

（6）抬起车轮防护罩,用手慢慢转动车轮。当指示装置发出指示(音响、指示灯亮、制动、显示点阵或显示检测数据等)时停止转动。在轮辋的内侧或外侧的上部(时钟 12 点位置)加装平衡块。内、外侧要分别进行,平衡块装卡要牢固。

（7）应重新进行动平衡试验,直至指示装置显示"00"或"OK"时为止。

（8）关闭电源开关,卸下车轮。

2. 就车式车轮动平衡检测

使用就车式车轮动平衡机时,不必从车上拆下车轮,就车测量车轮平衡状况,如图 15-4

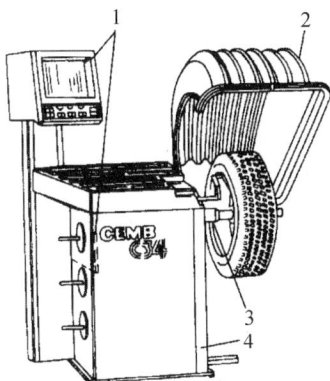

图 15-3 离车式车轮动平衡检测

1—显示与控制装置;2—车轮防护罩;3—转轴;4—机箱

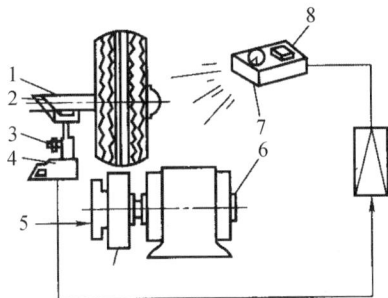

图 15-4 就车式车轮动平衡检测

1—转向节;2—传感磁头;3—可调支杆;4—底座;5—转轮;6—电动机;

7—频闪灯;8—不平衡度表

所示。

(1)检查轮胎气压,充至规定值。

(2)用千斤顶支起车轴,两边车轮离地间隙要相等。检查轮毂轴承是否松旷,必要时予以调整。

(3)清除被测车轮上的泥土、石子等,拆下旧平衡块。

(4)在轮胎外侧面任意位置上用白粉笔或白胶布做上记号。

(5)将传感磁头吸在制动底板边缘平整处。

(6)操纵车轮动平衡机至规定转速,观察轮胎标记位置,读取不平衡量数值,停转车轮,加装平衡块。

(7)重新检查一次,直至符合要求为止。

四、悬架的检测与修复

(一)钢板弹簧的检测与修复

将钢板弹簧总成从车上拆下、分解。用钢丝刷或化学方法将各片钢板上下表面的锈蚀、油污清除干净,并清洗其他零件。

(1)钢板叶片允许有龟裂,不允许有横向裂纹。如有横向裂纹,应予以更换。

（2）弹簧夹无变形或损坏,无铆钉松动,否则应更换或修复。

（3）中心螺栓如有损伤、变形、滑扣,应更换。

（4）钢板弹簧销磨损起槽深度大于0.50 mm,应予以更换。

（5）钢板弹簧吊耳不允许有裂纹、缺口。

（6）钢板弹簧销与衬套的配合间隙不大于1.0 mm,否则应更换衬套。

（7）U形螺栓是否有裂纹、变形,螺纹是否损坏,应视情况更换。

（二）减振器的检测与修复

减振器从车上拆下后,用手推拉减振器活塞杆,应有较大的运动阻力,全行程阻力大小均匀,不得有空行程及卡滞现象,且伸张行程的阻力大于压缩行程的阻力,否则应更换减振器。

减振器有轻微漏油可继续使用;严重漏油,应予以更换,不允许添加减振器油继续使用。减振器分解图如图15-5所示。

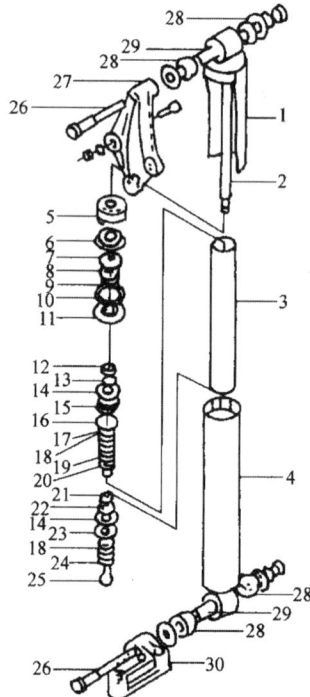

图15-5　减振器分解图

1—防尘罩;2—连杆;3—缸筒;4—储油筒;5—顶盖;6—连杆油封盖;7—连杆油封;8—油封垫圈;9—油封弹簧;10—导向座密封圈;11—导向座;12—流通阀限位座;13—流通阀弹簧;14—流通阀阀片;15—活塞;16—活塞环;17—节流阀阀片;18—伸张阀阀片;19—伸张阀垫片;20—伸张阀限位器;21—进油阀限位螺母;22—进油阀弹簧片;23—压缩阀座;24—压缩阀垫片;25—压缩阀螺杆;26—减振器销;27—减振器上支架;28—减振器吊环橡胶衬套;29—销套;30—下支架

减振器分解后用煤油清洗各零件,然后进行如下检查:

（1）减振器弯曲、变形应修复或更换。

（2）活塞外表面、工作缸内表面严重磨损或严重拉伤的,应更换。轻微拉伤的,打磨后清洗干净,可继续使用,同时要更换减振液。

（3）检查弹簧、阀瓣,若损坏,应更换。

（4）检查油封、密封环,若有漏油现象,应更换。

（5）连接环防尘罩损坏,应更换。

任务2　行驶系统常见故障的诊断与排除

行驶系统的常见故障主要有:跑偏、转向轮摆振和轮胎异常磨损等。

一、跑偏

(一)故障现象

车辆行驶时偏向一侧,驾驶员要把住转向盘或转向盘加力于一侧车辆才能正常行驶,否则极易偏离行驶方向。

(二)故障原因

（1）装用了不合乎规格的或磨损的轮胎,两侧轮胎大小不一;两侧轮胎气压不同等,或一侧轮胎磨损过其。

（2）转向轮轮毂轴承调整不当,过紧或过松;两侧转向轮定位不同或发生变化。

（3）车架一侧断裂;车架变形不正。

（4）驱动桥壳弯曲变形或断裂。

（5）驱动桥与车架错位。

(三)故障诊断与排除

（1）轮胎换位,使轮胎气压一致。

（2）调整转向轮轮毂轴承;恢复正确转向轮定位角;调整车辆前束至规定值。

（3）检查更换前钢板弹簧;更换两侧减振器。

（4）维修车架,校正变形。

（5）校正或更换驱动桥壳。

（6）检查与调整驱动桥与车架的相对位置。

二、转向轮摆振

(一)故障现象

车辆行驶中转向轮左右摆振,转向轮垂直颠簸。严重时影响车辆行驶速度和乘坐舒适性。

(二)故障原因

（1）轮胎气压不一致;轮胎尺寸不一致;轮胎磨损不一致。

（2）车轮动不平衡。

（3）转向轮轮毂轴承损坏或松动。

（4）转向轮定位不正确。

（三）故障诊断与排除

（1）检查调整轮胎气压；更换新轮胎。

（2）对车轮总成做动平衡试验，使不平衡量控制在允许范围内。

（3）检查并调整车辆转向轮轮毂轴承和松紧度。

（4）检查并调整转向轮定位至规定值。

三、轮胎异常磨损

车辆在使用中轮胎会出现一些异常磨损情况，表 15-1 列出了几种典型的异常磨损，但由于使用情况不同，往往轮胎的磨损表现形式不够典型或几种现象同时发生，这时就应综合检查、分析，及时给予排除。

表 15-1　轮胎不正常的磨损模式和矫正方法

状态	两肩快速磨损	中间快速磨损	单边磨损	羽边形磨损	秃斑
结果					
原因	气压不足或换位不够	气压太足或换位不够	过度外倾	前束不当	车轮不平衡或轮胎歪斜
矫正	在冷状态下调整到规定压力		调整外倾	调整前束	调整轮胎静平衡、动平衡

任务实施

一、任务描述

1. 识别轮式车辆行驶系统的主要零部件；

2. 轮式车辆行驶系统各总成的分解、装配；

3. 轮式车辆行驶系统各总成的检修、调整与动态试验；

4. 轮式车辆行驶系统各总成的常见故障诊断与排除；

5. 轮式车辆行驶系统主要零件的失效原因分析。

二、任务要求

1. 按照检测要求和技术标准将设备仪器分别放在相关工位，将制定的任务单发给学

生;每位学生穿上工作服、工作鞋,随身携带一支笔,以便做好记录并分析检测结果;

2.使用有关工具,按照正确步骤分解、装配轮式车辆行驶系统各总成一台套;

3.识别轮式车辆行驶系统各总成主要零部件;

4.按照有关技术标准检测并维修轮式车辆行驶系统各总成主要零件;

5.按照有关技术标准,对装配的轮式车辆行驶系统各总成进行调整、动态试验;

6.按照正确步骤检查并排除轮式车辆行驶系统各总成常见故障;

7.对轮式车辆行驶系统各总成主要零件的失效进行原因分析;

8.监控学生是否按要求完成任务,并指导学生进行正确的操作。

三、任务考核

序号	考核内容	分值	评分标准	得分
1	正确使用工具、量具	4	工具使用不当,一次扣2分	
2	指认车上行驶系统零部件位置正确	12	指认位置不正确,扣12分	
	拆装顺序正确		拆装顺序错误,一次扣3分	
	零件摆放整齐		摆放不整齐,扣3分	
	清楚零件的组成、作用及工作原理		不清楚,扣12分	
3	车桥的拆装与检查	44	能对各个项目进行准确拆装、检测及调整,错一项扣4分	
	车架的拆装与检查			
	悬架的拆装与检查			
	车轮的拆装与检查			
	轮胎的拆装与检查			
	转向轮定位的检查与调整			
	车轮动平衡的检查与调整			
	轮胎的换位			
	轮胎的充气			
	工作情况检查、调整及动态试验			
	常见故障原因分析与排除			
4	正确组装行驶系统零部件	10	不能正确组装,错一次扣2分	
5	正确调整间隙	15	不会调整扣10分,调整错误扣5分	
6	工具、现场清洁	5	每项扣2分,扣完为止	
7	安全、文明生产	10	违规操作、发生人身和设备事故,为0分	
8	配分合计	100	得分合计	

复习思考

一、填空题(将正确答案填在题中横线上)

1.根据车桥作用的不同,车桥可分为_____、_____、_____、_____四种。

2.转向桥由_____、_____、主销和轮毂等主要部分组成。

3.转向轮定位包括_____、_____、转向轮外倾和转向轮前束四个内容。

4.充气轮胎根据工作压力不同可分为_____、_____和_____三种。

5.充气轮胎根据胎面花纹可分为_____、_____和_____三种;根据轮胎帘布层帘线的排列可分为_____、_____和_____三种。

6.主销后倾角使车轮具有_____的能力,保持机械直线行驶的稳定性。而主销后倾角太大,会使_____;主销后倾角太小,会使行驶_____降低。

7.根据断面尺寸的不同,港口机械轮胎可分为_____、_____和_____。

8.子午线轮胎帘布线与轮胎对称面的交角为_____,普通斜线轮胎帘布线与轮胎对称面交角一般为_____。

二、判断题(将判断结果填入括号中,正确的填"√",错误的填"×")

1.(　　)主销安装到转向梁上后,其上端略向外倾斜,这叫主销内倾。

2.(　　)为减少弹簧片的磨损,在装合钢板弹簧时,各片间须涂上石墨润滑脂,并应定期进行保养。

3.(　　)主销内倾角由转向梁(工字梁)制造保证。

4.(　　)车辆使用过程中,一般只调整转向轮定位中的前束。

5.(　　)车辆上使用的轮毂螺栓采用左边的左旋螺纹、右边的右旋螺纹。

6.(　　)轮毂轴承过紧,会造成车轮摆振及行驶不稳,严重时还能使车轮甩出。

7.(　　)轮毂轴承过紧,会造成车辆行驶跑偏。全部轮毂轴承过紧时,会使车辆滑行距离明显下降。

8.(　　)旋转调整螺母改变轮毂轴承间隙。旋进轴承间隙变小,旋出轴承间隙变大。

9.(　　)主销后倾角和主销内倾角都起到使车轮自动回正,沿直线行驶作用。

10.(　　)主销后倾角度变大,转向操纵力增加。

11.(　　)减振器在伸张行程时,阻力应尽可能小,以充分发挥弹性元件的缓冲作用。

12.(　　)对于前轮转向的港口机械,前轮前束值是可以通过转向横拉杆来调整的。

13.(　　)前轮外倾可减轻轮胎的磨损,其值越大越好。

14.(　　)子午线轮胎比普通斜交轮胎附着性好,但成本高。

15.(　　)主销后倾可使港口机械转向轻便,但其值不能过大。

16.(　　)车辆行驶系统的钢板弹簧可以缓和冲击,但不起减振作用。

17.(　　)由于钢板弹簧只能承受垂直荷载,且变形时不产生摩擦力,所以悬架中必须装有减振器和导向机构。

18.(　　)在车辆日常维护中,应该及时清除轮胎间的杂石和花纹中的石子、杂物等。

19.(　　)车轮在装配后可不经过平衡试验和调整,直接使用。

20.(　　)车轮定位参数不符合厂家的规定时,可能造成轮胎过度磨损。

21.（　）车轮轮胎花纹方向的设置,不会影响车轮的行驶噪声。

22.（　）横向花纹的轮胎不易夹石子,滚动阻力大;纵向花纹的轮胎滚动阻力小,排水能力差,容易夹石子。

23.（　）装用新轮胎时,同一车轴上配同一规格、结构、层级和花纹的轮胎。

24.（　）车轮定位不准主要会影响车辆行驶的方向稳定性和操纵性,同时也会带来轮胎的不正常磨损。

三、选择题(选择一个正确的答案,将相应的字母填入题内的括号中)

1.转向轮前束由(　)。
　　A.调整转向节臂来保证　　　　　　B.调整横拉杆来保证
　　C.调整转向节来保证　　　　　　　D.调整转向梁来保证

2.双向作用筒式减振器(　)。
　　A.减振器伸张行程阻力大,压缩行程阻力小
　　B.减振器伸张行程阻力小,压缩行程阻力大
　　C.减振器伸张行程和压缩行程阻力相等
　　D.以上均不对

3.车辆上使用的车轮安装前应进行(　)试验。
　　A.动平衡　　　　　　　　　　　　B.静平衡
　　C.不要进行平衡　　　　　　　　　D.道路

4.转向轮绕着(　)摆动。
　　A.转向节　　　　　　　　　　　　B.主销
　　C.转向梁　　　　　　　　　　　　D.车架

5.前转向轮定位中,转向操纵轻便主要是靠(　)。
　　A.主销后倾　　　　　　　　　　　B.主销内倾
　　C.前轮外倾　　　　　　　　　　　D.前轮前束

6.转向轮前束是为了消除(　)带来的不良后果。
　　A.转向轮外倾　　　　　　　　　　B.主销后倾
　　C.主销内倾　　　　　　　　　　　D.车轮磨损

7.主销后倾可以增加车辆直线行驶的稳定性和转向轮(　)的能力。
　　A.滑拖　　　　　　　　　　　　　B.磨损
　　C.侧滑　　　　　　　　　　　　　D.自动回正

8.下面(　)轮胎属于子午线轮胎。
　　A.9.00-20　　　　　　　　　　　B.9.00R20
　　C.9.00×20　　　　　　　　　　　D.9.00-20GZ

9.外胎结构中,起承受负荷作用的是(　)。
　　A.胎面　　　　　　　　　　　　　B.胎圈
　　C.帘布层　　　　　　　　　　　　D.缓冲层

10.胎面的羽状磨损,主要是由于(　)。
　　A.前束调节不当所致　　　　　　　B.外倾角不符合要求
　　C.充气不足　　　　　　　　　　　D.轴承磨损

11. 如果轮胎面某一侧的磨损快于另一侧的磨损,其主要原因是( )。
    A. 外倾角不正确   B. 前束不正确
    C. 轮胎气压不足   D. 充气压力过高

12. 轮胎集中在胎肩上的磨损原因是( )。
    A. 充气压力过高   B. 充气压力过低
    C. 前束不正确   D. 外倾角不正确

13. 关于减振器,以下说法错误的是( )。
    A. 阻尼力越大,振动的衰减越快
    B. 当车桥移近车架(或车身)时,减振器受压拉,活塞上移
    C. 减振器在压缩、伸张两个行程都能起减振作用
    D. 振动所产生的能量转变为热能,并由油液和减振器壳体吸收,然后散到大气中

14. 在转向轮定位中,( )可以进行调整。
    A. 主销后倾角   B. 主销内倾角
    C. 前轮外倾角   D. 前轮前束

15. 在前轮定位中,( )可以减小轮胎螺栓和轮毂锁紧螺母的受力。
    A. 主销后倾角   B. 主销内倾角
    C. 前轮外倾角   D. 前轮前束

16. 在悬架装置中,( )既能起明显的减振作用,又能起明显的缓冲作用。
    A. 钢板弹簧   B. 油气减振器
    C. 圆柱弹簧   D. 橡胶弹簧

17. 在转向轮定位中,( )不能进行调整。
    A. 主销后倾角、主销内倾角、前轮外倾角
    B. 主销后倾角、主销内倾角、前轮前束
    C. 主销后倾角、前轮外倾角、前轮前束
    D. 前轮外倾角、主销内倾角、前轮前束

18. 主销内倾的主要作用是( )。
    A. 自动回正   B. 减少燃料的消耗
    C. 提高前轮工作的安全性   D. 减小轮胎的磨损

19. 有减振和导向传力功能的弹性元件是( )。
    A. 螺旋弹簧   B. 钢板弹簧
    C. 油气弹簧   D. 空气弹簧

20. 转向轮自动回正的作用是由( )来实现的。
    A. 转向轮外倾   B. 前束
    C. 主销后倾、内倾

四、问答题

1. 车架、驱动桥壳的变形、裂纹分别是如何检修的?

2. 轮盘、轮毂如何检修? 轮毂轴承预紧度如何调整?

3. 轮胎是如何拆装的? 内胎如何修补?

4. 车轮装配完成后其总成如何进行动平衡试验?

5. 钢板弹簧悬架如何进行拆装与检修？

6. 行驶系统常见的故障有哪些？原因有哪些？如何排除？

项目十六

叉车工作装置的检测与修复

教学目标

一、知识目标

1. 能正确识别叉车工作装置的主要零部件,掌握叉车工作装置的拆装、检修、调整过程;

2. 准确描述叉车工作装置常见故障的诊断与排除方法。

二、能力目标

1. 能按照正确的步骤检修、装配与调整叉车工作装置各总成;

2. 能按维修操作规范,正确分析、判断并排除叉车工作装置的常见故障;

3. 能对叉车工作装置主要零部件的失效进行原因分析。

任务导入

为了正确识别叉车工作装置的主要零部件,掌握叉车工作装置的分解、装配、检修、调整过程,准确判断叉车工作装置故障,查明故障原因,港口机械维修人员必须全面认识叉车工作装置主要零部件,熟悉叉车工作装置分解、装配、检修、调整要求以及常见故障诊断与排除方法,并对叉车工作装置主要零部件的失效进行原因分析。

任务1 主要零部件的拆装与调整

一、门架的组装与调整

门架组装与调整方法见表16-1。

表 16-1 门架组装与调整方法

序号	门架组装与调整方法	示意图	备注
1	准备工作要求		
	内、外门架沉重,组装时要格外小心。装入滚轮,将内门架滑入外门架并牢固装入滚轮		
2	滚轮与门架槽钢之间间隙的调整		
	(1)将内门架与外门架的滚轮距设定为L,然后进行调整		L单位:mm

（续表）

序号	门架组装与调整方法	示意图	备注
	（2）用薄垫片将左、右边的间隙 A 均匀调整	侧滚轮组 外门架 内门架 调整螺钉 防松锁紧片 导轨衬垫 B 组合滚轮 内门架 外门架	（1）2 t 以下的叉车，调整至 0.1~0.6 mm； （2）2.5~3 t 滚轮调整至 0~0.5 mm，根据尺寸需要，个别可不放橡胶垫，没有橡胶垫，调整至 0.1~0.6 mm，滚轮中有定位销，以保证组合滚轮中的侧滚轮与槽钢导轨垂直
	滚轮与门架槽钢之间间隙的调整		
	（3）滚动的槽钢翼缘间隙 0.8~1 mm 为适合，磨损太大，应更换滚轮		
	（4）内、外门架接触面、滚轮与槽钢导轨应涂抹润滑脂（黄油）		风沙大的地区看具体情况自行决定是否涂抹润滑脂，防止沙粒黏入
	导向板与门架槽钢之间间隙的调整		
3	用薄垫片将导向板与内门架立柱之间的间隙 B 调整至 0.1~0.8 mm，薄垫片根据需要也可不用，垫片厚度为 0.5 mm、1 mm	B	在导向板上涂抹一层润滑脂，将门架和升降油缸安装在叉车上，接上回油软管和高压软管

（续表）

序号	门架组装与调整方法	示意图	备注
4	安装左、右升降油缸并初调油缸位置		
	(1)将左、右油缸装入门架,定位销必须装入外门架下横梁定位孔		内门架左、右、上、下应基本对称。若左、右有高低差时,应在油缸支座孔与活塞杆顶端间用垫片垫入调整
	(2)活塞杆上端套进内门架上的油缸支座		
	(3)用U形固定螺栓将油缸环抱在外门架横梁左右立板上(或固定板上),用手拧紧螺母并用两螺母锁紧。另一面拧紧螺钉并且加螺母防松		
	调整起升链条		
	(1)将货叉装入内门架后,同时装绕链条,端部各拧进两个螺母。门架直立,并完全降下;调整链条下端螺母,使货叉架的下叉架板与地面距离为74~76 mm		
	(2)为调整链条的张力,先降下升降油缸,直至货叉接触地面。然后调整链条调节螺母直到用手指按下中部C时的长度达到规定值		C 的长度为 25~30 mm,货叉提升离地约 5 cm,并用拇指按压链条中部,若发现左右链条长度不一致,松开固定销的锁紧螺母 A,拧紧螺母 B

（续表）

序号	门架组装与调整方法	示意图	备注
	货叉架总成滚轮之间间隙调整		
	（1）测量内门架两槽钢导轨之间的距离 A，分别在顶部、中部、内门架中横梁（十字架）和底部测量		
	（2）测量货叉架的侧滚轮、组合滚动中侧向滚轮的左右间距 B、B'、B''		
	（3）计算 $A-B$、$A-B'$、$A-B''$，每组值就是每挡滚轮与内门架槽钢间的间隙值。均匀地调整左、右每个侧滚轮的垫片		$A-B=0.2\sim1$ mm $A-B'=0.1\sim0.8$ mm $A-B''=0.1\sim0.8$ mm
	（4）使用调整垫片时，左侧、右侧的垫片数量必须相等 （5）间隙调整完毕后，推拉货叉、滑架总成在内门架上下移动，检查其运行是否正确		薄调整垫片：0.5 mm，1 mm

二、升降油缸的拆卸及安装

升降油缸的拆卸及安装步骤见表16-2。

表 16-2　升降油缸的拆卸及安装步骤

序号	升降油缸的拆卸及安装	示意图	备注
1	拆装前准备工作		
	(1)将发动机熄火,使升降油缸下降到最低状态(活塞降到缸底),使油完全回油箱		
	(2)拧开左、右油缸活塞杆与门架上的油缸支座螺栓		
	(3)断开升降油缸回油管,拆下下端限速阀进油高压软管和油缸连接的高压软管		
	(4)拆下外门架固定板上的U形螺栓和另一面的紧定螺钉		
	(5)拆下门架上的链条		
	(6)用钢丝绳将内门架吊起,拿出左、右升降油缸		

（续表）

序号	升降油缸的拆卸及安装	示意图	备注
2	解体		
	（1）卸下防尘圈		（1）对于左右升降油缸，拆下导向套；对于2.5 t以下集装箱叉车的左右升降油缸，拆下缸盖； （2）对于3 t以上集装箱叉车的左右升降油缸和所有自由提升油缸，拆下缸盖和导向套
	（2）用螺丝刀撬出Y形密封圈		切勿再次使用拆下的防尘圈、O形、Y形密封圈，一定要更换新的
	（3）抽出活塞杆带活塞，在活塞端拆出Y形密封圈		
3	组装和更换易损件		
	（1）组装之前先用干净的油清洗每个零件； （2）用与工作油相同牌号的液压油清洗导向套、活塞； （3）切勿使灰尘或脏物落入升降油缸内； （4）组装程序与上述解体程序相反； （5）在活塞上装好Y形密封圈； （6）将活塞杆总成（包括活塞杆、活塞、支承环、Y形密封圈）装入清洗干净的缸筒； （7）装入新更换的防尘圈、Y形密封圈到导向套与缸盖上； （8）将缸盖穿进活塞杆，拧紧油缸体		注意：缸筒口应无毛刺，必须光滑干净，小心对中装入，防止Y形密封圈刮破；装有密封圈的导向套需涂上与工作油相同牌号的液压油润滑

三、倾斜油缸的拆卸与安装

倾斜油缸的拆卸与安装步骤见表16-3。

表16-3　倾斜油缸的拆卸与安装步骤

序号	倾斜油缸的拆卸与安装	示意图	备注
1	拆装前准备工作 (1)完全放下货叉、滑架。从外门架上的左、右支架上拆下螺栓,并拉出销轴; (2)在倾斜油缸进口处拆下油管; (3)从车架支座上拆下螺栓,拉出轴销,卸下倾斜油缸; (4)安装按与拆卸相反的顺序进行		(1)用吊车上的钢丝固定外门架,防止拆油缸后门架倒下; (2)身体尽量远离设备,禁止在带货叉的货叉架下站人
2	解体零件 (1)用老虎钳夹住油缸,在油缸进、出口打开的情况下将活塞杆来回拉动,使余油从油缸中排出; (2)拧松耳环螺栓,拧出耳环; (3)拆下缸盖锁紧螺栓和尼龙塞; (4)拆出缸盖和导向套; (5)抽出活塞杆总成; (6)拆出所有见得到的防尘圈、O形圈和Y形密封圈; (7)卸下缸盖的防尘圈。方法与拆下升降油缸缸盖中的防尘圈一样; (8)卸下导向套外圈的O形密封圈; (9)卸导向套内孔中的O形圈、Y形密封圈		

（续表）

序号	倾斜油缸的拆卸与安装	示意图	备注
3	更换密封圈后组装 （1）将所有零件都应仔细清洗，用油石修整毛刺；注意避免杂质混入油缸； （2）在装合时，应将摩擦面、皮碗、刮油环和 O 形密封圈涂以机油，然后装入。在装入时要注意不要损坏皮碗或皮涨圈及密封圈； （3）活塞和活塞杆装配后，必须检查其直线度误差和同轴度误差； （4）活塞在缸体全长内应运动自如，无阻滞现象； （5）导向套及端盖装上后，应使活塞杆在全长移动时，无阻滞和轻重不均现象； （6）倾斜缸组装好后，应在 20 MPa 的压力下，进行 3 min 密封性能试验，不允许有漏油现象		注意事项： （1）用干净的液压油润滑每一个零件； （2）防止灰尘、油垢落入油缸； （3）缸筒口和进出口应防止碰毛； （4）将活塞杆推进缸筒内，特别要防止把 Y 形密封圈刮破； （5）装进导向套前，先在内孔 O 形密封圈与 Y 形密封圈之间涂上同牌号液压油润滑； （6）装进时注意外圈上的 O 形密封圈不要刮破； （7）缸盖拧入后，一定装上尼龙塞和紧定螺钉

装车后调试

（1）调门架的前后倾角

将叉车停放在平坦地面上，操作多路阀操纵手柄，使叉车门架前、后充分倾斜。根据装配调试数据要求，调整倾斜油缸前端活塞杆与耳环接合螺纹长度直到满足倾角的数据，然后将倾斜油缸颈部耳环锁紧。

（2）重新调整左右升降油缸安装位置

①观察两油缸升降时是否同步，视情况调整活塞杆与内门架支座间的垫片；

②松开 U 形固定螺栓的两个螺母，然后上下反复升降几次门架，使 U 形螺栓与油缸相对位置合适。然后拧紧 U 形螺栓上的螺母和另一边的紧定螺钉。这样才能提高升降油缸的寿命，减少活塞杆磨损。

（3）根据规定拧紧力矩拧紧螺栓、螺钉

（4）叉架和内门架的运动应顺畅且无阻滞现象，两条起升链条的松紧应一致

（5）工作装置满载时，前倾和后倾、起升和下降的速度应符合叉车所给定的技术参数

任务 2 主要零部件的检测与修复

一、门架的检测与修复

(一)门架的损伤检测

门架的损伤形式主要是扭曲、弯曲、歪斜变形以及裂纹、断裂等。

1.检查门架对角线

内、外门架对角线相差应不大于 3 mm。外门架倾斜油缸支耳至门架销轴孔对角线相差应不大于 1 mm。

2.检查门架的直线度和垂直度

直线度的检查,可用检线法。门架的平行面变形,其直线度误差,在整个长度上应不大于 3 mm。垂直度可用 90°角尺法检查,90°角尺与门架下沿的最大缝隙应不大于 0.5 mm。

3.检查门架各平行面的平行度

如图 16-1 所示,用直尺测量 C–C 平行面,在整个长度上应不大于 3 mm,其他各平行表面的平行度误差应不大于 1 mm。

4.检查门架的平面度

可将门架置于平板上、测量检查。D–D 的平面度误差(如图 16-1 所示)应不大于 1 mm。门架经检验如发现弯曲、歪扭变形大于允许限度,应进行校正。在校正时,应将门架部分或全部拆散进行校正。

5.门架裂纹的检查

检查时在可能产生裂纹的地方清除涂料,露出金属光泽后,用 6~8 倍放大镜检查,或用浸油敲击法,显示出裂纹的分布。

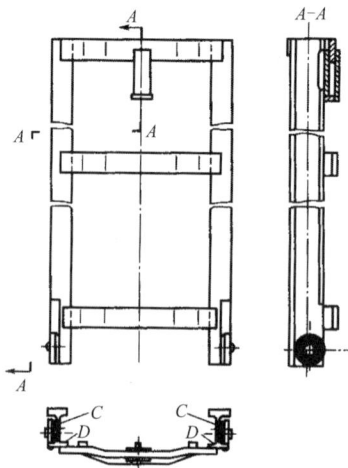

图 16-1 门架的平行度和平面度检查示意图

(二)门架损伤的修复

1. 门架变形

门架变形可采用校正方法消除。当弯曲和扭曲变形较小时,允许用加静载荷的冷校正法校正;当弯曲、扭曲变形过大,用冷压不易校正时,可加热校正,加热时应尽量减少加热区域,加热温度一般不超过 700 ℃,并缓慢冷却,以免增大脆性。

2. 门架裂纹

在检验中如发现有裂纹,应进行修理。

(1)修理前应进行门架的校正,保持门架的固有直度。

(2)打磨裂缝处,直至露出金属光泽,然后仔细检查,确定裂纹界线(即裂纹末端),在界限延伸 10 mm 处钻 $\Phi5\sim8$ mm 的止裂孔。

(3)在裂口处用砂轮等修磨出焊道坡口。

(4)进行填焊时,最好用直流反极性电弧焊。电弧应尽可能短,焊条直径为 4 mm,电流为 210~240 A。焊接时焊条应倾向运动方向 20°~30°。填焊工作自钻透孔开始直至裂纹另一端,并在反面也进行焊补,焊缝高度应不超过基体平面 1~2 mm。焊接时环境温度应在 0 ℃以上。

二、滑架的检测与修复

(1)滑架变形检验时可将滑架平放在平板上,测量两对滚轮轴线,滚轮轴线的平面度误差应不大于 1 mm;当超过时,可校正修复,或将滚轮轴堆焊后,再加工至标准尺寸;在加工滚轮轴时,必须以滚轮轴找正。

(2)当滑架出现裂纹时,必须用砂轮沿裂纹开 V 形坡口,进行填焊。如裂纹出现在原焊缝处,应将裂纹的焊缝铲掉,铲掉的长度应超过明显的裂纹尾部 50~100 mm,新焊缝应平直、密实,确实焊透,并且与基本金属之间的过渡很平顺。

三、滚轮的检测与修复

(1)滚轮直径磨损如大于 1 mm 时,应予更换。

(2)滚轮装合后,应运动顺畅,无阻滞现象,侧向滚轮与门架导向面间的间隙应不小于 0.3 mm。

四、链条的检测与修复

(一)起升链条

叉车起升链条是采用板式链,板式链有重型板式与轻型板式之分。

(二)起升链条的检验

应将链条用油清洗,除去泥土和油污。

(1)检查链条,如果链条有裂纹时,应予更换。

(2)测量链条的伸长率,伸长率应按下式计算

$$\Delta L = \frac{L - np}{np} \times 100\%$$

式中:ΔL——伸长率;

  L——测量链条中间部分含有链片的间隔长度;

  n——测量的部分所含的链节数,建议 $n=35\sim50$;

  p——链条节距。

在测量链条的伸长率时,链条应进行加载检验,其检验载荷值等于最小极限拉伸载荷的 1/10。

如果链条的伸长率超过 4% 时,则应予以更换。

(三)链轮的检修

(1)检查滚针轴承与链轮之间的间隙大于 0.12 mm 时,衬套、轴承应予更换。

(2)链轮工作面磨损有深痕、破裂时应予以更换。

(四)链条端接头检修

链条端接头损坏、变形、销轴孔严重变形或损伤时,以及选用不同链号的链条后,应更换端接头。

(五)螺纹接头检修

检查所有螺纹接头,如果伸长、弯曲变形、螺纹牙齿损坏,应予更换。

任务 3 叉车工作装置常见故障的诊断与排除

一、门架、滑架起升及下降不平稳

(一)故障现象

叉车工作中或运行时,内门架或滑架上升下降有阻滞或扭动,运行中声响增大。

(二)主要原因

(1)内外门架、滑架严重变形。

(2)门架、滑架滚轮松动,滚轮轴与孔配合间隙过大或滚轮失圆。

(3)门架、滑架有裂纹或裂焊。

(4)侧向滚轮与门架、滑架间隙过小,滚轮回转不灵活。

(5)对于双链式起升机构,如两链条长度不等,也引起内门架下降时发卡。

(三)检查判断

(1)工作中如发现内门架、滑架上下运行不平稳,下降时有卡滞现象,应停止工作,仔细检查,用钢卷尺测量门架立柱、横梁的变形情况,滑架横梁的变形情况和扭曲情况,内外门架总成要求平直,在全长范围内,最大弯曲变形一般不得超过 2 mm,横向宽度差一般不大于 2 mm,内门架顶板弯曲变形一般不大于 3 mm,如整体变形、横向敞口、锈蚀严重、内门架与大滚轮结合导轨里口单面磨损超过 2.7 mm,应予报废。

(2)检查门架与门架滚轮、侧向滚轮、滑架与各滚轮的间隙是否合适,一般侧向滚轮与门架之间的总间隙不大于 2 mm,可借助调整侧向滚轮,或改变门架上部和滑架上部侧向滚轮垫片来调整[图 16-2(a)、(b)]。检查门架滑架的前后间隙,一般不应大于 2 mm,可借助抽取外门架上部滚轮轴座的垫片来调整,如果无效可更换滚轮。同时检查滚轮运转是否灵活,应适当润滑使其灵活运转[图 16-2(c)、(d)]。

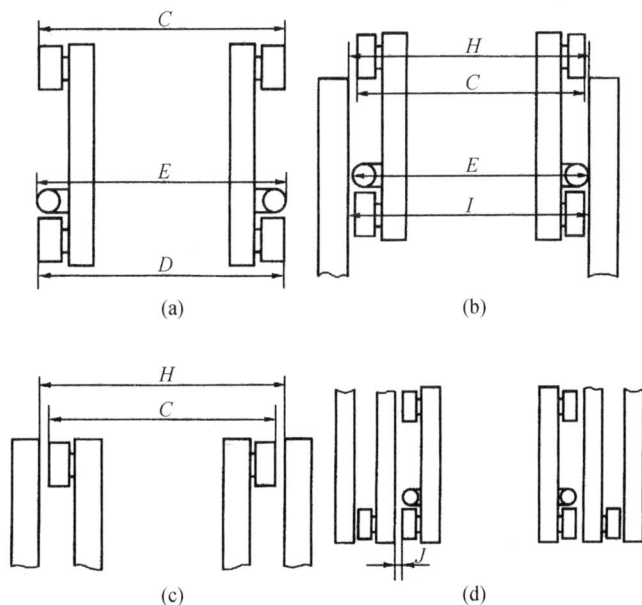

(a)　(b)

(c)　(d)

图 16-2　门架及叉架左右间隙调整示意图

(3)检查滚轮活动是否异常,如有异常,可能是滚轮圆度误差大于 1 mm,也可能是滚轮内孔与轴承外径、滚轮轴与轴承内孔配合松动、侧向滚轮与轴配合间隙过大所造成,应修复或更换。

(4)检查两链条长度是否一致,检查方法如图 16-3 所示。

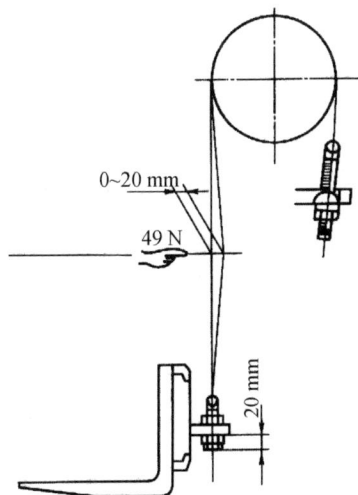

0~20 mm

49 N

20 mm

图 16-3　起重链的检查

在工作中,如起重链太长,起升高度达不到要求,太短则会使机件损坏造成货物翻落的严重事故。如两链条一长一短,会造成一链条过载甚至折断导致门架、滑架运行不稳等现象,因此,必须对两链条进行调整,其方法如下:

①将叉车停在平坦的场地上,门架呈垂直状态,货叉降至地面,起升油缸活塞降至下止点。

②装上链条,以滑架一端的铰链螺栓为基准,拧紧螺母并以锁母固定。

③连接链条另一端于起升缸筒或外门架横梁上,在距地面 1 m 处,用手指推按链条,使链条推移 20 mm 左右。

④以同样方法调整另一根链条。

⑤两链条调整好后,起升滑架,使其离开地面,再检查两链条的松紧度,应基本一致,相差不应大于 5 mm,否则应重新调整,待达到要求后,用锁紧装置锁紧。

二、叉车运行中,工作装置振动大,发生噪声

(一)故障现象

叉车行驶中,工作装置振动加剧,噪声增大,特别是空载时噪声增大明显。

(二)故障原因

(1)门架及滑架主滚轮,特别是侧向滚轮间隙过大,或滚轮回转不灵活。

(2)部分紧固件松动,行驶中引起机件振动。

(3)链条与链片销轴磨损,间隙增大。

(4)导向螺栓(或导向板)磨损,直径变细,导轮架孔增大。

(5)货叉上、下卡铁与滑架横梁磨损,间隙变大。

(6)倾斜油缸和门架、车架铰接孔与销轴配合间隙增大。

(三)检查调整

(1)解体检查主、侧滚轮的磨损情况(与上述相同)。

(2)旋紧各紧固件,并用锁紧设施(锁紧螺母、垫片、钢丝联锁、紧固胶粘固)锁牢。

(3)检查链条情况,链片节距拉长一般不应超过 0.15 mm,链片销轴磨损不得超过原直径的 5%,如超过可采用重新铆接牢固。链条磨损,伸长率大于 4%时应更换。

(4)检查导向螺栓(螺杆)的磨损情况,测量导向螺栓直径及导轮板的导向螺栓孔直径,应符合规定值,否则应检修。如导向螺栓经常返松或螺纹损坏两牙以上的应更换。

(5)检查货叉上下卡铁开口尺寸及与货叉上下横梁之间的间隙值,如间隙过大,应修理或更换。

(6)检查测量倾斜油缸耳座铰接配合孔与销轴间隙一般应不大于 0.5 mm,外门架与倾斜油缸配合座孔与销轴间隙一般不大于 0.5 mm,如超过应修理或更换新品。

三、滑架歪斜

(一)故障现象

叉车在运行中和货物升降中滑架发生歪斜或运行发卡,不顺畅。

（二）故障原因

（1）内外门架、滑架侧向滚轮与内门架间隙过大，回转不灵活。

（2）两链条松紧程度不一样。

（3）货物严重偏载或单叉作业。

（4）叉车前轮两轮胎气压不等，磨损不均。

（5）门架、滑架、货叉严重变形或裂纹、开焊。

（三）检查调整

（1）检查滑架与内门架的间隙，并进行调整或更换磨损超差件。

如图 16-2(b)所示，当内门架起升到最高位置时，测量 H、C 和 E、I 之值，$H-C$、$I-E$ 的间隙之值一般应为 0.1~1 mm，如不合适则通过增减各滚轮调整垫片进行调整。

当滑架处于最低位置时，测量滑架侧向滚轮与内门架之间隙[如图 16-2(d)中 J 尺寸]，是否在 0.1~1 mm 之间，如超过应进行调整。

当全部调整完毕后，起升货叉、滑架及内门架，观察动作是否平稳，要求滑架从最大高度下降，滑架、空叉能自由下落，无卡滞现象，否则应进行调整。如因滚轮磨损严重造成故障，调整不奏效时，应更换磨损超差件。

（2）调整两链条的长度，使其长度一致（如前述）。

（3）检查叉车前轮两轮胎的气压值，看是否一致，如相差较大应补充充气。

（4）叉车作业中不允许单叉作业，应注意尽量避免偏载作业。

（5）检查门架、滑架横梁的变形情况，一般滑架横梁弯曲变形不应超过 2 mm，如大于 2 mm，应予以修复。滑架任何部位如有裂纹或开焊均应修复。货叉臂与货叉面折角不得大于 90°，两叉尖水平高度差不超过 5 mm，货叉体不准弯曲变形等，否则应修理或更换。

四、门架、滑架等机件发生严重变形、裂纹或损坏

（一）故障现象

叉车工作中，货物叉取、起升困难，甚至不能进行工作。

（二）故障原因

（1）内、外门架存在裂纹、开焊、变形或扭曲。

（2）滑架开焊、变形严重，防护架变形或开焊。

（3）货叉磨损严重，有弯曲变形，货叉面与货叉臂夹角大于 90°。

（4）链条有明显不均匀磨损，节距拉长超过 0.15 mm，链片断裂等。

（三）检查修理

（1）对内、外门架进行认真检查，测量总成全长变形及横向宽度变形情况，检查大滚轮与内门架结合导轨里口单面磨损是否超标，检查各处是否存在裂纹与开焊，对变形未超标者予以火焰校正修复，对于裂纹、开焊予以焊接修复，否则应予报废。

（2）滑架任何部位不得出现裂纹和开焊，处理方法如前述。

（3）对货叉臂与货叉面折角处受力部位，应进行探伤检查，不得有裂纹，否则应更换，货叉臂与货叉面夹角不应大于 90°，两叉尖水平高度差一般不超过 5 mm，长度差一般不超过

10 mm,水平段磨损不超过 2 mm 等,否则应予以修复或更换。

(4)链条发生裂纹、断裂、变形等应更换,链条磨损,伸长率大于 4% 时应更换。

任务实施

一、任务描述

1.识别叉车工作装置的主要零部件;

2.叉车工作装置的分解、装配;

3.叉车工作装置的检修、调整与动态试验;

4.叉车工作装置的常见故障诊断与排除;

5.叉车工作装置主要零件的失效原因分析。

二、任务要求

1.按照检测要求和技术标准将设备、仪器分别放在相关工位,将制定的任务单发给学生;每位学生穿上工作服、工作鞋,随身携带一支笔,以便做好记录并分析检测结果;

2.使用有关工具,按照正确步骤分解、装配两节门架叉车工作装置一台套;

3.识别两节门架叉车工作装置主要零部件;

4.按照有关技术标准检测并维修两节门架叉车工作装置主要零件;

5.按照有关技术标准,对装配的两节门架叉车工作装置进行调整、动态试验;

6.按照正确步骤检查并排除两节门架叉车工作装置常见故障;

7.对两节门架叉车工作装置主要零件的失效进行原因分析;

8.监控学生是否按要求完成任务,并指导学生进行正确的操作。

三、任务考核

序号	考核内容	分值	评分标准	得分
1	正确使用工具、量具	5	工具使用不当,一次扣 2 分	
2	指认车上工作装置零部件位置正确	15	指认位置不正确,扣 15 分	
	拆装顺序正确		拆装顺序错误,一次扣 3 分	
	零件摆放整齐		摆放不整齐,扣 3 分	
	清楚零件的组成、作用及工作原理		不清楚,扣 15 分	

（续表）

序号	考核内容	分值	评分标准	得分
3	门架的拆装、检查与调整 起升油缸的拆装、检查与调整 倾斜油缸的拆装、检查与调整 工作油泵的拆装、检查与调整 分配阀的拆装、检查与调整 油箱、过滤器、连接管的拆装、检查 工作液压系统的拆装、检查与调整 货叉的拆装、检查 滑架的拆装、检查与调整 链条的拆装、检查与调整 滚轮的拆装、检查与调整 工作情况检查、调整及动态试验 常见故障原因分析与排除	40	能对各个项目进行准确检测及调整,错一项扣3分	
4	正确组装工作装置零部件	10	不能正确组装,错一次扣2分	
5	正确调整间隙	15	不会调整扣10分,调整错误扣5分	
6	工具、现场清洁	5	每项扣2分,扣完为止	
7	安全、文明生产	10	违规操作、发生人身和设备事故,为0分	
8	配分合计	100	得分合计	

复习思考

一、填空题(将正确答案填在题中横线上)

1.门架的损伤形式主要是_____、_____、_____、_____、_____等。

2.门架的直线度的检查可用_____,垂直度的检查可用_____。

3.叉车的工作装置是指实现对货物进行_____、_____、_____等作业的装置。

4.两节门架由_____、_____组成;三节门架由_____、_____组成。

5.根据叉车工作装置运动规律,两节门架叉车工作装置分为_____、_____、_____三类。

6.两节门架全自由起升工作装置的动作分为_____、_____两个阶段。

7.三节门架叉车工作装置起升工作时,货叉、滑架沿_____运动,内门架沿_____运动,中门架沿_____运动,最大起升高度可达_____。

8.并列式门架立柱横截面的常见形状有_____型、_____型、_____型、_____型等多种。

9. 并列式门架立柱界面有多种组合型式，常见的有_____型、_____型、_____型。

10. 内门架外部的传力滚轮沿外门架立柱的_____滚动，导向滚轮沿外门架立柱的_____滚动。

11. 根据货叉在滑架上的安装方式不同，滑架有_____、_____两种结构，对应的货叉型式有_____、_____。

12. 门架裂纹可通过_____倍放大镜或_____检查。

13. 门架各平行面的平行度可用_____测量，各平行表面的平行度误差不大于_____。

14. 起升链条在长期使用过程中会伸长，当伸长率超过_____时应予以更换。

二、判断题（将判断结果填入括号中，正确的填"√"，错误的填"×"）

1.（　）两节门架无自由起升工作装置的起升油缸柱塞头部与内门架上横梁铰接连接。

2.（　）两节门架无自由起升工作装置工作时，滑架、货叉的上升速度、高度是内门架上升速度、高度的两倍。

3.（　）两节门架部分自由起升工作装置的起升油缸柱塞头部与内门架上横梁之间存在一定距离。

4.（　）两节门架全自由起升工作装置采用双级起升油缸。

5.（　）两节门架全自由起升工作装置在全自由起升阶段滑架、货叉、内门架以同等速度上升。

6.（　）两节门架全自由起升工作装置一级柱塞的外侧装有两个滑轮、链条组。

7.（　）由于双级起升油缸外缸筒内腔的活塞环形面积小于一级柱塞内腔上端面面积，所以压力油对一级柱塞的合力是向下的。

8.（　）两节门架全自由起升工作装置在内门架起升阶段滑架、货叉上升速度、高度是内门架上升速度、高度的两倍。

9.（　）三节门架工作装置的单级起升油缸一般安装在外门架与内门架之间。

10.（　）并列式门架的滑架沿内门架的升降及内门架沿外门架升降是依靠滚轮传力和导向的。

11.（　）传力滚轮在门架立柱腹板上滚动，实现叉车纵向传力、导向，且可防止滑架和内门架横向晃动。

12.（　）导向滚轮在门架立柱翼缘上滚动，可防止纵向晃动，避免撞击和声响。

13.（　）为提高叉车门架的横向稳定性，改善导向滚轮的受力，常采用组合滚轮替代传力滚轮和导向滚轮。

14.（　）叉车上使用的各种取物装置称为叉车属具。

三、选择题（选择一个正确的答案，将相应的字母填入题内的括号中）

1. 三节门架工作装置的单级起升油缸安装在外门架与中门架之间时，起升油缸柱塞头部与（　）固定。

    A. 内门架上横梁　　　　　　　　B. 中门架上横梁

    C. 中门架下横梁　　　　　　　　D. 外门架上横梁

2. 三节门架工作装置的单级起升油缸安装在内门架与中门架之间时，起升油缸柱塞头部与(　　)固定。

A. 内门架上横梁　　　　　　　　　　B. 中门架上横梁

C. 中门架下横梁　　　　　　　　　　D. 外门架上横梁

3. 三节门架工作装置的双级起升油缸安装在内门架与中门架之间时,起升油缸一级柱塞头部与(　　)固定。

A. 内门架上横梁　　　　　　　　　　B. 中门架上横梁

C. 中门架下横梁　　　　　　　　　　D. 外门架上横梁

4. 两节门架全自由起升工作装置在全自由起升阶段滑架、货叉的上升速度是外缸筒上升速度的(　　)倍。

A. 1　　　　　　　　　　　　　　　　B. 2

C. 3　　　　　　　　　　　　　　　　D. 4

5. 两节门架全自由起升工作装置在内门架起升阶段滑架、货叉的上升速度是一级柱塞上升速度的(　　)倍。

A. 1　　　　　　　　　　　　　　　　B. 2

C. 3　　　　　　　　　　　　　　　　D. 4

6. 两节门架无自由起升工作装置工作时滑架、货叉的上升速度是起升油缸柱塞上升速度的(　　)倍。

A. 1　　　　　　　　　　　　　　　　B. 2

C. 3　　　　　　　　　　　　　　　　D. 4

7. 并列式门架的滑架沿内门架的升降及内门架沿外门架升降是依靠(　　)传力和导向的。

A. 滑轮　　　　　　　　　　　　　　B. 导轨

C. 滚轮　　　　　　　　　　　　　　D. 链条

8. 当滑架和内门架升降时,防止横向晃动的是(　　)。

A. 传力滚轮　　　　　　　　　　　　B. 导向滚轮

C. 滑轮　　　　　　　　　　　　　　D. 链条

9. 当滑架和内门架升降时,在纵向传力和导向的是(　　)。

A. 传力滚轮　　　　　　　　　　　　B. 导向滚轮

C. 滑轮　　　　　　　　　　　　　　D. 链条

10. 叉车工作装置中被称为垂直运动承载小车的是(　　)。

A. 货叉　　　　　　　　　　　　　　B. 滑架

C. 内门架　　　　　　　　　　　　　D. 中门架

11. 叉车工作装置中常用的属具不包括(　　)。

A. 货叉　　　　　　　　　　　　　　B. 吊架

C. 集装箱顶吊架　　　　　　　　　　D. 滑架

12. 当门架弯扭变形过大时,可将门架加热到不超过(　　)进行校正,并缓慢冷却。

A. 100 ℃　　　　　　　　　　　　　B. 200 ℃

C. 700 ℃　　　　　　　　　　　　　D. 800 ℃

13. 为测量计算起升链条的伸长率,测量部分所含的链节数一般为(　　)。

A. 10～15　　　　　　　　　B. 20～25

C. 35～50　　　　　　　　　D. 55～65

四、问答题

1. 叉车工作装置的门架如何拆装与调整?

2. 叉车工作装置如何拆装?

3. 叉车工作装置的升降油缸、倾斜油缸如何拆装?

4. 叉车工作装置的门架、滑架、链条等零件如何检修?

5. 叉车工作装置的故障有哪些? 原因有哪些? 如何排除?

项目十七

装载机工作装置的检测与修复

教学目标

一、知识目标

1. 能正确识别轮式装载机工作装置的主要零部件,掌握轮式装载机工作装置的拆装、检修、调整过程;

2. 准确描述轮式装载机工作装置常见故障的诊断与排除方法。

二、能力目标

1. 能按照正确的步骤检修、装配与调整轮式装载机工作装置各总成;

2. 能按维修操作规范,正确分析、判断并排除轮式装载机工作装置的常见故障;

3. 能对轮式装载机工作装置主要零件的失效进行原因分析。

任务导入

为了正确识别轮式装载机工作装置的主要零部件,掌握轮式装载机工作装置的分解、装配、检修、调整过程,准确判断轮式装载机工作装置故障,查明故障原因,作为港口机械维修人员必须全面认识轮式装载机工作装置主要零部件,熟悉轮式装载机工作装置分解、装配、检修、调整要求以及常见故障诊断与排除方法,并对轮式装载机工作装置主要零件的失效进行原因分析。

相关知识

任务 1　结构件的拆装与调整

一、结构件的分解

ZL50C 工作装置结构件的分解示意图如图 17-1 所示。

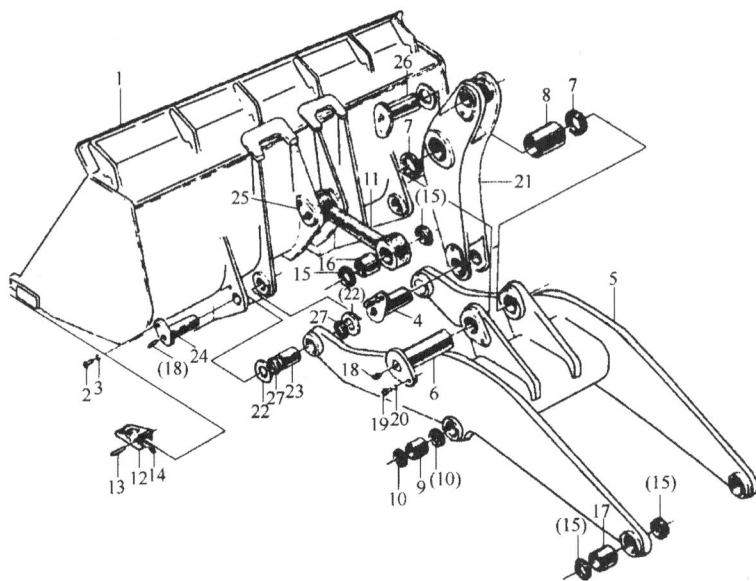

图 17-1　ZL50C 工作装置分解示意图

1—铲斗;2,19—螺栓;3,20—垫圈;4—摇臂下销轴;5—动臂;6—中摇臂销轴;7,10,15,27—密封圈;8—摇臂缸套;9,17—动臂缸套;11—拉杆;12—齿套;13—斗齿固定销;14—卡圈;16—拉杆缸套;18—油杯;21—摇臂;22—垫片;23—铲斗缸套;24,25—铲斗销轴;26—摇臂上销轴

二、结构件的安装与调整

(一)铲斗斗齿的更换

(1)启动发动机,将铲斗举起。在铲斗下放上垫块,然后将铲斗平放在垫块上。铲斗的垫块高度不应超过更换斗齿所需要的高度。将发动机熄火,拉起停车制动器的按钮。

(2)从斗齿的卡环侧面将销拆出,拆下齿套和卡环(如图 17-2 所示)。

(3)清理齿体、销和卡环,将卡环安装在齿体侧面的槽上(如图 17-3 所示)。

(4)将新齿套安装在齿体上(如图 17-4 所示)。

(5)从卡环的侧面将销打入卡环、齿体和齿套内(如图 17-5 所示)。

图 17-2 拆出销、齿套和卡环

图 17-3 安装卡环

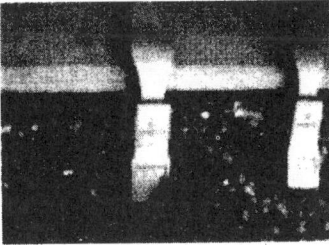

图 17-4 安装新齿套

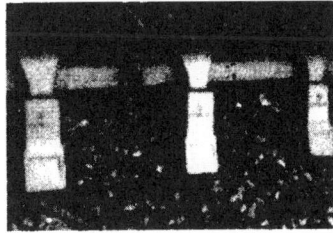

图 17-5 打入销

(二)铰接轴承的安装

1. 上铰接轴承安装(见图 17-6)

(1)先用二硫化钼锂基润滑脂涂抹各孔内壁以及唇形密封圈的唇口少许,将唇形密封圈 2 按图所示唇口朝下分别装入盖 9、11 内。

(2)在下盖 11 上均布安装三个螺栓 4,将轴承外圈 3 及轴承 12 冷却到(-75±5)℃后,把下轴承外圈 3 装入轴承座内,并使其与下盖 11 接触。

(3)用油润滑两个轴承锥体后,将其装入轴承座内,再在上面装配已冷却过的上轴承外圈,使轴承外圈与轴承锥体间有轻微的接触压力。

(4)安装调整垫 10 及上盖 9,拧紧三个螺栓 4,其拧紧力矩为(120±10)N·m。

(5)测量转动轴承锥体所需的转矩值,如果该转矩值在 2.3~13.6 N·m,则装上余下的三个螺栓并拧紧,如果转矩值小于 2.3 N·m 或大于 13.6 N·m,则通过减少或增加调整垫来达到正确的转动转矩值。

2. 上铰接销安装(见图 17-6)

(1)将轴衬 8 装入上铰接孔内。

(2)将已冷却过的轴承 12 装入图示孔中,轴承 12 上表面与车架铰接面平齐。

(3)如图所示将上铰接销通过轴衬 8、上铰接轴承及轴承 12 装入。

(4)装配上盖板时,先以同值力矩拧紧对角两个螺栓,然后再拧紧另外两个螺栓,其拧紧力矩为(90±12)N·m。

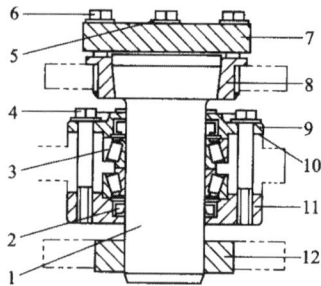

图 17-6 上铰接

1—上铰接销;2—唇形密封圈;3—圆锥滚子轴承外圈;

4,6—螺栓;5—垫圈;7—盖板;8—轴衬;9,11—盖;

10—调整垫;12—轴承

3.下铰接轴承安装(见图 17-7)

(1)先用二硫化钼锂基润滑脂涂抹各孔内壁以及唇形密封圈 9 和 12 的唇口少许,按图示将唇形密封圈 9 唇口朝上装入上盖 10 内,唇形密封圈 12 唇口朝上装入下盖 4 内。

(2)在下盖 4 上均布安装四个螺栓 2,将轴承外圈 5 冷却到(-75 ± 5)℃后,把下轴承外圈 5 装入轴承座内,并使其与下盖 4 接触。

(3)用油润滑两个轴承锥体后,将其装入轴承座内,再在上面装配已冷却过的上轴承外圈,使轴承外圈与轴承锥体间有轻微的接触压力。

(4)安装调整垫 3 及上盖 10,拧紧四个螺栓 2,其拧紧力矩为(120 ± 10)N·m。

(5)测量转动轴承锥体所需的转矩值,如果该转矩值在 7.9~22.6 N·m,则装上余下的四个螺栓 6 并拧紧,如果转矩值小于 7.9 N·m 或大于 22.6 N·m,则通过减少或增加调整垫来达到正确的转动转矩值。

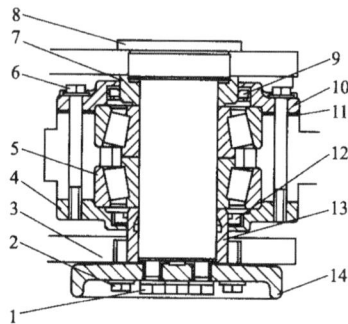

图 17-7 下铰接

1—螺栓及垫圈;2,6—螺栓;3—调整垫;4—下盖;5—圆锥滚子轴承外圈;7,13—隔套;8—下铰接销;9,12—唇形密封圈;10—上盖;11—调整垫;14—锁板

4. 下铰接销安装(见图 17-7)

(1)装配隔套 7。

(2)通过下铰接孔装配隔套 13。

(3)将下铰接销 8 通过隔套 7、下铰接轴承及隔套 13 装入。

(4)装配锁板 14,相隔 180°安装两个螺栓 1,其拧紧力矩为(68±14)N·m,环绕 360°测量车架与锁板 14 之间的间隙,在锁板上面装上调整垫 3,其厚度为最小测量间隙减去 0.25 mm,装上余下的所有螺栓并拧紧。

(三)铲斗限位装置的调整

1. 调整铲斗自动放平装置

(1)将机器停放在平坦的场地上,变速操纵手柄置于空挡位置。操作先导阀操纵手柄,将铲斗平放在地面上,拉起停车制动器的按钮,将发动机熄火;装上车架固定保险杠。

(2)松开图 17-8 中的螺栓 4,将接近开关总成 3 往前移动,使得接近开关 2 越过磁铁 1 一段距离。

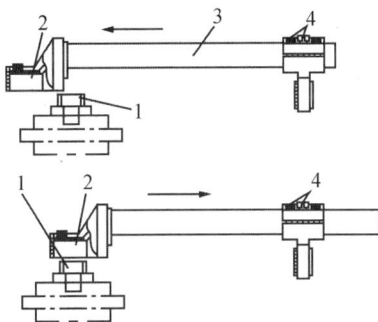

图 17-8　调整铲斗自动放平装置示意图
1—磁铁;2—接近开关;3—接近开关总成;4—螺栓

(3)将启动开关沿顺时针方向转到第一挡,接通整车电源。将先导阀的转斗操纵手柄向后扳至极后位置,被电磁力吸住。

(4)将接近开关总成往后移动,使得接近开关 2 对准磁铁 1,此时先导阀的电磁力消失,转斗操纵杆自动返回中位;拧紧螺栓 4 即可,接近开关 2 与磁铁 1 的距离应保持在 4~6 mm。

(5)完成后,拆除车架固定保险杠,启动发动机,检查所做调整是否合适。

2. 调整动臂举升限位装置

调整动臂举升限位高度时要注意安全,非工作人员不得靠近机器,动臂附近区域不得站人。

(1)将机器停放在平坦的场地上,变速操纵手柄置于空挡位置,拉起停车制动器的按钮。操作先导阀操纵杆将动臂举升到要求的卸料高度,将发动机熄火,装上车架固定保险杠。

(2)启动开关沿顺时针方向转到第一挡,接通整车电源。将先导阀的转斗操纵杆向后扳至极后位置,被电磁力吸住。

(3)松开图 17-9 中的螺栓 3,快速转动接近开关总成,使得接近开关 2 对准磁铁 1,此时先导阀的电磁力消失,先导阀的转斗操纵杆自动返回中位,拧紧螺栓 3 即可。

(4)接近开关 2 与磁铁 1 的距离应保持在 4~6 mm。在转动接近开关总成时,顺时针方向转动可降低限位高度,逆时针方向转动可增加限位高度。

(5)完成后,拆除车架固定保险杠,启动发动机,检查所做调整是否合适。

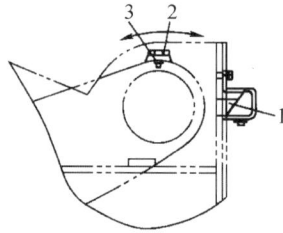

图 17-9　调整动臂举升限位装置示意图
1—磁铁;2—接近开关总成;3—螺栓

任务 2　液压系统零部件的检测与修复

一、工作泵的检测与修复

(一)工作泵的分解

CBG 型齿轮泵分解示意图如图 17-10 所示。

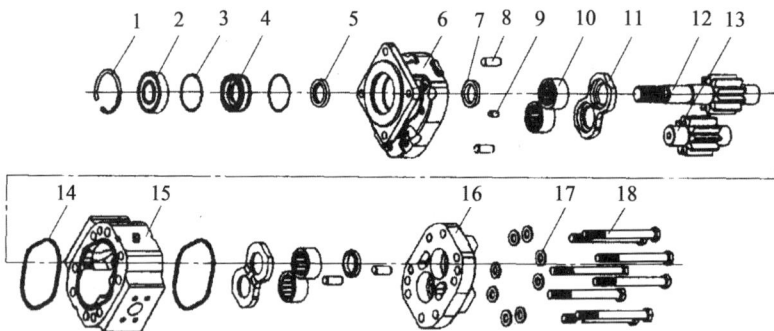

图 17-10　CBG 型齿轮泵分解图
1—孔用弹性挡圈;2—滚珠轴承;3—O 形密封圈;4—油封骨架;5—骨架油封;6—前泵盖;7—二次密封环;8—圆柱销;9—螺塞;10—滚针轴承;11—侧板;12—主动齿轮;13—被动齿轮;14—方形密封圈;15—泵体;16—后泵盖;17—垫圈;18—螺栓

(二)主要零部件的检测与修复

1. 齿轮

当齿轮泵运转很长时间之后,在齿轮两侧端面的齿廓表面上均会有不同程度的磨损和擦伤,对此,应视磨损程度进行修复或更换。

(1)若齿轮两侧端面仅仅是轻微磨损,则可用研磨法将磨损痕迹研去并抛光,即可重新使用。

(2)若齿轮端面已严重磨损,齿廓表面虽有磨损但并不严重(用着色法检查,即指齿高接触面积达55%、齿向接触面积达60%以上者)。对此,可将严重磨损的齿轮放在平面磨床上,将磨损处磨去(若能保证与孔的垂直度,亦可采用精车)。但必须注意,另一只齿轮也必须修磨至同等厚度(即两齿轮厚度的差值应在0.005 mm以下),并将修磨后的齿轮用油石将齿廓的锐边倒钝,但不宜倒角。

(3)齿轮经修磨后厚度减小,为保证齿轮泵的容积效率和密封性,泵体端面也必须做相应的磨削,以保证修复后的轴向间隙合适,防止内泄漏。

(4)若齿轮的齿廓表面因磨损或刮伤严重形成明显的多边形时,此时的啮合线已失去密封性能,则应先用油石磨去多边形处的毛刺,再将齿轮啮合面调换方位,即可继续使用。

(5)若齿轮的齿廓接触不良,或刮伤严重,已没有修复价值时,则应予以更换。

2. 泵体

泵体的吸油腔区域内常产生磨损或刮伤。为提高其机械效率,该类齿轮泵的齿轮与泵体间的径向间隙较大,通常为0.10~0.16 mm,因此,一般情况下齿轮的齿顶圆不会碰擦泵体的内孔。但泵在刚启动时压力冲击较大,压油腔处会对齿轮形成单向的径向推动,可导致齿顶圆柱面与泵体内孔的吸油腔处碰擦,造成磨损或刮伤。由于该类齿轮泵的泵体两端面上开有卸载槽,故不能翻转180°使用。如果吸油腔有轻微磨损或擦伤,可用油石或砂布去除其痕迹后继续使用。因为径向间隙对内泄漏的影响较轴向间隙小,所以对使用性能没有多大影响。

泵体与前、后泵盖的材料无论是普通灰口铸铁还是铝合金,它们的结合端面均要求有严格的密封性。修理时,可在平面磨床上磨平,或在研磨平板上研平,要求其接触面一般不低于85%;其精度要求是:平面度允差0.01 mm,端面对孔的垂直度允差为0.01 mm,泵体两端面平行度允差为0.01 mm,两齿轮轴孔轴心线的平行度允差为0.01 mm。

3. 轴颈与轴承

(1)齿轮轴轴颈与轴承、轴颈与骨架油封的接触处出现磨损,磨损轻的经抛光后即可继续使用,严重的应更换新轴。

(2)滚柱轴承座圈热处理的硬度较齿轮的高,一般不会磨损,若运转时间较长后会产生刮伤,可用油石轻轻擦去痕迹即可继续使用。对刮伤严重的,可将未磨损的另一座圈端面作为基准面,将其置于磨床工作台上,然后对磨损端面进行磨削加工。应保证两端面的平行度允差和端面对内孔的垂直度允差均在0.01 mm范围内,若内孔和座圈均磨损严重,则应及时换用新的轴承座圈。

(3)滚柱(针)轴承的滚柱(针)长时间运转后,也会产生磨损,若滚柱(针)发生剥落或出现点蚀麻坑时,必须更换滚柱(针),并应保证所有滚柱(针)直径的差值不超过0.003 mm,其长度允差为0.1 mm左右,滚柱(针)应如数地充满于轴承内,以免滚柱(针)在滚动时倾斜,使运动精度恶化。

(4)轴承保持架若已损坏或变形时,应予以更换。

4. 侧板

侧板损坏程度与齿轮泵输入端的外连接形式有着十分密切的关系,通常发动机通过联轴套(器)与泵连接,联轴套在轴向应使泵轴可自由伸缩,在花键的径向面上应有 0.5 mm 左右的间隙,这样,发动机在驱动泵轴时就不会对泵产生斜推力,泵内齿轮副在运转过程中即自动位于两侧板间转动,轴向间隙在装配时已确定(0.05~0.10 mm),即使泵运转后温度高达 70 ℃时,齿轮副与侧板间仍会留有间隙,不会因直接接触而产生"啃板"现象,以致烧伤端面。但是轴与联轴套(器)的径向间隙不能过大,否则,花键处容易损坏;因 CBG 泵本身在结构上未采取有效的消除径向力的措施,在泵运行时轴套会跳动,进而会导致齿轮与侧板因产生偏磨而"啃板"。

修理侧板的常用工艺:

(1)由于齿轮表面硬度一般高达 62HRC 左右,故宜选用中软性的油石将齿轮端面均匀打磨光滑,当用平尺检查齿轮端面时,须达到不漏光的要求。

(2)若侧板属轻微磨损,可在平板上铺以马粪纸进行抛光;对于痕迹较深者,应在研磨平板上用粒度为 W10 的绿色碳化硅加机油进行研磨,研磨完后应将黏附在侧板上的碳化硅彻底洗净。

(3)若侧板磨损严重,但青铜烧结层尚有相当的厚度,此时可将侧板在平面磨床上精磨,其平面度误差和平行度误差均应在 0.005 mm 左右,表面粗糙度应优于 Ra 0.4 μm。

(4)若侧板磨损很严重,其上的青铜烧结层已很薄甚至有脱落、剥壳现象时,应更换新侧板,建议两侧侧板同时更换。

5. 密封环

CBG 系列齿轮泵中的密封环是由铜基粉末合金烧结压制而成的,具有较为理想的耐磨和润滑性能。该密封环的制造精度高,同轴度也有保证,且表面粗糙度优于 Ra 1.61 μm。密封环内孔表面与齿轮轴轴颈需有 0.024~0.035 mm 的配合间隙,以此作为节流阻尼的功能来密封泵内轴承处的高压油,以提高泵的容积效率,保证达到使用压力的要求。当泵的输入轴联轴器处产生倾斜力矩或滚柱轴承磨损产生松动时,均会导致密封环的不正常磨损。若液压油污染严重,颗粒磨损会使密封环内孔处的配合间隙扩大,此间隙若超过 0.05 mm 时,容积效率将显著下降。

修复密封环的常用方法:

(1)缩孔法

车制一个钢套 2(见图 17-11)作为缩孔套,其内径比密封环 3 的外径小 0.05 mm,在压力机上将密封环压入钢套 2 内并保持 12 h 以上,或在 200~230 ℃电热炉内定形保温 2~3 h,然后用压出棒压出,密封环的内径即可缩小 0.03 mm 左右。在采用此法修复密封环时,要注意密封环凸肩的外圆柱面和内端面均不能遭到损伤或形成凸块状,因为此处若出现高低不平的状态,可造成泵的容积效率和压力下降。

(2)镀合金法

在有刷镀或电镀设备的地方,可采用内孔镀铜或镀铅锌合金的方法,以加大内孔厚度尺寸。电镀后因其尺寸精度较差,故须经精磨或精车,以保证其配合尺寸。车、磨加工时最好采用一个略带锥形的外套,将密封环推进套内再上车床或磨床加工,以避免因直接用三爪卡盘夹持而引起变形。

(三)检查要点和装配顺序

检查 CBG 系列齿轮泵时应注意下列事项:

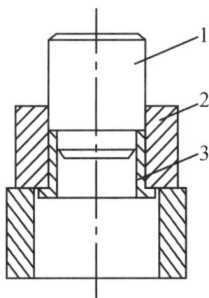

图 17-11　缩孔法修复密封环

1—压出棒；2—钢套；3—密封环

1. 拆开后须重点检查的部位

（1）检查侧板是否有严重烧伤和磨痕，其上的合金金属是否脱落或磨耗过甚或产生偏磨；若存在无法用研磨方法消除上述缺陷，应及时更换。

（2）检查密封环与轴颈的径向间隙是否小于 0.05 mm，若超差应予以修理。

（3）测量轴和轴承滚柱之间的间隙是否大于 0.075 mm，超过此值时，应更换滚柱轴承。

2. 操作顺序与装配要领

（1）齿轮泵的转向应与机器的要求相一致，若需要改变转向，则应重新组装。

（2）切记将前侧板上的通孔放在吸油腔侧，否则高压油会将旋转油封冲坏。

（3）清洗全部零部件后，装配时应先将密封环放入前、后泵盖上的主动齿轮轴孔内。

（4）将轴承装入前、后泵盖轴承孔内，但须保证其轴承端面低于泵盖端面 0.05～0.15 mm。

（5）将前侧板装入泵体一端（靠前泵盖处），使其侧板的铜烧结面向内，使圆形卸载槽（即盲孔 a，见图 17-12）位于泵的压油腔一端，侧板大孔与泵体大孔要对正，并将 O 形密封圈装在前侧板的外面。

（6）将带定位销的泵体装在前泵盖上，并将定位销插入前泵盖的销孔内，轻压泵体，使泵体端面和侧板压紧，装配时要注意泵体进、出油口的位置应与泵的转向一致。

（7）将主动齿轮和被动齿轮轻轻装入轴承孔内，使其端面与前侧板端面接触。

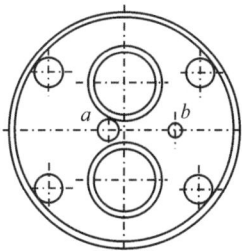

图 17-12　前侧板

（8）将后侧板装入泵体的后端后，再将 O 形密封圈装在后侧板外侧。

（9）将后泵盖装入泵体凹缘内，使其端面与后侧板的端面接触。

（10）将泵竖立起来，放好铜垫圈后穿入螺钉拧紧，其拧紧力矩为 132 N·m。

①将内骨架旋转油封背对背地装入前泵盖处的伸出轴颈上。

②将旋转油封前的孔用弹性挡圈装入前泵盖的孔槽内。

③装配完毕后,向泵内注入清洁的液压油,用手均匀转动时应无卡阻、单边受力或过紧的感觉。

④泵的进、出油口用塞子堵紧,防止污染物质侵入。

(四)修复、装配及试验

修复、装配时的注意事项:

(1)仔细地去除毛刺,用油石修钝锐边。注意,齿轮不能倒角或修圆。

(2)用清洁煤油清洗零部件,未退磁的零部件在清洗前必须退磁。

(3)注意轴向和径向间隙。各类齿轮泵的轴向间隙是由齿厚和泵体直接控制的,中间不用纸垫。组装前,用千分尺分别测出泵体和齿轮的厚度,使泵体厚度较齿轮大 0.02 ~ 0.03 mm,组装时用厚薄规测取径向间隙,此间隙应保持在 0.10~0.16 mm。

(4)对于齿轮轴与齿轮间是用平键连接的齿轮泵,齿轮轴上的键槽应具有较高的平行度和对称度,装配后平键顶面不应与键槽槽底接触,长度不得超出齿轮端面,平键与齿轮键槽的侧向配合间隙不能太大,以齿轮能轻轻拍打推进为好。两配合件不得产生径向摆动。

(5)须在定位销插入泵体、泵盖定位孔后,方可对角交叉均匀地紧固固定螺钉,同时用手转动齿轮泵长轴,感觉转动灵活并无轻重现象时即可。

齿轮泵修复装配以后,必须经过试验或试车,有条件的可在专用齿轮泵试验台上进行性能试验,对压力、排量、流量、容积效率、总效率、输出功率以及噪声等技术参数一一进行测试。而在现场,一般无液压泵试验台的条件下,可装在整机系统中进行试验,通常叫作修复试车或随机试车,其步骤如图 17-13 所示。

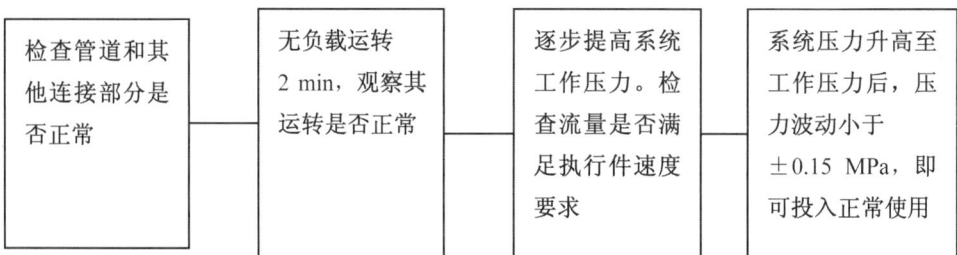

检查管道和其他连接部分是否正常	无负载运转 2 min,观察其运转是否正常	逐步提高系统工作压力。检查流量是否满足执行件速度要求	系统压力升高至工作压力后,压力波动小于 ±0.15 MPa,即可投入正常使用

图 17-13 齿轮泵现场修复试运行步骤

二、分配阀的检测与修复

(一)分配阀的分解

以 FPF32 分配阀为例,如图 17-14 所示。

(二)主要零部件的检测与修复

(1)用煤油或柴油清洗阀体、阀杆及所有零部件后,用不起毛的干净布擦干或用压缩空气吹干。

(2)检查阀孔和阀杆拉沟、划伤、磨损情况。阀孔与阀杆配合的标准间隙为 0.015 ~ 0.025 mm,修理极限(即间隙极限)为 0.04 mm。阀杆装在相应的阀孔内,用手轻压不应感

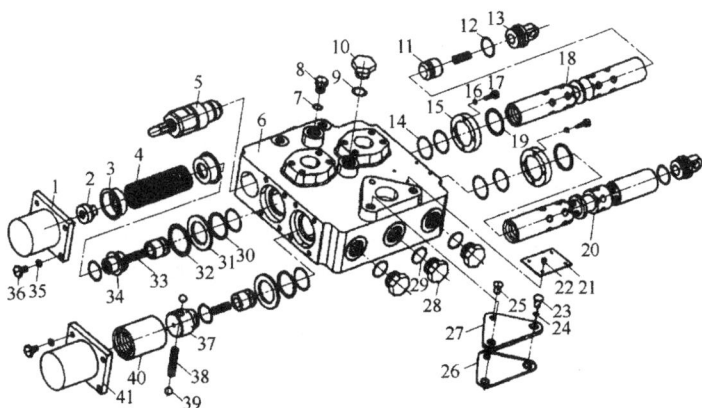

图 17-14 分配阀分解示意图

1—转斗回位套;2—定位座;3—弹簧压座;4—复位弹簧;5—主安全阀;6—阀体;7,9,12,29—O 形密封圈;8,10,28—螺塞;11—单向阀;13,34,37—弹簧座;14—O 形圈;15—套;16,32,35—垫圈;17,22—螺钉;18—转斗滑阀;19—防尘圈;20—动臂滑阀;21—铭牌;23,25,36—螺栓;24—螺母;26—垫板;27—盖;30—挡圈;31—挡板;33—单向阀弹簧;38—弹簧;39—钢球;40—定位套;41—动臂回位套

觉到间隙。如果阀杆明显磨损、划伤、损坏,或阀孔磨损、拉沟损坏,应更换新的阀体、阀杆。

若阀杆外径磨损,可采用镀铬的方法加粗,经光磨后再与阀孔研配。研磨剂可采用氧化铬磨膏加适量煤油或机油。研磨后应符合下列要求:

①表面粗糙度达到 Ra 0.3~0.2 μm,不允许有任何毛刺。

②圆柱度误差不大于 0.005 mm。

③配合间隙要求为 0.020~0.045 mm。

(3)检查导阀锥面与导阀座接触的密封性,如果因破损、压溃、缺口而使接触不良影响密封性,应研磨修复,严重的应换新。

(4)检查阀杆内单向阀与阀座接触的密封性,若因变形、磨损影响密封,应研磨阀座,更换新的单向阀。

(5)主阀芯与主阀套配合的标准间隙为 0.017~0.023 mm,修理极限(间隙极限)为 0.03 mm。

(三)装配及注意事项

(1)装配动臂滑阀。在动臂阀杆组件上依次装上挡板、挡圈、新 O 形密封圈;在阀孔内涂上适量的液压油后,将动臂滑阀装入动臂阀孔,在装的过程中要找准平衡位置,慢慢旋转组件进入,在弹簧座内依次装入钢球、弹簧、钢球,然后装上动臂回位套(动臂回位套的小孔方向向上)。

(2)装配转斗阀杆。依次将垫圈、挡板、挡圈、新 O 形密封圈装入阀杆组件上,在阀孔内涂上适量的液压油后,将动臂滑阀装入座孔,在装的过程中要找准平衡位置,慢慢旋转组件进入,装上转斗回位套,装好后的转斗回位套平面应与阀体面贴紧,应检查回位套是否压住垫圈(在压住垫圈的情况下上紧回位套会造成回位套拉裂或阀杆卡紧)。

(3)依次将螺栓放入回位套螺栓孔内,使用套筒扳手对角交替拧紧。

（4）将新 O 形密封圈套入动臂阀杆，并沿阀杆放入孔内；将挡圈套入动臂阀杆，并沿阀杆放入孔内，与 O 形密封圈靠紧；将套套入动臂阀杆并靠紧阀孔。

（5）使用同样方法依次将新 O 形密封圈、挡圈、套放入转斗阀孔。

（6）依次将螺栓放入螺栓孔内，使用套筒扳手对角交替拧紧。

（7）工作装置分配阀装配完后，应分别拉动动臂和转斗阀杆进行检验。要求动臂阀杆在各位置应灵活、无卡滞现象，并能定位；转斗阀杆也应灵活、无卡滞现象，且能自动回位。

工作装置操纵阀应在试验台上或装车后，对液压系统的工作压力进行调整。首先将压力表安装到工作装置操纵阀上，启动发动机，保持额定转速，然后扳动转斗操纵杆，使铲斗上翻至极限位置时，观察压力表所显示的数值是否为 16 MPa。若压力过低，应将调整螺杆沿顺时针方向转动，使压力升高；若压力过高，则逆时针转动调整螺杆，使压力降低。当系统工作压力调整至额定数值后，拧紧固定螺母和护帽。

三、转斗油缸大小双作用安全阀的检测与修复

（1）检查阀芯与阀体、单向滑阀与阀体座接触的密封性，如果损坏，影响密封性能，则损坏的零部件应更换新件。

（2）检查各 O 形橡胶密封圈，如有切皮、损坏，影响密封性能，应更换新件。

（3）检查弹簧变形，当弹簧压缩到长度为 49.4 mm 时，施加的力应大于 660 N，如有断裂或状态不良，应更换新弹簧。

四、工作油缸的检测与修复

（一）工作油缸的分解

动臂油缸分解如图 17-15 所示。转斗油缸分解如图 17-16 所示。

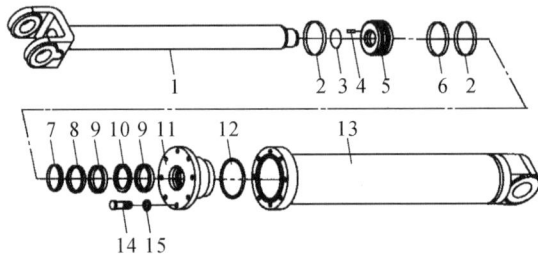

图 17-15　动臂油缸分解示意图

1—活塞杆；2，9—支承环；3，12—O 形圈；4—螺钉；5—活塞；6—组合密封环；7—AY 防尘圈；
8—U 形圈；10—组合圈；11—导向套；13—油缸体；14—螺栓；15—垫圈

（二）主要零部件的检测与修复

1. 密封件

当密封件出现老化、磨损、断裂、变质等现象时应更换。

2. 活塞

检查有无磨损（尤其单面）或裂纹。如单面磨损严重，将影响密封圈的密封效果，应进行镀铬或更换；如有裂纹，应更换。

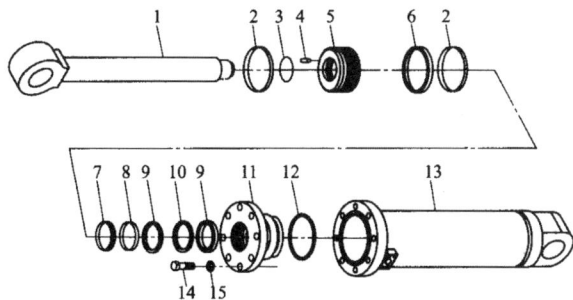

图 17-16　转斗油缸分解示意图

1—活塞杆;2,9—支承环;3,12—O 形圈;4—螺钉;5—活塞;6—组合密封环;
7—AY 防尘圈;8—U 形圈;10—斯特封;11—导向套;13—油缸体;14—螺栓;
15—垫圈

3. 活塞杆

表面应光洁无伤。当其弯曲量大于 0.15 mm 时,应校正,无法校正时应更换。如活塞杆表面出现沟槽、凹痕,轻微时,可用胶黏剂修补或用细油石修磨;如果严重或镀铬层剥落、有纵向划痕时,应换用新品。

4. 缸体

首先,应主要检查缸体内壁的磨损情况,有无拉伤、偏磨、锈蚀等现象。如拉伤、锈蚀不严重时,可用砂纸加润滑油进行打磨;如有为数不多的纵向沟槽时,可用胶黏剂修补;如拉伤、偏磨或磨损严重时应更换。其次,还应检查缸体外表面有无严重伤痕。

5. 导向套

检查是否有破裂,尤其外端最易产生裂纹。如有裂纹,应更换;检查导向套筒内孔有无拉伤,与活塞杆的配合间隙超过 1 mm 时,应更换导向套。

(三)工作油缸的装配

工作油缸装配的顺序和方法如下:

(1)将零部件用洗油清洗干净,用压缩空气吹除,并擦拭干净,然后将缸体内壁、活塞杆等摩擦表面涂抹少量液压油。

(2)先将 O 形密封圈装上,密封环、支撑环加热并用专用工具安装在活塞上。

(3)将防尘圈(唇边向外)依次装入导向套筒内孔的密封圈槽内,将大 O 形密封圈装在导向套筒外圆的密封圈槽,将导向套筒装上活塞杆。

(4)再装上 O 形密封圈、活塞、轴用卡键、卡键帽、挡圈。

(5)将活塞和活塞杆一起装入缸筒内。

(6)用螺栓固定导向套筒并拧紧。

(四)工作油缸的试验

工作油缸安装好后要进行试验。试验项目一般有以下几项:

1. 运动平稳性检查

在最低压力下往复运行 5~10 次,检查活塞运动是否平稳、灵活,应无卡滞现象。

2. 负荷试验

在活塞杆上加最大工作负荷,此时缸中的压力 P 为最大工作压力。在 P 作用下,运行 5 次全行程往复运动,活塞杆移动应平稳、灵活,且缸的各部分部件没有永久变形和其他异常现象。

3. 液压缸的外部泄漏试验

负荷作业 5~10 min,各密封和焊接处不得漏油。

4. 液压缸内部泄漏试验

在活塞杆上加一定的静负荷(装载机铲斗装满料),在 10 min 内,活塞移动距离不超过额定值。

5. 试验后再度紧固

在以上各项试验之后,可能出现缸的紧固松弛现象。为慎重起见,在试验后再度拧紧紧固压盖螺栓等;否则,在耐压试验后直接使用,由于各螺栓上荷重的不均匀,而使螺栓逐个破坏,最终造成严重的故障。

五、辅助元件

(一)油箱

(1)油箱拆下后要洗净,油箱内外要去掉油迹。

(2)检查油箱是否有裂纹、孔洞或锈蚀,如果有,必须焊接好,且应遵守安全操作规则;箱壁如出现凸起或凹陷,应进行修整;如果损坏严重,应予更换。

(3)检查油箱的密闭性,将油箱放入水池内通入压力 0.5 MPa 的压缩空气 2 min,不允许水中出气泡。

(4)检查油箱的注油口,不允许有裂纹等现象。油口的滤网损坏时,应予以更换。

(二)液压油过滤器

液压油过滤器安装在低压油管上,用来过滤从油缸回来的油,分解后必须用汽油清洗滤网,吹干后再进行检查。滤网上有小孔洞或焊料脱落时,应重焊修复。焊层厚度不应低于 3 mm,应无焊瘤。损坏的密封圈应予更换。

(三)连接管

装载机液压系统由油管、螺纹接头、连接管螺母和螺栓等将相应部分连通。油管分为橡胶软管和无缝钢管两种。油管最容易脱落或损坏的地方是油管接头和折弯的地方。

(1)橡胶高压软管。橡胶管外层橡胶因龟裂和胀大而失效。若损坏、密封不良应予以更换。

(2)橡胶软管爆裂,多数是由于弯折、扭转和终端固定不良的结果。在修理时,可去掉软管的损坏部分,将合格部分用可拆或不可拆方法连接起来。修好的软管不应有渗漏油的现象。

(3)压紧环和导管端部,应没有裂纹。

(4)当钢管出现无法修复的损坏时,应予更换。如果有局部裂纹,可进行补焊,也可将损坏部分锯掉,再焊上一段新钢管。

(5)连接管接头之间应装有铝或铜的密封垫,密封垫应平整,不应有凹陷。

（6）油管有以下缺陷时应更换：

①弯曲部分内、外壁有锯齿形曲线不规则，内壁扭坏或压坏及波纹凹凸不平。

②表面凹入达到油管直径的 20% 以上。

③弯曲部分的直径差与原直径比值大于 10%。

④扁平弯曲部分的最小外径为原管外径的 70% 以下。

六、工作装置液压系统的检查和调整

工作装置液压系统可通过对动臂提升、下降及铲斗前倾时间，分配阀、双作用安全阀的释放压力，动臂沉降量等参数的测定来检查。

（一）时间检查

铲斗装满额定载荷降到最低位置，发动机和液压油在正常的操作温度下，加大油门，使发动机以额定转速运转，操纵分配阀的动臂阀杆，使动臂提升到最高位置所需时间应不大于规定值（ZL50C 型为 7.5 s）。

发动机怠速运转，操纵分配阀动臂阀杆到浮动或下降位置，铲斗空载从最高位置下降到地面的时间应不大于规定值（ZL50C 型为 4.0 s）。

在相同于铲斗提升的条件下铲斗从最大后倾位置翻转到最大前倾位置所需时间应不大于规定值（ZL50C 型为 5.0 s）

（二）操作压力检查

1. 检查系统最大工作压力

拧下分配阀进油接头上的螺塞，装上 25 MPa 量程的压力表，然后将工作装置动臂提升到水平位置，发动机和液压油在正常的操作温度下，发动机以额定转速运转，操纵分配阀转斗滑阀，使铲斗后倾直到压力表显示最高压力（ZL50C 型为 16~17 MPa），拧下螺母，然后转动调整丝杆，顺时针转，压力增加，逆时针转，压力减少，转一整圈调整丝杆，ZL50C 型压力改变大约为 4.1 MPa）。

当调整压力正确后，用螺丝刀握住调整丝杆，拧紧螺母，保证丝杆锁紧，然后装上锁紧螺母，力矩为 50 N·m。

重复铲斗动作，以便复查调整压力的正确性。

2. 双作用安全阀压力的检查与调整

（1）大腔双作用安全阀压力的检查与调整

拧下分配阀至转斗油缸大腔油路中的弯管接头上的螺塞（或液压系统上右边的接头体上的螺塞，接上一个三通接头）。三通接头的一端接 25 MPa 量程的压力表，提升动臂到最高位置，发动机和液压油在正常操作温度下，发动机以怠速运转，操纵分配阀转斗滑阀，使铲斗转到最大后倾位置后，回复到中位，然后操纵分配阀动臂滑阀到下降位置，动臂下降，此时压力表的最大压力应为规定值（ZL50C 型为 20 MPa）。如压力不符，则按下列步骤进行调整。

①拆下锁紧螺母和铜垫，拧松螺母。

②转动调压丝杆，拧进压力增加，拧出压力减少。

③检查转斗油缸双作用安全阀，调整阀的压力至规定值为止。调整压力正确后，用内

六角扳手固定调整丝杆,拧紧螺母,保证丝杆锁紧,然后装上锁紧螺母。

重复铲斗动作,以便复查调整压力的正确性。

(2)小腔双作用安全阀压力的检查与调整

拧下接分配阀至转斗油缸小腔油路中的弯管接头上的螺塞,装上 25 MPa 量程的压力表,提升动臂到水平位置,发动机和液压油在正常温度下,发动机怠速运转,操纵分配阀转斗滑阀,使铲斗转到最大前倾位置,此时压力表显示压力应为 22 MPa,如压力不符,应按上述方法调整分配阀的转斗小腔过载阀。

注意:在拧下分配阀至转斗油缸大小腔油路中的弯管接头上的螺塞之前,应将动臂、铲斗降至地面,然后关闭发动机,反复几次操作先导操纵杆,直到确认管路内的残余压力已完全消除。

(三)动臂沉降量检查

在铲斗满载时,发动机和液压油在正常操作温度下,将动臂举升到最高位置,分配阀置于封闭位置,然后发动机熄火,此时测量动臂油缸活塞杆每小时的移动距离,如果液压元件为良好状态,其沉降量应小于 15 mm/5 min。

任务3 装载机工作装置常见故障的诊断与排除

ZL50C 型装载机工作装置及液压系统常见故障有:液压缸动作缓慢或举升无力;工作时尖叫或振动;动臂自动下沉;油温过高等。

一、液压缸动作缓慢或举升无力

(一)故障现象

铲斗装满料从最低位置上升到最大高度的时间超过 14 s,或者装满料举不起来。应先观察动臂和转斗油缸动作是否两部分动作都慢或无力,还是只有一部分动作慢或无力。

(二)故障原因及排除

1.故障现象一:两部分动作都慢或无力

(1)油箱油量少。从检视口可以观察到,应将工作油加到油箱总容量的 2/3 以上。

(2)油箱通气孔堵塞。打开油箱盖故障马上消失,应清理通气孔。

(3)滤网堵塞或进油管太软变形。油门越大,动作越慢,且伴随有振动和尖叫,应清理滤网,更换新进油管。

(4)油泵磨损严重。油门大时动作能够快一些,此时应维修或更换油泵。

(5)溢流阀压力调得低、弹簧变软、阀芯动作不灵活。若将溢流阀压力调高一些,动作能快一些。

(6)溢流阀磨损泄漏或卡滞。首先调整溢流阀压力到标准值,或更换弹簧、阀芯,其次再调整溢流阀压力到标准值,最后更换溢流阀总成。

2. 故障现象二：只有一部分动作慢或无力

（1）油缸内漏。将铲斗举到顶，卸开有杆腔油管，加大油门，看是否漏油；若故障不能排除，应更换油缸油封。

（2）操纵软轴调整不合适或损坏。可以直接观察到操纵软轴损坏，且阀杆运动量小，应更换操纵软轴并调整。

（3）滑阀磨损，泄漏严重。拆卸滑阀后能发现明显磨损，更换分配阀总成。

二、工作时尖叫或振动

（一）故障现象

发动机启动后，扳动工作装置操纵杆，能听到一种尖锐的叫声。

（二）故障原因及排除

（1）低压系统进空气。不管发动机油门大小，工作时都有叫声；在接头或管连接处抹肥皂水检查，解决进空气问题。

（2）油箱油少。工作油明显偏少，且动臂举升到一定高度后再也举不起；按规定加够工作油。

（3）进油管软或管内剥皮。发动机油门越大时，尖叫声越大，且进油管明显变扁。此种故障有可能是进油管软或管内剥皮造成的，应更换新的进油管。

（4）滤芯堵塞。以上部位未发现原因所在，则可能是由于滤芯堵塞所致，应拆检保养滤芯。

三、动臂自动下沉

（一）故障现象

铲斗装满料举升到最大高度，发动机熄火后，动臂油缸活塞杆下沉量超过 150 mm/h。

（二）故障原因及排除

（1）油缸活塞油封损坏，油缸拉伤。铲斗举升到最大高度，拆下有杆腔油管，加大发动机油门，油管有大量油漏出。更换油封或修理油缸内腔。

（2）滑阀磨损、中立位置不正确。在油缸油封不漏油的情况下，故障只能出现在滑阀上，则应更换分配阀总成。

四、油温过高

（一）故障现象

装载机工作时间不长，工作油温度达到 100~120 ℃，且工作无力。

（二）故障原因及排除

（1）系统压力低。压力表显示的压力低，并且有压力低引起别的故障同时出现。先排除系统压力低故障。

（2）工作油量偏少，散热效果差。从检视口能观察到，加够足量的工作油。

（3）环境温度高，连续作业时间长。断续作业或夜间作业时未出现此故障。改变作业方式。

（4）系统内泄漏量大。装载机一开始作业就工作无力,且系统压力低。参见工作无力故障的检查与维修。

任务实施

一、任务描述

1. 识别轮式装载机工作装置的主要零部件;

2. 轮式装载机工作装置的分解、装配;

3. 轮式装载机工作装置的检修、调整与动态试验;

4. 轮式装载机工作装置的常见故障诊断与排除;

5. 轮式装载机工作装置主要零部件的失效原因分析。

二、任务要求

1. 按照检测要求和技术标准将设备、仪器分别放在相关工位,将制定的任务单发给学生;每位学生穿上工作服、工作鞋,随身携带一支笔,以便做好记录并分析检测结果;

2. 使用有关工具,按照正确步骤分解、装配轮式装载机工作装置一台套;

3. 识别轮式装载机工作装置主要零部件;

4. 按照有关技术标准检测并维修轮式装载机工作装置主要零部件;

5. 按照有关技术标准,对装配的轮式装载机工作装置进行调整、动态试验;

6. 按照正确步骤检查并排除轮式装载机工作装置常见故障;

7. 对轮式装载机工作装置主要零部件的失效进行原因分析;

8. 监控学生是否按要求完成任务,并指导学生进行正确的操作。

三、任务考核

序号	考核内容	分值	评分标准	得分
1	正确使用工具、量具	3	工具使用不当,一次扣2分	
2	指认车上工作装置零部件位置正确	12	指认位置不正确,扣12分	
	拆装顺序正确		拆装顺序错误,一次扣3分	
	零部件摆放整齐		摆放不整齐,扣3分	
	清楚零部件的组成、作用及工作原理		不清楚,扣12分	

（续表）

序号	考核内容	分值	评分标准	得分
3	铲斗的拆装、检查与调整	45	能对各个项目进行准确检测及调整,错一项扣5分	
	铲斗斗齿的拆装、检查			
	动臂的拆装、检查			
	摇臂的拆装、检查			
	动臂油缸的拆装、检查与调整			
	转斗油缸的拆装、检查与调整			
	转斗油缸安全阀的拆装、检查与调整			
	工作油泵的拆装、检查与调整			
	分配阀的拆装、检查与调整			
	油箱、过滤器、连接管的拆装、检查			
	工作液压系统的拆装、检查与调整			
	工作情况检查、调整及动态试验			
	常见故障原因分析与排除			
4	正确组装工作装置零部件	10	不能正确组装,错一次扣2分	
5	正确调整间隙	15	不会调整扣10分,调整错误扣5分	
6	工具、现场清洁	5	每项扣2分,扣完为止	
7	安全、文明生产	10	违规操作、发生人身和设备事故,为0分	
8	配分合计	100	得分合计	

复习思考

一、填空题（将正确答案填在题中横线上）

1. CBG 型齿轮泵密封环常用的修复方法有_____、_____。

2. CBG 型齿轮泵密封环与轴颈的径向间隙不得小于_____,轴和轴承滚柱间的间隙不得大于_____。

3. CBG 型齿轮泵安装时应将前侧板的_____向内,_____位于泵的压油腔一端,侧板大孔与泵体大孔对正。

4. CBG 型齿轮泵组装前用_____泵体和齿轮的厚度,使泵体厚度较齿轮大_____,用_____测取径向间隙,径向间隙保持在_____。

5. 分配阀组装前可用_____或_____清洗阀体、阀杆及所有零部件,并用不起毛的干净布擦干或用_____吹干。

6. 分配阀阀杆磨损超限可采用_____加粗,经_____后再与阀孔研配,研磨剂可采用_____磨膏加适量_____或_____。

7.工作装置液压系统安装完毕后应进行动臂提升、下降及铲斗前倾_____、分配阀、双作用安全阀的_____、动臂的_____等参数的检查和调整。

二、判断题(将判断结果填入括号中,正确的填"√",错误的填"×")

1.( )更换铲斗斗齿时,铲斗下垫块高度应超过更换斗齿需要的高度,以方便操作。

2.( )安装铲斗上铰接轴承时应将唇形密封圈的唇口朝上安装。

3.( )调整铲斗自动放平装置时应将机器停放在平坦的场地上,变速操纵手柄置空挡,无须拉起停车制动,装上车架固定保险杠。

4.( )调整动臂举升高度时,非工作人员不得靠近机器,动臂附近区域不得站人。

5.( )调整动臂举升高度时,先将动臂举升到要求的卸载高度,再将发动机熄火,并装上车架固定保险杠,无须拉起停车制动。

6.( )工作装置分配阀阀孔与阀杆配合的标准间隙为 0.015～0.025 mm,修理极限为 0.04 mm。

7.( )工作装置分配阀主阀芯与主阀套配合的标准间隙为 0.017～0.023 mm,修理极限为 0.03 mm。

8.( )工作装置分配阀装配完毕后,动臂阀杆在各位置应灵活无卡滞,并能自动回位。

9.( )工作装置分配阀装配完毕后,转斗阀杆在各位置应灵活无卡滞,并能自动定位。

10.( )为检查液压油箱的密封性,可将其放入水池内通入 0.5 MPa 的压缩空气 2 min,不允许水中出气泡。

11.( )在铲斗满载时,将动臂举升到最高位置,分配阀置于封闭位置,然后发动机熄火,动臂油缸活塞杆的沉降量应小于 15 mm/5 min。

12.( )溢流阀磨损泄漏或卡滞是液压缸动作缓慢或举升无力的原因之一。

13.( )低压系统进空气是装载机工作装置工作时尖叫或振动的原因之一。

14.( )分配阀滑阀磨损超限、中立位置不正确是动臂自动下沉的原因之一。

三、选择题(选择一个正确的答案,将相应的字母填入题内的括号中)

1.装载机铲斗的反转是由( )通过杠杆来实现的。

    A.动臂液压缸   B.转斗液压缸

    C.动臂   D.铲斗自重

2.装载机工作装置的普通铲斗分为( )铲斗、V 形刀刃铲斗、带斗齿铲斗和 V 形刀刃带斗齿四种型式。

    A.直刀刃   B.无刀刃

    C.平刀刃   D.斜刀刃

3.装载机工作装置的直刀刃铲斗适宜于铲装轻质和松散( )物料,也可以用作刮平、清理现场。

    A.颗粒   B.块状

    C.矿石   D.岩石

4.装载机工作装置液压系统的作用是控制动臂和( )的动作。

    A.铲体   B.拉杆

    C.铲斗   D.车体

5. 装载机转斗操纵杆的作用是（　　）。

　　A. 操纵铲斗倾翻　　　　　　　　　　B. 操纵铲斗上翻

　　C. 操纵铲斗下翻　　　　　　　　　　D. 操纵铲斗上升

6. 装载机动臂操纵杆的作用是（　　）。

　　A. 操纵动臂上升　　　　　　　　　　B. 操纵动臂的上升与下降

　　C. 操纵动臂下降　　　　　　　　　　D. 按规定动作执行

7. 装载机独立工作液压系统一般由油泵、分配阀、（　　）、转斗油缸、油箱及油管等组成。

　　A. 摇臂油缸　　　　　　　　　　　　B. 动臂油缸

　　C. 铲斗油缸　　　　　　　　　　　　D. 油缸

8. 操纵装载机动臂换向阀可使动臂提升、下降或（　　）。

　　A. 上下动作　　　　　　　　　　　　B. 上浮动

　　C. 下浮动　　　　　　　　　　　　　D. 浮动

9. 操纵装载机转斗换向阀可使铲斗（　　）。

　　A. 前倾　　　　　　　　　　　　　　B. 后倾

　　C. 前倾或后倾　　　　　　　　　　　D. 提升或下降

10. 斗齿的作用是在铲斗插入料堆时，减少铲斗与料堆的作用（　　），使铲斗具有较大的插入料堆能力。

　　A. 接触面　　　　　　　　　　　　　B. 面积

　　C. 前进力　　　　　　　　　　　　　D. 阻力

11. 装载机四连杆机构的工作装置的优点是保证铲斗在地面上被放平，装满后斗口向上防止物料倾出，平行移动时防止斗内（　　）。

　　A. 空铲　　　　　　　　　　　　　　B. 物料溢出

　　C. 物料倒出　　　　　　　　　　　　D. 散落

12. 装载机铲斗斗齿按齿型分为（　　）两种。

　　A. 尖齿和直刀刃　　　　　　　　　　B. 直刀刃和 V 形刀刃

　　C. 钝齿和直刀刃　　　　　　　　　　D. 尖齿和钝齿

13. 斗齿结构分为（　　）两种。

　　A. 整体式和加大式　　　　　　　　　B. 分体式和加大式

　　C. 整体式和分体式　　　　　　　　　D. 加大式和基本式

14. 装载机工作装置液压系统的作用是控制（　　）的动作。

　　A. 动臂和摇臂　　　　　　　　　　　B. 铲斗和摇臂

　　C. 动臂和铲斗　　　　　　　　　　　D. 摇臂和铲尖

15. 工作装置按结构型式可分为有铲托架式、（　　）和推压式三种。

　　A. 托架式　　　　　　　　　　　　　B. 普通铲斗

　　C. 无铲托架式　　　　　　　　　　　D. 专用铲斗

16. 装载机额定斗容量是指铲的四周以 1/2 的坡度堆放物料时，由料堆坡面线与铲斗内廓部分间所形成的（　　）。

　　A. 体积　　　　　　　　　　　　　　B. 容积

　　C. 立方米　　　　　　　　　　　　　D. 大小

17. 装载机最大掘起力是指铲斗绕固定铰点转斗时,作用在斗口内( )处的最大垂直向上的力。

A. 中心   B. 重心

C. 100 mm   D. 45 mm

18. 装载机最大卸载高度是指铲斗在最高位置时,铲斗斗底的水平面与地面成( )时,斗尖到地面的垂直距离。

A. 30°   B. 45°

C. 60°   D. 90°

19. 铲斗斗齿的主要作用是( )。

A. 增加铲斗容量,减小作用面积

B. 增加铲斗强度和刚度

C. 抓取和拣装各种不规则物料

D. 在铲斗插入料堆时,减少铲斗与料堆的作用面积,破坏物料结构

20. 液压油管有以下( )缺陷时不需更换。

A. 管子弯曲部分内、外壁有锯齿形,曲线不规则,内壁扭坏或压坏及波纹凹凸不平。

B. 管子表面凹入达管子直径的10%以上。

C. 管子弯曲部分的直径差与原直径比值大于10%。

D. 扁平弯曲部分的最小外径为原管外径的70%以下。

21. ZL50C 型装载机在柴油机以额定转速运转时,铲斗装满额定载荷从地面提升到最高位置所需的时间应不大于( )。

A. 3.0 s   B. 4.0 s

C. 5.0 s   D. 7.5 s

22. ZL50C 型装载机在柴油机怠速运转时,铲斗空载从最高位置下降到地面所需的时间应不大于( )。

A. 3.0 s   B. 4.0 s

C. 5.0 s   D. 7.5 s

23. ZL50C 型装载机在柴油机以额定转速运转时,铲斗从最大后倾位置翻转到最大前倾位置所需的时间应不大于( )。

A. 3.0 s   B. 4.0 s

C. 5.0 s   D. 7.5 s

24. 装载机工作时间不长,工作油温达到 100~120 ℃,且工作无力的原因不是( )。

A. 系统压力低   B. 工作油箱油量少

C. 低压系统进空气   D. 系统内泄漏大

四、问答题

1. 装载机工作装置的铲斗斗齿如何更换?上下铰接轴承如何安装?

2. 装载机的铲斗限位装置如何调整?

3. 装载机工作装置的油泵、油缸、安全阀等总成如何拆装、检修、调整与试验?

4. 装载机工作装置的故障有哪些?原因有哪些?如何排除?

模块四

起重机械、输送机械检测与修复技术

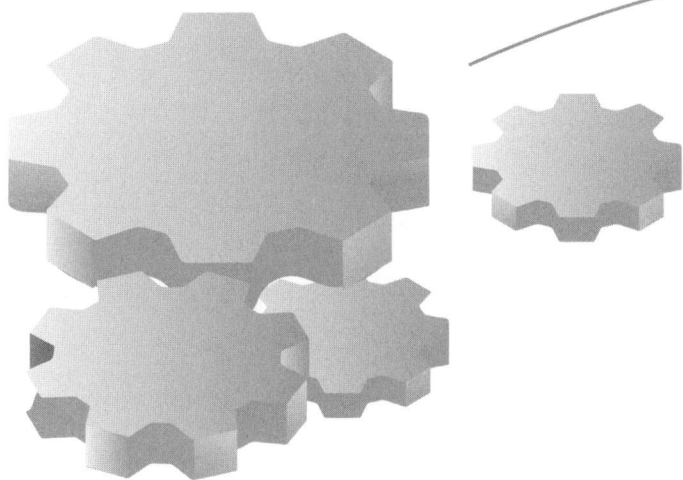

项目十八

起重机械的检测与修复

教学目标

一、知识目标

1. 正确阐述减速器、制动器、起升机构、回转机构、变幅机构和运行机构等常见故障、产生原因及排除方法；

2. 概要分析起重机械运行啃轨的原因及修复方法；

3. 详细讲述起重机械主梁下挠的原因及对起重机械使用性能的影响。

二、能力目标

1. 能正确测量钢丝绳、滑轮、卷筒的磨损量及调整联轴器的轴向位移、径向位移；

2. 能熟练调整制动器的制动力矩、行程及制动瓦块与制动轮之间的间隙；

3. 能正确检测桥式起重机主梁拱度。

任务导入

为了掌握起重机械的起升、变幅、回转、运行等四大机构的分解、装配、检查、调整过程，准确判断起重机械的故障，查明故障原因，港口机械维修人员必须全面认识起重机械的起升、变幅、回转、运行四大机构主要零部件，熟悉起重机械的起升、变幅、回转、运行等四大机构的检测与调整要求、常见故障的诊断与排除方法。

任务1　主要零部件的检测与修复

一、钢丝绳的检查与维护

（一）钢丝绳的检查

用肉眼查看钢丝绳是否存在着缺陷,如钢丝绳变形、局部压扁、严重弯折打结;钢丝溢留、挤出、松散并有严重磨损;绳芯松散、外露;钢丝绳内外有明显腐蚀;绳股整根断裂等。如果存在其中的一种缺陷,应予更换。

用量具测量钢丝绳的磨损量,测量时应取钢丝绳磨损最严重的一段,并将所测的部位除去锈蚀和油污,用游标卡尺在钢丝绳同一断面上测3个方向的值,为d_1、d_2、d_3,取其平均值:

$$\bar{d} = \frac{1}{3}(d_1 + d_2 + d_3) \quad \text{mm} \tag{18-1}$$

钢丝绳直径的磨损率:

$$\Delta d = \left[(d - \bar{d})/d \right] \times 100\% \tag{18-2}$$

式中:d——钢丝绳原直径,mm;

$\bar{d}$——钢丝绳磨损后直径,mm。

当$\Delta d \geq 7\%$时,钢丝绳必须更换。

检查钢丝绳的断丝数,根据《起重机钢丝绳保养、维护、安装、检验和报废》(GB/T 5972—2006),钢丝绳的断丝数达到表18-1的要求时,应报废。

表18-1　起重机械用钢丝绳检验和报废实用规范[3](GB/T 5972—2006)

外层绳股承载钢丝数[1]n	钢丝绳典型结构示例[2] GB 8918—2006 GB/T 20118—2006[5]	机构工作级别							
		M1、M2、M3、M4				M5、M6、M7、M8			
		交 互 捻		同 向 捻		交 互 捻		同 向 捻	
		长度范围[4]				长度范围[4]			
		≤6d	≤30d	≤6d	≤30d	≤6d	≤30d	≤6d	≤30d
≤50	6×7	2	4	1	2	4	8	2	4
51≤n≤75	6×19S*	3	6	2	3	6	12	3	6
76≤n≤100		4	8	2	4	8	16	4	8
101≤n≤120	8×19S 6×25Fi*	5	10	2	5	10	19	5	10
121≤n≤140		6	11	3	6	11	22	6	11

(续表)

外层绳股承载钢丝数①n	钢丝绳典型结构示例② GB 8918—2006 GB/T 20118—2006⑤	机构工作级别							
		M1、M2、M3、M4				M5、M6、M7、M8			
		交互捻		同向捻		交互捻		同向捻	
		长度范围④				长度范围④			
		≤6d	≤30d	≤6d	≤30d	≤6d	≤30d	≤6d	≤30d
$141 \leq n \leq 160$	8×25Fi	6	13	3	6	13	26	6	13
$161 \leq n \leq 180$	6×36WS*	7	14	4	7	14	29	7	14
$181 \leq n \leq 200$		8	16	4	8	16	32	8	16
$201 \leq n \leq 220$	6×41WS*	9	18	4	9	18	38	9	18
$221 \leq n \leq 240$	6×37	10	19	5	10	19	38	10	19
$241 \leq n \leq 260$		10	21	5	10	21	42	10	21
$261 \leq n \leq 280$		11	22	6	11	22	45	11	22
$281 \leq n \leq 300$		12	24	6	12	24	48	12	24
$300 < n^{b}$		0.04n	0.08n	0.02n	0.04n	0.08n	0.16n	0.04n	0.08n

注:①填充钢丝不是承载钢丝,因此检验予以扣除。多层绳股绳仅考虑可见外层。带钢芯的钢丝绳,
　其绳芯作为内部绳股对待,不予考虑。
　②统计绳中的可见断丝数时,圆整成整数值。对外层绳股的钢丝直径大于标准直径特定结构钢丝
　绳,在表中做低等级处理,并以＊号表示。
　③一根断丝可能有两处可见端。
　④d为钢丝绳公称直径。
　⑤钢丝绳典型结构与国际标准钢丝绳典型结构是一致的。

(二)钢丝绳的维护

钢丝绳的使用寿命和安全工作很大程度上取决于良好的维护。

(1)钢丝绳开卷时,要避免钢丝绳打结或扭曲,使强度降低以致损坏。钢丝绳切断时要扎紧防止松散。

(2)钢丝绳不得超负荷使用,不能在冲击载荷下工作,工作时速度应平稳。

(3)在捆绑或吊运物件时,钢丝绳应避免和物体的尖角棱边直接接触,应在接触处垫以木块、麻布或其他衬垫物。

(4)严禁钢丝绳与电线接触,以免被打坏或发生触电。靠近高温物体时,要采取隔热措施。

(5)钢丝绳在使用中应避免扭结,一旦扭结,应立即抖直。使用中应尽量减少弯折次数,并尽量避免反向弯折。

(6)钢丝绳与卷筒或滑车配用时,卷筒或滑轮的直径至少比钢丝绳直径大16倍。不能穿过已经破损的滑轮,以免磨损钢丝绳或使绳脱出滑轮,造成事故。

(7)钢丝绳穿过滑轮时,滑轮槽的直径应比钢丝绳的直径大1~2.5 mm。如滑轮槽的直径过大,则绳易被压扁;过小,则绳易磨损。

(8)钢丝绳应防止磨损、腐蚀或其他物理条件、化学条件造成的性能降低。吊运熔化及

灼热金属的钢丝绳要有防止高温损坏的措施。

(9)使用前要根据使用情况选择合适直径的钢丝绳;在使用过程中,要经常检查其负荷能力及破损情况;使用后及时保养,正确存放。

在使用前要认真对钢丝绳进行全面检查。

钢丝绳端部用绳卡连接时,应满足表18-2的要求,同时应保证连接强度不小于钢丝绳破断拉力的85%;用编结连接时,编结长度不应小于钢丝绳直径的15倍,并且不小于300 mm。连接强度不应小于钢丝绳破断拉力的75%。

吊运熔融金属的起重机,在吊钩组及吊运横梁等处应采取措施保护钢丝绳免受辐射热直接影响,并防止熔融金属喷溅到钢丝绳上。

表18-2 钢丝绳夹连接时的安全要求

钢丝绳公称直径(mm)	≤19	19~32	32~38	38~44	44~60
钢丝绳夹最少数量(组)	3	4	5	6	7

注:钢丝绳夹夹座应在钢丝绳长头一边,钢丝绳夹的间距不应小于钢丝绳直径的6倍。

二、滑轮的检测与修复

(一)滑轮的检测

滑轮清洗以后,肉眼检查其边缘有否缺损,用放大镜检查绳槽、轮缘是否存在裂纹,绳槽底部是否有显著磨损。

检查滑轮磨损量时,将样板放在绳槽中,塞尺放在样板与滑轮绳槽壁或绳槽底部已磨损的部位,可伸入的塞尺厚度即是该部位的磨损量。样板的尺寸按绳槽标准尺寸制作,尺寸公差为js8~js10,最合适的绳槽底部直径为钢丝绳直径的1.07~1.2倍(见图18-1)。

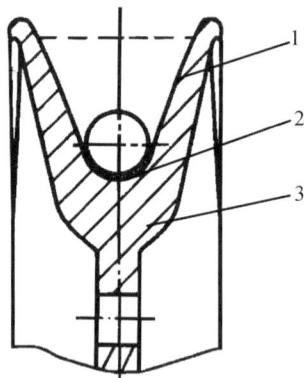

图18-1 滑轮磨损样板检验示意图
1—样板;2—磨损部位;3—滑轮

(二)滑轮修复的技术要求

正常工作的滑轮用手能灵活地转动,滑轮槽应光洁平滑,否则会加剧钢丝绳、滑轮轴的磨损。

滑轮应有防止钢丝绳脱出绳槽的装置或结构。在滑轮罩的侧板和圆弧顶板等处与滑轮本体的间隙不宜超过钢丝绳直径的20%。

人手可触及的滑轮组应设置滑轮罩壳。对可能摔落到地面的滑轮组,滑轮罩壳应有足够的强度和刚度。

滑轮轴承要保持良好的润滑状态,滑轮轴上的润滑油槽和油孔中的切屑和污垢必须清除干净,油孔与轴承间隔环上的油槽应该对准。

金属铸造的滑轮在检查中若发现有贯穿性裂纹,或轮缘部分有损坏应立即停止使用,予以更换。

在使用过程中若检查发现滑轮槽底径向磨损达到钢丝绳直径的 1/3;轮槽壁厚磨损达到原壁厚的 30%;轮槽的不均匀磨损为 3 mm,如果存在其中一种情况,滑轮就应予以更换。

滑轮轴不得有裂纹,大修后滑轮轴轴径磨损超过原轴径的 3%,圆柱度偏差超过 5%,要更换滑轮轴或予以修复;与滚动轴承内径的径向间隙超过 0.2 mm,也要更换。

三、卷筒的检测与修复

(一)卷筒的检测

用 20 倍或 50 倍放大镜检查卷筒,也可以用小手榔头敲击的方法检查,如果发现卷筒的绳槽、钢丝绳在卷筒上的固定处有裂纹,则不能继续使用。

用深度千分尺和直尺测量卷筒绳槽的磨损量 ΔC。

$$\Delta C = C'_1 - C_1 \tag{18-3}$$

式中:C_1——标准绳槽深度(设计图纸上绳槽深度),mm;

C_1'——测量得磨损后绳槽深度,mm。

如果卷筒磨损严重,还要测量磨损后卷筒的外径 D_1',并将 D_1' 与原来标准直径 D_1 比较,则绳槽的实际磨损量应为:

$$\Delta C'_1 = \frac{1}{2}(D_1 - D'_1) + \Delta C \tag{18-4}$$

如图 18-2 所示。

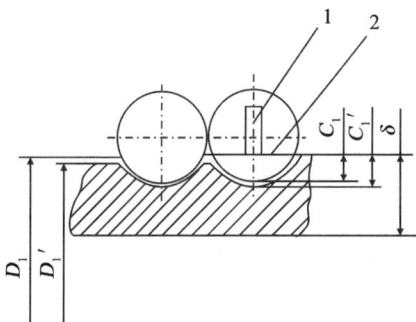

图 18-2 卷筒磨损测量示意图

1—深度尺;2—直尺

(二)卷筒修复的技术要求

卷筒装配完毕后,必须转动灵活,不得有卡阻现象。对卷筒轴的径向及端面圆跳动公差不得超过绳槽底径的 2.25‰;若卷筒绳槽磨损超过 2 mm,钢丝绳在工作中经常跳槽而不能有秩序地排列时,可重新车槽,但加工后的卷筒壁厚不得小于原壁厚的 80%。

卷筒轴上不得有裂纹,卷筒轴磨损超过名义直径的 5% 时,应予以更换。

卷筒上钢丝绳尾端的固定装置,应安全可靠并有防松或自紧的性能。如果钢丝绳尾端用压板固定,固定强度不应低于钢丝绳破断拉力的 80%,且至少应有两个相互分开的压板压紧,并用螺栓将压板可靠固定。

四、吊钩的检测与负荷试验

(一)吊钩的检测

将锻造吊钩用煤油或柴油洗净,用 20 倍或 50 倍放大镜检查或用无损探伤仪检查吊钩各部位是否存在裂纹,吊钩螺纹部分是否松脱滑牙,特别要注意危险断面和螺纹退刀槽处,若发现裂纹或缺陷则不能继续使用,也不允许补焊后继续使用。

钩身挂绳部位由于钢丝绳的摩擦会产生磨损、出现沟槽。当此危险断面高度的磨损量达到原尺寸的 10% 时,吊钩应报废。没有达到报废标准时,可以继续使用或降低负荷使用,但应将磨损的部位修磨成弧面,消除应力集中。

除检查钩身、螺纹、尾端的变形之外,还重点检查吊钩的扭转变形与钩口开口度。扭转变形应小于 $10°$;钩口开口度尺寸增量 $\Delta M < 15\% M$(其中 M 为正确钩口开口度),否则吊钩应更换。当变形后钩口开口度 $M' \geqslant a$(a 为吊钩钩口内圆直径)时,吊钩也不能继续使用,(见图 18-3)。

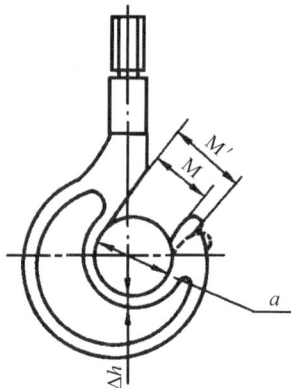

图 18-3 吊钩磨损与变形示意图
Δh—断面高度磨损量;M—变形后开口度

用 20 倍放大镜检查片式吊钩的危险断面是否有裂纹及松动的铆钉,更换有裂纹的板片和松动的铆钉。

检查片式吊钩的衬套、销子、小孔、耳板等的磨损情况,表面是否存在裂纹和变形。若衬套的磨损达到原尺寸的 50% 时,销子的磨损量达到原直径的 3%~5% 时,应更换。

(二)吊钩装置的检测

吊钩装置每季度至少检修一次并进行清洁润滑,检查时拆下吊钩螺母和定位销,清洗和检查推力轴承,发现有损坏、裂纹应予以更换;检查吊钩横梁和拉板,吊钩横梁和拉板都是受力构件,不得有裂纹;拉板的轴孔磨损严重时要进行焊补后重新钻孔。

吊钩装置装配后,定位销、吊钩螺母等紧固件能可靠锁牢;滑轮轴和吊钩横梁的轴端挡板能可靠定位;吊钩能绕垂直轴线自由转动,也可以绕吊钩横梁的轴线摆动。

(三)吊钩负荷试验

新投入使用的吊钩应做负荷试验,以 1.25 倍的额定起升载荷悬吊 10 min。吊钩卸去检验载荷后,在没有任何明显缺陷和变形的情况下,钩口开口度的增量不应超过原开口度的 0.25%。吊钩不得有永久变形。

五、联轴器的调整、检测与修复

起重机上常用的联轴器有:弹性套柱销联轴器、齿式联轴器、滚子链联轴器、梅花形弹性联轴器等。

(一)联轴器的调整

为了调整方便,在电动机、减速器支座上设前后及左右调节螺栓各 4 只;并用垫铁对电动机中心高度进行初调。

1. 轴向位移调整

(1)用前后调节螺栓①、②对电动机进行轴向调整;并用塞尺在圆周四等分点上测量联轴器端面间隙[见图 18-4(a)],使测量的数值在允许轴向位移值范围内。

(2)将三块等厚圆形塞铁用螺栓将其先均布在两联轴器间隙处;调节螺栓①、②,使三块圆形塞铁与联轴器两端面贴合,并用千分表测量联轴器的轴向位移[图 18-4(b)]。所用的圆形塞铁厚度根据联轴器规格而定。

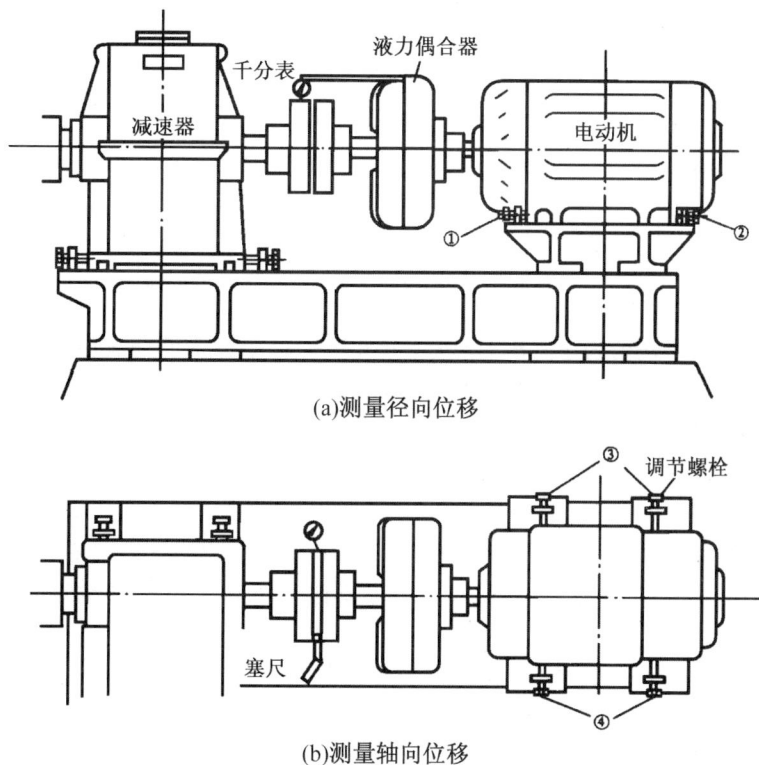

(a)测量径向位移

(b)测量轴向位移

图 18-4 联轴器径向、轴向位移测量

2. 径向位移调整

将千分表测量杆固定在液力偶合器壳体(如电动机与减速器直接连接,应固定在电动机侧联轴器)外圆周面,装上千分表,将电动机转子做360°旋转,就能从千分表上读出联轴器的径向位移;若径向上下偏差较大,应再次调整电动机下垫铁厚度;若左右方向偏差较大,可调整螺栓③、④,[图18-4(a)]。

径向位移合格后,要再次校验联轴器轴向位移,如偏差大,应重新调整,反复测定三次。待调整结束后,要拧紧各调整螺栓上的锁紧螺母,防止松动。

常用联轴器两轴许用相对位移值列于表18-3中。

表 18-3　联轴器两轴许用相对位移值

型号		两轴相对位移			备注
		轴向 ΔX (mm)	径向 ΔY (mm)	角向 $\Delta \alpha$ (°)	
齿式联轴器	GIICL	较大	1.0~8.5	1°30′	JB/T 8854.2—2001
	GIICLZ		0.0262 A		
弹性套柱销联轴器	LT1~LT4		0.2	1°30′	GB/T 4323—2002
	LT5、LTZ5		0.3		
	LT6~LT7、LTZ6~LTZ7			1°	
	LT8~LT10、LTZ8~LTZ10		0.4		
	LT11~LT12、LTZ11~LTZ12		0.5	30′	
	LT13、LTZ13		0.6		
滚子链联轴器		1.4~9.5	0.19~1.27	1°	GB/T 6069—2002

注:A——GIICLZ 型联轴器两个外齿轮中心之间的距离。

(二)联轴器的检测与修复

检查联轴器是否牢固地安装在轴上,连接两半联轴器的螺栓是否拧紧,联轴器在工作中是否有跳动现象。

1. 弹性套、柱销、联轴器

联轴器、弹性套与柱销为过盈配合,弹性套外圆与柱销孔为间隙配合。联轴器连接前,将两轴做相对转动,应保证柱销对准任何销孔能自由插入。

柱销圆锥面和柱销孔接触面积要不小于柱销圆锥面的70%,销孔(弹性套孔)磨损大于2 mm 或周围有裂纹时,应更换半联轴器。柱销螺纹应完好。

2. 齿式联轴器

联轴器的轮齿间要保持良好的润滑,正常工作6个月或修理后均要换润滑油。联轴器装配后不允许有漏油、滴油现象,一般采用毡垫或橡胶密封圈作密封,修理时必须更换油封件。

用游标卡尺测量齿轮的固定弦齿厚或公法线长度来检查齿轮的磨损。起升机构上的齿式联轴器齿厚磨损达原齿的15%,其他机构达20%时,则应更换新件。

3. 滚子链联轴器

链条的轴销、滚柱、侧板都不允许有损坏、破裂;轴销在侧板孔内无松动。

检查链轮轮齿,链轮齿厚的磨损不大于标准齿厚的10%,否则要更换链轮。

六、减速器的检测与修复

起重机上常用的减速器有:圆柱齿轮减速器、圆锥齿轮减速器、蜗杆减速器和行星齿轮减速器等。虽然减速器的型式很多,但都是由箱体、齿轮、轴、轴承等组成的,减速器的检修就是要了解这些零部件的检修方法。

减速器的检测分为一般检测(不解体检测)和解体检测。

(一)一般检测

油标(油尺)的指示正确,润滑油路畅通,保证齿面和轴承的正常润滑;减速器箱体,尤其是轴承处的发热,不得超过允许的温度,对连续工作制度的减速器,在额定负荷和额定转速下,油池温升不超过35℃,轴承温升不超过40℃;各密封结合处,润滑油不得泄漏;紧固螺栓不得松动;齿轮啮合时声音要均匀、轻快,减速器运转平稳、正常,不得有冲击性噪声和振动。

(二)解体检测与修复

1.箱体、箱盖的接合面检测与修复

箱体、箱盖自由结合后,用0.05 mm塞尺检查剖分面的接触密合性。塞尺深入的深度不得大于剖分面宽度的1/3。

减速器使用一段时间后可能会发生变形,这时接合面达不到原来的精度要求,通常采用研磨和刮磨的方法进行修理。先把润滑油放掉,取出所有的零部件,用手刮刀清除接合面上的污垢和锈渍,用煤油擦洗干净,在接合面上涂一层薄红铅油,进行研磨,每研磨一遍刮掉个别高的点和毛刺,经过2~3遍以后,一般就会达到精度要求。

减速器的底面是装配基准,也是箱体、箱盖结合面的加工基准。要求其平面度为0.5~1.0 mm,减速器的结合面应平行于底面,底面与结合面的不平行度允许偏差在1 m长度内不大于0.5 mm。

2.轴的检测与修复

目测或用超声波探伤仪检查轴上是否有裂纹,发现裂纹应及时更换。

轴的检查:将轴顶在车床顶针上,百分表固定在车床拖板上,移动拖板,测量轴的母线。百分表最大读数为轴的弯曲度。转动轴时,可测量得到轴的径向圆跳动。

齿轮轴(或轴)与轴承、齿轮配合处,其轴颈对轴线的径向圆跳动公差:

$$E_i = E_{100} \cdot L/100 \quad (\mu m) \tag{18-5}$$

式中:E_{100}——齿轮轴(或轴)与轴承配合的两轴颈中点间的跨距为100 mm时,轴颈对轴线的径向圆跳动公差(见表18-4);

L——与轴承配合的两轴颈中点间跨距,mm。

表18-4 轴径对轴线径向圆跳动公差(跨度100 mm)

齿轮宽度(mm)	<55	>55~110	>110~220	>160~220	>220~320
$E_{100}(\mu m)$	20	10	8	6	5

轴的修复:对于磨损的轴颈,可以采用金属刷涂,也可用堆焊的方法修复,然后按图纸加工。

轴的变形应进行校直,常用的校正方法有压力校直和火焰校直。

3. 齿轮的检测与修复

齿轮在使用过程中会出现轮齿折断及齿面失效。

(1)疲劳点蚀

在减速器的齿轮传动中,齿轮最常见的失效形式是疲劳点蚀。轮齿表面接触应力达到一定限度,表面层会产生疲劳裂纹;裂纹扩展就形成小块金属剥落,出现疲劳点蚀的小"麻坑",齿轮运转时就会产生振动和噪声。齿面点蚀面积达啮合面的30%,且深度达到原齿厚的10%时,应更换新齿轮。

(2)磨损

当润滑油内有杂质时,使齿轮齿顶和齿根出现很深的刮痕,刮痕垂直于节线并且互相平行,这时齿轮传动时会发出尖细的噪声,油温上升。由于齿形偏差、安装中心距偏差,造成齿顶边缘和齿根过渡曲线处过度挤压,使齿根圆角部分产生剧烈磨损。

用固定弦齿厚游标卡尺测量齿部磨损,起升机构和变幅机构中啮合齿轮的齿厚磨损量应不大于原齿厚的15%;回转机构的大、小开式齿轮齿厚磨损量应不大于原齿厚的25%;行走机构的齿厚磨损量应不大于原齿厚的30%。

(3)胶合

重载、高速运转、润滑不良或散热不好时,齿轮啮合面之间的油膜被破坏,齿面金属直接接触,一个齿面的金属黏接到与其相啮合的另一个齿面上,又由于齿面间做相对运动,在齿面上形成垂直于节线的划痕。齿轮受到严重胶合破坏时,应更换新齿轮。

(4)塑性变形与轮齿折断

轮齿过软,在超载或摩擦系数很大的情况下,使齿面产生塑性变形。塑性变形使主动齿轮在节线附近产生凹沟,从动齿轮节线附近产生凸脊。

当齿轮工作时,由于超载或受到冲击载荷,轮齿有可能部分或整齿折断。齿轮发生断齿时应予报废。

轮齿表面因胶合引起的擦伤和塑性变形而产生的棱脊要铲平锉光。

齿轮的接触状况可用啮合印迹法检验齿面的接触斑点。齿面的接触斑点须按齿长和齿宽对称地分布在轮齿工作面中部,按齿高方向不小于40%,按齿长方向不小于50%。

在起重机所用的减速器中,轮齿的失效一般是不修理的,而是控制在一定的报废标准内,超过标准,应更换新齿轮,并且要成对地更换啮合齿轮。

4. 减速器漏油检测与修复

减速器漏油是一个比较普遍的毛病,造成浪费润滑油,并污染环境,所以应尽量避免。

漏油的部位:

(1)漏油最多发生在减速器箱体、箱盖的结合面,立式减速器尤为严重;

(2)轴承压盖、轴承透盖和箱体的配合周边;

(3)轴承透盖与减速箱输入、输出轴轴径之间;

(4)视孔盖、放油孔处。

漏油的原因:

(1)箱体、箱盖的接合面加工精度不高,达不到粗糙度要求;

(2)箱体使用一段时间后产生变形,连接箱体、箱盖结合面的螺栓松动,使接合面不严密；

（3）结合面密封胶涂封不均匀，装配不符合要求；

（4）轴承盖与轴承座孔间的间隙过大；

（5）轴承透盖内的回油沟堵塞，并且透盖与轴径之间间隙过大，密封不好；

（6）视孔盖刚性不好，通气孔太小；放油孔过短、密封垫损坏、紧固螺钉未拧紧；

（7）箱体内油量过多。

漏油的修复：

（1）刮研减速器壳体的结合面，对于已经使用了几年的减速器，经过一段时间的时效处理，刮研后一般不会再产生大的变形。

（2）检修时，要将结合面上的残余密封胶用刮刀等工具清理干净，再用煤油擦洗，用 Y-150 型厌氧性密封剂、环氧树脂等经加热后，涂于接合面。

（3）在轴承处加装挡油环，在箱体轴承孔的底部开宽度约 5 mm 并向箱内倾斜的回油沟，把渗出的润滑油导回箱体内。

（4）适当加厚视孔盖板的厚度，使之不易变形。

将通气孔直径加大，降低减速器内的油温和油压，并在视孔盖下加装挡油板。当油液飞溅到挡油板上后，油液可沿挡油板的斜坡返回油池；适当放长放油孔的油堵，使用皮垫或橡胶垫，将油堵拧牢（见图 18-5）。

（三）减速器的验收

减速器装配合格后，应对减速器的润滑系统进行检验。按减速器说明书的规定选用润滑油；润滑油应加至油标的指示位置。启动前用手使减速器的伸出轴转动几圈，转动必须灵活，不得有卡滞现象。在确认润滑油正常注入齿轮啮合面和轴承后，才可以启动。

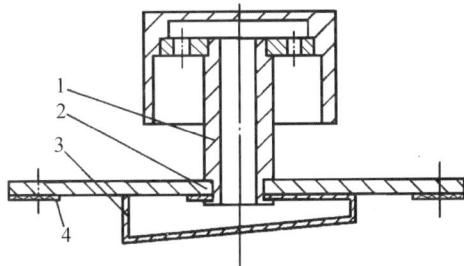

图 18-5　减速器视孔盖的改进
1—通风器；2—视孔盖板；3—挡油板；4—密封垫板

（1）空载试验时，在额定转速下，正反向运转均不少于 2 h。

空载试验应符合以下要求：

①各连接件、紧固件不得松动。

②各密封处、接合面不得有漏油、渗油现象。

③减速器运转平稳正常，不得有冲击、振动及不均匀响声。

（2）空载试验合格后，应在额定载荷、额定转速下进行负载试验，按 50%、80%、100% 额定载荷逐级加载，每阶段运转时间均不得低于 2 h。

负载试验应符合以下要求：

①对连续工作制度的减速器,在额定负荷、额定转速下进行试验,油池温升不得大于35 ℃,轴承温升不得超过40 ℃。

②对间断工作制的减速器,主要检查在额定负荷、额定转速下,减速器运转是否安全可靠。

③减速器运转平稳,无异常噪声、振动和冲击;减速器各接合面、密封处不得有漏油、渗油现象。

七、制动器的检测与修复

起重机上经常使用块式制动器和带式制动器。块式制动器中有短行程电磁块式制动器、长行程电磁块式制动器、电动液压推杆制动器和液压电磁铁块式制动器等。后两种制动器在起重机中用得较多。

(一)块式制动器的检测与修复

1.整个制动器的动作

检查整个制动器动作是否灵活,是否有卡阻现象;制动轮与制动瓦块(制动带)间隙是否相等;用手摇晃左、右制动臂,观察其销轴磨损情况,销与销孔磨损量达到原直径的5%时,应更换新件;销轴间隙导致的空行程不得超过额定行程的10%。

2.制动摩擦片

制动摩擦片是用铝(或铜)铆钉固定在铸铁制动瓦块上(或制动钢带上)。铆钉头到制动摩擦片表面最少不得低于0.5 mm。当制动摩擦片的磨损达到原厚度的40%时,应更换新摩擦片。

3.制动轮

制动轮不得有缺陷和裂纹。使用一段时间后,制动轮工作表面的磨痕沿宽度范围超过20%,深度超过1.0 mm时,必须重新车削并表面淬火。制动轮经多次车削后,其壁厚减小,对于起升、变幅机构的制动轮其壁厚磨损不应超过原壁厚的40%;对其他机构的不应超过50%,否则予以报废。

制动轮面应经常用煤油清洗,防止黏沾油污后在制动时打滑。制动轮的工作温度不得超过200 ℃。

4.制动臂、弹簧、顶杆、杠杆系统等

制动臂、弹簧、顶杆、杠杆系统等都不应有裂纹和永久性的变形;锁紧螺母以及其他紧固件都不应损坏、脱落;所有的螺母、螺栓必须拧紧,不得松动。

带式制动器制动钢带的接头处不得有裂纹;钢带与钢带接头的连接铆钉应牢固,不允许有松动和损坏。

制动钢带若有变形,应拆下矫圆。工作时,制动钢带与制动轮工作表面应有良好的接触,其接触面积不应小于全部面积的70%。

若制动回位弹簧太松,应调整弹簧的张力或更换新件。

5.电动液压推杆

电动液压推杆的叶轮轴上部是方形的,装在轴套内的一段,工作一段时间后,会磨损变圆,这时叶轮轴就需更换。固定叶轮的螺母若发生松动,会造成叶轮在旋转时碰撞破碎,影响松闸器正常工作。叶轮破碎就必须更换。

推杆经常的上下运动,使推杆与滑动轴承的间隙变大,间隙过大会在推杆处出现漏油,这时就要更换铜套。推杆在使用过程中也会弯曲变形,变形较小时可以校正,当变形较大时就必须更换新件,如图18-6所示。

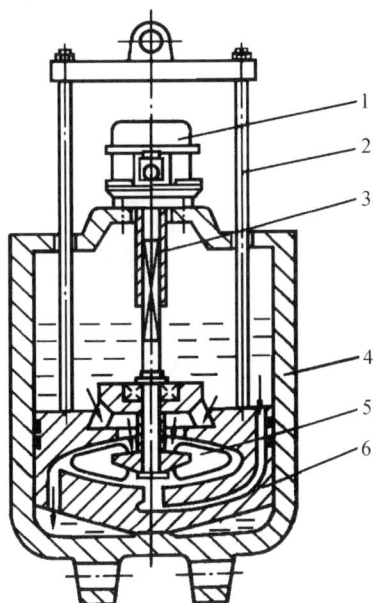

图 18-6 电动液压推杆

1—电动机;2—推杆;3—方轴;4—壳体;5—叶轮;6—活塞

电动液压推杆制动器无闸瓦磨损自动补偿机构的,就应经常注意摩擦片磨损的情况。

随着摩擦片的磨损,推杆的有效行程减小,就应及时按表18-5的推荐值调节松闸器的行程。

每半年要检查一次液压油油面高度,若发现油量不足,应及时补充。如油液黏度变稠或太脏,应予更换液压油。

表 18-5 短行程制动器电磁铁推杆行程

电磁铁型号	MZD1-100	MZD1-200	MZD1-300
行程(mm)	3.0	3.8	4.4

(二)块式制动器的调整

1.短行程电磁铁块式制动器的调整

(1)主弹簧工作长度调整

调整的目的:为了使制动器产生所需要的制动力矩。

调整方法:用一把扳手把住顶杆方头,用另一把扳手转动主弹簧锁紧螺母,用来调节主弹簧长度;然后再用另一个螺母锁紧,以防止主弹簧锁紧螺母松动,如图18-7所示。

(2)电磁铁行程调整

调整方法:用一把扳手把住调整螺母,用另一把扳手转动顶杆方头,这样顶杆会左右窜动,如图18-8所示。根据表18-5中的规定值来确定电磁铁推杆行程。

图 18-7 主弹簧调整

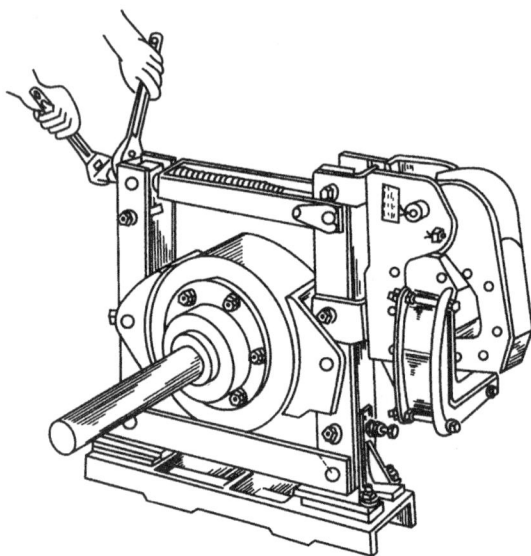

图 18-8 电磁铁行程的调整

（3）制动瓦块与制动轮的间隙调整

调整目的：使两个制动瓦块的张开量相等。防止松闸时，一个制动块脱离了制动轮，另一个制动块还与制动轮接触，引起制动摩擦片的磨损。

调整方法：把衔铁推到铁芯上，制动瓦块即张开，观察制动轮和制动瓦块之间间隙的不均匀情况。然后用扳手拧动调整螺钉，调整到两个制动瓦块与制动轮之间间隙相等为止，如图 18-9 所示。允许间隙按表 18-6 的规定。

表 18-6 短行程制动器制动瓦块与制动轮间允许间隙（单侧）

制动轮直径(mm)	100	200/100	200	300/200	300
间隙(mm)	0.6	0.6	0.8	0.8	1

图 18-9　制动瓦块与制动轮间隙的调整

2.长行程电磁铁块式制动器的调整

（1）主弹簧工作长度调整

调整方法:松开锁紧螺母 1,调整主弹簧的长度,获得需要的制动力矩,再用两个螺母锁紧。

（2）电磁铁行程调整

调整方法:拧松螺母 5、6,转动螺杆 3、7。即可获得所需要的电磁铁行程。实际调整时（1）、（2）两项有时要交替进行,如图 18-10 所示。电磁铁推杆行程按表 18-7 的规定。

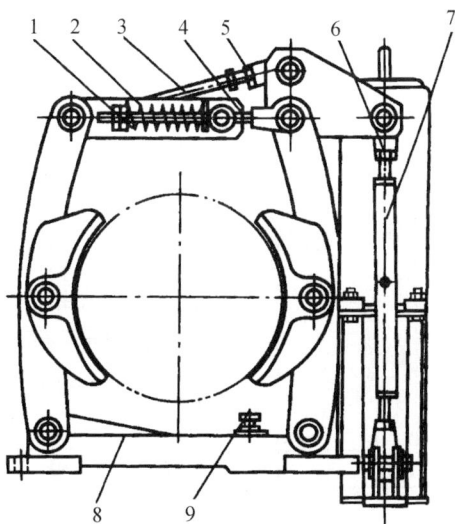

图 18-10　长行程电磁铁块式制动器的调整

1—锁紧螺母;2—主弹簧;3、7—螺杆;4—拉杆;5、6—螺母;
8—底座;9—调整螺钉

表 18-7　长行程块式制动器电磁铁推杆行程

电磁铁型号	MZS1-15	MZS1-25B	MZS1-45C	MZS1-80	MZS1-100
行程(mm)	50	50	50	60	80

（3）制动瓦块与制动轮间隙调整

调整方法：抬起螺杆 7,制动瓦块张开,然后调整螺杆 3 和调整螺钉 9,使制动瓦块与制动轮之间的间隙在规定的范围内,并且两侧间隙相等,如图 18-10 所示,允许间隙按表 18-8 的规定。

表 18-8　长行程制动器制动瓦块与制动轮之间允许间隙（单侧）

制动轮直径(mm)	200	300	400	500	600
间隙(mm)	0.7	0.7	0.8	0.8	0.8

3. 电动液压推杆制动器的调整

（1）主弹簧工作长度调整

调整方法：松开锁紧螺母 5,用扳手夹住拉杆 1 的方头,旋转螺母 2,使主弹簧 4 压缩或伸长,即调整主弹簧的长度,获得所需的制动力矩后,再用螺母锁紧。

（2）推杆行程调整

调整方法：松开锁紧螺母 5,转动螺杆 3,调节杠杆 7 的位置,使推杆行程为表 18-9 相应的额定行程值。

（3）制动瓦块与制动轮间隙调整

调整方法：抬起杠杆 7,使制动瓦块张开,再调整螺杆 3 和调整螺栓 9,使制动瓦块与制动轮之间的间隙在表 18-9 的范围内,并使两侧间隙相等。电力液压推杆制动器的调整如图 18-11 所示。

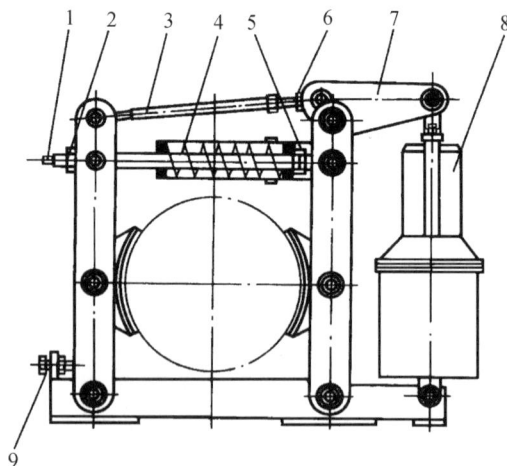

图 18-11　电动液压推杆制动器的调整

1—拉杆;2—螺母;3—螺杆;4—主弹簧;5—锁紧螺母;
6—前拉手;7—杠杆;8—松闸器;9—调整螺栓

表 18-9　电动液压推杆制动器行程与间隙（单侧）

制动轮直径(mm)	200	300		400		500
液压推动器型号	YT1-25	YT1-25	YT1-45	YT1-45	YT1-90	YT1-90
推杆行程(mm)	40		60		80	
间隙(mm)	0.7			0.8		

（三）带式制动器的调整

1. 起重制动器的调整

起重制动器较多采用的是简单带式制动器,如图 18-12 所示。在正常使用中,摩擦带与制动轮四周的间隙保持在 0.5~1 mm,起吊额定载荷时能可靠地制动,无自由下滑现象;放松制动器,空钩能自由下降,无拖带卡阻现象。

发现制动松紧不适当时,需进行调整。先用扳手拧松锁紧螺母,若制动过松时,顺时针旋紧螺母 2;制动过紧时,逆时针旋松螺母 2 直至松紧合适为止,然后拧紧锁紧螺母。

若发现在整个圆周上制动带与制动轮之间的间隙不均匀时,可收紧或放松拉簧 3 来调节。

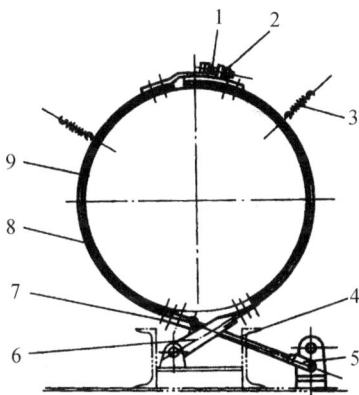

图 18-12　起重制动器
1—螺栓;2—螺母;3—拉簧;4—活络接头;5—接头;6—前拉手;7—后拉手;8—钢带;9—摩擦带

2. 回转制动器的调整

回转制动器是综合带式制动器,如图 18-13 所示。起重机回转时,制动器处于松闸状态,摩擦带与制动轮之间应有 0.5~1 mm 的间隙。但也允许摩擦带与制动轮之间有一些轻微的摩擦。

摩擦带与制动轮之间的间隙可以通过调整块 7 进行调节。调整块按顺时针方向转动时,摩擦带放松;调整块按逆时针方向转动时,摩擦带收紧。

操纵行程太大或太小时,可将接头 5 中的连接销拉出,顺时针方向旋转接头,使操纵距离缩短;逆时针方向转动接头,则操纵距离放长。松闸时,制动器回位弹簧的松紧程度的调节只需旋转螺母 4。

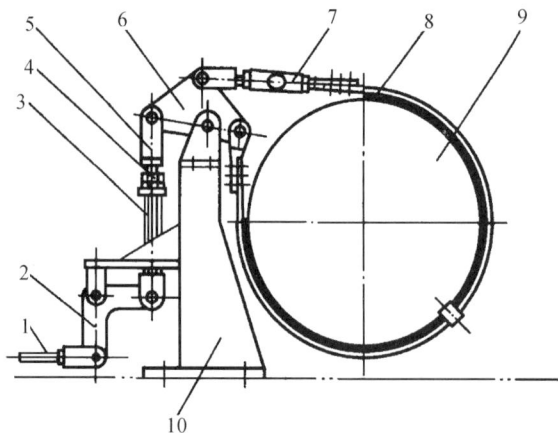

图 18-13　回转制动器

1—拉杆；2—连杆；3—拉杆；4—螺母；5—接头；6—活动块；7—调整块；8—摩擦带；9—制动轮；10—支架

任务 2　起升机构的检测与修复

一、轮胎起重机起升机构的检测与修复

（一）内胀式摩擦离合器的检测与修复

检查内胀式摩擦离合器的摩擦带有无裂纹、磨损、破损。如果摩擦带磨损达原厚度的 40%，或摩擦带磨损后铆钉头已外露，或摩擦带上已有裂纹和破损时，应更换该摩擦带。

检查起升卷筒和摩擦带的接合面有无因磨损而起沟槽。如起沟槽，应对接合面进行修理。当沟槽浅时可用车床车削接合面；若沟槽太深，应焊补接合面的沟槽后再用车床光削修复。

检查制动钢带有否变形失圆。若钢带失圆应进行校圆修复；若钢带有裂纹应更换。

检查离合气缸、拐臂。当压力气体通过电磁气阀到离合气缸内推动活塞和拐臂时，能否使离合器摩擦带与起升卷筒脱开；当气缸中的气体从排气阀排出时，拐臂和活塞在弹簧力的作用下能否回位，使离合器摩擦带贴紧在起升卷筒内壁上。

（二）内胀式摩擦离合器的调整

离合器的摩擦带与卷筒接合面（内工作面）之间应有 1~1.5 mm 的间隙，使它在分离状态时不致拖带着卷筒转动。

装配后的摩擦带与卷筒接合面的接触面积要达到 70%以上，保证摩擦带与卷筒在接合状态时能可靠起吊重物而无明显的打滑现象。

摩擦带贴紧卷筒接合面的程度可通过调节螺杆来调整，调整时必须保证摩擦带有脱开卷筒接合面的最小间隙。当离合器摩擦带与卷筒工作面圆周上的间隙不一致时,可调整支头螺栓使之均匀。

摩擦带为对称等分式,两端的磨损可不一致,当一端的磨损超过 2 mm 时,可将摩擦带拆下,两端对换后再装上继续使用,以延长摩擦带的使用寿命,如图 18-14 所示。

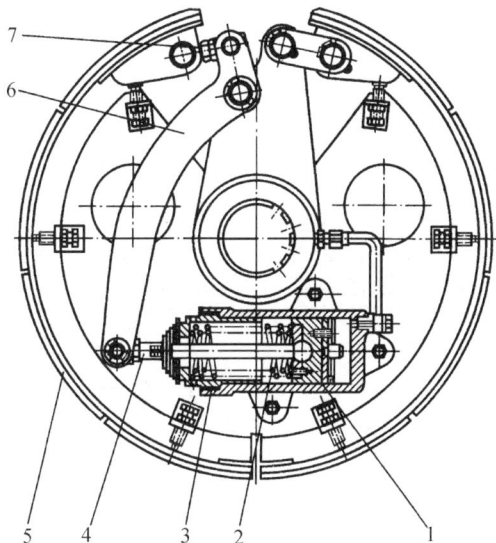

图 18-14　内胀式摩擦离合器
1—活塞;2—小弹簧;3—大弹簧;4—活塞杆;5—摩擦带;6—拐臂;7—调节螺杆

二、门座起重机起升机构的检测与修复

门座起重机、浮式起重机、桥式起重机起升机构的组成与工作原理基本相似,下面介绍这几种起重机起升机构部件的检测与修复。

(一)起重量限制器的检测与修复

门座起重机上机械式起重量限制器较多采用的是杠杆式起重量限制器,其结构、工作原理和安装情况均在《港口起重机》中做了介绍。

1. 杠杆式起重量限制器的检测

(1)在修理起重量限制器时,先把缓冲油缸中的油放掉,再拆卸各部件,进行清洗、检查。

(2)检查、测量滑轮槽和滑轮内孔的磨损情况。超过有关标准应予更换。

(3)检查滑轮轴。滑轮轴不得有裂纹,轴颈的磨损不得大于原直径的 3%,如超过需更换。

(4)若 L 形杠杆变形,应予校正。

(5)检查缓冲装置中的缓冲弹簧和油缸活塞的配合间隙;检验缓冲弹簧长度、张力,应符合弹簧自由长度尺寸,达到使限位开关动作的弹簧长度及弹簧张力的标准。

(6)缓冲油缸与活塞的配合间隙应为 0.20~0.40 mm。当间隙超过标准时,要对活塞进行电镀或刷涂修配或更换活塞。

(7)弹簧、弹簧壳体、油缸体等应无裂纹及渗油现象;推杆轴心线应与缸体轴心线一致,工作时无卡阻现象。

2.杠杆式起重量限制器的调整

起重量限制器安装后,调整超负荷行程开关的位置,应在自动加速挡进行。当超载10%时,在起升机构正常起升、下降制动时,使撞尺能触动行程开关,起升机构断电;当超载25%时,起升货物离地1 m之内,撞尺就能触动行程开关,使起升机构断电,货物不能继续上升,如图 18-15 所示。

图 18-15　杠杆式起重量限制器

1—超负荷导向滑轮;2—弹簧装置;3—超负荷行程开关;4—缓
冲油缸;5—钢丝绳;6—人字架

(二)起升高度限位器的检测与修复

桥式起重机上较多采用螺杆式起升高度限位器,如图 18-16 所示。

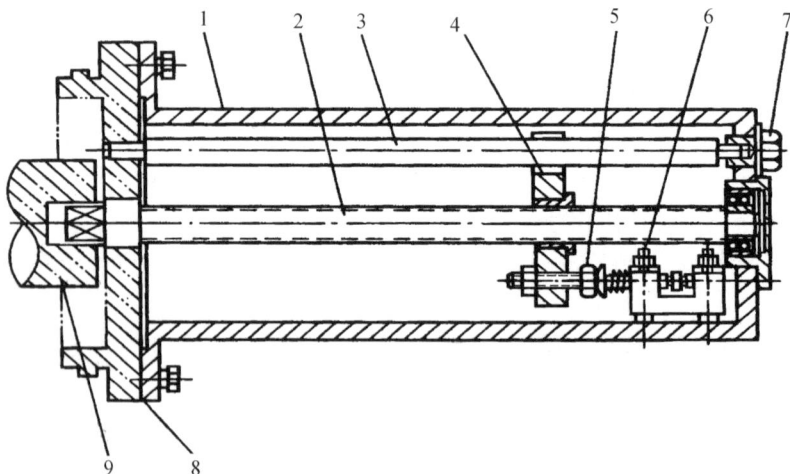

图 18-16　螺杆式起升高度限制器

1—外壳;2—螺杆;3—固定导杆;4—螺母;5—螺栓;6—限位开关;7—螺塞;8—卷筒端盖;9—卷筒轴

1.螺杆式起升高度限位器的检测与修复

卷筒轴中心线与限位器螺杆中心线应重合,否则由于中心线之间存在偏差,在运转过程中,强行连接在一起的卷筒轴和螺杆头会产生附加弯曲应力和剪应力,螺杆头部容易被扭断,导致限位器失灵。

检查螺杆、螺母等的磨损情况。如果磨损严重,螺母位移精度下降,则不能在额定的位置迫使限位开关动作,使得限位器失效;各螺栓、螺母不得有松动;限位开关的触头应完好。

2. 螺杆式起升高度限位器的调整

(1)如果需要调整起升高度限位器时,打开有机玻璃的弧形盖。

(2)拧开螺塞,抽出固定导杆,转动螺母,使其移到所需的位置——实行粗调。

(3)松开螺栓上的螺母,旋转螺栓,改变螺栓头的轴向位置——实行细调。调整完毕后将有机玻璃盖安装好。

三、起升机构的载荷试验

1. 静载试验

起重机静止不动,静载试验载荷应作用在起重机最不利位置,将额定起重量的125%的重块平稳无冲击地起吊离地面 100~200 mm 高处,悬吊时间不小于 10 min,应没有下垂现象。

2. 静载试验合格后,做动载试验

动载试验载荷应作用在起重机最不利位置,将额定起重量的110%的重块反复起升和下降,动载试验时,起重机要完成要求的各种运动和组合运动,检测各装置的动作情况,发现不符合技术要求的部位应进行调整修理。

3. 经过试验的起升机构

经过试验的起升机构应启动、制动平稳,工作中无异常声响;各零部件温升正常;减速器、联轴器等无漏油、渗油现象;实际起升速度与设计要求相差不超过5%。

任务3 变幅机构的检测与修复

一、电动轮胎起重机变幅机构的检测与修复

(一)蜗杆减速器中蜗轮副的检测与修复

拆卸蜗杆减速器,用标准齿形对照检查齿廓的磨损量,或用厚薄规和软铅丝测量蜗轮蜗杆的啮合间隙,即可检查出其磨损量。蜗轮蜗杆的齿厚磨损应不大于原齿厚的12%。

检查蜗轮副齿廓表面的点蚀,点蚀面积如超过啮合面的30%,应更换该蜗轮副。

蜗轮副在装配时,蜗杆轴的中心线要与蜗轮中心平面重合,偏差不能超过有关规定;蜗轮与蜗杆的齿面接触面积沿齿长不小于65%,沿齿高不小于60%(7级精度时)。

(二)人字架的检测与修复

轮胎起重机臂架的最后一节是用保险撑杆支撑于人字架上,防止在小幅度工作时,因突然卸去载荷,使起重臂架回跳产生后翻事故。

人字架是由两根钢管铰接而成的。常见的损伤是钢管铰接头的焊缝出现裂纹,铰轴孔磨损及人字架变形等。

可用直观法或颜色显露法检查人字架钢管铰接头的焊缝是否出现裂纹。若发现裂纹,用补焊进行修复。

人字架拆卸后,用游标卡尺检查人字架铰接孔的磨损。如果磨损严重,对该铰接孔镶套修复。

用吊线法检查人字架的弯曲变形。对弯曲变形的人字架钢管,一般可用压力机校正修复。

(三)变幅行程开关的调整

变幅行程开关是保证起重机在小幅度时安全工作的保护装置,若变幅行程开关失灵,将造成起重臂后翻的危险,因此,应经常检查,及时进行调整。

将起重臂升到75°位置,松开活络触片上的螺栓,用手向后拨动行程开关的摇柄至变幅电动机的电源刚刚切断为止,然后将活络触片沿长槽移到恰好顶着摇柄滚轮,再拧紧螺栓,把活络触片的位置固定,如图 18-17 所示。

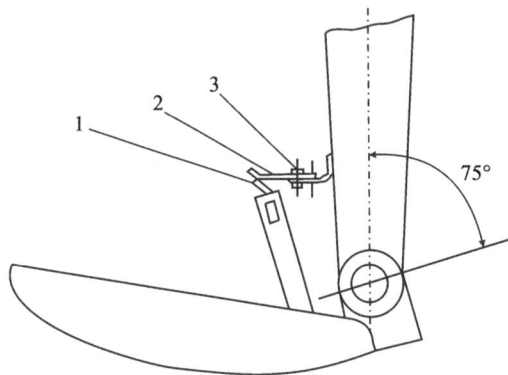

图 18-17　变幅行程开关调整

1—行程开关;2—活络触片;3—螺栓

二、门座起重机变幅机构的检测与修复

(一)齿轮齿条传动装置检测与修复

用标准齿形检查齿廓的磨损量。齿轮、齿条的齿厚磨损量不得超过原齿厚的 30%,否则要更换新件。

若齿条变形,则将齿条与底板拆开,齿条用压力机校直,底板重新加工,再用螺栓将齿条与底板连接。若经过测量底板已平整,则齿条变形修复。

齿条导向装置的导向轮表面的磨损量不得超过原单边厚度的 30%,若经检查已超过,则应更换。

若橡胶缓冲器的橡胶块已老化,应更换;若因套筒磨损,使套筒与缓冲器中芯轴的配合间隙超过要求,要更换套筒。

(二)臂架系统检测与修复

臂架在负载作用下,翼缘板和腹板会受压变形,侧向翼缘板形成波状鼓曲,腹板可能出现斜向波状鼓曲。臂架的弯曲变形可采用火焰校正法进行修复。如果臂架下挠均匀而光滑,可以对称布置加热区;如果臂架下挠变形不规则,可以在下挠变形凸出部分多布置几个局部小加热区,集中火焰喷烤这些加热区至 600 ℃ 以上,使金属产生变形。冷却后,金属产生收缩,使臂架恢复变形。

若臂架腹板有凸出的波状鼓曲,在凸出的部位用圆点加热法加热。起点在波顶上,由里向外螺旋移动加热。加热后,立即用平锤捶平,先捶边缘,再捶中间。自然冷却后,再进行第二次加热,捶平,直至修复。

腹板有凹进的波状鼓曲,可用螺栓将凹部的钢板拉出捶平。若凹陷严重时,可在凹下部位用火焰加热,再拉出捶平。

由于变幅机构工作速度较高,动载荷较大,臂架系统的结构件会发生焊缝开裂。修复时一般先要铲除原有的焊缝,再进行补焊。焊接时,不要使结构件在受拉状态下施焊,应将结构件拆下或采取措施使它在受压状态下施焊。

臂架系统的结构件都是箱形结构。如果发现箱形的外表有缝隙或漏洞,要焊接封好,以免箱形结构内部锈蚀;若结构件的油漆脱落,应先除锈,涂好防锈漆后再油漆。

(三)齿轮齿条啮合间隙调整

齿条导向装置有三个导向压轮,其中一个是上压轮,两个是下压轮。

如图 18-18 所示,压轮通过轴承支承在偏芯轴上,偏心轴一端带有外齿轮,外齿轮与防转齿圈相啮合。防转齿圈用两只螺栓固定在支承板上,偏心轴也支承在支承板上。

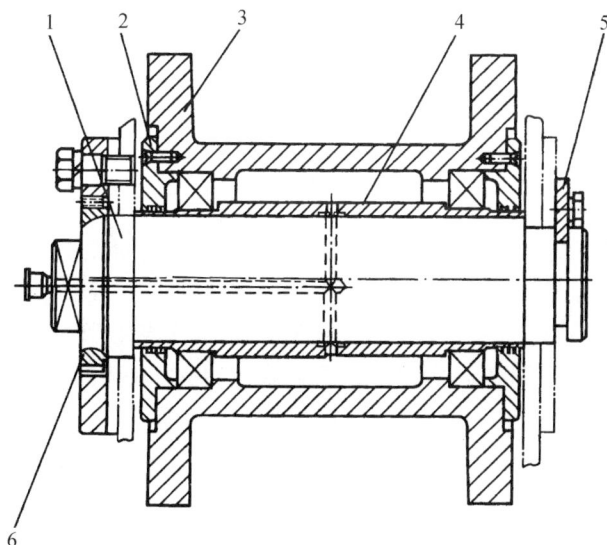

图 18-18 下压轮装置

1—偏心轴;2—压盖;3—下压轮;4—轴套;5—卡板;6—防转齿圈

齿轮齿条安装好以后,通过调节压轮装置来调整齿轮齿条的啮合间隙。首先松开防转齿圈的固定螺栓,将防转齿圈与外齿轮脱开。再转动偏心轴,调节压轮与齿条的接触程度,即调节齿轮与齿条的啮合情况。当齿轮齿条的啮合面积沿齿长不小于50%,沿齿高不低于40%,即齿轮齿条啮合情况满足要求时,套上防转齿圈,拧紧防转齿圈螺栓,调整完毕。

任务4　回转机构的检测与修复

一、电动轮胎起重机回转轴承的检修与调整

(一)回转轴承的检测与修复

轮胎起重机大多采用滚动轴承式回转支承装置。它由固定座圈、回转座圈、滚动体(滚子或球)、隔离圈等组成。回转大齿圈与固定座圈作成一体,固定座圈与回转座圈内有上下滚道。在使用过程中,回转滚动轴承常见的损伤有回转大齿圈磨损;上下滚道出现凹陷、产生裂纹;滚子或球磨损。因此在修理时,应对大齿圈、上下滚道、滚子或球做检查。

用标准齿形样板检查大齿圈的磨损。大齿圈的齿形相对标准齿形减小的部分,即为摩损的部分。也可以用厚薄规测量行星齿轮与大齿圈的啮合间隙,如啮合间隙大于规定的要求,则这对齿轮组已磨损过甚。当大齿圈轮齿齿厚磨损量达到原齿厚的25%时,则应更换,而且一般需要和行星齿轮一起成对更换。

拆卸滚动轴承,检查上下滚道有否凹陷现象,滚道上的凹陷部分可用车、磨,再进行表面淬火处理的方式修复。如发现滚道上有裂缝;滚道明显变形,大部分滚子或球与滚道的接触不良,则应更换新件。

用游标卡尺测量滚子或球的磨损量,如滚子或球的磨损程度超过规定范围时,应同时更换滚动轴承内所有的滚子或球。

固定座圈与回转座圈是用高强度螺栓分别连接在底架和转台上的,要检查固定螺栓的连接情况,严防松动;如果螺栓出现裂纹或螺牙发生损坏应予更换。

(二)回转滚动轴承的调整

滚子(球)与滚道的正常间隙为0.3~0.4 mm,如磨损后间隙扩大到超过0.8 mm,必须加以调整。

如图18-19所示,调整时先将转台后部垫好,旋松回转座圈固定螺栓,将转台顶起或吊起搁好,旋松连接螺钉,把调整垫片从内径方向抽出,换上减薄的垫片,使间隙达到正常的范围;然后重新拧紧连接螺钉。所换的垫片厚度必须相同,不允许在圆周上垫不同厚度的垫片,用不同厚度的垫片来消除局部磨损的方法是不正确的。可以把磨损较大的前后方向转到左右方向,使滚子或球与滚道的实际间隙减小。当上述的调整方法还不能达到要求时,可以车、磨上下滚道,再进行表面淬火。

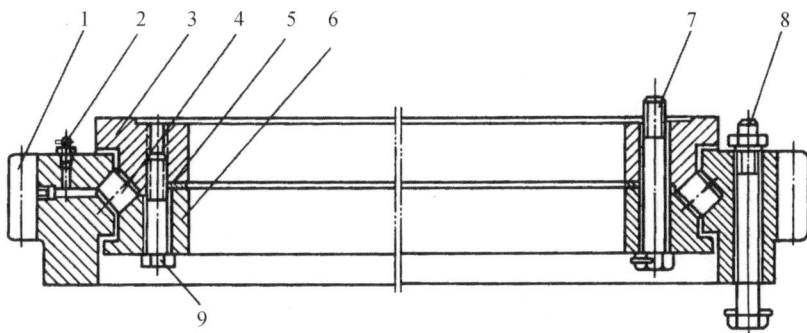

图 18-19　回转滚动轴承的调整

1—外圈(固定座圈);2—油嘴;3—上内圈(回转座圈);4—滚子;5—垫片;6—下内圈(回转座圈);7,8—螺栓;
9—连接螺钉

二、门座起重机回转支承装置的检修与调整

(一)回转支承装置的检测与修复

1. 转柱

转柱是用钢板拼装焊接起来的箱形结构,应经常检查其是否有开焊和裂纹,发现上述缺陷,要及时进行补焊。

转柱安装时,必须保持上下两接合面平整;转柱的底平面必须垂直于转台中心线。

2. 水平滚轮

检查水平滚轮与环形轨道的接触情况。起重机在空载状态下,处于大幅度时,所有调整好的水平滚轮应与环形轨道接触良好,其接触长度应为轮宽的 80%。回转运动时,滚轮应转动灵活,无卡阻现象。水平滚轮的运动轨迹应是一条水平线,而不是上下跳动的曲线。

水平滚轮的单边径向磨损量最大不超过 5 mm,外圆的圆度公差一般为 0.15 ~ 0.35 mm,经过使用磨损后的外圆圆度大修时允许公差 0.5 mm,能够使用的极限值为 1 mm,否则要更换滚轮。新换的滚轮其支承面的粗糙度不低于 $\sqrt{\frac{6.3}{}}$,表面淬火硬度为 HRC43~48。

3. 环形轨道

测量环形轨道,其中心与大齿圈中心的同轴度公差为 1 mm;使用后环形轨道的圆度公差为 4 mm;环形轨道的径向厚度磨损不大于其标准厚度的 20%,否则应修理或更换。

4. 下支承轴承

下支承的滚动轴承不得有裂纹、破碎;滚道与滚动体的表面不得有麻点、剥落、压痕,否则要更换轴承。

若采用组合轴承,即由一个推力向心轴承和一个径向轴承组成图(见图 18-20)。推力向心轴承与下支承座的配合要比径向轴承与下支承座的配合松一些,使推力向心轴承承受垂直(轴向)载荷,径向轴承承受水平(径向)载荷。否则,推力向心轴承除了承受垂直载荷以外,还要受到很大的水平载荷的作用,会导致推力向心轴承早期失效。

为了补偿制造、安装误差以及工作中变形,确保支座的调位作用,两个轴承应有共同的调位中心。所以一般采用调心滚子轴承和能调位的推力向心轴承,即推力向心轴承装在球面垫支承座上。当转柱有少许偏差时,它能自行调位,不致卡死。

支承座应有可靠的润滑密封装置,保证轴承有良好的润滑。

轴承与轴颈、轴承与轴承座的配合应符合有关规定。

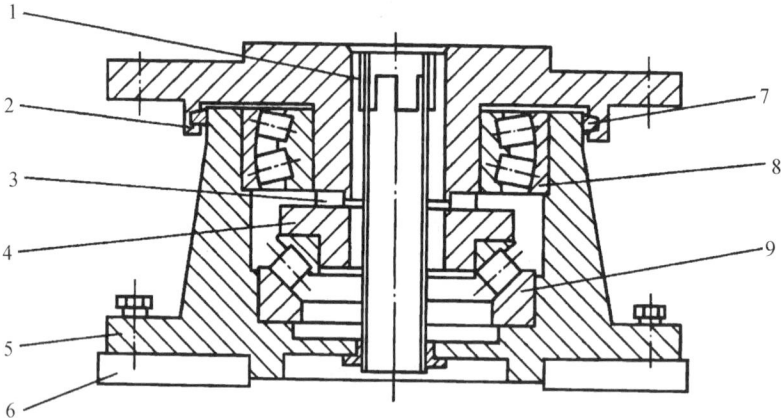

图 18-20　转柱式下支承

1—下接管;2—上压盖;3—摩擦圈;4—下压块;5—下支承座;6—支承垫圈;7—防尘圈;8—轴承;9—轴承

(二)回转支承装置的调整

1. 水平滚轮与环形轨道的调整

先将水平滚轮轴抽出,测量各水平滚轮轴孔到环形轨道面的距离,通过调整,使它们的距离一致。随后装好水平滚轮,调整水平滚轮的偏心衬套。调节时先松开防转齿块,转动水平滚轮轴,使水平滚轮与轨道面贴合,再将防转齿块紧固,如图 18-21 所示。

水平滚轮应转动灵活,无卡阻现象,与环形轨道面的接触良好。

2. 转柱与下支承座的调整

下支承安装调试时,用千分表旋转一周,测量支承座上压盖端面的圆跳动公差,并在支承座上压盖下加垫片进行调整,使圆跳动公差不大于 1 mm。保证转柱与下支承回转中心线的同轴度公差不超过 1 mm。

3. 极限力矩联轴器的调整

卸下极限力矩联轴器的顶罩,拧动调整螺母来调节弹簧的张力。调整好的弹簧张力应使得起重机在正常启动或反向回转时,两个圆锥摩擦盘间不产生打滑;但直接在高速挡快速启动或正转后快速倒转时,两个圆锥摩擦盘间自动打滑,经缓冲后才开始转动。这样,使极限力矩联轴器起到缓冲和吸收急剧增加的动载荷的作用,并能保护回转零部件,使其不致损坏,如图 18-22 所示。

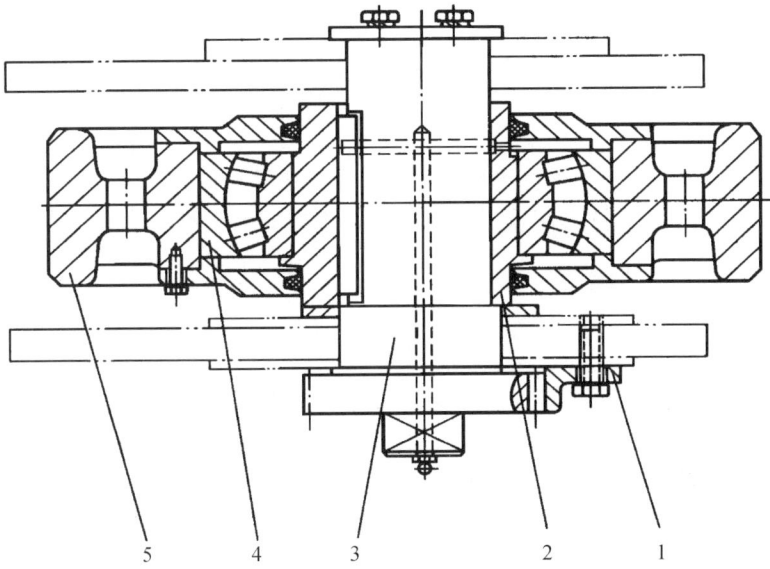

图 18-21　水平滚轮

1—防转齿块;2—偏心衬套;3—水平滚轮轴;4—滚动轴承;5—水平滚轮

图 18-22　带极限力矩联轴器的蜗杆减速器回转驱动装置

1—电动机;2—联轴器;3—制动器;4—蜗杆减速器;5—顶罩;6—弹簧;7—调整螺母;8—圆锥摩擦盘;9—行星齿轮

任务5　运行机构的检测与修复

电动轮胎起重机的无轨运行机构与汽车、叉车底盘相似,本节不做讲述。本任务主要介绍门座起重机、桥式(门式)起重机等有轨运行机构支承装置的检测与修复。

一、车轮的检测与修复

(一)车轮滚动面

检查车轮滚动面,除允许有直径 $d \leqslant 1$ mm(车轮直径 $D \leqslant 500$ mm)或 $d \leqslant 1.5$ mm($D >$ 500 mm),深度 $h \leqslant 3$ mm,并不多于 5 处的麻点外,不允许有裂纹、凹痕、砂眼、气孔、缩松、剥落等其他缺陷,也不允许焊补修复。圆柱形主动车轮的直径偏差不大于名义直径的 1/2 000。

在使用过程中,若车轮滚动面有剥离或擦伤面积大于 2 cm²,深度大于 3 mm 时,应重新加工。车轮因磨损或其他缺陷重新加工后,滚动面厚度的减小不应超过原厚度的 15%。

当车轮运行速度低于 50 m/min 时,车轮的圆度公差应小于 1 mm;当运行速度高于 50 m/min 时,车轮圆度公差应小于 0.5 mm,否则车轮在运行时会产生跳动。

(二)轮缘

车轮轮缘的正常磨损可以不修复,但磨损量达到原厚度的 40% 时,应更换新轮。

轮缘厚度的弯曲变形达到原厚度的 20% 时,车轮应报废。

(三)车轮安装

车轮组装配好后,能用手灵活地转动。当车轮装于圆锥滚子轴承上时,轴承内外圈间允许有 0.03~0.18 mm 的轴向间隙,当采用其他轴承时,不允许有轴向间隙。

车轮水平偏斜的检测:在端梁上拉一根与轨道平行的细钢丝,分别测得车轮在水平方向直径最外端两点到钢丝的距离 a、b,则偏差量 $P = (a-b)/2$,如图 18-23 所示。

车轮垂直偏斜的检测:在桥架上挂一根带重锤的细钢丝,测出车轮在垂直方向上的直径上下两点与钢丝间的距离 c、b,则偏差量 $p = (c-b)/2$,如图 18-24 所示。

二、轨道的检测与修复

(一)轨道的检查

用探伤仪检查钢轨上有无裂纹。如果发现有较小的横向裂纹可用鱼尾板连接,鱼尾板的连接螺栓不得少于 4 个,一般为 6 个;如果有斜向或纵向裂纹,则要更换有裂纹的一段轨道。

钢轨的顶面若有较小的疤痕或损伤时,可先用电焊补平,再用砂轮打光。轨顶面和侧面的磨损(单侧)都不可超过 3 mm,否则要更换新轨。

检查压板、螺栓有无裂纹、松脱、腐蚀。发现有裂纹、腐蚀应予以更换;若发现螺栓松动应及时拧紧。

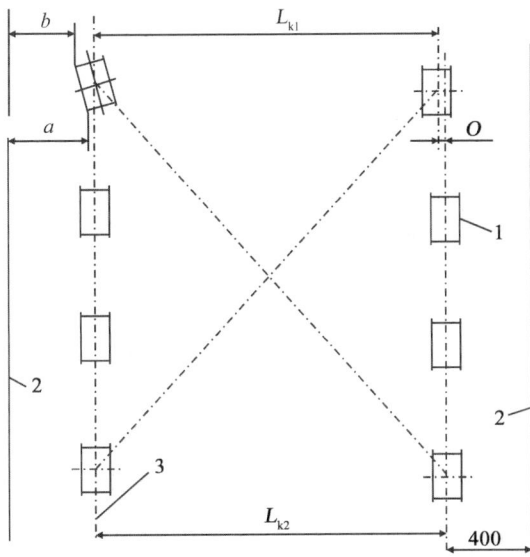

图 18-23 车轮水平方向偏斜检测

1—车轮;2—钢丝;3—轨道中心线

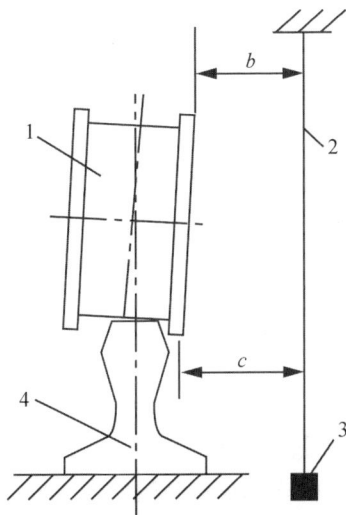

图 18-24 车轮垂直方向偏斜检测

1—车轮;2—钢丝;3—重锤;4—轨道

(二)轨道的测量与调整

轨道的直线性:在轨道两端的挡板上拉一根 0.5 mm 的钢丝,用线锤每隔 2 m 吊一次,逐点测量并调整轨道,使轨道成一直线。

轨道的标高:用水平仪测量轨道的标高,并在轨道下垫垫铁,使两根轨道的相对标高在允许的范围内。

轨道的跨度。用钢卷尺测量轨道的跨度。测量前先在钢轨的中间打上冲眼,测量时,尺的一端用压板固定,另一端连一个弹簧秤,每隔 5 m 测一次,各测量点弹簧秤的拉力应一致。

三、啃轨检验

(一)啃轨的现象

起重机正常运行时,车轮轮缘与轨顶侧面应保持一定的间隙。当由于某种原因使车轮与轨道产生横向滑动时,车轮轮缘与轨顶侧面压紧,使轮缘与钢轨之间的摩擦力增加,产生磨损,即发生"啃轨"。在门座起重机,尤其在桥式和门式起重机中会发生啃轨现象。

运行中是否发生啃轨,可根据以下迹象来判断:

(1)轨顶侧面有一条明亮的痕迹,有时痕迹上还有毛刺。

(2)车轮轮缘的两内侧有亮斑。

(3)起重机运行时,在短距离内轮缘和轨顶侧面的间隙有明显的改变。

(4)起重机运行时,特别是起重机启动、制动时,会出现走偏或扭摆现象。

(5)啃轨特别严重时会发出响亮的"吭吭"的啃轨声。

若在检查中发现上述情况,则起重机发生啃轨。

(二)车轮啃轨的不良后果

(1)啃轨会加剧车轮的磨损,大大降低车轮的使用寿命,啃轨严重时,特别是遇到轨道接头间隙大时,车轮轮缘能爬上轨道顶面,造成起重机脱轨,引起设备和人身事故。

(2)啃轨加快轨道两侧面的磨损,使轨道顶面磨成台阶状,减小了与车轮的接触面积。啃轨产生的侧向力使轨道的紧固螺栓因受力变化而产生松动,轨道位置偏移,直至不能继续使用,需要更换轨道。

(3)啃轨还会增加起重机的运行阻力,使运行机构的电动机和传动装置超载,严重时会烧毁电动机,损坏传动零部件。

(4)啃轨引起起重机在运行中振动,发出难听的噪声;桥式起重机啃轨产生的侧向力,使轨道横向移动或有位移的趋势,轨道的固定螺栓因受力变化产生松动,起重机在轨道上出现非正常的振动,厂房结构也将受到激烈振动,影响厂房的使用寿命。

(三)啃轨的特征及原因

1.车轮的加工或安装偏差引起的啃轨

(1)车轮的水平偏差过大是桥式起重机啃轨的常见原因之一。水平偏差是因为车轮面的中心线与轨道面的中心线成一角度。为防止啃轨,常用控制水平偏斜量 P 值的办法,使 $P \leqslant L/1\ 000$(L 为测量长度),如图 18-25 所示。

由水平偏斜引起啃轨的特征是:起重机朝一个方向运行时,车轮轮缘啃轨顶一侧;反向运行时,同一轮子又啃轨顶的另一侧。

(2)车轮与轨道的垂直偏差过大。车轮滚动时,滚动面与轨道接触面减小,滚动面上压力大,磨损不均匀。为了防止啃轨,垂直偏斜量 $a \leqslant L/400$(L 为测量长度),如图 18-26 所示。

由垂直偏斜引起啃轨的特征是:车轮轮缘总是啃钢轨轨顶的同一侧,啃轨的痕迹低,起重机运行时发出嘶嘶之声。

(3)主动车轮直径偏差过大。起重机大修时只更换一个或一部分主动车轮,使主动车轮之间的直径偏差过大,使它们在运行时行程不一样,使车体走斜,最终导致啃轨。

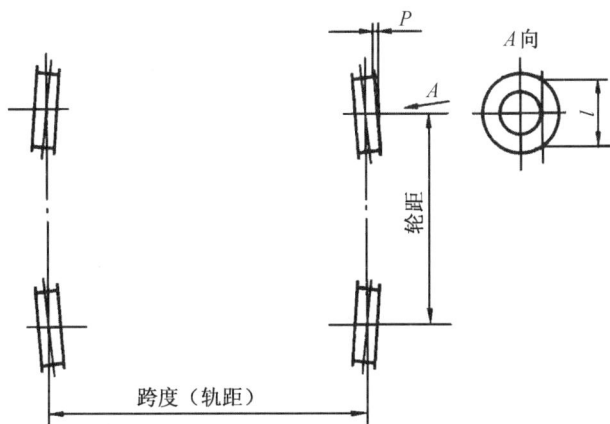

图 18-25 车轮水平偏斜图

由主动车轮直径偏差引起啃轨的特征是：一侧车轮轮缘啃钢轨轨顶的外侧，另一侧车轮轮缘啃钢轨轨顶的内侧。

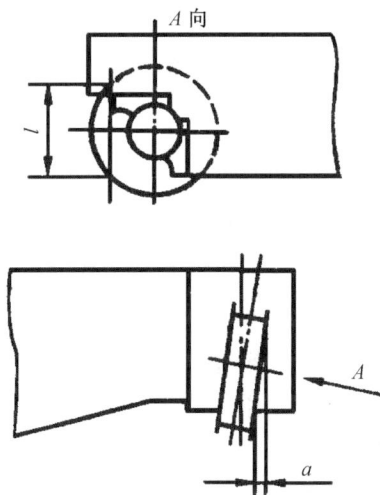

图 18-26 车轮垂直偏斜图

2. 轨道安装偏差过大引起的啃轨

（1）两条轨道相对标高偏差过大，起重机运行时产生横向移动，轨道标高高的一侧，车轮轮缘与轨顶外侧发生啃轨；标高低的一侧，车轮轮缘啃轨顶的内侧。

（2）轨道的跨度偏差过大或轨道弯曲过大，起重机或起重小车运行时，车轮轮缘与轨顶侧面接触，形成强行通过而发生啃轨。

3. 传动系统偏差造成的啃轨

（1）两套驱动机构的制动器调整得松紧程度不同，在启动、制动时，由于一侧制动器松，一侧制动器紧，使车体走斜发生啃轨。

（2）当两台驱动电动机转速差超过规定值，车体就会走斜而发生啃轨。

（3）分别驱动的两套传动机构中，有一套的齿轮间隙较另一套的齿轮间隙大；或某一套传动机构的轴键松动，都会使两套传动机构产生速度差，引起车体走斜而发生啃轨。

（4）分别驱动的起重机,由于两组驱动机构装配松紧有差别而产生阻力不同。当电动机由于阻力不同产生不同步时,将造成车体歪斜运行,形成运行时啃轨。

由于分别驱动的两套传动机构不同步,使车体走斜而啃轨的特征是:起重机在启动、制动时车体扭摆并且啃轨。

4. 金属结构的变形引起的啃轨

车架、桥架等金属结构的变形,使车轮相对位置产生对角线偏差、跨度偏差、直线性偏差等,使起重机运行时啃轨。

起重机主梁的下挠度过大,引起主梁旁弯过大,小车轨距会过分变小。若起重小车采用双轮缘车轮,则车轮轮缘与轨顶内侧发生啃轨;若起重小车采用单轮缘车轮,则可能使起重小车脱轨。

引起起重机运行时啃轨的诸多原因中,由于车轮偏差所引起的啃轨最为常见。有时是各种原因交织在一起引起啃轨,所以要认真检查、分析,找出主要原因进行修复。

(四)啃轨的修复

1. 金属结构变形过大的修复

桥架、小车架的结构变形过大,使车轮的水平偏差、垂直偏差、对角线偏差超差过大、轨距变小时,采用火焰矫正法修复结构件的变形,使之符合要求。

2. 车轮安装偏差过大的调整

在桥架、小车架结构符合要求后,再调整车轮,防止啃轨。

（1）车轮水平偏差与垂直偏差的调整

用千斤顶将桥架端梁或小车架的横梁顶起,使车轮处于悬空状态。

车轮水平偏差的调整,应使一对主动轮或一对从动轮的偏斜方向相反,缓和起重机或起重小车斜向运行的趋势,如图18-27所示。

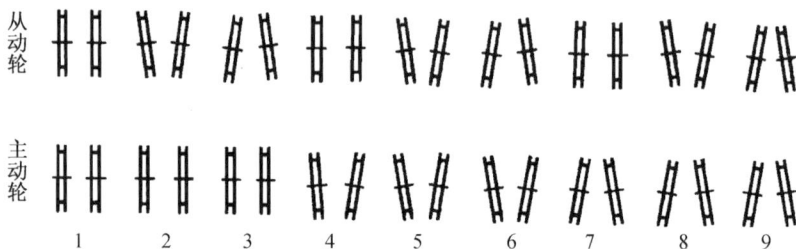

图18-27　车轮水平偏斜的组合形式

车轮垂直偏差的调整,应使两个车轮的上部调整成向外倾斜的形式。在桥架承载后,车轮的垂直偏差值会减小,如图18-28所示。

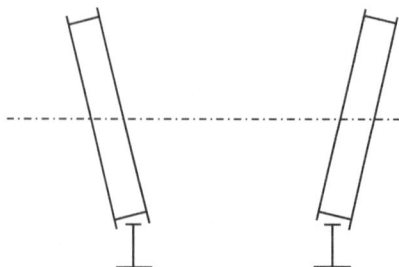

图18-28　车轮垂直偏斜的调整

如图 18-29 所示,当需要少量调整时,则松开紧固螺栓 3,在角型轴承座的垂直键板 4 处加垫片,来矫正车轮的水平偏差;在角型轴承座的水平键板 2 处加垫片,矫正车轮的垂直偏差。调整用的垫片不应超过 3 层。

当调整量大时,将垂直键板 4 铲掉,在垂直键板与端梁弯板之间加垫块,再将垂直键板与端梁弯板焊好,来调整车轮的水平偏差;或将水平键板 2 铲掉,在水平键板与端梁弯板之间加垫块,再将水平键板与端梁弯板焊好,来调整车轮的垂直偏差。

(2)跨度和对角线偏差的调整

当调整量不大时,即左右的移动距离不超过 10 mm 时,则可增减左右隔套 6 的长度。当调整量较大时,将角型轴承座的键板拆下,改变键板的位置,来进行调整。待调整好后,再将键板与端梁弯板焊接在一起,如图 18-29 所示。

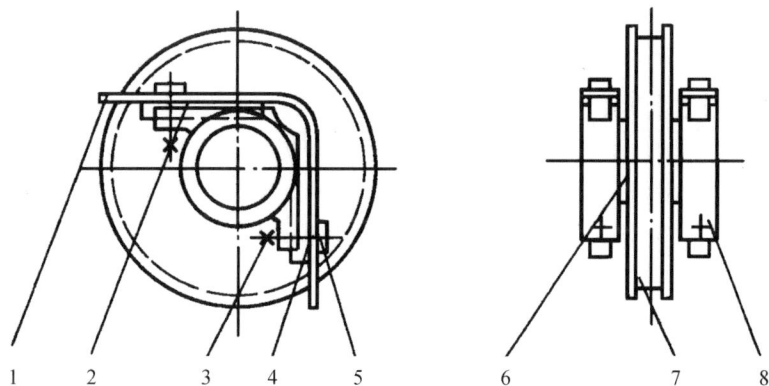

图 18-29　车轮角型轴承座

1—弯板;2—水平键板;3—紧固螺栓;4—垂直键板;5—固定板;6—隔套;7—车轮;8—角型轴承座

(五)减少轮缘与轨道磨损的方法

1. 石墨棒润滑

用两根硬质的石墨棒摩擦车轮轮缘,使车轮轮缘浸透固体润滑剂,并随之传送到轨顶侧面形成一层润滑表面,轮缘上也形成一层光亮表面。当两表面接触时,减少了轮缘与轨顶侧面的磨损,如图 18-30 所示。

2. 车轮涂油器润滑

TUCO.5 车轮涂油器是按照日本涂油器测绘和制造的。其结构如图 18-31 所示。

车轮轮缘涂油器的安装:

车轮轮缘涂油器应在桥式起重机和起重小车的对角位置上安装 4 套。为了同时改善车轮轮缘与轨顶两侧的摩擦,在同一条轨道的两套涂油器应交错安装在轨道两侧面,如图 18-32 所示。

安装车轮轮缘涂油器时,一般应按照桥式起重机端梁的结构型式制造安装支架。涂油轮与车轮踏面成 45°交角,初始状态应与车轮有 2~3 mm 的间距,油箱一般比涂油器高 300~500 mm,如图 18-33 所示。

安装时应将涂油轮摆动中心与车轮轮缘平面对齐。同时涂油器对称中心线与车轮中心线对齐,这样才能确保涂油轮与车轮轮缘成点接触,减少涂油轮的磨损,如图 18-34 所示。

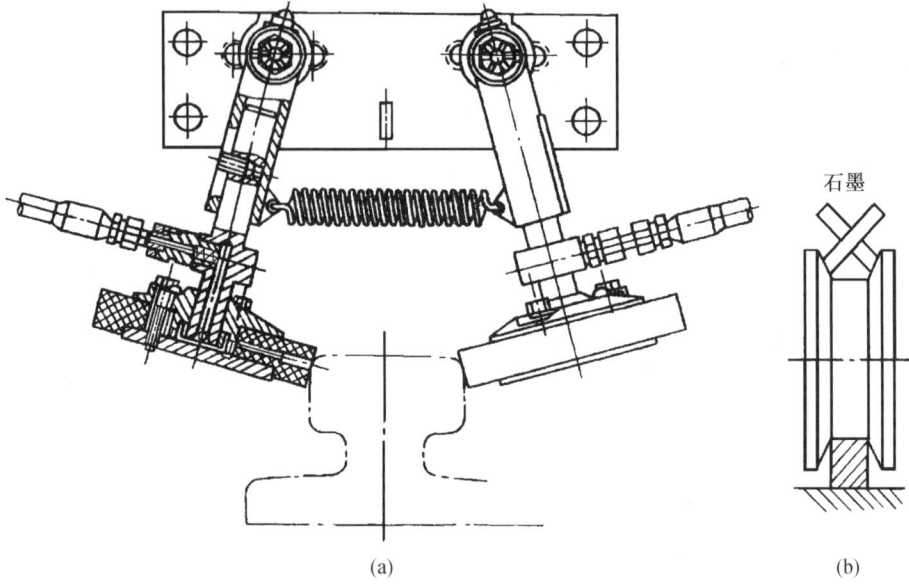

(a)　　　　　　　　　　　　　　　　　(b)

图 18-30　车轮用石墨棒式涂油器

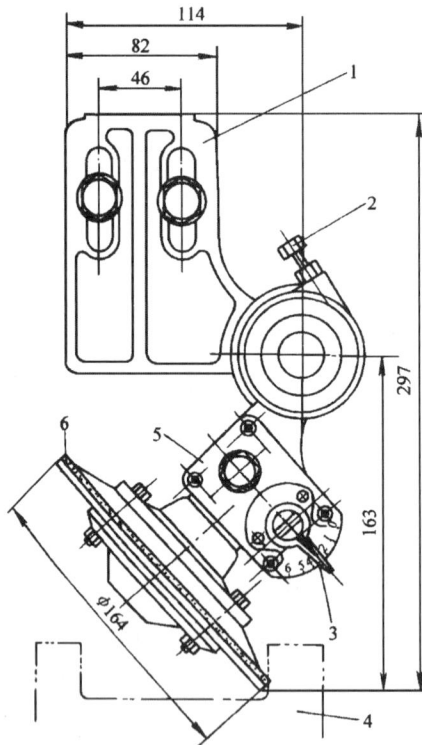

图 18-31　涂油器构造

1—支架;2—压紧螺钉;3—调节手柄;4—车轮;5—液压泵;6—涂油轮

图 18-32　涂油器的安装位置

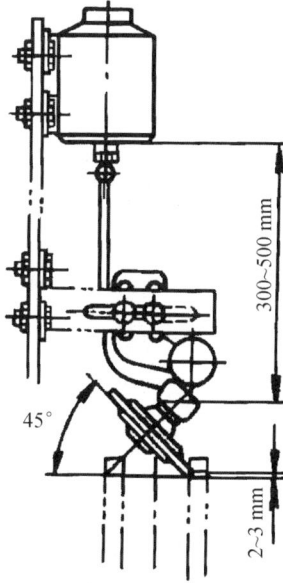

图 18-33　涂油器的安装方式

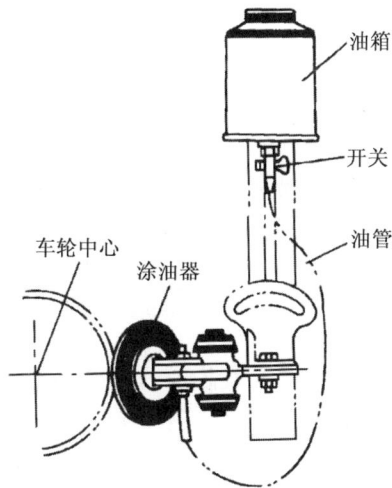

图 18-34　涂油器的安装高低

四、起重小车三条腿故障检测与修复

(一)起重小车三条腿故障的现象

起重小车正常运行时,车轮滚动面应都与轨道顶面接触。当由于某种原因使起重小车在运行时一只车轮悬空,即出现起重小车"三条腿"现象。

起重小车三条腿故障使小车的自重和所受的外载荷只由3只车轮承受,其车轮的最大轮压会超过许用轮压;小车车体在启动和制动时会产生振动或摆动,则起重小车在运行中会跑偏,引起啃轨;严重时,还会使单轮缘的起重小车车轮脱轨;起重机桥架也会因受力不均而发生变形。

(二)起重小车三条腿故障的检查

1.起重小车车轮的检查

测量起重小车车轮的直径,看各个小车车轮直径的偏差是否在车轮直径的公差范围内。若其中有一个车轮的直径过小或小车架对角线上的两个车轮直径误差过大,则会出现起重小车三条腿现象。

2.轨道的检查

检查轨道有否变形、过度的磨损、局部下陷;用水平仪测量轨道的标高,看两条轨道的相对标高是否在允许的范围内。

3.综合检查

松开运行机构的制动器,人力推动起重小车在轨道上行走。

若起重小车在整个行程中,始终有一个车轮悬空,而车轮直径又在公差范围内,则起重小车的各车轮轴线不在同一高度;若只在轨道的局部位置出现三条腿现象,如图 18-35 所示,车轮 A 在 a 处有间隙 Δ,用塞尺测得数据。推动起重小车,使 C 轮到达 a 点,若仍有间隙,则轨道在 a 处偏低;若车轮 A 在 a 处有间隙 Δ,而车轮 C 到 a 点处却没有间隙,则车轮的直径有偏差。

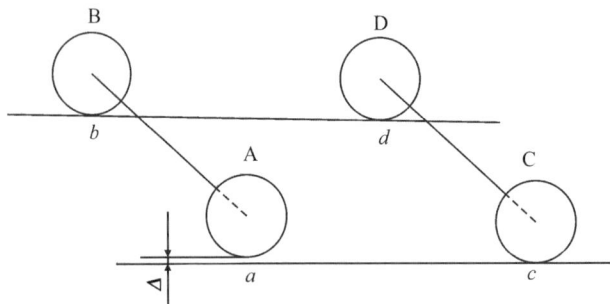

图 18-35　起重小车三条腿检查图

(三)起重小车三条腿故障的修复

1.车轮轴线高度的调整

在角型轴承座的水平键槽中加垫片或铲下水平键板,在水平键板与小车架端梁弯板之间加垫片。再将水平键板与端梁弯板焊接,使 4 个车轮的滚动面在同一水平面上。一般情况下,尽量调整从动轮。

2.局部位置起重小车三条腿故障的调整

轨道局部位置有起重小车三条腿现象而又不严重时,可以在小车轨道下加垫片;局部位置起重小车三条腿现象严重时,则应修复主梁的变形;主梁变形修复后仍有起重小车三条腿现象,则可在小车轨道下再加垫片予以调整。

任务6 金属结构的检测与修复

一、桥架变形的检测与修复

(一)桥架变形的现象

桥架的上拱度是桥式起重机金属结构件最主要的技术指标之一。有些起重机经过一定时间的使用,主梁设计制造的上拱度减小;产生超过规定的旁弯;箱形梁的腹板发生波浪形的变形;端梁变形;桥架对角线超差。

(二)主梁下挠的原因

桥式起重机主梁上拱度逐渐减小的现象,称为主梁下挠。空载时主梁自水平线以下的永久变形,即是主梁下挠。引起主梁下挠的因素主要有:

1.主梁制造工艺的影响

主梁拱度的成拱方法,对主梁拱度的消失有一定的影响。主梁腹板下料成拱形,且腹板的拱度比制成后的主梁拱度大。在主梁受载后,拱度的减少较小。

2.主梁焊接内应力的影响

桥式起重机的箱形主梁是一种焊接结构。由于焊接过程中的局部加热造成焊缝及其附近加热区的金属收缩,产生残余应力,引起主梁变形。起重机在使用中,金属结构各个部位存在的不同方向与性质的应力趋于均匀化以致逐渐消失,引起结构的塑性变形。

3.起重机因运输、存放和吊装的影响

桥架是长、大结构件,具有较大的弹性,不合理的运输、存放、起吊和安装会引起桥架结构的变形。

4.使用的影响

超负荷、偏载等不合理的使用会引起桥架的变形。

5.修复方法以及高温的影响

在桥架上焊接或气割、进行不均匀加热,将引起桥架的变形;在温度较高的车间里工作的起重机由于辐射热造成主梁下盖板的温度超过上盖板的温度,使下盖板受热伸长大于上盖板的受热伸长,在载荷的作用下,使主梁拱度自然减小。

(三)主梁下挠对起重机使用性能的影响

1.对起重小车运行的影响

桥式起重机主梁在空载时已经下挠,受载后,小车轨道产生较大的坡度。起重小车由跨中向两端运行时,不仅要克服正常的运行阻力,还要克服坡道阻力。若起重机主梁严重

473

下挠,还会使起重小车运行电动机烧坏。另外,起重小车制动后会有自行下滑现象。

2. 对小车架的影响

若两根主梁下挠程度不同,起重小车的 4 个车轮不能同时与轨道接触,则起重小车会出现"三条腿"现象,使小车架受力不均。

3. 对大车运行机构的影响

对集中驱动的大车运行机构,起重机主梁的下挠后,装置大车运行机构的走台跟着下挠,会超过联轴器的许用偏斜角,使传动阻力增大;车轮、联轴器磨损增加;轮齿折断,甚至烧毁运行电动机。

4. 对主梁金属结构的影响

起重机主梁严重下挠时,主梁下盖板和腹板拉应力达到屈服极限,在下盖板和腹板上会出现裂纹或脱焊。

主梁下挠又引起主梁水平旁弯,导致小车车轮啃轨或脱轨;主梁下挠度过大,还会引起起重机运行时的啃轨。

(四)桥架变形的检测

1. 主梁拱度(下挠)的测量

(1)水平仪或经纬仪测量。将水平仪架设在合适的位置,直接测出各点的拱度值,如图 18-36 所示。

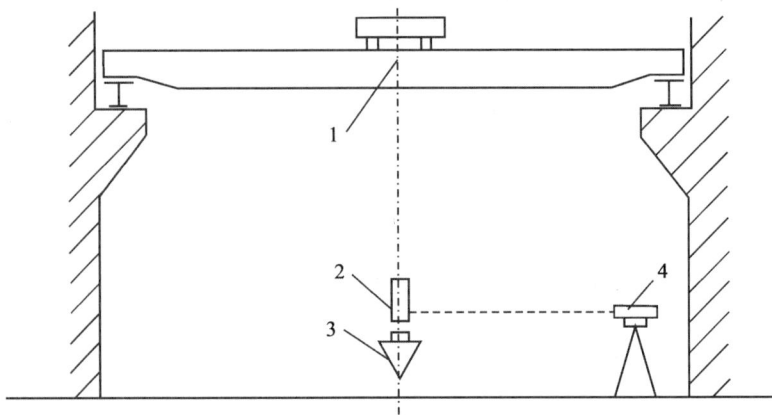

图 18-36　用经纬仪测量主梁拱度值
1—主梁;2—标尺;3—重锤;4—经纬仪(水平仪)

(2)拉钢丝测量

如图 18-37 所示,将测量用的细钢丝的一端固定在主梁的一个端部,另一端用弹簧秤和重锤拉紧。钢丝的两端用高度为 H 的支架支承,测出主梁上盖板到钢丝的距离 h_1,则主梁的上拱度实际值为:

$$h = H - (h_1 + h_2)$$

式中:H——支架的高度;

　　　h_1——主梁跨中上盖板到钢丝的距离;

　　　h_2——钢丝重力作用产生的下挠度,如表 18-10 所示。

表 18-10　钢丝重力作用产生的下挠度

跨度(m)	10.5	13.5	16.5	19.5	22.5	25.5	28.5	31.5
h_2(mm)	1.5	2.5	3.5	4.5	6	8	10	12

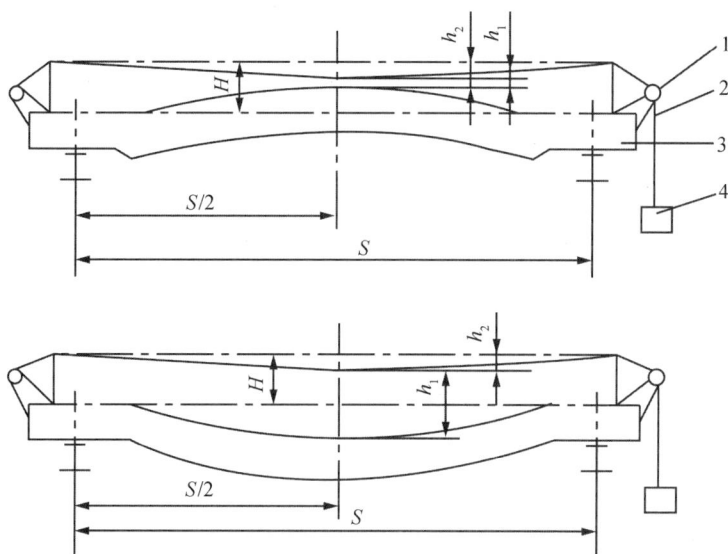

图 18-37　钢丝测量主梁拱度值

1—支架及滑轮；2—钢丝；3—主梁；4—重锤

2. 主梁水平旁弯的测量

钢丝 1 固定在被测主梁 2 的上盖板中心线的上方,分别量出其两端的距离 x_1、x_2,则两数值之差的一半,即是水平旁弯值,如图 18-38 所示。

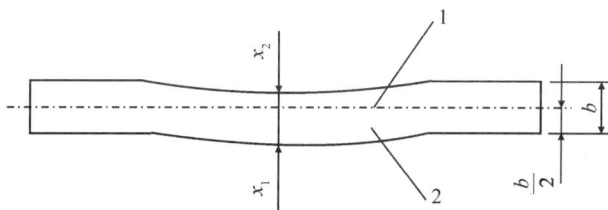

图 18-38　主梁水平旁弯测量示意图

1—钢丝；2—主梁；b—主梁宽度

3. 桥架对角线的测量

用线锤或直角尺,将 4 个车轮的滚动面中心引到轨道面上,打上标记后,移开起重机。利用轨道上的 4 个点,使用卷尺和弹簧秤测量对角线,如图 18-39 所示。

4. 形主梁腹板垂直偏斜的测量

在主梁有筋板的上盖板处吊重锤,用直尺测量垂线到腹板的距离 a 和 b,两数值之差即是腹板的垂直偏差值,如图 18-40 所示。

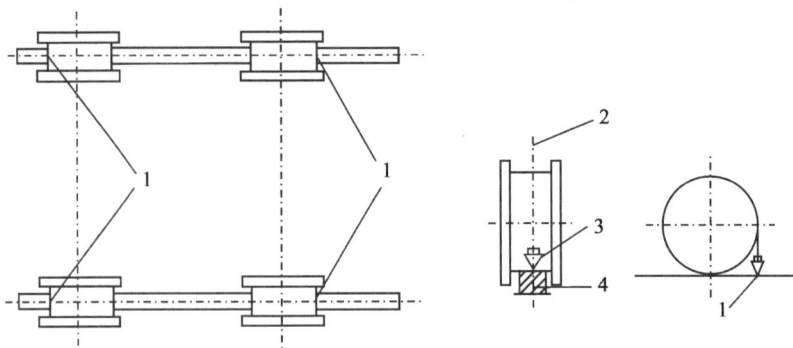

图 18-39　车轮对角线测量示意图

1—测量点；2—车轮滚动面中心线；3—铅锤；4—轨道

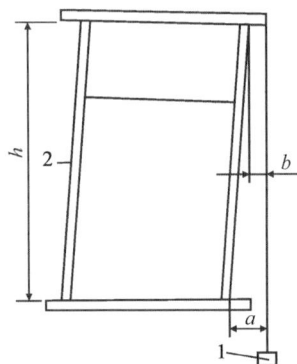

图 18-40　腹板垂直偏斜测量示意图

1—重锤；2—主梁腹板

(五)桥架变形的修复

1.预应力法

预应力法是在主梁下盖板处安装拉杆,其数量由计算确定。拉杆产生的拉力,使主梁受到对称的弯矩,向上弯曲,产生拱度。

预应力法的步骤是:先将一端螺母全部拧上,再在另一端收紧螺母,各个螺母应逐一分次拧紧,不可一次拧紧到位。每拧紧一遍,应测量主梁的拱度值,直到上拱度符合要求。若拉杆长度大于 24 m,最好从两端同时收紧,如图 18-41 所示。

2.火焰矫正法

将起重小车开到与司机室相对的桥架的一端,用千斤顶支承在主梁的跨中位置,再将桥架主梁托住。

(1)主梁下挠、主梁旁弯的矫正

若两主梁下挠对称并且平滑,可以对称于跨中布置加热区;若主梁下挠变形不规则,可以在下挠变形突出的部位多布置几个小加热区,如图 18-42 所示。

虽然加热区离跨中越近,矫正效果越显著,但主梁在工作时跨中的弯矩最大,工作应力

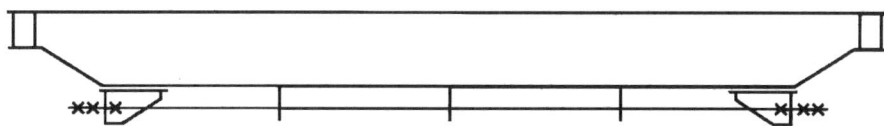

(a)预应力法的示意图

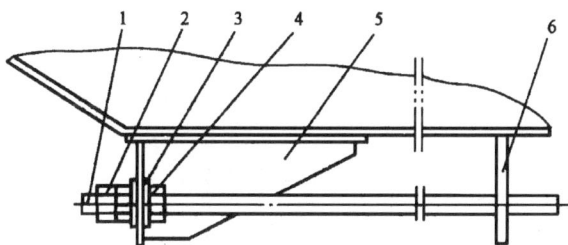

(b)预应力拉杆端部图

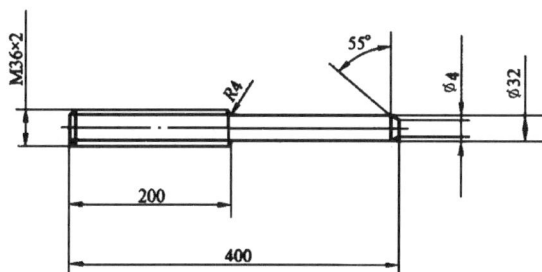

(c)端杆图

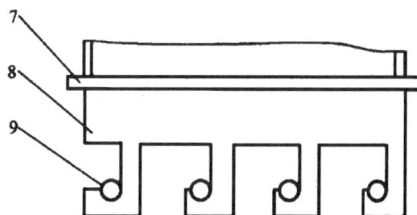

(d)吊架形式图

图 18-41　预应力法修理桥架主梁

1—拉杆；2—工作螺母；3—垫圈；4—构造螺母；5—支承架；6—吊架；7—主梁；8—吊架；9—拉杆

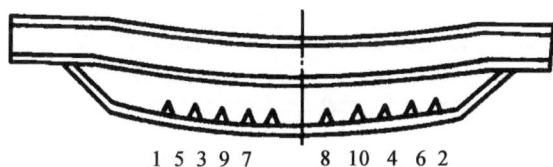

1 5 3 9 7　　8 10 4 6 2

(a)对称加热

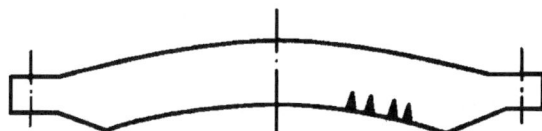

(b)局部加热

图 18-42　主梁加热区选择

1~10 加热顺序

一般接近许用应力。如果加热区布置在跨中,则工作应力与矫正应力叠加,可能引起蠕变和应力重新分配,产生永久变形,即再度下挠。

矫正的加热点比较多时,各加热点之间的距离应大于 1 m;在离跨中的 3 m 以内不布置加热点。

为了避免矫正应力和焊接的固有应力叠加,加热区应离开大加筋板,位于腹板波浪的凸起部分或其附近,不要选在凹陷处,这样可在恢复上拱度的同时矫正腹板的波浪形。如果选在小加筋板的下部,更有利于消除腹板的波浪形。

端梁加热区如图 18-43 所示,对主梁旁弯过大的变形,矫正效果较好。

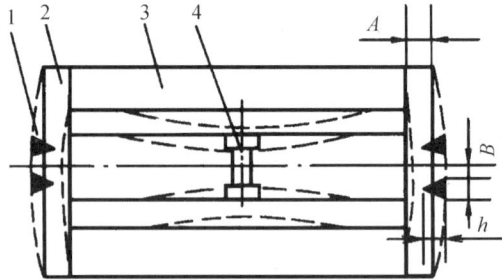

图 18-43　端梁加热区选择
1—加热点;2—端梁;3—主梁;4—顶具

对于由于主梁下挠促使主梁内侧水平旁弯的变形,可以和主梁下挠变形的矫正同时进行。在设置恢复主梁上拱加热面时,使主梁内侧腹板的三角形加热面比外侧腹板的三角形加热面大。为了矫正的效果明显,可以用推顶工具把两根主梁推顶到略比所要求的矫正量大。推顶位置选在主梁中间的小加筋板的下部,如图 18-44 所示。

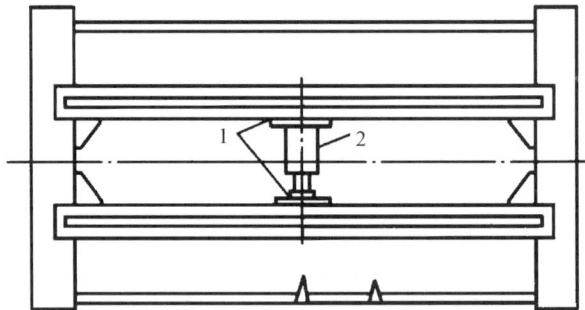

图 18-44　利用顶具矫正主梁内侧水平弯曲示意图
1—垫木;2—千斤顶

(2)桥架对角线误差的矫正

桥架对角线超差后,将引起起重机大车车轮偏斜、运行时啃轨等,因此必须矫正。先测量两对角线相差多少,再加热对角线偏小的主梁与端梁的连接处,加热面积视矫正量决定,加热方向是由上、下两端指向中间,并同时用拉具配合火焰进行矫正,如图 18-45 所示。

(3)火焰矫正后主梁的加固

经过火焰矫正后,主梁的上拱度得到恢复,但还要对主梁进行加固,确保修复后的主梁上拱稳定。

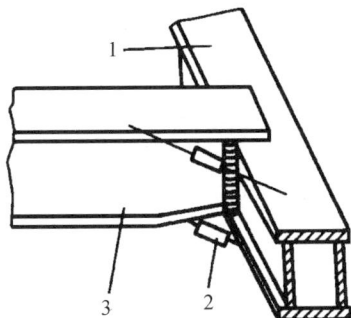

图 18-45　采用拉具矫正示意图

1—端梁;2—拉具;3—主梁

二、金属结构裂纹的修复

(一)裂纹常见部位

在门座起重机中,普遍存在着金属结构出现裂纹的现象。从门座起重机故障修理的情况来看,金属结构裂纹故障修理为其他各项故障修理之首。门座起重机金属结构裂纹是导致起重机安全事故的主要因素之一。

门座起重机金属结构裂纹常见的部位是:

1.焊缝及热影响区

轴孔处的焊缝、热影响区的金属材料最易出现裂纹与开裂。

2.结构应力集中处

箱形结构的尖角处、变截面处、非圆滑过渡处,如:门腿与支承环交接内侧的两个尖角处、变幅油缸下支承加筋板处、人字架、臂架等处常可见到裂纹或开裂。

(二)裂纹产生的原因

引起起重机金属结构出现裂纹的因素很多,主要有:操作不当;保养和修理及时;结构设计与制造影响和材料的缺陷;焊接质量与制造工艺的影响等。

1.操作不当

在门座起重机起升重物时,采用"拖""拉"的作业方式,引起很大的水平载荷;猛烈地启动、制动,产生很大的附加动载荷,这些载荷对起重机的金属结构影响很大。

2.保养和修理不及时

由于缺少保养和修理,使金属结构各个铰点的轴孔严重磨损,起重机在作业时,尤其在启动、制动时就会产生强烈的冲击和振动,致使金属结构的接头处产生裂纹,门架上横梁接头开裂,臂架、刚性拉杆发生断裂。

3.结构设计与制造影响和材料的缺陷

若在起重机金属结构的设计与制造上造成了结构、节点处的应力集中,这些应力集中的部位在工作中,由于种种原因会产生尖峰应力值,导致这些部位出现裂纹,并逐渐扩展为开裂。

4.焊接质量与制造工艺的影响

另外,若金属材料本身有质量缺陷或采用的焊接工艺不当,造成焊缝质量问题,都会引起金属结构的裂纹或开裂。

(三)裂纹的修复

1. 孔处焊缝和热影响区金属材料的修复

这类裂纹在门座起重机上较为常见。修复的方法有:

(1)在轴孔受力的情况下焊补

这种修补的方法,会出现同一部位的反复开裂—焊补—开裂的现象,金属结构也因为受到反复的焊补热效应,使材料的机械性能,尤其是冲击韧性显著降低,则热影响区周围的金属也会反复开裂。

(2)卸载焊补

这种修补的方法要将构件拆下,再进行焊补。虽然费工时,但可以避免在受力的情况下进行焊补所产生的缺点。

(3)焊补时的注意点

钢套与支座孔须采用多层焊接。焊接时,尽量以较快的速度施焊,焊完一层后,立即用小榔头敲击焊缝,减少残余应力;第二层的焊接方向应与第一层相反。这样,后一层焊缝冷却时会对前一层有挤压作用,使焊缝的收缩应力减小。

2. 结构件在尖角处、变截面处裂缝的修复

(1)直接焊补与加复板焊补

这种修复方法往往会使金属材料接缝处再次开裂,有时裂缝甚至会穿透复板继续扩展。

(2)钻止裂孔焊补

在裂纹的起点和终点处各钻一个 $\Phi 8 \sim 12$ mm 的小孔(止裂孔),再焊补裂纹与小孔。钻孔是为了释放一部分局部应力,避免金属材料继续开裂。

(3)挖补法

将裂纹和附近的金属材料挖去一块,再用一块新钢板对接焊补。当结构件承受动载荷或交变载荷时,对接焊缝能在整个断面内均匀地传递内力,而且局部应力小。

采用挖补法焊补时应注意:补板与原金属板的接缝四周应为圆角,不得是尖角,圆弧半径 $r = 10\delta$(δ 是板厚)。

任务7　起重机械常见故障的诊断与排除

一、减速器的故障及排除

(一)齿轮啮合时有不规则或连续的声音

1. 产生原因

(1)齿轮制造精度差。

(2)齿轮接触不良。

(3)润滑油不足。

(4)齿面异常磨损,齿面点蚀。

2. 排除方法

(1)更换齿轮。

(2)修整或重新安装齿轮,改善齿面的接触情况。

(3)加润滑油到规定的油面。

(4)视磨损、点蚀的情况修整或更换齿轮。

(二)轴承有不规则或连续的声音

1. 产生原因

(1)轴承损坏。

(2)轴承磨损,表面剥落。

(3)轴承配合、安装间隙过小。

(4)轴承盖紧固螺栓松动,轴承未压紧。

2. 排除方法

(1)若轴承损坏,则更换轴承。

(2)轴承磨损、表面剥落,则更换轴承。

(3)选择合适的配合,调整轴承间隙。

(4)拧紧紧固螺栓;调整垫片厚度,使轴承盖与轴承压紧。

(三)轴承过热

1. 产生原因

(1)轴承配合太紧(过盈量大)。

(2)轴承轴向间隙过小。

(3)轴承损坏或润滑脂不足。

(4)环境温度过高。

2. 排除方法

(1)重新安装轴承,减少过盈量。

(2)调整间隙,满足轴承装配要求。

(3)更换轴承,补充润滑脂。

(4)采取降温措施,降低环境温度。

(四)减速器在运转中有噪声并发生振动

1. 产生原因

(1)齿轮有异常磨损、点蚀等缺陷。

(2)箱盖与箱体的紧固螺栓松动。

(3)安装减速器的基础刚度差。

(4)轴承磨损,表面剥落。

2. 排除方法

(1)视齿轮的损坏情况修整或更换齿轮。

(2)拧紧箱盖与箱体的紧固螺栓。

(3)加固减速器的安装基础,增强刚度。

(4)选择合适精度等级并与轴有合适配合的轴承。

(五)减速器运行时外壳温度高

1. 产生原因

(1)润滑油不足。

(2)减速器超负荷运行。

(3)齿轮异常磨损,齿面胶合。

2. 排除方法

(1)加润滑油到规定的油面。

(2)减轻减速器负荷。

(3)视齿轮磨损,齿面胶合情况修理或更换齿轮。

(六)减速器漏油

1. 产生原因

(1)箱体变形,箱盖和箱体的接合面不平。

(2)轴承盖回油沟堵塞,密封不好。

(3)箱体内润滑油过多。

2. 排除方法

(1)修平箱体、箱盖的接合面。

(2)疏通回油沟,更换密封件。

(3)放油,使油面到规定的高度。

二、制动器的故障诊断与排除

(一)块式制动器故障诊断与排除

1. 制动器打不开

(1)产生原因

①活动关节被卡住。

②主弹簧张力过大。

③制动摩擦片粘在有污垢的制动轮上。

④电磁线圈断线或烧坏。

(2)对电力液压推杆制动器

①叶轮或推杆部分卡住。

②缺油或油液使用不当。

(3)对液压电磁铁块式制动器

①推杆卡住。

②整流装置损坏或整流装置的延时继电器延时过短。

③油塞严重漏油,无油或油量不足。

(4)排除方法

①消除关节卡阻现象。

②调整主弹簧的长度。

③用煤油清洗,除去制动轮及摩擦片上的油污。

④更换线圈。

(5)对电力液压推杆制动器

①检查马达线路,调整电力液压推动器。

②添加油液或按不同温度调换合适的油液。

(6)对电磁液压制动器

①检查推杆是否弯曲变形,消除推杆卡阻现象。

②修复或更换整流装置,调整继电器的延时。

③更换油塞的密封圈,添加油液。

2. 制动器摩擦片有焦味,摩擦片很快磨损

(1)产生原因

①松闸时,制动摩擦片没有与制动轮完全分离,引起与制动轮摩擦。

②制动轮工作表面粗糙,制动轮面与摩擦片配合不好。

(2)排除方法

①调整制动轮与摩擦片间的间隙。

②加工制动轮,使制动轮与摩擦片有良好的配合。

3. 制动器刹不住机构运动件

(1)产生原因

①制动杠杆系统中的活动关节被卡住,杠杆行程不够。

②主弹簧太松或损坏。

③制动摩擦片严重磨损,制动轮磨损。

④制动轮上有油污。

(2)排除方法

①润滑活动关节,消除关节中的卡阻;按额定行程进行调整。

②调整主弹簧压缩行程;更换损坏的主弹簧。

③更换摩擦片。

④清洗油污。

4. 断电后,推杆下降异常缓慢(上闸动作缓慢)

(1)产生原因

①对电动液压推杆制动器:

i. 主弹簧太松。

ii. 推杆弯曲。

②对电磁液压制动器:

i. 线圈两端电压不能及时消失。

ii. 隔磁环漏装。

iii. 推杆卡滞。

(2)排除方法

①对电动液压推杆制动器:

i. 按规定调节弹簧长度。

ii. 修理或更换推杆。

②对电磁液压制动器：

i. 检修,消除不释放的原因。

ii. 重新装上隔磁环。

iii. 检查推杆是否弯曲变形。

5. 电磁铁发热或有响声

(1)产生原因

①主弹簧力过大。

②杠杆系统被卡住。

③衔铁与铁芯贴合位置不恰当。

(2)排除方法

①主弹簧张力调整到合适的大小。

②找出卡阻的原因,消除卡阻现象,进行润滑。

③刮平衔铁与铁芯的贴合面。

(二)带式制动器故障诊断与排除

1. 制动时刹不住运动构件

(1)产生原因

①制动摩擦带上有油污,使制动带与制动轮之间产生打滑。

②制动摩擦带烧焦、硬化。

③制动摩擦带磨损严重;制动摩擦带与制动轮之间的间隙大;制动行程不够。

(2)排除方法

①清洗油污。

②若摩擦带烧焦或过度磨损,应予以更换。

③更换制动摩擦带;调整制动摩擦带与制动轮之间的间隙;调整操纵杆。

2. 制动踏板空行程过大

(1)产生原因

①制动摩擦带与制动轮之间的间隙过大。

②操纵杆销或接头过度磨损。

(2)排除方法

①调整制动摩擦带与制动轮之间的间隙。

②修复或更换磨损的销子或接头。

3. 制动踏板踩下后，不能自动抬起

(1)产生原因

①制动踏板回位弹簧太松或损坏。

②操纵杆卡住或因锈蚀使活动受阻。

(2)排除方法

①调整或更换回位弹簧。

②消除卡阻部位,润滑锈蚀的活动关节。

三、起升机构的故障诊断与排除

(一)轮胎式起重机起升机构故障诊断与排除

1.发动机和传动机构工作正常,起重机却吊不起额定负荷

(1)产生原因

①内胀式摩擦离合器太松。

②内胀式摩擦离合器与卷筒接触面太小。

③内胀式摩擦离合器的摩擦带上有油污。

④拆卸卷筒时,将内胀式摩擦离合器左右接合支架装反,引起内胀式摩擦带与卷筒之间的结合力减小。

(2)排除方法

①调紧内胀式摩擦离合器。

②拂刮摩擦带,增大摩擦带与卷筒的接触面积;若制动钢带失圆,校正钢带。

③拆下摩擦带,用汽油清洗摩擦带上的油污,然后再装上。

④将左右接合支架对调,装好后,调整内胀式摩擦离合器的松紧度。

2.空吊钩不能下降

(1)产生原因

①内胀式摩擦离合器太紧。

②带式制动器失圆或制动器回位弹簧太软。

③起升卷筒或钢丝绳有卡阻,起升卷筒不转或钢丝绳不能下降。

④制动轮锈蚀;新涂油漆使制动轮与制动带黏住;制动摩擦带受潮膨胀。

(2)排除方法

①按要求重新调松内胀式离合器。

②对失圆的制动轮进行车削,纠正失圆;失圆度过大而无法修整时,更换制动轮;对回位弹簧做调整。

③找出卡阻位置后消除卡阻。

④清除制动轮上的锈渍和油漆;吊一定重量的物体迫使吊钩做连续几次的下降动作。

3.卷筒卷入钢丝绳时,某一些钢丝绳敲击卷筒并引起车身抖动

(1)产生原因

钢丝绳排列错乱,在绕至第二层时,叠起的钢丝绳滑下引起翘起;因钢丝绳长度变化,起吊货物时发生抖动,引起车身抖动。

(2)排除方法

将钢丝绳在卷筒上重新排列整齐。

(二)门座式起重机起升机构的故障与排除

1.起吊重物时,当起升到某高度或下降到某高度需要停止起升或下降时,重物不能停在所需的高度上

(1)产生原因

①制动摩擦片上有油污,制动时产生打滑。

②制动摩擦片有烧焦、硬化等缺陷。

③制动器间隙过大,制动行程不够。

④锁紧螺母松动、拉杆松动。

⑤主弹簧松动或损坏。

⑥电力液压推杆制动器叶轮旋转不灵。

(2)排除方法

①清洗摩擦片上的油污。

②更换烧焦、硬化的摩擦片。

③重新调整制动器的间隙。

④紧固锁紧螺母。

⑤更换主弹簧或锁紧螺母。

⑥检修推动机构和电气部分。

2. 制动轮过热

(1)产生原因

①制动器弹簧过紧,松闸时制动瓦块不能与制动轮完全分离,制动瓦块与制动轮产生摩擦。

②两制动瓦块与制动轮的间隙不均匀,或间隙过小。

③衔铁(推杆)的工作行程不够,使制动瓦块不能完全打开。

(2)排除方法

①调松弹簧,使松闸器能将制动瓦块与制动轮完全分离。

②两边间隙调整均匀,大小合适。

③增大衔铁(推杆)的工作行程,使制动瓦块与制动轮之间有适当的间隙。

3. 起升重物时,发生过卷扬事故。

(1)产生原因

①起升高度限位器失灵。

②操作过失。

(2)排除方法

①及时调整起升高度限位器,使之处于良好的工作状态。

②提高操作技能和处理紧急情况的能力。

四、变幅机构的故障诊断与排除

(一)电动轮胎起重机变幅机构的故障诊断与排除

1. 起重机吊载向下增幅制动时,臂架缓慢停止运动,有下滑现象

(1)机械传动的变幅机构

①产生原因

i. 变幅蜗轮副因过度磨损而失去自锁性能。

ii. 常闭式制动器动作失灵。

iii. 常闭式制动器被卡住不能回位。

②排除方法

i. 更换失去自锁作用的变幅蜗轮。

ii. 调整制动器的弹簧。

iii. 清除制动器上引起卡阻的杂物。

（2）液压传动的变幅机构

①产生原因

i. 变幅油缸内漏。

ii. 换向阀卡滞或失效。

②排除方法

i. 更换变幅油缸活塞的失效油封。

ii. 更换失效的换向阀。

2. 机械传动的变幅机构变幅时不能带载减幅，电磁块式制动器冒烟，电流过大

（1）产生原因

①制动瓦块与制动轮之间的间隙过小，变幅时有拖带作用，增加了变幅阻力。

②接到电磁铁的线路损坏。

③电磁铁线圈的电压与额定电压不符或电源电压过低使线圈烧坏。

（2）排除方法

①调松制动器的调整螺钉，使制动轮与制动瓦块之间有一定的间隙。

②检查接到电磁铁的线路，若有损坏，进行检修。

③若线圈损坏，则应更换；若电压不稳，待电压正常后再进行操作。

3. 在发动机正常工作的情况下操纵控制装置时，液压传动的变幅机构既不能增幅也不能收幅

（1）产生原因

①因系统安全阀调整不当或失效，引起系统压力过低。

②系统油路阻塞。

③换向阀失效。

④变幅油缸内漏。

（2）排除方法

①按规定的要求调整安全阀。若安全阀失效，则更换。

②找出被阻塞的油路部位，用气筒吹净管内的阻塞物。

③更换失效的换向阀。

④更换油缸活塞上损坏或失效的油封。

（二）门座起重机变幅机构的故障诊断与排除

1. 变幅启动或制动时发生猛烈振动、冲击

（1）齿轮、齿条传动的变幅系统

①产生原因：

i. 齿轮、齿条的磨损使啮合间隙变大。

ii. 齿条变形，使齿轮、齿条啮合传动不平稳。

iii. 橡胶缓冲装置中缓冲橡胶块老化,失去弹性。

②排除方法

i. 调整齿条、齿轮的啮合间隙;若齿轮、齿条的磨损量超过标准,应予更换。

ii. 校正齿条变形。

iii. 更换老化的橡胶块,调整橡胶缓冲装置。

(2)液压传动变幅系统

①产生原因

i. 油液的流量过大,使启动、制动时间过短。

ii. 液压缓冲器(蓄能器)中的氮气压力不足。

②排除方法

i. 调整换向阀,减少油液流量,延长启动、制动时间。

ii. 在调整无效的情况下,检查液压缓冲器内的氮气压力是否充足。若不充足,则应重新充氮。

2. 变幅动作出现滞移现象

(1)产生原因

①溢流阀的启动压力过低。

②油封严重泄漏。

(2)排除方法

①调整溢流阀的启动压力。

②更换损坏或失效的油封。

3. 变幅齿条尾部严重弯曲、损坏,门架上横梁接头处开焊,臂架刚性拉杆多次断裂使变幅过程中整机剧烈晃动

(1)产生原因

①橡胶缓冲器的橡胶块老化;液压缓冲器的密封圈失效,造成缓冲性能减弱或完全丧失。

②变幅限位开关失效。当变幅超过规定行程时,电动机驱动力及电动机转子和臂架系统的全部动能冲击于防撞块上,造成损坏。

(2)排除方法

①更换缓冲装置,改善缓冲性能。

②选用安全可靠地行程开关;装两个串联的开关,一个由臂架直接触动,另一个由齿条触动;加大齿条防撞块的缓冲能力。

五、回转机构的故障诊断与排除

(一)电动轮胎起重机回转机构故障诊断与排除

1. 起重机空载时能转动,重载时不能回转或仅在货物回荡时随货物的惯性力方向转动

(1)产生原因

①极限力矩联轴器的压紧弹簧调得太松,两个锥形摩擦盘间能够传递的扭矩较小。

②蜗轮轴损坏,动力传不到行星小齿轮上。

（2）排除方法

①调整极限力矩联轴器。

②修复或更换蜗轮轴。

2. 回转时有异常响声，滑行情况不好

（1）产生原因

①回转滚动轴承中滚道或滚子（球）损坏。

②回转减速箱内零部件磨损；蜗轮箱输出轴下面的轴承松动或减速箱体损坏。

③回转制动器有拖滞现象。

④在大齿圈与行星小齿轮间或在滚动轴承内缺少润滑脂。

（2）排除方法

①对损坏的滚动轴承，视其损坏程度进行修复或更换；对损坏的滚子（球）应更换。

②对减速箱中磨损的齿轮、蜗轮等成对更换；将轴承压紧；对箱体进行修复或更换。

③按要求调整回转制动器。

④添加润滑脂。

3. 回转机构制动后，转盘不能马上停下，并出现滑行

（1）产生原因

①回转制动器的制动带（瓦块）与制动轮之间的间隙过大。

②回转制动器的回位弹簧过软或有卡阻现象。

③制动控制装置失灵。

（2）排除方法

①调整制动带（瓦块）与制动轮之间的间隙。

②重新调整回位弹簧的弹力或更换弹簧；找到卡阻部位，并排除卡阻现象。

③找到控制装置失灵的部位进行针对性的处理。

4. 回转时机身晃动较大

（1）产生原因

①操作过猛。

②支腿螺杆未旋紧或支腿螺杆过度磨损。

③回转滚动轴承的固定螺栓松动或损坏。

（2）排除方法

①改进操作，使回转运动从慢到快地转动。

②将支腿螺杆旋紧，若螺杆与螺母之间的间隙过大，则更换支腿螺杆。

③检查滚动轴承固定螺栓的松动情况，旋紧或更换螺栓。

（二）门座起重机回转机构故障诊断与排除

1. 起重机做回转运动时不平稳，发生摇晃

若门座式起重机回转机构采用转柱式回转支承装置，则

（1）产生原因

①水平滚轮磨损，滚轮与轨道的间隙大。

②水平滚轮转动时有卡阻现象，水平滚轮运动轨迹为上下跳动的曲线。

③环形轨道圆度公差大。

（2）排除方法

①调整水平滚轮的偏心轴套,使水平滚轮与环形轨道的接触良好。

②重新安装、调整水平滚轮;消除水平滚轮运动时的卡阻现象。

③修理环形轨道。

2.回转运动时,下支承有异常响声

（1）产生原因

①下支承的向心轴承、推力轴承或向心推力球面轴承破碎损坏。

②轴承与支座的轴向间隙大。

③轴承径向跳动量大。

（2）排除方法

①更换损坏的轴承。

②调整轴承与支座的轴向间隙。

③重新安装、调整轴承。

3.回转启动时动作突然、引起机身振动

（1）产生原因

①操作过猛。

②极限力矩联轴器的调节弹簧调得太紧,极限力矩联轴器起不到缓冲作用。

③电阻接线错误,启动挡接入转子电路的电阻过低,使电动机突然快速启动。

（2）排除方法

①改进操作。

②稍微旋松极限力矩联轴器的调节螺母,在突然启动时,使极限力矩联轴器稍有打滑。

③纠正电阻接线,使电动机在全电阻下启动。

六、有轨运行机构的故障诊断与排除

（一）起重机运行时"啃轨"

1.产生原因

（1）车轮加工或安装偏差。

（2）轨道安装、维修、使用后的偏差。

（3）运行机构传动系统偏差过大。

（4）车架（桥架）偏斜变形。

（5）两主动轮直径相差过大。

（6）轨道上有油或水。

2.排除方法

（1）调整车轮的水平、垂直或对角线偏差。

（2）调整轨道标高、轨距、跨度、轨道的水平弯曲。

（3）检修齿轮、轴键;使分别驱动的两组电动机、制动器合理匹配。

（4）矫正车架（桥架）的变形。

（5）测量、加工、更换车轮。

（6）清理轨道。

(二)起重小车运行时打滑,尤其在启动、制动时最易发生

1.产生原因

(1)主动车轮轮压不均且不足。

(2)电动机直接启动过猛(即启动时间过短);制动过猛(即制动时间过短)。

(3)同一截面内两轨道标高偏差过大。

(4)轨道上有油、水或冰霜。

2.排除方法

(1)调整或增加主动轮轮压(总轮数不变,增加主动车轮数)。

(2)调整电动机功率、制动器的制动力矩,改善启动、制动方法。

(3)调整轨道,符合技术要求。

(4)去掉轨道上的油、水或冰霜。

(三)起重小车运行时出现"三条腿"现象

1.产生原因

(1)轮压不均。

(2)车轮安装偏差大。

(3)小车架变形。

(4)同一截面内小车两轨道标高偏差过大。

2.排除方法

(1)调整轮压(调整车架上部件安装的位置)。

(2)纠正车轮的安装偏差。

(3)矫正小车架的变形。

(4)调整轨道,符合技术要求。

(四)运行制动时,起重机(起重小车)不能马上停止,并出现滑行

1.产生原因

(1)运行制动器摩擦片与制动轮之间的间隙过大。

(2)制动器主弹簧太松或损坏。

(3)制动器杠杆系统中的活动关节被卡住。

(4)制动控制装置发生故障。

2.排除方法

(1)重新调整制动摩擦片与制动轮之间的间隙。

(2)调紧主弹簧,或更换主弹簧。

(3)找到卡阻部位,消除卡阻现象,润滑活动关节。

(4)找出控制装置发生故障的部位和零部件,进行针对性处理。

一、任务描述

1. 熟悉起重机械主要零部件的保养和故障检测方法；

2. 分析起重机械的起升机构、回转机构、变幅机构和运行机构常见故障及排除方法；

3. 正确使用工具、量具对联轴器、制动器、减速器、吊钩等起重机械的主要零部件进行检测；

4. 按照有关技术要求对制动器制动间隙进行调整；

5. 按照有关技术要求对钢丝绳进行检测；

6. 按照有关技术要求对回转机构轴承进行检测和调整；

7. 按照有关技术要求对变幅机构进行检测和调整；

8. 按照有关技术要求对运行机构进行检修,并对啃轨情况进行原因分析。

二、任务要求

1. 按照检测要求和技术标准将设备仪器分别放在相关工位,将制定的任务单发给学生；每位学生穿上工作服、工作鞋,随身携带一支笔,以便做好记录并分析检测结果；

2. 使用有关工具,按照正确步骤调节块式制动器的制动间隙；

3. 按照有关技术标准,使用有关工量具对减速器进行检测和验收；

4. 按照有关技术标准,使用标准齿形样板检查大齿圈的磨损；

5. 按照正确步骤用探伤仪检查吊钩、钢轨上有无裂纹；

6. 对钢丝绳、吊钩、回转中心的滚动轴承等主要零部件的报废情况进行分析；

7. 监控学生是否按要求完成任务,并指导学生进行正确的操作。

三、任务考核

序号	考核内容	分值	评分标准	得分
1	正确使用工具、量具	6	工具使用不当,一次扣2分	
2	指认车上四大机构位置正确	12	指认不正确,扣12分	
	拆装顺序正确		拆装顺序错误,一次扣4分	
	零部件摆放整齐		摆放不整齐,扣4分	
3	减速器的检查与调整	42	能对各个项目进行准确检测及调整,错一项扣3分	
	联轴器的检查与调整			
	钢丝绳、滑轮、卷筒的检查			
	块式制动器的检查与调整			
	大齿圈的检查			
	吊钩、钢轨的检查			
	回转中心滚动轴承的检查与调整			
	主梁拱度的检测			
	起升机构的检测与调整			
	变幅机构的检测与调整			
	运行机构的检测与调整			
	起升机构、回转机构、变幅机构和运行机构的常见故障原因分析与排除			
4	正确组装四大机构的零部件	10	不能正确组装,错一次扣1分	
5	正确分析运行机构啃轨、起重机主梁下挠原因	15	不会分析扣10分,分析错误扣5分	
6	工具、现场清洁	5	每项扣2分,扣完为止	
7	安全、文明生产	10	违规操作、发生人身和设备事故,为0分	
8	配分合计	100	得分合计	

复习思考

一、填空题(将正确答案填在题中横线上)

1. 人手可触及的滑轮组应设置_____。

2. 减少轮缘与轨道磨损的方法包括:_____、_____。

3. 当由于某种原因使起重小车在运行时一只车轮悬空,即发生起重小车_____现象。

4. 桥式起重机主梁上拱度逐渐减小的现象,称为_____。

5. 在使用过程中若检查发现滑轮槽底径向磨损达到钢丝绳直径的_____，轮槽壁厚磨损达到原壁厚的_____；滑轮就应予更换。

6. 钢丝绳用编结连接时，编结长度不应小于钢丝绳直径的_____倍，并且不小于300 mm。连接强度不应小于钢丝绳破断拉力的_____。

7. 在减速器的齿轮传动中，齿轮最常见的失效形式是_____。

8. 齿面点蚀面积达啮合面的_____，且深度达到原齿厚的_____时，应更换新齿轮。

9. 电动液压推杆的叶轮轴上部是方形的，装在轴套内的一段，工作一段时间后，会磨损变圆，这时叶轮轴需_____。

10. 门座起重机上机械式起重量限制器较多采用的是_____起重量限制器。

11. 变幅机构齿轮齿条安装好以后，通过调节_____来调整齿轮齿条的啮合间隙。

12. 钢轨的顶面若有较小的疤痕或损伤时，可先用_____，再用_____。

二、判断题（将判断结果填入括号中，正确的填"√"，错误的填"×"）

1. （　）在捆绑或吊运物件时，钢丝绳应避免和物体的尖角棱边直接接触，应在接触处垫以木块、麻布或其他衬垫物。

2. （　）如果发现卷筒的绳槽、钢丝绳在卷筒上的固定处有裂纹，可修复后再使用。

3. （　）起升重物时，发生过卷扬事故，可能是起升高度限制器损坏。

4. （　）若卷筒绳槽磨损超过 2 mm，钢丝绳在工作中经常跳槽而不能有秩序地排列时，应予报废。

5. （　）若吊钩各部位有微小裂纹，可补焊后继续使用。

6. （　）减速器验收时，在确认润滑油正常注入齿轮啮合面和轴承后，才可以启动。

7. （　）在使用过程中，若车轮滚动面有剥离或擦伤面积大于 2 cm^2，深度大于 3 mm 时，应重新加工。

8. （　）车轮轮缘的正常磨损可以不修理，但磨损量达到原厚度的30%时，应更换新轮。

9. （　）轮缘厚度的弯曲变形达到原厚度的20%时，车轮应报废。

10. （　）起重小车三条腿：若起重小车在整个行程中，始终有一个车轮悬空，而车轮直径又在公差范围内，则起重小车的各车轮轴线不在同一高度。

三、选择题（选择正确的答案，将相应的字母填入题内的括号中）

1. 滑轮出现下列_____情况时应予更换。（　　）

A. 金属铸造的滑轮在检查中若发现有贯穿性裂纹

B. 滑轮槽底径向磨损达到钢丝绳直径的1/3

C. 轮槽壁厚磨损达到原壁厚的30%

D. 轮槽的不均匀磨损为 3 mm。

2. 吊钩钩身挂绳部位由于钢丝绳的摩擦会产生磨损、出现沟槽，当此危险断面高度的磨损量达到原尺寸的_____时，吊钩应报废。（　　）

A. 5%　　　　　　　　　　　　　B. 10%

C. 15%　　　　　　　　　　　　D. 20%

3. 箱形结构件在尖角处、变截面处裂缝的修复采用（　　）

A. 直接焊补与加复板焊补　　　　　B. 钻止裂孔焊补

C. 挖补法　　　　　　　　　　　D. 卸载焊补

四、问答题

1. 钢丝绳破断的原因是什么,如何维护润滑钢丝绳?

2. 吊钩的损坏形式有哪些,怎样进行吊钩的维护保养?

3. 减速器在使用过程中会出现哪些不正常现象?

4. 齿轮的损坏形式及原因是什么,如何检修?

5. 怎样调整电力液压推杆制动器的制动力矩、推杆行程和制动瓦快与制动轮之间的间隙?

6. 如何进行滚动轴承式回转支承装置的检修和调整?

7. 车轮啃轨的原因是什么,怎样修理起重机啃轨故障?

8. 如何检查和排除起重小车"三条腿"故障?

9. 造成起重机主梁下挠的原因是什么? 主梁下挠对起重机使用性能有哪些影响?

10. 如何用火焰矫正法修复变形的桥架?

项目十九

输送机械的检测与修复

教学目标

一、知识目标

1. 正确描述输送带跑偏原因、纠正跑偏方法及修补基本方法；

2. 正确描述托辊、电动滚筒、清扫器等安装、调整技术要求及故障诊断与排除方法；

3. 正确描述带式输送机的安装、调试、使用与维护的基本知识。

二、能力目标

1. 能正确进行输送带接头的连接，对输送带进行纠正跑偏；

2. 能正确进行托辊装配，调整托辊中心平面与机架中心线的垂直度及托辊两端的高度差；

3. 能正确拆卸和检修电动滚筒；

4. 能正确调整清扫器；

5. 能按照有关技术要求对带式输送机进行安装、调试、使用与维护，对常见故障予以诊断与排除。

任务导入

为了掌握带式输送机的分解、装配、检查、调整过程，准确判断带式输送机故障，查明故障原因，港口机械维修人员必须全面认识带式输送机主要零部件，熟悉带式输送机的检测与调整要求、常见故障诊断与排除方法。

任务1 主要零部件的检测与修复

一、输送带的检测与修复

（一）输送带跑偏及防偏

输送带跑偏会使输送带与机架、托辊支架相摩擦,造成带边胶磨损;若输送带被机架、托辊支架周围凸起的螺钉头、清扫器挡板等挂住,可能引起输送带划伤、纵向撕裂等事故。跑偏还会使输送带上的物料撒落,使输送机不能正常运行。

1. 输送带跑偏的原因

（1）机架、滚筒、托辊组安装质量不高;

（2）输送带的接头不正;

（3）给料位置不正确;

（4）清扫器性能不好,滚筒、托辊表面黏附物料;

（5）输送带质量不好,如伸长率不均匀、输送带不直、输送带成槽性差;

（6）机架基础出现不均匀沉降;

（7）使用维修不好以及调整不当。

2. 防止输送带跑偏的措施

（1）提高设备制造、安装质量

①机架的安装

机架安装时,对其直线度、水平度以及托辊架安装精度都有严格的规定,如图 19-1 所示。

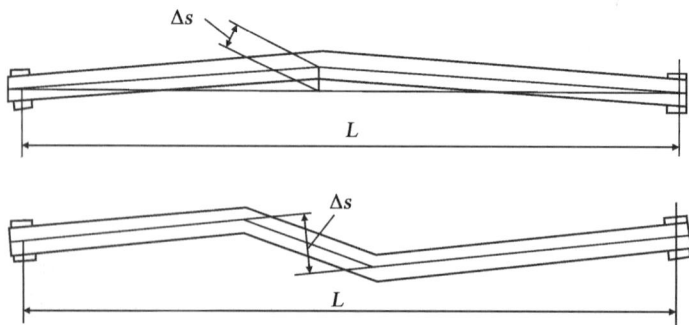

图 19-1 机架中心线直线度偏差

i.机架中心线的直线度偏差不应超过表 19-1 规定,并保证输送机任意 25 m 长度内,其偏差不大于 5 mm;对可逆带式输送机的偏差值应取表 19-1 中数值的 2/3。

表 19-1　输送机机架中心线允许偏差

输送机长度 L(m)	$L \leq 100$	$100 < L \leq 300$	$300 < L \leq 500$	$500 < L \leq 1\ 000$	$1\ 000 < L \leq 2\ 000$	$L > 2\ 000$
中心线允许偏差 ΔS(mm)	20	30	50	80	150	200

ii. 同一横截面内的机架水平度应小于 2/1 000,这与安装质量和机架基础处理有关。架设在较软基础上的输送机,应定期检查机架水平度,及时用垫铁调整机架高度,使机架保持水平。

iii. 托辊辊子应位于同一平面或在一个公共半径的弧面上,在相邻三组托辊之间,其高低相差不大于 2 mm。相邻两组托辊支架的螺孔中心的对角线之差应小于 2 mm。

iv. 托辊、滚筒的横向中心平面与机架中心线不重合度不应超过 3 mm。

②滚筒的安装

用水平仪测量光面滚筒表面,或胶面滚筒的轴,可测得滚筒的水平度。滚筒轴中心线水平度应在 0.5/1 000 以内;驱动滚筒的轴线对机架中心线的垂直度应小于 2/1 000,如图 19-2 所示。

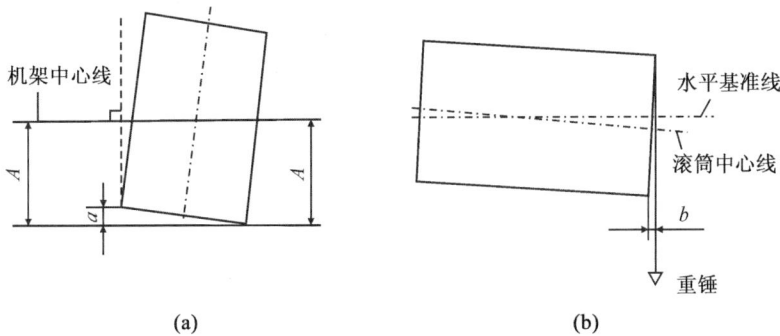

(a)　　　　　　　　　　　　(b)

图 19-2　滚筒水平度、垂直度测量

1—滚筒垂直度测量;2—滚筒水平度测量

滚筒在机架上固定后,应转动灵活。装配后滚筒对其轴线的径向圆跳动:当滚筒直径 $D \leq 800$ mm 时,其公差为 0.6 mm;当 $D > 800$ mm 时,其公差为 1.0 mm。

③输送带质量

输送带的机械性能、直线度及厚薄公差等都是输送带质量的重要指标,购买时应予以注意。输送带存放、保管不善,也会使输送带出现缺陷,引起输送带跑偏。

④输送带接头质量

输送带接头不正,若带切口与带宽不成直角,使带受到的拉力不均匀,会使输送带运行时产生跑偏。因此输送带接头在 10 m 范围内其弯曲度不得大于 20 mm,且应与输送带自身弯曲方向相反,如图 19-3 所示。

(2)采用有防偏作用的托辊组

①单向运行的输送机中采用侧托辊前倾式调心托辊组

三辊式槽型托辊组的两个侧托辊朝输送机运行方向前倾 3°左右,使输送带与侧托辊之间产生相对滑动速度,并有轴向摩擦力;当输送带跑偏时,两侧的轴向摩擦力大小不同,促

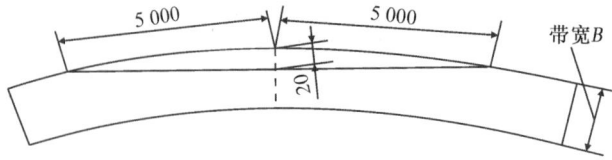

图 19-3　输送带接头不正

使输送带复位。

②安装带橡胶环的 V 形托辊

单向运行的输送机的无载分支中,每隔若干组托辊装一组带橡胶环的 V 形托辊,V 形托辊的槽角为 5°、前倾 2°,橡胶环厚度为 15 mm 以上,如图 19-4 所示。

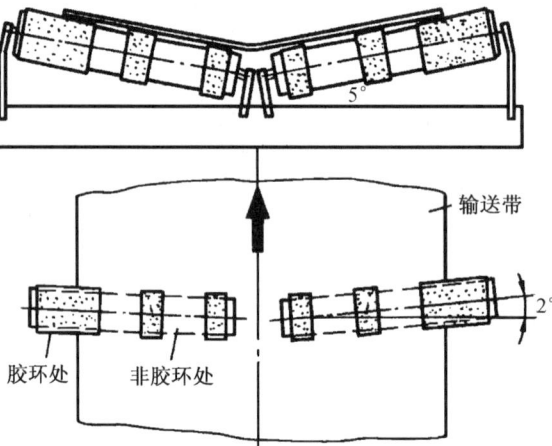

图 19-4　带橡胶环的 V 形空载托辊

③可逆运行的输送机中采用自动定心托辊

将侧托辊前倾式调心托辊组的结构稍做改进:把两个侧托辊轴上位于同一平面的两个扁平头改成相互垂直;侧面支架的垂直扁孔改为水平扁孔。这样,输送带运行时产生的摩擦将带动侧托辊一端在长槽内滑动,形成永远与输送带运行方向一致的前倾,起到自动定心作用,如图 19-5 所示。

④安装带橡胶环的平托辊

可逆运行的输送机无载分支的头、尾部装设几组带橡胶环的平托辊,以增强输送带抗跑偏的能力。

(3)防止给料时位置不正

物料转载到输送机上时,进料斗位置不对或落料点位置不合适,造成物料偏置是引起输送带跑偏的重要原因。为防止物料偏置于输送带上,在转载处装设可调节导料板,用来调节物料的落点。

(4)安装跑偏保护装置

3.纠正输送带跑偏的方法

(1)空载运行时输送带跑偏的纠正

①跑偏的部位大多出现在输送带的无载分支段,即使输送带有载分支段出现的跑偏也

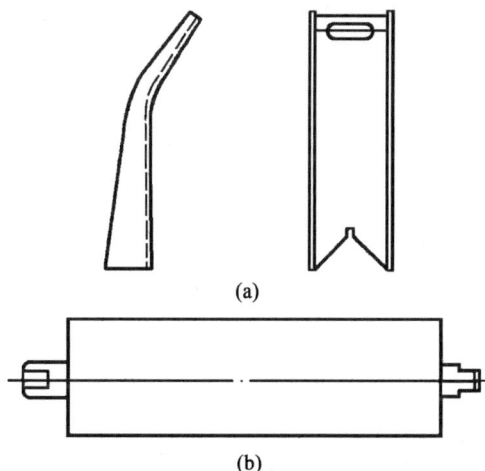

(a)

(b)

图 19-5 侧托辊与支架的结构

可用调整无载分支托辊的方法来纠正。

若输送带朝前进方向左方偏移时,输送带中心线偏离机架中心线。可调整无载分支托辊,使其绕顺时针方向转动 θ 角。当调整一两组托辊不足以纠正偏斜时,可连续调整前、后几组托辊,但每组托辊的偏转角度不宜过大,如图 19-6 所示。

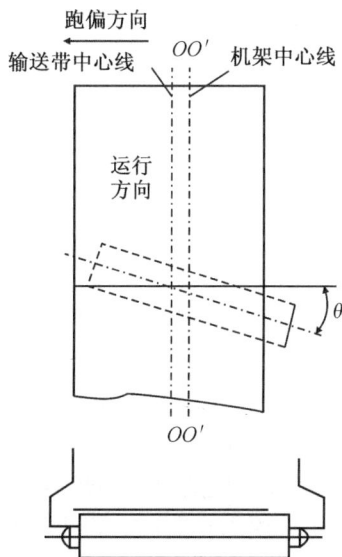

图 19-6 输送带无载分支段跑偏纠正方法

②调整有载分支托辊、尾部滚筒和改向滚筒。若输送带朝前进方向右方偏移时,调整有载分支托辊,使其逆时针方向转动一个角度,则输送带向左横移,回到正常位置,如图 19-7(a)所示;或者将尾部滚筒左侧的轴承座向后移动,则输送带向左(即较紧的一侧)横移,回到正常位置,如图 19-7(b)所示。也可以根据改向滚筒高低的变化来调整,可将改向滚筒的支架一侧抬高,则输送带就会向相对较高的一侧偏移,如图 19-7(c)所示。每调整一

次,应让输送带运行一圈以上,再决定是否需要再次调整,每次调整量不宜过大。

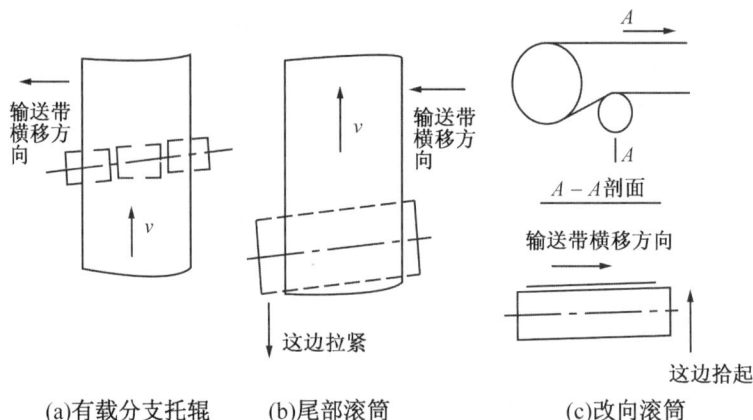

图 19-7　调整有载分支托辊、尾部滚筒和改向滚筒方法

③用调整托辊来纠正长距离输送机跑偏时,可以使输送带略成蛇形,即一些区段输送带的跑偏方向与邻近区段输送带的跑偏方向相反,这样对输送带的稳定运行有利。

(2)负载运行时输送带跑偏的纠正

调整时,应严格控制对输送带的给料量,供料应均匀,防止物料在输送带上偏置。空载运行时输送带跑偏调整好之后,在满载运行时输送带可能出现向某一侧严重跑偏的情况。这时,应重新进行空载运行时的调整,使输送带在空载、满载运行时,其跑偏量均在允许范围之内。如不能满足要求,可适当增大输送带的张紧力,待运转一段时间后,再观察跑偏情况有无好转。

(3)若采用上述办法仍不能消除输送带的跑偏现象,则应按前述的防偏措施逐项进行检查。

(二)输送带损伤原因及修复

1. 输送带的损伤形式

输送带的损伤形式主要有:输送带纵向撕裂;覆盖胶划伤、局部剥离、磨损;输送带穿孔;输送带龟裂;输送带硫化接头撕裂,等等。

2. 输送带损伤原因的分析

(1)输送带跑偏

当输送带跑偏时,输送带与机架、托辊支架相互摩擦,造成输送带边胶的磨损;严重跑偏时,会使输送带翻边。若滚筒、机架周围有螺钉头等凸起物,或机架与输送带之间的间隙过小,使输送带被凸起物挂住,引起输送带纵向撕裂、覆盖胶被划伤和局部剥离。

(2)清扫器倾覆、清扫器掉落并被卷入滚筒

若弹簧清扫器调节螺杆的刚性差,在意外情况下,不足以克服橡胶刮板被卷入时受到的倾覆力矩,一旦橡胶刮板被卷入滚筒,则清扫器两侧的角钢会翘曲变形,压在输送带上,使输送带撕裂;空段清扫器与支架的连接螺栓的可靠性差,运行时清扫器会突然掉落并卷入滚筒,会造成输送带穿孔、覆盖胶破损。

(3)输送带接头的质量不好

若输送带接头时因操作不当而损伤了芯层;输送带的接头由两次硫化而成,使接头处

的强度下降,当输送机启动频繁,输送带受力增大时,会引起硫化接头处断裂;或因输送带芯层断裂而出现胶层凹陷。

(4)输送带弯曲次数过多

输送带在运行中若弯曲次数过多,带上会出现局部龟裂,在下覆盖胶的槽角拐角处最为严重。若输送带接头为两次硫化而成,则输送带的龟裂首先出现在接缝处。

(5)嵌入异物造成损伤

装料点的导料侧板与输送带之间或在转载处缝隙中嵌入异物;无载分支托辊外圆的表面被磨穿,而引起托辊外圆中间折断,都会造成输送带的上覆盖胶被划伤。

(6)托辊运转阻滞造成损伤

物料堆积在托辊架上;托辊表面黏附了物料;托辊轴承损坏等都可能造成托辊转动不灵活甚至不转,引起输送带严重磨损。漏斗转载处的物料下落速度和输送带运行速度不一致;物料下落的落差过大而冲击输送带表面也都会加速输送带上覆盖胶的磨损。

3.输送带的修补

输送带的覆盖胶层和棉帆布、尼龙帆布芯层中如有局部损伤而不及时修补,在水分、污物侵入芯层后,会使损伤部位扩大。为延长输送带的寿命,对早期发现的输送带损伤处应及时修复。

(1)修补方法,见表 19-2。

表 19-2　钢绳芯、尼龙帆布输送带修补方法

部位		修补方法		
		冷黏修补	硫化修补	截断、更换
覆盖胶	磨损	—	残留覆盖胶厚度1 mm 以上	覆盖胶磨穿、钢绳芯露出
	割伤	1/2 覆盖胶厚以上,300 mm 长之内	1/2 覆盖胶厚度以上,300 mm 长之内	—
	剥离	1/2 覆盖胶厚以上,直径 300 mm 以内	1/2 覆盖胶厚度以上,直径 300 mm 以内	—
边胶	撕裂	长度 50 mm 以上	—	—
	割破	达到芯体层	已无边胶	—
尼龙带芯体	露芯	直径<100 mm	直径>100 mm	芯体疲劳断裂、大范围层间剥离
	断裂	—	10%带宽以下	10%带宽以上
钢绳芯	露芯	直径<100 mm	直径>100 mm	钢绳芯已露出或与周围橡胶脱胶
	断裂	断钢绳芯两根或钢绳芯露出	断钢绳芯三根以上,不满钢绳芯数10%	断钢绳芯数超过10%
纵向撕裂		长度 50 mm 以下	长度 50 mm 以上	纵向撕裂太长,无法修补

(2)修补注意事项

修补前对输送带损伤部位的周围要用清洗剂擦净。

覆盖胶损伤较小的部位可直接填入冷胶进行修补,填补时填料表面应高出输送带表面1.5 mm,作为固化后的收缩量。

修补部位在固化前最好用木板或铁板夹紧固定。

二、托辊的检修与安装调整

(一)托辊的检测与修复

拆卸托辊,清洁各零部件并进行检查,各类支承托辊(包括槽型、平型、固定、调心),其工作表面不允许有损伤、凹陷、裂纹。托辊外圆材料为无缝钢管时,其壁厚的磨损应不大于原壁厚的25%;为尼龙时,磨损应不大于原壁厚的30%。

托辊轴应无弯曲变形和裂纹,直线度公差为1:500;轴两端扁方平面相互平行度公差为0.35 mm。托辊内的轴承座、密封装置等钢板冲制件不得有裂纹、毛刺、凹痕和皱折等缺陷。

迷宫式密封件无磨损;轴承滚道表面无点蚀、剥落;轴承的间隙在标准范围之内。

轴用弹簧卡圈的弹性应良好。

若托辊零部件存在上述的缺陷或损伤超过允许的标准,则要更换相应的零部件。

(二)托辊的安装调整

托辊装配时,应在密封圈油室里注入不超过轴承空间1/2的锂基润滑脂,托辊的轴向移动量不得大于1.5 mm,弹簧卡圈必须卡入槽内,在轴上作用0.5 N·m扭矩时,应能在一周内自由转动。

轴位置固定的托辊在机架上安装后,其中心平面与机架中心线的垂直度公差为2/1 000。槽型和平型托辊两端的高度差不得超过2 mm。

托辊外圆对其轴线的径向圆跳动公差,按表19-3的规定。

表19-3　外圆径向圆跳动公差(mm)

输送带宽度(mm) 输送带速度(m/min)	400~600	750~1 200	1 400~2 000
>250	0.5	0.8	1.2
<250	1.0	1.5	2.0

三、电动滚筒的检测与修复

(1)拆卸电动滚筒,清洗减速齿轮与滚筒内所有的轴承。

(2)检查电动机外壳内是否有油渗入,如有油迹,则需要更换密封圈。

(3)用游标卡尺测量减速齿轮的固定弦齿厚,齿厚的磨损量应为原齿厚的16%~25%,否则应更换齿轮;装配后,用塞尺测量齿侧间隙,其间隙应为0.06~0.10模数;齿轮的接触面沿齿长不小于60%,沿齿高不小于45%。

(4)滚筒左、右端盖有配合要求的各孔其同轴度公差为0.04 mm;左右端盖的配合端面对两端盖公共轴线的端面圆跳动公差为0.05 mm;法兰轴、法兰轴架装滚动轴承的轴颈轴线与有配合要求圆孔轴线的同轴度公差为0.05 mm;与电动机外壳、内齿圈配合的端面对齿圈轴线的端面圆跳动公差为0.04 mm。

（5）电动滚筒内电动机的修理应符合电动机修理技术标准。转子装配后应转动灵活；电动机轴承内应加注润滑脂。

（6）电动滚筒装配后应注入 45 号机油，注油量以到达注油孔的油面线为准。

（7）新安装或大修后的电动滚筒要进行 2 h 的空负荷运转，运转中不得有噪声及渗油现象。满负荷运转时，其电动机定子绕组温升在环境温度为 40 ℃时不得大于 65 ℃。

四、清扫器的安装、检测与修复

（一）橡胶刮板清扫器的安装、调整

图 19-8 是弹簧式橡胶刮板清扫器，用来清扫承载面上黏着物，目前使用较为广泛。

弹簧式橡胶刮板清扫器安装在输送机头部滚筒下方，橡胶刮板与滚筒的水平轴线安装夹角为 15°。

通过调整调节弹簧，使橡胶刮片与输送带接触并对输送带有一定的压力；清扫器与输送带接触长度不小于带宽的 85%。

橡胶刮板磨损后，应及时调整调节螺杆，使其仍与输送带压紧，并拧紧调节螺杆上的锁紧螺母，以防清扫器倾覆；防止橡胶刮板两侧的钢制压板与输送带接近，损伤输送带。

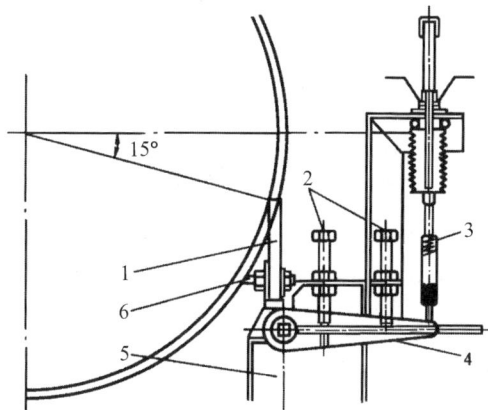

图 19-8　弹簧式橡胶刮板清扫器

1—橡胶刮板；2—调节螺杆；3—调节弹簧；4—调节杠杆；5—清扫器支架；6—橡胶刮板压板螺栓

（二）空段清扫器的安装、检测与修复

空段清扫器安装在尾部改向滚筒前以及垂直拉紧装置第一个 90°改向滚筒前，用来清扫撒落在输送带无载分支上的物料，以保护滚筒、上托辊和输送带，避免输送带跑偏。大多采用 V 形清扫器，清扫器固定于机架，使刮板紧贴于输送带的非工作面，如图 19-9 所示。

安装时，需使清扫器刮板的犁尖对着输送带运动方向，以便将杂物刮到输送机两侧的地面上。

空段清扫器的橡胶刮板与输送带接触长度应不小于带宽的 85%；橡胶刮板与输送带的间隙不能太大；清扫器与支架的连接螺栓应无松动、缺损；铰接处的转动应灵活。

为防止物料跳越清扫器，可在其上方焊挡板；清扫器不得卡住物料而损伤输送带。

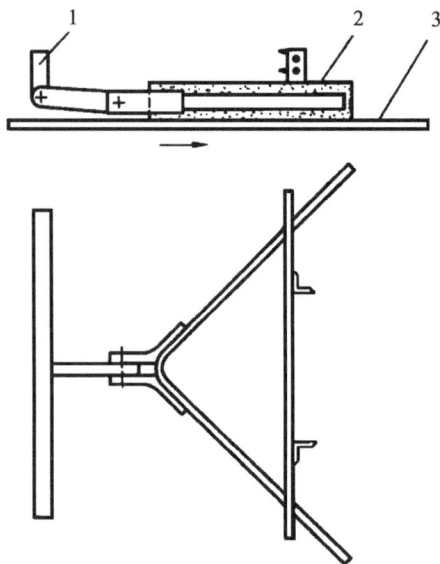

图 19-9　Ⅴ形清扫器

1—支架;2—橡胶刮板;3—输送带

任务 2　带式输送机的安装与调试

一、带式输送机的安装

(一)安装前的准备工作

输送机安装前的主要准备工作包括:

(1)根据输送机的安装线路和倾角在地面上定出安装中心线。

(2)根据验收规则进行验收。

(3)熟悉安装技术要求和输送机图纸要求。

(4)培训安装工作人员和输送机操作工。

(5)组装输送机。

(6)检查各个部件及其保护装置的动作可靠性。

(7)根据安装场地具体搬运条件(搬动工具、超重设备、现场巷道等),确定搬运的最大尺寸和重量。

(8)在拆卸任何较大部件前,应按照组件图上的编号打上标记和方向,以便于安装时就位。

(9)编制并贯彻安装安全技术措施。

(二)安装步骤

输送机的安装顺序主要取决于现场的布置情况,一般是由内向外逐台安装。每台输送

机的安装要根据机型和机道情况因地制宜,一般的安装顺序是:

验收基础→给定中心线和标高点→安装机架(头架、中间架、尾架)→安装下托辊及导向滚筒→将输送带放在下托辊上→安装上托辊→安装张紧装置、传动滚筒、驱动装置→将输送带绕过头、尾滚筒→输送带接头→张紧输送带→安装清扫器、逆止器、导料槽→安装电气控制及保护装置→空载试运转→验收。

(三)安装要求及注意事项

(1)机头底座与电动机需安装固定在水泥基础上。

(2)机头、机身和机尾的中心线必须保证成一条直线。

(3)机头与机层各滚筒、铰接托辊、H 形支架的位置必须保证与输送机的中心线垂直。

(4)机尾的固定必须固定在水泥基础上,不允许有松动。

(5)钢架落地输送机机身 H 形支架两侧应基本水平,纵向连接钢管(纵梁)调整成直线分布形式,不可有较大的纵向弯曲,以防输送带跑偏。

(6)全部滚筒、托辊、驱动装置安装后应转动灵活。

(7)重型缓冲托辊安装时,应按照图纸要求保证弹簧的预紧力。

(8)输送带接头时,应将张紧滚筒放在最前方位置,并尽量拉紧输送带。输送带卡子接头应卡接牢固,卡子接头成直角;输送带硫化接头必须符合设备出厂技术文件的规定;输送带连接后应平直,在 10 m 长度上的直线度为 20 mm。

(9)安装调心托辊时,应使挡轮位于输送带运行方向上辊子的后方。

(10)弹簧清扫器、空段清扫器按照安装总图规定的位置进行焊接。弹簧清扫器与机架焊接时要保证压簧的工作进程有 20 mm 以上,并使清扫器扫下来的物料落入漏斗。各种物料的易清扫性能不同,应视具体情况调整压簧的松紧程度来改变刮扳对输送带的压力,达到既能清扫黏着物又不致引起阻力过大的程度。刮板的清扫面与输送带接触,长度不应小于 85%。

(11)回转式清扫刷子的轴线应与滚筒平行,刷子应与输送带接触,其接触长度不应小于 85%。

(12)导料槽与输送带间压力应适当。

(13)安装驱动装置时,应注意电动机、减速器、联轴器的轴线同心。

(14)保护装置和制动装置必须现场模拟测试,保证灵敏、准确、可靠。

(15)可伸缩带式输送机拉紧装置应工作可靠。

(16)输送机的各个转动和活动部分,必须用安全罩加以防护。

二、带式输送机的试运行与调整

(一)试运转前的检查与调整

(1)检查全部滚筒胀圈螺栓,试运转前必须进行一次紧固,4 h 空载试运转后再进行 1 次紧固。

(2)检查电控及保护装置空动作是否正常。

(3)检查全部驱动电动机旋转方向和电源电压是否正确。

(4)检查各减速器是否注油,油量是否适当。

（5）检查各部件轴承座是否注入润滑脂，必要时重新注入润滑脂。

（6）检查全部机械部件与钢结构架的连接螺栓以及各地脚螺栓是否紧固或缺件。

（7）检查托辊在横梁上的安放情况。

（8）仔细检查输送带的缠绕方向是否与设计方向一致。

（9）检查输送带全长不要与结构架接触，清除结构上因运输或安装过程中碰撞而产生的毛刺或伤痕，以免刮伤输送带。

（10）彻底清扫安装时放置在输送带上的工具、材料等机外物品。

（11）检查给料装置是否灵活可靠、卸料口是否畅通无阻。

（12）注意滚柱逆止器的星轮安装方向是否与逆止方向相符。

（二）未装输送带前的试运转

当机头传动装置和电气设备都安装好后，不安装输送带，先进行传动装置的空载运转试验，检查联轴器和减速器运转是否平稳、轴承声音和温度是否正常。若装有制动器时，要注意制动器的动作是否灵活可靠。同时，也要保证制动保护装置处于良好的工作状态。特别要注意的是，当采用双电动机分别驱动主、副传动滚筒时，必须使两个传动滚筒的旋转方向相反，并与输送带工作时的运行方向一致，否则无法进行工作。

（三）装上输送带以后的空运转及调整

当带式输送机的机械部分、电气设备以及输送带等全部安装调试好后，即可进行整机空载试运转。在试运转中应该做好下列工作：

（1）拉紧输送带，在输送机运转之前，开动拉紧绞车，给输送带以一定的初始张力，从而保证输送机在启动和运转过程中输送带不打滑。初始张力的大小，一般根据输送带的悬垂度情况来决定。

（2）运转中要注意观察和检查。试运转时，在输送机全线各主要部位都要派专人观察输送带和输送机各组成部分的运转情况。倘若输送带在传动滚筒上打滑，则必须停止运转，增加输送带张力，否则会损伤输送带；如果输送带跑偏达到可能使输送带或其他部件受损伤的程度，也必须立即停止运转。在最初运转时期要注意检查所有控制装置的运转情况。

（3）输送带跑偏的调整。由于安装的原因，输送机在运转过程中可能发生输送带跑偏问题，因而需在试运转中进行调整，使输送带保持在正中位置运行。调整输送带跑偏方法应根据输送带运行方向和输送带跑偏方向来确定。调整导向滚筒和托辊时的一般原则是：在导向滚筒处，输送带往哪边跑即调紧哪边；在托辊处，输送带往哪边跑，就在哪边将托辊朝输送带运动方向移动一定距离，但一次不能移动太多，应观察输送带运动情况进行适当调整。输送带运行时最大跑偏不超过带宽的5%。

（4）根据验收规范，空载试运转应不少于4 h。

（四）有载试运转

当确认整个输送机空载运行情况良好后，就可以进行加载运转，开始时轻载，如一切正常即可加满载。在加载运行中应该注意以下几个问题：

（1）检查减速器、联轴器、电动机等的运转声音及温升情况。

（2）试运转后，输送机各部轴承温度及温升严禁超过：滑动轴承——温度70 ℃，温升35

℃;滚动轴承——温度80 ℃,温升40 ℃。

(3)在双电动机拖动的情况下,为了保证两个电动机的实际功率分配较合理,必须通过调整来确定液力偶合器的相应充油量。

(4)重新调整输送带张力,保证输送带在滚筒上不打滑。

(5)保证各胶带清扫器正常。

(6)检查调整托辊的灵活性及效果。

(7)检查各电气控制及保护系统,应灵敏可靠。

(8)测定带速、空载功率、满载功率。

(9)有载试运转应不少于8 h。

任务3　带式输送机的使用与维护

一、带式输送机的启动和停机注意事项

(1)带式输送机不应在非正常工作条件下使用。

(2)带式输送机一般应在空载的条件下启动。在双电动机传动时可按先后顺序启动电动机,也可同时启动电动机。

(3)在多台带式输送机联合使用组成运输系统时,应采用可以闭锁的启动装置,以便通过集控室按一定顺序启动和停机。

(4)带式输送机正常停机前,必须将输送机上的物料全部卸完,方可切断电源。

(5)带式输送机因意外故障停机时,必须先进行详细检查,找出停机原因,并排除故障后才能继续使用。

(6)在正常运行时,应尽量避免频繁停车,尤其应尽量避免重载停车,以延长使用寿命。

(7)用户应保持带式输送机有规律地加料,尽量避免超载。

(8)为防止突发事故,每台带式输送机还应设置就地启动或停机的按钮,可以单独停止任意一台。

(9)为了防止输送带由于某种原因被纵向撕裂,当带式输送机长度超过30 m时,沿着带式输送机全长,应间隔一定距离(如25~30 m)安装一个紧急停机装置。必须让全体工作人员了解沿线停机装置功能,沿线停机装置应操作简便,安装可靠。

二、带式输送机运行中的注意事项

(1)启动前,先发出信号,警告与本工作无关的人员离开输送机转动部位和输送区域;严禁人员搭乘非载人带式输送机;不得运送规定物料以外的其他物料及过长的材料和设备。

(2)启动电动机,观察机头传动装置、滚筒、清扫器及其他附属装置的工作情况。

(3)注意胶带张紧情况。

(4)加载后注意胶带运行情况,发现跑偏,立即调整。

（5）加载后注意电动机、减速器和滚筒的温升,发现异常,应停机检查处理。

（6）注意各种仪表的指示情况,发现异常,立即停机处理。

（7）集中精力,分辨清开机、停机信号,不得出现误操作。

（8）发现胶带严重跑偏、撕带、断带、冒烟、塞带、打滑、严重超载等非常情况时,应立即停机。

（9）更换挡板、刮泥板、托辊时必须停车,切断电源,并有专人监护。

（10）应及时停车清除输送带、传动滚轮、改向滚轮和托辊上的杂物,严禁在运行的输送带下清料。

三、带式输送机的维修

带式输送机的维修可分为日常维修和定期检修。

（一）日常维修

（1）检查输送带的接头部位是否有异常情况,如割伤、裂纹等。

（2）检查输送带的上、下层胶及边胶是否有磨损处。

（3）检查并调整清扫装置、卸料装置。

（4）保持每个托辊转动灵活,及时更换不转或损坏的托辊。

（5）防止输送带跑偏,保证输送带的成槽性。

（二）定期检修

（1）定期给各种轴承、齿轮加油。

（2）拆洗减速器,检查齿轮的磨损情况并更换严重磨损零部件。

（3）拆洗滚筒、托辊的轴承,更换润滑油。

（4）检查并紧固地脚螺栓及其他连接螺栓。

（5）检查并更换严重磨损的其他零部件。

（6）修补或更换输送带。

任务4　带式输送机常见故障的诊断与排除

带式输送机常见故障及处理方法见表19-4。

表 19-4 带式输送机常见故障及处理方法

序号	常见故障	故障原因分析	处理方法
一	电动机故障		
1	电动机不能启动或启动后就立即慢下来	(1)线路故障; (2)保护电控系统闭锁; (3)速度(断带)保护安装调节不当; (4)电压下降; (5)接触器故障	(1)检查线路; (2)检查跑偏、限位、沿线停车等保护,事故处理完毕,使其复位; (3)检查测速装置; (4)检查电压; (5)检查过负荷继电器
2	电动机过热	(1)由于超载,超长度或输送带受卡阻,使运行阻力增大,电机超负荷运行; (2)由于传动系统润滑条件不良,致使电机功率增加; (3)在电机风扇进风口或径向散热片中堆积粉尘,使散热条件恶化; (4)双电机时,由于电机特性曲线不一或滚筒直径差异,使轴功率分配不匀; (5)频繁操作	(1)测量电动机功率,找出超负荷运行原因,对症处理; (2)各传动部位及时补充润滑油; (3)清除粉尘; (4)采用等功率电动机。使特性曲线趋向一致,通过调整耦合器充油量,使两电机功率合理分配; (5)减少操作次数
二	液力偶合器故障		
1	漏油: (1)易熔塞或注油塞运转时漏油; (2)液力偶合器壳体结合面漏油; (3)停车时漏油	(1)易熔合金塞未拧紧; (2)注油塞未拧紧; (3)O形密封圈损坏; (4)连接螺栓未拧紧轴套端密封圈或垫圈损坏	(1)用扳手拧紧易熔塞或注油塞; (2)更换O形密封圈; (3)拧紧连接螺栓,更换密封圈和垫圈
2	打滑	(1)液力偶合器内注油量不足; (2)输送机超载; (3)输送机被卡住	(1)用扳手拧开注油塞,按规定补充油量; (2)停止输送机运转,处理超载部位; (3)停止输送机,处理被卡住故障
3	过热	通风散热不良	清理通风网眼,清除堆积在外罩上的粉尘
4	电机转动联轴器不转	(1)液力联轴器内无油或油量过少; (2)易熔塞喷油; (3)电网电压降超过电压允许值的范围	(1)拧开注油塞,按规定加油或补充油量; (2)拧下易熔塞,重新加油或更换易熔合金塞,严禁用木塞或其他物质代替易熔塞; (3)改善供电质量

（续表）

序号	常见故障	故障原因分析	处理方法
5	启动或停车有冲击声	液力联轴器上的弹性联轴器材料过度磨损	拆去连接螺栓,更换弹性材料
三	减速器故障		
1	过热	(1)减速器中油量过多或太少; (2)油使用时间过长; (3)润滑条件恶化,使轴承损坏; (4)冷却装置未使用	(1)按规定量注油; (2)清洗内部,及时换油修理或更换轴承,改善润滑条件; (3)接上水管,利用循环水降低油温
2	漏油	(1)结合面螺丝松动; (2)密封件失效; (3)油量过多	(1)均匀固紧螺丝; (2)更换密封件; (3)按规定量注油
四	输送带故障		
1	跑偏	见项目19任务1	见项目19任务1
2	老化、开裂	(1)输送带与机架摩擦,产生带边拉毛、开裂; (2)输送带与固定硬物干涉产生撕裂; (3)保管不善;张紧力过大;铺设过短产生挠曲次数超过限值,出现提前老化现象	(1)及时调整,避免输送带长期跑偏; (2)防止输送带挂到固定构件上或输送带中掉进金属钩; (3)按输送带保管要求贮存;尽量避免短距离铺设使用
3	断带	(1)带体材质不适应,遇水、遇冷变硬脆; (2)输送带长期使用,强度变差; (3)输送带接头质量不佳,局部开裂未及时修复	(1)选用机械物理性能稳定的材质制作带芯; (2)及时更换破损或老化的输送带; (3)对接头经常观察,发现问题及时处理
4	打滑	(1)输送带张紧力不足,负载过大; (2)由于淋水使传动滚筒与输送带之间摩擦系数降低; (3)超出适用范围,倾斜向下运输	(1)重新调整张紧力或者减少运输量; (2)消除淋水,增大张紧力,采用花纹胶面滚筒; (3)订货时向供方说明使用条件,提出特殊要求

（续表）

序号	常见故障	故障原因分析	处理方法
五	托辊故障		
	托辊不转、转动不灵活、有异响、轴承过热	（1）托辊与输送带不接触； （2）托辊外壳被物料卡阻或托辊端面与托辊支座干涉接触，托辊外壳锈蚀增加了托辊与输送带的运行阻力； （3）托辊密封不住，使粉尘、水分、异物进入轴承而引起轴承防尘盖和保持架锈蚀、润滑脂失效； （4）托辊轴承润滑不良，润滑脂变质引起轴承损坏	（1）垫高托辊位置，使之与输送带接触； （2）清除物料，干涉部位加垫圈或校正托辊支座，使端面脱离接触； （3）拆开托辊、清洗或更换轴承，重新组装； （4）改善托辊密封结构，采用迷宫式密封件，使用托辊专用润滑脂； （5）用托辊专用轴承，加大轴承轴向游隙，防止轴承卡滞，提高轴承寿命； （6）采取防止托辊外圆锈蚀的措施；采用新型材料（如增强尼龙）作托辊外圆
六	电动滚筒		
1	电动机内有油渗入	（1）电动机轴伸端及密封圈磨损，密封性能降低； （2）滚筒内冷却润滑油太多	（1）更换密封圈； （2）滚筒内油液不能注入太多，充油液面至滚筒半径的 2/3 高度
2	电动滚筒工作时噪声大	（1）传动齿轮制造、装配精度低，使齿轮啮合时接触不良； （2）电动滚筒装配精度低，使左右轴承座机架支承面高度（角度）偏差大，使齿轮啮合不良	（1）提高齿轮制造、安装质量； （2）提高电动滚筒装配精度，严格控制轴承座机架支承面高度（角度）公差
3	电动机轴承寿命短、易失效	电动机轴承采用润滑脂润滑，需解体才能补充，因拆装费时造成加油不及时	定期加注润滑脂

📋 **任务实施**

一、任务描述

1. 识别织物芯输送带的结构；检测织物芯输送带橡胶覆面的厚度；

2. 采用冷黏接头的型式制作输送带的接头剖分面，对输送带进行纠正跑偏；

3. 拆装托辊、电动滚筒、清扫器；

4. 按照有关技术要求对带式输送机进行安装、调试、使用与维护，对常见故障予以诊断与排除。

二、任务要求

1. 按照检测要求和技术标准将设备仪器分别放在相关工位,将制定的任务单发给学生;每位学生穿上工作服、工作鞋,随身携带一支笔,以便做好记录并分析检测结果;

2. 使用有关工具,按照正确步骤测量一段输送带的剖切面;

3. 按照有关技术标准,使用有关工具、量具制作一段输送带的冷黏接头剖分面;

4. 按照有关技术标准,使用有关工具、量具完成托辊、电动滚筒、重锤刮板清扫器的拆装与测量,对输送带进行纠正跑偏;

5. 按照有关技术标准,使用有关工具、量具完成带式输送机安装、调试、使用与维护,并对常见故障予以诊断与排除;

6. 监控学生是否按要求完成任务,并指导学生进行正确的操作。

三、任务考核

序号	考核项目	考核内容	分值(分)	评分标准	得分(分)
1	输送带的测量	胶带剖切齐整	2	切割不整齐扣1分;切割完毕未做清洁扣1分	
		量具调零	2	此项不做,后面不得分	
		测量尺寸	2	数据不准确扣1分;保留有效数字不对扣1分	
2	冷粘接头剖分面的制作	划线	14	划线错误扣2分,未采用专用工具扣2分	
		剖割		剖割错误扣4分,剖割不整齐扣2分	
		清洗		未用专用清洗剂清洗扣2分	
		整理		未做整理扣2分	
3	托辊的拆装与测量	拆防尘盖	20	能对各个项目进行准确检测及调整,错一项扣3分,扣完为止	
		标记轴承和轴			
		拆轴承和轴			
		拆卸其他附件			
		清洗			
		检测			
		润滑			
		装配			

（续表）

序号	考核项目	考核内容	分值(分)	评分标准	得分(分)
4	电动滚筒的拆装与测量	放油	30	能对各个项目进行准确检测及调整,错一项扣3分,扣完为止	
		拆轴承座,并做标记			
		拆连接盘			
		拆齿轮			
		拆定子、转子			
		清洗			
		检测			
		润滑			
		装配			
5	重锤刮板清扫器的拆装与测量	拆卸连接螺栓	20	能对各个项目进行准确检测及调整,错一项扣3分,扣完为止	
		拆卸刮刀			
		清洗			
		检测			
		润滑			
		装配			
6	工具、现场清洁		5	每项扣2分,扣完为止	
7	安全、文明生产		5	违规操作、发生人身和设备事故,为0分	
8	配分合计		100	得分合计	

复习思考

一、填空题(将正确答案填在题中横线上)

1. 防止输送带跑偏的措施包括提高设备制造、安装质量,采用有防偏作用的托辊组,防止给料时位置不正,_____ 。

2. 当输送带跑偏时,输送带与机架、托辊支架相互摩擦,造成输送带边胶的磨损;严重跑偏时,会使输送带_____ 。

3. 输送带在运行中若弯曲次数过多,带上会出现局部龟裂,在_____的槽角拐角处最为严重。

4. 托辊外圆材料为无缝钢管时,其壁厚的磨损应不大于原壁厚的_____;为尼龙时,磨损应不大于原壁厚的_____ 。

5. 电动滚筒内电动机的修理应符合电动机修理技术标准。转子装配后应转动灵活;电动机轴承内应加注_____ 。

6. 通过调整调节弹簧,使橡胶刮片与输送带接触并对输送带有一定的压力;清扫器与输送带接触长度不小于带宽的_____。

7.输送带运行时最大跑偏不超过带宽的_____。

二、判断题（将判断结果填入括号中,正确的填"√",错误的填"×"）

1.（ ）输送带非工作面的厚度较厚,可减少输送带沿托辊运行时的压陷滚动阻力。

2.（ ）带式输送机是依靠输送带和驱动滚筒之间的附着力来实现将原动机的动力传递到输送带上。

3.（ ）用调整托辊来纠正长距离输送机跑偏时,可以使输送带略成蛇形,即一些区段输送带的跑偏方向与邻近区段输送带的跑偏方向相反,这样对输送带的稳定运行有利。

4.（ ）V形清扫器安装时,需使清扫器刮板的犁尖顺着输送带运动方向,以便将杂物刮到输送机两侧的地面上。

5.（ ）输送机的安装顺序主要取决于现场的布置情况,一般是由外向内逐台安装。

6.（ ）安装调心托辊时,应使挡轮位于输送带运行方向上辊子的前方。

7.（ ）根据验收规范,空载试运转应不少于4 h,有载试运转应不少于8 h。

8.（ ）在双电动机拖动的情况下,为了保证两个电动机的实际功率分配较合理,必须通过调整来确定液力偶合器的相应充油量。

9.（ ）带式输送机正常停机前,无须将输送机上的物料全部卸完,便可切断电源。

10.（ ）为防止突发事故,每台带式输送机还应设置就地启动或停机的按钮,可以单独停止任意一台。

三、选择题（选择一个正确的答案,将相应的字母填入题内的括号中）

1.下列原因哪一项不是输送带跑偏的原因(   )。

　　A.机架、滚筒、托辊组安装质量不高

　　B.输送带的接头不正

　　C.输送带芯体抗拉强度不够

　　D.清扫器性能不好,滚筒、托辊表面黏附物料

2.以下关于纠正输送带跑偏说法错误的是(   )。

　　A.空载时,若输送带朝前进方向左方偏移时,输送带中心线偏离机架中心线,可调整无载分支托辊,使其绕顺时针方向转动θ角

　　B.空载时,若输送带朝前进方向右方偏移时,调整有载分支托辊,使其顺时针方向转动一个角度,则输送带向左横移,回到正常位置

　　C.空载时,用调整托辊来纠正长距离输送机跑偏时,可以使输送带略成蛇形,即一些区段输送带的跑偏方向与邻近区段输送带的跑偏方向相反,这样对输送带的稳定运行有利

　　D.负载运行,调整时,应严格控制对输送带的给料量,供料应均匀,防止物料在输送带上偏置

3.下列哪一项不是输送带损伤的形式(   )。

　　A.输送带纵向撕裂　　　　　　　　　　B.覆盖胶划伤

　　C.输送带严重跑偏　　　　　　　　　　D.输送带龟裂

4.下列关于电动滚筒检修正确的是(   )。

　　A.拆卸电动滚筒,清洗减速齿轮与滚筒内所有的轴承

B. 检查电动机外壳内是否有油渗入,如有油迹,只需擦除油迹,无须更换密封圈

C. 电动滚筒装配后应注入 20 号机油,注油量以超过注油孔的油面线为准

D. 新安装或大修后的电动滚筒要进行 8 h 的空负荷运转,运转中不得有噪声及渗油现象

5. 关于电动机过热的原因,下列哪一项不正确( )。

A. 由于超载、超长度或输送带受卡阻,使运行阻力增大,电机超负荷运行

B. 由于传动系统润滑条件不良,致使电机功率增加

C. 频繁操作

D. 电机长时间工作

6. 下列关于带式输送机试运行说法错误的是( )。

A. 空载运行,不安装输送带,先进行传动装置的空载运转试验,检查联轴器和减速器运转是否平稳、轴承声音和温度是否正常

B. 当采用双电动机分别驱动主、副传动滚筒时,必须使两个传动滚筒的旋转方向相反,并与输送带工作时的运行方向一致,否则无法进行工作

C. 有载试运转应不少于 8 h

D. 当确认整个输送机空载运行情况良好后,就可以进行加载运转,如一切正常即可加满载

四、问答题

1. 输送带在运行中为什么会发生跑偏,怎样纠正输送带的跑偏?

2. 输送带会发生哪些损伤,损伤的原因是什么?

3. 托辊在工作中常见的故障是什么,如何进行托辊的检修?

4. 电动滚筒在运行中常见的故障是什么,如何进行电动滚筒的检修?

5. 如何进行橡胶刮板清扫器的安装、调整?

6. 带式输送机的试运行包含哪几个步骤?

7. 带式输送机的启动和停机应注意什么?

参考文献

[1] 马乔林. 港口机械检修技术. 北京：人民交通出版社，2010.

[2] 许炳照. 工程机械柴油发动机构造与维修. 北京：人民交通出版社，2011.

[3] 母忠林. 电控柴油机维修一本通. 北京：化学工业出版社，2014.

[4] 张育益，张珩. 图解装载机构造与拆装维修. 北京：化学工业出版社，2011.

[5] 张育益，李国锋. 图解叉车构造与拆装维修. 北京：化学工业出版社，2011.

[6] 程小平，顾海红. 港口输送机械与集装箱机械. 北京：人民交通出版社，2017.

[7] 交通部水运司. 港口起重运输机械管理手册. 北京：人民交通出版社，2002.

[8] 纪宏. 起重与运输机械. 北京：冶金工业出版社，2012.

[9] 董达善. 起重机械金属结构. 上海：上海交通大学出版社，2011.

[10] 杨国平. 汽车和轮胎起重机故障的诊断与排除. 北京：机械工业出版社，2010.

[11] 常红. 港口起重输送机械. 大连：大连海事大学出版社，2012.

[12] 王结平. 港口起重机械. 大连：大连海事大学出版社，2014.

[13] 李栓成，张晓勇. 图解工程机械底盘构造与维修. 北京：化学工业出版社，2014.

[14] 罗印，王胜春，靳同红，等. 装载机构造与维修手册. 北京：化学工业出版社，2014.

[15] 张应龙. 工程机械维修识图及实例详解. 北京：化学工业出版社，2013.

[16] 王凤喜，王苏光. 叉车维修速查. 北京：机械工业出版社，2012.

[17] 郭宏毅. 起重机械安装维修实用技术. 郑州：河南科学技术出版社，2010.

[18] 张育益，李国锋. 汽车起重机常见故排除. 北京：化学工业出版社，2014.

[19] 陶德馨. 工程机械手册——港口机械. 北京：清华大学出版社，2017.

[20] 陈锦耀，张晓宏. 图解工程机械液压系统构造与维修. 北京：化学工业出版社，2015.

[21] 丁新桥，刘霞. 工程机械故障诊断与排除. 北京：化学工业出版社，2018.

[22] 张育益，张小锋. 现代装载机构造与使用维护. 北京：化学工业出版社，2016.

[23] 汤振周. 工程机械底盘构造与维修. 北京：化学工业出版社，2016.

[24] 张振西，金艳秋，万捷. 柴油发动机电控系统检测与修复. 北京：北京理工大学出版社，2017.

[25] 赵阳，柏松. 重型货车新技术与故障诊断. 北京：机械工业出版社，2017.